Wissenschaftliche Untersuchungen
zum Neuen Testament · 2. Reihe

Herausgegeben von
Martin Hengel und Otfried Hofius

84

Der nachösterliche Johannes

Die Abschiedsreden als hermeneutischer Schlüssel
zum vierten Evangelium

von

Christina Hoegen-Rohls

J.C.B Mohr (Paul Siebeck) Tübingen

Die Deutsche Bibliothek – CIP-Einheitsaufnahme

Hoegen-Rohls, Christina:
Der nachösterliche Johannes : die Abschiedsreden als
hermeneutischer Schlüssel zum vierten Evangelium / von
Christina Hoegen-Rohls. - Tübingen : Mohr, 1996
    (Wissenschaftliche Untersuchungen zum Neuen Testament : Reihe 2 ;
    84)
    ISBN 3-16-146271-8
NE: Wissenschaftliche Untersuchungen zum Neuen Testament / 02

© 1996 J.C.B. Mohr (Paul Siebeck) Tübingen.

Das Buch wurde von Druck Partner Rübelmann in Hemsbach auf säurefreies Werkdruckpapier der Papierfabrik Niefern gedruckt und von der Buchbinderei Schaumann in Darmstadt gebunden.

ISSN 0340-9570

Für Jan

"Johannes. Christus. Diesen möcht
ich singen, ..."

Hölderlin, Patmos,
Bruchstücke der späteren Fassung,
VI, 1f.

Vorwort

Die vorliegende Arbeit wurde im Sommersemester 1993 von der Evangelisch-Theologischen Fakultät der Universität München unter dem Titel "Im Rückblick. Zur Funktion der Abschiedsreden für das Johannesevangelium" als Dissertation angenommen. Für den Druck wurde sie inhaltlich leicht überarbeitet, im äußeren Erscheinungsbild ein wenig verändert und mit einem neuen Titel versehen. Aus ihm soll hervorgehen, daß im Mittelpunkt der Untersuchung der Nachweis steht, daß der nachösterliche Standpunkt des Johannesevangeliums nicht nur das selbstverständliche Faktum eines nach Ostern entstandenen Glaubenszeugnisses ist, sondern eine bewußt gewählte hermeneutische Perspektive für die Darstellung des Evangelienstoffes. Der Untertitel soll deutlich machen, daß diese hermeneutische Perspektive in den Abschiedsreden begründet und aufgedeckt wird, so daß die Abschiedsreden ihrerseits als hermeneutischer Schlüssel zum vierten Evangelium verstanden werden können.

Auch wenn der Titel durch die Rede von "Johannes" nahezulegen scheint, daß sich die Untersuchung auf den historischen Verfasser des Johannesevangeliums bezieht, so ist dies nicht der Fall. Die Frage nach dem Verfasser liegt ebensowenig im Blickfeld des Themas wie religionsgeschichtliche Fragen zum Johannesevangelium insgesamt oder literarkritische Fragen speziell zu den Abschiedsreden. Der erste Hauptteil (I.) und das einleitende Kapitel zur Arbeit an den Abschiedsreden (II.3.1.), in denen solche Fragen anklingen, wollen nicht als Forschungsbericht oder Beitrag zur Lösung von Diskussionspunkten verstanden werden, sondern als Problemorientierung im Hinblick auf die gewählte Fragestellung. Die Untersuchung beschränkt sich bewußt darauf, einmal eingehend exegetisch vorzuführen, wie sich der nachösterliche Standpunkt des Johannesevangeliums textimmanent niedergeschlagen hat und welches theologische Potential durch die Perspektive des Rückblicks freigesetzt wird.

Die Arbeit wurde angeregt durch meinen akademischen Lehrer Herrn Professor Dr. Ferdinand Hahn. Gegen Ende meines Studiums und besonders während meiner Zeit als Assistentin an seinem Lehrstuhl im Neutestamentlichen Institut der Evangelisch-Theologischen Fakultät München hat das wissenschaftliche Gespräch mit ihm meine Neugier an der Theologie des Neuen Testaments geweckt und immer weiter vertieft. Mit seiner souveränen Kenntnis des Johannesevangeliums hat er meine Bemühungen um die johanneische Theologie gefördert und die Entstehung der vorliegenden Arbeit geduldig wachsen lassen. Ihm gilt daher mein ganz besonderer und herzlicher Dank.

Mein Dank richtet sich ferner an Herrn Professor Dr. Heinz-Wolfgang Kuhn, der das Zweitgutachten der Arbeit für die Fakultät erstellte, an Herrn Professor Dr. Cilliers Breytenbach (Berlin), der meinen wissenschaftlichen Weg gefördert und meinen persönlichen Weg mit Verständnis begleitet hat, sowie an Herrn Professor Dr. Hans Weder (Zürich) und Herrn Dr. Herbert Kohler (Zürich), bei denen ich während meines Studiums in Zürich zum ersten Mal von den Abschiedsreden des Johannesevangeliums gehört habe. Ihr Umgang mit dem Text hat in mir die Faszination für Johannes geweckt, die auch nach der langen Auseinandersetzung mit dem vorliegenden Thema nicht verlorengegangen ist.

Die Suche nach der Theologie des Johannesevangeliums war über mehrere Semester hinweg unterstützt durch die Studentinnen und Studenten des "Johanneskreises". Allen, die daran teilgenommen und meine wissenschaftliche Arbeit belebt haben, möchte ich nochmals ganz herzlich danken. Auch danke ich meiner Freundin Frau Dr. Christiane Zimmermann (Pretoria/Berlin) für ihre ungebrochene Motivierung zur Wissenschaft sowie meinen Eltern für alle erfahrene Förderung während des Studiums.

Ganz besonders danke ich der Ludwig-Maximilians-Universität München, die nicht nur die Entstehung der vorliegenden Arbeit gefördert, sondern auch der abgeschlossenen Untersuchung den von der Gesellschaft der Freunde und Förderer der Universität München gestifteten Förderpreis verliehen hat.

Daß die Arbeit nun im Verlag J.C.B. Mohr (Paul Siebeck), Tübingen, erscheinen kann, verdanke ich den Herausgebern der 2. Reihe der Wissenschaftlichen Untersuchungen zum Neuen Testament, Herrn Professor Dr. Martin Hengel (Tübingen) und Herrn Professor Dr. Otfried Hofius (Tübingen), dem großzügigen Entgegenkommen Herrn Georg Siebecks sowie der motivierenden Unterstützung durch Frau Ilse König im Verlag.

Herzlich danke ich schließlich Frau Margaritha Wasser für die unermüdliche Mühe beim Erstellen der Druckvorlage, Herrn Jörg Schneider für professionelle Hilfe beim Korrekturenlesen und Frau cand. theol. Andrea Rückert für ihre Mitarbeit am Stellenregister.

Zuletzt, aber allen voran danke ich meinem Mann Jan Rohls, der mir immer auch die andere *"Hälfte des Lebens"* geschenkt hat. Ihm ist diese Arbeit im Sinne unserer gemeinsamen Leidenschaft für den Geist gewidmet.

München, Ostern 1995   *Christina Hoegen-Rohls*

Inhaltsverzeichnis

Einleitung
Zu Thema und Methode der vorliegenden Arbeit

Zum Thema. Der Rückblick spielt für die Entstehung und Verkündigung des christlichen Glaubens eine herausragende Rolle. Gemeint ist der Rückblick von Ostern her auf Gestalt und Wirken Jesu von Nazareth. Diesem Rückblick widmen die neutestamentlichen Evangelien eine ganz eigene Form[1]. Denn sie erzählen eine Geschichte. Anders als Paulus, der mit seinen Briefen aktuelle Fragen seiner Missionsgemeinden beantwortet und in diesem Kontext auf den Verkündigten als Grund und Ziel christlichen Lebens verweist, sehen die Evangelien scheinbar von ihrer konkreten nachösterlichen Gemeindesituation ab[2] und lenken ihren Blick ganz auf den Weg Jesu von seinen Anfängen bis zu Kreuz und Auferstehung.

Von diesem Weg erzählen sie sodann in Form der literarischen Sukzession[3]: Mit Hilfe chronologischer und topographisch-itinerarischer Notizen[4] wie "am nächsten Tage", "wiederum" oder "am dritten Tage"[5], beziehungsweise "er ging hinaus nach Galiläa", "er ging hinab nach Kapernaum" und

---

[1] Zu der Form des Evangeliums und ihrer Erforschung vgl. *Ferdinand Hahn*, Die Formgeschichte des Evangeliums. Voraussetzungen, Ausbau und Tragweite, in: ders. (Hrsg.), Zur Formgeschichte des Evangeliums, WdF 81, Darmstadt 1985, 427-477; *Georg Strecker*, Literaturgeschichte des Neuen Testaments, UTB 1682, Göttingen 1992, 27-35, 122-148 (Lit.!).

[2] Auch die Evangelien schreiben aus einer bestimmten Gemeindesituation für eine bestimmte Gemeindesituation, was in der historisch-kritischen Exegese mit der Frage nach dem "Sitz im Leben" einzelner Überlieferungsstücke und mit der Frage nach der pragmatischen Funktion des Gesamttextes erhellt werden kann. Auf die Gemeindesituation wird in den Evangelien jedoch nirgends mit den rhetorischen Mitteln von Frage und Antwort Bezug genommen, wie Paulus das dank der Gattung des Briefs tun kann; vgl. auch *Strecker*, Literaturgeschichte des Neuen Testaments, 120f, 136.

[3] Zum Begriff der Sukzession in der Erzählung vgl. *Eberhard Lämmert*, Bauformen des Erzählens, Stuttgart [8]1989, 32. Zur Form der literarischen Sukzession gehören auch die Mittel der Sukzession im Drama, die denen der Erzählung strukturell vergleichbar sind (Kennzeichnung von Tages- und Jahreszeiten, von räumlichen Veränderungen, von wechselnder Personenkonstellation); vgl. dazu ausführlicher *Peter Pütz*, Die Zeit im Drama. Zur Technik der dramatischen Spannung, Göttingen 1970.

[4] Vgl. zu diesen Begriffen und zur Funktion der chronologischen, topographischen und itinerarischen Notizen für den "Rahmen der Geschichte Jesu" grundlegend *Karl Ludwig Schmidt*, Der Rahmen der Geschichte Jesu. Literarkritische Untersuchungen zur ältesten Jesusüberlieferung, Berlin 1919, V-VII; auch in *Hahn* (Hrsg.), Formgeschichte, 118-120.

[5] Vgl. etwa Joh 1,29.35; 2,1.

"er war in Jerusalem"[6] wird die Geschichte Jesu an eine bestimmte Zeit und einen bestimmten Raum gebunden[7]. Doch wird schon an der unterschiedlichen Darstellung innerhalb der synoptischen Evangelien und an den Unterschieden zwischen den Synoptikern und dem Johannesevangelium[8] deutlich, daß es sich hier um komponierte zeitliche und räumliche Verhältnisse handelt, die nicht eigentlich ein historisches, sondern ein theologisches Interesse verfolgen[9].

Es sind eben diese Unterschiede in der literarischen und der dahinter stehenden theologischen Komposition, aus denen zu schließen ist, daß die Geschichte Jesu in den Evangelien im Rückblick konzipiert ist und daß dieser Rückblick von Ostern her unterschiedliche Formen der Ausgestaltung und Deutung Jesu ermöglicht hat.

So hat auch das Johannesevangelium seine eigene Deutung zu Gestalt und Weg Jesu vorgelegt. Dabei wird der Funktion des nachösterlichen Rückblicks für solche Deutung in diesem Evangelium eigens Rechnung getragen. Gebunden an die Möglichkeiten und Grenzen der Evangeliengattung hat das Johannesevangelium einen Weg gefunden, das Thema des Rückblicks in die erzählte Geschichte zu integrieren. So wird zum einen bei der Darstellung bestimmter vorösterlicher Ereignisse und Worte Jesu kommentierend darauf hingewiesen, daß erst die nachösterliche Zeit den Jüngern Verständnis für das vorösterliche Geschehen ermöglichte. Dabei wird der Erinnerung der Jünger ein entscheidender Stellenwert beigemessen. Zum anderen wird die Form von Verheißungen im Munde Jesu genutzt, um auf die nachösterliche Zeit als Zeit der Einsicht und Erkenntnis der Jünger vorauszuweisen und sie unter diesem Aspekt grundlegend von der vorösterlichen Zeit zu unterscheiden. Hier sind es die Geistverheißungen der Abschiedsreden, die das nachösterliche Erinnern und Verstehen der Glaubenden darauf zurückführen, daß der nach Jesu Abschied zu den Jüngern gesandte Paraklet ihnen zu ihrer Erinnerung verhilft und sie in die ganze Wahrheit über Jesus einführt.

Gerade mit den Aussagen über den Geist als Parakleten in den Abschiedsreden macht daher das Johannesevangelium die Ursache des Rückblicks transparent, der seine Darstellung prägt: Erst das im nachösterli-

---

[6] Vgl. etwa Joh 1,43; 2,12.23.

[7] Vgl. *Schmidt*, Der Rahmen der Geschichte Jesu, in: Hahn (Hrsg.), Formgeschichte, 118f.

[8] Zur Frage nach dem Verhältnis des Johannesevangeliums zu den synoptischen Evangelien vgl. im Überblick die exemplarisch ausgewählte Literatur bei *Strecker*, Literaturgeschichte des Neuen Testaments, 211.

[9] Vgl. *Strecker*, aaO, 136; zum Verhältnis von Komposition und historischer Zuverlässigkeit bemerkt *Schmidt*, aaO, 118f: "Das historische Problem ist deshalb so kompliziert, weil zunächst ein literarisches ist".

chen Wirken des Geistes gründende Erkennen hat die Glaubenden zur Deutung Jesu im Rückblick ermächtigt und sie in Kraft gesetzt, von Jesus als dem gesandten Sohn Gottes Zeugnis abzulegen.

Ist dieser Zusammenhang erkannt, so ist auch der Weg für die Auslegung des Johannesevangeliums freigegeben. Sie nämlich kann sich an den Voraussetzungen des Johannesevangeliums orientieren, um ihre eigenen Voraussetzungen zu finden. Das heißt, der ganze Text des vierten Evangeliums ist unter der Prämisse zu lesen, daß sich in ihm das Verständnis Jesu so niedergeschlagen hat wie es nachösterlich möglich geworden ist. Die Auslegung des Johannesevangeliums hat daher in aufmerksamer Weise dessen Perspektive des Rückblicks zu beachten, wenn die Besonderheit seiner Darstellung hervorgehoben werden soll.

In der Forschung zum Johannesevangelium war es die Zeit der sechziger Jahre, in der dieser Auslegungsansatz bereits vorgeschlagen worden ist. Schon Oscar Cullmann[10], besonders aber Günther Bornkamm[11] vertraten die Ansicht, daß das ganze Johannesevangelium von den Abschiedsreden aus zu interpretieren sei. Wie aus den Ausführungen Bornkamms hervorgeht[12], war damit prägnant gemeint, den nachösterlichen "Standort des Evangelisten" bei der Auslegung in Anwendung zu bringen[13]. Daß hierfür die Aussagen über den Geist als Parakleten in den Abschiedsreden besondere Beachtung finden müßten, wurde von ihm ausdrücklich betont[14]. So hatte auch Franz Mußner[15] schon die besondere Sicht, aus der das Johannesevangelium geschrieben sei, mit den Aussagen über den Geist als Parakleten in Verbindung gebracht[16] und Josef Blank zur Beschreibung dieses Sachverhalts die Formel gewählt, Johannes schreibe $\varkappa\alpha\tau\grave{\alpha}\ \pi\nu\varepsilon\tilde{\nu}\mu\alpha$[17].

---

[10] *Oscar Cullmann*, Heil als Geschichte. Heilsgeschichtliche Existenz im Neuen Testament, Tübingen 1967, 260: "Daß das heilsgeschichtliche Hauptanliegen des Evangelisten die Verbindung von Leben Jesu und Kirche ist, zeigen die Abschiedsreden Kap. 14-17. Die Erklärung des ganzen Evangeliums sollte von ihnen ausgehen".

[11] *Günther Bornkamm*, Der Paraklet im Johannesevangelium, in: Geschichte und Glaube I (= Gesammelte Aufsätze III), München 1968, 68-89, und ders., Zur Interpretation des Johannesevangeliums. Eine Auseinandersetzung mit Ernst Käsemanns Schrift 'Jesu letzter Wille nach Johannes 17', aaO, 104-121 (zuerst in EvTh 28, 1968, 8-25).

[12] Vgl. *Bornkamm*, Der Paraklet im Johannesevangelium, 88f, und ders., Zur Interpretation des Johannesevangeliums, 114 und 117.

[13] Vgl. ders., Der Paraklet im Johannesevangelium, 89; Zur Interpretation des Johannesevangeliums, 117.

[14] Vgl. ders., Der Paraklet im Johannesevangelium, 88; Zur Interpretation des Johannesevangeliums, 117.

[15] *Franz Mußner*, Die johanneische Sehweise und die Frage nach dem historischen Jesus, QD 28, Freiburg 1965, bes. 56-63.

[16] Vgl. aaO, 56-63.

[17] *Josef Blank*, Krisis. Untersuchungen zur johanneischen Christologie und Eschatolo-

War damit an eine geradezu uralte Erkenntnis im Umgang mit dem Johannesevangelium angeknüpft[18], so verwundert um so mehr, daß nach wie vor eine konsequente Untersuchung des Johannesevangeliums aus der Perspektive des Rückblicks nirgendwo vorgenommen wurde. Gerade in jüngster Zeit[19] konnte daher erneut als Desiderat der Johannesforschung eingeklagt werden, einmal unter grundsätzlicher Berücksichtigung der Entstehungssituation des Evangeliums "in der Gegenwart des Parakleten"[20] nach den "verschiedenen Ebenen und Perspektiven johanneischen Denkens" zu fragen[21].

Eben diesem Forschungsanliegen wendet sich die vorliegende Untersuchung zu. Nach einem knappen Einblick in die Suche der Forschung nach den Voraussetzungen des Johannesevangeliums (Teil I) liegt der Schwerpunkt der Arbeit auf der textimmanenten Analyse des nachösterlichen Standpunktes des Johannesevangeliums (Teil II).

Schrittweise wird untersucht, an welchen Textbelegen des Evangeliums sich der nachösterliche Standpunkt fassen läßt und durch welche formalen und inhaltlichen Merkmale er sich auszeichnet. Dafür werden zunächst die Textkommentare in den Blick genommen (1.), die ihre deutende Funktion gerade deshalb wahrnehmen können, weil ihr Standpunkt jenseits des erzählten Geschehens liegt. Sie greifen explizit über die dargestellte vorösterliche Szene hinaus und blenden zu deren Erläuterung die nachösterliche Realität ein. Dabei werden erste formale und inhaltliche Aspekte des nachösterlichen Standpunktes sichtbar. So wird von den Textkommentaren beim Vorgriff auf die Realität jenseits des dargestellten Geschehens darauf geachtet, vor- und nachösterliche Zeit zu unterscheiden. Das geschieht faktisch, indem jeweils eine Zäsur zwischen den Zeiten markiert wird, und inhaltlich, indem die nachösterliche Zeit von der vorösterlichen Zeit anhand zweier Kriterien abgegrenzt wird: anhand der nachösterlichen Jüngererkenntnis und anhand der nachösterlichen Geistgegenwart.

---

gie, Freiburg 1964, 268. Mit dieser Formel meint *Blank* vor allem, daß der Evangelist die Geschichte, die er aufschreibt, zugleich interpretiert; vgl. ebd.

[18] Vgl. dazu das auf Clemens von Alexandrien zurückgehende Verständnis des Johannesevangeliums als "pneumatischem Evangelium". Dazu ausführlicher (mit Lit.) *Felix Porsch*, Pneuma und Wort. Ein exegetischer Beitrag zur Pneumatologie des Johannesevangeliums, FThSt 16, Frankfurt a.M. 1974, 1; auch *Mußner*, aaO, Widmung, und *Martin Hengel*, Die johanneische Frage. Ein Lösungsversuch. Mit einem Beitrag zur Apokalypse von *Jörg Frey*, WUNT 67, Tübingen 1993, 301 mit Anm. 123 und 124.

[19] Vgl. *Udo Schnelle*, Perspektiven der Johannesexegese, SNTU 15, 1990, 59-72.

[20] Vgl. aaO, 72. An anderer Stelle formuliert *Schnelle* prägnant, daß sich die "Entfaltung des Christusgeschehens im Johannesevangelium" als "geistgewirkte nachösterliche Anamnese" vollziehe (aaO, 61).

[21] AaO, 72.

Ausgehend von den grundlegenden Beobachtungen an den Textkommentaren werden dann die Verheißungen Jesu untersucht, die ebenfalls die Funktion haben, auf die nachösterliche Zeit vorauszuweisen. Zunächst richtet sich die Aufmerksamkeit dabei auf Verheißungen Jesu außerhalb der Abschiedsreden (2.). Wieder läßt sich erkennen, daß vor- und nachösterliche Zeit faktisch voneinander unterschieden werden, selbst wenn überwiegend auf die Angabe einer Zäsur verzichtet wird. Auch die inhaltlichen Unterschiede zwischen den Zeiten werden in den Verheißungen außerhalb der Abschiedsreden entsprechend den Textkommentaren sichtbar, wobei sich ein erster Zusammenhang abzeichnet zwischen nachösterlichem Verstehen der Jünger und nachösterlicher Gegenwart des Geistes bei ihnen.

Eben die Funktion der Abschiedsreden ist es, diesen Zusammenhang als einen kausalen aufzudecken und in seiner Eigenart nuanciert zu bestimmen. So werden die fünf Verheißungen über den Geist als Parakleten und ihr Kontext im Rahmen der Abschiedsreden zum zentralen Gegenstand der vorliegenden Untersuchung (3.). Konstitutiv auf ihren Kontext bezogen, verleihen die Geistverheißungen den Abschiedsreden insgesamt die Funktion, den nachösterlichen Verstehensprozeß der johanneischen Gemeinde nachzuzeichnen und im nachösterlichen Wirken des Geistes zu begründen. Dabei werden weitere Aspekte sichtbar, die die textimmanente Umsetzung des nachösterlichen Standpunktes prägen. So betonen die Abschiedsreden nicht nur den faktischen und inhaltlichen Unterschied der Zeiten, sondern legen umgekehrt Wert auch auf die Kontinuität, die zwischen vor- und nachösterlicher Zeit besteht. Neben das Differenzbewußtsein des nachösterlichen Standpunktes tritt somit das Bewußtsein für die konstitutive Beziehung zwischen vorösterlichem Geschehen und nachösterlicher Wirklichkeit. Dieses Kontinuitätsbewußtsein spitzt sich am Ende der Abschiedsreden soweit zu, daß zwischen vor- und nachösterlicher Zeit nicht mehr unterschieden wird. Das nachösterliche Glaubensbewußtsein drängt sich in Aussagen Jesu und der Jünger ein, als sei es Bestandteil bereits der vorösterlichen Zeit. Dadurch verschmelzen die Zeiten miteinander, die klaren Konturen der Figuren verschwimmen: In den vorösterlichen Jüngern und im vorösterlichen Jesus selbst wird die nachösterliche Gemeinde präsent.

Ausgehend von den Abschiedsreden verfolgt die Untersuchung diesen charakteristischen Zug der Verschmelzung der Zeiten und Figuren weiter, der für die Perspektive des Rückblicks das Gegenstück darstellt zum Prinzip der Unterscheidung der Zeiten. Der Blick richtet sich dafür zunächst auf das Abschiedsgebet Jesu in Joh 17 (4.). Es zeigt sich, daß hier die nachösterliche Realität auf zweifache Weise in die vorösterliche Szene integriert ist. Zum einen scheint in der Rückschau Jesu auf seine vorösterliche Sendung das nachösterliche Wirken des zum Vater Zurückgekehrten durch. Zum anderen wird in der Rückschau und in den Fürbitten für die Jünger bereits

das Glaubensverständnis und Verkündigungswirken der nachösterlichen
Gemeinde durchsichtig. Charakteristisch ist dabei, daß hinter allen vom
nachösterlichen Standpunkt aus formulierten Aussagen des Abschiedsgebetes das nachösterliche Wirken des Geistes wiederzuerkennen ist, wie es die
Abschiedsreden entworfen hatten. Daran zeigt sich, daß die Geistverheißungen der Abschiedsreden sachlich auch für das Abschiedsgebet die Funktion haben, den nachösterlichen Standpunkt zur Geltung zu bringen.

Von den am Abschiedsgebet exemplarisch gewonnenen Beobachtungen
zur Verschmelzung der Zeiten und Figuren sind nur in groben Zügen noch
zwei weitere Textgruppen darzustellen, an denen sich zeigen läßt, wie sich
die nachösterliche Geisterfahrung und Einsicht der Glaubenden in die
Komposition des vorösterlichen Geschehens integriert hat. Das sind zum
einen die bekenntnishaften Aussagen im Munde der vorösterlichen Jünger,
in der Stimme des Prologs und auch im Munde Jesu selbst (5.), zum anderen die Geistaussagen außerhalb der Abschiedsreden (6.). Durchgehend
wird in beiden Textgruppen deutlich, daß die Geistverheißungen der
Abschiedsreden inhaltlich die Voraussetzung bilden für die konzipierte
Transparenz zwischen vor- und nachösterlicher Zeit, die das Johannesevangelium prägt.

Auf dem Weg durch die verschiedenen Textgruppen, in denen sich der
nachösterliche Standpunkt nachvollziehbar niedergeschlagen hat, werden
charakteristische theologische Akzente gesammelt, die durch die Perspektive des Rückblicks gesetzt sind. Besonders an den breiten thematischen
Zusammenhängen, die die Abschiedsreden bieten, können diese theologischen Akzente herausgearbeitet werden. Sie werden abschließend zu einem
Gesamtbild zusammengefaßt, das die Darstellung des Johannesevangeliums
grundlegend als eine Konzeption im Rückblick verständlich macht (Teil III).

Zur Methode. Die exegetische Arbeit, die den nachösterlichen Stand-
punkt des Johannesevangeliums erhebt, steht in der vorliegenden Untersu-
chung grundsätzlich auf dem Boden der historisch-kritischen Methode.
Angesichts der neueren Methodendiskussion zur Auslegung des Neuen
Testaments, von der auch das Johannesevangelium betroffen ist[22], muß das
Verständnis der historisch-kritischen Exegese allerdings präzisiert werden.

Als eigentliche Aufgabe der historisch-kritischen Methode stellt sich
gegenwärtig, daß sie ihr Verhältnis zu neueren Methodenschritten bestimmt.
Damit sind vornehmlich Methoden aus der Sprach- und Literaturwissen-
schaft, aber auch aus der Soziologie gemeint[23]. Was dabei in der Diskussion
als neuere Methodenschritte bezeichnet wird, ist allerdings teilweise für die

---

[22] Vgl. dazu *Jürgen Becker*, Das Johannesevangelium im Streit der Methoden
(1980-1984), ThR 51, 1986, 1-78.
[23] Vgl. aaO, bes. die Abschnitte 2 (7-21) und 7 (48-50).

exegetische Arbeit nicht ganz neu. Das gilt vor allem für diejenigen Schritte, die sich mit der philologischen Untersuchung des Textes befassen, wie
sie konstitutiver Bestandteil der historisch-kritischen Methode ist. Wenn sie
einseitig aus der modernen Sprachwissenschaft (Linguistik) hergeleitet werden, verzerrt sich das Bild für die biblische Exegese. Diese sieht sich dann
einem hochspezialisierten Instrumentarium gegenüber, das einerseits für die
Analyse des mündlichen Sprachgebrauchs und andererseits für ganz andere
als die biblischen Texte entwickelt wurde. Bei der Übernahme linguisti-
scher Analyseverfahren in die exegetische Arbeit besteht daher die Gefahr,
Methoden entweder unkritisch[24] oder sehr vereinfacht zu übernehmen[25].

In der neueren Methodendiskussion werden gewöhnlich die übernommenen linguistischen Methodenschritte als "synchrone Analyse" gekennzeichnet[26]. Der synchronen Analyse werden als "diachrone Analyse" die
traditionellen Topoi der historisch-kritischen Exegese, wie sie sich seit dem
Beginn ihrer Entwicklung herausgebildet haben, gegenübergestellt[27]. Unter
dem Stichwort der Methodenintegration[28] wird angesichts dieser Gegenüberstellung dann die Forderung aufgestellt, diachrone und synchrone
Analyse miteinander zu verbinden.

Damit aber ist das Problem der Verhältnisbestimmung zwischen histo-
risch-kritischer Exegese und neueren Methodenschritten noch nicht gelöst.
Die Gegenüberstellung selbst nämlich ist irreführend. "Synchrone" Analyse
im Sinne philologischer Textuntersuchung ist bereits Bestandteil der historisch-kritischen Methode. Daher läßt sich die historisch-kritische Methode
nicht auf diachrone Textuntersuchung reduzieren. Die Bestimmung "historisch" scheint das zwar nahezulegen. Das Wesentliche an einer diachronen
Textuntersuchung ist aber nicht einfach der Umgang mit einem historischen
Text. Mit ihm hat es die synchrone Textuntersuchung ebenfalls zu tun. Das
Wesentliche der diachronen Textuntersuchung ist vielmehr, daß sie einen
historischen Text in seiner geschichtlichen Entwicklung über verschiedene
Zeitstufen hinweg betrachtet[29].

Es ist genau dieses Verständnis von "diachron", dem dann eine "syn-

---

[24] Vor dieser Gefahr warnt *Strecker*, Literaturgeschichte des Neuen Testaments, 48.

[25] Vgl. etwa das Konzept von *W. Egger*, Methodenlehre zum Neuen Testament, Freiburg 1987.

[26] Vgl. exemplarisch aaO, §§ 8-11.

[27] Vgl. aaO, §§ 12-14.

[28] Vgl. *Becker*, Streit der Methoden, 65-72.

[29] So entspricht der Begriff "diachron" seiner ursprünglichen Herkunft aus der Sprachwissenschaft, wo er zur Beschreibung der historischen Entwicklung einer Sprache verwendet wird. Er wurde erstmals, wie der Begriff "synchron" auch, verwendet von *Ferdinand
de Saussure*, Cours des Linguistique Générale, Paris 1916 (= ⁵1955); deutsche Übersetzung: ders., Grundfragen der allgemeinen Sprachwissenschaft, Berlin 1931 (= ²1967).

chrone" Analyse sinnvoll gegenübergestellt werden kann. Unter einer synchronen Textuntersuchung wäre zu verstehen, daß ein historischer Text nicht in seiner geschichtlichen Entwicklung, also nicht auf unterschiedlichen Zeitstufen betrachtet wird, sondern nur auf einer Ebene seiner textlichen Realisation.

Eine solche ausgewählte Ebene kann eine der herausgearbeiteten Textstufen sein[30]. Es kann aber auch der Text in seiner überlieferten Endgestalt sein[31]. Auch eine solche synchrone Textuntersuchung kann historisch-kritisch genannt werden und hat ihr eigenes Recht. Denn sie befaßt sich so genau wie möglich mit einem historischen Text und seiner historischen Aussage[32], auch wenn sie nicht eigens nach seiner Entstehungsgeschichte fragt.

Grundlegend muß nun bei der Anwendung einer Methode gefragt werden, welchem Ziel sie dienen soll. Oder soll die Methodendiskussion dazu führen, die einzige und wahre Methode herauszufinden, die das einzig Wahre am Text erkennt? Dient nicht gerade die Methodenvielfalt dazu, einen Text in seinen unterschiedlichen Aspekten erfassen zu können[33]? Dann ist aber tatsächlich je nach erkenntnisleitendem Interesse auch die Methode zu wählen.

Einsicht in die theologiegeschichtliche Entwicklung der johanneischen Gemeinde etwa ist ohne diachrone Analyse nicht möglich. Wer davon ausgeht, daß sich im Johannesevangelium verschiedene Textstufen finden, die eine solche Entwicklung dokumentieren, der muß zunächst jede dieser Textstufen kritisch herausarbeiten und in ihrer Eigenart charakterisieren. Das ist aber zunächst ein Arbeitsschritt auf synchroner Ebene. Erst wenn die einzelnen Textstufen sortiert und in ein zeitliches Nacheinander geordnet werden, wird auf diachroner Ebene Textentwicklung sichtbar gemacht[34].

---

[30] So arbeitet grundsätzlich *Jürgen Becker*, Das Evangelium des Johannes, ÖTK 4, 1/2, Gütersloh 1979/81, der die Textstufe aus der Hand des Evangelisten ("E") von der Textstufe aus der Hand der Kirchlichen Redaktion ("KR") gesondert kommentiert.

[31] So setzt *Hartwig Thyen* im Umgang mit dem Johannesevangelium an. Der Text in seiner kanonisch überlieferten Endfassung ist für ihn die Textstufe des Evangelisten; vgl. dazu *Hartwig Thyen*, Art. Johannesevangelium, TRE 17, 1988, 200-225, hier bes. 201.

[32] Vgl. dazu *Ferdinand Hahn*, Die historisch-kritische Methode - Voraussetzungen, Aporien, Anwendungsmöglichkeiten, in: H. Riedlinger (Hrsg.), Die historisch-kritische Methode und die heutige Suche nach einem lebendigen Verständnis der Bibel, München/Zürich 1985, 54-71, hier bes. 55f.

[33] Vgl. *Becker*, Streit der Methoden, 65.

[34] Mit der Textentwicklung ist die theologiegeschichtliche Entwicklung verbunden. Vgl. zur theologiegeschichtlichen Erforschung des Johannesevangeliums *Jürgen Becker*, Aus der Literatur zum Johannesevangelium (1978-1980), ThR 47, 1982, 278-301, 305-347, hier 305-312, und ders., Streit der Methoden, 28-39.

Wird hingegen nach dem nachösterlichen Standpunkt des Johannesevangeliums gefragt, wie das die vorliegende Arbeit tut, so kann der Schwerpunkt der historisch-kritischen Methode in der synchronen Textuntersuchung liegen. Daß dabei auch Ergebnisse aus der diachronen Erarbeitung des Textes genutzt werden, schließt sich nicht aus. Daran kann vielmehr deutlich werden, daß sich "synchrone" und "diachrone" Textauslegung im Rahmen der historisch-kritischen Methode ergänzen.

I.

Auf der Suche
nach den Voraussetzungen
des Johannesevangeliums

Einblick in die Forschung

Wer wüßte nicht gerne, unter welchen Voraussetzungen ein Text und Glaubenszeugnis wie das Johannesevangelium entstanden ist? Für kaum eine andere Frage zeigt denn auch die Johannesforschung ein so einheitliches Interesse wie für die Frage nach dem Hintergrund des Evangeliums. Dabei ist diese Frage nicht Selbstzweck. Motiviert ist sie vielmehr durch die Überzeugung, daß mit der Einsicht in die Voraussetzungen auch das Gesamtverständnis des vierten Evangeliums eröffnet wird.

Doch gerade bei der Suche nach den Voraussetzungen des Johannesevangeliums stößt die Forschung auch an Grenzen. Es sind Grenzen, die im Gegenstand, auf den sich die Suche richtet, begründet liegen. Denn gesucht wird nach Voraussetzungen eines Textes. Die Suche nach den Voraussetzungen muß methodisch von diesem Gegenstand her bestimmt werden. Das gilt besonders dann, wenn weitere zeitgenössische historische Zeugnisse fehlen, in denen ausdrücklich auf die Entstehung des gefragten Textes Bezug genommen würde. Die Suche nach den Voraussetzungen eines Textes, über den außer seiner Zugehörigkeit zum neutestamentlichen Kanon seit dem Ende des zweiten nachchristlichen Jahrhunderts nichts bekannt ist, muß methodologisch davon ausgehen, daß der Text selbst Auskunft über seine Voraussetzungen gibt. Denn die Voraussetzungen sind in die literarische Gestalt des Textes, in seine Sprache und sein Denken miteingeflossen.

Die Einsicht, daß Voraussetzungen eines Textes in ihm selbst zu finden sind, schließt jedoch nicht aus, daß auch außerhalb des Textes liegendes Material zur Erhellung seines Hintergrundes herangezogen wird. Diesem methodischen Vorgehen diente grundsätzlich der religionsgeschichtliche Vergleich zwischen dem Johannesevangelium und der Gnosis, aber auch die Analyse der gesellschaftlichen und religiösen Struktur des zeitgenössischen Judentums.

Auf der Suche nach den Voraussetzungen des Johannesevangeliums hat die Forschung zwischen der "historischen Situation" und der "hermeneutischen Situation" des vierten Evangeliums unterschieden. Zunächst ist daher zu klären, wie diese Situationen zu den Voraussetzungen des Johannesevangeliums gehören (1. und 2.). Abschließend ist darzulegen, was im Sinne der vorliegenden Untersuchung unter den "Voraussetzungen" des Johannesevangeliums verstanden werden soll (3.).

1. Die Suche nach den historischen Voraussetzungen des Johannesevangeliums[1]

Die Suche nach den Voraussetzungen des Johannesevangeliums richtet sich vor allem auf zwei Bereiche, von denen Aufschluß über den Hintergrund erwartet werden kann. Das ist zum einen der gesellschaftlich-soziale, zum anderen der geistesgeschichtliche Bereich. Denn zum Verständnis der Entstehung und Verwendung eines Evangeliums gehört wesentlich seine Einordnung in die kulturelle Umgebung, aus der es stammt.

Die kulturelle Umgebung aber, in der ein Evangelium entsteht und Verwendung findet, ist wiederum grundsätzlich durch zwei Faktoren bestimmt. Den einen Faktor bildet das soziale und religiöse Profil der nicht-christlich geprägten Umwelt, den anderen die eigene christliche Tradition der Gemeinde inmitten der Entwicklung des frühen Christentums. Daher kann einerseits der religionsgeschichtliche Vergleich, andererseits der Blick auf die frühchristliche Traditionsbildung die Voraussetzungen des Evangeliums erhellen. Besonders aufschlußreich ist hier, wenn Umrisse der Art und Weise sichtbar werden, in der sich die christliche Gemeinde mit ihrer nicht-christlichen Umwelt auseinandergesetzt hat.

Es ist nun die Suche nach diesen von Kultur, Zeitgeschichte und religiöser Tradition bedingten Voraussetzungen des Evangeliums, die als Suche nach den historischen Voraussetzungen verstanden werden kann[2]. Die Vielfalt dieser Voraussetzungen kann in der Forschung in dem Terminus der "historischen" oder der "geschichtlichen Situation" zusammengefaßt werden[3]. Gerade der Begriff der "Situation" weist darauf hin, daß zu den hi-

---

[1] Dieses Kapitel zeichnet nur einige wenige, exemplarisch ausgewählte Linien der jüngeren Johannesforschung nach, soweit sich in ihnen die Suche nach den historischen Voraussetzungen mit der Suche nach dem theologischen Profil des vierten Evangeliums unmittelbar verbindet. Der Frage nach dem Autor des Johannesevangeliums wird nicht nachgegangen; vgl. dazu *Hengel*, Die johanneische Frage.

[2] Über die Erforschung der historischen Voraussetzungen des Johannesevangeliums berichtet *Robert Kysar*, The Fourth Gospel. A Report on Recent Research, ANRW II 25/3, Berlin 1984, 2339-2480, hier in dem Abschnitt Historical Criticism, 2411-2439.

[3] So bei *Takashi Onuki*, Gemeinde und Welt im Johannesevangelium. Ein Beitrag zur Frage nach der theologischen und pragmatischen Funktion des johanneischen "Dualismus", WMANT 56, Neukirchen-Vluyn 1984, 28 pass.; *Becker*, Das Evangelium des Johannes, 40-51. Der "Umfang" der historischen oder geschichtlichen Situation wird dabei allerdings nicht durch einen festen Kodex von Voraussetzungen bestimmt, sondern kann je nach Akzent der Fragestellung wechseln. - Statt von der "historischen Situation" kann auch vom "historischen Ort" die Rede sein, so bei *Klaus Wengst*, Bedrängte Gemeinde und verherrlichter Christus. Ein Versuch über das Johannesevangelium, München 1990, 42.

storischen Voraussetzungen des Johannesevangeliums wesentlich auch die konkrete Lebens- und Verkündigungssituation[4] der johanneischen Gemeinde gezählt wird.

So wird verständlich, daß die Suche nach den historischen Voraussetzungen in der Johannesforschung zwei unterschiedliche Akzente trägt. Der eine Akzent liegt auf den Denk- und Sprachvoraussetzungen des Textes, der andere auf der "Gegenwartssituation" der johanneischen Gemeinde[5]. Deren Gegenwartssituation wird dabei entweder stärker unter theologischem oder stärker unter soziologisch-pragmatischem Gesichtspunkt betrachtet. Gemeint ist damit, daß im einen Fall das Interesse an der Gemeinde auf die Frage gerichtet ist, in welchen Phasen sich ihre Theologie herausgebildet hat, wie diese Phasen inhaltlich zu kennzeichnen sind und welche Stellung schließlich die Gemeinde und ihre Schule theologiegeschichtlich im Rahmen des Urchristentums einnimmt[6]. Neben diesem theologischen Gesichts-

---

[4] Vgl. *Onuki*, Gemeinde und Welt, 33f und pass.

[5] Vgl. aaO, 34 pass.

[6] Diese Frage ist forschungsgeschichtlich erst nach *Bultmanns* Johanneskommentar aufgekommen. Im Bereich der Johanneskommentare ist sie zuerst gestellt worden von *Raymond E. Brown*, The Gospel according to John, AncB 29/29a, 2 Bde., New York 1966/1970. Seit Ende der sechziger Jahre verstärkte sich dann das Interesse an der theologiegeschichtlichen Entwicklung der johanneischen Gemeinde. Das kann exemplarisch beobachtet werden an den Untersuchungen von *Jürgen Becker*, Aufbau, Schichtung und theologiegeschichtliche Stellung des Gebetes in Johannes 17, ZNW 60, 1969, 56-83; ders., Die Abschiedsreden Jesu im Johannesevangelium, ZNW 61, 1970, 215-246, hier bes. 246; ders., Beobachtungen zum Dualismus im Johannesevangelium, ZNW 65, 1974, 71-87. Bei *Becker* gründet die Untersuchung zur Theologiegeschichte methodisch in der Literarkritik, vgl. dazu auch *Becker*, Aus der Literatur zum Johannesevangelium, 305, und ders., Streit der Methoden, 29-31, 37f; vgl. auch *Günter Klein*, "Das wahre Licht scheint schon". Beobachtungen zur Zeit- und Geschichtserfahrung einer urchristlichen Schule, ZThK 68, 1971, 261-326. - Mitte der siebziger Jahre ist die Frage dann repräsentiert durch die Arbeiten von *R. Alan Culpepper*, The Johannine School. An Evaluation of the Johannine-School Hypothesis based on an Investigation of the Nature of Ancient Schools, SBLDS 26, Ann Arbor, Michigan 1975; *Oscar Cullmann*, Der johanneische Kreis. Sein Platz im Spätjudentum, in der Jüngerschaft und im Urchristentum, Tübingen 1975; *Ulrich B. Müller*, Die Geschichte der Christologie in der johanneischen Gemeinde, SBS 77, Stuttgart 1975; *Georg Richter*, Studien zum Johannesevangelium, hg. von J. Hainz, BU 13, Regensburg 1977; *Hartwig Thyen*, Entwicklungen innerhalb der johanneischen Theologie und Kirche im Spiegel von Joh 21 und der Lieblingsjüngertexte des Evangeliums, in: M. de Jonge (Hrsg.), L'évangile de Jean. Sources, rédaction, théologie, BEThL 44, Gembloux/Löwen, 1977, 259-299. - Zur Forschung seit Ende der siebziger Jahre bis zur Mitte der achtziger Jahre vgl. *Becker*, Aus der Literatur zum Johannesevangelium, 305-312, und ders., Streit der Methoden, 28-39. - Seit Ende der achtziger Jahre ist die Frage nach der Theologiegeschichte der johanneischen Gemeinde und/oder die Frage nach der johanneischen Schule vor allem vertreten durch die Thesen von *Georg Strecker*, Die Anfänge der johanneischen Schule, NTS 32, 1986, 31-47; ders., Die Johannesbriefe, KEK 14, Göttingen 1989; *Udo Schnelle*, Antidoketische Christologie im Johannesevangelium. Eine Untersuchung zur

punkt ist mit dem soziologisch-pragmatischen Aspekt die Frage verbunden, welche Situation der Gemeinde es ist, für die das Johannesevangelium eine Antwort sein soll[7]. Dabei wird die Situation der Gemeinde soziologisch von ihrer Exkommunikation aus dem jüdischen Synagogenverband her bestimmt[8].

Die pragmatische Funktion des Johannesevangeliums wird auf dem Hintergrund dieser Erfahrung der Gemeinde in den Kategorien von Trost und Glaubensstärkung beschrieben[9]. Diese Funktion nehme der Text aufgrund seiner Anweisung zu Reflexion und Verkündigung wahr[10]: Denn indem er die Gemeinde zunächst von ihrer kritischen Situation distanziere,

---

Stellung des vierten Evangeliums in der johanneischen Schule, FRLANT 144, Göttingen 1987; *Martin Hengel*, The Johannine Question, London/Philadelphia 1989; ders., Die johanneische Frage, bes. 3., 4. und 5. Kapitel.

[7] So besonders bei *Onuki*, aaO; *Wengst*, Bedrängte Gemeinde, 1990. Aber auch die Arbeiten von *Christian Dietzfelbinger* zeigen ein großes Interesse an der so verstandenen soziologisch-pragmatischen Frage, vgl. dazu vor allem *Christian Dietzfelbinger*, Die eschatologische Freude der Gemeinde in der Angst der Welt. Joh 16,16-33, EvTh 40, 1980, 420-436; ders., Die größeren Werke (Joh 14,12f.), NTS 35, 1989, 27-47, bes. 27, 42-47. - Gerade die Thematik der Abschiedsreden gibt Anlaß zur Frage nach der historischen Situation, für die der Text pragmatische Funktion hatte, vgl. dazu besonders *John Painter*, The Farewell Discourses and the History of Johannine Christianity, NTS 27, 1981, 525-543, und schon ders., Glimpses of the Johannine Community in the Farewell Discourses, ABR 28, 1980, 22-38; *Onuki*, aaO, §§ 11, 17 und 20. - Sachlich schließt sich an die Frage nach der Funktion des Textes für eine bestimmte historische Situation auch die Frage nach dem "Selbstverständnis" der Gemeinde an, vgl. dazu vor allem *Onuki*, aaO, § 9, aber grundlegend auch schon *Wayne A. Meeks*, The Man from Heaven in Johannine Sectarianism, JBL 91, 1972, 44-72 (deutsche Übersetzung: Die Funktion des vom Himmel herabgestiegenen Offenbarers für das Selbstverständnis der johanneischen Gemeinde, in: ders. (Hrsg.), Zur Soziologie des Urchristentums, TB 62, München 1979, 245-283; die Arbeit von *Meeks* referiert ausführlich *Onuki*, aaO, 10f, Anm. 47); zur Frage nach dem Selbstverständnis der johanneischen Gemeinde im Zusammenhang mit der Geistthematik vgl. exemplarisch *Rudolf Schnackenburg*, Die johanneische Gemeinde und ihre Geisterfahrung, in: Die Kirche des Anfangs (FS Heinz Schürmann), Freiburg 1978, 277-306.

[8] So grundlegend bei *James Louis Martyn*, History and Theology in the Fourth Gospel, New York 1968, [2]1979, und in seiner Folge dann bei *Meeks*, The Man from Heaven; *François Vouga*, Le cadre historique et l'intention théologique de Jean, Paris 1977; *Raymond E. Brown*, The Community of the Beloved Disciple, New York u.a. 1979 (im Deutschen in gekürzter, vom Aufbau her veränderter Fassung: Ringen um die Gemeinde. Der Weg der Kirche nach den Johanneischen Schriften, Salzburg 1982); *Wengst*, aaO (= Überarbeitung seiner Studie: Bedrängte Gemeinde und verherrlichter Christus. Der historische Ort des Johannesevangeliums als Schlüssel zu seiner Interpretation, BThSt 5, Neukirchen-Vluyn 1981, [2]1983); *Onuki*, aaO, § 6, pointiert 33f.

[9] So bei *Wengst*, Bedrängte Gemeinde, 1990, der sich exegetisch auf das johanneische Motiv des "Bleibens" stützt (126f), und bei *Onuki*, aaO, 88-102, der auch von der "Vergewisserung des Friedens" spricht (101).

[10] So *Onuki*, aaO, §§ 16f., bes. 138 (Skizze).

führe er sie über den dadurch gewonnenen Freiraum der Rückbesinnung auf das Offenbarungsgeschehen zur positiven Sinndeutung ihrer Lage. Aus der positiven Sinndeutung ("Integration") heraus aber könne die Gemeinde ihrer Aufgabe zur Verkündigung gegenüber der Welt nachkommen[11].

Sowohl die Suche nach den Sprach- und Denkvoraussetzungen des Evangeliums als auch die Suche nach der Situation der Gemeinde setzt grundsätzlich beim Text an. So leuchtet unmittelbar ein, daß die Suche nach den Sprach- und Denkvoraussetzungen von der Sprache des Johannesevangeliums selbst ausgeht. Dabei sind es nicht nur Grammatik und Wortschatz, die untersucht werden, um etwa semitische oder hellenistische Spracheinflüsse zu erkennen. Das Augenmerk liegt vielmehr besonders auf herausgehobenen Schlüsselbegriffen, wiederkehrenden Motiven und typischen Motivzusammenhängen.

Dasselbe gilt aber auch für die Suche nach der Situation der Gemeinde. Hier sind es vor allem die Begriffe der "Juden" (οἱ Ἰουδαῖοι), der "Welt" (ὁ κόσμος) und des "Ausgestoßenwerdens aus der Synagoge" (ἀποσυνάγωγος), die für die Analyse des aktuellen Konflikts der johanneischen Gemeinde mit dem pharisäischen Judentum ausgewertet werden[12].

Deutlich wird nun, wie die Suche nach der historischen Situation von Evangelium und Gemeinde jeweils einen "Schlüssel" zum Gesamtverständnis des Johannesevangeliums bieten soll, wenn exemplarischen Ansätzen genauer nachgegangen wird:

So war Rudolf Bultmann bei der Einordnung des Johannesevangeliums[13] von den im vierten Evangelium häufig begegnenden antithetischen Begriffspaaren ausgegangen[14], um von daher nach einem Anschauungskreis zu suchen, für den eine solche "Sprache des Dualismus"[15] charakteristisch sei. Auf diesem Wege war er zu der forschungsgeschichtlich einschneidenden These gelangt, daß das Johannesevangelium für seine Darstellung Jesu als des Offenbarers die gedankliche Tradition des gnostischen Erlösermythos verwende[16]. Daß deshalb die Darstellung des Johannesevangeliums nicht

---

[11] Vgl. aaO, § 11, bes. 111-115 (Skizze 112), 218.

[12] Dazu *Wengst*, aaO, 55-74; *Ferdinand Hahn*, "Die Juden" im Johannesevangelium, in: Kontinuität und Einheit (FS Franz Mußner*)*, Freiburg 1981, 430-438, hier 430; *Onuki*, aaO, §§ 6f.

[13] Vgl. dazu exemplarisch *Rudolf Bultmann*, Art. Johannesevangelium, RGG³, Bd. 3, 1959, 840-850.

[14] Vgl. dazu grundlegend ders., Die Bedeutung der neuerschlossenen mandäischen und manichäischen Quellen für das Verständnis des Johannesevangeliums, ZNW 24, 1925, 100-146, hier programmatisch 112f.

[15] Vgl. ders., Art. Johannesevangelium, 844.

[16] Vgl. aaO, 847f, und forschungsgeschichtlich grundlegend schon ders., Die Bedeutung der neuerschlossenen mandäischen und manichäischen Quellen, in nuce 103f.

schon mit dem gnostischen Erlösermythos identisch, daß auch die theologische Aussage des vierten Evangeliums nicht einfach mit der gnostischen Erlösungslehre erklärt sei, betonte Bultmann ausdrücklich[17].

Ausgehend von der antithetischen Begrifflichkeit des Johannesevangeliums war hier nach religionsgeschichtlichen Parallelen gefragt worden, die dem Evangelium selbst sachlich und zeitlich vorgeordnet wurden. Die Wahrnehmung der Unterschiede zwischen dem Johannesevangelium und dem vorgegebenen Material sollte zu einer klareren Erfassung der Theologie des vierten Evangeliums führen.

Vergleichbar setzte jene Arbeit an, die für die Frage nach den Sprach- und Denkvoraussetzungen von der Gnosis weg auf die jüdische Tradition lenkte. Ausgehend von dem für das vierte Evangelium zentralen Motiv der Sendung und der dafür verwendeten Sendungsterminologie, fragte Jan-A. Bühner[18] nach dem kulturellen Zusammenhang, in dem die personale Beziehung zwischen einem Sendenden und einem Gesandten sowie der funktionale Bezug zwischen Sendendem, Gesandtem und Sendungsauftrag zu einem festen sozialen Topos geworden war. Die allgemeinen kulturgeschichtlichen Voraussetzungen fand er im Botenverkehr des Alten Orients[19], die besonderen in der Vertretungslehre des jüdischen Gesandtenrechts[20]. In den für diese rechtlich und religiös begründete Institution[21] typischen "Klauseln"[22] sah er die sachliche Grundlage der johanneischen "Gesandtenchristologie"[23]. Diese ordnete er dann aufgrund des religionsgeschicht-

---

[17] Vgl. ders., Art. Johannesevangelium, 847. Darin besteht der entscheidende Unterschied zur späteren Arbeit von *Luise Schottroff,* Der Glaubende und die feindliche Welt. Beobachtungen zum gnostischen Dualismus und seiner Bedeutung für Paulus und das Johannesevangelium, WMANT 37, Neukirchen-Vluyn 1970. Diesen Unterschied hebt zugunsten *Bultmanns* auch *Herbert Kohler,* Kreuz und Menschwerdung im Johannesevangelium. Ein exegetisch-hermeneutischer Versuch zur johanneischen Kreuzestheologie, AThANT 72, Zürich 1987, 130-133, hervor. Er kritisiert am Ansatz von *Schottroff,* daß sie "über einen formalisierten Vergleich zwischen Mythos und Johannesevangelium" zur "totale(n) Analogie zwischen gnostischer und joh Vorstellung vom Zeitpunkt der Erlösung" gelangt sei (133).

[18] *Jan-A. Bühner,* Der Gesandte und sein Weg im 4. Evangelium. Die kultur- und religionsgeschichtlichen Grundlagen der johanneischen Sendungschristologie sowie ihre traditionsgeschichtliche Entwicklung, WUNT II/2, Tübingen 1977.

[19] Vgl. aaO, 118-180.

[20] Vgl. aaO, 181-267, bes. 262-267.

[21] Vgl. aaO, 262.

[22] Vgl. aaO, 191-261.

[23] AaO, 262. Kritik an dem Ansatz *Bühners* übt *Onuki,* Gemeinde und Welt, 21, Anm. 63. Er sieht bei *Bühner* eine falsche Alternative aufgestellt, nämlich die zwischen Sendungschristologie und Offenbarungsgedanke. Mit dem Offenbarungsgedanken schalte *Bühner* aus der Sendungschristologie "alle Fragen nach der Person und dem Wesen Jesu Christi" aus. Die Christologie werde funktional auf die Sendung reduziert. *Onuki* will dem-

lichen Vergleichs[24] als "Frühform der judenchristlichen Engelchristologie" ein[25]. Vom jüdischen Boteninstitut ebenso wie von der judenchristlichen "Prophet-Engel-Lehre"[26] habe das Johannesevangelium das für seine Sendungschristologie zentrale "Repräsentations- und Vollmachtsverständnis"[27] übernommen.

Ein besonders aufschlußreiches Beispiel für die Suche nach Sprach- und Denkvoraussetzungen als Schlüssel zum Johannesevangelium ist auch die Frage nach der Herkunft des Titels ὁ παράκλητος, den die Abschiedsreden für den Geist verwenden. Gerade aufgrund der engen Verbindung zwischen der Gestalt des johanneischen Parakleten und der des johanneischen Jesus konnte von der inhaltlichen Herleitung des Begriffs und seiner Funktion in Motivkreisen außerhalb des Evangeliums Aufschluß auch über die gedanklichen Voraussetzungen der johanneischen Christologie erhofft werden[28].

So wurde vor allem auf religionsgeschichtlichem Wege versucht, die Paraklet-Vorstellung inhaltlich zu erfassen und mithin eine traditionsgeschichtlich korrekte Übersetzung für den johanneischen Begriff zu finden[29]. Es dominierten dabei zwei Grundmodelle von Herleitungsversuchen. Das eine Modell bezog sich konsequent auf das Motiv der Fürsprache[30], das zweite Modell auf das Strukturelement der Aufeinanderfolge von Jesus und Paraklet[31].

---

gegenüber den "personalen Charakter der johanneischen Christologie" wahren, der sich zentral im Motiv der Einheit zwischen Vater und Sohn geltend mache.

[24] Ausgehend von der kulturgeschichtlichen Einordnung des johanneischen Sendungsgedankens stellte *Bühner* die religionsgeschichtliche Frage ganz gezielt: "Wo im Judentum stoßen wir auf religiöse Gestalten, auf die das Gesandtenrecht angewendet wird und die dabei in einem Botenweg stehen, der sie als historische Personen auf die Erde führt?"; vgl. aaO, 267.

[25] Vgl. aaO, 433.

[26] AaO, 430.

[27] AaO, 425.

[28] Dieses Anliegen wird besonders deutlich bei *Bornkamm*, Der Paraklet im Johannesevangelium, in nuce 84f.

[29] Vgl. hierzu den ausführlichen Forschungsrückblick bei *Porsch*, Pneuma und Wort, 305-317, bes. 308-317, und schon 227f.

[30] Im Anschluß an *Porsch*, aaO, 310, können als wichtigste Positionen gelten: *Sigmund Mowinckel*, Die Vorstellungen des Spätjudentums vom heiligen Geist als Fürsprecher und der johanneische Paraklet, ZNW 32, 1933, 97-130; *N. Johansson*, Parakletoi. Vorstellungen von Fürsprechern für die Menschen vor Gott in alttestamentlicher Religion, im Spätjudentum und Urchristentum, Lund 1940; *Otto Betz*, Der Paraklet. Fürsprecher im häretischen Spätjudentum, im Johannesevangelium und in neu gefundenen gnostischen Schriften, AGSU II, Leiden/Köln 1963. In diese Richtung geht auch der Lexikonartikel von *J. Behm*, Art. παράκλητος, ThWNT V, 798-812. - Was in der damaligen Forschung als "Spätjudentum" bezeichnet wurde, wird heute als "Frühjudentum" gekennzeichnet. Gemeint ist in beiden Fällen das nachalttestamentliche Judentum.

[31] Vgl. hierzu die Positionen von *Rudolf Bultmann*, Das Evangelium des Johannes,

Der Herleitungsversuch vom Motiv der Fürsprache ging methodisch von der wesentlich leichter zu erfassenden Verwendung des Begriffes παράκλητος im ersten Johannesbrief aus (1 Joh 2,1). Dort wird der Begriff jedoch nicht auf den Geist, sondern auf die interzessorische Funktion des erhöhten Christus vor Gott angewandt[32]. Auch wird der Begriff hier nicht titularisch verwendet. Aus dem Bezug zwischen Fürsprache und Prozeß in alttestamentlicher und frühjüdischer Tradition wurde dennoch der Schluß gezogen, daß auch der Paraklet des Johannesevangeliums von der Tradition jüdischer Fürsprechergestalten her zu verstehen sei[33]. Die Frage der Herleitung von einer ganz bestimmten Gestalt stellte dabei nur Otto Betz[34].

Das zweite Grundmodell der Herleitungsversuche konnte das Strukturmodell der Aufeinanderfolge entweder im Sinne der "Verdopplung" zweier Gestalten (Bultmann), im Sinne eines Vorläufer-Vollender-Zusammenhangs (Bornkamm) oder aber im Sinne einer Kontinuitätsgarantie (U.B. Müller, J. Becker) auswerten. Religionsgeschichtlich war damit wiederum auf die Gnosis und auf die jüdische Tradition als Voraussetzungen des Johannesevangeliums verwiesen. Theologisch ergab sich für die Gestalt des Parakleten aufgrund dieses Herleitungsmodells die grundlegende Einsicht in seine Funktion als Offenbarergestalt, die gegenüber der postulierten Fürsprecherfunktion eindeutig vorzuziehen ist. Doch unter der Fixierung auf traditionelle Modelle konnte auch hier das ganz Eigene des johanneischen Begriffes in seiner Bedeutungsbreite noch nicht sichtbar gemacht werden[35].

Es war in jüngster Zeit Takashi Onuki, der angesichts der verbleibenden Aporien der Herleitungsversuche für die Frage nach den Sprach- und Denkvoraussetzungen des Johannesevangeliums einen neuen Zugang wählte[36]. Auch er ging davon aus, daß trotz aller Eigenständigkeit die johanneische Sprache nicht in einem "Traditionsvakuum"[37] stehe. Vielmehr sei gerade sie beeinflußt von den verschiedensten Sprachtraditionen. Anklänge an rabbini-

---

KEK 2, Göttingen, [21]1986, Exkurs: Der Paraklet, 437-440; *Bornkamm*, Der Paraklet im Johannesevangelium; *Ulrich B. Müller*, Die Parakletenvorstellung im Johannesevangelium, ZThK 71, 1974, 31-77; *Becker*, Das Evangelium des Johannes, Exkurs 12: Paraklet und Geistvorstellung im Joh, 470-475, im Zusammenhang mit ders., aaO, Exkurs 10: Die Gattung des literarischen Testaments, 440-446.

[32] Vgl. *Porsch*, aaO, 310.

[33] Vgl. die Auswertung der Forschung aaO, 312.

[34] Vgl. *Betz*, Der Paraklet, in nuce 206f. *Betz* postuliert, daß der Evangelist bei der Gestalt des Parakleten das Bild des Erzengels Michael vor Augen gehabt habe, welcher im Vorstellungsbereich Qumrans Fürsprecher der Frommen und eng mit dem Geist der Wahrheit verbunden sei.

[35] Vgl. *Onuki*, Gemeinde und Welt, 72f.

[36] Vgl. aaO, §§ 4f.

[37] Vgl. aaO, 19.

sche Terminologie belegten dies ebenso wie sprachliche Verwandtschaft zu apokalyptischer Tradition, zu Motiven aus dem Vorstellungskreis Qumrans und der "jüdischen Gnosis"[38]. Dennoch lasse sich die Sprache des Johannesevangeliums nicht einfach aus diesen Traditionen ableiten. Vielmehr sei zu beobachten, daß das vierte Evangelium zwar Begriffe und Motive aus vorgegebenen Sprachkreisen entlehne, diese jedoch mit völlig neuem Inhalt fülle. Dieser sprachschöpferische Prozeß sei aber nur auf dem Hintergrund der sprachhistorischen Entwicklung der synkretistischen Spätantike zu verstehen. Für deren Umgang mit Sprache nämlich sei es charakteristisch, daß bestimmte religiöse und philosophische Begriffe aus ihrer spezifischen Bedeutungtradition herausgelöst und damit ihres ursprünglichen Sinngehalts entleert würden. Mit dem Verlust der geprägten Bedeutung aber gewönnen diese Begriffe zugleich die Möglichkeit, inhaltlich neu belegt zu werden[39].

Nach Onuki läßt sich nun auf diesem sprachgeschichtlichen Hintergrund der synchrone Zustand[40] der Sprache des Johannesevangeliums beschreiben. Eben der Begriff des Parakleten sei ein Beispiel dafür, daß aufgrund des sprachlichen Innovationsprozesses die aktuelle Bedeutung von Begriffen nicht mehr traditions- oder religionsgeschichtlich herzuleiten sei. Die aktuelle Bedeutung des Titels ὁ παράκλητος sei vielmehr nur aus der Funktionsfülle, die dem Geist in den Abschiedsreden des Johannesevangeliums zugeordnet werden, abzuleiten. Diese aber lasse sich gerade nicht mehr auf nur eine Bedeutung reduzieren, wie das noch in der traditionellen Verwendung des Titels möglich gewesen sei. Der ursprünglich aus der Gerichtssprache stammende Terminus hatte da eindeutig als "Fürsprecher", "Helfer" oder "Beistand vor Gericht" übersetzt werden können. Bei seiner Verwendung im Johannesevangelium hingegen bleibe der Begriff am besten unübersetzt[41]. Denn die "Neuheit"[42] des johanneischen Parakleten sei gerade seine "Funktionsvielfältigkeit"[43].

---

[38] Vgl. aaO, 20-25.

[39] Vgl. aaO, 26.

[40] *Onuki* selbst charakterisiert seine Sprachbeschreibung nicht als "synchron". Die Kennzeichnung trifft aber zu, denn *Onuki* zeigt, daß das Johannesevangelium aus den inhaltlich neu gefüllten Begriffen der Tradition eine in sich kohärente Sprache aufbaut, deren sprachlicher "Vorrat" von der konkreten Lesergemeinde verwendet und daher auch verstanden wird (vgl. 19, 26). *Onuki* bestimmt die johanneische Sprache deshalb als "religiöse Kunstsprache" (26). Mit "Kunst" assoziiert er dabei nicht "Künstlichkeit", sondern die ästhetische Qualität der Ganzheit (vgl. 27). Da die "Kunstsprache" aber "auf der Grenze zwischen den verschiedenen Sprachbereichen der Umwelt ihres historischen Trägers" stehe und doch der "Vermittlung ihrer eigenen Sache" diene, sei sie zugleich als "Grenzsprache" zu bestimmen (27f).

[41] Vgl. aaO, 72.

[42] Vgl. ebd.

[43] Vgl. ebd.

Ebenso wie die Suche nach den Sprach- und Denkvoraussetzungen des Johannesevangeliums dem Verständnis seiner Theologie dienen sollen, zielt auch die Frage nach der historischen Situation der johanneischen Gemeinde auf "ein angemessenes Verstehen des Johannesevangeliums"[44]. Aus jüngster Zeit ist exemplarisch Klaus Wengst zu nennen, der sich mit dieser Absicht den "konkreten Lebensbedingungen"[45] der johanneischen Gemeinde zugewandt hat. Forschungsgeschichtlich knüpft er an die Arbeiten von James Louis Martyn, Wayne A. Meeks, François Vouga und Raymond E. Brown an. Sie hatten die Einsicht gefördert, daß hinter dem Johannesevangelium konkrete Erfahrungen einer Gemeinde stehen, die im Konflikt mit der jüdischen Synagoge gründen und sie zur Profilierung ihrer eigenen Identität herausfordern[46].

Es sollte nun nach Wengst programmatisch der konkrete historische "Ort" der Gemeinde sein, der den hermeneutischen Schlüssel zum Johannesevangelium liefert[47]. Die Frage nach der historischen Situation der Gemeinde stand dabei für Wengst in engem Zusammenhang mit der Frage nach der Funktionsbestimmung des Evangeliums: Mit der Situation der Gemeinde sei zugleich die "Situation der ersten Hörer" des Evangeliums gemeint[48].

Über seine Vorgänger hinaus wollte Wengst genauer noch nach der geographischen Einordnung der Gemeinde[49] und vor allem nach den Konsequenzen der historischen Analyse für die theologische Interpretation des vierten Evangeliums fragen[50]. Unter diesem Anliegen arbeitete er die "Informationen und Indizien"[51] heraus, die der Text seiner Meinung nach zur historischen Situation biete[52]. Über sprachliche Beobachtungen zum Begriff

---

[44] *Wengst*, Bedrängte Gemeinde, 1990, 46.

[45] Vgl. aaO, 43.

[46] Vgl. dazu auch *Kysar*, The Fourth Gospel, 2431.

[47] Noch deutlicher als bei *Wengst*, aaO, ist das bereits im Untertitel der Studie des Autors von 1981 ([2]1983) zu erkennen.

[48] Vgl. ders., Bedrängte Gemeinde, 1990, 46f.

[49] Vgl. aaO, 45.

[50] Vgl. aaO, 46.

[51] Vgl. aaO, 45.

[52] Zur Problematik des methodischen Vorgehens, direkt vom Text zurückzuschließen auf die historische Situation jener Gemeinde, in der er Verwendung fand, vgl. den grundsätzlichen Einwand bei *Hengel*, Die johanneische Frage, 293f: "Die heutige Tendenz, möglichst viele Nachrichten in den Evangelien vorschnell auf die Gegenwart der jeweiligen 'Gemeinde' des Evangelisten zu beziehen, führt leicht zu Fehldeutungen. Auch die Evangelisten waren sich der zeitlichen Distanz zur Geschichte Jesu und zum früheren Schicksal der Gemeinde bewußt und waren nicht völlig unfähig, Gegenwart und Vergangenheit zu unterscheiden. Man wird hier genauer differenzieren müssen".

der "Juden"[53] und über die Schlüsselstellen Joh 9,22; 12,42 und 16,2[54] gelangte er zu dem Ergebnis, daß nicht nur der Ausschluß aus der Synagoge selbst, sondern vor allem die damit verbundene Verurteilung der Gemeinde als "Ketzer"[55] zu ihrer spezifischen historischen Situation gehörten[56]. Diese könne also prägnant als Situation sozialer und moralischer Bedrängung bestimmt werden, die sich am Bekenntnis der Gemeinde zu Jesus als dem Messias entzündet habe[57].

Von diesen Ergebnissen aus nahm Wengst einerseits den weiteren historischen Kontext der johanneischen Gemeinde, andererseits die johanneische Theologie genauer in den Blick: Voraussetzung einer derart tiefgreifenden Bedrängung, wie sie die johanneische Gemeinde erfahren haben mußte, sei ein Judentum, das zu behördlicher Machtstellung gelangt war. Es sei das Herrschaftsgebiet Agrippas II. im nördlichen Ostjordanland, in dem zur Zeit nach 70 n. Chr. diese politisch-sozialen Verhältnisse anzutreffen gewesen seien[58]. Hier, im palästinisch-syrischen Raum, sei daher die Heimat des Johannesevangeliums zu vermuten[59]. Theologische Konsequenz der erfahre-

---

[53] Vgl. *Wengst*, aaO, 55-74.

[54] Vgl. aaO, 75-88.

[55] Vgl. aaO, 89-104.

[56] Vgl. kritisch dazu *Hengel*, aaO, 288f mit Anm. 66, unter Hinweis auf die Problematik der historischen Einschätzung der sog. "Synode von Jamnia" und der Einführung der Ketzerverfluchung ins Achtzehngebet. *Hengel* macht außerdem darauf aufmerksam, daß "die scharfe Auseinandersetzung Jesu mit den Juden im vierten Evangelium keinesfalls einfach eine Widerspiegelung der Angriffe zeitgenössischer Kontrahenten gegen die johanneischen Christen" darstelle. Joh 16,2 spiegle daher in diesem Sinne nicht primär "eine direkte blutige Verfolgung der johanneischen Gemeinde durch die Juden in Transjordanien oder sonstwo", sondern charakterisiere wesentlich grundsätzlicher "die Situation der nachösterlichen Gemeinde" (293).

[57] Vgl. *Wengst*, aaO, 105-122.

[58] Vgl. aaO, 160-163 (geographische Karte 161).

[59] Vgl. aaO, 174-179; zur Kritik an der geographischen Einordnung vgl. die Auseinandersetzung mit der Literatur, die *Wengst* selbst in den Anmerkungen der Seiten 160-179 bietet; dazu auch *Becker*, Streit der Methoden, 53f, und jüngst *Hengel*, Die johanneische Frage, 288-291, der in dreifacher Hinsicht entschiedene Kritik an der These von *Wengst* übt: Erstens sprächen die geographischen Schwerpunkte, die das vierte Evangelium setze (nämlich Judäa und Jerusalem), gegen *Wengsts* These; zweitens widerspreche der These die historische Einschätzung des Herrschers Agrippa II. sowohl durch Josephus (ant. 20,200ff), nach der jener "gegen die Hinrichtung der Judenchristen durch den Hohepriester Hannas II. im Jahr 62 energisch protestierte", als auch durch Lukas, der "ihn in der Apostelgeschichte ca. 80 n. Chr. sehr positiv darstellt"; und drittens sei "von einer eigenen jüdischen Kapitalgerichtsbarkeit" in dem "doch überwiegend heidnischen Herrschaftsgebiet" des Agrippa II. "überhaupt nichts" bekannt (290). Hinzukomme noch "das sprachliche Argument": Die Übersetzung aramäischer Worte ins Griechische, wie sie im vierten Evangelium begegnet, wäre nur sinnvoll, wenn das Gebiet, in dem das Evangelium beheimatet sein solle, ein überwiegend griechisch-sprachiges gewesen sei. Das gelte aber gerade für

nen "Krisensituation"[60] sei die im Johannesevangelium entfaltete Kreuzestheologie[61]. In der spezifischen Verwendung der christologischen Hoheitstitel[62], in der doppelten Betonung der Einmaligkeit des Todes Jesu[63], aber
auch in der Darstellung des Geschicks der Jünger[64] habe sich die Auseinandersetzung um den messianischen Anspruch Jesu, den die Gemeinde dem
Judentum gegenüber vertrat, und zugleich die Erfahrung ihres Leidens in
der Nachfolge Jesu theologisch niedergeschlagen.

---

das Herrschaftsgebiet Agrippas II. nicht: "Griechisch sprach man in diesem Gebiet nur in
den wenigen großen Zentren wie Caesarea Philippi" (291). *Hengels* klare Gegenbilanz zu
Wengsts These lautet daher: "Im vierten Evangelium weist schlechterdings nichts auf eine
Entstehung in diesem abgelegenen und kulturell und wirtschaftlich unbedeutenden Gebiet
hin" (ebd.). *Hengel* entfaltet stattdessen detailliert die Herkunft des Johannesevangeliums
aus Kleinasien (vgl. exemplarisch 291f).

[60] Vgl. *Wengst*, aaO, 46.

[61] Vgl. aaO, bes. 199-219. Zur Kreuzestheologie bei *Wengst* vgl. grundsätzlich Würdigung und Kritik von *Kohler*, Kreuz und Menschwerdung, 140-155.

[62] Vgl. *Wengst*, aaO, 189-194.

[63] Vgl. aaO, 199. Einmalig im doppelten Sinne ist der Tod Jesu nach Wengst als "be-
stimmtes historisches Geschehen" und in seiner "einzigartige(n) Bedeutung".

[64] Vgl. aaO, 197f.

2. Die Suche nach den hermeneutischen Voraussetzungen des Johannesevangeliums

Wenn nun auf die Weise, wie etwa Wengst es tut[1], die historische Situation der johanneischen Gemeinde zum hermeneutischen Schlüssel des Johannesevangeliums erklärt wird - könnte dann nicht alles, was bisher als historische Voraussetzung behandelt wurde, auch als hermeneutische Voraussetzung verstanden werden?

Diese Frage führt zu einer genaueren Bestimmung dessen, was in der Forschung unter den "hermeneutischen Voraussetzungen" des Johannesevangeliums verstanden wird. Im Überblick über die Forschung lassen sich drei Bereiche differenzieren, in denen von hermeneutischen Voraussetzungen die Rede ist: erstens der Bereich der Auslegung des Johannesevangeliums; zweitens der Bereich des Textes selbst; und drittens der Bereich der Gemeinde.

Hinsichtlich der Auslegung spricht die Forschung von der "hermeneutischen Perspektive", unter der das Johannesevangelium zu interpretieren sei. Gemeint ist damit in erster Linie der Auslegungsansatz für die Christologie des vierten Evangeliums. Hier sind zuletzt von Onuki drei hermeneutische Perspektiven unterschieden worden[2]:

Von der Fleischwerdung des Logos aus nehme die erste Perspektive die Christologie des Johannesevangeliums in den Blick. Als klassischer Vertreter wird Rudolf Bultmann genannt[3], als neuere Vertreter können Hans Weder[4] und Herbert Kohler[5] gelten. Angesichts ihres soteriologisch ausgerichteten Ansatzes bei der Inkarnationschristologie[6] nennt Onuki diese erste hermeneutische Perspektive den Ansatz bei der "Christologie im weiteren Sinne"[7] oder auch bei der Christologie in ihrer "kerygmatische(n) Entfaltung"[8].

---

[1] Das gilt de facto auch für die dritte Auflage seiner Untersuchung zum Johannesevangelium, auch wenn er hier im Vorwort erklärt, die Rede vom hermeneutischen Schlüssel sei ihm "zu anspruchsvoll" geworden; vgl. *Wengst*, Bedrängte Gemeinde, 1990, 7.

[2] Vgl. *Onuki*, Gemeinde und Welt, §§ 27f; begriffliche Klassifizierung der Ansätze bes. 185 und 193.

[3] Vgl. aaO, 185-187.

[4] Vgl. *Hans Weder*, Die Menschwerdung Gottes. Überlegungen zur Auslegungsproblematik des Johannesevangeliums am Beispiel von Joh 6, ZThK 82, 1985, 325-360.

[5] Vgl. *Kohler*, Kreuz und Menschwerdung, programmatisch 1.

[6] Vgl. dazu genauer *Onuki*, aaO, 186f.

[7] AaO, 187.

[8] AaO, 193.

Demgegenüber gehe die zweite hermeneutische Perspektive der Auslegung des Johannesevangeliums von einer "Christologie im engeren Sinne"
aus[9]. Gemeint ist im Sinne Onukis damit eine "spekulative" Christologie[10],
die nicht das Heilswerk, sondern das göttliche Wesen Jesu Christi betont[11].
Ausgangspunkt dieses Ansatzes bei der dogmatisch auf "das metaphysische
Wesen Jesu Christi"[12] reflektierenden Christologie sei nicht die Fleischwerdung, sondern die Präexistenz des Logos als Zeichen seiner ewigen, "inner-
göttlichen Wesensgleichheit" mit dem Vater[13]. Als klassischer Vertreter
dieses Ansatzes gilt bekanntlich Ernst Käsemann[14].

Die dritte hermeneutische Perspektive schließlich nehme die Christologie des Johannesevangeliums vom "nachösterliche(n) Wirken des Parakleten" aus in den Blick[15]. Als klassischer Vertreter kann Bornkamm genannt
werden, auch wenn dieser keinen ausgeführten Entwurf zum Johannesevangelium vorgelegt hat[16]. Auf den jüngsten Versuch von Udo Schnelle, das
Johannesevangelium von der "nachösterlichen Anamnese"[17] als dem "Ausgangspunkt des johanneischen Denkens"[18] aus zu interpretieren[19], wurde bereits in der Einleitung hingewiesen. Auch wenn hier ebensowenig wie bei
Bornkamm eine ausgeführte theologische Gesamtkonzeption vorliegt, so ist
an diesem Versuch doch hilfreich, daß er die nachösterliche Anamnese des
Johannesevangeliums nicht allein für die Christologie, sondern auch für

---

[9] Ebd.; vgl. auch aaO, 187.

[10] Vgl. aaO, 188.

[11] Vgl. ebd.

[12] Ebd.

[13] Vgl. aaO, 189.

[14] Vgl. *Ernst Käsemann*, Jesu letzter Wille nach Johannes 17, Tübingen 1966, [4]1980;
dazu *Onuki*, aaO, 188-190; *Kohler*, Kreuz und Menschwerdung, 45-63.

[15] Vgl. *Onuki*, aaO, 185 und 190, und *James M. Robinson*, Die johanneische Entwick-
lungslinie, in: *Helmut Köster, James M. Robinson*, Entwicklungslinien durch die Welt des
frühen Christentums, Tübingen 1971, 216-250, hier 239: "Er (sc. *Bornkamm*) erweist, daß
die Rede von der im Fleisch offenbarten Herrlichkeit eine zurückblickende Feststellung ist,
die sich auf das Kommen des Parakleten nach dem Weggang Jesu gründet".

[16] Vgl. die bereits genannten Aufsätze von *Bornkamm*, Der Paraklet im Johannesevangelium; ders., Zur Interpretation des Johannesevangeliums. Im Anschluß an *Bornkamm*
und unter Hinweis auf *Ernst Haenchen*, Vom Wandel des Jesusbildes in der frühen Gemeinde, in: Verborum Veritas (FS Gustav Stählin), Wuppertal 1970, 3-14, vermerkt auch
Robinson, aaO, 239f, die Bedeutung der nachösterlichen Situation im Sinne der rück-
blickenden Erkenntnis für den Charakter der johanneischen Theologie.

[17] Vgl. *Schnelle*, Perspektiven der Johannesexegese, 62 pass.

[18] AaO, 61, vgl. auch 72.

[19] Ein Hinweis auf die "Bedeutung der Retrospektive für die Auslegung des Joh" findet
sich auch bei *Walter Klaiber*, Die Aufgabe einer theologischen Interpretation des 4. Evangeliums, ZThK 82, 1985, 300-324, hier 320 mit Anm. 73.

Ekklesiologie[20] und Eschatologie sowie für die Dimension des Dualismus im vierten Evangelium fruchtbar zu machen versucht[21].

Diese dritte hermeneutische Perspektive kennzeichnet nun Onuki als den Ansatz weder bei der Christologie im weiteren noch bei der Christologie im engeren Sinne, sondern als den Ansatz beim "historisch-empirischen Träger" der Christologie. Denn er zeigt am Ansatz Bornkamms, daß hier "das Zeugnis des Parakleten als geschichtliches Ereignis gedacht" werde, das die johanneische Gemeinde in ihrer nachösterlichen Gegenwart erlebte[22], und ebenso das Kreuz als "ein geschichtliches Geschehen" verstanden sei[23].

Onuki selbst ist nun bei der dritten hermeneutischen Perspektive einzuordnen, wenn nicht der spezielle Ansatz beim nachösterlichen Wirken des Parakleten, sondern der übergeordnete Gesichtspunkt des "historisch-empirischen Trägers" der johanneischen Theologie in Rechnung gestellt wird. Er sagt das selbst ausdrücklich[24]. Aber auch der Ansatz von Wengst und seinen Vorgängern ist der dritten hermeneutischen Perspektive zuzuordnen.

Der Bereich der hermeneutischen Perspektive der Auslegung des Textes hängt nun aber konstitutiv mit dem Bereich der hermeneutischen Perspektive des Textes selbst zusammen. Gemeint ist damit, daß die Auslegung des Johannesevangeliums sich nirgendwo anders als an bestimmten Aussagen des Textes orientiert, wenn sie zu seinem Verständnis vorzudringen sucht. Werden aber ausgewählte Aussagen des Textes als notwendig für das Verständnis anderer Aussagen und auch der Gesamtaussage ausgewiesen, dann wird in ihnen die hermeneutische Perspektive gefunden, unter der der Text als ganzer zu verstehen ist.

So hatte Bultmann die Aussage von der Fleischwerdung des Logos in Joh 1,14a[25], Käsemann hingegen die Aussage über die Herrlichkeit des

---

[20] Vgl. auch *Udo Schnelle*, Johanneische Ekklesiologie, NTS 37, 1991, 37-50. Hier geht *Schnelle* allerdings von einem nur ansatzweise dargestellten doppelten Ausgangspunkt des Johannesevangeliums aus: Erwachsen "aus der nachösterlichen Anamnese des Christusgeschehens" sei doch "der Schlüssel zum johanneischen Denken schlechthin" die Vorstellung von der Menschwerdung Gottes "in Jesus Christus"; vgl. aaO, 37f.

[21] Vgl. *Schnelle*, Perspektiven der Johannesexegese, 64-70.

[22] *Onuki*, Gemeinde und Welt, 193.

[23] Vgl. ebd.; zur Kritik *Käsemanns* an der "historisierenden" Perspektive *Bornkamms* vgl. *Onuki*, aaO, 194.

[24] Vgl. aaO, programmatisch bereits 1, dann pass.; vgl. auch 193.

[25] Vgl. *Rudolf Bultmann*, Theologie des Neuen Testaments, Tübingen [1]1948-1953 (die erste Auflage der Theologie erschien in den drei Lieferungen von 1948, 1951 und 1953), UTB 630, Tübingen [9]1984, in nuce 392; dazu auch *Wengst*, Bedrängte Gemeinde, 1990, 12-14.

Logos als des eingeborenen Sohnes vom Vater in Joh 1,14b[26] als hermeneutische Perspektive des Johannesevangeliums betrachtet. Kohler wiederum wählte als hermeneutische Perspektive für die Auslegung der johanneischen Kreuzestheologie den Text in Joh 20,19-29, in dem er den "unendliche(n) Wert des Gekreuzigten"[27] entdeckte, von dem aus sich "die herrliche Erniedrigung"[28], "die traurige Herrlichkeit"[29] und zuletzt "die ewige Vorgeschichte des Gekreuzigten"[30] erschließen lasse. Die historisch ausgerichtete Arbeit von Wengst sah in den drei ἀποσυνάγωγος-Stellen Joh 9,22; 12,42 und 16,2 den Ausgangspunkt, von dem aus der Text des Johannesevangeliums auf die hinter ihm stehende historische Situation hin durchsichtig werde. Und Bornkamm schließlich bezeichnete explizit die "Parakletsprüche" der Abschiedsreden als den "hermeneutischen Schlüssel für das Verständnis der johanneischen Christologie"[31].

Von der hermeneutischen Perspektive der Auslegung und dem hermeneutischen Schlüssel zum Text ist nun in der Forschung die "hermeneutische Situation" der Gemeinde noch eigens unterschieden worden. Gemeint war damit zunächst einmal die grundsätzliche Situation, in der sich der christliche Glaube befinde, wenn er Jesus von Nazareth als Jesus Christus verstehen wolle. Ausgehend von diesem allgemeinen Konsens wurde die konkrete hermeneutische Situation der Gemeinde dann vor allem durch das Kriterium des "Zeitenabstands" gekennzeichnet[32]. Gemeint war damit, daß die johanneische Gemeinde nach Jesu Gestalt und Bedeutung aus einem zeitlichen Abstand von sechzig Jahren zu seinem Tod frage[33]. In dieser Situation komme es zu dem hermeneutischen Vorgang der "Horizontverschmelzung"[34]. Orientiert an der hermeneutischen Theorie Gadamers[35] sollte damit gesagt werden, daß der historische Horizont der Gegenwartssituation der johanneischen Gemeinde mit dem historischen Horizont nicht der Geschichte Jesu selbst, wohl aber der nachösterlichen, urchristlichen Tradition dieser Geschichte verschmolzen sei[36].

---

[26] Vgl. *Käsemann*, Jesu letzter Wille nach Johannes 17, in nuce 26-29; dazu auch *Wengst*, aaO, 14f.

[27] *Kohler*, Kreuz und Menschwerdung, 159-191.

[28] Vgl. die Auslegung von Joh 13,1-17 aaO, 192-229.

[29] Vgl. die Auslegung von Joh 12,27-36 aaO, 230-257.

[30] Vgl. die Auslegung von Joh 3,14-21 aaO, 258-270.

[31] *Bornkamm*, Der Paraklet im Johannesevangelium, 88.

[32] Vgl. vor allem *Mußner*, Die johanneische Sehweise, 13f.

[33] Vgl. ebd.

[34] Vgl. aaO, 14-17; *Onuki*, Gemeinde und Welt, §§ 7, 17, 20.

[35] Vgl. *Hans-Georg Gadamer*, Wahrheit und Methode. Grundzüge einer philosophischen Hermeneutik, Tübingen 1960, ⁵1986.

[36] Vgl. vor allem *Onuki*, aaO, 36. Hierbei hätte deutlicher noch hervorgehoben werden

Eben die Auseinandersetzung mit dieser Tradition bestimmt die hermeneutische Situation der johanneischen Gemeinde in den Kategorien von
Distanz und Nähe, von Reproduktion und Aktualisierung. Denn einerseits
muß sich die Gemeinde mit einer Gestalt befassen, deren Wirken und Tod
weit zurückliegen (Distanz), über die aber dank der Tradition ein vertrautes
Bild besteht (Nähe). Andererseits soll gerade dieses Bild nicht einfach in
einer fixierten Form überliefert werden (Reproduktion), sondern in der
gegenüber der vorigen Zeit veränderten Situation der Gemeinde neue Ant-
worten auf neue Fragen geben können (Aktualisierung)[37]. Reproduktion und
Aktualisierung sind aber gerade für die johanneische Gemeinde nicht ohne
die Leitung des nachösterlich wirkenden Geistes denkbar. In der erfahrenen
Wirksamkeit des Geistes hat denn auch die Forschung den eigentlichen
Grund der hermeneutischen Horizontverschmelzung gesehen. Dabei war es
Franz Mußner, der versucht hat zu zeigen, daß es im Zusammenhang mit
den Aussagen über den Geist als Parakleten eine bestimmte "gnoseologische
Terminologie" sei, mit der das Johannesevangelium auf die hermeneutische
Situation der Gemeinde verweise. Denn in dieser Terminologie sei der Prozeß der Horizontverschmelzung geradezu nachgezeichnet. Mit den Termini
Sehen, Hören, Erkennen, Wissen, Erinnern und Bezeugen werde "die historische Vernunft des Johannesevangeliums" deutlich gemacht[38]. Eben diese
"historische Vernunft" präge die hermeneutische Situation der johanneischen Gemeinde und ihre "Sehweise", in der die Verschmelzung der historischen Horizonte und damit das "johanneische Kerygma" gelinge[39]. "Causa
formalis" dieses "Sehaktes" aber sei kein anderer als der Paraklet. Nur er
garantiere, daß die Verschmelzung der Horizonte tatsächlich zur Erkenntnis
der Wahrheit über Jesus führt[40].

---

können, daß es nicht allein der Abstand von sechzig Jahren ist, der die johanneische
Gemeinde in ihre spezifische hermeneutische Situation führt, sondern auch die ganz eigene
(vor-)johanneische Tradition, mit der sie sich immer aufs neue auseinanderzusetzen hatte.

[37] Vgl. auch *Mußner*, Die johanneische Sehweise, 13-15; *Dietzfelbinger*, Die größeren
Werke, 46.

[38] Vgl. *Mußner*, aaO, 18-51; so sprach auch *Oscar Cullmann*, Urchristentum und
Gottesdienst, AThANT 3, Zürich/Stuttgart 1962, davon, daß sich der "Verfasser" des vierten Evangeliums "sozusagen für die Frage der 'Erkenntnistheorie'" interessiere, unter der es
zum Verständnis der "Ereignisse des Lebens Jesu" gekommen sei (40).

[39] Vgl. *Mußner*, aaO, 43.

[40] Vgl. aaO, 63.

3. Voraussetzungen des Johannesevangeliums im Sinne der vorliegenden Untersuchung

Auf dem Hintergrund des knappen Überblicks über die Suche der Forschung nach den historischen und den hermeneutischen Voraussetzungen des vierten Evangeliums ist nun zu klären, in welchem Sinne die vorliegende Untersuchung nach Voraussetzungen des Johannesevangeliums fragt:

(1) Die vorliegende Arbeit fragt weder eigens nach vorausgegangenen Textstufen noch nach theologiegeschichtlicher Entwicklung oder dem geistesgeschichtlichen Hintergrund, um die Voraussetzungen des Johannesevangeliums zu erfassen. Sie berücksichtigt historische Voraussetzungen des Johannesevangeliums jedoch insofern, als sie im Zusammenhang mit der Arbeit an den Abschiedsreden die zentralen Aussagen über das Wirken des Parakleten und auch die Aussagen über die Konfrontation der Glaubenden mit dem "Kosmos" als Ausdruck geschichtlicher Erfahrungen wertet. Diese Erfahrungen gehören zur "historischen Situation" der johanneischen Gemeinde wesentlich hinzu.

(2) Die geschichtlichen Erfahrungen der johanneischen Gemeinde gehören aber zugleich grundsätzlich zu ihrer "hermeneutischen Situation". Denn in der Erfahrung der nachösterlichen Geistwirksamkeit gründet das spezifische Glaubensverständnis der johanneischen Gemeinde, das sich in der Konfrontation mit der "Welt", aber auch in der innerschulischen Auseinandersetzung mit der eigenen Traditionsbildung[1] bewähren muß. Die vorliegende Untersuchung berücksichtigt diese "hermeneutische Situation" der johanneischen Gemeinde insofern, als sie das Zeugnis des Johannesevangeliums als Niederschlag der nachösterlichen Geisterfahrung, ihrer theologisch reflektierten Verarbeitung[2] und ihrer praktischen Umsetzung in das Verkündigungswirken versteht.

(3) Die vorliegende Untersuchung fragt nun aber nach den Voraussetzungen des Johannesevangeliums vor allem in der Weise, daß sie textimmanent aufzudecken sucht, von welchem Standpunkt aus die Geschichte Jesu

---

[1] Zur Erforschung der johanneischen Schule seit dem 19. Jahrhundert (*Heitmüller, Bousset*) vgl. vor allem *Culpepper*, The Johannine School, bes. 1-38. Das jüngste Profil der johanneischen Schule und ihres Schulhauptes als "eine(r) überragende(n) Lehrerpersönlichkeit" zeichnet *Hengel*, Die johanneische Frage, vgl. exemplarisch 219-224.

[2] Das hohe theologische Reflexionsniveau wird hervorgehoben von *Kohler*, Kreuz und Menschwerdung, pass., und *Hengel*, aaO, pass., hier freilich unter Zuspitzung auf den Autor des vierten Evangeliums als den "Alten Johannes" und dessen "Genialität als theologischer Denker" (vgl. exemplarisch 221).

hier konzipiert ist. Es zeigt sich, daß es der nachösterliche Standpunkt ist, von dem aus Gestalt und Weg Jesu entworfen sind. Der nachösterliche Standpunkt gilt daher im Sinne der vorliegenden Untersuchung als entscheidende Voraussetzung des vierten Evangeliums. Er ermöglicht die hermeneutische Perspektive des Rückblicks, aus der das vorösterliche und österliche Geschehen erzählt und dabei zugleich gedeutet werden kann. In der Perspektive des Rückblicks liegt daher das Potential, die nachösterliche Glaubenseinsicht in Form eines Evangeliums zur theologischen Aussage zu gestalten.

(4) Da sich der nachösterliche Standpunkt des johanneischen Glaubensverständnisses textimmanent niedergeschlagen hat, kann er umgekehrt auch am Text selbst erhoben werden. Orientiert an den Prämissen zur hermeneutischen Situation der nachösterlichen Gemeinde ist grundsätzlich zu achten auf Aussagen, die vom nachösterlichen Verstehen der Jünger und von der nachösterlichen Gegenwart des Geistes bei den Glaubenden sprechen. Das Profil des nachösterlichen Standpunktes im Sinne der Voraussetzung des Johannesevangeliums kann dann differenziert beschrieben werden, wenn beide Faktoren an ihren literarischen Merkmalen erkannt und in ihrem kausalen Zusammenhang herausgearbeitet sind.

(5) Gilt der nachösterliche Standpunkt als entscheidende Voraussetzung des Johannesevangeliums, so geht die vorliegende Untersuchung forschungsgeschichtlich im Sinne Bornkamms vom nachösterlichen Wirken des Parakleten bei der Auslegung des vierten Evangeliums aus. Damit hängt zusammen, daß die Abschiedsreden, in denen das nachösterliche Wirken des Parakleten verheißen wird, als gewichtige Textgrundlage für die Auslegung des Gesamttextes betrachtet werden. Ausgehend vom nachösterlichen Standpunkt als entscheidender sachlicher Voraussetzung des vierten Evangeliums gelangt die vorliegende Untersuchung zu der Einsicht, daß als entscheidende textliche Voraussetzung der johanneischen Konzeption die Abschiedsreden zu gelten haben: Sie bieten den Schlüssel zum hermeneutischen Ansatz des vierten Evangeliums.

II.

Der nachösterliche Standpunkt
des Johannesevangeliums

Arbeit am Text

1. Hinweise im Textkommentar

Hinweise auf den nachösterlichen Standpunkt des Johannesevangeliums finden sich zunächst im Textkommentar. Er kann im klassischen Sinne als Bemerkung des "Evangelisten", aber auch als auktoriale Erzählweise[1] verstanden werden. Gemeint ist in beiden Fällen damit, daß es eine Instanz gibt, die das Ganze des erzählten Geschehens, das Ganze der Zeit auch, in der es spielt, überblickt und sich der Gegenwart, in der erzählt wird, bewußt ist.

Der Reihe ihres Auftretens im Evangelium entsprechend sind die Stellen Joh 2,22; 7,39; 12,16 und 20,9 zu nennen, an denen sich die kommentierende Instanz des Textes im Hinblick auf die Unterscheidung zwischen vorösterlicher und nachösterlicher Zeit deutlich[2] fassen läßt[3].

---

[1] Vgl. zur auktorialen Erzählperspektive oder zum auktorialen Erzähler aus literaturwissenschaftlicher Sicht grundsätzlich *Franz K. Stanzel*, Typische Formen des Romans, Göttingen [11]1987, 18-25, und ders., Theorie des Erzählens, UTB 904, Göttingen [4]1989, 70-89, besonders das Schema von kleinem und großem Typenkreis der Erzählperspektiven in den Diagrammen auf S. 81 und nach S. 339; zur Anwendung auf die Exegese des Markusevangeliums vgl. *Willem S. Vorster*, Markus - Sammler, Redaktor, Autor oder Erzähler?, in: Ferdinand Hahn (Hrsg.), Der Erzähler des Evangeliums. Methodische Neuansätze in der Markusforschung, SBS 118/119, Stuttgart 1985, 11-36, hier 31-35; zur Anwendung auf die Johannesexegese vgl. grundlegend *R. Alan Culpepper*, Anatomy of the Fourth Gospel. A Study in Literary Design, Philadelphia 1983, 20-34.

[2] Implizit ist auf die Unterscheidung der Zeiten auch im Textkommentar Joh 2,17 Bezug genommen. Daher kann *Schnelle*, Antidoketische Christologie im Johannesevangelium, 190f, die Belege Joh 2,17.20-22 nennen, um auf "die nachösterliche Perspektive des Evangelisten" hinzuweisen. Zum Textkommentar Joh 2,17 vgl. aber in der vorliegenden Untersuchung erst im folgenden Abschnitt 1.6.

[3] *Bornkamm* hat auf diese Stellen nicht hingewiesen, obwohl er mit ihnen seinen Interpretationsansatz beim nachösterlichen Standpunkt vom Textmaterial her hätte stützen können; vgl. dazu auch *Onuki*, Gemeinde und Welt, 194. Auf die Stellen 2,22; 7,39; 12,16; 20,9 hatte hingegen schon *William Wrede*, Das Messiasgeheimnis in den Evangelien. Zugleich ein Beitrag zum Verständnis des Markusevangeliums, Göttingen 1901 (= [4]1969), aufmerksam gemacht, um zu zeigen, daß sich das "Messiasgeheimnis" im Johannesevangelium nicht in den Aussagen des johanneischen Jesus über sich selbst finde, sondern in Worten Jesu an die Jünger und in "Bemerkungen des Evangelisten" über die Jünger (vgl. 179-185), in denen deutlich werde, daß "gewisse Tatsachen seiner (sc. Jesu) Geschichte selbst den Jüngern anfänglich dunkel blieben" (183f). *Wrede* wertete seine Beobachtungen am Text (weiteres Stellenmaterial vgl. 186-203) allerdings nicht im Hinblick auf die nachösterliche Perspektive des Johannesevangeliums, sondern im Blick auf die hier gegenüber den Synoptikern umgeprägte Parabeltheorie aus (vgl. 204-206). Zur Bestätigung der Auslegung des Johannesevangeliums aus der nachösterlichen Perspektive zieht die genann-

Funktion dieser Textkommentare ist es, szenisch dargestelltes Geschehen deutend weiterzuführen (vgl. 12,16; 20,9) oder ein Wort Jesu im Rahmen einer Rede oder eines Gespräches inhaltlich zu erläutern (vgl. 2,22; 7,39).

1.1. Der Textkommentar in Joh 2,22

Der Kontext: 2,13-17.18-22. Der Textkommentar in Joh 2,22 findet sich im Kontext der Doppelszene[4] von der Tempelaustreibung (2,13-17) und der sich unmittelbar anschließenden Legitimationsforderung (2,18-22). Bekanntlich steht mit der Tempelaustreibung im Johannesevangelium eine Erzählung am Anfang der öffentlichen Wirksamkeit Jesu, die in den synoptischen Evangelien deren Ende zugeordnet ist. Die Geschehnisse am Tempel bilden bei den Synoptikern nach Jesu Einzug in Jerusalem den ersten Schritt auf dem direkten Weg zur Passion (vgl. Mk 11,15-17.18f parr). Sie rufen, der Tempelaustreibung im Erzählduktus etwas nachgestellt (vgl. Mk 11,27-33; 12,1-11.12 parr), jenes Streitgespräch über Jesu Vollmacht mit Vertretern des Hohen Rates hervor, das die Tötungsabsicht der jüdischen Obrigkeit bestärkt (vgl. Mk 12,12) und schließlich zum Tötungsbeschluß führt (vgl. Mk 14,1f)[5].

Im Johannesevangelium ist die Frage nach Jesu Legitimation für sein Handeln im Tempel hingegen die erste Vollmachtsfrage überhaupt, die von den "Juden" an ihn gerichtet wird. Das hat in der Komposition der ersten Kapitel seinen guten Grund. Denn die vor Joh 2,13-22 erzählten Geschehnisse des Auftretens Jesu - Taufe, erste Jüngerberufungen, Hochzeit zu Kana - spielen noch nicht vor Vertretern der jüdischen Autorität. Diese treten vielmehr erst mit dem Wechsel der Szene an den Tempel als Ort des Geschehens in Erscheinung. Bemerkenswert ist auch, daß vor der Erzählung von der Tempelaustreibung der für die Verkündigung des johanneischen Jesus so zentrale Name des Vaters in dessen Munde noch nicht gefallen ist.

---

ten Stellen hingegen *Schnelle*, Perspektiven der Johannesexegese, 62f, heran; an anderer Stelle allerdings, an der er darauf hinweist, daß das vierte Evangelium "aus der nachösterlichen, geistgewirkten Anamnese des Christusgeschehens" erwuchs (vgl. *Udo Schnelle*, Neutestamentliche Anthropologie. Jesus-Paulus-Johannes, BThSt 18, Neukirchen-Vluyn 1991, 152), nennt *Schnelle* den Beleg in Joh 7,39 nicht. Er führt hier stattdessen die beiden kommentierenden Stellen Joh 10,6; 18,32 an.

[4] Vgl. *Becker*, Das Evangelium des Johannes, 121.

[5] Vgl. dazu auch *Ferdinand Hahn*, Der Prozeß Jesu nach dem Johannesevangelium. Eine redaktionsgeschichtliche Untersuchung, in: EKK Vorarbeiten Heft 2, Zürich/Neukirchen-Vluyn 1970, 23-96, hier 76 mit Anm. 12.

Zwar war mit der Wendung ὁ πέμψας με βαπτίζειν ἐν ὕδατι (vgl. Joh 1,33) im Zeugnis Johannes des Täufers bei der Taufszene (1,29-34) bereits vorausgewiesen auf die im Munde Jesu später geradezu formelhaft verwendete Titulierung des Vaters als ὁ πέμψας με (ὁ) πατήρ[6]. Doch hatte Jesus selbst vom Vater nicht gesprochen. Dasselbe gilt auch für die Sprache, derer sich der johanneische Jesus bei der Hochzeit zu Kana (2,1-11) bedient. Theologisch läßt sich zwar seine Abwendung von der leiblichen Mutter durch die Frage: τί ἐμοὶ καὶ σοί, γύναι; (Vers 4b) und die Erklärung: οὔπω ἥκει ἡ ὥρα μου (Vers 4c) als Hinweis auf den göttlichen Vater verstehen. Und auch die Rede von der Offenbarung der δόξα (Vers 11b) kann theologisch als Offenbarung des Vaters verstanden werden[7]. Für die literarische Gestaltung bleibt jedoch zu beachten, daß Jesus auch hier den Namen des Vaters im Begriff ὁ πατήρ μου noch nicht gebraucht.

Das ändert sich erst mit den Ereignissen am Jerusalemer Tempel. Mit dem Ausruf Jesu den Taubenhändlern gegenüber: "Macht das Haus meines Vaters nicht zum Kaufhaus!"[8] (Vers 16c: μὴ ποιεῖτε τὸν οἶκον τοῦ πατρός μου οἶκον ἐμπορίου), fällt erstmals expressis verbis der Name des Vaters in seinem Munde. Damit aber zugleich steht der Anspruch Jesu als des göttlichen Sohnes in aller Öffentlichkeit[9].

---

[6] Diese formelhafte Titulierung begegnet in der Kurzform ὁ πέμψας με erstmals in Joh 4,34 (hier in der Stellung eines Genitivattributs: τὸ θέλημα τοῦ πέμψαντός με), in der ausgeführten Form ὁ πέμψας με πατήρ erstmals in Joh 5,37. Sachlich können freilich auch zur Sendungsformel all diejenigen Aussagen gerechnet werden, in denen statt πέμπειν das Verb ἀποστέλλειν, statt ὁ πατήρ als Sendender ὁ θεός und statt με für den Gesandten τὸν υἱόν oder αὐτόν steht. Dementsprechend ergibt sich die Liste des Stellenbefundes bei *Ferdinand Hahn*, Einheit der Kirche und Kirchengemeinschaft in neutestamentlicher Sicht, in: ders., *Karl Kertelge, Rudolf Schnackenburg*, Einheit der Kirche. Grundlegung im Neuen Testament, QD 84, Freiburg 1979, 9-51, hier 32 mit Anm. 57.

Zur johanneischen Sendungsformel vgl. auch *Ernst Haenchen*, "Der Vater, der mich gesandt hat", in: ders., Gott und Mensch (= Gesammelte Aufsätze I), Tübingen 1965, 68-77; *Juan Peter Miranda*, Der Vater, der mich gesandt hat. Religionsgeschichtliche Untersuchungen zu den johanneischen Sendungsformeln. Zugleich ein Beitrag zur johanneischen Christologie und Ekklesiologie, EHS Th/7, Frankfurt a.M. 1972, und ders., Die Sendung Jesu im vierten Evangelium. Religions- und theologiegeschichtliche Untersuchungen zu den Sendungsformeln, SBS 87, Stuttgart 1977.

[7] So *Bultmann*, Das Evangelium des Johannes, 83.

[8] Zur Übersetzung der Wendung οἶκος ἐμπορίου als "Kaufhaus" vgl. *Walter Bauer*, Griechisch-Deutsches Wörterbuch zu den Schriften des Neuen Testaments und der übrigen urchristlichen Literatur, hrsg. von Kurt Aland und Barbara Aland, 6., völlig neu bearbeitete Auflage, Berlin/New York 1988, 518. Er kennzeichnet den Genitiv des Nomens ἐμπόριον (Handelsplatz) als gen. epexegeticus.

[9] Vgl. *Rudolf Schnackenburg*, Das Johannesevangelium, HThK IV, Teil I, Freiburg ⁵1981, 362.

Es ist eben dieser Anspruch des Sohnes, auf den sich die Legitimationsforderung der Juden bezieht. Denn die Vollmacht Jesu, Gott nicht nur seinen Vater nennen zu können[10], sondern auch in seinem Namen zu handeln[11], hat sich in der Szene der Austreibung der Händler aus dem Tempel
anschaulich realisiert. Die Frage nach einem Zeichen für die Legitimation
des Handelns Jesu hat sich daher konsequent aus Jesu vollmächtigem und
kultkritischem[12] Auftreten ergeben. Die Zeichenforderung führt aber auch
zu dem spezifisch johanneisch gefaßten Logion vom "Lösen" und "(Wie-
der-)aufrichten" des Tempels in Vers 19, auf das sich der Textkommentar
von Vers 22 bezieht: "Löst diesen Tempel auf, und in drei Tagen werde ich
ihn aufrichten!" (Vers 19b: $\lambda \acute{v}\sigma\alpha\tau\varepsilon$ $\tau\grave{o}\nu$ $\nu\alpha\grave{o}\nu$ $\tauο\~{v}\tauο\nu$ $\varkappa\alpha\grave{\iota}$ $\grave{\varepsilon}\nu$ $\tau\varrho\iota\sigma\grave{\iota}\nu$
$\mathring{\eta}\mu\acute{\varepsilon}\varrho\alpha\iota\varsigma$ $\grave{\varepsilon}\gamma\varepsilon\varrho\~{\omega}$ $\alpha\mathring{v}\tau\acute{o}\nu$)[13].
Nachdem also die Forderung der Juden und Jesu Antwort ganz in szeni-
scher Personenrede dargestellt wurden, wird im Anschluß an die Gesprächssequenz das Tempellogion Jesu inhaltlich durch den Textkommentar
von Vers 21f erläutert. Dieser bezieht sich zunächst auf die Deutung des
Bildes vom Tempel und erklärt, daß damit Jesu Leib selbst gemeint sei
(Vers 21: $\grave{\varepsilon}\varkappa\varepsilon\~{\iota}\nu\o\varsigma$ $\delta\grave{\varepsilon}$ $\grave{\varepsilon}\lambda\varepsilon\gamma\varepsilon\nu$ $\pi\varepsilon\varrho\grave{\iota}$ $\tauο\~{v}$ $\nu\alpho\~{v}$ $\tauο\~{v}$ $\sigma\acute{\omega}\mu\alpha\tauο\varsigma$ $\alpha\mathring{v}\tauο\~{v}$). So
wird deutlich, daß das johanneische Logion vom Tempel des Leibes Jesu
jenen außerordentlichen Schauplatz und jenen besonderen Termin, an dem
die Szene der Tempelaustreibung und Legitimationsforderung spielt, über-
bieten soll: Der Tempel als das höchste jüdische Kultheiligtum, das Pessachfest (vgl. die Szenenangabe in Vers 13) als der Höhepunkt des jüdischen Festkalenders[14] - sie werden theologisch in den Schatten gestellt von
Kreuz und Auferstehung Jesu.

---

[10] Vgl. dazu die Begründung der Tötungsabsicht der Juden nach Joh 5,18 im Kontext
der Sabbatheilung am Teich von Bethesda:
$\delta\iota\grave{\alpha}$ $\tauο\~{v}\tauο$ $ο\mathring{v}\nu$ $\mu\~{\alpha}\lambda\lambda\o\nu$ $\grave{\varepsilon}\zeta\acute{\eta}\tauο\nu\nu$ $\alpha\mathring{v}\tau\grave{o}\nu$ $ο\mathring{\iota}$ $\mathring{'}I\o\nu\delta\alpha\~{\iota}ο\iota$ $\grave{\alpha}\pi\o\varkappa\tau\varepsilon\~{\iota}\nu\alpha\iota$,
$\~{o}\tau\iota$ $ο\mathring{v}$ $\mu\acute{o}\nu\o\nu$ $\grave{\varepsilon}\lambda\nu\varepsilon\nu$ $\tau\grave{o}$ $\sigma\acute{\alpha}\beta\beta\alpha\tauο\nu$,
$\grave{\alpha}\lambda\lambda\grave{\alpha}$ $\varkappa\alpha\grave{\iota}$ $\pi\alpha\tau\acute{\varepsilon}\varrho\alpha$ $\~{\iota}\delta\iota\o\nu$ $\grave{\varepsilon}\lambda\varepsilon\gamma\varepsilon\nu$ $\tau\grave{o}\nu$ $\vartheta\varepsilon\grave{o}\nu$
$\~{\iota}\sigma\o\nu$ $\grave{\varepsilon}\alpha\nu\tau\grave{o}\nu$ $\pi\o\iota\~{\omega}\nu$ $\tau\~{\omega}$ $\vartheta\varepsilon\~{\omega}$.
Vgl. dazu auch *Hahn*, Der Prozeß Jesu, 79, Anm. 30, der darauf hinweist, daß Joh
5,18 im Zusammenhang mit 10,33.36 gesehen werden muß, wo die Gottessohnschaft als
$\pi\o\iota\varepsilon\~{\iota}\nu$ $\sigma\varepsilon\alpha\nu\tau\grave{o}\nu$ $\vartheta\varepsilon\acute{o}\nu$ gekennzeichnet wird.

[11] *Hahn*, ebd., betont, daß es gerade der Aspekt des Handelns sei, der den Anspruch
Jesu ausdrückt, "am Schöpfer- wie am Offenbarungshandeln Gottes mitbeteiligt" zu sein.
Das werde besonders deutlich in der Wendung $\varkappa\grave{\alpha}\gamma\grave{\omega}$ $\grave{\varepsilon}\varrho\gamma\acute{\alpha}\zeta\o\mu\alpha\iota$ von Joh 5,17fin.

[12] *Becker*, Das Evangelium des Johannes, 124, wertet das vollmächtige Auftreten Jesu
als "prophetische Kultkritik".

[13] Zu der gegenüber Mt 26,61 christologisch neugefaßten Form des Tempellogions von
Joh 2,19 vgl. *Ferdinand Hahn*, Der urchristliche Gottesdienst, SBS 41, Stuttgart 1970,
52f.

[14] Vgl. auch *Hahn*, Der Prozeß Jesu, 75.

Joh 2,22. Der Textkommentar in Vers 22 greift nun die futurische Verheißung aus Vers 19 auf, die sich auf die Auferstehung Jesu bezieht (vgl.
Vers 19fin: ἐγερῶ αὐτόν) und verweist auf die Zeit, in der sie sich erfüllt
hat:

ὅτε οὖν ἠγέρθη ἐκ νεκρῶν,	22a
ἐμνήσθησαν οἱ μαθηταὶ αὐτοῦ	22bα
ὅτι τοῦτο ἔλεγεν,	22bβ
καὶ ἐπίστευσαν τῇ γραφῇ καὶ τῷ λόγῳ	22cα
ὃν εἶπεν ὁ Ἰησοῦς.	22fin

Der nachösterliche Standpunkt dieses Kommentars wird daran deutlich,
daß die Aussage über das Erinnern der Jünger (Vers 22bα) und über ihr
Glauben (Vers 22cα) das Geschehen der Auferstehung Jesu voraussetzt
(Vers 22a). Das heißt, daß der Kommentar die Zeit vor und nach Jesu Auferstehung überblickt. Es heißt aber auch, daß er die Zeiten faktisch unterscheidet. Dabei ist es die Auferstehung Jesu, die als Zäsur zwischen den
Zeiten fungiert.

Aus der Perspektive jenseits der Auferstehung wird dann über die Jünger
gesprochen. Sie, die als Teilnehmer der Ereignisse am Tempel vorauszusetzen sind, werden in die Zeit nach Ostern versetzt. Nach Ostern, so wird gesagt, erinnerten sie sich, daß Jesus selbst von seinem Tod und seiner Auferstehung gesprochen hatte (vgl. das τοῦτο in Vers 22bβ). Nach Ostern, so
heißt es auch, fanden sie zum Glauben an die Schrift und an Jesu Wort
(Vers 22cαfin). Aufgrund der Perspektive des Rückblicks von Ostern aus
werden so die vorösterlichen Jünger zugleich transparent für die nachösterlich Glaubenden. Die nachösterliche Zeit selbst wird dabei inhaltlich bestimmt durch die Erinnerung an das, was Jesus gesagt hat, und durch den
Glauben an die Schrift und an sein Wort. Beide Aspekte zeichnen die
nachösterliche Zeit aus. Mit der Erinnerung der Jünger nach Jesu Auferstehung ist daher verbunden, daß sie sich sein Wort vom Tempel in eben jenem Sinne zu deuten vermögen, wie ihn der Kommentar in Vers 21 ausgesprochen hat.

1.2. Der Textkommentar in Joh 12,16

Eine ähnliche Struktur der Verflechtung von Erzählung, Deutung und auf
die nachösterliche Zeit bezogenem Textkommentar zeigt sich auch im Umkreis der Stelle von Joh 12,16:

Der Kontext: 12,12-15. Ganz knapp wird zunächst die Szene des Einzugs Jesu in den Versen 12-14a skizziert. Noch bevor Jesu Reiten auf dem Eselchen[15] erwähnt wird (vgl. Vers 14a: εὑρὼν δὲ ὁ Ἰησοῦς ὀνάριον ἐκάθισεν ἐπ' αὐτό), erscheint die zum Pessachfest[16] gezogene Menge, die Jesus entgegengeht (vgl. Vers 13: ἐξῆλθον εἰς ὑπάντησιν αὐτῷ)[17] und ihn, Palmzweige tragend[18], mit dem Hosianna-Ruf empfängt. Wie bei der Tempelaustreibung das Tempellogion, so wird hier nun das Einreiten Jesu zunächst durch einen Textkommentar erläutert. Verwendet wird dafür ein Schriftzitat[19] (vgl. Vers 14b.15), das sehr geschickt nicht nur das Sitzen Jesu auf einem Esel (vgl. Vers 15fin: καθήμενος ἐπὶ πῶλον ὄνου), sondern auch die Königsprädikation, die den Hosianna-Ruf der Menge auszeichnet, aufgreift (vgl. Vers 15b: ἰδοὺ ὁ βασιλεύς σου ἔρχεται).

Joh 12,16. Der weiterführende Kommentar in Vers 16 weist nun darauf hin, daß jener Zusammenhang, wie ihn das Schriftzitat zwischen Jesu Einzug und dem Ruf der Festmenge herzustellen vermag, für die Jünger zunächst nicht ersichtlich war, sondern erst nach Jesu Verherrlichung faßbar wurde:

ταῦτα οὐκ ἔγνωσαν αὐτοῦ οἱ μαθηταὶ τὸ πρῶτον,	16a
ἀλλ' ὅτε ἐδοξάσθη Ἰησοῦς	16bα
τότε ἐμνήσθησαν	16bβ
ὅτι ταῦτα ἦν ἐπ' αὐτῷ γεγραμμένα	16bγ
καὶ ταῦτα ἐποίησαν αὐτῷ.	16fin

Auch dieser Textkommentar unterscheidet faktisch zwischen zwei Zeiten: zwischen der Zeit "zuerst" (Vers 16a) und der Zeit, "als Jesus verherrlicht war" (Vers 16b). Das Geschehen der Verherrlichung selbst ist damit als Zäsur zwischen den Zeiten gekennzeichnet. Daß es im Kommentar von 2,22 die Auferstehung Jesu war, an der die Zeiten unterschieden wurden, steht dazu nicht im Widerspruch. Aus der Parallelität der Aussagen geht vielmehr hervor, daß Auferstehung und Verherrlichung in engem sachlichen Bezug zueinander stehen.

---

[15] Zu ὀνάριον als hapax legomenon im Neuen Testament vgl. *Bultmann*, Das Evangelium des Johannes, 320, Anm. 1.

[16] Auch hier wieder, wie bei der Tempelaustreibung, ist dieses höchste jüdische Fest als situativer Kontext konzipiert.

[17] Zur Überlegung, daß mit der Wendung εἰς ὑπάντησιν auf die Typik der Einholung des messianischen Königs Bezug genommen sein kann, vgl. *Bultmann*, aaO, 319 und *Becker*, Das Evangelium des Johannes, 377.

[18] Zur Typik der Einholung des messianischen Königs gehören auch die Palmzweige als "Schmuck des Siegesfestes und des triumphierenden Königs", so *Bultmann*, ebd.; vgl. auch *Becker*, ebd.

[19] Zur Herkunft des Zitates aus Sach 9,9 und seine Umformung vgl. die Kommentare z. St.

Anders als in 2,22 wird nun im Kommentar von 12,16 die Zeit vor der Zäsur eigens durch die Angabe τὸ πρῶτον benannt und inhaltlich bestimmt: Es ist die Zeit, in der die Jünger "das" (ταῦτα) nicht verstanden (Vers 16a). Dabei ist mit ταῦτα anaphorisch der Bezug zu den Versen 12-15 hergestellt, wie auch aus der zweifachen Aufnahme des ταῦτα in Vers 16bγ.fin hervorgeht.

Im Gegensatz dazu ist die Zeit nach Jesu Verherrlichung dadurch bestimmt, daß sich die Jünger erinnern (Vers 16bβ). Inhalt ihrer Erinnerung ist die Schrift (Vers 16bγ) und das Verhalten der Menge Jesus gegenüber (Vers 16fin). Dabei erinnern sie sich nicht einfach an das, was in der Schrift - entsprechend Vers 15 - geschrieben steht, sondern daran, wie ausdrücklich gesagt wird, daß das, was in der Schrift steht, über Jesus geschrieben ist (vgl. Vers 16bγ: ἐπ᾽ αὐτῷ). Damit aber erhält der Terminus des Erinnerns eine ganz bestimmte Konnotation. Denn die Jünger können sich an die Schrift "über Jesus" nur dann erinnern, wenn sie die Messiasverheißung aus Sach 9,9 - "Siehe, dein König kommt zu dir!" - auf ihn als den verheißenen Messias bereits bezogen haben. Das heißt, daß die "Erinnerung" der Jünger an die Schrift hier sachlich die Deutung der Schrift auf Jesus als den messianischen König meint, der friedlich in das Reich seines Heils einzieht[20].

Auch hier, wie im Kontext von Tempelaustreibung und Legitimationsforderung (vgl. 2,22), hat der Textkommentar die Funktion, auf die nachösterliche Zeit vorauszuweisen, und zwar unter dem Aspekt des Verhältnisses der nachösterlichen Jünger zum vorösterlichen Geschehen. Das vorösterliche Ereignis des Einzugs Jesu in Jerusalem wird aus nachösterlicher Perspektive auktorial gedeutet. Wieder ist es dabei das typische Kennzeichen des Textkommentars, daß er vor- und nachösterliche Zeit im Ganzen überblickt und die vorösterlichen Jünger für die nachösterlich Glaubenden transparent macht. Die Perspektive des Kommentars ist dabei aufgrund der faktischen und der klaren inhaltlichen Unterscheidung der Zeiten als Perspektive des Rückblicks ausgewiesen. Durch sie gibt der Textkommentar seinen nachösterlichen Standpunkt mitten in der Erzählung des vorösterlichen Geschehens zu erkennen. Daran zeigt sich bereits, daß auch die Darstellung des vorösterlichen Geschehens selbst von der Deutungskraft des nachösterlichen Verstehens geprägt ist.

---

[20] Das Reiten auf dem Esel, im Unterschied zum machtvollen Einzug der Könige auf Rossen und Kriegswagen, ist ein Symbol für den friedlichen Charakter des erwarteten Heilskönigs und seiner Herrschaft; vgl. dazu *Rudolf Schnackenburg*, Das Johannesevangelium, HThK IV, Teil II, Freiburg ²1977, 472.

1.3. Der Textkommentar in Joh 7,39

Der Kontext: 7,33-36. Der Textkommentar in Joh 7,39 steht im Kontext eines der Gespräche Jesu mit den Juden am Laubhüttenfest in Jerusalem. Jesus weist hier erstmals den Juden gegenüber darauf hin, daß er nur noch eine kleine Weile bei ihnen sein werde (vgl. Vers 33b: ἔτι χρόνον μικρὸν μεϑ᾽ ὑμῶν εἰμι), da er zum Vater gehe (vgl. Vers 33fin: καὶ ὑπάγω πρὸς τὸν πέμψαντά με.). In den Abschiedsreden wird später Jesus diesen Satz (vgl. dazu auch 7,34) in etwas veränderter Form den Jüngern gegenüber wiederholen (vgl. 13,33), und ähnlich wie sie reagieren auch schon die Juden auf diese Ankündigung mit Rückfragen untereinander, in denen sie erwägen, was Jesus wohl mit seinem Wort gemeint habe (vgl. 7,35f mit 13,36 und besonders mit 16,17f).

Joh 7,39. Im Anschluß an die kurze Gesprächssequenz von Joh 7,33-36 wird ein Ausruf Jesu notiert (vgl. am Ende von Vers 37a: ἔκραξεν λέγων), der inhaltlich zu den johanneischen Worten über das lebendige Wasser gehört[21]. Daß das in den Versen 37b.38 entfaltete Bildwort erklärungsbedürftig ist, zeigt die Tatsache, daß es durch den Textkommentar in Vers 39 erläutert wird. Seine Funktion ist es, wie das auch für die Stelle 2,21 galt, ein Wort Jesu zu deuten und, wie es bereits sichtbar war in 2,22 und 12,16, den Bezug auf die nachösterliche Zeit herzustellen:

τοῦτο δὲ εἶπεν περὶ τοῦ πνεύματος	39aα
ὃ ἔμελλον λαμβάνειν οἱ πιστεύσαντες εἰς αὐτόν·	39aβ
οὔπω γὰρ ἦν πνεῦμα,	39b
ὅτι Ἰησοῦς οὐδέπω ἐδοξάσϑη.	39c

Das Demonstrativum τοῦτο in Vers 39aα ist der Funktion des Textkommentars entsprechend eindeutig anaphorisch bezogen, also auf das vorausgegangene Logion in Vers 38 gerichtet. Was hier gesagt war über den Glaubenden (vgl. Vers 38a: ὁ πιστεύων εἰς ἐμέ)[22], daß nämlich Ströme lebendigen Wassers aus seinem Innern fließen werden (vgl. Vers 38c: ποταμοὶ ἐκ τῆς κοιλίας αὐτοῦ ῥεύσουσιν ὕδατος ζῶντος), wird im Textkommentar durch τοῦτο aufgegriffen und auf den Geist bezogen (vgl. Vers 39aα: περὶ τοῦ πνεύματος). Das hat den Sinn, den Geist als Ursache jenes schöpferi-

---

[21] Vgl. hierzu *Ferdinand Hahn*, Die Worte vom lebendigen Wasser im Johannesevangelium. Eigenart und Vorgeschichte von Joh 4,10.13f; 6,35; 7,37-39, in: God's Christ and his People (FS Nils Alstrup Dahl), Oslo 1977, 51-71, hier bes. 53f.

[22] Auf die Zitationsformel καϑὼς εἶπεν ἡ γραφή und die Frage der Umfangsbestimmung des Zitates selbst muß hier nicht eingegangen werden. Vgl. dazu exemplarisch *Becker*, Das Evangelium des Johannes, z. St.

schen Prozesses zu kennzeichnen, bei dem das Innere des Glaubenden zu einer Quelle des Lebenswassers wird.

Auch in diesem Textkommentar ist nun wie in 12,16 die Verherrlichung Jesu als Zäsur zwischen den Zeiten bestimmt (Vers 39c). Daneben gewinnt aber auch die Aussage über den Geist die Funktion, eine zeitliche Zäsur anzugeben. Denn mit dem Empfang des Geistes beginnt für die Glaubenden eine neue Zeit (Vers 39aβ). Wie aus der Parallelität zwischen Auferstehung und Verherrlichung, so ist darüber hinaus auch aus der Parallelität zwischen Verherrlichung und Empfang des Geistes als Zäsur zwischen den Zeiten zu schließen, daß Verherrlichung, Auferstehung und Gabe des Geistes an die Glaubenden in sachlichem Verhältnis zueinander stehen.

Daß der Kommentar aus jener Perspektive formuliert ist, die den Empfang des Geistes und die Verherrlichung Jesu voraussetzt, macht unmißverständlich Vers 39b.c deutlich. Denn daß es den Geist in jener Zeit, von der erzählt wird, noch nicht gab, da auch Jesus zu dieser Zeit noch nicht verherrlicht war, kann nur gesagt werden, wenn wiederum das Ganze dieser Zeit von einem späteren Standpunkt aus im Überblick vor Augen steht. Und auch der inhaltliche Unterschied zwischen beiden Zeiten muß bekannt sein. So steht hinter dem Kommentar die Erfahrung der nachösterlichen Geistgegenwart im Kreis der Glaubenden und die mit dieser Erfahrung verbundene Deutung, daß es den Geist vor Jesu Verherrlichung für die Glaubenden noch nicht gegeben habe. Inhaltlich werden die Zeiten im Textkommentar von 7,39 also gerade anhand des Kriteriums der Geistgegenwart bei den Glaubenden unterschieden.

Im Vordergrund dieses Kommentars steht daher nicht das Erinnern und Verstehen der Jünger nach Ostern, sondern die nachösterliche Präsenz des Geistes. Daß diese aber gerade in ihrer Bedeutung für die glaubenden Jünger akzentuiert ist, zeigt der enge syntaktische und inhaltliche Zusammenhang zwischen den Versen 38 und 39. Dabei ist sowohl durch das Verheißungswort Jesu in Vers 38 als auch durch die futurisch intendierte Aussage von Vers 39aβ die generalisierende Rede von "dem Glaubenden" transparent auch für die nachösterlichen Jünger.

1.4. Der Textkommentar in Joh 20,9

Es ist nun der Textkommentar in Joh 20,9, der als einziger der betrachteten Kommentare vom Nicht-Verstehen der Jünger in einer Szene spricht, die bereits nicht mehr vom vorösterlichen Auftreten Jesu, sondern vom österlichen Geschehen selbst handelt:

Der Kontext: 20,1-8.11-18.19-23. Kontext des Kommentars in 20,9 ist die Erzählung vom ersten Tag der Woche nach Jesu Kreuzigung (vgl. Vers

1: *Τῇ δὲ μιᾷ τῶν σαββάτων*)[23]. Petrus und der Lieblingsjünger haben an diesem Ostermorgen von Maria Magdalena die Nachricht erhalten, der Herr sei aus seinem Grab weggenommen worden und nicht wiederzufinden (vgl. Vers 2b: *ἦραν τὸν κύριον ἐκ τοῦ μνημείου καὶ οὐκ οἴδαμεν ποῦ ἔθηκαν αὐτόν*). Sie selbst laufen daraufhin zum Grabe (Vers 3f)[24], der Lieblingsjünger kann sich als erster davon überzeugen, daß nicht mehr der Herr, sondern lediglich seine Leinentücher im Grab liegen (vgl. Vers 5a: *καὶ παρακύψας βλέπει κείμενα τὰ ὀθόνια*), und auch Petrus findet im Grabe nichts weiter als die Leinentücher und das Schweißtuch Jesu (vgl. Vers 6fin. 7a: *καὶ θεωρεῖ τὰ ὀθόνια κείμενα, καὶ τὸ σουδάριον*). Später am Morgen wird Maria Magdalena ihren auferstandenen Herrn sehen (vgl. 20,11-18), und am Abend wird er auch den Jüngern, in deren Kreis nur Thomas fehlt, erscheinen (vgl. 20,19-23). Doch jetzt schon kann es vom Lieblingsjünger heißen, daß er, nachdem er nun wie Petrus auch ins Grab hineingetreten ist, "sah und glaubte" (vgl. Vers 8fin: *εἶδεν καὶ ἐπίστευσεν*).

Joh 20,9. An die mit Vers 8 prägnant ans Ende der Erzähleinheit gesetzte Pointe fügt sich der Textkommentar von Vers 9 an, durch den sich der Blick vom Lieblingsjünger nochmals auf beide Jünger ausweitet:

οὐδέπω γὰρ ᾔδεισαν τὴν γραφὴν 9α
ὅτι δεῖ αὐτὸν ἐκ νεκρῶν ἀναστῆναι. 9fin

Anders als in den bisher betrachteten Kommentaren fehlt hier nun die Angabe einer Zäsur zwischen den Zeiten. Daß faktisch zwischen zwei Zeiten unterschieden wird, ist jedoch durch das "noch nicht" in Vers 9α deutlich. Zum Zeitpunkt ihrer Entdeckung des leeren Grabes, so wird gesagt, verstanden die Jünger noch nicht "die Schrift", daß Jesus von den Toten auferstehen müsse[25]. Die Auferstehung ist für sie daher auch noch kein Geschehen, dessen Wirklichkeit sie erfassen könnten. In diesem Sinne

---

[23] Zur Übersetzung von τὰ σάββατα als "die Woche" vgl. *Bultmann,* Das Evangelium des Johannes, 529, Anm. 9.

[24] Auf die Eigenart der Darstellung, daß der Lieblingsjünger als erster das Grab erreicht, Petrus hingegen als erster hineintritt, muß hier nicht weiter eingegangen werden. Zur Frage nach dem Interesse der Erzähleinheit an einer Verhältnisbestimmung zwischen Petrus und dem Lieblingsjünger vgl. die Kommentare z. St. - Zur Frage nach der literarischen Geschichte des Textes vgl. exemplarisch *Becker,* aaO, 605-612 (606: Forschungsansätze; 606-607: Vergleich mit den Synoptikern; 608-612: eigene Position).

[25] Mit γραφή ist hier keinesfalls eine bestimmte alttestamentliche Schriftstelle gemeint, sondern eher die urchristliche Anschauung, daß Leiden, Tod und Auferstehung des Messias in der Schrift vorausgesagt sind. Sie zeigt sich deutlich in der von Paulus übernommenen und weiter überlieferten Glaubensformel von 1 Kor 15,4 sowie in den kerygmatischen Leidensankündigungen der Synoptiker (vgl. Mk 8,31; 9,31; 10,34 parr); vgl. hierzu auch *Rudolf Schnackenburg,* Das Johannesevangelium, HThK IV, Teil III, Freiburg [4]1982, z. St.

befinden sie sich dem Textkommentar von 2,22 gemäß auch am Grabe Jesu noch in der Zeit vor Jesu Auferstehung von den Toten.

Doch welche Funktion hat im Anschluß an die Erzählung, daß der Lieblingsjünger "sah und glaubte", die auktoriale Bemerkung des Kommentars in 20,9[26], daß die Jünger das Schriftwort noch nicht kannten - oder verstanden -, Jesus müsse von den Toten auferstehen?

Eine Antwort muß im Zusammenhang mit dem bereits besprochenen Textkommentar von 12,16 gesucht werden[27]. Hier war ausdrücklich gesagt worden, daß die Jünger erst nach Jesu Verherrlichung das Wort der Schrift verstanden. Gemeint war damit, daß sie die Schrift im Hinblick auf Jesus erst nachträglich zu deuten vermögen. Mit dieser Aussage und ebenso mit dem Kommentar von 2,22 liegt 20,9 auf einer Linie. Denn festgehalten werden soll auch hier, daß es einen Verstehensvorbehalt für die Jünger vor jener Zeit gibt, die durch den Kommentar in 7,39b als die Zeit des Geistes bei den Jüngern gekennzeichnet ist. Dabei muß der Inhalt des Kommentars nicht als Widerspruch zu jener herausgehobenen Aussage über den Lieblingsjünger verstanden werden, daß er "sah und glaubte". Diese absolut formulierte Bestimmung dessen, was sich für den Lieblingsjünger an jenem Ostermorgen ereignet hat, gehört vielmehr zu jenem charakteristischen Thema des Johannesevangeliums, in dem "Sehen" und "Glauben" einander zugeordnet werden.

Gerade auch in den Ostererzählungen gewinnt dieses Thema, von der Erzählung über das leere Grab (20,1-10) bis hin zur Begegnung des Auferstandenen mit Thomas (vgl. 20,24-29), eine besondere Bedeutung. Denn hier kann einerseits abschließend verdeutlicht werden, daß sich - im johanneischen Verständnis - mit dem πιστεύειν ein konkretes Sehen verbindet, von dem auch das, was sich an Ostern ereignet hat, nicht ausgeschlossen ist[28]. Denn daß Jesus an diesem Ostermorgen nicht in seinem Grab zu finden, daß er also gerade nicht zu sehen ist, das ist gleichwohl eine konkrete sichtbare Tatsache, die den Lieblingsjünger zum Glauben führt. Andererseits kann schon an dieser Erzählung, besonders aber an der Thomasgeschichte, veranschaulicht werden, daß zum Glauben das Sehen, aber auch das Bekennen so unmittelbar dazugehören, daß das, was wie Bedingung und Konsequenz aussieht, doch nur ein Akt ist: Der Lieblingsjünger sieht, und daß er sieht, ist schon sein Glauben; Thomas sieht den Auferstandenen als

---

[26] *Bultmann*, aaO, z. St., sieht in Vers 9 eine redaktionelle Glosse. *Schnackenburg*, aaO, 369, rechnet hingegen mit einer "synoptikerähnlichen Quelle", aus der Vers 9 stammt.

[27] Vgl. auch *Ferdinand Hahn*, Sehen und Glauben im Johannesevangelium, in: Neues Testament und Geschichte (FS Oscar Cullmann), Zürich/Tübingen 1972, 125-141, hier 129, Anm. 17.

[28] Vgl. *Hahn*, aaO, 130.

den Gekreuzigten (vgl. die Hinweise auf die Wunden Jesu in den Versen 25 und 27), und auch dieses Sehen ist schon sein Glauben (vgl. die Frage Jesu an ihn in Vers 29b: ὅτι ἑώρακάς με πεπίστευκας;[29]), das sich zugleich in dem Bekenntnis äußert: "Mein Herr und mein Gott!" (Vers 28b: ὁ κύριός μου καὶ ὁ θεός μου).

Mit eben dieser Pointe der Thomasgeschichte steht nun der Kommentar von 20,9 in engem Zusammenhang. Erwidert nämlich Jesus auf das Bekenntnis des Thomas, daß selig diejenigen seien, die nicht sehen und doch glauben (vgl. Vers 29c: μακάριοι οἱ μὴ ἰδόντες καὶ πιστεύσαντες), so ist hier mit dem "Sehen" eine Konnotation verbunden, die mit der Rede vom "Nicht-Verstehen" in Vers 9 vorbereitet wurde. Denn das nachösterliche Sehen - die Seligpreisung von Vers 29 muß in ihrem futurischen Aspekt verstanden werden - ist positiv ein Verstehen, ein Sehen also der Einsicht, die "sichtbar" wiederum im Zeugnis des Glaubens wird.

Der Textkommentar von 20,9 erfüllt also die Funktion, vorösterliche und nachösterliche Zeit zu unterscheiden, indem er den vorösterlichen Deutungsvorbehalt formuliert, der für die Jünger auch noch am Ostermorgen angesichts des leeren Grabes gilt. Daß er aber vor- und nachösterliche Zeit unterscheiden kann, zeigt wiederum, daß er selbst vom Standpunkt jenseits des vorösterlichen und österlichen Geschehens aus formuliert ist. Wenn er vom österlichen Nicht-Verstehen der Jünger spricht, so tut er dies also aus der Perspektive des deutenden Rückblicks, die der nachösterlichen Zeit vorbehalten ist.

1.5. Zwischenbilanz

Am Vergleich der besprochenen Stellen sind nun nochmals jene Hinweise zusammenzustellen, in denen die faktische Unterscheidung und der inhaltliche Unterschied zwischen der vor- und nachösterlichen Zeit zum Ausdruck gekommen sind.

(1) Zur faktischen Unterscheidung der Zeiten ließ sich beobachten, daß in drei der vier Stellen des Textkommentars eindeutig eine Zäsur angegeben wird, an der sich die Zeiten scheiden (vgl. Joh 2,22; 7,39 und 12,16). In den Stellen 7,39 und 12,16 ist es die Verherrlichung Jesu, in 2,22 die Auferste-

---

[29] Daß die Frage Jesu keinen Vorwurf oder Tadel an Thomas beinhaltet, hat überzeugend *Kohler*, Kreuz und Menschwerdung, 183-185, nachgewiesen. Die Frage Jesu sei nicht Vorwurf, sondern Bestätigung (184) und Würdigung (183) dessen, daß Thomas "nicht irgendetwas am Auferstandenen", sondern qualifiziert die "Person Jesu" selbst (vgl. das με als Objekt des πιστεύειν in Vers 29) gesehen habe (184). Sie bilde daher keinen Gegensatz zur folgenden Seligpreisung, sondern deren Grundlage (ebd.).

hung Jesu, die als Zäsur zwischen den Zeiten bestimmt wird. Ein impliziter Hinweis auf die Auferstehung Jesu als Wendepunkt der Zeiten begegnet auch in 20,9 durch den Inhalt des Schriftwortes. Sprachlich wird auf die Zäsur entweder durch ὅτε (+ οὖν) + Aorist oder durch οὐδέπω + Aorist verwiesen. Im einen Fall wird also aus der Perspektive des vollzogenen österlichen Geschehens der Kommentar formuliert (vgl. ὅτε οὖν ἠγέρϑη κτλ.; ὅτε ἐδοξάσϑη), im anderen Falle unter Berücksichtigung der fortlaufend erzählten Handlung, in der das Ereignis, das die Zeiten scheidet, noch aussteht (vgl. οὐδέπω ἐδοξάσϑη). In beiden Fällen aber wird jene auktoriale Erzählweise deutlich, die den gesamten zeitlichen Rahmen der Geschehnisse vor und nach der zeitlichen Zäsur überblickt.

(2) Einzig die Stelle Joh 12,16 ist es, in der die Zeit vor der angegebenen Zäsur einen eigenen Namen erhält: sie ist die Zeit "τὸ πρῶτον". Dem entspricht, daß in dieser Aussage die Zeit vor Jesu Verherrlichung auch inhaltlich näher bestimmt wird. So zeichnet 12,16 für die Zeit vor Jesu Verherrlichung das Bild der Jünger, die den Einzug Jesu in Jerusalem auf einem Eselchen und die Begrüßung der ihm entgegengehenden Volksmenge mit Palmzweigen und königlichem Jubelruf noch nicht in Verbindung bringen konnten mit dem Schriftwort, in dem sich die tiefere Bedeutung dieses Geschehens erschließt. Außer dem Bezug zu dem Schriftwort fehlt den Jüngern daher auch die Möglichkeit der Deutung und des Verstehens der Person Jesu.

Eine inhaltliche Bestimmung der Zeit vor der zeitlichen Zäsur findet sich auch in 7,39. Der Zäsur entsprechend ist es die Zeit vor Jesu Verherrlichung, die hier inhaltlich durch die Präsenz des Geistes bei den Glaubenden ausgezeichnet wird. Ein Bezug auf das Erinnern oder Verstehen der μαϑηταί fehlt hingegen in diesem Textkommentar sowohl hinsichtlich des Wortes Jesu wie hinsichtlich der Schrift. Das Motiv des noch fehlenden Verständnisses der Jünger für die Schrift wird dagegen wie in 12,16 so auch in 20,9 der Szene kommentierend beigegeben, in der die Jünger das leere Grab nicht als Hinweis auf die Auferstehung Jesu zu deuten vermögen.

(3) In 2,22 ist umgekehrt das positive Verhältnis der Jünger zur Schrift formuliert, wie es für die nachösterliche Zeit gelten soll. Hier markiert das Schriftverständnis die eine Seite der nachösterlichen Einsicht, deren andere Seite sich im Verständnis für das Wort Jesu äußert. Sowohl das Verständnis für die Schrift wie die gläubige Annahme des Wortes Jesu ist in diesem Kommentar nun ausdrücklich als Konsequenz der Erinnerung der Jünger gezeichnet. Damit aber ist die Erinnerung als Voraussetzung des nachösterlichen Verständnisses der Jünger hervorgehoben.

Es ist diese Zuordnung von Voraussetzung und Konsequenz, die eine erste Auswertung der Textkommentare auch hinsichtlich des nachösterlichen Verstehensprozesses erlaubt: Als konstitutiv für das nachösterliche

Verstehen und seine Entstehung wird die Erinnerung der Jünger erkennbar. In 12,16 wird dieser konstitutive Zusammenhang in der Formulierung dadurch noch deutlicher, daß das Schriftwort über den Einzug des Königs und die Reaktion der Volksmenge als direkter Gegenstand der Erinnerung der Jünger genannt wird. Erinnern und Verstehen werden also hier als die beiden Aspekte des nachösterlichen Verstehensprozesses nicht eigens unterschieden. Der nachösterliche Verstehensprozeß wird vielmehr ganz auf die Erinnerung konzentriert. Von 2,22 her ist jedoch deutlich, daß gerade mit der Erinnerung auch Deutung, Einsicht und gläubiges Verstehen einhergehen. Diese Aspekte sind daher auch im Terminus ἐμνήσθησαν, wie ihn 12,16 verwendet, konnotativ miteingeschlossen.

1.6. Der Textkommentar in Joh 2,17

Nach dem Vergleich der Stellen 2,22; 7,39; 12,16 und 20,9 kann nun der Blick noch auf eine weitere Stelle gelenkt werden, die sich der Form nach ebenfalls zu den Textkommentaren zählen läßt. Gemeint ist die Stelle Joh 2,17, in der sich eine faktische Unterscheidung der Zeiten anhand einer klaren Zäsur zunächst nicht zu finden scheint. Doch auch in 2,17 werden die Jünger als Zeugen der Tempelaustreibung transparent für die nachösterlich Glaubenden. Diesem Sachverhalt soll noch in gebotener Kürze nachgegangen werden:

Der Kontext: 2,13.14-16. Nachdem mittels einer berichtenden Notiz zu Zeit und Ort der Handlung straff in die Szene der Tempelaustreibung eingeführt worden war (vgl. Vers 13: *Καὶ ἐγγὺς ἦν τὸ πάσχα τῶν Ἰουδαίων, καὶ ἀνέβη εἰς Ἰεροσόλυμα ὁ Ἰησοῦς*), liegt das Gewicht der Verse 14-16 ganz auf der szenischen Darstellung. Möglichst anschaulich soll jetzt das Geschehen präsentiert werden. Dafür sind Details wichtig wie die Rinder, Schafe und Tauben (vgl. Vers 14), die Geißel aus Stricken, der Blick auf die verschütteten Münzen der Geldwechsler und ihre umgestoßenen Tische (vgl. Vers 15) und schließlich die direkte Personenrede Jesu, mit der die Taubenhändler konfrontiert werden (vgl. Vers 16).

Joh 2,17. An die szenische Darstellung der Verse 14-16 schließt sich die Aussage über das Erinnern der Jünger in Vers 17 an:

ἐμνήσθησαν οἱ μαθηταὶ αὐτοῦ	17aα
ὅτι γεγραμμένον ἐστίν·	17aβ
ὁ ζῆλος τοῦ οἴκου σου καταφάγεταί με.	17b

Der Blick auf die Jünger am Ende der Erzählung von der Tempelaustreibung ähnelt erzähltechnisch dem Wechsel der Perspektive von der Personenrede im Zusammenhang der Legitimationsforderung der Juden zum

Textkommentar in 2,21f. Anders als in 2,21f wird jedoch durch Vers 17 kein Wort Jesu, sondern sein Handeln kommentiert. Und zwar geschieht das aus der Perspektive der Jünger, die bisher bei der Darstellung der Geschehnisse am Tempel nicht erwähnt worden waren. Erzähltechnisch demonstriert daher Vers 17, daß die Jünger als Teilnehmer der Tempelaustreibung verstanden werden sollen, auch wenn sie im einleitenden Rahmen der Szene (vgl. Vers 13) nicht genannt waren.

Mit der Aussage, daß sich die Jünger angesichts des Handelns Jesu im Tempelhof des Schriftwortes erinnern: "Der Eifer um dein Haus wird mich zerfressen", ist anders als in Vers 22 keine Angabe zur Unterscheidung der Zeiten verbunden. Daher scheint es, als erinnerten sich die Jünger bereits in der Gegenwart des Geschehens am Tempel an das Schriftwort. Da hier mit dem Textkommentar also nicht auch der ausdrückliche Bezug zur nachösterlichen Zeit hergestellt wird, treten die Jünger deutlicher als in der anschließenden Szene der Legitimationsforderung als vorösterliche Teilnehmer des Ereignisses ins Bewußtsein. Im Terminus des Erinnerns jedoch liegt der entscheidende Hinweis darauf, daß auch hier die nachösterliche Perspektive des Rückblicks hinter der Darstellung steht. Inhaltlich soll daher auch hier zum Ausdruck kommen, daß die nachösterliche Zeit von der vorösterlichen Zeit unterschieden ist. Erst nachösterlich vermögen die Glaubenden Jesu vorösterliches Auftreten zu verstehen und in seinem tieferen Sinn von der Schrift her zu deuten.

1.7. Überblick, Bilanz und weiterführende Perspektive

Nach der Untersuchung der Textkommentare 2,17.22; 7,39; 12,16 und 20,9 ist nun eine erste Bilanz zu ziehen für die Frage nach dem nachösterlichen Standpunkt, den das Johannesevangelium für seine Darstellung der Geschichte Jesu voraussetzt. Dafür sollen zunächst die an den Belegstellen gewonnenen Einzelbeobachtungen noch einmal übersichtlich zusammengestellt werden:

Überblick über Hinweise auf den nachösterlichen Standpunkt
im Textkommentar

Faktische Unterscheidung der Zeiten	*Inhaltlicher Unterschied zwischen den Zeiten*

1) Joh 2,17

Keine Zäsur angegeben. Impliziter Hinweis auf die Unterscheidung der Zeiten im Terminus μιμνήσκεσθαι.

Kennzeichen der nachösterlichen Zeit:
17a: ἐμνήσθησαν οἱ μαθηταὶ αὐτοῦ ὅτι γεγραμμένον ἐστίν·

2) Joh 2,22

Zäsur: Die Auferstehung Jesu von den Toten.

22a: ὅτε οὖν ἠγέρθη ἐκ νεκρῶν

Kennzeichen der Zeit nach der Auferstehung Jesu von den Toten:
22b: ἐμνήσθησαν οἱ μαθηταὶ αὐτοῦ ὅτι τοῦτο ἔλεγεν,
22c: καὶ ἐπίστευσαν τῇ γραφῇ καὶ τῷ λόγῳ ὃν εἶπεν ὁ Ἰησοῦς.

3) Joh 7,39

Zäsur: Die Verherrlichung Jesu.

39c: ὅτι Ἰησοῦς οὐδέπω ἐδοξάσθη
39a: περὶ τοῦ πνεύματος ὃ ἔμελλον λαμβάνειν οἱ πιστεύσαντες εἰς αὐτόν.

Kennzeichen der Zeit vor der Verherrlichung Jesu:
39b: οὔπω γὰρ ἦν πνεῦμα

4) Joh 12,16

Zäsur: Die Verherrlichung Jesu.
Zeit vor der Verherrlichung Jesu:
16a: τὸ πρῶτον
Zeit nach der Verherrlichung Jesu:
16b: ἀλλ᾽ ὅτε ἐδοξάσθη Ἰησοῦς

Kennzeichen der Zeit vor der Verherrlichung Jesu:
16a: ταῦτα οὐκ ἔγνωσαν αὐτοῦ οἱ μαθηταί
16b: τότε ἐμνήσθησαν ὅτι ταῦτα ἦν ἐπ᾽ αὐτῷ γεγραμμένα καὶ ταῦτα ἐποίησαν αὐτῷ.

5) Joh 20,9

Zäsur: Impliziter Hinweis auf die Auferstehung (im Schriftwort).
Zeit des "noch nicht":
9α: οὐδέπω

Kennzeichen der Zeit des "noch nicht":

9α: οὐδέπω γὰρ ᾔδεισαν τὴν γραφὴν fin: ὅτι δεῖ αὐτὸν ἐκ νεκρῶν ἀναστῆναι.

Bilanz und weiterführende Perspektive

(1) Der nachösterliche Standpunkt des Johannesevangeliums läßt sich fassen an jenen Stellen, an denen das reine Erzählen unterbrochen wird durch einen Kommentar. Seine Funktion ist es, szenisch dargestelltes Geschehen oder ein Wort Jesu inhaltlich zu erläutern und zu deuten. Dabei ist mit der Deutung jeweils ein Hinweis auf die nachösterliche Zeit verbunden. Daran zeigt sich, daß der Textkommentar seine Deutungsfunktion wahrnehmen kann, da er einen Standpunkt innehat, der zeitlich jenseits des erzählten Geschehens liegt. Von diesem Standpunkt aus überblickt er das Ganze der erzählten vorösterlichen Zeit. Auf sie als Ganze kann er daher auch zurückblicken, und es liegt ihm daran, bei diesem Rückblick den Unterschied zwischen der vorösterlichen und der nachösterlichen Zeit herauszustellen.

(2) Es ist eben diese Unterscheidung der Zeiten, die als ein spezifisches Merkmal des nachösterlichen Standpunktes erscheint, so wie er vom Textkommentar vertreten wird. Dabei unterscheidet der Textkommentar zwischen den Zeiten jeweils faktisch anhand einer bestimmten Zäsur und inhaltlich anhand der näheren Kennzeichnung der Zeiten vor und nach der angegebenen Zäsur.

(a) Als zeitliche Zäsuren werden Jesu Auferstehung von den Toten, seine Verherrlichung sowie der Empfang des Geistes durch die Glaubenden genannt. An einer klaren zeitlichen Zuordnung dieser Ereignisse besteht dabei kein Interesse. Sie werden vielmehr in ein sachliches Verhältnis zueinander gestellt, das darin besteht, daß sie jeweils die Funktion wahrnehmen, die Wende zwischen vor- und nachösterlicher Zeit zu markieren. So entsteht der Eindruck, als seien "Auferstehung", "Verherrlichung" und "Geistempfang" im Bewußtsein des nachösterlichen Standpunkts gleichsam verschiedene Namen für den einen Sachverhalt der Unterscheidung der Zeiten - Namen allerdings, die an diesem Sachverhalt einen je spezifischen Aspekt zum Ausdruck bringen.

So unterscheidet der nachösterliche Standpunkt im Hinblick auf Jesus die Zeiten anhand seiner Auferstehung von den Toten. Im Hinblick auf die Glaubenden hingegen ist es der Empfang des Geistes, an dem sich für das Bewußtsein des nachösterlichen Standpunktes die Unterscheidung der Zeiten festmacht. Die Angabe der Verherrlichung Jesu als Zäsur zwischen den Zeiten scheint dann beide Aspekte miteinander verbinden zu können. Das zeigt sich, wenn von den Textkommentaren aus vorgegriffen wird auf eine Verheißung der Abschiedsreden und auf eine Aussage Jesu im Abschiedsgebet. Gemeint sind die Stellen 16,14a und 17,10b. In 16,14a nämlich wird Jesus den Jüngern verheißen, daß ihn der Geist verherrlichen werde. Und in 17,10b wird er - im Rückblick auf das Wirken des Geistes - sagen, daß er in den Jüngern selbst verherrlicht sei. Wenn daher der nachösterliche Standpunkt anhand der Verherrlichung Jesu zwischen den Zeiten unterscheidet, so gilt das im Hinblick auf Jesus, da er nach Ostern der Verherrlichte ist. Es gilt aber auch im Hinblick auf die Glaubenden, da sie Jesus als den in ihnen Verherrlichten erfahren werden.

(b) Geschieht die faktische Unterscheidung der Zeiten sowohl im Hinblick auf Jesus als auch im Hinblick auf die Glaubenden, so richtet sich die inhaltliche Bestimmung der Zeiten ganz auf die Jünger. Durch den Vorgriff des Textkommentars auf die nachösterliche Zeit werden die vorösterlichen μαθηταί dabei zugleich transparent für die nachösterlich Glaubenden.

Vorösterlich, so deutet der nachösterliche Standpunkt im Rückblick, war den Jüngern das Verständnis für Jesu Wort und der Bezug der Schrift auf Jesu Person noch nicht gegeben. Das Geschehen, an dem die vorösterlichen Jünger teilnahmen, konnte sich ihnen in seiner Bedeutung noch nicht erschließen. Erst nachösterlich finden sie zur gläubigen Einsicht in das, was Jesus gesagt hat, und in das, was mit ihm geschehen ist. Erst nachösterlich vermögen sie auch die Schrift auf ihn hin zu deuten.

Vorösterlich, so gilt weiter für die Unterscheidung der Zeiten, gab es für die Jünger auch den Geist noch nicht. Kennzeichen hingegen der nachösterlichen Zeit ist es, daß sie die Gegenwart des Geistes erfahren, den sie empfangen haben.

(3) Eben in den Aussagen über die nachösterliche Einsicht deutet der Textkommentar auch den nachösterlichen Verstehensprozeß an. Er nämlich gründet im Sich-Erinnern der Glaubenden. In diesem Erinnern sind gläubiges Verstehen und Deutung mitgegeben. Das Erinnern ist daher kein reines Wiederholen von Vergangenem, zumal sich das Vergangene dem Verstehen entzog. Erinnern erscheint hier eher als ein Verstehensvorgang, der sichtbar macht, was vorher nicht zu sehen war. Gerade der schöpferische Charakter des nachösterlichen Verstehensprozesses wird daher im Motiv des Erinnerns betont. So zeigt der Textkommentar, daß im nachösterlichen Standpunkt das Potential liegt, das vorösterliche Geschehen zu erschließen und allererst in seiner Bedeutung zur Geltung zu bringen.

Weiterführende Perspektive. Als wesentliche Kennzeichen der nachösterlichen Zeit haben sich anhand der betrachteten Textkommentare nun also das schöpferische Verstehen der Glaubenden und die Gegenwart des Geistes herauskristallisiert. Ob und wie diese beiden Aspekte zusammenhängen, geht hingegen aus den Textkommentaren nicht hervor. Als Perspektive für die weitere Untersuchung des nachösterlichen Standpunkts eröffnet sich daher die Frage nach dem sachlichen Zusammenhang zwischen nachösterlichem Verstehensprozeß und nachösterlicher Geistgegenwart.

Das Augenmerk ist dafür von der Textgruppe der Kommentare jetzt weiterzulenken auf die Textgruppe der Verheißungen im Munde Jesu. Sie nämlich nehmen für die Umsetzung des nachösterlichen Standpunktes eine analoge Funktion wahr. Nutzt das Johannesevangelium in der kommentierenden Instanz des Textes den Überblick über vor- und nachösterliche Zeit, um bereits in der Erzählung des vorösterlichen Geschehens auf die nachösterliche Zeit vorauszuweisen, so ist es auf der Ebene der erzählten Figuren die Figur Jesu, der diese Funktion übertragen werden kann. Denn zur christologischen Konzeption der Figur Jesu gehört im Johannesevangelium grundlegend das Motiv des göttlichen Wissens, das Jesus ermächtigt, sein "Woher" und "Wohin" zu kennen (vgl. exemplarisch 8,14). Der johanneische Jesus kann auf seine Präexistenz zurückblicken (vgl. 8,56.58) und ebenso vorausweisen auf die Stunde seines Todes (vgl. 2,4). Er kennt die Stunde seiner Verherrlichung (vgl. 12,23; 13,31) und weiß um seine Rückkehr zum Vater (13,1.3; 16,28). Durch dieses umfassende Wissen kann er daher im vorösterlichen Geschehen auf die nachösterliche Zeit vorausweisen, und dieser Vorverweis findet in den Verheißungen an die Jünger und auch an die Juden seine textlich faßbare Form.

2. Hinweise in einzelnen Verheißungen Jesu an die Jünger und an die Juden außerhalb der Abschiedsreden

Verheißungen für die nachösterliche Zeit prägen die Abschiedsreden Jesu an die Jünger. Doch auch außerhalb der Abschiedsreden finden sich Verheißungen Jesu an die Jünger und an die Juden, die sich auf die nachösterliche Zeit beziehen lassen und für den nachösterlichen Standpunkt des Johannesevangeliums ausgewertet werden können. Der Reihe ihres Auftretens entsprechend sind die Stellen Joh 1,50f; 7,38; 8,28.31f und 13,7 zu nennen. Die folgende Untersuchung dieser Stellen hat herauszuarbeiten, wie in diesen Verheißungen die faktische und inhaltliche Unterscheidung der Zeiten faßbar wird. Dabei ist auf die Beobachtungen und Ergebnisse, die bei der Auslegung der Textkommentare gesammelt werden konnten, Bezug zu nehmen.

2.1. Die Verheißung Jesu an Petrus in Joh 13,7

Der Kontext: Das Abschiedsmahl 13,1-30, insbesondere die Fußwaschung 13,1-17[1]. Exklusiv auf die Jünger bezogen finden sich außerhalb

---

[1] Ein Teil der Literatur grenzt den Abschnitt der Fußwaschungsszene auch mit den Versen 1-20 ab; vgl. exemplarisch *Georg Richter*, Die Fußwaschung Joh 13,1-20, in: ders., Studien zum Johannesevangelium, 42-57.

Die Erzählung von der Fußwaschung der Jünger durch Jesus gehört zu den meistdiskutierten Texten des Johannesevangeliums. Im Rahmen der vorliegenden Fragestellung muß auf die vielfältigen Probleme, die der Text der Forschung aufgegeben hat, nicht einzeln eingegangen werden. Wo diese Probleme bei der Besprechung des Kontextes von 13,7 anklingen, finden sich die wichtigsten Diskussionspunkte in den Anmerkungen. Dabei wird nur exemplarisch auf die wichtigste Literatur eingegangen. - Eine überschaubare und repräsentative Literaturauswahl zur Exegese der Fußwaschung bietet *Becker*, Das Evangelium des Johannes, 418f. Unter den hier genannten Arbeiten ist zur Geschichte der Auslegung des Textes besonders die Untersuchung hervorzuheben von *Georg Richter*, Die Fußwaschung im Johannesevangelium. Geschichte ihrer Deutung, BU 1, Regensburg 1967. - Die letzte der bei *Becker* notierten Arbeiten stammt aus dem Jahre 1978. Danach sind in Auswahl und chronologisch geordnet die Untersuchungen zu nennen von *H. Weiss*, Foot Washing in the Johannine Community, NT 21, 1979, 298-325; *S. M. Schneider*, The Foot Washing (John 13,1-20). An Experiment in Hermeneutics, CBQ 43, 1981, 76-92; *F. F. Segovia*, John 13,1-20. The Footwashing in the Johannine Tradition, ZNW 73, 1982, 115-128; *A. J. Hultgren*, The Johannine Footwashing (13.1-11) as Symbol of Eschatological Hospitality, NTS 28, 1982, 539-546; *Kohler*, Kreuz und Menschwerdung, 192-299; *Wengst*, Bedrängte Gemeinde, 1990, 207-215.

der Abschiedsreden nur zwei Belege, die als Vorverweis auf die nachösterliche Situation der Jünger verstanden und für die Unterscheidung der Zeiten
ausgewertet werden können. Einer dieser Belege, Joh 13,7, gehört bereits in
den großen literarischen Rahmen der Abschiedssituation, für die der Blick
über die Zeit des irdischen Jesus hinaus konstitutiv ist: Die Verheißung Jesu
an Petrus in Joh 13,7[2] gehört zum Kontext der Fußwaschungsszene (13,1-
11.12-17) im Rahmen des Abschiedsmahles Jesu mit seinen Jüngern (13,1-
30), das am Abend vor dem Rüsttag zum Pessachfest stattfindet (vgl. Vers
1a: *Πρὸ δὲ τῆς ἑορτῆς τοῦ πάσχα*)[3]. Diese Mahlszene erhält durch ihre
literarische Ausgestaltung die Funktion, sowohl auf Jesu Passion als auch
auf die nachösterliche Zeit vorauszuweisen. Das zeigt sich bereits an der
auffallenden Einleitung der Erzähleinheit (13,1-3)[4]. Denn sie geht über eine

---

[2] Auf die Bedeutung der Stelle Joh 13,7 als Verweis auf den nachösterlichen Standpunkt weist auch *Schnelle*, Perspektiven der Johannesexegese, 62, hin. Auch *Wrede*,
Messiasgeheimnis, 184, wertet die Stelle im Sinne des nachösterlichen Verstehens der
Jünger aus; ebenso die Kommentare z.St.; *Onuki*, Gemeinde und Welt, 61, erwähnt darüber hinaus den sachlichen Zusammenhang zwischen 13,7 und 2,22; 12,16 im Hinblick auf
das in diesen Stellen jeweils zum Ausdruck kommende nachösterliche "Selbstverständnis
der johanneischen Lesergemeinde".

[3] Die Stelle 13,1 weist mit den Belegen 18,28 und 19,14 auf die spezielle Passions-
chronologie des Johannesevangeliums, die sich unterscheidet von der synoptischen Pas-
sionschronologie. Zwar stirbt Jesus sowohl nach der Chronologie der Synoptiker als auch
nach der des Johannesevangeliums an einem Freitag. Doch bezeichnen die synoptischen
Evangelien diesen Freitag näher als den ersten Festtag des Pessachfestes (15. Nisan),
während das Johannesevangelium den Freitag auf den Rüsttag zum Pessachfest legt, an
dem die Pessachlämmer geschlachtet werden (14. Nisan). Die Mahlszene am Abend vor
dem Rüsttag zum Pessach liegt daher nach der Chronologie des Johannesevangeliums auf
dem 13. Nisan; vgl. dazu im einzelnen *Bultmann*, Das Evangelium des Johannes, 333f,
Anm. 6 und 514, Anm. 5; *Schnackenburg*, Das Johannesevangelium III, 306f mit Anm.
97-99.

Allein aus Gründen historischer Wahrscheinlichkeit ist der johanneischen Chronologie
der Vorzug zu geben. Denn die Kreuzigung Jesu am ersten Festtag des höchsten jüdischen
Festes wäre für die Juden eine ungeheure Provokation gewesen. Davon abgesehen stehen
jedoch sowohl hinter der synoptischen als auch hinter der johanneischen Tradition theologische Aussageabsichten: Die synoptischen Evangelien verleihen dem letzten Mahl Jesu mit
seinen Jüngern dadurch besonderes Gewicht, daß sie es zeitlich als das Pessachmahl gestalten. Das Johannesevangelium hingegen bezieht Jesu Sterben auf das Schlachten der Läm-
mer und stilisiert so Jesus selbst zum wahren Pessachlamm, dessen Beine nicht gebrochen
werden dürfen (vgl. 19,36); vgl. dazu auch *Schnackenburg*, aaO, 15f. 342.

[4] Die Einleitung der Erzähleinheit wird entweder mit den Versen 1-3 (exemplarisch:
Bultmann, aaO, 352-354; *Schnackenburg*, aaO, 6) oder den Versen 1-4 (exemplarisch:
Becker, aaO, 420) angegeben. Syntaktische Gründe sprechen durchaus für den Umfang der
Verse 1-4. Kompositorische Gründe sprechen jedoch für den Umfang der Verse 1-3. Denn
während in den Versen 1-3 die "Erzählelemente" (1a: "vor dem Pessachfest"; 2a: "und
während ein Mahl stattfand") noch deutlich hinter den theologischen "Deuteelementen" (1a:
Wissen Jesu um seine Stunde; 1b: Liebe zu den Seinen; 2b: Verrätermotiv; 3: Motiv der

reine Szenenangabe zu Ort, Zeit und Personen der folgenden Handlung weit hinaus. Mehr soll gesagt werden, als daß vor dem Pessachfest ein Mahl Jesu mit den Jüngern stattfand. Betont soll vielmehr werden, daß dieses Mahl zu Jesu "Stunde" gehört, die ihm in seinem vollmächtigen göttlichen Wissen als jene Stunde bewußt ist, in der er aus der Welt hinübergeht zum Vater (Vers 1a: εἰδὼς ὁ Ἰησοῦς ὅτι ἦλθεν αὐτοῦ ἡ ὥρα ἵνα μεταβῇ ἐκ τοῦ κόσμου τούτου πρὸς τὸν πατέρα). Kündigt sich im Motiv der "Stunde" der nahe Tod Jesu am Kreuz an, so weist das Motiv des "Hinübergehens aus der Welt" darauf, daß Jesu Tod seine Rückkehr zum Vater bedeutet, von der die Abschiedsreden handeln werden.

Kompositionstechnisch weist Vers 1 der Einleitung zur Mahlszene daher voraus auf die Passionsgeschichte (18,1-19,42) und auf die Abschiedsreden (13,31-16,33)[5]. Wenn aber Jesus in den Abschiedsreden den Jüngern seine Rückkehr zum Vater ankündigen wird, dann wird er ihnen zugleich ihre nachösterliche Zukunft entwerfen. Grundlegende Erfahrung der Jünger in nachösterlicher Zeit wird es sein, von Jesus und dem Vater geliebt zu werden (vgl. 13,34b; 14,21b.23c; 15,12b; 16,27a). Auch darauf nimmt bereits der einleitende Rahmen der Mahlszene Bezug, wenn es hier heißt, daß Jesus die Seinen in der Welt geliebt habe bis zur Vollendung (Vers 1b: ἀγαπή-σας τοὺς ἰδίους τοὺς ἐν τῷ κόσμῳ εἰς τέλος ἠγάπησεν αὐτούς)[6].

Vollmacht und des Weges Jesu) zurücktreten, beginnt mit Vers 4 das szenische Erzählen, das ganz von Erzählelementen lebt. Zur Unterscheidung von "Erzähl-" und "Deuteelementen" vgl. *Kohler*, aaO, 192. Diese Differenzierung ermöglicht es, in den gewöhnlich als "überladen" bewerteten Einleitungsversen der Erzähleinheit (vgl. etwa *Thyen*, Art. Johannesevangelium, 205; *Schnackenburg*, aaO, 7; *Becker*, aaO, 420) eine kunstvolle Verschränkung von Erzählung und theologischer Reflexion zu erkennen, die im Hinblick auf die folgenden Szenen der Abschiedssituation eine besondere Spannung und Aufmerksamkeit erzeugt; anders *Becker*, aaO, 420f, der aufgrund seiner literarkritischen Analyse in den Versen 1-3 eine "überladene Konstruktion" (420) und "schwerfällige Periode" (ebd.) sieht, die auf einen "Basistext" des Evangelisten zurückgehe (ebd.) und dann durch die Kirchliche Redaktion "zu einem nunmehr unmöglichen Satzmonstrum erweitert" worden sei (421); auch *Bultmann*, aaO, 353, hält die "Überfüllung des Textes" nicht für ursprünglich.

[5] 13,1-3 wird insgesamt aus diesem Grund auch häufig als "Prolog" oder Einleitung zu allen folgenden Kapiteln des Johannesevangeliums bezeichnet und als Argument für die kompositorische Zweiteilung des Evangeliums herangezogen; vgl. dazu exemplarisch *Bultmann*, aaO, 348; *Schnackenburg*, aaO, 1-3; *Wengst*, Bedrängte Gemeinde, 1990, 207f mit Anm. 74.

[6] Zur Übersetzung der Wendung εἰς τέλος mit "bis zur Vollendung" vgl. *Bultmann*, aaO, 372, der den sachlichen Zusammenhang herstellt zu Vers 1a: Das μεταβαίνειν Jesu bedeute eben "nicht nur Ende, sondern zugleich Vollendung seines Werkes"; zur sprachlichen Bedeutung der Wendung vgl. ebd., Anm. 4; *Charles K. Barrett*, The Gospel according to St. John. An Introduction with Commentary and Notes on the Greek Text, London [2]1978, 438, und ders., Das Evangelium nach Johannes, KEK Sonderband, Göttingen 1990, 431, hält es für möglich, daß der Ausdruck in zeitlicher Hinsicht bewußt doppeldeutig

Auch wird Jesus den Jüngern in den Abschiedsreden zeigen, daß seine Rückkehr zum Vater den Kreis schließt zu seiner Herkunft von Gott (vgl. exemplarisch 16,28). Dieser Gedanke ist ebenfalls in der Einleitung zur Mahlszene bereits präsent und wiederum als göttliches Wissen Jesu ausgewiesen (Vers 3: εἰδὼς ὅτι πάντα ἔδωκεν αὐτῷ ὁ πατὴρ εἰς τὰς χεῖρας καὶ ὅτι ἀπὸ θεοῦ ἐξῆλθεν καὶ πρὸς τὸν θεὸν ὑπάγει). Wenn dabei zugleich betont wird, Jesus wisse, daß der Vater ihm alles in die Hände gegeben habe, so zeigt sich das Interesse, mit dem Motiv der "Stunde" und der Rückkehr zum Vater auch das Motiv der Vollmacht Jesu in Verbindung zu bringen. Sein ganzer Weg, und so auch sein Tod, geschieht nach dem Willen des Vaters, der aber dem Sohn uneingeschränkt übertragen ist (vgl. 3,35). So hat Jesus die Vollmacht, sein Leben hinzugeben und es wieder zu nehmen (vgl. 10,17f) - ein Gedanke, der in der Komposition der Abschiedsreden und des Abschiedsgebetes, in denen Jesus das Ganze seiner Sendung über den Tod hinaus souverän überblickt, seine überzeugende Umsetzung erfährt.

Verklammert mit dem Motiv der "Stunde" Jesu und der Vollmacht über den ganzen Weg seiner Sendung ist nun in der Einleitung zur Mahlszene auch das Motiv des Verrats Jesu. So heißt es, daß zur Stunde des gemeinsamen Mahles der Teufel bereits in das Herz des Judas Ischariot gefahren sei, auf daß er Jesus verrate (Vers 2b: τοῦ διαβόλου ἤδη βεβληκότος εἰς τὴν καρδίαν ἵνα παραδοῖ αὐτὸν Ἰούδας Σίμωνος Ἰσκαριώτου). Als der, der Vollmacht über seinen Weg hat, ist Jesus dem Verräter jedoch nicht ausgeliefert. Der Verrat selbst gehört ja zum göttlichen Plan, die Schrift soll damit erfüllt werden (vgl. Vers 18c: ἀλλ' ἵνα ἡ γραφὴ πληρωθῇ κτλ.). Das Verrätermotiv bleibt daher von der Einleitung an über die ganze Mahlszene hinweg präsent. Schrittweise wird der Verräter im Laufe des Mahles enthüllt (vgl. 13,10fin.11.18.21b.26f) und geht daraufhin aus dem Kreise der Jünger hinaus in die Nacht (vgl. 13,30).

So wie das Verrätermotiv den Bogen schlägt von der Einleitung der Mahlszene bis zu deren Ende, so bildet es auch das Scharnier (vgl. Vers 10 fin.11) zwischen der sogenannten "ersten Deutung" der Fußwaschung (13,6-10) und ihrer sogenannten "zweiten Deutung" (13,12-17)[7]. Der Verräter

---

verwendet sei (einerseits bezogen auf das Ende des Lebens Jesu, andererseits bezogen auf das eschatologische Ende der Welt); *Schnackenburg*, aaO, 16f, unterscheidet "zeitlichen" und "qualitativ-eminenten Sinn" der Wendung ("bis zuletzt" / "bis zum äußersten"), hält den qualitativen Sinn für dominierend, ohne daß der temporale Aspekt ausgeschlossen sei und stellt zu Recht die Verbindung zwischen εἰς τέλος in 13,1b und τετέλεσται in 19,30 her (Jesu letztes Wort am Kreuz in der Stunde seines Todes: "Es ist vollbracht").

[7] Die Zählung der Deutungen rührt her von der literarkritischen Unterscheidung der beiden Textpassagen 13,6-10 und 13,12-17. Dabei lassen sich mit *Becker*, aaO, 419-421, und *Kohler*, aaO, 193-196, drei Modelle der literar- und traditionskritischen Zuordnung

nämlich, so deutet Jesus den Jüngern an, ist der einzige, der nicht "rein" ist, obwohl auch ihm die Füße gewaschen wurden[8]. Die anderen Jünger hingegen sind ganz rein (vgl. Vers 10c: καθαρὸς ὅλος), auch wenn ihnen nur die Füße, nicht, wie Petrus verlangte, auch Hände und Haupt gewaschen sind (vgl. Vers 9b: κύριε, μὴ τοὺς πόδας μου μόνον ἀλλὰ καὶ τὰς χεῖρας καὶ τὴν κεφαλήν). Denn die Fußwaschung durch Jesus steht pars pro toto für eine "Ganzwaschung": Der, dem von Jesus die Füße gewaschen sind, der ist ὁ λελουμένος, "der Gebadete" (vgl. Vers 10b), ganz und gar rein[9].

---

beschreiben. Zwei dieser Modelle weisen einheitlich die "erste Deutung" (6-10) dem Evangelisten zu (exemplarisch: *Bultmann, Schnackenburg, Becker*), die "zweite Deutung" (12-17) hingegen unterschiedlich entweder einer früheren Tradition (exemplarisch: *Bultmann*) oder einer späteren Redaktion (exemplarisch: *Schnackenburg, Becker*). Ein drittes Modell nimmt zwei unabhängig voneinander entstandene Parallelüberlieferungen an, von denen die "zweite Deutung" (12-17) die frühere sei (exemplarisch: *Boismard*); vgl. dazu im einzelnen *Becker*, aaO, und *Kohler*, aaO. -

Bei einer synchronen Untersuchung des Textes müssen Zählung und damit zusammenhängende Nomenklatur der beiden Abschnitte 6-10.12-17 nicht übernommen werden. Vielmehr ist der innere sachliche Zusammenhang der Passagen hervorzuheben.

[8] Denn Judas ist ja mitgemeint bei den μαθηταί in Vers 5.

[9] Die Aussage über den, "der gebadet ist", gehört zu den schwierigsten des ganzen Abschnittes. Das hat textkritische und damit verbundene inhaltliche Gründe, die sich durch den urchristlichen Sprachgebrauch von λούεσθαι noch verschärfen. Textkritisch ist abzuwägen zwischen verschiedenen Formen eines Langtextes und einem Kurztext (vgl. dazu im einzelnen *Schnackenburg*, aaO, 22f, dem allerdings noch Nestle-Aland [25]1963 vorlag. In Nestle-Aland [26]1979 und [27]1993 wird der ausgewählte Langtext ohne eckige Klammern geboten). Der Langtext von Vers 10b macht im aktuellen Evangelientext die Aussage: "Wer gebadet ist, hat nicht nötig, gewaschen zu werden - außer an den Füßen", der Kurztext hingegen sagt sentenzartig: "Wer gebadet ist, muß nicht gewaschen werden".

Der Langtext setzt einen Gebadeten voraus, der nun nur noch die Fußwaschung empfangen muß, um ganz rein zu sein (Vers 10c). Da im Kontext und auch nirgendwo sonst im Johannesevangelium eine Ganzwaschung erzählt wird, erwägt die Forschung, das Verb λούεσθαι, das im vierten Evangelium nur hier begegnet, auf die Taufe zu beziehen. Sie orientiert sich dabei an neutestamentlichen Aussagen, in denen die Funktion dieses Verbs, seines Kompositums ἀπολού / ἀπολούεσθαι, des Nomens τὸ λουτρόν und des Motivs der Reinigung (καθαρίζω, καθαρισμός) als Taufterminus erkennbar wird (auf die entsprechenden Stellen verweisen *Schnackenburg*, aaO, 24, Anm. 56, *Richter*, Die Fußwaschung Joh 13,1-20, 46f und *Kohler*, aaO, 216, hier als Fehler unterlaufen: Eph 5,6 statt richtig Eph 5,26); vgl. dazu die Diskussion bei *Richter*, ebd., und *Bultmann*, aaO, 357f mit Anm. 5. - Die sakramentale Deutung von 13,10 auf die Taufe wird dann noch überspitzt durch eine Deutung aufs Herrenmahl, vgl. dazu die bei *Richter*, Die Fußwaschung Jesu im Johannesevangelium, 254-256, genannten Positionen und die von *Schnackenburg*, aaO, 25, Anm. 59, erwähnte Literatur. - Für eine Zuordnung von Ganzwaschung im Sinne der grundlegenden Reinigung bei der Taufe und Fußwaschung im Sinne der Vergebung von Einzelsünden plädiert *Albrecht Oepke*, Art. λούω κτλ., ThWNT IV, 297-309, hier 308.

Eindeutiger wird der Kurztext verstanden. Er gilt als Ausdruck des pars-pro-toto-Aspektes der Fußwaschung (vgl. exemplarisch *Kohler*, aaO, 216), die ihrerseits bezogen

Zielt auf das Motiv der "Reinheit" der Jünger Jesu Gespräch mit Petrus (13,6-10), so liegt in diesem Gespräch auch die Begründung für diesen Gedanken. "Rein" sind die Jünger durch die Fußwaschung nämlich deshalb, weil sie durch sie an Jesus Anteil gewonnen haben. So hat es Jesus Petrus erklärt, als dieser abzuwehren versuchte, daß ihm die Füße gewaschen werden: "Wenn ich dich nicht wasche, so hast du nicht teil an mir" (Vers 8c.fin: ἐὰν μὴ νίψω σε, οὐκ ἔχεις μέρος μετ' ἐμοῦ). Den Zusammenhang zwischen Reinheit und Teilhabe an Jesus werden auch die Abschiedsreden ansprechen und auf die Begegnung mit Jesu Wort zuspitzen. So wird die Weinstock-Rede formulieren, daß die Jünger an Jesus teilhaben wie Reben am Weinstock und rein sind durch das Wort, das er ihnen gesagt hat (vgl. 15,3)[10].

Der Gedanke der Teilhabe an Jesus aus den Versen 6-10 begründet dann seinerseits, was die Verse 12-17 über die Fußwaschung erklären. Sie bringen keinen gegenüber dem Gespräch Jesu mit Petrus völlig neuen Gedanken, sondern setzen den dort formulierten Aspekt der Teilhabe an Jesus konsequent fort[11]. Denn da Jesus den Jüngern in der Fußwaschung Anteil gegeben hat an sich, kann sie ihnen nun auch zum Zeichen dafür werden, zu handeln, wie Jesus selbst an ihnen gehandelt hat: "Ein Zeichen nämlich habe ich euch gegeben, daß ihr tut, wie ich euch getan habe" (Vers 15: ὑπόδειγμα γὰρ ἔδωκα ὑμῖν ἵνα καθὼς ἐγὼ ἐποίησα ὑμῖν καὶ ὑμεῖς ποιῆτε).

Die Fußwaschung als Teilgabe an Jesus und ihre Funktion, den Jüngern ein Zeichen zu geben, im Sinne Jesu zu handeln, sind also zwei Aspekte, die wechselseitig zusammengehören. Nur als diejenigen, die an Jesus teilhaben, können die Jünger nach seinem Willen handeln, so wie sie umgekehrt gerade dadurch an Jesus Anteil gewonnen haben, daß er ihnen sein Handeln und seinen Willen in der Fußwaschung übertragen hat.

---

wird auf das Kreuzesgeschehen: Jesu Liebesdienst an den Jüngern in der Fußwaschung (Stichwort: Niedrigkeit) bilde Sinn und Heilsfunktion seines Todes ab. "Der Gebadete" sei daher der, der in das Heilsgeschehen des Todes Jesu "hineingetaucht" sei (so exemplarisch *Kohler*, ebd., *Schnackenburg*, aaO, 24; *Richter*, Die Fußwaschung Joh 13,1-20, 45). - Eine synchrone Auslegung des Textes sollte sich nicht scheuen, das λούεσθαι als pointierte Verstärkung des νίψασθαι aufzufassen, die im Gesprächsverlauf nötig wird, um unmißverständlich deutlich zu machen: Wem von Jesus die Füße gewaschen sind, der ist ganz und gar gewaschen, ganz und gar rein, da er umfassend teil hat an Jesus selbst (vgl. dazu oben das folgende).

[10] Den Bezug zu Joh 15,3 stellen auch *Bultmann*, aaO, 360, und *Schnackenburg*, aaO, 25f, her.

[11] Auch *Kohler*, aaO, 219, spricht davon, daß die Verse 12-17 die Deutung von 6-10 fortsetzen.

Es ist dieser Gedanke, der die Fußwaschung in ihrer Bedeutung für die Jünger wiederum mit den Abschiedsreden verklammert. Denn die Gabe des ὑπόδειγμα (Vers 15) weist voraus auf die ἐντολὴ καινή, die Jesus den Jüngern für die nachösterliche Zeit im Rahmen der Abschiedsreden übertragen wird (vgl. 13,34; 15,12-17)[12]. Sie besteht darin, daß die Jünger aufgetragen bekommen, einander zu lieben, wie Jesus sie geliebt hat. Darin, daß sie mit ihrer Liebe fortführen werden, was Jesus als seinen Auftrag vom Vater erfüllt hat, erfüllen sie ihrerseits Jesu Willen. Und daß sie dazu imstande sein werden, liegt gerade darin begründet, daß ihnen Jesu Wille in der Gabe des "neuen Gebotes" übertragen und zuteil geworden ist.

So wie die Fußwaschung als ganze für die Jünger auf die nachösterliche Zeit vorausweist, so zeigt sich dieser Bezug nun auch in nuce in Vers 7. Jesus befindet sich hier im Gespräch mit Petrus, nachdem zuvor die thematisch dichte Einleitung überführt worden war in szenisches Erzählen (Verse 4f). Dafür waren, wie schon bei der Tempelaustreibung, illustrierende Details wichtig. So wurde einzeln der Blick darauf gerichtet, daß Jesus sich erhebt und sein Oberkleid ablegt, daß er stattdessen ein Leinentuch nimmt und sich damit umgürtet (Vers 4). Beobachtet wurde er dann dabei, daß er Wasser in ein Becken[13] gießt, den Jüngern die Füße wäscht und sie danach mit jenem Leinentuch, das er sich umgelegt hatte, wieder trocknet (Vers 5).

In der Reihe der Jünger ist währenddessen Jesus zu Petrus gelangt (vgl. Vers 6a: ἔρχεται οὖν πρὸς Σίμωνα Πέτρον), um ihm die Füße zu waschen. Daß er, der Herr, dies seinem Jünger tut, entlockt Petrus die Frage: κύριε, σύ μου νίπτεις τοὺς πόδας; (Vers 6c). Dabei wird sein Staunen über diesen Wechsel von Herr und Jünger bereits sprachlich durch den Aufprall von σύ (du) und dem vorausgezogenen Genitivpronomen μου (meine) anschaulich zum Ausdruck gebracht. So nahe, wie syntaktisch hier σύ und μου zusammenstehen, sollte Jesus ihm kommen? So nahe sollte er selbst bei Jesus sein?

Joh 13,7. Auf die erstaunte Frage des Petrus antwortet die Verheißung Jesu in Joh 13,7, die den Jünger auf eine spätere Zeit verweist:

ἀπεκρίθη Ἰησοῦς καὶ εἶπεν αὐτῷ·	7a
ὃ ἐγὼ ποιῶ	7bα
σὺ οὐκ οἶδας ἄρτι,	7bβ
γνώσῃ δὲ μετὰ ταῦτα.	7c

Nicht jetzt, da er ihm die Füße wäscht, versteht Petrus, was Jesus ihm tut. Später erst wird er es verstehen. Die Antwort an Petrus unterscheidet

---

[12] Den Bezug zwischen 13,15 und 13,34 stellt auch *Kohler*, aaO, 226f, her.

[13] Noch detaillierter sprechen manche Handschriften sogar vom "Fußwaschbecken" (ποδονιπτήρ).

also ausdrücklich zwischen der gegenwärtigen, vorösterlichen Situation des
ἄρτι (Vers 7bβ) und der späteren Zeit des μετὰ ταῦτα (Vers 7c). Anders
als in den Textkommentaren ist jedoch keine Zäsur zwischen den Zeiten
angegeben. Daß mit μετὰ ταῦτα die nachösterliche Zeit gemeint ist, kann
daher nur erschlossen werden. Das aber gelingt auf dreifachem Wege. Zum
einen verweist die zeitliche Angabe "nach diesem" dann auf die nachösterliche Zeit, wenn unter "diesem" (ταῦτα) anaphorisch das "jetzt" von Vers
7bβ verstanden und dieses "jetzt" inhaltlich prägnant mit der Zeitangabe
"vor dem Pessachfest" (Vers 1a) gefüllt wird. Das "jetzt" aus Vers 7bβ
meint dann nicht einfach die Handlung der Fußwaschung, der gegenüber
alles folgende - das Gepräch mit den Jüngern über die Bedeutung der Fußwaschung, die weitere Mahlszene, aber auch Abschiedsreden und Abschiedsgebet - das "danach" darstellte. Das ἄρτι bedeutete dann vielmehr
präzise die Zeit vor Jesu Tod am Rüsttag zum Pessachfest; das μετὰ ταῦτα
hingegen meinte die Zeit nach seinem Tod[14].

Der Bezug des μετὰ ταῦτα auf die nachösterliche Zeit gelingt zum anderen dann, wenn die Verheißung an Petrus erstens in Verbindung gebracht
wird mit der tieferen Bedeutung der Fußwaschung, die Jesus in den folgenden Versen kontinuierlich entfaltet (8-10.12-17), und zweitens mit den Abschiedsreden. Daß die Jünger Anteil gewonnen haben an Jesus, begründet
für sie ein Handeln, das Jesu Willen entspricht (ὑπόδειγμα). Gegründet auf
den Willen Jesu aber können sie seinen Auftrag erfüllen, einander zu lieben
und seine Werke fortzuführen (ἐντολή). Diesen Auftrag aber erhalten sie
gerade für die Zeit nach Ostern, wenn Jesus zum Vater zurückgekehrt sein
wird.

Das dritte Argument, μετὰ ταῦτα auf die nachösterliche Zeit zu beziehen, liegt schließlich im Motiv des Verstehens selbst, das Petrus nach 13,7
verheißen wird. Denn daß in den Versen 7bβ und 7c nicht nur "jetzt" und
"danach", sondern auch Nicht-Verstehen und Verstehen einander gegenübergestellt werden, entspricht jener inhaltlichen Unterscheidung der Zeiten, die in den Textkommentaren sichtbar geworden war. Im Rückblick war
dort die vorösterliche Existenz der Jünger beschrieben worden als eine, in
der ihnen das Verständnis noch nicht zu Gebote stand für Jesu Wort (vgl.
2,22b), für das an ihm sich vollziehende Geschehen (vgl. 12,16b) und für
dessen Vorhersage schon in der Schrift (vgl. 2,22b; 12,16b; 20,9). Derselbe
nachösterliche Standpunkt, die Zeit vor Ostern zu beurteilen, zeigt sich auch
in Jesu Wort an Petrus. Dabei wird das, was der Jünger vorösterlich nicht
versteht, bezogen auf Jesu Handeln an ihm. Im Sinne der Textkommentare
ist darin eine für die Jünger allgemein geltende Aussage über die vorösterli-

---

[14] So übereinstimmend die Kommentare z. St., sowie *Hultgren*, The Johannine Footwashing, 543; *Kohler*, aaO, 211; *Wengst*, Bedrängte Gemeinde, 1990, 209f mit Anm. 78.

che Zeit zu erkennen. Petrus steht hier daher exemplarisch für die
μαϑηταί[15], von denen die Textkommentare gesprochen hatten. Für sie, so
legt sich der hinter 13,7 stehende nachösterliche Standpunkt Rechenschaft
ab, war nicht nur das, was Jesus sagte, das, was mit ihm geschah, noch nicht
zu verstehen. Für sie war auch die unmittelbare Nähe zu Jesus, wie sie
ihnen in der Fußwaschung signifikant zuteil wurde, noch nicht in ihrer weit-
reichenden Bedeutung zu erkennen. Daß Jesus ihnen mit ihr Anteil gab an
sich selbst, daß er mit dieser Teilgabe an sich sie wiederum für seinen
Dienst bestellte - das hat sich den Glaubenden erst nachösterlich erschlossen, als sie sich in der wirksamen Nachfolge Jesu erfuhren.

In der Verheißung Jesu an Petrus im Rahmen des Abschiedsmahles zeigt
sich also die gleiche faktische und inhaltliche Unterscheidung der Zeiten,
die auch in den Textkommentaren sichtbar geworden war. Daß dabei in
13,7 keine Zäsur genannt ist, an der sich "jetzt" und "danach" scheiden,
liegt daran, daß Jesus selbst beim Mahl mit den Jüngern noch nicht von seiner Rückkehr zum Vater spricht. Zwar hatte die kommentierende Einleitung
der Szene darauf Bezug genommen. Doch erst in den Abschiedsreden wird
im Munde Jesu selbst formuliert, daß es sein Abschied ist, der die Wende
der Zeiten markiert.

2.2. Die Verheißung Jesu an Nathanael
und an die anderen neu berufenen Jünger in Joh 1,50f

Neben der Verheißung in Joh 13,7 ist es die Verheißung in Joh 1,50f, die
sich außerhalb der Abschiedsreden explizit und exklusiv an die Jünger wendet und als Vorverweis auf die nachösterliche Zeit ausgewertet werden
kann. Im Aufbau des Evangeliums vertritt sie die erste Verheißung überhaupt, die Jesus an die Jünger richtet. Zugleich begegnet mit ihr erstmals die
durch das doppelte nicht-responsorische "Amen, amen" in ihrer Gültigkeit
herausgehobene Redeform, die im Verlauf des Evangeliums für den johanneischen Jesus typisch werden wird[16].

---

[15] So auch *Schnackenburg*, Das Johannesevangelium III, 25.

[16] Das doppelte nicht-responsorische ἀμὴν ἀμήν begegnet im Johannesevangelium als
Einleitung eines Wortes Jesu an 25 Stellen (vgl. den Konkordanzbefund). Die Synoptiker
verwenden in gleicher Funktion das einfache ἀμήν (insgesamt 50 Belege, vgl. den Konkordanzbefund). Zum Sprachgebrauch des Begriffes in responsorischer und nicht-responsori-
scher Funktion vgl. *Heinz-Wolfgang Kuhn*, Art. ἀμήν, EWNT I, 1980, 166-168; *Heinrich
Schlier*, Art. ἀμήν, ThWNT I, 339-342. Notiert sei darüber hinaus, daß *Joachim Jeremias* den nicht-responsorischen Gebrauch des Wortes "Amen" auf den historischen Jesus
zurückführt und daher im einfachen ἀμήν ein charakteristisches Kennzeichen der ipsissima
vox Jesu erkennt; vgl. dazu exemplarisch ders., Zum nicht-responsorischen Amen, ZNW

Der Kontext: 1,35-51. Am Ende der kunstvoll aufgebauten Texteinheit von Joh 1,35-51[17], mit der von den ersten Jüngerberufungen erzählt wird, findet sich die Begegnung zwischen Jesus und Nathanael (1,47-51)[18]. Sie gehört zu der als Doppelerzählung (vgl. 1,43f.45-51)[19] komponierten Szene von der direkten Berufung des Philippus durch Jesus (vgl. Vers 43fin: ἀκολούϑει μοι) und der indirekten Berufung des Nathanael durch Philippus (vgl. Vers 45 und in nuce Vers 46fin: ἔρχου καὶ ἴδε.)[20]. Dabei kann die Berufung des Nathanael als wichtigstes Teilstück der ganzen Einheit betrachtet werden[21].

Nathanaels Berufung mündet ein in ein zweigliedriges Bekenntnis, das der Jünger Jesus gegenüber feierlich zum Ausdruck bringt. Eingeleitet durch die Anrede "Rabbi", die schon bei der ersten Begegnung der Johannesjünger mit Jesus verwendet und dort auch inhaltlich erläutert wurde (vgl. 1,38d)[22], lautet die doppelte Akklamation: σὺ εἶ ὁ υἱὸς τοῦ ϑεοῦ, σὺ βασιλεὺς εἶ τοῦ Ἰσραήλ (Vers 49b.c). Dieses Bekenntnis mit den Titeln "Sohn Gottes" und "König Israels" ist literarisch vorbereitet durch die Messias-Prädikation, die im Rahmen der zuvor erzählten Jüngerberufung des Andreas fiel (vgl. Vers 41b: εὑρήκαμεν τὸν Μεσσίαν) sowie durch die messianologische Tradition widerspiegelnde Aussage des Philippus, der Nathanael gegenüber erklärt hatte: "Über den Moses im Gesetz und über den die Propheten schrieben, den haben wir gefunden" (Vers 45b)[23].

64, 1973, 122-123, und ders., Neutestamentliche Theologie. Erster Teil: Die Verkündigung Jesu, Gütersloh 1971, 43f (dagegen *Kuhn*, aaO 168, der bemerkt, daß für das vorausgestellte nicht-responsorische Amen weder im Judentum noch im Munde Jesu ein sicherer Nachweis geführt werden könne; bestätigend so auch *Strecker*, Literaturgeschichte des Neuen Testaments, 222 mit Anm. 448). Demgegenüber betont *M. Eugene Boring*, The Sayings of the Risen Jesus. Christian Prophecy in the Synoptic Tradition, Cambridge 1982, 132f, daß die durch das λέγω ὑμῖν / σοι fortgeführte Formel auch ein Hinweis auf prophetische Rede in nachösterlicher Zeit sei. Orientiert an dieser Beobachtung können die ἀμήν-ἀμήν-Worte des johanneischen Jesus als Anzeichen für den nachösterlichen Standpunkt des Johannesevangeliums verstanden werden.

[17] Zu Joh 1,35-51 vgl. grundlegend *Ferdinand Hahn*, Die Jüngerberufung Joh 1,35-51, in: Neues Testament und Kirche (FS Rudolf Schnackenburg), Freiburg 1974, 172-190.

[18] Auf den "inneren Zusammenhang zwischen Berufung und Begegnung mit Jesus" macht nuanciert *Hahn*, aaO, bes. 183-190, aufmerksam (Zitat 183).

[19] Vgl. aaO, 187.

[20] Vgl. zum Anliegen des Textes, "die indirekte Berufung mit der direkten Berufung auf eine Ebene zu stellen", aaO, 183.

[21] Vgl. ebd.

[22] Auf die kompositorische Funktion der Wiederaufnahme der Rabbi-Anrede weist *Ferdinand Hahn*, Beobachtungen zu Joh 1:18,34, in: Studies in New Testament Language and Text (Essays in Honour of George D. Kilpatrick), Leiden 1976, 239-245, hier 239f, hin.

[23] Vgl. *Hahn*, aaO, 239.

Ist Nathanaels Bekenntnis literarisch vorbereitet durch die im Rahmen der Jüngerberufungen verwendeten Prädikationen, so gründet es der Erzählung nach sachlich darin, daß Jesus in Nathanael einen "wahren Israeliten ohne Falsch" erkannt hat. Die Prädikation des Jüngers als ἀληϑῶς Ἰσραηλίτης ἐν ᾧ δόλος οὐκ ἔστιν (vgl. Vers 47b) erfolgt nicht aufgrund persönlicher Kenntnis, sondern aufgrund des wunderbaren Wissens[24] Jesu um die Menschen[25]. Nach Nathanaels erstaunter Rückfrage, woher Jesus ihn denn kenne, macht die Antwort Jesu deutlich, daß sein "wunderbares Wissen" ein "Sehen" ist. Denn er erklärt dem Jünger, daß er ihn schon vor seiner indirekten Berufung durch Philippus "unter dem Feigenbaum"[26] gesehen habe (vgl. Vers 48fin), womit gemeint ist, daß er ihn für sich als Jünger ausgewählt und zur Berufung bestimmt hat[27].

Mit dem Stichwort des "Sehens" ist in Vers 48 der Leitgedanke des ganzen Abschnitts wiederaufgenommen[28]. Denn so wie Jesu Berufung der Jünger in seinem erwählenden Sehen gründet, so führt auf Seiten der Jünger ihrerseits ihr Sehen zur Begegnung mit dem Berufenden und zur Nachfolge. Der charakteristische Ruf Jesu an die Jünger und auch die Aufforderung der Jünger untereinander lautet daher im ersten Kapitel "Kommt und seht!" (Vers 39b: ἔρχεσϑε καὶ ὄψεσϑε) beziehungsweise "Komm und sieh!" (Vers 46fin: ἔρχου καὶ ἴδε). Das Sehen Jesu und das Sehen der Jünger entspricht sich dabei ebenso wie die Prädikation des Jüngers durch Jesus und das Bekenntnis des Jüngers zu ihm, wie es in der Nathanaeleinheit zu erkennen war.

Joh 1,50f. Dem Sehen Jesu korrespondiert aber nicht nur das Sehen der Jünger bei ihrer Berufung, sondern auch das künftige Sehen[29], das ihnen in Joh 1,50f verheißen wird:

---

[24] Vgl. zu dieser Formulierung *Hahn*, Die Jüngerberufung, 187, und *Schnackenburg*, Das Johannesevangelium I, 315.

[25] Vgl. zu diesem Motiv auch Joh 2,24f.

[26] Zu dem ausdrücklichen Hinweis, daß Jesus Nathanael ὑπὸ τὴν συκῆν gesehen habe, vgl. die bei *Hahn*, aaO, 187f, notierten exegetischen Deutungsversuche.

[27] Der Erwählungsgedanke kann mit der Aussage über das Sehen "unter dem Feigenbaum" von Hos 9,10aβ her verbunden werden; vgl. dazu aaO, 188.

[28] Vgl. auch aaO, 182.

[29] Vgl. aaO, 189, Anm. 74.

ἀπεκρίθη Ἰησοῦς καὶ εἶπεν αὐτῷ·	50a
ὅτι εἶπόν σοι	50bα
ὅτι εἶδόν σε ὑποκάτω τῆς συκῆς,	50bβ
πιστεύεις;	50c
μείζω τούτων ὄψῃ.	50fin
καὶ λέγει αὐτῷ·	51a
ἀμὴν ἀμὴν λέγω ὑμῖν,	51b
ὄψεσθε τὸν οὐρανὸν ἀνεῳγότα	51cα
καὶ τοὺς ἀγγέλους τοῦ θεοῦ ἀναβαίνοντας	51cβ
καὶ καταβαίνοντας ἐπὶ τὸν υἱὸν τοῦ ἀνθρώπου.	51fin

Da Vers 50b.c noch einmal Bezug nimmt auf das Bekenntnis des Nathanael, ist die Verheißung in Vers 50fin in der 2. Person Singular formuliert. Von der Gesprächssituation zwischen Jesus und Nathanael erhalten auch die erzählerischen Rahmenbemerkungen in Vers 50a und Vers 51a ihre Form ("und er sagte zu ihm"). Doch macht Vers 51b-fin deutlich, daß die an Nathanael gerichtete Verheißung allen berufenen und zur Nachfolge bereiten Jüngern gilt. Denn hier ist die durch das doppelt nicht-responsorische Amen akzentuierte Einleitung der Verheißung als Anrede an alle Jünger gestaltet ("Ich sage euch"). Und auch das singularische "Du wirst sehen" hat sich zum pluralischen "Ihr werdet sehen" ausgeweitet.

Nicht nur formal, sondern auch inhaltlich stehen die beiden Verheißungen von Vers 50fin und Vers 51b-fin zueinander in Beziehung. So wird mit der Verheißung, daß die Jünger den Himmel offen und die Engel Gottes vom Menschensohn in den Himmel aufsteigen sowie vom Himmel wiederum auf den Menschensohn herabsteigen sehen werden[30], inhaltlich erläutert, was mit dem Sehen des "Größeren" von Vers 50fin gemeint ist.

Anders als in der Verheißung an Petrus in 13,7, in der Nicht-Verstehen und Verstehen voneinander abgegrenzt wurden, geht es nun in 1,50f nicht um die Unterscheidung von Nicht-Sehen und Sehen. Vielmehr wird in dieser Verheißung dem Sehen der Jünger bei ihrer Berufung und dem sich darin gründenden Glauben (vgl. das πιστεύεις in Vers 50c) ein noch größeres Sehen gegenübergestellt. Damit zugleich wird faktisch und inhaltlich zwischen vorösterlicher Gegenwart und Zukunft unterschieden, ohne daß eine klar markierte Zäsur die Zukunft als nachösterliche Zeit auswiese. Daher stellt sich die Frage, ob sich die Verheißung des künftigen Sehens der Jünger überhaupt auf die nachösterliche Zeit bezieht, oder ob sie auf die Zukunft der irdischen Nachfolgegemeinschaft[31] zwischen Jesus und den Jüngern verweist.

---

[30] Auf den Bezug dieses Bildes zur Erzählung von Jakobs Traum in Gen 28,10-17 weisen jeweils die Kommentare z. St. hin.

Die Verheißung von 1,50f auf die vorösterliche Gemeinschaft der Jünger mit Jesus zu beziehen, mag in jedem Fall eines der Anliegen der Textstelle sein. Dafür spricht besonders ihre literarische Stellung. Denn als erste Verheißung am Anfang des Evangeliums, als erste Verheißung aber auch für die neu berufenen Jünger, trägt sie die Funktion, das besondere Glaubensverhältnis zwischen den Jüngern und Jesus grundzulegen. So wird die Verheißung, Größeres zu sehen, auf der einen Seite zum Ausdruck dafür, daß die Jünger ihre Glaubensbeziehung zu Jesus als eine erfahren werden, die wächst und zunimmt[32].

Auf der anderen Seite ist nun aber gerade die Erfahrung der wachsenden Glaubensbeziehung zu Jesus keine, die auf die vorösterliche Zeit beschränkt wäre. Das werden die Abschiedsreden ganz deutlich machen. Daher müssen in der Verheißung von 1,50f auch jene Hinweise herausgearbeitet werden, die den Bezug zur nachösterlichen Zeit herstellen. Auf drei markante Aspekte ist dabei zu achten: auf die Qualität des Sehens, auf die Dimension des "Größeren" und auf den Menschensohn-Titel.

Der erste Hinweis auf die nachösterliche Zeit liegt in der Verheißung des Sehens selbst. Die Forschung hat gezeigt, daß für das johanneische "Sehen" die inhaltliche Komponente des Erkennens wesentlich ist[33]. Sachlich wird also den Jüngern in Vers 50fin.51cα mit der Verheißung des Sehens ein Verstehen in Aussicht gestellt, wie es auch für Petrus in 13,7 galt. Dort war das verheißene $\gamma\iota\nu\acute{\omega}\sigma\kappa\epsilon\iota\nu$ eindeutig auf die nachösterliche Zeit bezogen und entsprach damit der einheitlichen Aussage der Textkommentare, die das gläubige Erkennen der Jünger an die nachösterliche Zeit gebunden hatten. Daß gerade in der Verheißung von 1,50f dem Verb $\gamma\iota\nu\acute{\omega}\sigma\kappa\epsilon\iota\nu$ gegenüber das Verb $\acute{o}\varrho\tilde{\alpha}\nu$ bevorzugt wird, mag damit zusammenhängen, daß in den vorausgegangenen Berufungserzählungen Jesu "Sehen" und das "Sehen" der Jünger als Leitmotiv fungierte, das dann auch im Schlußteil der Texteinheit terminologisch konsequent repräsentiert sein soll.

---

[31] So *Hahn*, aaO, 189: "Die Nachfolgegemeinschaft eröffnet weitere Erkenntnis"; vgl. auch *Schnackenburg*, Das Johannesevangelium I, z.St.

[32] Vgl. *Hahn*, aaO, 189.

[33] Zum Zusammenhang von Sehen und Erkennen, der grundsätzlich den Zusammenhang von Sehen und Glauben einschließt, vgl. schon die Arbeiten von *Oscar Cullmann*, bes. *Εἶδεν καὶ ἐπίστευσεν*. La vie de Jésus, object de la 'vue' et de la 'foi', d'après le quatrième Évangile, in: Aux sources de la tradition chrétienne (Melanges offerts à M. Goguel), 1950, 50-61, und *Mußner*, Die johanneische Sehweise, bes. 18-24 und 26-32, vor allem aber *Hahn*, Sehen und Glauben im Johannesevangelium, und ders., Das Glaubensverständnis im Johannesevangelium, in: Glaube und Eschatologie (FS Werner Georg Kümmel), Tübingen 1985, 51-69.

Auch in den Abschiedsreden werden die Verheißungen, die vom nachösterlichen Sehen der Jünger sprechen, zentrale Relevanz erhalten (vgl. 14,19; 16,16f.19). Dabei läßt sich eine auffallende Entsprechung zu den Aussagen über das Sehen im Kontext der Jüngerberufungen entdecken. Sie besteht darin, daß auch in den Abschiedsreden nicht nur davon die Rede ist, daß die Jünger Jesus trotz seines Weggehens aus der Welt künftig sehen werden. Korrespondierend dazu wird vielmehr auch betont, daß Jesus seinerseits die Jünger nach seinem Abschied wiedersehen werde (vgl. 16,22b). So ist von den Jüngerberufungen, bei denen die irdische Gemeinschaft Jesu mit den Jüngern beginnt, bis hin zu den Abschiedsreden, in denen die Auflösung dieser irdischen Gemeinschaft zum Thema wird, ein kunstvoll komponierter Bogen gespannt, der von den futurischen Verheißungen für die nachösterliche Zeit getragen wird. In ihnen schlägt sich das Bewußtsein nieder, auch nachösterlich nicht von Jesus getrennt zu sein, sondern die Gemeinschaft mit ihm in Berufung und Nachfolge für immer erhalten zu haben.

Der zweite Hinweis auf die nachösterliche Zeit kann der Dimension des μεῖζω entnommen werden, die in Vers 50fin als Objekt des künftigen Sehens angegeben wird. Denn die Dimension des "Größeren" ist es, die wiederum in den Abschiedsreden als Kennzeichen der nachösterlichen Zeit erkennbar wird. Sie betrifft, wie das "Sehen", sowohl die Jünger als auch Jesus. Im Hinblick auf Jesus nämlich wird davon gesprochen, daß er zurückkehre zum Vater, der "größer" sei als er (vgl. 14,28fin: ὁ πατὴρ μείζων μού ἐστιν). Entgegen einer subordinatianischen Auffassung dieser Aussage soll hier nicht in ontologischer Diktion Jesus als der "geringere Sohn" dem "größeren Vater" untergeordnet werden[34]. Denn 14,28fin steht im Kontext einer Erklärung Jesu für die Jünger, daß seine Rückkehr zum Vater, also das Ende seiner vorösterlich-irdischen Existenz, Anlaß zur Freude gebe (Vers 28c). Grund zur Freude nämlich besteht deshalb, weil Jesus mit seinem Abschied in den Raum des Vaters zurückkehrt, der "größer" ist als der vorösterlich begrenzte Rahmen, in dem die Jünger Jesus erlebt ha-

---

[34] Vgl. dazu *Schnackenburg*, Das Johannesevangelium III, z. St. Zur Diskussion der Kirchenväter um die Auslegung der Aussage im Sinne einer Subordination des Sohnes unter den Vater vgl. aaO, 97f mit den Anmerkungen 118-120. Vgl. außerdem exemplarisch *Charles Kingsley Barrett*, "The Father is greater than I" (Jo 14,28): Subordinationist Christology in the New Testament, in: Neues Testament und Kirche (FS Rudolf Schnackenburg), Freiburg 1974, 144-159. *Barrett* will für das Johannesevangelium aus den Stellen 1,1-4; 1,18 und 14,28 eine doppelte Absicht erkennen, nämlich die Einheit Jesu mit dem Vater zu behaupten und zu leugnen ("claiming and denying equality with the Father") (159), die im Zusammenhang stehe mit dem johanneischen Konzept einer "inhuman humanity" Jesu (ebd.). Ist schon der Begriff der "Gleichheit" problematisch, vertretbar aber dann, wenn er nicht im Sinne der Identität, sondern des einheitlichen Offenbarungs- und Heilswillens verstanden wird, so ist das krasse "leugnen" (denying) eines solchen einheitlichen Willens sicher auch in 14,28 nicht Anliegen des Johannesevangeliums.

ben. Jesu nachösterliche Existenz beim Vater selbst kann daher das Prädikat des "Größeren" tragen.

Aber auch die nachösterliche Existenz der Jünger wird von der Dimension des μεῖζω geprägt sein. So wird ihnen in den Abschiedsreden verheißen, daß sie nach Jesu Abschied Werke vollbringen werden, wie Jesus selbst sie getan habe, ja, "größere" noch als diese (vgl. 14,12bβ: καὶ μείζονα τούτων ποιήσει). Ohne hier bereits vorzustellen, in welchem Sinne diese außergewöhnliche Verheißung zu verstehen ist und welche Tragweite sie besitzt, kann doch soviel erkannt werden, daß die Dimension des "Größeren" hier eindeutig Charakteristikum der Zeit nach Ostern ist und in diesem Sinne auch für die Verheißung von 1,50f als Verweis auf die nachösterliche Zeit gelten kann.

Der dritte und letzte Hinweis auf den nachösterlichen Bezug der Verheißung in 1,50f ist schließlich im Titel des Menschensohnes zu finden. Die christologische Prädikation begegnet hier zum ersten Mal im Evangelium, und interessanterweise liegt ihr letzter Beleg wiederum in den Abschiedsreden (vgl. 13,31). Der kompositorische Bogen, der sich vom Beginn der gemeinsamen Zeit zwischen Jesus und den Jüngern bis hin zum Abschied spannt, führt also wie über das Motiv des Sehens so auch über den Menschensohn-Titel. Gerade in der stilistisch durchgeformten Einleitung zu den Abschiedsreden verbindet sich nun die Menschensohn-Prädikation mit dem Motiv der Verherrlichung Jesu. Das entspricht zunächst dem charakteristischen Profil, das dieser Titel im Johannesevangelium trägt. Denn einerseits ist er zwar kennzeichnend für die Gestalt des Irdischen. Zugleich aber wird er konstitutiv verbunden mit dem ganzen Weg Jesu von der Präexistenz und Inkarnation bis zur Rückkehr in die himmlische Welt[35]. Dabei kommt der

---

[35] Vgl. dazu *Ferdinand Hahn*, Art. υἱός, EWNT III, 912-937, bes. Abschnitt 5. "Menschensohn", 927-935. - Auf die umfangreiche Forschung zum Titel des Menschensohns im Johannesevangelium kann hier nur hingewiesen werden. Vgl. zum Überblick über die Forschung bis 1969 *Eduard Ruckstuhl*, Die johanneische Menschensohnforschung 1957-1969, ThB 1, 1972, 171-284; für die Jahre 1976/77 *Francis J. Moloney*, The Johannine Son of Man, BSR 14, Rom ²1978, hier Appendix 221-256 (Konzentration der Fragestellung auf zwei Aspekte: 1. Der Hintergrund der johanneischen Verwendung des Titels, 222-247; 2. Der Ort des johanneischen Verständnisses von Jesus als dem Menschensohn in der johanneischen Gemeinde, 247-256); ferner ders., A Johannine Son of Man Discussion?, Salesianum 39, 1977, 93-102; für die jüngere Forschung im knappen Überblick *Kysar*, The Fourth Gospel, 2445f (mit Lit.). An neueren Arbeiten sind darüber hinaus zu nennen (chronologisch): *W. R. G. Loader*, The Central Structure of Johannine Christology, NTS 30, 1984, 188-216, hier bes. 197-202, 206-209 (Loader arbeitet einen von fünf Motiven und der Bezeichnung "Menschensohn" gebildeten "Son-of-Man-Cluster" heraus, der dazu diene, die Sendungschristologie des vierten Evangeliums in der Weise zu stützen, daß in ihr nicht nur der historische Jesus, sondern auch der erhöhte Christus zur Sprache komme, und zwar "pneumatically remembered by the Beloved Disciple", vgl. in nuce 209); *Robert Rhea*, The Johannine Son of Man, AThANT 76, Zürich 1990 (Untersuchung der Textstel-

Gedanke der himmlischen Herkunft des Menschensohnes und seiner Rückkehr in den himmlischen Bereich durch die Termini καταβαίνειν und ἀναβαίνειν zum Ausdruck, die ebenfalls in der Verheißung von 1,51 erstmals
verwendet und hier auf die Engel als Bindeglieder zwischen Gott und Menschensohn angewendet werden.

Eben das mit dem Menschensohn verbundene Motiv der Verherrlichung
in 13,31 verweist nun aber auch auf die Textkommentare, in denen Jesu
Verherrlichung als Zäsur zwischen vor- und nachösterlicher Zeit markiert
werden konnte. Im Sinne der Unterscheidung der Zeiten gilt daher auch für
1,51, daß es gerade die nachösterliche Einsicht ist, der sich der Menschensohn in seiner unverbrüchlichen Beziehung zu Gott erschließt. Literarisch
zeigt sich damit, daß auch in 1,50f die vorösterlich berufenen Jünger wieder
transparent werden für die nachösterlich in der Nachfolge Stehenden, denen
wie jenen Jesu Verheißung gilt. Indem also die erste Verheißung Jesu an die
Jünger im Rahmen des Evangeliums frei gehalten wird von der Angabe
einer bestimmten zeitlichen Zäsur, mit der das erkennende Sehen der Jünger
seinen Anfang nimmt, wird ein zweifacher Bezug möglich. Sie kann einerseits auf die der Berufung folgenden Erfahrungen der Jünger mit dem irdischen Jesus zutreffen. Sie kann aber auch als Verweis auf die nachösterliche
Erkenntnis der Glaubenden gelten. Es ist diese differenzierte Doppeldeutigkeit, die sich von 1,50f her als weiteres Kennzeichen des nachösterlichen
Standpunkts profilieren läßt.

2.3. Die Verheißung Jesu an den Glaubenden in Joh 7,38

Der Kontext: 7,1-52. Nach den Verheißungen von 1,50f und 13,7, die sich
ausdrücklich an die Jünger gerichtet hatten, liegt mit Joh 7,38 eine Verheißung vor, die sich generell auf "den Glaubenden" bezieht:

Wie der bereits besprochene Textkommentar in Joh 7,39 steht die Verheißung Joh 7,38 im Kontext der Erzählung von Jesu Auftreten am Laubhüttenfest in Jerusalem (7,1-52)[36]. Zwei chronologische Notizen markieren
in dieser Erzähleinheit bestimmte Abschnitte des Festes, mit denen kompositorisch Jesu Erscheinen in der Öffentlichkeit verbunden und dadurch in
seiner Bedeutung betont wird. Das gilt um so mehr, als in der literarischen
Analyse der Erzählung Jesu Auftreten spannungsvoll dadurch vorbereitet

---

len 5,27; 6,53; 6,62; 9,35; Ergebnis in Stichworten: "Menschensohn" ist kein apokalyptischer Titel, dennoch ein messianischer Titel, und zwar aus prophetischer Tradition; "The
son of Man is God's unique revealer" und "divine revelation is thus transmitted through a
human element to all humankind", dazu in nuce 69-71).

[36] Zur literarkritischen Analyse von Joh 7 vgl. jeweils die Kommentare.

wurde, daß er zunächst seinen Brüdern gegenüber versichert hatte, nicht zum Fest zu gehen (vgl. 7,3-8), dann aber doch nach Jerusalem gezogen war, und zwar heimlich (vgl. 7,10). Durch die erste chronologische Notiz wird auf die Mitte des Festes Jesu Lehren im Tempel gelegt (vgl. Vers 14: Ἤδη δὲ τῆς ἑορτῆς μεσούσης ἀνέβη Ἰησοῦς εἰς τὸ ἱερὸν καὶ ἐδίδασκεν) und damit die Szene geschaffen für heftige Auseinandersetzungen mit den Juden (vgl. 7,15-24[37].25-31.32-36), die erneut (vgl. 5,18; 7,1) von der Absicht begleitet werden, Jesus zu töten (vgl. 7,19f.25.30.44f). Sie münden ein in den letzten Tag des Festes, an dem manifest wird, daß sich der Konflikt um Jesus offen zugespitzt hat: Das Volk, aber auch die jüdische Obrigkeit, ist in Befürworter und Gegner Jesu gespalten (vgl. 7,40-52). Durch die zweite chronologische Notiz wird der letzte Tag des Festes dann genauer noch als der "hohe" Tag bezeichnet und so als Höhepunkt der Feier angezeigt (vgl. Vers 37a: Ἐν δὲ τῇ ἐσχάτῃ ἡμέρᾳ τῇ μεγάλῃ τῆς ἑορτῆς)[38].

Joh 7,38. Der letzte Tag des Festes bildet nun zugleich den Zeitpunkt, an dem Jesus erneut auftritt und die Verheißung von Joh 7,38 ausruft. Sie wird auf diese Weise dem zeitlichen Höhepunkt der Feier als sachlicher Höhepunkt zugeordnet. Eingeleitet durch das emphatische ἔκραξεν λέγων von Vers 37aβ lautet sie:

ὁ πιστεύων εἰς ἐμέ,	38a
καθὼς εἶπεν ἡ γραφή,	38b
ποταμοὶ ἐκ τῆς κοιλίας αὐτοῦ ῥεύσουσιν ὕδατος ζῶντος.	38c

Die Verheißung, daß aus dem, der an Jesus glaubt, Ströme lebendigen Wassers quellen werden, gehört unmittelbar zusammen mit der vorausgegangenen Einladung Jesu, daß jeder, der Durst habe, zu ihm kommen dürfe, um zu trinken (vgl. Vers 37b: ἐάν τις διψᾷ ἐρχέσθω πρός με καὶ πινέτω)[39]. Das Verheißungswort ist dadurch inhaltlich mit einem weiteren

---

[37] Der Anschluß des Abschnitts 7,15-24 an Vers 14 macht guten Sinn, da so Jesu Lehren im Tempel die Auseinandersetzungen mit den Juden unmittelbar provoziert; gegen die literarkritischen Umstellungen der Kommentare, vgl. *Bultmann,* Das Evangelium des Johannes, 202-209 (literarkritische Begründung der Umstellung: 177f); *Schnackenburg,* Das Johannesevangelium II, 182-189 (literarkritische Begründung der Umstellung: 183f); *Becker,* Das Evangelium des Johannes, 247-259 (gattungskritische Begründung der Umstellung: 249; 7,(14)15-24 gehöre wie 5,31-47 zur "literarische(n) Gattung des Rechtsstreits").

[38] Vgl. zum Charakter des letzten Tages des Laubhüttenfestes *Schnackenburg,* aaO, z. St.

[39] Vgl. zu dieser syntaktischen Abgrenzung der Verse 37b.38 exemplarisch *Hahn,* Die Worte vom lebendigen Wasser im Johannesevangelium, 53f. Wird syntaktisch hingegen Vers 37b mit Vers 38a zusammengenommen, dann lautet die Einladung Jesu: "Wenn einer dürstet, so komme er zu mir, und es trinke, der an mich glaubt". Vgl. zu dieser Satzeinteilung exemplarisch *Blank,* Krisis, 327f.; *Porsch,* Pneuma und Wort, 58 (zur Diskussion der

johanneischen Bildwort vom lebendigen Wasser (vgl. 4,10.13f) und zugleich mit dem zum Ich-bin-Wort vom "Brot des Lebens" gehörenden Einladungsruf von 6,35c verbunden[40]. Es steht aber darüber hinaus formal und sachlich auch in unmittelbarer Nähe zu jenen Ich-bin-Worten, in denen die an die Selbstprädikation angeschlossene Invitation futurisch formuliert ist (vgl. außer 6,35 auch 8,12; 10,9 und 11,25f)[41].

Daß unter diesen Parallelen gerade das Verheißungswort von 7,38 für den nachösterlichen Standpunkt auszuwerten ist, liegt in dem nachfolgenden Textkommentar begründet[42]. Denn er trifft, wie zu sehen war, eine klare Unterscheidung der vor- und nachösterlichen Zeit anhand der Geistgegenwart bei den Glaubenden (Vers 39b) und der Verherrlichung Jesu (Vers 39c). Diese Unterscheidung der Zeiten wirkt sich auch auf Vers 38 selbst aus: Mit der Zukunft, auf die die Verheißung verweist (vgl. das futurische Prädikat in Vers 38c), ist prägnant die nachösterliche Zeit gemeint. Was für sie verheißen wird, ist daher dem Wirken des Geistes bei den Glaubenden zu verdanken: Er ist es, der in ihnen die Ströme lebendigen Wassers schafft, die überströmen werden. Dabei scheint die außerordentliche Sperrstellung zwischen den Strömen ($\pi o \tau \alpha \mu o i$) als Subjekt zu Beginn des Satzes und dem Genitivattribut des lebendigen Wassers ($\H{\upsilon} \delta \alpha \tau o \varsigma \ \zeta \tilde{\omega} \nu \tau o \varsigma$) am Satzende gerade die Dynamik und Vitalität dieses schöpferischen Prozesses zum Ausdruck zu bringen.

Die Fülle der Lebenskraft, die der Geist nachösterlich im Glaubenden entfacht und über ihn selbst hinauswirken läßt[43], ist nun aber ein Motiv, das die Verheißung von 7,38 zur Verheißung von 1,50f und zu den Abschiedsreden in Beziehung setzt. Denn assoziativ verbindet sich mit der überschäumenden Kraft der Glaubenden die Dimension des $\mu \varepsilon i \zeta \omega$, die für die nachösterliche Zeit charakteristisch ist. Aus der Verheißung von 7,38, die in Vers 39 pneumatologisch kommentiert wird[44], läßt sich daher auch folgern, daß der Geist selbst konstitutiv mit der nachösterlichen Dimension des

---

Forschungspositionen 58, Anm. 21); *Wilhelm Thüsing*, Die Erhöhung und Verherrlichung Jesu im Johannesevangelium, Münster ²1970, 160. Alle drei Autoren beziehen dann die Aussage "aus dessen Inneren werden Ströme lebendigen Wassers fließen" auf Jesus und verbinden sie mit Joh 19,34: Aus dem Leib Jesu fließe nach seiner Erhöhung ans Kreuz in Wasser und Blut der Geist auf die Glaubenden (vgl. *Blank*, aaO, 328; *Porsch*, aaO, 58; *Thüsing*, aaO, 161).

[40] Vgl. zur genauen Analyse dieser Beziehung *Hahn*, aaO, 52-54, 59f, 61-64.

[41] Vgl. *Schnackenburg*, aaO, 211.

[42] Auf die entscheidende Bedeutung, die Vers 39 für das Verständnis von Vers 38 hat, weist auch *Hahn*, aaO, 67, hin.

[43] Vgl. dazu aaO, 64.

[44] So auch *Hahn*, aaO, 67.

"Größeren" verbunden ist. Von den Abschiedsreden wird diese Relation textlich dadurch gestützt, daß jene Stellen, die von den "größeren Werken" der Jünger (14,12) und dem "größeren Bereich" des Vaters sprechen (14,28), umgeben sind von Aussagen über das nachösterliche Wirken des Parakleten (vgl. besonders 14,16f. 26)[45].

Wenn es in 1,50f heißen konnte, daß die Jünger Größeres sehen werden und damit dort die Einsicht in Jesus als den Menschensohn gemeint war, dann bahnt sich jetzt vom Zusammenhang dieser Stelle mit der Verheißung von 7,38 die kausale Beziehung an, die zwischen dem nachösterlichen Wirken des Geistes und dem nachösterlichen Verstehen der Jünger besteht. Dabei deutet sich auch in 7,38 durch den Hinweis auf die γραφή (Vers 38b) an, daß dieses nachösterliche Verstehen die Deutung der Schrift einschließt, wie es an den Textkommentaren von 2,22; 12,16 und 20,9 zu sehen war.

Schließlich ist bezeichnend, daß 7,38, wie eingangs bemerkt wurde, generell vom "Glaubenden" (ὁ πιστεύων) spricht und gerade dadurch wiederum die Transparenz zwischen vor- und nachösterlicher Zeit zum Ausdruck bringt. So kristallisiert sich dieser Aspekt der Transparenz mehr und mehr zu einem charakteristischen Darstellungsmittel des nachösterlichen Standpunktes heraus.

2.4. Die Verheißung Jesu an die zum Glauben gekommenen Juden in Joh 8,31f

Die Verheißungen 1,50f und 13,7 hatten sich explizit an die Jünger gerichtet, die Verheißung 7,38 war hingegen generell für alle Glaubenden formuliert. In 8,31f liegt nun eine Verheißung vor, mit der sich im Vergleich zu 1,50f; 13,7 die Adressaten, denen Jesu Verheißungen gelten, ausweiten von den Jüngern auf die zum Glauben gekommenen Juden, mit der sich aber im Vergleich zu 7,38 der generelle Kreis der Glaubenden auch wieder auf eine bestimmte Gruppe hin konkretisiert.

Der Kontext: 8,12-9,41. Die Verheißung von 8,31f steht in der breit angelegten Rede- und Gesprächseinheit über Sünde, Unglaube und Gericht, die ihren Anfang genommen hat mit dem Ich-bin-Wort in 8,12 und sich insgesamt bis zum Ende von Kapitel 9 zieht[46]. Denn in den Auseinanderset-

---

[45] Auf den Zusammenhang zwischen 7,39; 14,12 und den Parakletaussagen weist kurz auch *Hahn*, aaO, 67, hin.

[46] Diese Beobachtung setzt die Abfolge des aktuellen Evangelientextes voraus. Zu literarkritischen Umstellungen innerhalb von Joh 8,12-59 und zur kontextuellen Neueingliederung von Joh 9,1-41 vgl. *Bultmann*, Das Evangelium des Johannes, exemplarisch 236-238.

zungen um die Heilung des Blindgeborenen in Joh 9,1-41 finden die Themen von Kapitel 8 ihre unmittelbare Fortsetzung und Pointe. Wenn hier abschließend die Pharisäer als Blinde entlarvt werden, obwohl gerade sie vermeintlich immer die Sehenden waren (vgl. 9,39f); wenn sie an der Blindheit ihres Unglaubens der Sünde überführt werden (vgl. 9,41), der Blindgeborene hingegen in seinem Glauben an Jesus zum wahrhaft Sehenden geworden ist und daher mit der Sünde nichts zu tun hat: dann ist an ihm das Beispiel vorgeführt für den, der nicht mehr wandelt in der Finsternis, sondern das Licht des Lebens hat (vgl. 8,12c.fin).

Innerhalb dieses großen thematischen Rahmens bildet der Abschnitt 8,12-59 eine szenisch geschlossene Konzeption, deren situativer Bogen über das erste Summarium in Vers 20 bis zur abschließenden Rahmung in Vers 59 verläuft: Ort der Handlung ist, die Szene von Kapitel 7 aufgreifend, der Jerusalemer Tempel, an dem Jesus lehrt (vgl. Vers 20a: *Ταῦτα τὰ ῥήματα ἐλάλησεν ἐν τῷ γαζοφυλακίῳ διδάσκων ἐν τῷ ἱερῷ*; Vers 59b: *Ἰησοῦς δὲ ἐκρύβη καὶ ἐξῆλθεν ἐκ τοῦ ἱεροῦ*). Sein von den Juden als unrechtmäßig verstandenes Selbstzeugnis vom Licht der Welt führt erneut, wie schon am Laubhüttenfest, zu Auseinandersetzungen mit den Juden, die um die *μαρτυρία* Jesu kreisen (vgl. Verse 13f.17f). Dabei wird im Summarium von Vers 20 deutlich die gegen Jesus gerichtete Stimmung spürbar, die sich jedoch, einem höheren Plan unterworfen, noch nicht entlädt. Auch wenn die Juden Jesus nicht ergreifen, da seine Stunde noch nicht gekommen ist (vgl. Vers 20b.c: *καὶ οὐδεὶς ἐπίασεν αὐτόν, ὅτι οὔπω ἐληλύθει ἡ ὥρα αὐτοῦ*), so heben sie doch am Ende der Szene Steine auf, um Jesus damit zu bewerfen (vgl. Vers 59a: *ἦραν οὖν λίθους ἵνα βάλωσιν ἐπ' αὐτόν*). Die Tötungsabsicht spitzt sich zu.

Aus dieser feindlichen Atmosphäre[47] führt einzig ein Gespräch zwischen Jesus und einem Teil der Juden heraus, bei denen sein Zeugnis nicht auf Ablehnung gestoßen ist, sondern Annahme gefunden hat. Literarisch ist diese Einheit eingeleitet durch ein zweites Summarium in Vers 30, das im Gegensatz zum ersten Summarium eine positive Reaktion der Hörer auf Jesu Reden notiert (Vers 30: *Ταῦτα αὐτοῦ λαλοῦντος πολλοὶ ἐπίστευσαν εἰς αὐτόν*). Zwischen den Abschnitten 8,21-29 und 8,31ff fungiert dieses Summarium als Scharnier.

---

[47] *Becker*, Das Evangelium des Johannes, 299, nennt es "im wahrsten Sinne des Wortes eine tödliche Konfrontation".

Der Schluß der Sequenz ist schwieriger zu bestimmen[48]. Denn das Gespräch zwischen Jesus und den zum Glauben gekommenen Juden mündet szenisch übergangslos aus in ein Streitgespräch mit ungläubigen Juden (vgl. 8,37-47.48-58)[49], das thematisch auf den mit Vers 30 eingeleiteten Abschnitt eng bezogen bleibt durch das Abrahammotiv (vgl. 8,33.37.39f.52f. 56-58). Dennoch läßt sich nach Vers 36 inhaltlich eine feine Zäsur erkennen: Das Thema der Freiheit, bestimmend für die Verse 31-36, wird danach nicht wieder aufgenommen.

Joh 8,31f. Eingeleitet durch die erzählerische Redeanweisung in Joh 8,31a (ἔλεγεν οὖν ὁ Ἰησοῦς πρὸς τοὺς πεπιστευκότας αὐτῷ Ἰουδαίους), lautet nun die Verheißung an die zum Glauben gekommenen Juden in Joh 8,31b-32b:

ἐὰν ὑμεῖς μείνητε ἐν τῷ λόγῳ τῷ ἐμῷ,	31b
ἀληθῶς μαθηταί μού ἐστε	31c
καὶ γνώσεσθε τὴν ἀλήθειαν,	32a
καὶ ἡ ἀλήθεια ἐλευθερώσει ὑμᾶς.	32b

Grundlage der zweistufigen Verheißung "ihr werdet die Wahrheit erkennen, und die Wahrheit wird euch frei machen" (Vers 32a.b) ist die aus einer Bedingung heraus entwickelte Bestimmung des wahren Jüngerseins. Dabei trägt in Verbindung mit den beiden futurischen Prädikaten des Verses 32 der konditionale Zusammenhang von Vers 31b.c selbst einen futurischen Aspekt. Wenn die zum Glauben gekommenen Juden in Jesu Wort bleiben und bleiben werden, dann sind und werden sie sein: Jesu wahrhafte Jünger. Die zweistufige Verheißung gewinnt so einen dreigliedrigen Charakter, der durch die parataktische Verknüpfung der Versteile 31c.32a.32b noch verstärkt wird.

Sowenig wie in den bereits besprochenen Verheißungen findet sich nun in 8,31f eine zeitliche Zäsur, an der zu erkennen wäre, von welchem Zeitpunkt an sich das wahre Jüngersein im Erkennen der Wahrheit und in der Erfahrung der Freiheit realisieren werde. Doch orientiert an den bisher gewonnenen Ergebnissen zur Unterscheidung der Zeiten können auch in 8,31f Hinweise benannt werden, die den Verweis der Verheißung auf die nachösterliche Zeit entdecken lassen. Sie betreffen erstens das charakteristische Stichwort γινώσκειν, zweitens die ἀλήθεια als Objekt des Erkennens

---

[48] Daher wird das Ende der Einheit auch nicht immer in Vers 36 gesehen; vgl. exemplarisch *Becker*, aaO, 301, der den in Vers 31 begonnenen Gesprächsgang zweigeteilt bis Vers 39a führen läßt (8,31f.33/8,34-38.39a) und einen neuen Abschnitt mit Vers 39b ansetzt.

[49] Vgl. *Hahn*, "Die Juden" im Johannesevangelium, 437, der darauf hinweist, daß in diesen Abschnitten die Juden gerade wieder deutlich als "Repräsentanten des ungläubigen Kosmos" gezeichnet seien.

im Zusammenhang mit dem Bleiben im Wort und drittens das Motiv der Freiheit.

An den Textkommentaren, aber auch an der Verheißung von 13,7, war das Verstehen der Jünger als Charakteristikum der nachösterlichen Zeit ausgewiesen und daher vom vorösterlichen Nicht-Verstehen abgegrenzt worden. In der Verheißung an Petrus wurde dabei das Stichwort des γινώσκειν ausdrücklich verwendet, während in den Textkommentaren vom Erinnern und vom Glauben die Rede war. In der Verheißung an die neu berufenen Jünger in 1,50f wurden diese Aspekte des nachösterlichen Verstehensprozesses durch das "Sehen" ergänzt.

Als Objekt des Erkennens ist in 8,32a nun umfassend die Wahrheit genannt. Damit aber wird der Verweis auf die nachösterliche Zeit noch deutlicher. Das zeigt sich, wenn wieder der Bezug dieser Verheißung zu den Abschiedsreden hergestellt wird. Denn dort formuliert in Korrelation zu 8,32a die Parakletaussage von 16,13, daß der Geist die Jünger nach Jesu Abschied in die ganze Wahrheit führen werde[50]. Daraus folgt für die Verheißung von 8,31f ein Zweifaches. Zum einen ist das verheißene Erkennen der Wahrheit eindeutig auf die nachösterliche Zeit zu beziehen. Zum anderen zeigt sich die wechselseitige Transparenz zwischen den Adressaten, denen Jesu Verheißungen gelten: Die zum Glauben gekommenen Juden werden transparent für die Jünger, so daß diese in die Verheißung von 8,31f mit hineingenommen sind; und umgekehrt werden die Jünger transparent für alle Glaubenden, in die auch die zum Glauben gekommenen Juden eingeschlossen sind. Jesu Verheißungen gelten also grundsätzlich dem, der die Bedingung wahren Jüngerseins erfüllt: nämlich in seinem Wort zu bleiben.

Bei der Beobachtung des Aufbaus von 8,31f war nun darauf hingewiesen worden, daß auch in der Bestimmung des wahren Jüngerseins eine futurische Komponente enthalten ist. Wieder sind es die Abschiedsreden, die zeigen werden, daß nicht nur das Erkennen der Wahrheit, sondern auch dessen Grundlage, das Bleiben im Wort, erst nachösterlich möglich sein wird. Aber schon die Textkommentare hatten darauf hingedeutet, wenn sie an die nachösterliche Zeit das wahre Verständnis für Jesu Wort banden. Der Logik des nachösterlichen Standpunktes entsprechend ist die Einsicht in Jesu Wort Voraussetzung dafür, in seinem Wort auch bleiben zu können, das heißt: dauerhaft mit ihm und seiner Offenbarung verbunden zu bleiben. Aber gerade der, der mit Jesus und seinem Wort verbunden bleibt, wer - wie die Fußwaschung sagte - teil an ihm hat, der wird in ihm die Wahrheit erkennen und das "Größere" sehen (vgl. 1,50fin).

---

[50] Den Bezug zwischen 8,31f und 16,13 stellt auch *Bultmann*, Das Evangelium des Johannes, 442, her.

Daß der Glaubende die Wahrheit erkennen werde, wird nun in 8,32b fortgeführt durch die Verheißung, daß ihn die Wahrheit frei machen werde. Für das Johannesevangelium ist das eine ungewohnte Verheißung. Das Thema der Freiheit wird ausdrücklich[51] nur im vorliegenden Zusammenhang des Gespräches zwischen Jesus und den Juden angesprochen. Dabei fällt auf, daß das Nomen ἐλευθερία nicht gebraucht, sondern durch das Verb ἐλευθεροῦν (8,32b.36a) und die verbalen Ausdrücke ἐλεύθεροι γενέσθαι (8,33c) oder ἐλεύθεροι ἔσεσθαι (8,36b) vertreten wird[52]. Der Schwerpunkt der Verheißung scheint also nicht darin zu liegen, einen künftigen Zustand von Freiheit in Aussicht zu stellen. Vielmehr soll betont werden, daß es in einem dynamischen Prozeß der Kraft der Wahrheit zu verdanken ist, daß der Glaubende frei werden kann.

Gilt nun auch dieser Teil der Verheißung für die nachösterliche Zeit? Die Beantwortung dieser Frage setzt voraus, daß zunächst vom unmittelbaren Kontext her geklärt wird, was die Verheißung inhaltlich besagt.

So ist im Rahmen der Gesprächssequenz der Verse 31-36 zu beobachten, daß Jesu Verheißung bei den hörenden Juden auf ein Mißverständnis stößt. Von dem Geschlecht Abrahams stammten sie ab, erwidern sie Jesus, nie hätten sie jemandem gedient. Wie könne er da sagen, sie sollten frei werden (Vers 33)? Doch an der Antwort Jesu wird klar, daß Unfrei- und Sklavesein keine Frage der Abstammung und der politisch-sozialen Stellung ist. Ein anderer Begriff von Freisein steht hier auf dem Spiel. Er wird zunächst durch seinen Gegenbegriff konturiert[53], nämlich durch den Begriff des Sklaven. Ganz konkret geht es um den, der Sünde tut: der nämlich ist Sklave der Sünde (Vers 34b).

Damit aber ist ein Terminus gefallen, der im Johannesevangelium ein klares Profil trägt: der Begriff der ἁμαρτία. Sünde, das wird pointiert in den Abschiedsreden klar, ist es, wenn die Welt, in die Jesus gekommen ist, sein Wort nicht aufnimmt, in seinen Worten und Werken nicht ihn und den Vater sieht (vgl. 15,22.24). Sünde also, so wird es auch das nachösterliche Wirken des Parakleten erweisen, ist es, daß die Welt nicht an Jesus glaubt (vgl. 16,9a.b).

---

[51] *Onuki*, Gemeinde und Welt, 63f, arbeitet allerdings heraus, daß auch die beiden Texte Joh 3,8; 4,24 sachlich das "johanneische Freiheitsverständnis" zum Ausdruck bringen. Darauf ist jedoch hier nicht einzugehen.

[52] Vgl. *Onuki*, aaO, 63. - Anders als *Onuki* rechnet *Becker*, Das Evangelium des Johannes, 301f (mit *Herbert Leroy*, Rätsel und Mißverständnis. Ein Beitrag zur Formgeschichte des Johannesevangeliums, BBB 30, Bonn 1968, 67-88), gerade aufgrund des seltenen Vorkommens der Termini bei 8,31f mit "vorgegebenem Spruchgut".

[53] Vgl. auch *Bultmann*, aaO, 335.

Wird nun im Gespräch mit den Juden der Begriff des δοῦλος τῆς ἁμαρτίας als Gegenbeispiel verwendet zu dem, der durch die Wahrheit frei werden wird, so bahnt sich als Verständnis an: Dem Sklaven des Unglaubens steht der Freie des Glaubens gegenüber[54]. Zunächst aber nimmt der Gesprächsgang noch eine andere Wendung:

Jesus stellt dem Sklaven eines Hauses den Sohn des Hauses gegenüber (Vers 35). Er verläßt also die übertragene Redeweise vom "Sklaven der Sünde" und wechselt in den konkreten sozialen Rahmen, in dem sich ein Sklave bewegt, nämlich in die οἰκία[55]. Anders als der Sklave, der nicht ewig zu dem Haus gehört, in dem er arbeitet, gehört der Sohn εἰς τὸν αἰῶνα, für immer und unwiderruflich, zum Haus seines Vaters. Er also hat Vorrang vor dem Sklaven, Vorrang gerade auch darin, daß er grundsätzlich der Freie ist. Er hat niemandem zu dienen. Vielmehr hat er als Sohn die Vollmacht des Vaters, nach der er frei handeln kann[56].

Mit Vers 36 wird dann deutlich, daß Jesus hier im Bild des Sohnes von sich selbst als dem Sohn des göttlichen Vaters spricht[57]: Er, der Sohn, kann Menschen frei machen. Und wen er frei macht, der ist wirklich frei.

Zurückbezogen auf die Verheißung von Vers 32b ergibt sich also vom Ende des Gesprächsgangs her eine auffallende Relation: So wie die Wahrheit die wahren Jünger Jesu frei machen wird, so kann auch "der Sohn", Jesus selbst, zur Freiheit führen. Damit aber ist eine typisch johanneische Gleichung erreicht, die sich in nuce von dem Ich-bin-Wort 14,6 aus den Abschiedsreden herleitet. Denn Jesus selbst wird hier als ἡ ἀλήθεια prädiziert. Er, der die Wahrheit ist, wird die Glaubenden frei machen. Und auf die Verheißung von Vers 32a bezogen heißt das: Die Glaubenden, die in ihrer nachösterlichen Einsicht teil haben an Jesus, werden in der Gemeinschaft mit ihm frei sein.

Aber noch weitere Relationen tun sich auf. Mit der Verheißung von 8,31f hatte sich das nachösterliche Wirken des Geistes assoziieren lassen, der die Glaubenden in alle Wahrheit führen wird (vgl. 16,13). Er selbst führt also zu Jesus, der die Wahrheit ist (vgl. 14,6). Er selbst ist damit aber

---

[54] Den Gedanken des "Freien des Glaubens" skizziert ähnlich auch *Bultmann*, aaO, 336, freilich ganz im Sinne seiner existentialen Interpretation: Die Freiheit, zu der der Offenbarer führe, sei "die Freiheit von der Welt und d.h. zugleich die Freiheit von der Vergangenheit und damit die Freiheit des Menschen von sich selbst".

[55] Zur Frage, ob Vers 35 ursprünglich ein Bildwort war, vgl. Pro und Contra bei *Bultmann*, aaO, 337 mit Anm. 3; *Becker*, aaO, 303, nennt Vers 35 einen "sozialen Erfahrungssatz", *Schnackenburg*, Das Johannesevangelium II, z. St., ein "kleines Gleichnis", das "positiv den verheißenen Freiheitsstand beleuchten" solle.

[56] *Schnackenburg*, aaO, 264f, profiliert diesen Gedanken, indem er den Sohn als den Erben herausstellt.

[57] Vgl. *Schnackenburg*, aaO, 265.

auch an dem dynamischen Prozeß beteiligt, der zur Freiheit des Glaubenden führt.

Wird nun in dieser Weise das Wirken des Geistes mit der Verheißung von 8,32 verbunden, dann ist deutlich, daß sowohl das Erkennen der Wahrheit als auch die Erfahrung des Freiseins an die nachösterliche Zeit gebunden wird. Gültig kann es für die Glaubenden wahre Jüngerschaft erst nach Ostern geben, wenn sie die wirksame Gegenwart des Geistes bei sich erfahren werden.

2.5. Zwischenbilanz

Am Vergleich der besprochenen Verheißungen außerhalb der Abschiedsreden sind nochmals die charakteristischen Merkmale zu sammeln, mit denen diese Textbelege auf die faktische und inhaltliche Unterscheidung der Zeiten hinweisen.

(1) Es war zu beobachten, daß, anders als in den Textkommentaren, nirgendwo in den Verheißungen eine markante Zäsur zwischen den Zeiten angegeben wird. Gegenwart und Zukunft sind zwar durch die futurische Perspektive der Verheißung faktisch voneinander getrennt. Doch daß mit der Zukunft die nachösterliche Zeit gemeint ist, ließ sich nur erschließen. Dieses Schlußverfahren gelang anhand der Ergebnisse, die bei der Untersuchung der Textkommentare gewonnen werden konnten, und durch Vorgriff auf die Verheißungen der Abschiedsreden.

Es wurde deutlich, daß grundsätzlich die als nachösterliche Zeit zu bestimmende Zukunft in den untersuchten Textbelegen inhaltlich näher bestimmt wird. Das entspricht der für die Verheißung typischen Blickrichtung. Sie richtet sich nach vorn und will eine Aussage über das Künftige machen. Die Gegenwart wird eo ipso von diesem Künftigen überboten und somit nicht nur faktisch, sondern auch inhaltlich von der Zukunft unterschieden.

(a) Eigens benannt wird der inhaltliche Unterschied nur in der Verheißung Jesu an Petrus in 13,7. Charakteristikum der vorösterlichen Gegenwart ist hier das Nicht-Verstehen, Kennzeichen der nachösterlichen Zukunft hingegen das Verstehen (γινώσκειν). Beide Zeiten sind dabei zugleich durch temporale Angaben voneinander abgehoben (vorösterliche Gegenwart: ἄρτι / nachösterliche Zukunft: μετὰ ταῦτα).

(b) Die Kennzeichnung der nachösterlichen Zeit als Zeit des Verstehens prägt auch die Verheißungen in 1,50f und 8,31f. Dabei wird das nachösterliche Erkennen in 8,32a wie in 13,7 durch γινώσκειν wiedergegeben, und zwar präzisiert als γινώσκειν τὴν ἀλήθειαν. In 1,50f wird hingegen das nachösterliche Verstehen durch den Aspekt des Sehens (ὁρᾶν) ausgedrückt.

(c) Neben dem Merkmal der Einsicht ist es die Dimension der Erfahrung, durch die die nachösterliche Zeit in besonderer Weise ausgezeichnet wird. In der Verheißung von 7,38 wird das Bild der Ströme lebendigen Wassers für die überquellende Lebenskraft verwendet, die der Glaubende nach Ostern erfahren wird. In 8,32b ist es die Erfahrung, daß die Einsicht in Jesus als die Wahrheit freimacht, durch die die Zeit nach Ostern ihr besonderes Prädikat erhält. Dabei war aus dem unmittelbaren Kontext (zu 7,38 vgl. 7,39) oder aus dem weiteren sachlichen Zusammenhang (zu 8,32 vgl. 16,13) zu erkennen, daß die gekennzeichneten Erfahrungen auf das Wirken des Geistes zurückzuführen sind. Damit aber wird als inhaltliches Merkmal der nachösterlichen Zeit auch die Gegenwart des Geistes bei den Glaubenden faßbar.

2.6. Die Verheißung Jesu an die Juden in Joh 8,28

Nach dem zusammenfassenden Vergleich der Stellen 1,50f; 7,38; 8,31f und 13,7 soll noch auf eine weitere Verheißung hingewiesen werden, die sich ausdrücklich auf das nachösterliche Verstehen bezieht. Gerichtet ist sie, anders als die bisher betrachteten Verheißungen, nicht an eine Gruppe der Glaubenden, sondern an die ungläubigen Juden.

Der Kontext: 8,21-29. Die Verheißung Jesu an die ungläubigen Juden in Joh 8,28 steht im gleichen Kontext wie die Verheißung von 8,31f. Im Rahmen des Aufbaus der Rede- und Gesprächseinheit 8,12-59 gehört sie zu dem Abschnitt, der zwischen dem ersten Summarium in Vers 20 und dem zweiten Summarium in Vers 30 liegt. Jesus hat hier, wie schon einmal beim Laubhüttenfest (vgl. 7,33f), den Juden angekündigt, daß er weggehe und daß sie ihm dorthin, wohin er gehe, nicht folgen können (Vers 21b.d). Während die Juden nur auf diese Bemerkung achten und rätseln, ob Jesus sich denn wohl umbringen wolle (Vers 22), steht für Jesus selbst ein anderer Aspekt im Vordergrund: Daß er weggehen wird, bedeutet nämlich für die ungläubigen Juden, daß sie in ihren Sünden sterben werden (Vers 21c). Denn wenn sie nicht zum Glauben an ihn finden, werden sie im Unglauben und damit in der Sünde bleiben (vgl. Vers 24).

Von Vers 24 zieht sich dann ein konsequenter rhetorischer Bogen über Vers 25 zur Verheißung in Vers 28. Der Äußerung Jesu: "Wenn ihr nicht glaubt, daß ich es bin" (Vers 24b: ἐὰν γὰρ μὴ πιστεύσητε ὅτι ἐγώ εἰμι), entspricht die Rückfrage der Juden: "Wer bist du denn?" (Vers 25b: σὺ τίς εἶ;). Und in der Verheißung selbst wird dann das absolute "daß ich es bin" wiederaufgenommen.

Joh 8,28. Die Verheißung von Vers 28 knüpft nicht nur an das absolute ἐγώ-εἰμι-Wort von Vers 24b an, sondern beinhaltet in den Versteilen

28d.e.fin auch eine implizite Antwort auf die Frage der Juden aus Vers 25b, wer Jesus denn sei: Jesus ist der, der nichts von sich aus tut, sondern spricht, wie es der Vater ihn gelehrt hat. Dies zu erkennen, wird den Juden verheißen mit den Worten:

εἶπεν οὖν αὐτοῖς ὁ Ἰησοῦς·	28a
ὅταν ὑψώσητε τὸν υἱὸν τοῦ ἀνθρώπου,	28b
τότε γνώσεσθε	28cα
ὅτι ἐγώ εἰμι,	28cβ
καὶ ἀπ' ἐμαυτοῦ ποιῶ οὐδέν,	28d
ἀλλὰ καθὼς ἐδίδαξέν με ὁ πατὴρ	28e
ταῦτα λαλῶ.	28fin

Auffallend an dieser Verheißung ist nun, daß eine klare Zäsur zwischen den Zeiten angegeben ist. Das verheißene Erkennen (Vers 28c.d) gilt eindeutig für die Zeit nach Jesu Erhöhung (Vers 28b). Der Zusammenhang ist dabei deutlich durch die aufeinander bezogenen Zeitangaben ὅταν / τότε hervorgehoben.

Gerade weil die mit 8,28 angesprochenen Juden weder Jesus noch den Vater kennen (vgl. die Verse 19.27), wird nun für sie die Verheißung des Erkennens zur "Gerichtsandrohung"[58]. Die zeitliche Zäsur, die mit der Erhöhung Jesu durch die Juden markiert wird, hat hier also die Funktion, den Ungläubigen zu demonstrieren, daß sie durch eben jenes Kreuz, an das sie Jesus bringen wollen, ihrer Sünde überführt werden. Das "Erkennen" der Juden nimmt daher in dieser Textstelle die Konnotation des "Überführtwerdens" an, das für die Aussagen über Sünde und Gericht in 3,20 und für die Geistverheißung in 16,7-11 kennzeichnend ist[59].

Zugleich gibt die Stelle aber auch genau an, worin die Erkenntnis besteht. Ihr Inhalt ist hier so präzise und ausführlich angegeben, daß das absolute ἐγώ εἰμι aus Vers 28cβ ein klares Profil erhält: Jesus ist der, der nicht nach seinem eigenen Willen handelt (Vers 28d), sondern so handelt und redet, wie es ihm der Vater aufgetragen hat (Vers 28e.fin). Damit aber ist als Inhalt der nachösterlichen Erkenntnis in nuce der Sendungsgedanke formuliert. Die Bedeutung der Stelle geht daher über eine reine Gerichtsandrohung für die ungläubigen Juden hinaus. Sie wird vielmehr in ihrer kernhaften Aussage zugleich transparent für die Einsicht, die sich gerade auch den Glaubenden nach Jesu Erhöhung ans Kreuz erschlossen hat[60]. So bestä-

---

[58] So *Blank*, Krisis, 230.

[59] Vgl. aaO, 229f.

[60] *Onuki*, Gemeinde und Welt, 194, bezieht die Stelle daher grundsätzlich und direkt auf die "Ostererfahrung der johanneischen Gemeinde". - *Schnackenburg*, Das Johannesevangelium III, 256f, hingegen erwägt gerade in bezug auf die Juden, ob neben Unheilsprophetie in Vers 28 auch Aspekte von Heilsprophetie zu finden seien.

tigt sich von 8,28 her, daß auch jene Verheißungen, die keine Zäsur zwischen den Zeiten markieren, mit der Zukunft keine andere als die nachösterliche Zeit im Blick haben. Zudem zeigt sich, daß nicht nur in der literarischen Form des Textkommentars, sondern auch in der Form der Verheißung die Angabe einer Zäsur und ihre Benennung als Mittel verwendet werden können, den nachösterlichen Standpunkt zur Geltung zu bringen.

2.7. Überblick, Bilanz und weiterführende Perspektive

Nach der Untersuchung der Verheißungen 1,50f; 7,38; 8,28.31f und 13,7 ist nun wieder Bilanz zu ziehen für die Frage, wie sich der nachösterliche Standpunkt, der die Darstellung des Johannesevangeliums prägt, textimmanent in den Verheißungen außerhalb der Abschiedsreden niederschlägt und welche sachlichen Implikationen aus seiner Perspektive erwachsen. In einem ersten Schritt sind dafür noch einmal die Merkmale zusammenzustellen, die hinweisen auf den für die Verheißungen spezifischen Umgang mit den Zeiten:

Überblick über Hinweise auf den nachösterlichen Standpunkt
in den Verheißungen außerhalb der Abschiedsreden

Faktische Unterscheidung der Zeiten	*Inhaltlicher Unterschied zwischen den Zeiten*
1) Joh 1,50f Keine Zäsur angegeben. Faktischer Verweis auf die Zukunft: 50fin: μείζω τούτων ὄψῃ.	Kennzeichen der Zukunft: 51c: ὄψεσθε τὸν οὐρανὸν ἀνεῳγότα καὶ τοὺς ἀγγέλους τοῦ θεοῦ ἀναβαίνοντας καὶ καταβαίνοντας ἐπὶ τὸν υἱὸν τοῦ ἀνθρώπου.
2) Joh 7,38 Zäsur aus Textkommentar Vers 39 zu erschließen: Verherrlichung Jesu. Faktischer Verweis auf die Zukunft: 38c: ποταμοὶ ἐκ τῆς κοιλίας αὐτοῦ ῥεύσουσιν ὕδατος ζῶντος.	Kennzeichen der Zeit nach Jesu Verherrlichung: 38c: (Text vgl. nebenstehend)
3) Joh 8,28 Zäsur: Erhöhung Jesu. 28b: ὅταν ὑψώσητε τὸν υἱὸν τοῦ ἀνθρώπου	Kennzeichen der Zeit nach Jesu Erhöhung: 28c: τότε γνώσεσθε ὅτι ἐγώ εἰμι

4) Joh 8,31f

Keine Zäsur angegeben.

Faktischer Verweis auf die Zukunft
(futurischer Sinn des Konditionalsatzes):

Kennzeichen der Zukunft:
(vgl. auch 31b.c., Text nebenstehend)

31b.c.: ἐὰν ὑμεῖς μείνητε ἐν τῷ λόγῳ
τῷ ἐμῷ,
ἀληθῶς μαθηταί μού ἐστε

32a.b.: καὶ γνώσεσθε τὴν ἀλήθειαν,
καὶ ἡ ἀλήθεια ἐλευθερώσει
ὑμᾶς.

5) Joh 13,7

Keine Zäsur angegeben, aber
faktische Unterscheidung zwischen
"jetzt" und "später":

7b.c: ὃ ἐγὼ ποιῶ
σὺ οὐκ οἶδας ἄρτι,
γνώσῃ δὲ μετὰ ταῦτα.

Kennzeichen der Gegenwart:
7b: σὺ οὐκ οἶδας ἄρτι
Kennzeichen der Zukunft:
7c: γνώσῃ δὲ μετὰ ταῦτα.

Bilanz und weiterführende Perspektive

(1) Kennzeichnend für den Umgang mit den Zeiten in den Verheißungen ist es, daß grundsätzlich auf die Zukunft verwiesen und diese auch inhaltlich näher bestimmt wird, während Bezeichnung und inhaltliche Bestimmung der Gegenwart in den Hintergrund treten. Das Profil der Gegenwart läßt sich überwiegend nur implizit daran erkennen, daß die Zukunft das, was gegenwärtig möglich ist, ausdrücklich steigernd überbietet (vgl. 1,50fin) oder das, was gegenwärtig nicht möglich ist, pointiert ins Positive umkehrt (vgl. 13,7).

(2) Charakteristisch ist außerdem, daß die faktische Unterscheidung der Zeiten überwiegend nicht durch die Angabe einer Zäsur zwischen den Zeiten hergestellt wird, sondern lediglich durch den Verweis auf die Zukunft. Ausnahmen bilden die Verheißung in 8,28, die als Zäsur zwischen den Zeiten Jesu Erhöhung durch die Juden markiert und auch die Verheißung von 7,38, für die als Zäsur zwischen den Zeiten Jesu Verherrlichung aus dem nachstehenden Kommentar zu erschließen ist.

(3) In ihrer Ausrichtung auf die Zukunft entsprechen die Verheißungen formal der Chronologie des erzählten Geschehens: Was in ihnen verheißen wird, ist zur Zeit der erzählten Gegenwart noch nicht erfüllt. Anders als der Textkommentar, der mit seiner auktorialen Perspektive zeigt, daß er zeitlich jenseits des erzählten Geschehens steht, fügen sich also die Verheißungen in den zeitlichen Ablauf des erzählten Geschehens scheinbar nahtlos ein. Am Merkmal der Transparenz jedoch ist zu erkennen, daß auch sie - wie die Textkommentare - vom nachösterlichen Standpunkt aus formuliert sind. So vermitteln die an die vorösterlichen Jünger und Juden gerichteten Verheißungen die Erfahrungen der nachösterlich Glaubenden.

(4) Die inhaltliche Näherbestimmung dieser nachösterlichen Erfahrungen deckt sich mit den Aussagen der Textkommentare konsequent und läßt darüber hinaus noch weitere Nuancen erkennen:

(a) Konstitutiv für die Erfahrung der Glaubenden nach Ostern ist die neu gewonnene Einsicht in die Bedeutung der Person Jesu. Die Textkommentare hatten dafür im einzelnen das Verständnis für Jesu Wort, das Verständnis für die Schrift als Hinweis auf Jesus und das Verständnis für das vorösterliche Geschehen benannt. In den Verheißungen wird das nachösterliche Verstehen auf die Verbindung Jesu mit der himmlischen Welt und auf die Wahrheit bezogen. In nuce und umfassend scheinen all diese einzelnen Aspekte zusammengefaßt zu sein in dem absoluten $\dot{\varepsilon}\gamma\dot{\omega}$ $\varepsilon\dot{\iota}\mu\iota$: Der nachösterliche Glaube erkennt in Jesus den göttlichen Offenbarer.

(b) Zentrales Stichwort zur Veranschaulichung des nachösterlichen Verstehensprozesses war in den Textkommentaren das Verb $\mu\mu\nu\dot{\eta}\sigma\kappa\varepsilon\sigma\vartheta\alpha\iota$. Dabei erschloß sich das "Erinnern" als ein schöpferischer Verstehensvorgang, der sichtbar macht, was vorher nicht zu sehen war. Dazu fügt sich sachlich ganz entsprechend, daß der nachösterliche Verstehensprozeß in den Verheißungen ausdrücklich als Akt des "Sehens" bestimmt werden kann (Stichwort: $\dot{o}\varrho\tilde{\alpha}\nu$). Dabei wird als Gegenstand des Sehens die Dimension des "Größeren" vor Augen gestellt, illustriert durch das Bild des geöffneten Himmels, zu dem der Menschensohn in unablässiger Beziehung steht durch die auf- und absteigenden Engel Gottes. So gewinnt die nachösterliche Einsicht den Charakter einer himmlischen Schau. Das schöpferische Potential des nachösterlichen Verstehensprozesses, einerseits konturiert durch den Aspekt des Sich-Erinnerns der Glaubenden, scheint also andererseits das Profil prophetischer Vision anzunehmen.

(c) Verbunden mit den Aussagen über das nachösterliche Sehen und Erkennen ist in den Verheißungen auch die Beschreibung der Daseinserfahrung der Glaubenden. Sie wird zum einen in den Begriff der Freiheit gefaßt, zum anderen durch das Bild vom lebendigen Wasser veranschaulicht. In diesem Aspekt der Erfahrung spiegelt sich das neben dem Verstehen als zweites erkannte Merkmal der nachösterlichen Zeit wider, nämlich das Merkmal der Gegenwart des Geistes bei den Glaubenden. Das gilt insbesondere für die Erfahrung, daß aus dem Glaubenden Ströme lebendigen Wassers fließen werden. Denn der Geist selbst wird als Urheber dieser Verwandlung des glaubenden Menschen gekennzeichnet. So steht auf Seiten des nachösterlich Glaubenden die Erfahrung, verwandelt zu sein, der auf Seiten des Geistes das verwandelnde Wirken korrespondiert.

Eben diese Verwandlung wird durch das Bild des lebendigen Wassers als Akt der Erneuerung gekennzeichnet. Denn daß das Wasser lebendig ist, heißt, daß es frisch, kraftvoll und bewegt ist. In seiner jungen Vitalität steht es dem "toten Gewässer" gegenüber, in dem kein Leben mehr möglich ist.

Der Glaubende, aus dem dieses frische Wasser in Strömen fließt, spürt also nachösterlich in sich das neue Leben. Als Erneuerter aber wird er selbst zur Quelle neuen Lebens für andere, so daß sich der schöpferische Prozeß seiner Neuwerdung von innen nach außen wirkungsvoll umsetzt.

Mit dem Bild vom lebendigen Wasser zeigt sich die nachösterliche Erfahrung der Glaubenden also pointiert als Erfahrung der eschatologischen Neuschöpfung. Wird nun auf der einen Seite der Geist als Schöpfer dieser nachösterlichen Erneuerung dargestellt und auf der anderen Seite die nachösterliche Zeit grundsätzlich als Zeit der neuen Einsicht in die Person Jesu bestimmt, dann bahnt sich das Verständnis an, daß auch diese Einsicht selbst zur geistgewirkten Erfahrung der Neuschöpfung nach Ostern gehört. Die Frage, die am Ende der Untersuchung der Textkommentare gestellt wurde, nämlich die Frage nach dem Zusammenhang zwischen dem nachösterlichen Verstehensprozeß und der nachösterlichen Gegenwart des Geistes bei den Glaubenden, hat so von der Analyse der Verheißungen außerhalb der Abschiedsreden her eine erste Antwort erhalten.

Weiterführende Perspektive. In der hohen Wertschätzung der nachösterlichen Zeit, die sich daran zeigt, daß Geistgegenwart und Glaubenseinsicht, Teilhabe an Jesus und Freiheitserfahrung, ja umfassend die Erneuerung des Lebens an eben diese Zeit gebunden werden, spiegelt sich der nachösterliche Standpunkt wider, der davon ausgeht, daß in der Zeit nach Jesu Abschied eine neue Realität geschaffen ist für die Menschen, die Jesus nachfolgen. Wenn im folgenden Abschnitt nun jene Verheißungen Jesu untersucht werden, die sich angesichts seines Abschieds an die in der Welt zurückbleibenden Jünger richten, dann ist besonders darauf zu achten, welche Bewertung Jesu Abschied selbst erfährt. Denn in dieser Bewertung liegt die Grundlage für die Hochschätzung gerade jener Zeit, in der Jesus nicht mehr irdisch-physisch unter den Glaubenden ist.

3. Hinweise in den Abschiedsreden Jesu an die Jünger
(Joh 13,31-16,33)

Nachdem sich bei der Untersuchung der Textkommentare und Verheißungen außerhalb der Abschiedsreden die ersten Umrisse des nachösterlichen Standpunktes gezeigt haben, sind nun die Abschiedsreden selbst daraufhin zu befragen, an welchen charakteristischen Merkmalen sich hier der nachösterliche Standpunkt textimmanent erkennen läßt. Zu achten ist wieder darauf, ob vor- und nachösterliche Zeit faktisch unterschieden werden und welche inhaltlichen Kennzeichen beide Zeiten tragen. Dabei ist besonders die Frage weiterzuverfolgen nach dem spezifischen Zusammenhang zwischen nachösterlichem Verstehensprozeß und nachösterlicher Gegenwart des Geistes bei den Glaubenden.

Die Arbeit an den Abschiedsreden bedarf jedoch noch einer etwas breiteren Vorbereitung. Sie ist notwendig, da die Entscheidung begründet werden muß, Joh 13,31-16,33 als "Abschiedsreden" zu kennzeichnen und vom Kontext abzugrenzen. Denn welcher Text des Johannesevangeliums als "Abschiedsreden" oder auch als "Abschiedsrede" bezeichnet wird, variiert in der exegetischen Literatur. Anhand knapper, aber detaillierter Überblicke soll daher in die verschiedenen Modelle zu Umfang und Nomenklatur, Zählung und Gliederung der Abschiedsreden eingeführt werden.

3.1. Vorbereitung auf die Arbeit an den Abschiedsreden

3.1.1. Umfang und Nomenklatur der Abschiedsreden

Der Umfang des Textabschnittes, der als "Abschiedsreden" bezeichnet wird, variiert in der exegetischen Literatur grundsätzlich zwischen drei Größen: einem maximalen Umfang, der 13,1-17,26[1] unter dem Namen "Abschiedsreden" zusammenfaßt, einem mittleren Umfang, der die "Abschiedsreden"

---

[1] In den folgenden Anmerkungen sind die exemplarisch ausgewählten Untersuchungen jeweils chronologisch geordnet. -

So *Charles Harold Dodd*, The Interpretation of the Fourth Gospel, Cambridge 1953 (= 1972); *Heinrich Zimmermann*, Struktur und Aussageabsicht der johanneischen Abschiedsreden, BiLeb 8, 1967, 279-290; *Bornkamm*, Zur Interpretation des Johannesevangeliums; *Becker*, Die Abschiedsreden Jesu im Johannesevangelium; *Takashi Onuki*, Die johanneischen Abschiedsreden und die synoptische Tradition. Eine traditionskritische und traditionsgeschichtliche Untersuchung, AJBI 3, 1977, 157-268.

erst mit 13,31 beginnen, ebenfalls aber mit 17,26 enden läßt[2], und einem minimalen Umfang, der Joh 13,31-16,33 als "Abschiedsreden" vom Kontext abgrenzt[3].

Dabei kann der Umfang 13,31-16,33 neben der pluralischen Bezeichnung auch die singularische Bezeichnung "Abschiedsrede" tragen[4]. Als "Abschiedsrede" (Singular) begegnen außerdem zwei weitere Größen, nämlich der Textumfang 13,31-14,31[5] und der Textumfang 14,1-31[6]. So ergibt sich die Unterscheidung zweier Grundmodelle der Zuordnung von Umfang und Nomenklatur:

	Nomenklatur		*Umfang*
(A)	Die singularische Bezeichnung	(a)	13,31-16,33 Maximalumfang
	"Abschiedsrede"	(b)	13,31-14,31
		(c)	14,1 -14,31 Minimalumfang
(B)	Die pluralische Bezeichnung	(a)	13,1 -17,26 Maximalumfang
	"Abschiedsreden"	(b)	13,31-17,26
		(c)	13,31-16,33 Minimalumfang

Als Sonderform der Nomenklatur erscheint die kombinierte Bezeichnung "Abschiedsreden und Gespräche", die sich auf den Umfang 13,31-16,33 bezieht[7], sowie die Benennung des ganzen Komplexes 13,1-17,26 als "Abschiedsworte"[8].

---

[2] *Johannes Schneider*, Die Abschiedsreden Jesu. Ein Beitrag zur Frage der Komposition von Joh 13,31-17,26, in: Gott und die Götter (FS Erich Fascher), Berlin 1958, 103-112; *Dietzfelbinger*, Die eschatologische Freude der Gemeinde; *J. Ph. Kaefer*, Les Discours d'Adieu en Jn 13:31-17:26. Rédaction et Théologie, NovTest 26, 1984, 253-282; *Udo Schnelle*, Die Abschiedsreden im Johannesevangelium, ZNW 80, 1989, 64-79.

[3] *Joachim Wellhausen*, Erweiterungen und Änderungen im 4. Evangelium, Berlin 1907; *P. Corssen*, Die Abschiedsreden Jesu in dem vierten Evangelium. Mit besonderer Berücksichtigung von J. Wellhausen, Erweiterungen und Änderungen im vierten Evangelium, ZNW 8, 1907, 125-142; *John L. Boyle*, The Last Discourse (Jn 13,31-16,33) and Prayer (Jn 17): Some Observations on Their Unity and Development, Bibl 56, 1975, 210-222.

[4] So bei *Paul Gächter*, Der formale Aufbau der Abschiedsrede Jesu, ZKT 58, 1934, 155-207.

[5] So bei *Müller*, Die Parakletenvorstellung im Johannesevangelium; *Becker*, Das Evangelium des Johannes, 439.

[6] So bei *Schneider*, Die Abschiedsreden Jesu, 106; *Schnackenburg*, Das Johannesevangelium III, 63. *Schnackenburg* grenzt 13,31-38 als "Ankündigung des Weggangs Jesu" aus der Rede selbst aus (vgl. aaO, 54); *Schneider*, aaO, 106, charakterisiert denselben Abschnitt als "eine Art Einleitung zu den Abschiedsreden".

[7] So bei *Bultmann*, Das Evangelium des Johannes, 401.

[8] So bei *G.-M. Behler*, Die Abschiedsworte des Herrn, Salzburg 1962; *Rudolf Schnackenburg*, Ihr werdet mich sehen. Die Abschiedsworte Jesu (Joh 13-17), Freiburg 1985.

3.1.2. Zählung der Abschiedsreden

Die beiden Grundmodelle (A) und (B) der Zuordnung von Umfang und Nomenklatur erfahren eine weitere Differenzierung durch das Kriterium der Zählung der Abschiedsreden. Hier können wiederum zwei numerische Grundmodelle unterschieden werden, nämlich die Zählung zweier und die Zählung mehrerer Abschiedsreden. Beide Modelle beziehen sich entweder auf den mittleren oder den minimalen, nicht aber auf den maximalen Umfang der pluralischen Bezeichnung "Abschiedsreden". Das hängt damit zusammen, daß die Zählung der Abschiedsreden mit einer bestimmten Form des Gattungskriteriums verbunden wird, nämlich mit dem Kriterium der Rede. Kann zu diesem Kriterium auch das Gebet Jesu als Sonderform der Rede gezählt werden, so fällt die Mahlszene aus diesem Kriterium heraus. Sie wird zu den "Abschiedsreden" nur dann gezählt, wenn als leitendes Gattungskriterium nicht die Rede im rhetorischen Sinne, sondern die Rede im Sinne des "Literarischen Testaments" angewendet wird[9]. Denn die "Abschiedsrede" im Sinne des Dokumentes einer scheidenden Persönlichkeit findet ihre traditionelle Form in der literarischen Ausgestaltung einer ganzen Abschiedssituation, zu der eine Mahlszene, Reden und auch ein Gebet oder Segenshandlungen gehören können[10]. Die Zuordnung der Mahlszene in 13,1-30 und des Gebetes in 17,1-26 zur Abschiedssituation führt dann zu den in der Literatur begegnenden Benennungen "Abschiedsmahl" und "Abschiedsgebet".

Die Unterscheidung zweier Abschiedsreden zeigt konsequent die Zählung einer sogenannten "ersten", auf den Umfang 13,31-14,31[11] oder 14,1-31[12] bezogenen Abschiedsrede und die Zählung einer sogenannten "zweiten" Abschiedsrede, deren Umfang entweder von 15,1 bis 17,26[13], von 15,1 bis 16,33[14] oder von 15,1 bis 16,15[15] reicht.

---

[9] Vgl. dazu *Becker*, Das Evangelium des Johannes, Exkurs: Die Gattung des literarischen Testaments, 440-446.

[10] Zum differenzierten literarischen "Inventar" der Abschiedssituation vgl. die von *Becker*, aaO, 442-446, genannten acht Aspekte.

[11] So bei *Zimmermann*, Struktur und Aussageabsicht der johanneischen Abschiedsreden, 282, 286-289; *Dietzfelbinger*, Die eschatologische Freude der Gemeinde, 420; *Kaefer*, Les Discours d'Adieu, 256.

[12] So bei *Schneider*, Die Abschiedsreden Jesu, 106; *Schnackenburg*, Das Johannesevangelium III, 63; *Johannes Beutler*, Habt keine Angst. Die erste johanneische Abschiedsrede (Joh 14), SBS 116, Stuttgart 1984.

[13] So bei *Kaefer*, aaO, 263; *Onuki*, Gemeinde und Welt, 117.

[14] So bei *Zimmermann*, aaO, 282, 286-289.

[15] So bei *Dietzfelbinger*, Die eschatologische Freude der Gemeinde, 421.

Bei der Unterscheidung mehrerer Abschiedsreden wird der Abschnitt 13,31-14,31 hingegen nicht konsequent als "erste" Abschiedsrede gezählt, sondern zum Teil auch einfach ohne numerische Angabe als "Abschiedsrede" bezeichnet[16]. Auch wird die numerische Kennzeichnung der weiteren Abschiedsreden nicht konsequent durchgeführt. Vielmehr kann die Zählung auch durch zusammenfassende Bezeichnungen wie "Sammlung von Abschiedsreden"[17], "Nachträge von Abschiedsreden"[18] oder "weitere Abschiedsreden"[19] ersetzt werden.

Ein Überblick kann diese Beobachtungen verdeutlichen:

Differenzierung von Umfang und Nomenklatur im Zusammenhang mit der Zählung der Abschiedsreden

(A)	*Zählung zweier Abschiedsreden*	*(B)*	*Zählung mehrerer Abschiedsreden*	
(1)	*bezogen auf den Umfang 13,31-17,26:*	*(1)*	*bezogen auf den Umfang 13,31-17,26:*	
	1. Abschiedsrede: 13,31-14,31 2. Abschiedsrede: 15,1 -17,26	(a)	1. Abschiedsrede: 13,31-14,31 2. Abschiedsrede: 15,1-16,15 3. Redestück: 16,16-33 4. Redestück: 17,1-26	
		(b)	1. Abschiedsrede: 13,31-14,31 Sammlung von Abschiedsreden: 15,1-17,26	
		(c)	Abschiedsrede: 13,31-14,31 Nachträge von Abschiedsreden/ Abschiedsgebet:	1. 15,1-17 2. 15,18-16,15 3. 16,16-33 4. 17,1-26
(2)	*bezogen auf den Umfang 13,31-16,33:*	*(2)*	*bezogen auf den Umfang 13,31-16,33:*	

---

[16] So bei *Becker*, Die Abschiedsreden Jesu im Johannesevangelium (pass.), und ders., Das Evangelium des Johannes, 439, sowie bei *Schnackenburg*, Das Johannesevangelium III, 53, vgl. 63.

[17] So bei *Schnackenburg*, Das Johannesevangelium I, 34 (im Zusammenhang einleitender Bemerkungen zur Literarkritik am Johannesevangelium), und bei *G. Fischer*, Die himmlischen Wohnungen. Untersuchungen zu Joh 14,2, EHS/ Th 38, Bern/ Frankfurt a.M. 1975.

[18] So bei *Becker*, Das Evangelium des Johannes, vgl. 477-528.

[19] So bei *Schnackenburg*, Das Johannesevangelium III, 101.

1. Abschiedsrede: 13,31-14,31	Abschiedsrede:	(13,31-38)
2. Abschiedsrede: 15,1 -16,33		14,1-31
	Weitere Abschiedsreden:	
	Mahnrede	15,1-16,4a
	Trostrede	16,4b-33

3.1.3. Gliederung der Texteinheit Joh 13,1-17,26

Im Überblick über Zählung und Abgrenzung der Abschiedsreden werden jene Textstellen erkennbar, die von der Forschung als Nahtstellen zwischen den Reden und Redeteilen angesehen werden. Es sind die Übergänge zwischen 13,30 und 13,31, zwischen 14,31 und 15,1, zwischen 15,17 und 15,18, zwischen 16,4a und 16,4b, zwischen 16,15 und 16,16 sowie schließlich zwischen 16,33 und 17,1. Als Nahtstellen zwischen den gezählten Reden dienen sie der kompositorischen Abgrenzung, als Nahtstellen zwischen den Redeteilen der thematischen Unterteilung. Dabei wird einzig die Nahtstelle zwischen 14,31 und 15,1 als formaler und inhaltlicher Bruch im Textaufbau gewertet. Alle anderen Nahtstellen werden als sachliche Grenzlinien zwischen aufeinanderfolgenden Themen oder als gattungs- und formbedingte Zäsuren im typischen Aufbau einer Abschiedsrede verstanden.

Über die Nahtstellen, ihre Funktion und Bewertung informiert die folgende Übersicht:

Nahtstelle	*Funktion der Nahtstelle*	*Bewertung der Nahtstelle*
13,30/13,31	Abgrenzung - zwischen dem (Abschieds-)Mahl und den Abschiedsreden.	*Form- und gattungsbedingte Grenze:* - Denn mit der Angabe zur Situation in 13,30 und 13,31a[20] wechselt die szenisch dargestellte Handlung (mit Personenrede) ganz zur Form der Rede (mit Gesprächselementen)[21]. Die Szene des Mahls bleibt als Hintergrund erhalten, wie es typisch ist für das literarische Testament (Stichworte: "Inventar des literarischen Testaments", Abschied als "Rahmengattung")[22].
14,31/15,1	Abgrenzung - zwischen erster und zweiter Abschiedsrede bzw.	*Inhaltlicher Bruch:* - Denn der eigentliche Anschluß an 14,31 folgt erst in 18,1. - Daher ist der Komplex 15,1-17,26 ein späterer

---

[20] Vgl. *Becker*, aaO, 439.

[21] So eines der Abgrenzungskriterien im Sinne der vorliegenden Untersuchung (vgl. 3.1.4.).

[22] Vgl. *Becker*, aaO, 443.

Einschub (Stichworte: "Redaktion",
"Nachtragshypothese")[23].
- zwischen (erster)   - Oder: Der Komplex 15,1-17,26 ist Material des
Abschiedsrede und   Evangelisten, vom Herausgeber jedoch
weiteren Abschieds-   ungeschickt in den Text eingefügt (Stichwort:
reden.   "Edition")[24].
                                    - Oder: Der ganze Text 13,1-17,26 ist bei der
                                      Textedition literarisch in Unordnung geraten
                                      (Stichworte: "Blattvertauschung", "Umstel-
                                      lungshypothese")[25].

                                    Formaler Bruch:
                                    - Denn 14,25-31 stelle aufgrund der endgültigen
                                      Zusammenfassung alles bisher Gesagten (Vers
                                      25.26-28), aufgrund des Abschiedswunsches
                                      (Vers 27) und aufgrund der Abrundung der
                                      äußeren Szene (Vers 31fin) den formalen Ab-
                                      schluß der Abschiedsreden dar[26].

Oder:
Unterteilung   *Sachliche Grenze:*
- der Reden 13,31-16,33   - Denn 14,31/15,1 muß nicht als Bruch gewertet
in zwei Hauptteile.   werden, da 14,31 des Anschlusses in 18,1 nicht
                                      bedarf: 14,31 ist vielmehr Einschub des Evange-
                                      listen selbst in bewußter Reminiszenz an die
                                      synoptische Überlieferung[27].
                                    - Nach der ersten Entfaltung des Abschieds Jesu
                                      (13,31-14,31) mit zwei Parakletverheißungen
                                      folgt die weitere Entfaltung des Abschieds Jesu
                                      mit weiteren Parakletverheißungen. Gerade auf-
                                      grund der sinnvollen Reihenfolge der Parakletaus-

---

[23] So *Wellhausen*, Erweiterungen und Änderungen im 4. Evangelium; *Corssen*, Die Abschiedsreden Jesu; *Gächter*, Der formale Aufbau der Abschiedsrede Jesu; *A. Wikenhauser*, Das Evangelium nach Johannes, RNT 4, Regensburg [3]1961; *Becker*, aaO, und ders., Die Abschiedsreden Jesu, sowie *Schnackenburg*, Das Johannesevangelium III.

[24] Vgl. *Schnackenburg*, Das Johannesevangelium I, 34.

[25] Vgl. *Bultmann*, Das Evangelium des Johannes (und vor ihm schon Anfang des Jahrhunderts *Bacon, Spitta, Moffat, Bernard, Waberton Lewis, Wendt* und *Macgregor*; vgl. dazu aaO, 350, Anm. 2). Bultmanns Versuch, die "ursprüngliche Ordnung wieder zu finden" (aaO, 350), führt ihn zu folgender "Neuordnung" (aaO, 351) des Textkomplexes 13-17: 13,1-30; (13,1) 17,1-26; 13,31-35; 15,1-16,33; 13,36-14,31 (vgl. ebd.). Innerhalb dieser Anordnung des Textes spielen dann die Nahtstellen 13,30/13,31 und 14,31/15,1 keine Rolle mehr. Vielmehr ergeben sich für *Bultmann* als neue Übergänge 17,26/13,31 (formal: Stichwortanschluß durch δοξασϑῆναι; inhaltlich: νῦν ἐδοξάσϑη von 13,31 als "Erhörung des Gebetes"; vgl. aaO, 374), 13,35/15,1 (15,1-17 als Kommentar zu 13,34f; vgl. aaO, 406) und 16,33/13,36 (mit 13,36 setze die Frage nach der Nachfolge ein, die auf dem Hintergrund der in 13,31-35; 15,1-16,33 behandelten Situation der Jünger "jetzt ihren Sinn" habe; vgl. aaO, 459).

[26] Vgl. *Bultmann*, aaO, 349.

[27] Vgl. *Corssen*, Die Abschiedsreden Jesu, bes. 138-140.

sagen muß auch der Aufbau von 13,31-17,26 als ursprünglich verstanden werden[28].

15,17/15,18 Abgrenzung - zwischen dem nicht zur Gattung der Abschiedsrede gehörenden Redestück 15,1-17 und den typischen Abschiedsreden in 15,18-16,33[30].	*Form- und gattungsbedingte Grenze:* - Denn mit 15,18 wird das Folgende wieder gattungstypisch an die Abschiedsrede in 13,31-14,31 angeschlossen[29].

Sachliche Grenze:
- Denn der Themenzusammenhang Bleiben / Fruchtbringen / Lieben ist mit 15,17 abgeschlossen und wird durch das Gegenthema des Hasses abgelöst (traditioneller thematischer Gegensatz)[31].

16,4a/16,4b Abgrenzung - zwischen der Mahnrede und der Trostrede[32].	*Sachlich-funktionale Grenze:* - Denn der Wechsel des Themenzusammenhangs zwischen Haß der Welt und Ermahnung zum Standhalten gegenüber der Welt[33] zum Themenzusammenhang von Wirken des Parakleten und Freude wie Friede trotz Bedrängnis[34] hängt mit dem Wechsel der Funktion der Rede zusammen[35].
Oder: *Unterteilung* - der nachgetragenen Abschiedsrede 15,18-16,15[36].	*Sachliche Grenze:* - Denn der Akzent der nachgetragenen Abschiedsrede 15,18-16,15 verschiebt sich vom Haß der Welt (15,18-16,4a) zum Parakleten als dem Gericht über die Welt und Offenbarer für die Gemeinde (16,4b-15)[37].
16,15/16,16 Abgrenzung - zwischen dem zweiten und dritten Redestück	*Sachliche Grenze:* - Denn das dritte Redestück 16,16-33 behandelt einen in sich geschlossenen Gedankengang[38].

---

[28] Vgl. dazu ders., aaO, 132ff; *George Johnston*, The Spirit-Paraclete in the Fourth Gospel of John, SNTS MS 12, Cambridge 1970, in nuce 164.

[29] Vgl. *Becker*, Das Evangelium des Johannes, 487.

[30] So *Becker*, aaO, 478, und ders., Die Abschiedsreden Jesu im Johannesevangelium, 231.

[31] Vgl. ders., Das Evangelium des Johannes, 478.

[32] Vgl. *Schnackenburg*, Das Johannesevangelium III, 140f.

[33] Vgl. aaO, 106.

[34] Vgl. aaO, 140.

[35] Die Kennzeichnung der Abschnitte als Mahn- und Trostrede bei *Schnackenburg* sollen ja insbesondere die Funktion der Reden bestimmen.

[36] So bei *Becker*, Das Evangelium des Johannes, 493.

[37] Vgl. aaO, 486 und 493.

der Abschiedsreden[39]
bzw.

	Form- und gattungsbedingte Grenze:
- zwischen zweitem und drittem Nachtrag	- Denn 16,16 bildet den traditionell typischen Einsatz einer Abschiedsrede[40], so, wie in 16,12-15
zur Abschiedsrede[41].	ein formaler Abschluß einer Abschiedsrede vorliegt[42].

16,33/17,1 *Abgrenzung*

	Formale und sachliche Grenze:
- zwischen dem dritten und vierten Redestück der Abschiedsreden[44] bzw.	- Denn 17,1-26 ist formal in sich geschlossen und thematisch selbständig[43].

	Form- und gattungsbedingte Grenze:
- zwischen dem dritten und vierten Nachtrag zur Abschiedsrede[45] bzw.	- Denn 16,33 ist mit Friedensmotiv und Trostzuspruch typischer Abschluß einer Abschiedsrede[46]. 17,1-26 ist als Abschiedsgebet typische Äußerung innerhalb des literarischen Testaments, die ihre Stellung grundsätzlich nach der Abschiedsrede hat[47].

	Gattungs- und funktionsbedingte Grenze:
- zwischen den Abschiedsreden und dem (Abschieds- oder Hohepriesterlichen) Gebet.	- Denn die Komposition des Gebetes Jesu an den Vater in 17,1-26 bietet eine besondere Redegattung, die sich von den Abschiedsreden an die Jünger durch ihre eigenständige Funktion abgrenzt (Stichworte: "Rechenschaftsbericht"[48], "Rückgabe des Sendungsauftrags"[49], "Bittgebet"[50], "Gemeindefürsorge"[51]).

---

[38] Vgl. *Dietzfelbinger*, Die eschatologische Freude der Gemeinde, 421.

[39] Vgl. ebd.

[40] Vgl. *Becker*, aaO, 487, 499.

[41] Vgl. aaO, 499.

[42] Vgl. aaO, 487 (hier allerdings versehentlich falsch notiert: 16,12-17).

[43] So bei *Dietzfelbinger*, Die eschatologische Freude der Gemeinde, 421.

[44] Vgl. ebd.

[45] So bei *Becker*, aaO, 506.

[46] Vgl. aaO, 499f.

[47] Vgl. aaO, 510.

[48] Vgl. aaO, 511-516, und ders., Aufbau, Schichtung und theologiegeschichtliche Stellung des Gebetes in Johannes 17, hier in nuce 61f und 69.

[49] Vgl. ders., Das Evangelium des Johannes, 511, und *Bühner*, Der Gesandte und sein Weg, 261.

[50] Vgl. *Becker*, aaO, 512.

[51] Vgl. *Dietzfelbinger*, Die eschatologische Freude der Gemeinde, 421.

Oder:

Unterteilung	*Formale, sachliche, form-, gattungs- und funktionsbedingte Grenze:*
- der zweiten Abschieds- rede 15,1-17,26.	- Es gelten die bereits aufgeführten Argumente.

Aus der Übersicht über Funktion und Bewertung der Nahtstellen geht hervor, daß sich im Textbereich von 13,1-17,26 zwei Abschnitte aufgrund ihrer geschlossenen Form vom Gesamtkomplex abheben. Das ist zum einen der Abschnitt 13,1-30, zum anderen der Abschnitt 17,1-26.

Mit 13,30-31a schließt eine Szene ab, die Jesus beim Mahl mit den Jüngern gezeigt hatte. Das Mahl selbst stand dabei nicht im Vordergrund, sondern bildete den situativen Rahmen für die Fußwaschung der Jünger und die Bezeichnung des künftigen Verräters Jesu. Allerdings war der Bezug zum Rahmen dadurch hergestellt, daß der Verräter gerade daran erkannt wird, daß Jesus ihm vom Mahl ein Stück Brot reicht.

Nach seiner Entlarvung verläßt der Verräter den Kreis Jesu und der Jünger. Einerseits wird dadurch die geschlossene Mahlgemeinschaft aufgehoben, andererseits die Gemeinschaft zwischen Jesus und den verbleibenden Jüngern focusiert. So liegt ab 13,31b die ganze Aufmerksamkeit auf der kommunikativen Situation, die nicht mehr von Handlung begleitet wird. Jesus spricht jetzt zu seinen Jüngern, und diese treten durch ihre Rückfragen an Jesus ihrerseits in das Gespräch mit ihm ein.

Erst mit 17,1 wird diese Situation wieder verändert. Der Blick schwenkt von den Jüngern weg und konzentriert sich ganz auf Jesus. Notiert wird, daß er seine Reden beendet hat und seine Augen zum Himmel aufhebt. Mit dieser typischen Geste[52] wird Jesu Gebetshaltung angedeutet[53] und somit die Gesprächsszene in eine Gebetsszene überführt. Da keine sonstigen Angaben gemacht werden zum szenischen Wechsel von Ort und Personen, bleiben die Jünger als Teilnehmer der Szene im Hintergrund erhalten, ohne jedoch in sie einzugreifen. Der Situation und Form des Gebetes entsprechend erhalten sie bis zum Ende in Vers 26 keine dialogische Funktion. Inhaltlich sind sie jedoch in Jesu Fürbitten, die er an den Vater richtet, präsent.

Können die Mahlszene in 13,1-30 und das Gebet in 17,1-26 so klar von der Gesamtheit in 13,1-17,26 abgehoben werden, dann ist jedoch auch deutlich, daß 13,31-16,33 einen in sich geschlossenen Komplex bildet. Es ist die Texteinheit, die sich exklusiv den Reden Jesu an die Jünger widmet und durch die einleitende Redeanweisung in 13,31b (λέγει Ἰησοῦς) sowie

---

[52] Vgl. *Becker*, aaO, 517, der auf die Parallelen in Joh 11,41 und Apg 7,55 hinweist.

[53] *Bultmann*, Das Evangelium des Johannes, 374, betont den feierlichen Charakter dieser Gebetshaltung.

durch die summarische Schlußnotiz in 17,1aα (*Ταῦτα ἐλάλησεν Ἰησοῦς*)
ihre geschlossene Rahmung erhält. Aus der Übersicht über die Nahtstellen
geht darüber hinaus hervor, daß dieser Textabschnitt weiter unterteilt werden kann in drei oder vier Texteinheiten. Dabei resultiert die Dreiteilung
aus der gliedernden Relevanz der Nahtstellen 14,31/15,1 und 16,4a/16,4b[54].
Die Vierteilung hingegen beruht auf der Unterteilungsfunktion der Nahtstellen 14,31/15,1; 15,17/15,18 und 16,15/16,16[55]. So ergeben sich im Fall der
Dreiteilung die aufeinanderfolgenden Abschnitte 13,31-14,31; 15,1-16,4a;
16,4b-33 und im Fall der Vierteilung die Abschnitte 13,31-14,31; 15,1-17;
15,18-16,15; 16,16-33. Diese Möglichkeiten können als die beiden Grundmodelle der Einteilung des Abschnitts 13,31-16,33 gelten.

Bezogen auf die ganze Texteinheit 13,1-17,26 ergeben sich damit aber
ebenfalls zwei Grundmodelle der Gliederung, die sich im Vergleich folgendermaßen darstellen:

Abschiedsmahl	Abschiedsmahl
13,1-30	13,1-30
Abschiedsreden	*Abschiedsreden*
13,31-14,31	13,31-14,31
15,1-16,4a	15,1-17
16,4b-33	15,18-16,15
	16,16-33
Abschiedsgebet	Abschiedsgebet
17,1-26	17,1-26

3.1.4. Begründete Abgrenzung der Texteinheit Joh 13,31-16,33 als Abschiedsreden des Johannesevangeliums

Ziel dieser Vorbereitung auf die Arbeit an den Abschiedsreden sollte es
sein, den Textabschnitt Joh 13,31-16,33 als Gegenstand der folgenden Un-
tersuchungsschritte zu begründen. Er kann von seinem Kontext 13,1-17,26
als eigenständige Einheit abgegrenzt werden, wenn seine charakteristischen
Unterschiede zu den Abschnitten 13,1-30 und 17,1-26 berücksichtigt werden.

Entscheidendes Merkmal von 13,31-16,33 ist die Konzentration der literarischen Szene auf die Gesprächssituation zwischen Jesus und seinen Jün-

---

[54] Vgl. zur Dreiteilung exemplarisch *Schnackenburg*, Das Johannesevangelium III, 54-
188.

[55] Vgl. zur Vierteilung exemplarisch *Becker*, aaO, 446-506.

gern, zu deren Kreis Judas Ischariot nicht mehr gehört, nachdem er, als Verräter Jesu ausgewiesen, die Mahlgemeinschaft verlassen hat (13,30fin). Die Gesprächssituation selbst ist, anders als die Mahlszene, von keiner Handlung begleitet, sondern pur stilisiert. In ihr dominieren die Redeanteile Jesu, ohne daß jedoch ein reiner Monolog zustandekommt wie in der folgenden Gebetsszene. Eingebettet in die Rahmenszenen des Mahles und des Gebetes steht diese Gesprächssituation im Mittelpunkt der ausführlich komponierten Abschiedssituation. Ist es zu Beginn der Mahlszene die kommentierende Instanz des Textes, die auf Jesu Weggehen aus der Welt hinweist (vgl. 13,1-3) und in der Gebetsszene Jesus allein, der vor dem Vater von seiner Rückkehr zu ihm spricht (vgl. 17,13), so sind es im Abschnitt 13,31-16,33 Jesus und die Jünger, unter denen der Abschied des Irdischen und seine Konsequenzen für die Glaubenden ausdrücklich zum Thema werden.

3.2. Die Verheißungen Jesu für die nachösterliche Zeit in den Abschiedsreden an die Jünger

Die Verheißungen für die nachösterliche Zeit prägen die Abschiedsreden Jesu an seine Jünger. In ihrer Fülle verleihen sie diesen Reden einen auffallend dichten, dynamischen Charakter. Nahezu jeder Vers der Abschiedsreden birgt eine auf die Zukunft bezogene Ankündigung, da keine der Verheißungen für sich bleibt, sondern weitere Verheißungen nach sich zieht. Der Gedankengang der Reden wird auf diese Weise ständig vorangetrieben[56]. Dabei korrespondieren den Verheißungen für die nachösterliche Zeit die Rückfragen der Jünger, die darum kreisen, daß Jesus sie verläßt und ihnen dennoch ein Wiedersehen mit ihm in Aussicht stellt.

In diesem Gegenüber von Verheißungen und Rückfragen prallen grundsätzlich vor- und nachösterliche Zeit aufeinander. Was Jesus den Jüngern für die Zukunft verheißt, verstehen sie jetzt noch nicht. So repräsentiert das Unverständnis der Jünger in den Abschiedsreden konsequent das, was die Textkommentare außerhalb der Abschiedsreden als Kennzeichen der vorösterlichen Zeit bestimmt hatten. Als sachlich entscheidend für das Unverständnis der Jünger wird in den Abschiedsreden markiert, daß sie Sinn und Funktion des Abschieds Jesu nicht erkennen. Weder ist ihnen klar, daß Jesu Abschied tatsächlich eine einschneidende Zäsur bedeutet, die sie aus ihrem eigenen Willen nicht überbrücken können. Noch sehen sie ein, daß eben diese Zäsur die Funktion hat, eine neue Zeit zu begründen, in der Nachfolge

---

[56] Gegen *Siegfried Schulz*, Das Evangelium nach Johannes, NTD 4, Göttingen ⁵1987, 177, der die Ansicht vertritt, "ein wirklicher Gedankenfortschritt in den Abschiedsreden (sei) nicht festzustellen".

überhaupt erst so möglich wird, daß sie der Sendung Jesu selbst entspricht.

Charakteristisch für die Abschiedsreden ist es, daß das Unverständnis der Jünger in der Situation des Abschieds überboten wird gerade durch Verheißungen, die vom nachösterlichen Wirken des Geistes als Parakleten sprechen. In ihnen wird ein direkter Zusammenhang hergestellt zwischen der nachösterlichen Gegenwart des Geistes bei den Glaubenden und ihrer Einsicht in die Funktion des Abschieds Jesu. Zugleich sind sie es, die in enger Verbindung zu den Verheißungen aus ihrem Kontext die inhaltlichen Unterschiede zwischen vor- und nachösterlicher Zeit umfassend profilieren. In den folgenden Untersuchungsschritten sind diese für die Abschiedsreden charakteristischen Geistverheißungen zu besprechen. Der Reihe ihres Auftretens entsprechend sind die Stellen 14,16f; 14,25f; 15,26f; 16,7-11 und 16,12-15 zu nennen, die jeweils in ihrem Kontext, aber auch in ihrem Zusammenhang untereinander ausgewertet werden sollen.

3.2.1. Die Verheißungen über den Geist als Parakleten in Joh 14,16f und 14,25f

Der weitere Kontext: 13,31-15,17. Die ersten beiden Verheißungen, die in den Abschiedsreden vom Geist unter dem besonderen Titel "Paraklet" sprechen[57], stehen in einem komplex komponierten Zusammenhang, der vom Anfang der Reden bis 15,17 führt:

---

[57] Auch wenn der Geist durch den nur in den Abschiedsreden verwendeten Paraklet-Titel einen "besonderen Namen" erhält (vgl. *Ferdinand Hahn*, Die biblische Grundlage unseres Glaubens an den Heiligen Geist, den Herrn und Lebensspender, in: Communicatio Fidei (FS Eugen Biser), Regensburg 1983, 125-137, hier 129), werden im folgenden die Verheißungen, die vom Geist als "Parakleten" sprechen, nicht "Paraklet-", sondern "Geistverheißungen" genannt. Diese terminologische Entscheidung hängt zusammen mit der in der vorliegenden Untersuchung vorausgesetzten Antwort auf die Frage, ob im Johannesevangelium zwei verschiedene Geistvorstellungen zu finden seien, nämlich "eine apersonale, nach der das Pneuma als wirksame Kraft verstanden ist und eine andere, nach der es deutlich personale Züge trägt und mit der Parakletengestalt identifiziert ist" (*Porsch*, Pneuma und Wort, 2; zu den verschiedenen in der Forschung vorgeschlagenen Deutungen vgl. den Überblick bei *Porsch*, aaO, 5-14). Mit *Porsch* ist davon auszugehen, daß im vierten Evan-gelium "eine im wesentlichen einheitliche Vorstellung zugrunde liegt, so daß die Pneumadarstellung der Abschiedsreden (also der Geist-Paraklet) eher als eine weitere Bestimmung und Explikation der sonstigen Pneumavorstellung in einem spezifischen Kontext angesehen werden muß" (aaO, 3; vgl. auch 319). Die Parakletaussagen sind also eine bestimmte Art von Aussagen über den Geist, wie es auch für die Aussagen über den "Geist der Wahrheit" gilt, die ebenfalls auf die Abschiedsreden beschränkt sind (vgl. 14,17; 15,26; 16,13). Die für 14,16f.25f; 15,26f; 16,7-11 und 16,12-15 gewählte Bezeichnung "Geistverheißungen" ist daher als die gegenüber der Bezeichnung "Parakletverheißungen" übergeordnete anzusehen.

Nach der ersten direkten Anrede der Jünger in 13,33 (vgl. Vers 33a: τεκνία) wird von 13,34f aus ein weiter Inklusionsbogen bis zum Abschnitt 15,12-17 geschlagen. Beide Passagen sind inhaltlich aufeinander bezogen durch das Motiv des Gebotes, das Jesus den Jüngern in der Situation des Abschieds übergibt. Es ist am Anfang der Redeeinheit als ἐντολὴ καινή näher bestimmt (vgl. 13,34a) und am Ende als Gebot Jesu ausgewiesen (vgl. 15,12a: ἡ ἐντολὴ ἡ ἐμή). Inhaltlich kennzeichnet es den Auftrag Jesu an die Jünger, einander so zu lieben, wie er selbst sie geliebt hat (vgl. 13,34b.cα: ἵνα ἀγαπᾶτε ἀλλήλους, καθὼς ἠγάπησα ὑμᾶς κτλ.; vgl. 15,12b)[58].

Der weite Bogen des Motivs wird kompositionstechnisch gestützt durch die Linie 14,15.21.31; 15,10, in der das spezielle Thema der Beauftragung mit dem Liebesgebot ergänzt wird durch den übergeordneten Zusammenhang, der sowohl zwischen der Liebe Jesu zum Vater und der Erfüllung des Sendungsauftrages besteht als auch zwischen der Liebe der Jünger zu Jesus und dem Halten seiner Gebote.

Bevor die Reden diesen nachgezeichneten Rahmen um die beiden ersten Geistverheißungen legen, stellen sie jedoch allen folgenden Verheißungen die kunstvoll aufgebaute Verherrlichungsaussage von 13,31f voran[59]. Im

---

[58] Zum Liebesgebot im Johannesevangelium vgl. neuerdings *Jörg Augenstein*, Das Liebesgebot im Johannesevangelium und in den Johannesbriefen, BWANT 134, Stuttgart/Berlin/Köln 1993. *Augenstein* wertet den ἵνα-Satz von 13,34b als Bestimmung des Inhaltes der ἐντολή (aaO, 23) unter Hinweis darauf, daß die Konjunktion hier "anstelle des epexegetischen Inf. bzw. AcJ des klassischen Griechisch" stehe (23, Anm. 3). Dieselbe Konjunktion drückt hingegen seiner Meinung nach in 15,17 "aufgrund der Wendung ἐντέλλεσθαι, ἵνα ..." einen Wunsch aus (ebd.; *Augenstein* verweist zur neueren Diskussion um den Gebrauch der Konjunktion ἵνα im Johannesevangelium auf die Beobachtungen von *J. Larsen*, The Use of hina in the New Testament, with special Reference in the Gospel of John, Notes on Translation 2, 1988, 28-34). Für beide Stellen hält er jedoch fest, daß "mit dem durch καθώς eingeleiteten Nebensatz (...) eine Beziehung des ἀγαπᾶτε ἀλλήλους zur Liebe Jesu hergestellt" werde und folgert zu Recht: "Die Liebe untereinander bekommt dadurch einen christologischen Bezug" (23).

[59] Diese Aussage lautet:

	νῦν	ἐδοξάσθη	ὁ υἱὸς τοῦ ἀνθρώπου	31cα	(1)
καὶ		ὁ θεὸς ἐδοξάσθη	ἐν αὐτῷ·	31cβ	(2)
εἰ		ὁ θεὸς ἐδοξάσθη	ἐν αὐτῷ,	32a	(3)
καὶ		ὁ θεὸς δοξάσει	αὐτὸν ἐν αὐτῷ,	32b	(4)
καὶ	εὐθὺς	δοξάσει	αὐτόν.	32c	(5)

(Das Druckbild der Verse soll die parallelen und aufeinander bezogenen Bausteine der Satzkonstruktion veranschaulichen). Die Ziffern bezeichnen die fünf Zeilen, in die sich die Verse 31f einteilen lassen. *Schnackenburg*, Das Johannesevangelium III, 55, beschreibt die Form der Verse als "geschliffenen, fast poetischen Spruch". *Becker*, Das Evangelium des Johannes, 448, erkennt noch differenzierter in den fünf Zeilen einen zweiteiligen (Zeilen 1 und 2) und einen dreiteiligen (Zeilen 3, 4 und 5) Parallelismus. Beide Teile seien untereinander durch die Wiederaufnahme von Zeile 2 in Zeile 3 verbunden. Diese Verkettung

Anschluß an die Aussagen der Textkommentare (vgl. besonders 7,39c; 12,16b) wird durch diesen feierlichen Auftakt der Reden grundsätzlich die Verherrlichung Jesu als Zäsur zwischen den Zeiten markiert und diese dabei durch den situativen Kontext mit Jesu Abschied gleichgesetzt. Diese Gleichsetzung wird noch unterstrichen durch die pointiert an den Anfang der Verherrlichungsaussage gestellte Zeitangabe νῦν (vgl. Vers 31c), die auch die Szene der Abschiedsreden selbst zur Grenzsituation zwischen den Zeiten stilisiert[60]. Dem νῦν korrespondiert im letzten Versteil der Aussage die temporale Angabe εὐϑύς (vgl. Vers 32c), die sich auf das bevorstehende Ereignis der Passion im Sinne der Rückkehr Jesu zum Vater bezieht[61].

Der engere Kontext: 14,12-31. Zwei der Glieder, die den Inklusionsbogen 13,34f / 15,12-17 stützen, bilden ihrerseits einen Rahmen um die ersten beiden Geistverheißungen. Gemeint sind die Stellen 14,15 und 14,31a.b. Etwas versetzt dazu läuft ein Bogen, der durch das Stichwort μείζω gegeben ist. Er führt von 14,12b bis 14,28fin. Eng eingelegt wiederum in diesen Bogen ist die Inklusion, die durch das Motiv der Rückkehr Jesu zum Vater (in der Wendung πορεύεσϑαι πρὸς τὸν πατέρα) 14,12c mit 14,28c verbindet. Innerhalb dieses Abschnitts läßt sich nun die Abfolge zweier dreigliedriger Grundeinheiten entdecken, deren Mittelpunkt jeweils die Geistaussage bildet. So bereitet 14,12-15 die erste, 14,21-24 die zweite Geistverheißung vor. In 14,16f und 14,25f folgen die Geistverheißungen selbst, für die zum einen eine charakteristische πνεῦμα-Prädikation, zum anderen die Verwendung des παράκλητος-Titels ausschlaggebend ist. Beide Geistverheißungen erhalten jeweils einen Erweiterungsteil, der in 14,18-20 als direkte Explikation der ersten, in 14,27-31 als Explikation beider Geistverheißungen fungiert. So wie die Erweiterungsteile jeweils Interpretamente der Geistverheißungen darstellen, so gilt umgekehrt für die Aussagen der

---

Form des Stufenparallelismus vgl. genauer auch *Becker*, aaO, 68). Die fünfteilige Form der Verse heben hervor auch *Bultmann*, Das Evangelium des Johannes, 401; *Siegfried Schulz*, Untersuchungen zur Menschensohnchristologie im Johannesevangelium. Zugleich ein Beitrag zur Methodengeschichte der Auslegung des 4. Evangeliums, Göttingen 1957, 120; ders., Das Evangelium nach Johannes, 178; *Onuki*, Die johanneischen Abschiedsreden und die synoptische Tradition, 199. - *Schulz*, Das Evangelium nach Johannes, 178, beschreibt die Verse 31f von Stil und Inhalt her als "Menschensohn-Hymnus" (unter Hinweis auf *Heitmüllers* Kennzeichnung der Verse als "Triumphlied"). Er parallelisiert diesen "Menschensohn-Hymnus" mit dem von ihm sogenannten "Wort-Hymnus" aus dem Eingang des Johannesevangeliums und plädiert aufgrund dieser Struktur für eine Zweiteilung des Evangeliums. - Zur Frage nach der Zuordnung der Verse zur Tradition oder zur Komposition des Evangelisten vgl. exemplarisch *Becker*, aaO, 448f.

[60] Da *Bultmann*, Das Evangelium des Johannes, 401, die Verse 31f nach Joh 17 anordnet, ist für ihn das νῦν "der Augenblick, da Jesus das Gebet gesprochen" habe und daher die Bitte um Verherrlichung (vgl. 17,1) erfüllt sei.

[61] Vgl. so auch *Schulz*, Das Evangelium nach Johannes, 179.

Vorbereitungsteile, daß sie durch die Geistverheißungen ihre sachliche Begründung erhalten. Das ist bei der folgenden Auslegung im einzelnen nachzuvollziehen.

3.2.1.1. Die erste Geistverheißung in Joh 14,16f

Der Kontext: 14,15-31 und 13,33-14,14. Die erste Geistverheißung in 14,16f steht gemeinsam mit der zweiten innerhalb des Redeabschnitts 14,15-31, der durch die Stichworte ἐντολαί / ἐντέλλεσθαι und ἀγαπᾶν gerahmt ist. Allen folgenden Aussagen über das künftige Wirken des Parakleten stellt sie eine grundlegende Aussage über seine nachösterliche Gegenwart bei den Jüngern voran. In der Art und Weise, in der diese Gegenwart inhaltlich näher bestimmt wird, liegt die Begründung dafür, daß die Erfahrung der Präsenz Jesu und des Vaters in nachösterlicher Zeit gerade eine Erfahrung im Innern der Glaubenden sein wird (vgl. die Verheißung von 14,20fin und 14,23cβ.fin). Die erste Geistverheißung findet ihren begründeten Platz im Abschnitt 14,15-31 darüber hinaus aufgrund ihrer Interpretation durch die Folgeverse 18-20, mit denen sie gemeinsam das Zwischenstück bildet zwischen den Versen 15 und 21. Über Vers 15 ist die Geistverheißung außerdem verbunden mit dem Anfang der Abschiedsreden. Denn Vers 15 führt das an die Stichworte ἐντολαί und ἀγαπᾶν geknüpfte Thema im Rahmen der Reden nicht erst ein, sondern greift zurück auf 13,33-35. In dem Gedankengang, der sich zwischen diesem Redeabschnitt und 14,15 entwickelt, liegen die sachlichen Wurzeln für die Geistverheißung in 14,16f. Um sowohl die Vorbereitung der Geistverheißung im vorausgehenden Kontext als auch umgekehrt ihre Relevanz für den Kontext zu erkennen, ist daher die Entfaltung der Reden von 13,33 bis 14,15 sorgfältig nachzuzeichnen[62]:

13,33. Nach der kunstvoll aufgebauten und dadurch auch sachlich besonders herausgehobenen Eingangssequenz in 13,31f folgt in Vers 33 die direkte Anrede der Jünger, mit der das Thema des Abschieds eingeführt wird. Das geschieht charakteristischerweise dadurch, daß das Motiv der Unterscheidung der Zeiten anklingt. Denn Jesus kündigt den Jüngern an,

---

[62] Diese ausführliche Kontextarbeit, die im Anschluß an die Behandlung der Geistverheißung 14,16f auch am nachfolgenden Kontext durchzuführen ist, wird sich methodisch bei der Untersuchung aller weiteren Geistverheißungen wiederholen. Sie ist unerläßlich, da in der vorliegenden Untersuchung auf synchroner Ebene die stringente, wenn auch höchst komplexe Argumentationslinie der Abschiedsreden sichtbar gemacht werden soll, innerhalb derer den Geistverheißungen eine tragende Rolle zukommt. Zur umstrittenen Zugehörigkeit der Geistverheißungen zum jeweiligen Kontext vgl. in der vorliegenden Untersuchung die Bilanz 3.2.5.1., bes. Anm. 308.

daß er nur noch kurze Zeit bei ihnen sein werde (Vers 33a: τεκνία, ἔτι μικρὸν μεϑ' ὑμῶν εἰμι). Seine Zeit bei den Jüngern endet, und für sie wird eine Zeit beginnen, in der sie ihn suchen werden (vgl. Vers 33b). Dabei wird die Zäsur, die Jesu Abschied zwischen den Zeiten schafft, auch räumlich markiert: Dahin, wohin Jesus weggeht, können die Jünger nicht folgen (vgl. Vers 33c.d, der kompositionstechnisch die Abschiedsreden mit der Erzählung vom Laubhüttenfest verknüpft: vgl. 7,33-36).

13,34f. Bevor die dialogisch gestaltete Passage in 13,36-38 auf diese Ankündigung zurückkommt, fügen die Verse 34f ein Motiv ein, das konstitutiv ist für die gesamte literarische Gestaltung der Abschiedssituation. Es ist das Motiv der Liebe, das in 13,1 die Abschiedsszene eröffnet hatte und sie in 17,24-26 abschließen wird. So erklärt der Textkommentar 13,1 in der ihm eigenen zeitübergreifenden Perspektive, daß Jesus die Seinen liebte - nicht nur in der Stunde des Abschieds, sondern εἰς τέλος[63]. Das Ziel, auf das Jesu Abschiedsgebet in 17,24-26 hinführt, legt diesen Gedanken aus: Da der Vater Jesus vor aller Erschaffung der Welt geliebt hat, spannt sich von diesem Anfang an die Liebe Jesu zu den Seinen bis zu ihrer Vollendung in Gott. Pointiert legt sich daher als Rahmen um die Abschiedsszene der Gedanke, daß das, was ἐν ἀρχῇ (vgl. 17,24fin mit 1,1) begründet ist, εἰς τέλος reicht, über die Grenzen des Abschieds Jesu hinweg. In der Liebe berühren sich so protologische und eschatologische Dimension der Offenbarung Gottes.

Auch in 13,34f hat das Motiv der Liebe die Funktion, die Grenze des Abschieds zu überschreiten. So übergibt Jesus jetzt nach der Ankündigung seines Abschieds den Jüngern ein "neues Gebot", einander zu lieben (Vers 34a.b: Ἐντολὴν καινὴν δίδωμι ὑμῖν, ἵνα ἀγαπᾶτε ἀλλήλους). Daß dieses Gebot bezeichnenderweise das eschatologisch geprägte Prädikat καινή erhält, zeigt, daß es bestimmt werden soll als Potential, das eine neue Heilswirklichkeit schafft. In der Liebe der Jünger untereinander, die ihren Grund in der Liebe Jesu selbst hat (vgl. Vers 34c: καϑὼς ἠγάπησα ὑμᾶς ἵνα καὶ ὑμεῖς ἀγαπᾶτε ἀλλήλους), liegt für die Jünger jenseits der Grenze des Abschieds eine Wirklichkeit, in der sie mit Jesus unaufhörlich verbunden sind. In dieser Verbindung liegt ihre Existenz als μαϑηταί Jesu begründet, die künftig alle an der Liebe der Jünger untereinander erkennen werden (vgl. Vers 35).

13,36-38. Der nachfolgende Dialog zwischen Jesus und Petrus macht einerseits deutlich, daß es die nachösterliche Zeit sein wird, in der sich die Nachfolge der Jünger im Modus eben solcher Liebe vollziehen kann. Er sti-

---

[63] Zur zeitlichen und qualitativen Bestimmung der Angabe vgl. *Bultmann*, aaO, 372 mit Anm. 4; *Schnackenburg*, Das Johannesevangelium III, z. St.; *Becker*, Das Evangelium des Johannes, 420; *Kohler*, Kreuz und Menschwerdung, 202.

lisiert aber gerade dadurch andererseits die vorösterliche Szene zu jener
Zeit, in der dem Jünger das Verständnis für die von Jesus entworfene Perspektive noch fehlt. Durch diese Gestaltung eng an das Gespräch zwischen
Jesus und Petrus bei der Fußwaschung anknüpfend, unterscheidet die Passage 13,36-38 ebenso klar wie 13,7 zwischen den Zeiten. Standen sich dort
in ἄρτι (13,7b) und μετὰ ταῦτα (13,7c) vor- und nachösterliche Zeit gegenüber, so sind sie hier durch νῦν (13,36d) und δὲ ὕστερον (13,36fin)
voneinander abgegrenzt. Denn auf die Frage des Petrus, mit der die Ankündigung des Weggehens Jesu aus Vers 33 wiederaufgenommen wird (vgl.
Vers 36a.b), antwortet Jesus: "Wohin ich gehe, kannst du mir jetzt nicht
folgen, du wirst mir aber später folgen (Vers 36d.fin: ὅπου ὑπάγω οὐ
δύνασαί μοι νῦν ἀκολουθῆσαι, ἀκολουθήσεις δὲ ὕστερον). Daß sich
diese Verheißung auf die Zeit nach Jesu Tod bezieht, machen die Verse 37f
klar, die durch das Motiv der Verleugnung auf die Passion vorausweisen.
Jesu Tod muß sich vollziehen, bevor jene Nachfolge der Jünger beginnen
kann, die dem "neuen Gebot" Jesu entspricht.

14,1-7. Der folgende Redeabschnitt 14,1-7 ist mit den vorausgegangenen
Abschnitten 13,33-35 und 13,36-38 durch die Frage nach dem Wohin des
Weggehens Jesu verknüpft (vgl. 14,4f). Im Aufbau zeigt sich eine ähnliche
Struktur wie in 13,34-38: Der Rede Jesu, die auf die bleibende Gemeinschaft der Jünger mit ihm trotz seines Abschieds zielt (14,1-3; vgl. 13,34f),
folgt ein Dialog, der das Unverständnis der Jünger für Jesu Verheißung dokumentieren soll (14,4-6f; vgl. 13,36-38):

Daß Thomas betont, er mit den anderen Jüngern wisse keineswegs, wohin Jesus gehe, und daher sei ihnen auch sein Weg selbst unbekannt (vgl.
14,5), führt hinter die Verheißungen der Verse 2f zurück[64]. Denn in ihnen
wird gezeigt, daß das Ziel des Weges Jesu der Vater ist. Eingeleitet durch
die Ermutigung, im Glauben an Gott und an Jesus nicht zu verzweifeln über
Jesu Abschied (14,1), spricht Vers 2a vom "Haus des Vaters", in dem es "viele
Wohnungen" gibt. Jesus erklärt den Jüngern, daß sein Abschied die Funktion
habe, ihnen in diesem Haus des Vaters einen Platz zu bereiten (Vers 2cβ.fin:
ὅτι πορεύομαι ἑτοιμάσαι τόπον ὑμῖν; vgl. Vers 3a: καὶ ἐὰν πορευθῶ καὶ
ἑτοιμάσω τόπον ὑμῖν). Damit aber ist die Funktion des Abschieds für die
Jünger noch nicht umfassend bestimmt. Denn die Verheißung in Vers 3 fügt
einen weiteren Aspekt an. Mit Jesu Abschied hängt zusammen, daß er wie-
derkommen und die Jünger zu sich nehmen wird (Vers 3b: πάλιν ἔρχομαι
καὶ παραλήμψομαι ὑμᾶς πρὸς ἐμαυτόν). Mit ihm werden sie dann dort
zusammensein, wo er ist (Vers 3c: ἵνα ὅπου εἰμὶ ἐγὼ καὶ ὑμεῖς ἦτε).

---

[64] Zur Diskussion um die Zuordnung der Verse 2f zu den Versen 4-12 vgl. *Porsch*,
Pneuma und Wort, 240 mit Anm. 119 (Hinweis auf die Studie von *Ignace de la Potterie*,
Je suis la Voie, la Vérité et la Vie (Jn 14,6), NRT 88, 1966, 907-942).

Auch wenn mit Recht in der Verheißung von 14,3b "wohl die deutlichste Anspielung auf die Parusie"[65] in den Abschiedsreden überhaupt gesehen werden kann, läßt sich die Verheißung in 14,2f insgesamt, gerade unter Berücksichtigung ihres Kontextes, auch auf die Abschiedsthematik beziehen. Der Abschied Jesu, mit dem seine irdische Zeit bei den Jüngern endet (vgl. 13,33a), eröffnet ihnen gleichwohl einen Weg, der zum Vater führt[66]. Denn sein Abschied bereitet ihnen ihren Platz im "Hause des Vaters", den sie bei der Heilsvollendung (vgl. 17,24-26) dank des erneuten Zugehens Jesu auf sie (vgl. in 14,3b die Stichworte πάλιν ἔρχομαι und παραλήμψομαι) beziehen und bewohnen werden (vgl. 14,3c). In diesem Aspekt liegt die Verbindung der Verheißungen von 14,2f und 14,23, die auch sprachliche Berührungspunkte zeigt (vgl. μοναί in 14,2a mit μονὴν ποιεῖσθαι in 14,23fin und πάλιν ἔρχεσθαι in 14,3b mit ἔρχεσθαι in 14,23c). Ziel beider Verheißungen ist es zu zeigen, daß Jesu Abschied die Jünger in die Gemeinschaft mit ihm und dem Vater führt.

Die Pointe der Verheißungen von 14,2f liegt in dem Ich-bin-Wort 14,6. Es ist konstitutiv mit dem Kontext verbunden, da es das zentrale Stichwort aus der dialogischen Passage von 14,4f aufgreift. In der Antwort auf die Frage des Thomas nach dem Weg Jesu macht es zugleich die Transparenz zwischen Jesus und dem Vater deutlich, die der Grund dafür ist, daß die Jünger in Jesus dem Vater begegnen (Vers 6b.fin: ἐγώ εἰμι ἡ ὁδὸς καὶ ἡ ἀλήθεια καὶ ἡ ζωή· οὐδεὶς ἔρχεται πρὸς τὸν πατέρα εἰ μὴ δι᾽ ἐμοῦ). Jesus ist der Weg, der zum Vater führt und die Wahrheit, die vom Vater Zeugnis ablegt (vgl. 18,37). Er ist das Leben, das der Vater dem Sohn übertragen hat, damit er es den Glaubenden in Fülle schenke (vgl. 5,26; 10,10b). Keiner kann an der Wahrheit und dem Leben des Vaters Anteil gewinnen, wenn er sich nicht auf Jesus als den Weg verläßt.

Vers 7 bringt diesen Gedanken von Vers 6b in positiver Umkehrung zur Sprache: Wenn die Jünger Jesus erkannt haben, dann werden sie auch den Vater erkennen (Vers 7a.b: εἰ ἐγνώκατέ με, καὶ τὸν πατέρα μου γνώσεσθε). Daher gilt, daß die Jünger "jetzt schon" in ihrer Begegnung mit Jesus den Vater erkennen und ihn gesehen haben (Vers 7c: καὶ ἀπ᾽ ἄρτι γινώσκετε αὐτὸν καὶ ἑωράκατε αὐτόν). Die auffallende Verwendung der Tempora in Vers 7 einerseits, die folgende dialogische Passage in den

---

[65] Vgl. *Porsch*, aaO, 381 mit Anm. 11, 382 mit Anm. 13; zu den verschiedenen Deutungen von 14,3 vgl. aaO, 382 mit Anm. 14 (Hinweis auf den Überblick der Deutungen bei *Schulz*, Untersuchungen zur Menschensohnchristologie im Johannesevangelium, 162, Anm. 5). Zur Frage nach der Beziehung zwischen Joh 14,2f und der urchristlichen Parusievorstellung vgl. ausführlicher den Exkurs in der vorliegenden Arbeit (unter 3.2.2.3.).

[66] Vgl. *Porsch*, aaO, 382, der im Zusammenhang mit der Fortführung der Verheißung von 14,2f durch den folgenden Kontext betont: "Jesus ist der Weg zum Vater aber nicht erst bei der Parusie!".

Versen 8-11 andererseits zeigen, daß sich in der Rede Jesu der nachösterliche Standpunkt niederschlägt. Vom nachösterlichen Standpunkt aus gilt, daß im irdischen Jesus bereits der Vater zu sehen war. Daher betont die auf vor- und nachösterliche Zeit schillernd bezogene temporale Angabe ἀπ' ἄρτι in Vers 7c, daß die Erkenntnis des Vaters in der Begegnung mit dem vorösterlichen Jesus gründet.

14,8-11. Daß aber genau diese Einsicht vorösterlich für die Jünger nicht gegeben ist, zeigt die Bitte des Philippus in Vers 8, die als dialogischer Impuls fungiert. Philippus fordert Jesus auf, ihm und den anderen Jüngern den Vater zu zeigen und zu enthüllen. Die Rückfrage Jesu in Vers 9 greift sachlich das ἀπ' ἄρτι aus Vers 7c auf. Sie verweist auf die vorösterliche Zeit, die Jesus mit den Jüngern verbracht hat und in der sie ihn hätten erkennen können (Vers 9b: τοσούτῳ χρόνῳ μεθ' ὑμῶν εἰμι καὶ οὐκ ἔγνωκάς με, Φίλιππε;). Erkennen können hätten sie Jesus eben als den, in dem der Vater transparent wird. Denn wer Jesus gesehen hat, der hat den Vater gesehen (Vers 9c: ὁ ἑωρακὼς ἐμὲ ἑώρακεν τὸν πατέρα)[67]. Die Verse 10f interpretieren diese Transparenz zwischen Jesus und dem Vater durch den Aspekt der wechselseitigen Immanenz. Daß in Jesus der Vater zu sehen ist, hat seinen Grund darin, daß Jesus im Vater ist und der Vater in Jesus (Vers 10aβ: ὅτι ἐγὼ ἐν τῷ πατρὶ καὶ ὁ πατὴρ ἐν ἐμοί ἐστιν). Diese ontologisch bestimmte Dimension der Immanenz realisiert sich in ihrer funktionalen Dimension. So gründet Jesu Wirken darin, daß der Vater selbst in ihm seine Werke tut. In Jesu Reden also äußert sich auch der Vater (Vers 10b.c: τὰ ῥήματα ἃ ἐγὼ λέγω ὑμῖν ἀπ' ἐμαυτοῦ οὐ λαλῶ, ὁ δὲ πατὴρ ἐν ἐμοὶ μένων ποιεῖ τὰ ἔργα αὐτοῦ). Daher kann auch gerade an den Werken selbst die Immanenz von Vater und Sohn erkannt werden (vgl. Vers 11).

Kreisen die Reden seit Vers 7 um das Erkennen des Vaters und des Verhältnisses Jesu zu ihm, so ist zu berücksichtigen, daß sich dabei im Verlauf des Dialogs mit Philippus die Stichworte γινώσκειν und ὁρᾶν auf das Stichwort πιστεύειν verlagern. Jesus fragt Philippus, ob er denn nicht glaube, daß Jesus im Vater und der Vater in Jesus sei (Vers 10a: οὐ πιστεύεις). Dann fordert er die Jünger auf, ihm das zu glauben (Vers 11aα: πιστεύετέ μοι), zumindest aber um der Werke willen zu glauben (Vers 11c.fin: εἰ δὲ μή, διὰ τὰ ἔργα αὐτὰ πιστεύετε).

14,12-14. Es ist dieses Stichwort des πιστεύειν, das für die Verheißung in 14,12 wesentlich wird. Dabei werden die in den Versen 10f verwendeten Konstruktionen des Verbs (Vers 10a: πιστεύειν ὅτι; Vers 11a: πιστεύειν mit Dativobjekt der Person; Vers 11fin: πιστεύειν mit präpositionalem Ausdruck) überführt in die spezifische Verwendung des Verbs als Ausdruck

---

[67] Wie in Vers 7 ist also in Vers 9 die Relevanz der Begegnung mit dem vorösterlichen Jesus betont, die in seiner Transparenz für den Vater begründet liegt.

der Bindung an die Person Jesu[68] (vgl. Vers 12b: ὁ πιστεύων εἰς ἐμέ). Mit Vers 12 setzt aber auch nach den in zeitloser Gültigkeit formulierten Aussagen der Verse 10f (vgl. das Präsens) wieder der Stil der Verheißung ein, dessen Funktion es ist, auf die nachösterliche Zeit zu verweisen. Er bleibt von Vers 12 an für den ganzen Redeabschnitt dominant, in dem sich die Geistverheißungen von 14,16f und 14,25f finden.

Die Verheißung von 14,12 zeigt, daß sie die faktische und inhaltliche Unterscheidung der Zeiten voraussetzt. Dem, der an Jesus glaubt, wird verheißen, daß er Werke tun werde wie Jesus sie getan hat, und daß er größere noch als diese vollbringen werde (Vers 12b: ὁ πιστεύων εἰς ἐμὲ τὰ ἔργα ἃ ἐγὼ ποιῶ κἀκεῖνος ποιήσει καὶ μείζονα τούτων ποιήσει)[69]. Dieser Kern der Verheißung ist eingerahmt durch eine feierliche Einleitung und eine abschließende Begründung. Die Form der Einleitung, das doppelte nicht-responsorische ἀμὴν ἀμήν in Verbindung mit der Anrede λέγω ὑμῖν (Vers 12a), begegnete bereits bei einer der Verheißungen außerhalb der Abschiedsreden (vgl. 1,51b). Die Begründung setzt die verheißene außerordentliche Handlungsvollmacht der Glaubenden in Relation zu Jesu Rückkehr zum Vater (Vers 12c: ὅτι ἐγὼ πρὸς τὸν πατέρα πορεύομαι). Dabei liegt in dieser Begründung zugleich eine zeitliche Bedingung[70]: Erst wenn Jesu Abschied vollzogen ist, werden die Glaubenden in ihrer Bindung an Jesus seine und die "größeren" Werke vollbringen. Dadurch wird einerseits wieder Jesu Abschied als entscheidende Zäsur zwischen den Zeiten markiert, andererseits die nachösterliche Zeit inhaltlich näher bestimmt durch das Kennzeichen der Handlungskompetenz der Glaubenden.

Die Verse 13f schließen an diese Verheißung, dem Kompositionsstil der Abschiedsreden entsprechend, eine weitere Verheißung an, durch die Vers 12 interpretiert wird. Denn in Vers 13a und Vers 14 verheißt Jesus den Jüngern, daß er tun werde, worum sie ihn in seinem Namen bitten werden. Dabei weichen die Formulierungen beider Verse geringfügig voneinander ab: Vers 13a formuliert den Zusammenhang zwischen Bitten und Gebetserhörung durch einen generalisierten Relativsatz (καὶ ὅ τι ἂν αἰτήσητε ἐν τῷ ὀνόματί μου τοῦτο ποιήσω); Vers 14 drückt den gleichen Zusammenhang durch ein konditionales Satzgefüge aus (ἐάν τι αἰτήσητέ με ἐν τῷ ὀνόματί μου ἐγὼ ποιήσω). Entscheidend an beiden Versen ist die Korrespondenz zwischen der Wendung ἐν τῷ ὀνόματί μου und dem Prädikat ποιήσω:

---

[68] Vgl. *Schnelle*, Neutestamentliche Anthropologie, 139, der beobachtet, daß von den 88 Belegen des Verbs πιστεύειν im Johannesevangelium die meisten mit εἰς konstruiert sind, "womit ein grundlegender Zug des johanneischen Glaubensverständnisses offenbar" werde, nämlich: "Die Bindung des Glaubens an die Person Jesus Christus".

[69] Vgl. hierzu grundlegend *Dietzfelbinger*, Die größeren Werke, 27-47.

[70] Vgl. aaO, 31.

Daß Jesus tun wird, worum die Jünger ihn bitten, hat seine Voraussetzung darin, daß sie ihr Bitten in seinem Namen an ihn richten. Damit ist einerseits konsequent der Aspekt der Bindung an Jesu Person aufgegriffen, der in Vers 12 in der Wendung ὁ πιστεύων εἰς ἐμέ zum Ausdruck kam. Jesus in seinem Namen zu bitten heißt daher nichts anderes, als ihn zu bitten im Glauben an ihn und im Vertrauen auf die Vollmacht seines Handelns. Andererseits zeigt sich, daß es gerade die Vollmacht Jesu selbst ist, die hinter den künftigen Werken der Glaubenden steht, von denen Vers 12 gesprochen hat. Das aber bedeutet, daß die nachösterliche Zeit durch Jesu eigenes weitergehendes Wirken ausgezeichnet ist, das sich im Wirken der Glaubenden realisiert. Dieser Sachverhalt läßt sich schließlich im Hinblick auf die nachösterliche Erfahrung der Glaubenden akzentuieren. So wie Jesus in seinem Reden und Handeln das Wirken des Vaters an sich erfährt (vgl. Vers 10b.c), so erfahren sie im Tun der "größeren" Werke Jesu nachösterliches Wirken umgesetzt in ihr eigenes. Sie begegnen damit jener Dimension des μείζω, von der schon die erste Verheißung Jesu an die neu berufenen Jünger in 1,50f im Blick auf die nachösterliche Zeit gesprochen hatte.

Doch die Erfahrung der Gebetserhörung und der Handlungsvollmacht im Namen Jesu dient nicht der Verherrlichung der Glaubenden selbst[71]. Sondern sie zielt, wie Vers 13 festhält, auf die Verherrlichung des Vaters im Sohne (Vers 13b: ἵνα δοξασθῇ ὁ πατὴρ ἐν τῷ υἱῷ). Im Kontext der vorausgegangenen Aussagen über das Verhältnis zwischen Jesus und dem Vater, die in dem Ich-bin-Wort von Vers 6 kulminierten, zeigt sich damit, daß sich in den nachösterlichen Werken der Glaubenden die Transparenz zwischen Vater und Sohn wiederfindet, die vorösterlich in Jesus selbst präsent war. Denn die Werke der Glaubenden verweisen auf die Vollmacht des zum Vater zurückgekehrten Sohnes - und damit auf den Vater selbst. Da von der Vollmacht Jesu und dem hinter ihr stehenden Willen des Vaters die Werke der Glaubenden zeugen, sind sie es auch, durch die der Vater im Sohn verherrlicht wird.

Zum Vergleich: 5,19f. Eine weitere Stelle im Johannesevangelium gibt es, an der ausdrücklich von "größeren Werken" die Rede ist. Wird sie zur Auslegung von 14,12 herangezogen[72], dann bestärkt sich der an diesem Vers und seinem Kontext bereits gewonnene Gedanke. Gemeint ist die Stelle 5,19f, mit der Jesu große Offenbarungsrede in 5,19-47 einsetzt. Diese Rede schließt an die in 5,1-16 erzählte Krankenheilung am Sabbat an, die in Jesu eigener Deutung in 5,17 gipfelt. In dieser Deutung weist Jesus sein Heilungshandeln als Werk des Vaters aus durch die Formulierung: ὁ πατήρ μου ἕως ἄρτι ἐργάζεται κἀγὼ ἐργάζομαι (Vers 17b). Damit ist das

---

[71] Vgl. aaO, 32.
[72] Vgl. aaO, 28-31.

Stichwort der ἔργα verbal und das Thema der Werke inhaltlich vorbereitet, von dem dann 5,20 spricht.

Außer dem Thema der "größeren Werke" hat der Beleg in 5,19f mit 14,12 den Verheißungscharakter gemeinsam, der wie in 14,12 durch die ἀμὴν-ἀμήν-Formel unterstrichen wird (vgl. Vers 19b). Wiederkehrend als Einleitung der Verse 24 und 25 bildet sie ein charakteristisches Merkmal der Rede in ihrem ersten Teil (5,19-30), der durch die Stichwortverbindung δύνασϑαι-ποιεῖν gerahmt ist. Hinter ihr steht das Motiv der unbedingten Zusammengehörigkeit von Vater und Sohn[73]. So betont Vers 19, daß der Sohn nur tut, was er den Vater tun sieht, und also nichts von sich aus tut (Vers 19c: οὐ δύναται ὁ υἱὸς ποιεῖν ἀφ' ἑαυτοῦ οὐδὲν ἐὰν μή τι βλέπῃ τὸν πατέρα ποιοῦντα). Vers 30 nimmt denselben Gedanken in Form der Ich-Rede Jesu wieder auf (Vers 30a: Οὐ δύναμαι ἐγὼ ποιεῖν ἀπ' ἐμαυτοῦ οὐδέν) und führt ihn prägnant auf das Thema des väterlichen Willens. Daß Jesus nichts von sich aus tut, heißt nämlich, daß er nicht seinen eigenen Willen, sondern den Willen des Vaters sucht (Vers 30d: ὅτι οὐ ζητῶ τὸ ϑέλημα τὸ ἐμὸν ἀλλὰ τὸ ϑέλημα τοῦ πέμψαντός με). Und von da aus läßt sich das Thema des Willens auch schon in Vers 19 erkennen: Denn wenn es hier heißt, daß der Sohn alles, was der Vater tut, in gleicher Weise tut, wird zugleich ihr gemeinsamer Handlungswille, in dem sie eins sind, dokumentiert (vgl. 10,30). Vers 20 begründet nun diesen gemeinsamen Handlungswillen von Vater und Sohn nochmals darin, daß der Vater dem Sohn alles "zeigt". Er offenbart und enthüllt dem Sohn seinen Willen, so daß dieser in seinem Willen handeln kann. Damit aber ist die Pointe der Verse 19f noch nicht erreicht. Sie liegt vielmehr in der folgenden, auf Jesus selbst zielenden Verheißung, daß der Vater dem Sohn größere Werke zeigen werde als die, die er ihm bereits gezeigt hat (Vers 20b: καὶ μείζονα τούτων δείξει αὐτῷ ἔργα).

Abgesehen von der inhaltlichen Bestimmung der größeren Werke, die im folgenden Kontext erfolgt und auf den eschatologischen Charakter dieser Werke verweist (Verlebendigung der Toten, Gericht)[74], gibt es in der Verheißung von 5,20a keinen klaren Anhaltspunkt für die Näherbestimmung der Zukunft, auf die sie sich bezieht. Allein von den bisher betrachteten Verheißungen sowohl außerhalb als auch innerhalb der Abschiedsreden läßt sich jedoch schließen, daß auch hier die nachösterliche Zeit anvisiert ist. Daß die Verheißung dafür keine Zäsur zwischen den Zeiten markiert, liegt darin begründet, daß es eine Zäsur im Hinblick auf das Verhältnis zwischen Vater und Sohn auch nicht gibt. Das eben zeigt ja die Tatsache, daß der Vater dem Sohn auch künftig alles zeigen wird und so der Sohn auch seinerseits künftig den Willen des Vaters zur Geltung bringen kann.

---

[73] Vgl. ähnlich aaO, 28.
[74] Vgl. dazu ausführlicher aaO, 29.

Angelangt bei diesem Gedanken kann zurückgelenkt werden zu den Verheißungen in 14,12-14. Die größeren Werke der Glaubenden sind hier durch den Begründungssatz von Vers 12c eindeutig an die Zeit nach Jesu Rückkehr zum Vater gebunden. In ihnen werden jene Werke sichtbar, die der Vater nachösterlich dem zu ihm zurückgekehrten Sohn zeigt. Und so wird sich wiederum an diesen Werken zeigen, daß die Vollmacht Jesu auch nach seinem Abschied ungebrochen ist.

Da die nachösterlichen Werke der Glaubenden also nicht Verweisfunktion auf sie selbst, sondern Verweisfunktion auf Vater und Sohn hin haben, vollzieht sich in ihnen die Verherrlichung des Vaters im Sohn, von der Vers 13b spricht. Daß dann Vers 14 noch einmal Vers 13a aufgreift, in dem der Zusammenhang zwischen Handlungsvollmacht der Glaubenden und Gebetserhörung durch Jesu thematisch war, zeigt einerseits, welcher Nachdruck auf diesem Gedanken liegt. Deutlich wird aber auch, daß dieser Gedanke jetzt abgerundet ist.

14,15. In enger syntaktischer Anbindung an Vers 14 (vergleiche die parallele Form des Konditionalsatzes mit futurischer Verheißung) ist es jetzt die Funktion von Vers 15, auf dem Hintergrund des in 13,36-14,14 entwickelten Gedankengangs zurückzukommen auf die mittlerweile weit zurückliegende Beauftragung der Jünger zu Beginn der Abschiedsreden. Dabei hat die parallele syntaktische Form der Verse 14f sachliche Konsequenzen. Werden nämlich jeweils Protasis und Apodosis der Verse inhaltlich aufeinander bezogen, dann läßt sich Vers 15 von Vers 14 her interpretieren und als seine gedankliche Fortsetzung verstehen. Dem Bitten der Jünger im Namen Jesu (Protasis Vers 14) entspricht ihre Liebe zu Jesus (Protasis Vers 15a). Jesus zu lieben heißt für die Jünger also, auf seinen Namen zu vertrauen, der für die Vollmacht seiner Person steht. Im Vertrauen auf Jesu Vollmacht aber werden die Jünger seine Gebote halten (Apodosis Vers 15b). Bezogen auf die Verheißung, Jesus werde die Bitten der Jünger erhören (Apodosis Vers 14), zeigt sich darin der Aspekt, daß es auf Jesu nachösterliches Wirken selbst zurückgeht, wenn die Jünger künftig seine Gebote erfüllen werden. Dabei gehört zu diesen "Geboten" grundsätzlich die ἐντολὴ καινή, daß die Jünger einander lieben sollen, wie Jesus sie geliebt hat (vgl. 13,34). Zu ihnen gehört aber auch der λόγος, den Jesus den Jüngern gesagt hat. Sein Wort zu bewahren (vgl. 14,23b), in seinem Wort zu bleiben (vgl. 8,31b), wird für die Jünger daher bedeuten, nach Jesu Abschied seine ἐντολαί zu verwirklichen und darin die verheißenen μείζονα ἔργα zu vollbringen.

13,33-14,15 im Überblick. Ausgangspunkt des nachgezeichneten Gedankengangs war die Ankündigung Jesu, daß er nur noch kurze Zeit bei den Jüngern sein werde (vgl. 13,33). Die darin artikulierte zeitliche Grenze der Gemeinschaft zwischen Jesus und den Jüngern wurde noch verschärft durch die räumliche Abgrenzung, daß die Jünger Jesus in der Stunde des Abschieds nicht folgen können, wohin er geht. Im Verlauf des Redeabschnitts 13,33-14,15 wurde dann jedoch ein Spektrum von Motiven aufgefächert, um eine neue Form der Gemeinschaft zwischen Jesus und den Jüngern für die nachösterliche Zeit zu verheißen: Konstitutive Elemente dieser Gemeinschaft werden die Umsetzung der Liebe Jesu zu den Jüngern in ihre gegenseitige Liebe sein, die Begegnung mit Jesus im Hause des Vaters und die Verwirklichung der erhörten Bitten in den Werken der Glaubenden, die auf ihrer Seite in der Bindung an Jesu Person, auf Seiten Jesu in dessen Vollmacht gründen.

Joh 14,16f. Funktion der ersten Geistverheißung in 14,16f ist es nun, die verschiedenen Aspekte dieser Gemeinschaft zusammenzuführen, indem die nachösterliche Zeit grundlegend als Zeit der Gegenwart des Geistes bei den Glaubenden bestimmt wird. Damit ist kompositorisch intendiert, die Geistverheißung als Schlüssel zu den Verheißungen über Jesu künftige Gemeinschaft mit den Jüngern auszuweisen. Inhaltlich ist beabsichtigt, das Verhältnis zwischen Jesus und dem Geist so zu bestimmen, daß der Geist als Repräsentant des zum Vater Zurückgekehrten gelten kann, in dessen Macht es steht, Jesu Gegenwart und Vollmacht den Jüngern zu vermitteln[75]:

---

[75] Wie zur Bezeichnung "Geistverheißung" zu Beginn des Kapitels, so ist jetzt eine terminologische Bemerkung zu machen zur Verwendung der Begriffe "Geist" und "Paraklet". Beide Begriffe tauchen in der folgenden Auslegung der fünf Geistverheißungen ständig auf und werden jeweils einzeln gebraucht. Die zum Teil in der Forschung begegnende Doppelbezeichnung "Geist-Paraklet" (vgl. für die deutschsprachige Forschung exemplarisch *Becker*, Das Evangelium des Johannes, und *Porsch*, Pneuma und Wort) bzw. "Spirit-Paraclete" (vgl. für den englisch-sprachigen Bereich exemplarisch *Johnston*, The Spirit-Paraclete in the Fourth Gospel of John) versucht zu verdeutlichen, daß es sich bei der johanneischen Gestalt des Parakleten um den Geist handelt, wie auch immer der religionsgeschichtliche Hintergrund des Begriffes und der Vorstellung aussehen mag (vgl. zur religionsgeschichtlichen Herleitung der knappen Ausführungen in der vorliegenden Untersuchung unter I.1. und den ausführlichen Forschungsbericht bei *Porsch*, aaO, 305-317). Zugleich wird durch die Doppelbezeichnung implizit der Geist als Paraklet unterschieden von Jesus als einem Parakleten, wie es die erste Geistverheißung in 14,16f durch die programmatische Wendung ἄλλος παράκλητος nahelegt. Um nun aber die sprachlich umständliche Doppelbezeichnung zu vermeiden, werden im folgenden die Bezeichnungen "Geist" und "Paraklet" jeweils getrennt verwendet und zwar, soweit möglich, nach einer bestimmten Regel: Bei der Exegese der Geistverheißungen wird dann vom "Parakleten" gesprochen, wenn die mit diesem Titel verbundenen Funktionen und die personale Relation zwischen der Gestalt des Parakleten und der Gestalt Jesu behandelt wird. Werden die sachlichen Konsequenzen aus der Exegese der Parakletaussagen im Hinblick auf die Zuordnung von vor- und nachösterlicher Zeit gezogen, so wird übergeordnet vom "Geist" gesprochen. Intendiert ist dabei jedoch jeweils die Identität zwischen "Geist" und "Paraklet", wie sie die Geistverheißungen selbst zum Ausdruck bringen.

κἀγὼ ἐρωτήσω τὸν πατέρα   16aα
καὶ ἄλλον παράκλητον δώσει ὑμῖν,   16aβ
ἵνα μεθ᾽ ὑμῶν εἰς τὸν αἰῶνα ᾖ,   16b
τὸ πνεῦμα τῆς ἀληθείας,   17a
ὃ ὁ κόσμος οὐ δύναται λαβεῖν,   17b
ὅτι οὐ θεωρεῖ αὐτὸ   17cα
οὐδὲ γινώσκει·   17cβ
ὑμεῖς γινώσκετε αὐτό,   17d
ὅτι παρ᾽ ὑμῖν μένει   17e
καὶ ἐν ὑμῖν ἔσται.   17fin

Die Geistverheißung ist durch das zu κἀγώ kontrahierte καὶ ἐγώ (Vers 16aα) parataktisch an Vers 15 angeschlossen. Bezogen auf diesen Vers läßt sich zunächst eine adversative Komponente in diesem Satzanfang erkennen. Denn Subjekt in Vers 15 sind die Jünger, Subjekt in Vers 16aα hingegen ist Jesus. Wird in Vers 15b das künftige Handeln der Jünger entworfen, so in Vers 16aα das künftige Handeln Jesu.

Unter Berücksichtigung von Vers 15a zeigt sich dann in dieser Gegenüberstellung aber auch ein Moment der Korrelation. Der Bindung der Jünger an Jesus, die durch ihr Lieben charakterisiert wird, entspricht die Bindung Jesu an die Jünger, die darin zum Ausdruck kommt, daß Jesus gemeinsam mit dem Vater für einen Garanten seiner eigenen Gegenwart bei den Jüngern sorgt. Denn da seine Zeit bei ihnen endet (vgl. 13,33a), brauchen sie einen anderen, der stellvertretend für Jesus an ihre Seite tritt.

Eben dieser "andere" wird den Jüngern in dem ἄλλος παράκλητος verheißen[76] (Vers 16aβ), der bei ihnen (wörtlich: mit ihnen) sein wird in Ewigkeit (Vers 16b). Er wird ausgewiesen als der "Geist der Wahrheit"[77] (Vers

---

[76] Zur Problematik des sprachlichen Befundes, daß der Geist in Relation zu Jesus als der "andere Paraklet" bezeichnet wird, Jesus selbst jedoch im Johannesevangelium nirgendwo diesen Titel trägt, vgl. exemplarisch *Porsch*, aaO, 242-244.

[77] In der ersten, dritten und fünften Geistverheißung wird der Paraklet mit dem "Geist der Wahrheit" gleichgesetzt. Auch diese Prädikation für den Geist ist, wie der Titel ὁ παράκλητος, innerhalb des Neuen Testaments auf das johanneische Schrifttum beschränkt. Sie findet sich außer in Joh 14,17; 15,26; 16,13 noch in 1 Joh 4,6, wo der "Geist der Wahrheit" dem "Geist des Irrtums", τὸ πνεῦμα τῆς πλάνης, als "dessen Gegenteil" gegenübergestellt ist (vgl. dazu *Rudolf Bultmann*, Die drei Johannesbriefe, KEK XIV, Göttingen ²1969, 66). Nach *Porsch*, aaO, 236, läßt sich an diesem Gegensatz noch der dualistische Ursprung der Gestalt des Geistes der Wahrheit erkennen, den die Qumran-Texte zeigen; zum Dualismus der beiden Geister in Qumran vgl. genauer aaO, 229-231 mit Anm. 69 (Literaturhinweise) und Anm. 73 (Angabe der Quellentexte). "Geist der Wahrheit" und "Geist des Irrtums" werden nach 1 Joh 4,1-6 anhand des Kriteriums unterschieden, "ob man bekennt, daß Jesus in das Fleisch gekommen sei oder nicht" (vgl. *Walter Schmithals*, Geisterfahrung als Christuserfahrung, in: Claus Heitmann, Heribert Mühlen (Hrsg.), Erfahrung und Theologie des Heiligen Geistes, München 1974, 101-116, hier

17a), den der Kosmos nicht empfangen kann (Vers 17b), da er ihn weder sieht noch erkennt (Vers 17c). Die Jünger hingegen erkennen ihn (Vers 17d), da er bei ihnen bleibt (Vers 17e) und in ihnen sein wird (Vers 17fin).

Entscheidend an dieser Vielzahl von Aspekten, die der ersten Geistverheißung einen hohen Informationswert verleiht, ist die Tatsache, daß die nachösterliche Zeit ganz grundsätzlich von der Gegenwart des Geistes bei den Glaubenden her bestimmt wird. Das zeigt sich in der nuancierten Beschreibung dieser Gegenwart:

Der Geist der Wahrheit, als "anderer Beistand" den Jüngern vom Vater auf Jesu Bitten hin gegeben, übernimmt mit seiner Anwesenheit die Funktion, jene Form der Gemeinschaft fortzuführen, die zwischen dem irdischen Jesus und seinen Jüngern bestand. Denn die Bestimmung seiner Präsenz als eines εἶναι μετά (Vers 16b) entspricht der verbalen Wendung, die verwendet wird, um das Zusammensein Jesu mit den Jüngern (vgl. 13,33a; 14,9b; 16,4fin; 17,12a), aber auch das Verbundensein der Jünger mit Jesus (vgl. 15,27fin) in vorösterlicher Zeit auszudrücken.

Die Rolle des Geistes als Garant der Gegenwart Jesu wird weiter ausgestaltet durch das Motiv des μένειν παρά (Vers 17e). Es zielt auf die Gültigkeit und Dauer der nachösterlichen Anwesenheit des Geistes bei den Glaubenden. Daß er bei ihnen bleibt, ist Grundvoraussetzung dafür, daß er εἰς τὸν αἰῶνα mit ihnen sein kann. Durch sein Bleiben bei den Jüngern gewährleistet er auch die ununterbrochene Möglichkeit, Jesu vergegenwärtigte Präsenz dauerhaft als Gemeinschaft mit den Jüngern fortbestehen zu lassen.

Wichtig im Vergleich mit dem Kontext ist schließlich, daß der künftigen Gegenwart des Geistes durch die Komponente des εἶναι ἐν eine weitere Bedeutung verliehen wird. Diese Komponente schließt die erste Geistverheißung insgesamt ab und hat die besondere Funktion, ein wesentliches Motiv aus dem dialogisch gestalteten Teil 14,8-11 aufzugreifen und zu einem Zentralgedanken des folgenden Abschnittes 14,18-24 zu machen. In 14,8-11 war die Frage der Erkennbarkeit des Vaters durch die Antwort der wechselseitigen Immanenz von Vater und Sohn gelöst worden. In der Geistverheißung wird dann das Merkmal der Immanenz des Geistes in den Glau-

---

114). Der "Geist der Wahrheit" bezeichnet in diesem Kontext den Geist des rechten Christusbekenntnisses und des rechten Glaubens, den Geist also, "der den rechten Glauben bewirkt und bewahrt; er tut dies, indem er im Inneren des Menschen Zeugnis für Jesus, den Messias und menschgewordenen Sohn Gottes, ablegt" (*Porsch*, aaO, 236). - Der Zusammenhang zwischen dem Geist der Wahrheit und der Funktion des Zeugnisablegens wird auch in der dritten Geistverheißung der johanneischen Abschiedsreden deutlich werden (vgl. 15,26f). Zur weiteren inhaltlichen Bestimmung der Geistprädikation vgl. aber in der vorliegenden Arbeit jeweils die Zusammenstellung der theologischen Akzente in den Zwischenbilanzen 3.2.2. und 3.2.4.

benden dafür beansprucht, argumentativ zu begründen, daß die Jünger den Geist erkennen (Vers 17d). Von hier aus ist der Weg sachlich vorbereitet, die folgenden Verheißungen auch von der wechselseitigen Immanenz zwischen Jesus und den Glaubenden sprechen zu lassen:

14,18f. Ausschlaggebend für die argumentative Linie zur Entfaltung des Immanenz-Gedankens ist Vers 18. In unmittelbarem Anschluß an die dreifach differenzierte Verheißung der künftigen Gegenwart des Parakleten betont dieser Vers, daß Jesus die Jünger nicht als Waisen zurücklassen werde (Vers 18a: *Οὐκ ἀφήσω ὑμᾶς ὀρφανούς*) und spitzt diesen Gedanken zu auf die das Abschiedsmotiv ins Gegenteil verkehrende Aussage "Ich komme zu euch" (Vers 18b: *ἔρχομαι πρὸς ὑμᾶς*).

Gerade der direkte Übergang der Geistverheißung zu den im Kontext der Abschiedsreden unmißverständlich pointierten Wendungen von Vers 18a.b spricht dafür, daß mit diesem Vers die - wenngleich überraschende - Schlußfolgerung gezogen werden soll aus der ersten Geistverheißung. Da der Geist bei den Jüngern sein wird, kann gefolgert werden, daß sie nicht als Waisen in der Welt zurückbleiben. Da Jesus für die Gabe des Geistes beim Vater sorgt, kann betont werden, daß er es ist, der sie nicht als Waisen zurückläßt. Und da der Geist als *ἄλλος παράκλητος* gerade an Jesu Stelle bei den Jüngern tritt, kann schließlich als Konsequenz scharf herausgemeißelt werden, daß Jesus selbst zu den Jüngern kommt.

Vers 19 setzt die in Vers 18 begonnene Explikation der Geistverheißung einleuchtend fort. Da Jesus zu den Jüngern kommt, kann es jetzt auch heißen, daß sie ihn sehen werden (Vers 19b: *ὑμεῖς δὲ θεωρεῖτέ με*). Mit dem Stichwort *θεωρεῖν* ist dabei direkt auf die Geistverheißung zurückgegriffen, in der das Verhältnis der Welt zum Geist der Wahrheit negativ dadurch qualifiziert wurde, daß sie den Geist weder sieht (*θεωρεῖ*) noch erkennt. So wie in der Geistverheißung selbst Kosmos und Jünger voneinander abgegrenzt werden, so geschieht es auch durch die Explikation in Vers 19. Denn daß die Jünger Jesus sehen werden, steht hier in scharfem Kontrast dazu, daß die Welt Jesus nicht mehr sehen wird (Vers 19a: *ἔτι μικρὸν καὶ ὁ κόσμος με οὐκέτι θεωρεῖ*). Dabei ist mit der zeitlichen Angabe *ἔτι μικρόν* ("in Kürze") auf Jesu Abschied Bezug genommen, so daß deutlich wird: Da die Welt den Geist nicht sehen wird, wird sie nachösterlich auch Jesus selbst nicht mehr sehen. Gerade umgekehrt gilt jedoch für die Jünger, daß sie Jesus sehen werden, da sie den Geist erkennen (vgl. Vers 17f). Neben diesem sachlich zu erschließenden Begründungszusammenhang bietet Vers 19c in Form eines Kausalsatzes eine weitere Erklärung für die den Jüngern verheißene Erfahrung, Jesus zu sehen. Verwendet wird dafür das Motiv des Lebens, das bereits im Ich-bin-Wort von 14,6, dort nominal (*ἡ ζωή*), begegnet war. Es erscheint jetzt verbal (*ζῆν*), und zwar bezogen sowohl auf Jesus als auch auf die Jünger (Vers 19fin: *ὅτι ἐγὼ ζῶ καὶ ὑμεῖς ζήσετε*).

14,16f und 14,18f stehen somit in einem wechselseitigen Argumentationsverhältnis. Die Geistverheißung in den Versen 16f bereitet den Boden für die Spitzenzusagen der Verse 18f, indem sie Jesu nachösterliches Kommen zu den Jüngern und die Möglichkeit des Wiedersehens begründet sein läßt in der Gegenwart des Geistes. Umgekehrt explizieren die Verse 18f die Konsequenzen, die aus der Gemeinschaft des Geistes mit den Jüngern zu ziehen sind für ihr Verbundensein mit dem zum Vater Zurückgekehrten auch nach seinem Abschied.

14,20.23. Anhand der Relation zwischen 14,16f und 14,18f zeichnet sich die sachliche Grundlage ab für die Verheißungen von 14,20.23: Vers 20 nennt als Gegenstand der künftigen Erkenntnis der Jünger die Immanenz des Sohnes im Vater und die wechselseitige Immanenz zwischen Jesus und den Jüngern (ἐν ἐκείνῃ τῇ ἡμέρᾳ γνώσεσθε ὑμεῖς ὅτι ἐγὼ ἐν τῷ πατρί μου καὶ ὑμεῖς ἐν ἐμοὶ κἀγὼ ἐν ὑμῖν)[78]. Der Gedanke, daß der Geist in den Jüngern wohnen wird und diese Erfahrung als gleichsam "zweites" Kommen Jesu zu ihnen verstanden werden kann, wird also konsequent umgesetzt in eine Aussage über die direkte Immanenz zwischen Jesus und den Jüngern. Dank der Immanenz des Geistes in den Glaubenden wird Jesus selbst in den Jüngern sein. Der wechselseitigen Immanenz von Jesus und dem Vater entsprechend wird aber auch die Immanenz zwischen Jesus und den Jüngern als gegenseitige beschrieben. So wie Jesus in den Jüngern sein wird, so werden auch sie in ihm sein.

Mit Vers 23 wird der verheißenen Immanenzerfahrung der Jünger dann ein weiterer Aspekt verliehen. Nicht nur Jesus, sondern auch den Vater werden sie in ihrem Innern erfahren. Diesem Gedanken dient das Bild, daß Vater und Sohn zum Glaubenden kommen und bei ihm Wohnung nehmen werden (Vers 23cβ.fin: καὶ πρὸς αὐτὸν ἐλευσόμεθα καὶ μονὴν παρ[79] αὐτῷ ποιησόμεθα)[80]. Im Zusammenhang mit Vers 18 läßt sich an diesem Bild die konstitutive Bedeutung des Motivs ἔρχεσθαι erkennen. Das auf Vater und Sohn bezogene ἐλευσόμεθα in Vers 23c steht parallel zu dem Jesus betreffenden ἔρχομαι in Vers 18b. Da die Aussage, Jesus komme zu

---

[78] Vers 20 gehört zu den typisch johanneischen "Reziprozitätsformeln" (so *Bultmann* u.a.) oder "Immanenzaussagen" (so *Borig* u.a.), durch die die konstitutive Zusammengehörigkeit zwischen Jesus und dem Vater, zwischen Jesus und den Jüngern und entsprechend auch zwischen Jesus, dem Vater und den Jüngern zum Ausdruck gebracht werden soll; vgl. dazu exemplarisch *Bultmann*, Das Evangelium des Johannes, 479, Anm. 6; 291, 393 mit Anm. 2; 470; *Rainer Borig*, Der wahre Weinstock. Untersuchungen zu Jo 15,1-10, StANT 16, München 1967, hier 205-236.

[79] Zum Verständnis der Präposition παρά im Sinne von ἐν vgl. *Friedrich Hauck*, Art. μονή, ThWNT IV, 583-585, hier 584, Anm. 4.

[80] Zur Verbindung dieses Bildes mit der alttestamentlichen Vorstellung des Wohnens Gottes bei seinem Volk vgl. aaO, 584.

den Jüngern, die Konsequenz der nachösterlichen Geistgegenwart profiliert, ist über das Motiv "Kommen Jesu" auch die Verheißung des gemeinsamen Kommens von Vater und Sohn an die Immanenz des Geistes in den Glaubenden angeschlossen. Dieser verheißenen Immanenz des Geistes also ist es zu verdanken, daß die Jünger nachösterlich auch Jesus und den Vater im Innern ihrer Person und im Zentrum ihrer Gemeinschaft erfahren werden.

In einem letzten Schritt ist jetzt noch die entscheidende Konsequenz zu ziehen für die Verheißung von 14,12. Ihre Aussage basiert auf den inhaltlichen Implikationen der ersten Geistverheißung und deren in den Versen 18.20.23 formulierten Konsequenzen, die den Bogen schlagen zu den Versen 10f. In Vers 11fin war der Gedanke der wechselseitigen Immanenz zwischen Vater und Sohn dahingehend konkretisiert worden, daß ihre Immanenz schon zu erkennen sei an den Werken, die der Vater, wirkend im Sohn, und der Sohn, des Vaters Wirken vollziehend, gemeinsam vollbringen (vgl. die Wendung τὰ ἔργα αὐτά, in die der Gedanke von Vers 10b.c eingegangen ist). Vers 12 hatte dann in direktem Stichwortanschluß die ἔργα aufgegriffen und zunächst die Verheißung formuliert, daß die Jünger künftig jene Werke, die Jesus getan hat, selbst durchführen werden. Daß es zu dieser Verheißung kommen kann, ist vom Gedanken der Immanenz her schlüssig. Denn das Argument, an den Werken Jesu sei die Immanenz von Vater und Sohn zu erkennen, rechtfertigt die Folgerung, daß die Werke der Jünger auf die wechselseitige Immanenz zwischen ihnen und Jesus zurückgehen, wie sie pointiert Vers 20fin festgehalten hatte. Da aber die Immanenz zwischen Jesus und den Jüngern durch keinen anderen als den Parakleten verwirklicht und für die Glaubenden erfahrbar wird, ist er es, der hinter den nachösterlichen Werken der Jünger steht. Daß diese, wie die Verheißung von Vers 12 noch fortführt, als "größere" Werke bezeichnet werden können, sollte nicht im Hinblick auf Wert oder Wirkung der ἔργα ausgewertet, sondern als Hinweis auf die hohe Wertschätzung des Geistes selbst verstanden werden. Sein Wirken hat für das nachösterliche Bewußtsein einen so eminent wichtigen Stellenwert gewonnen, daß es das Prädikat μείζω verdient, das sonst nur Jesu Wirken (vgl. den Zusammenhang von 14,12 zu 5,20) und dem Vater selbst (vgl. 14,28fin) verliehen wird.

Zum Umgang mit den Zeiten in der ersten Geistverheißung und ihrem Kontext. Nach der inhaltlichen Analyse der ersten Geistverheißung und ihres Kontextes liegen jetzt auch die Merkmale des Umgangs mit den Zeiten auf der Hand. Vor- und nachösterliche Zeit sind faktisch unterschieden, was aus den Versen 16b, 19a und 20 hervorgeht. Durch Vers 16b wird Bezug genommen auf 13,33a, wo Jesu begrenzte Gegenwart bei den Jüngern die vorösterliche Zeit meint. Die hingegen unbegrenzte Präsenz des Parakleten in Vers 16b zielt auf die nachösterliche Zeit und verleiht ihr implizit den

Namen "εἰς τὸν αἰῶνα". Vers 19a verwendet dann für die verbleibende
vorösterliche Frist bis zu Jesu Abschied die gleiche temporale Angabe wie
13,33a (ἔτι μικρόν). Sie bildet die Folie, auf der die inhaltliche Kennzeichnung der vorösterlichen Zeit erschlossen werden kann.

Als Zäsur zwischen den Zeiten wird, vorbereitend auf die Geistverheißung, bereits in Vers 12fin die Rückkehr Jesu zum Vater genannt. Aufgrund des kohärenten gedanklichen Zusammenhangs aller folgenden Verse
bleibt die Angabe dieser Zäsur für den gesamten Redeabschnitt relevant, in
dem sich die Geistverheißungen 14,16f.25f finden. Sie korrespondiert mit
der Eingangssequenz der Abschiedsreden, in der das Verherrlichungsgeschehen als Zäsur zwischen den Zeiten markiert wird (13,31f).

Der entscheidende Akzent hinsichtlich der Unterscheidung der Zeiten
liegt in der ersten Geistverheißung auf der inhaltlichen Bestimmung der
nachösterlichen Zeit. Sachlich entsprechend zum Textkommentar von 7,39b
zeichnet sich als ausschlaggebendes Unterscheidungsmerkmal zur vorösterlichen Zeit die nachösterliche Gegenwart des Geistes bei den Glaubenden
ab, die differenziert beschrieben wird. Aus dieser Beschreibung und ihrer
Explikation in den Versen 18-20 geht hervor, daß die nachösterliche Zeit
gerade dank der Gegenwart des Geistes auch die Zeit der besonderen Verbindung zwischen Jesus, den Jüngern und dem Vater ist. Von 14,16-20.23
her läßt sie sich gleichsam als "Zeit der Immanenz" apostrophieren, deren
Heilsfunktion im Motiv des "Lebens" (verbal gefaßt: ζῆν; vgl. Vers 19c)
verdeutlicht wird[81].

3.2.1.2. Die zweite Geistverheißung in Joh 14,25f

Der Kontext: 14,15-31. Die zweite aus der Reihe der Geistverheißungen
steht wie die erste innerhalb des Redeabschnitts 14,15-31, der durch die
Stichworte ἐντολαί / ἐντέλλεσθαι und ἀγαπᾶν gerahmt und durch diese
Stichworte zugleich auf einen früheren und einen späteren Redeabschnitt
bezogen ist (vgl. 13,34f und 15,9-17). Es lassen sich einige inhaltliche Bezüge herstellen, die den Kontext strukturieren und mit der Geistverheißung
verbinden:

---

[81] Zur johanneischen Vorstellung des "Lebens" vgl. im lexikalischen Überblick *Rudolf
Bultmann*, Art. ζωή, ThWNT II, 871-874 (Abschnitt E.6.), und grundlegend *Franz Mußner*, ZΩH. Die Anschauung vom 'Leben' im vierten Evangelium unter Berücksichtigung
der Johannesbriefe, MüThSt I, Hist. Abt. Bd. 5, München 1952; ferner *Schnackenburg*,
Das Johannesevangelium II, Exkurs 12: Der Gedanke des Lebens im Johannes-Evangelium, 434-445.

14,15.31. In den Rahmenversen 14,15 und 14,31 geht es um den Zusammenhang zwischen der Haltung des Liebens und der Erfüllung eines Auftrags. So spricht 14,15 davon, daß die Jünger Jesu Gebote halten werden, wenn sie ihn lieben (Vers 15a.b: Ἐὰν ἀγαπᾶτέ με, τὰς ἐντολὰς τὰς ἐμὰς τηρήσετε). 14,31 überträgt den Zusammenhang auf das Verhältnis zwischen Jesus und dem Vater und macht damit deutlich, daß das Bewahren der Gebote in der Liebe der Jünger zu Jesus die gleiche Struktur der Beziehung realisiert, die zwischen Vater und Sohn besteht. Denn auch Jesu Liebe zum Vater zeigt sich eben daran, daß er tut, was ihm der Vater aufgetragen hat (vgl. Vers 31aβ.b.c: ὅτι ἀγαπῶ τὸν πατέρα, καὶ καθὼς ἐνετείλατό μοι ὁ πατήρ, οὕτως ποιῶ). Die beiden Rahmenverse sind sachlich miteinander verbunden durch eine Linie, die das Verhältnis der Liebe, das sich in der Erfüllung des Auftrags realisiert, weiter differenziert. Diese Linie wird gebildet von Vers 21 und den Versen 23f:

14,21.23f. Vers 21a greift sachlich direkt Vers 15 auf. Was dort in einem konditionalen Satzgefüge ausgesagt war, wird jetzt in einen Partizipialsatz gefaßt. Dabei wechselt die direkte Anrede der Jünger von Vers 15 zu einer generellen Sentenz in Vers 21a, die lautet: "Wer meine Gebote hält und sie bewahrt, der ist es, der mich liebt" (ὁ ἔχων τὰς ἐντολάς μου καὶ τηρῶν αὐτὰς ἐκεῖνός ἐστιν ὁ ἀγαπῶν με). Mit dieser grundsätzlichen Bestimmung scheint in Vers 21a der Verheißungscharakter von Vers 15 in den Hintergrund zu treten. Der war dort in der futurisch formulierten Zusage "dann werdet ihr meine Gebote halten" (Vers 15b) enthalten gewesen. Der Verheißungscharakter ist jedoch auch in Vers 21 nicht aufgegeben. Im Gegenteil: Vers 21b.c führt nämlich die generelle Sentenz durch eine dreistufige Verheißung fort, die den relationalen Charakter der Liebe betont. So wird dem, der Jesus liebt, verheißen, daß er vom Vater geliebt werden wird (Vers 21b: ὁ δὲ ἀγαπῶν με ἀγαπηθήσεται ὑπὸ τοῦ πατρός μου), daß Jesus ihn lieben und sich ihm offenbaren werde (Vers 21c: κἀγὼ ἀγαπήσω αὐτὸν καὶ ἐμφανίσω αὐτῷ ἐμαυτόν). Vers 23 verbindet dann die syntaktischen Formen von Vers 15 und Vers 21, greift sachlich den Zusammenhang zwischen dem Lieben und dem Halten der Gebote in einer Abwandlung auf und mündet wie Vers 21 in eine dreistufige Verheißung ein. So stellt Vers 23b den Zusammenhang her zwischen der Liebe zu Jesus und dem Halten seines Wortes. Konditional formuliert wie Vers 15 richtet er sich jedoch nicht wie dieser Vers in direkter Anrede an die Jünger, sondern bestimmt wie Vers 21a generell: "Wenn einer mich liebt, dann wird er mein Wort halten" (Vers 23b: ἐάν τις ἀγαπᾷ με τὸν λόγον μου τηρήσει). Wie in Vers 15 wird also hier die Protasis (im Deutschen die "wenn"-Phrase) durch die Apodosis (im Deutschen die "dann"-Phrase) futurisch fortgeführt. Dieses Futur wird dann in Vers 23c.fin dreifach aufgegriffen, wenn dem, der Jesu Wort hält, verheißen wird, daß der Vater ihn lieben werde (Vers 23cα: καὶ ὁ πατήρ μου ἀγαπήσει αὐτόν), daß Jesus und der Vater gemeinsam zu ihm kommen (Vers 23cβ: καὶ πρὸς αὐτὸν ἐλευσόμεθα) und bei ihm Wohnung nehmen werden (Vers 23fin: καὶ μονὴν παρ' αὐτῷ ποιησόμεθα).

Die Verheißungen von Vers 21 und Vers 23 zeigen, daß das Verhältnis der Liebe, das sich den Jüngern in ihrer Bindung an Jesu Gebote und an sein Wort öffnet, ein dreidimensionales ist. Denn die Liebe der Jünger zu Jesus bleibt nicht unbeantwortet, sondern wird zweifach erwidert durch die Liebe des Vaters und die Liebe Jesu. Dabei ist es das Besondere der mehrstufig aufgebauten Verheißungen, daß sie im einen Fall durch das dritte Glied (vgl. Vers 21fin), im anderen Fall durch zweites und drittes Glied (vgl. Vers 23cβ.fin) erläutern, worin die Jünger die Gegenseitigkeit der Liebe erfahren. Die parataktische Verknüpfung der Verheißungen nämlich hat explikative Funktion. So präzisiert Vers 21fin die Liebe Jesu durch den Aspekt, daß Jesus sich dem Glaubenden offenbaren werde: Der, der Jesus liebt, erfährt und erkennt ihn also. Vers 23 wählt dann das Bild der Begegnung, um zu veranschaulichen, wie der Glaubende die Liebe Jesu und des Vaters an sich erfahren werde: Er selbst wird zum Ort der Begegnung mit Jesus und dem Vater werden, die in ihm "Wohnung nehmen". So führt seine Beziehung zu Jesu Wort zu der Erfahrung, daß Vater und Sohn in ihn eingezogen sind, um in ihm zu bleiben (vgl. das Nomen μονή in Vers 23fin).

Die Beziehung zu Jesus, die als ἀγαπᾶν gekennzeichnet wird, ist also geprägt von der Verbindlichkeit, die Jesu Wort für den Menschen gewonnen hat. Daher gilt auch die negative Umkehrung dieser Beziehung, die in Vers 24a formuliert wird: Wer Jesus nicht liebt, hält seine Worte nicht (ὁ μὴ ἀγαπῶν με τοὺς λόγους μου οὐ τηρεῖ). Ein sachlicher Unterschied zwischen Jesu "Wort" und seinen "Worten" besteht dabei nicht[82]. Denn Vers 24b spricht wie zuvor Vers 23b wieder im Singular vom λόγος. Daß es eben dieses "Wort" ist, das den Glaubenden die relationale Beziehung der Liebe eröffnet, führt Vers 24b noch weiter aus. Dieser Vers ist ein Kommentar im Munde Jesu, der erläutert, was mit dem λόγος gemeint ist; das Wort, das die Jünger hören, das Wort also, das sie bewahren, wenn sie Jesus lieben, ist nicht Jesu eigenes Wort. Sondern es ist das Wort des Vaters, der Jesus gesandt hat (Vers 24b: καὶ ὁ λόγος ὃν ἀκούετε οὐκ ἔστιν ἐμὸς ἀλλὰ τοῦ πέμψαντός με πατρός). Dieser für den johanneischen Jesus typische Verweis auf den Vater hat die Funktion, das relationale Verhältnis der Liebe zwischen Jesus und dem Glaubenden im Vater selbst

---

[82] *Bultmann*, Das Evangelium des Johannes, 483, Anm. 4, erklärt die Verwendung des Singulars und Plurals aus dem Unterschied der Perspektive: Der Singular sei "sub specie dei" formuliert, der Plural hingegen "vom Standpunkt des Menschen" aus, "dem der λόγος jeweils in einzelnen λόγοι begegnet".

begründet sein zu lassen. Durch ihre Beziehung zum Wort sind die Glaubenden nicht nur mit Jesus verbunden, sondern auch mit dem, in dessen
Auftrag Jesus den λόγος mitteilt. So ermöglicht das Wort die Gemeinschaft
der Liebe zwischen Vater, Sohn und Glaubenden.

Joh 14,25f. An die Pointe des nachgezeichneten Gedankengangs, die
durch das Wort ermöglichte Gemeinschaft zwischen Vater, Sohn und Glaubenden, schließt sich die Geistverheißung in Vers 26 an. Sie ist eingeleitet
durch eine summarische rhetorische Wendung, die konstitutiv zur Verheißung selbst hinzugehört:

Ταῦτα λελάληκα ὑμῖν παρ᾽ ὑμῖν μένων·	25
ὁ δὲ παράκλητος,	26a
τὸ πνεῦμα τὸ ἅγιον,	26b
ὃ πέμψει ὁ πατὴρ ἐν τῷ ὀνόματί μου,	26c
ἐκεῖνος ὑμᾶς διδάξει πάντα	26dα
καὶ ὑπομνήσει ὑμᾶς πάντα	26dβ
ἃ εἶπον ὑμῖν [ἐγώ].	26fin

Charakteristisch für den inneren Zusammenhang zwischen der einleitenden Wendung in Vers 25 und der Geistverheißung in Vers 26 ist das adversative δὲ (aber, jedoch, hingegen) von Vers 26a. Durch diese Partikel werden sowohl die Subjekte der Verse 25 und 26 als auch die mit den Subjek-
ten verbundenen verbal formulierten Funktionen voneinander abgegrenzt.
So steht dem Subjekt von Vers 25, Jesus, das Subjekt von Vers 26, der
Geist, gegenüber, der hier in Fortführung der ersten Geistverheißung von
14,16f mit dem Paraklet-Titel (Vers 26a) ausgestattet und durch die Apposition von Vers 26b als der "Heilige Geist" näher gekennzeichnet wird[83].
Hinsichtlich der Funktionen Jesu und des Parakleten stehen sich sodann
kontrastierend Vers 25 und Vers 26d.fin gegenüber. Hier unterscheiden die
Tempora der Verben, daß Jesus jetzt seine Rede an die Jünger gerichtet hat

---

[83] Die parallele syntaktische Struktur von 14,16aβ.17a und 14,26a.b, in der jeweils
appositionell die Geistprädikation dem Paraklet-Titel zugeordnet ist, weist darauf hin, daß
nicht nur der Paraklet mit dem Geist der Wahrheit einerseits und dem Heiligen Geist andererseits identisch ist, sondern auch "Geist der Wahrheit" und "Heiliger Geist" identische
Größen sind. Es geht also jeweils um das πνεῦμα, das in den Abschiedsreden ὁ
παράκλητος, τὸ πνεῦμα τῆς ἀληθείας und τὸ πνεῦμα τὸ ἅγιον heißen kann. -
Porsch, Pneuma und Wort, 254f, weist darauf hin, daß man gerade im Zusammenhang mit
der Funktion des διδάσκειν auch in der zweiten Geistverheißung die Prädikation "Geist
der Wahrheit" hätte erwarten können, zumal sonst im Evangelium πνεῦμα (ἅγιον) nicht
mit πέμπειν (vgl. 14,26c) verbunden werde. Im Sinne des zuvor Gesagten versteht jedoch
auch er den Wechsel der Geistprädikation als beabsichtigten Hinweis auf die Identität
zwischen "Geist der Wahrheit" und "Heiligem Geist" sowie als Zeichen für die inhaltliche
Übereinstimmung zwischen dem Geist, von dem die Abschiedsreden sprechen, und jenem
Geist, von dem im übrigen Evangelium die Rede ist.

(Perfekt in Vers 25), der Paraklet sich hingegen in Zukunft an die Jünger wenden wird (Futur in Vers 26dα.β, das der futurisch formulierten Sendungsaussage in Vers 26c entspricht).

Mit dieser Gegenüberstellung der Tempora aber zeigt die Geistverheißung von 14,25f die für den nachösterlichen Standpunkt typische Unterscheidung der Zeiten. Die vorösterliche Gegenwart Jesu bei den Jüngern vor seinem Abschied (vgl. Vers 25: παρ' ὑμῖν μένων) wird faktisch abgegrenzt von der künftigen Gegenwart des Geistes, die sich dank dieser Abgrenzung eindeutig auf die Zeit nach Jesu Abschied beziehen läßt. Implizit ist daher mit der faktischen Unterscheidung der Zeiten auch Jesu Abschied selbst als Zäsur zwischen den Zeiten markiert.

Vorösterliche Gegenwart Jesu und nachösterliche Präsenz des Geistes werden aber auch inhaltlich voneinander unterschieden. So ist die vorösterliche Zeit dadurch ausgezeichnet, daß Jesus selbst direkt zu den Jüngern spricht. Hingegen wird die nachösterliche Zeit davon geprägt sein, daß sich Jesus vermittelt durch den Parakleten an die Jünger wenden wird. Denn der Paraklet wird es sein, der die Jünger dann in allem unterweisen (διδάσκειν) und an alles erinnern wird (ὑπομιμνῄσκειν), was Jesus ihnen gesagt hat.

Auf die Formulierung von Vers 26d ist dabei sorgfältig zu achten. Die parallele Konstruktion der Versteile 26dα und 26dβ, die das gleichlautende Objekt des Lehrens und Erinnerns (πάντα) im Satzbau jeweils emphatisch den Adressaten (ὑμᾶς) dieser Geistwirksamkeit nachstellt, legt es nahe, den Relativsatz von Vers 26fin sowohl auf πάντα in Vers 26dα als auch auf πάντα in Vers 26dβ zu beziehen[84]. Nicht nur das erinnernde Wirken des Parakleten, sondern auch sein lehrendes Wirken wäre damit gerichtet auf alles, was Jesus gesagt hat. Damit zugleich aber wäre das Wirken des Parakleten eindeutig retrospektiv am vorösterlichen Jesus orientiert. Was somit die Zeiten unterscheidet, nämlich das vorösterliche Reden Jesu auf der einen Seite, das nachösterliche Lehren und Erinnern des Geistes auf der anderen Seite, wäre zugleich das, was beide Zeiten aufeinander bezogen bleiben läßt.

Werden also die Funktionen des διδάσκειν und des ὑπομιμνῄσκειν gleichermaßen inhaltlich von dem bestimmt, was Jesus gesagt hat, dann gilt für das Verhältnis der Zeiten zueinander: Die nachösterliche Zeit gründet in der vorösterlichen, da sie an das Wort des Vorösterlichen gebunden ist. Daraus aber kann ein weiterer Schluß gezogen werden: Das Wort selbst, vorösterlich von Jesus gesprochen, nachösterlich durch Lehren und Erinnern des Geistes vermittelt, bildet das Bindeglied zwischen den Zeiten. Als solches trägt es die umgekehrte Funktion, die Jesu Abschied zukommt.

---

[84] So bei *Porsch*, Pneuma und Wort, 257; *Becker*, Das Evangelium des Johannes, 469; *Schnackenburg*, Das Johannesevangelium III, 95.

Markiert Jesu Abschied die Zäsur zwischen vor- und nachösterlicher Zeit, so ist es sein Wort, das Kontinuität schafft zwischen beiden Zeiten.

Zu prüfen ist, ob sich diese Aussage der Geistverheißung von 14,25f ändert, wenn andere syntaktische Bezüge hergestellt werden. Welche inhaltlichen Nuancen ergeben sich, wenn die Funktion des διδάσκειν abgelöst wird vom Relativsatz ἃ εἶπον ὑμῖν [ἐγώ][85]? Die Antwort lautet, daß sich dann eine neue Nuance der Unterscheidung der Zeiten und eine neue Nuance der Gegenüberstellung von Jesus und dem Parakleten ergibt. Das zeigt sich, wenn die johanneische Verwendung des διδάσκειν berücksichtigt wird[86]. Denn mit diesem Terminus kann im Johannesevangelium Jesu gesamtes öffentliches Reden über seine Herkunft, seine Sendung und seinen Auftrag bezeichnet werden, dessen Absicht es ist, auf den Vater zu verweisen. Terminologisch entspricht dabei διδάσκειν dem ebenfalls für Jesu offenbarendes Reden prägnant verwendeten λαλεῖν (vgl. zur parallelen Verwendung exemplarisch 8,20). Wenn Jesus spricht, dann spricht er nicht von sich aus, sondern so, wie es ihm der Vater aufgetragen hat (vgl. exemplarisch 12,49); er spricht die Worte Gottes (vgl. exemplarisch 3,34). Und wenn er lehrt, lehrt er nicht seine eigene Lehre, sondern die διδαχή des Vaters (vgl. exemplarisch 7,16).

Wird nun in der Geistverheißung 14,25f das nachösterliche Wirken des Parakleten als ein διδάσκειν gekennzeichnet, dann zeigt sich im Hinblick auf den Unterschied der Zeiten: Die vorösterliche Zeit ist von Jesu Offenbarungswirken geprägt, die nachösterliche Zeit vom Offenbarungswirken des Geistes. Und für die Relation zwischen Jesus und dem Parakleten ergibt sich daraus: Ihr Wirken wird durch das διδάσκειν in auffallende Parallelität gebracht, die den Aspekt der Offenbarungsfunktion betrifft.

Es ist diese Funktion des Offenbarens, die an διδάσκειν deutlicher hervortritt, wenn es aus dem Bezug zum Relativsatz von Vers 26fin herausgelöst wird. Daß der Paraklet in nachösterlicher Zeit "alles lehren" werde, gewinnt dann einen betont prospektiven Aspekt[87], während die retrospektive Bindung an Jesu Wort in den Hintergrund tritt. Das heißt nicht, daß die Bindung an Jesu Wort als solche zurücktritt. Denn die Parallelität zwischen Jesu Lehren und dem Lehren des Parakleten impliziert ja gerade auch, daß

---

[85] So bei *Bultmann*, aaO, 484f.

[86] Vgl. hierzu exemplarisch *Porsch*, aaO, 258-260, mit Hinweis auf *Franz Mußner*, Die johanneischen Parakletsprüche und die apostolische Tradition, BZ 5, 1961, 56-70, hier 59; dazu auch *Karl Heinrich Rengstorf*, Art. διδάσκειν, ThWNT II, 138-150, hier 145-147. Auch die Rede von Jesus als dem διδάσκαλος und von seiner Verkündigung als der διδαχή des Vaters gehört in diesen Zusammenhang, vgl. dazu den Konkordanzbefund und *Rengstorf*, Art. διδάσκαλος, aaO, 150-162, hier bes. 155-160, sowie ders., Art. διδαχή, aaO, 166f; dazu auch *Porsch*, aaO, 258, Anm. 217.

[87] Vgl. dazu *Bultmann*, aaO, 484.

der Paraklet Jesu Wort offenbaren wird, so wie Jesus das Wort des Vaters offenbart hat. Die Bindung an Jesu Wort wird jedoch dann nicht mehr rein retrospektiv bestimmt in dem Sinne, daß der Paraklet die didaktische Funktion übernimmt, den Jüngern nachösterlich durch seine Unterweisung Zugang zu ermöglichen zu dem, was Jesus ihnen längst gesagt hatte. Sondern sie gewinnt eine auf die Zukunft ausgerichtete Komponente in dem Sinne, daß der Paraklet verkünden wird, was immer ($\pi\acute{\alpha}\nu\tau\alpha$) künftig von Jesus und dem Vater zu sagen ist.

An diesen Beobachtungen wird deutlich, daß die Geistverheißung von 14,25f ein differenziertes Potential birgt, vor- und nachösterliche Zeit voneinander zu unterscheiden und doch zugleich in einen nuancierten Zusammenhang zu stellen. So wie die vorösterliche Zeit davon geprägt ist, daß Jesu Offenbarung sich direkt an die Jünger wenden kann, so ist die nachösterliche Zeit für die Jünger geprägt vom Wirken des Geistes. Dabei steht sein $\acute{\upsilon}\pi o\mu\iota\mu\nu\acute{\eta}\sigma\varkappa\varepsilon\iota\nu$ dafür, daß Jesu vorösterliches Wort auch nachösterlich in lebendiger Erinnerung bleibt. Sein $\delta\iota\delta\acute{\alpha}\sigma\varkappa\varepsilon\iota\nu$ kann einerseits darauf hinweisen, daß er den Jüngern, gerade indem[88] er sie erinnert, auch den tieferen Sinn dessen erschließt, was Jesus gesagt hat. Es kann aber darüber hinaus andeuten, daß im nachösterlichen Wirken des Geistes auch das künftige Wort Jesu zur Offenbarung gelangt.

Der Gedanke, daß es das Wort ist, das Kontinuität schafft zwischen den Zeiten, wird durch diese Beobachtung weiter unterstrichen. Das Wort schafft Kontinuität zwischen den Zeiten nicht nur dadurch, daß es als das vorösterliche Wort auch in nachösterlicher Zeit vergegenwärtigt wird. Sondern es verbindet die Zeiten auch dadurch, daß es sich seinem Wesen nach in vor- und nachösterlicher Zeit gleich bleibt: nämlich göttliche Offenbarung zu sein als Wort Jesu ebenso wie als Verkündigung des Geistes.

Von hier aus ist einerseits der Bogen zurückzuführen zu dem engeren Kontext, in dem die Geistverheißung 14,25f ihren Platz hat. Vom engeren Kontext aus ist andererseits die Verbindung der Geistverheißung zum weiteren Kontext herzustellen, der sich im Anschluß an 14,31 bis 15,17 ausdehnt.

14,15.21.23f. Die Relevanz der zweiten Geistverheißung für den engeren Kontext besteht darin, die in den Versen 15.21.23f entfaltete Verheißung

---

[88] Dieses Verständnis ergibt sich, wenn das $\varkappa\alpha\acute{\iota}$, das die Funktionen des $\delta\iota\delta\acute{\alpha}\sigma\varkappa\varepsilon\iota\nu$ und des $\acute{\upsilon}\pi o\mu\iota\mu\nu\acute{\eta}\sigma\varkappa\varepsilon\iota\nu$ verbindet, als epexegetisches $\varkappa\alpha\acute{\iota}$ verstanden wird; vgl. dazu exemplarisch *Porsch*, aaO, 257 mit den Anmerkungen 212-214 (Hinweis auf Forschungspositionen zur philologischen Bewertung des $\varkappa\alpha\acute{\iota}$; *Porsch* selbst plädiert für das epexegetische Verständnis des $\varkappa\alpha\acute{\iota}$ und damit gegen eine inhaltliche Trennung der Funktionen des Lehrens und Erinnerns, vgl. außer 257 auch 265 mit Anm. 258). *Schnackenburg*, Das Johannesevangelium III, 95, spricht vom "$\varkappa\alpha\acute{\iota}$ explicativum".

auf das Wirken des Geistes hinzuführen und darin zu begründen. Wenn den Jüngern verheißen wird, daß sie ihre Beziehung zu Jesus in nachösterlicher Zeit über das Wort finden werden, so erklärt die Geistverheißung, daß es der Paraklet sein wird, der ihnen dieses Wort vermittelt. Da er sie daran erinnert, da er ihnen zugleich Jesu Wort immer neu gibt, ist er es auch, der sie in Kraft setzt, das Wort zu bewahren. Wird aber den Jüngern weiter erklärt, daß der, der Jesu Worte und Gebote hält, zu Jesus ins Verhältnis der Liebe tritt; wird ihnen verheißen, daß sie in dieser Liebe dem Vater selbst begegnen - dann zeigt die Geistverheißung, daß es das auf den Zugang der Jünger zum Wort gerichtete Wirken des Parakleten ist, das ihnen den Grund legt für die Erfahrung solcher Liebe[89].

Daß Jesus sich den Jüngern in seiner Liebe offenbaren werde, heißt dann von der Geistverheißung her, daß er sich ihnen in dem durch den Parakleten vermittelten Wort zeigen und erschließen wird. In seinem Wort wird er präsent sein, und es ist kein anderer als der Paraklet, der diese Präsenz durch sein Wirken realisiert.

Schließlich nimmt auch das Bild genauere Konturen an, das im Kontext der Geistverheißung verwendet wird. Daß Jesus und der Vater zum Glaubenden kommen und in ihm Wohnung nehmen werden, zeigt von der Geistverheißung her zunächst, daß im geistvermittelten Wort Jesu auch der Vater präsent ist. Das entspricht der Erklärung Jesu, daß sein Wort das Wort des Vaters ist (vgl. Vers 24b). Es ist nun aber das Besondere der nachösterlichen Erfahrung, daß der Glaubende die Präsenz Jesu und des Vaters dank des Wirkens des Geistes in seinem Inneren erleben wird. Die Pointe des Bildes liegt daher in seinem Zusammenhang mit der Geistverheißung: Die bleibende Erfahrung der Gottesgegenwart ist für die Glaubenden in der nachösterlichen Gegenwart des Geistes begründet.

14,27f. Die am Profil des Parakleten entwickelten Heilszusagen werden in der zusammenfassenden Explikation von 14,27f auf die Begriffe des Friedens und der Freude gebracht[90]. Mit der Verheißung, daß die Glaubenden nachösterlich die Gegenwart von Jesus und dem Vater im Wirken des Geistes erfahren werden, gibt Jesus den Jüngern das Vermächtnis seines Friedens (Vers 27a.b: *Εἰρήνην ἀφίημι ὑμῖν, εἰρήνην τὴν ἐμὴν δίδωμι*

---

[89] Die grundlegende Bedeutung des Parakleten für die Erfahrung der Liebe wird nicht deutlich genug herausgestellt bei *Michael Lattke*, Einheit im Wort. Die spezifische Bedeutung von *ἀγάπη, ἀγαπᾶν* und *φιλεῖν* im Johannesevangelium, StANT 41, München 1975, 222-232, bes. 228f.

[90] Vgl. *Becker*, Das Evangelium des Johannes, 475, der darauf hinweist, daß Friede und Freude "traditionellerweise Gaben des Geistes" seien (Hinweis auf Röm 14,17; Gal 5,22).

ὑμῖν)[91]. Es geht hinaus über alles, was die Welt den Jüngern[92] bieten kann (vgl. Vers 27c: οὐ καθὼς ὁ κόσμος δίδωσιν ἐγὼ δίδωμι ὑμῖν).

Daß Jesus weggeht, muß die Jünger daher nicht beunruhigen (vgl. Vers 27d.fin im rahmenden Bezug zu 14,1a: μὴ ταρασσέσθω ὑμῶν ἡ καρδία μηδὲ δειλιάτω[93]). Zu ihrem Frieden gehört vielmehr die Gewißheit, daß in Jesu Abschied eine neue Möglichkeit der Begegnung mit ihm eröffnet wird (vgl. Vers 28b im rahmenden Bezug zu 14,18: ὑπάγω καὶ ἔρχομαι πρὸς ὑμᾶς[94]). In der Bindung an Jesus gerade als an den, der zum Vater zurückkehrt, kann daher für die Jünger der Grund liegen, sich zu freuen (vgl. Vers 28c: εἰ ἠγαπᾶτέ με ἐχάρητε ἂν ὅτι πορεύομαι πρὸς τὸν πατέρα). So schenkt ihnen Jesus mit der Rückkehr zum Vater nicht nur seinen Frieden, sondern auch die Freude, die wie dieser Ausdruck für die Erfahrung der Heilsgegenwart in nachösterlicher Zeit ist[95].

Mit den beiden Prädikaten des Friedens und der Freude (hier verbal ausgedrückt)[96] wird in der zusammenfassenden Explikation der ersten beiden Geistverheißungen der Abschied Jesu selbst also pointiert als Heilsereignis qualifiziert. Damit wird vorbereitet, was später die vierte Geistverheißung in die Spitzenformel συμφέρει ὑμῖν fassen wird (vgl. 16,7b)[97]. In der Begründung, die dafür gegeben wird, daß sich die Jünger freuen können, liegt aber auch der Hinweis darauf, daß vom Abschied Jesu aus die nachösterliche Zeit insgesamt als Heilszeit zu verstehen ist. Das zeigt sich an der Rahmung von 14,28fin zu 14,12b. Grund zur Freude besteht für die Jünger nach 14,28fin ja gerade deshalb, weil Jesu Rückkehr ihn zum "größeren" Vater

---

[91] *Becker*, ebd., weist auf die Typik abschließender Friedenszusprüche hin (Bezüge: Röm 15,33; 16,20; 2 Kor 13,11; Gal 6,16; 1 Thess 5,23). Joh 14,27 ordnet er prägnant in die Typik des "Literarischen Testaments" ein, und zwar unter der Rubrik "Gebete und Segenshandlungen von Sterbenden"; vgl. aaO, 445. - *Bultmann*, Das Evangelium des Johannes, 485 mit Anm. 5 und Anm. 6, betont, daß Vers 27a.b nicht einen Abschiedsgruß oder Abschiedswunsch formuliere, sondern ausdrücke, daß Jesus den Jüngern seinen Frieden als "Abschiedsgeschenk" zurücklasse; so auch *Schnackenburg*, aaO, 96.

[92] Die Gegenüberstellung von Welt und Jüngern ist in Vers 27c nicht ausdrücklich formuliert, kann aber erschlossen werden auf dem Hintergrund der ersten Geistverheißung (vgl. hier Vers 17b.c.d) und ihres Kontextes (vgl. 14,19a.b.22d.fin): Welt und Jünger sind hier jeweils scharf voneinander abgegrenzt im Hinblick auf den Empfang des Geistes und das nachösterliche Sehen Jesu; vgl. dazu auch *Becker*, aaO, 475.

[93] Auf die Inklusion 14,1a/27c weisen auch *Becker*, aaO, 476, und *Schnackenburg*, aaO, 97, hin.

[94] Die knappe Satzstruktur drückt noch einmal pointiert die konstitutive Einheit dieses scheinbar widersprüchlichen Geschehens aus.

[95] Vgl. dazu *Bultmann*, Das Evangelium des Johannes, 485f.

[96] Sonst steht in den Abschiedsreden das Nomen χαρά, vgl. 15,11; 16,20-22.24.

[97] Diesen Bezug stellt auch *Bultmann*, aaO, 487, her, für den freilich die vierte Geistverheißung aufgrund der Textumstellungen nicht nach, sondern weit vor 14,27f steht.

führt (Vers 28fin: ὅτι ὁ πατὴρ μείζων μού ἐστιν). Das Prädikat μείζων kommt hier dem Vater zu wie in 14,12b den nachösterlichen Werken der Jünger. Dort schon signalisierte es die Relevanz der nachösterlichen Zeit für die Fortsetzung des vollmächtigen Wirkens Jesu (zu vergleichen war 5,19f). In einer für den johanneischen Jesus typischen Weise wird auch in 14,28fin durch den Verweis auf den "größeren" Vater Jesu eigene Bedeutung hervorgehoben. Der Verweis auf den Vater durch das Prädikat μείζων dient hier dem Hinweis darauf, daß Jesu Abschied ihn in die Würde des Postexistenten führen wird[98].

14,29. Auch in der Fortsetzung der Explikation durch Vers 29 wird weiter auf die Bedeutung der Rückkehr Jesu zum Vater reflektiert. Hineingenommen in die rhetorische Reflexionswendung von Vers 29a.b (καὶ νῦν εἴρηκα ὑμῖν πρὶν γενέσθαι, ἵνα ὅταν γένηται πιστεύσητε) sind neben der Ankündigung des Abschieds aber der Sache nach wohl auch alle anderen vorausgegangenen Verheißungen für die nachösterliche Zeit[99]. Ihre Funktion wird darin bestimmt, die Jünger dann zum Glauben zu führen, wenn das im voraus Verheißene sich erfüllen wird.

14,30f. Auf die nahe bevorstehende Zeit, in der sich Jesu Rückkehr zum Vater vollziehen wird, weisen dann die Verse 30f unter drei Aspekten. Jesus wird nicht mehr viel mit den Jüngern reden (Vers 30a: οὐκέτι πολλὰ λαλήσω μεθ' ὑμῶν), da der "Herrscher der Welt" kommt (Vers 30b: ἔρχεται γὰρ ὁ τοῦ κόσμου ἄρχων). Doch die Welt hat nur scheinbar Macht über Jesus (vgl. Vers 30fin: καὶ ἐν ἐμοὶ οὐκ ἔχει οὐδέν). Denn Jesu Tod bedeutet die Erfüllung seines Sendungsauftrages, an der die Welt seine legitime Bindung an den Vater erkennen soll[100] (vgl. jetzt noch einmal den Rahmenvers 31a.b.c des Abschnitts 14,15-31, in dem die beiden ersten Geistverheißungen stehen: ἀλλ' ἵνα γνῷ ὁ κόσμος ὅτι ἀγαπῶ τὸν πατέρα, καὶ καθὼς ἐνετείλατό μοι ὁ πατήρ, οὕτως ποιῶ).

Vers 31a.fin fügt schließlich an die Vorausschau auf Jesu nahe bevorstehenden Tod noch eine Aufforderung an die Jünger an, die an einen Vers aus

---

[98] Zur Diskussion um den "größeren Vater" vgl. schon in der vorliegenden Arbeit S. 64 mit Anm. 34.

[99] Vgl. *Becker*, Das Evangelium des Johannes, 476.

[100] Die intendierte Erkenntnis der Welt scheint der Gegenüberstellung von Welt und Jüngern zu widersprechen, die im Umkreis der ersten Geistverheißung und zuletzt in Vers 27 deutlich wurde. Zu erinnern ist jedoch an die Verheißung außerhalb der Abschiedsreden, in der den Juden für das Ereignis der "Erhöhung" Jesu (durch sie) die Erkenntnis seiner Person verheißen wurde (8,28). Auf diese Verheißung nimmt 14,31a Bezug. Vor allem von der dritten und vierten Geistverheißung her wird noch deutlich werden, daß es gerade nachösterlich für die Welt neue Möglichkeiten geben wird, der Offenbarung Gottes zu begegnen und zum Glauben zu finden.

der markinischen Passionserzählung erinnert[101]. Die Gethsemaneerzählung im Markusevangelium nämlich (Mk 14,32-42) endet ebenfalls mit einem Aufruf an die Jünger, durch den die Bereitschaft Jesu signalisiert wird, der Überantwortung des Menschensohnes entgegenzugehen (vgl. Mk 14,41c-fin.42: ἀπέχει· ἦλθεν ἡ ὥρα, ἰδοὺ παραδίδοται ὁ υἱὸς τοῦ ἀνθρώπου εἰς τὰς χεῖρας τῶν ἁμαρτωλῶν. ἐγείρεσθε ἄγωμεν·[102] ἰδοὺ ὁ παραδιδούς με ἤγγικεν[103]). Im Zusammenhang der johanneischen Abschiedsreden hat die Aufforderung Jesu an die Jünger deshalb immer Schwierigkeiten bereitet, weil in der Abfolge des aktuellen Evangelientextes, anders als im Markusevangelium, nicht die Gefangennahme Jesu folgt. Jesus muß hier nicht wie auf dem Hintergrund von Mk 14,37-41b die schlafenden Jünger wecken und zum Aufstehen bewegen, damit sie mit ihm den Verräter Judas und die zur Verhaftung entsandten Leute erwarten. Vielmehr kann Jesus weiter zu den Jüngern sprechen (vgl. 15,1-16,33) und auch das Abschiedsgebet noch an den Vater richten (Joh 17). Erst danach folgt in 18,1ff seine Gefangennahme durch die Soldaten.

Auf die literarkritische Lösung, aus chronologischen Gründen[104] 18,1ff direkt an 14,31fin anzuschließen, wurde bei den vorbereitenden Schritten zur Arbeit an den Abschiedsreden hingewiesen (vgl. die Übersicht zu den Nahtstellen im Bereich Joh 13,31-17,26)[105]. Auf synchroner Ebene ist jedoch eine andere Lösung zu suchen. Dabei bieten die Überlegungen, die Aufforderung Jesu an die Jünger "metaphorisch" zu verstehen[106], nicht die letzte Antwort.

---

[101] Vgl. hierzu jeweils die Kommentare z.St.

[102] In der johanneischen Aufforderung Jesu an die Jünger wird die Wendung ἐγείρεσθε, ἄγωμεν ergänzt durch das lokale Adverb ἐντεῦθεν ("von hier"). Gerade unter dem Aspekt der räumlichen Ortsveränderung wird die johanneische Formulierung als "konkret gemeinte Aufforderung zum Aufbruch" verstanden (so *Becker*, aaO, 477; vgl. auch *Schnackenburg*, Das Johannesevangelium III, 100). "Die passende Fortsetzung" (*Schnackenburg*, ebd.) sei daher 18,1, wo Jesus hinausgeht (ἐξῆλθεν; gemeint ist wohl: aus dem Raum, in dem die Mahlszene lokalisiert war) mit seinen Jüngern über den Bach Kidron.

[103] Darauf, daß dieser Versteil der johanneischen Aussage über das Kommen des Herrschers der Welt (14,30b) entspricht, weist *Bultmann*, Das Evangelium des Johannes, 488, Anm. 1, hin.

[104] Solange "vorkritisch" in der Abfolge der Kapitel 13-17 der chronologische Ablauf der Ereignisse vor der Passion gesehen wurde, konnte die Aufforderung Jesu an die Jünger in 14,31d.fin wörtlich verstanden, der Aufbruch als erfolgt bewertet und alles in Kapitel 15-17 Gesagte als im Gehen gesprochen vorgestellt werden; zu den Problemen dieser Auffassung vgl. exemplarisch, *Zimmermann*, Struktur und Aussageabsicht der johanneischen Abschiedsreden, 280.

[105] S. 87f mit den Anmerkungen 23-25.

[106] Vgl. dazu exemplarisch *Dodd*, The Interpretation of the Fourth Gospel, 408: "ἐγείρεσθε ἄγωμεν ἐντεῦθεν means 'let us go to meet the advancing enemy'" (Interpunktion des griechischen Textes sic); *Dodd*, aaO, 409, betont, daß es in der Aufforderung Jesu

Für das Verständnis von 14,31d.fin ist es vielmehr wesentlich, den Gesamtvers zu beachten und darüber hinaus ein bereits als wesentlich erkanntes Merkmal der Abschiedsreden in Rechnung zu stellen. Gemeint ist im speziellen Kontext des Verses 31 der Hinweis auf die bevorstehende Zäsur zwischen den Zeiten (vgl. Vers 30a: *οὐκέτι πολλὰ λαλήσω κτλ.;* Vers 30b: *ἔρχεται γὰρ ὁ τοῦ κόσμου ἄρχων*), der unter anderen Aspekten die Angabe der in Vers 28 markierten zeitlichen Zäsur fortsetzt (vgl. Vers 28b: *ὑπάγω καὶ ἔρχομαι πρὸς ὑμᾶς;* Vers 28cβ: *ὅτι πορεύομαι πρὸς τὸν πατέρα*). Die Angabe der Zäsur zwischen den Zeiten entspricht im übergeordneten Kontext der Abschiedsreden dem Prinzip der Unterscheidung der Zeiten, die auch im unmittelbaren Kontext von Vers 31 deutlich wird (vgl. in Vers 29a den Bezug auf die vorösterliche Zeit durch *νῦν εἴρηκα* und die Abgrenzung der nachösterlichen Zeit durch *πρὶν γενέσθαι* bzw. *ὅταν γένηται*).

Auch die auf den Passionszusammenhang verweisende Aufforderung an die Jünger (Vers 31d.fin: *ἐγείρεσθε, ἄγωμεν ἐντεῦθεν*) kann sachlich als Signal für die bevorstehende Zäsur zwischen den Zeiten verstanden werden. Sie trägt in Form einer räumlichen Aussage dieselbe Funktion, die sonst den temporalen Angaben zukommt. Den direkten Anschluß an 18,1 fordert sie dabei ebensowenig wie diese[107].

15,1-8. Im Anschluß an das Motiv der Bindung Jesu an den Vater, von dem 14,31a.b.c sprach, greift der folgende Abschnitt 15,1-8 die zentrale Aussage der beiden Geistverheißungen auf. Die für die nachösterliche Zeit verheißene Erfahrung der Gemeinschaft zwischen Jesus, dem Vater und den

---

an die Jünger nicht um einen physisch zu vollziehenden Ortswechsel gehe, sondern um eine Bewegung auf geistiger Ebene, also um einen inneren Willensakt, der gleichwohl ein "wirkliches Weggehen" darstelle ("There is no physical movement from the place. The movement is a movement of the spirit, an interior act of will, but it is a real departure nevertheless"). Er erläutert diese Veränderung auf geistiger Ebene mit dem Hinweis auf den "Standpunkt jenseits des Kreuzes" (a standpoint beyond the cross), der die auf 14,31d.fin folgenden Kapitel 15 und 16 auszeichne. Im Sinne *Dodds* markiert also 14,31d.fin einen Perspektivenwechsel hinsichtlich der Darstellung. Das ist auch die Ansicht von *Zimmermann*, aaO, 289. Entsprechend der von ihm vorausgesetzten Zählung der Abschiedsreden beschreibt er zwischen erster (13,31-14,31) und zweiter (15,1-16,33) Abschiedsrede einen "Situationswechsel": Die Situation der ersten Abschiedsrede sei die Situation "vor dem *ὑπάγειν* Jesu", die der zweiten jene "nach dem Hingang des Herrn zum Vater". Gegen *Dodd* und *Zimmermann* zeigt die vorliegende Untersuchung, daß der nachösterliche Standpunkt der Darstellung nicht erst für Kapitel 15 und 16 gilt, sondern für die Abschiedsreden im Ganzen. Das entscheidende Argument für diese Position liefern die Geistverheißungen, die sich durch die ganzen Abschiedsreden ziehen und jeweils von ein- und derselben Perspektive aus formuliert sind. Hinsichtlich der Darstellungsperspektive stellt 14,31d.fin daher keine Zäsur dar.

[107] Vgl. hierzu *Zimmermann*, aaO, 282, der hinsichtlich seiner Kritik an der Umstellungshypothese bemerkt, ihr liege "das Mißverständnis zugrunde, die Abschiedsreden seien so wiedergegeben, daß der Anschluß an 18,1 erreicht werden müsse".

Glaubenden wird umgesetzt in das Bild des Weinstocks, dessen Reben vom Weinbauern gepflegt werden[108]. Dabei zielt der Abschnitt auf die Verherrlichungsaussage in Vers 8, durch die der Bogen zurückgeführt wird zu 14,13. Die Glaubenden nämlich, im Bild vorgestellt als die Reben des Weinstocks, tragen zur Verherrlichung des Vaters dadurch bei, daß sie "viel Frucht bringen" und sich darin als Jesu Jünger erweisen. Frucht zu bringen vermögen sie nur dadurch, daß sie - bildlich gesprochen - am Weinstock bleiben (vgl. Vers 4f) und hier vom Vater als dem Weinbauern immer neu "gereinigt" werden, um "mehr Frucht" zu bringen (vgl. Vers 2). Die bildliche Wendung $καρπὸν πλείονα φέρειν$ (Vers 2fin) nimmt direkt Bezug auf die Rede von den "größeren Werken" in 14,12b ($μείζονα τούτων$ sc. $ἔργα$); die im Motiv des Bleibens ($μένειν$) ausgedrückte Bindung an Jesus entspricht sachlich der Rede vom Bitten der Jünger im Namen Jesu (vgl. 14,13a.14).

Bemerkenswert an dem Abschnitt 15,1-8 ist darüber hinaus zweierlei: zum einen in stilistischer Hinsicht der definitorische Charakter, der die Aussagen prägt; zum anderen in inhaltlicher Hinsicht die Motivverflechtung zwischen dem Weinstock-Bild und der Rede vom Wort (vgl. Vers 3: $λόγος$) beziehungsweise von den Worten Jesu (vgl. Vers 7a: $τὰ ῥήματα$), in die erneut auch aus dem Kontext der ersten Geistverheißung der Zusammenhang zwischen Bitten und Gebetserhörung aufgenommen ist (vgl. Vers 7b.c: $ὃ ἐὰν θέλητε αἰτήσασθε, καὶ γενήσεται ὑμῖν$). Alles, worum die Jünger bitten, wird ihnen gewährt werden, wenn sie in Jesus und seine Worte in ihnen bleiben. Von der zweiten Geistverheißung her ist klar, daß Jesu Worte nachösterlich dank des Wirkens des Parakleten in den Jüngern bleiben können. Durch seine Anamnese und Lehre werden sie den Glaubenden verinnerlicht. In den beiden ersten Geistverheißungen und ihrem Kontext wurde außerdem verdeutlicht, daß die Begegnung mit Jesu Wort, die der Geist ermöglicht, zur wechselseitigen Immanenzerfahrung führt. Konsequent kann daher eine gelingende Beziehung zwischen Bitten und Gebetserhörung, wie sie Vers 7 entwirft, auf das nachösterliche Wirken des Geistes zurückgeführt werden. Von der zweiten Geistverheißung her muß aber auch Vers 3 verstanden werden[109]. Nach der bildlichen Vorstellung, daß der

---

[108] Zum traditionsgeschichtlichen Hintergrund des Weinstock-Bildes vgl. forschungsgeschichtlich exemplarisch *Eduard Schweizer*, EGO EIMI. Die religionsgeschichtliche Herkunft und theologische Bedeutung der johanneischen Bildreden. Zugleich ein Beitrag zur Quellenfrage des vierten Evangeliums, FRLANT 56, Göttingen 1939, ²1965, 39-41. 157-161; *Borig*, Der wahre Weinstock, 29-33; *Bultmann*, Das Evangelium des Johannes, 407, Anm. 6; 408, Anm. 2f; 409, Anm. 5f; 414, Anm. 4; *Schnackenburg*, Das Johannesevangelium III, 118-123; zusammenfassend *Becker*, Das Evangelium des Johannes, 480f.

[109] *Schnackenburg*, aaO, 111, und *Becker*, aaO, 482, werten Vers 3 als "Zwischenbemerkung" (*Schnackenburg*) bzw. "Randbemerkung" (*Becker*). Doch diese Einordnung unterschätzt die Bedeutung von Vers 3 für die Explikation der zweiten Geistverheißung.

Weinbauer die Reben reinigt, damit sie mehr Frucht bringen (vgl. Vers 2)[110], überträgt Vers 3 den Gedanken des Reinseins direkt auf die Jünger. Auffallenderweise wird er eingeleitet durch die temporale Angabe ἤδη (nunmehr / bereits). Daß die Jünger bereits rein seien, wird zurückgeführt auf das Wort, das Jesus ihnen gesagt hat (Vers 3: ἤδη ὑμεῖς καθαροί ἐστε διὰ τὸν λόγον ὃν λελάληκα ὑμῖν). In dieser Begründung liegt eine doppelte Perspektive. Die Aussage kann gelten für das vorösterliche Wort, das Jesus den Jüngern gesagt hat. Sie kann aber auch bereits das nachösterliche Wirken des Geistes voraussetzen und daher von dem durch ihn erinnerten und erschlossenen Wort sprechen. Denn das Wirken des Geistes an den Jüngern führt sie zu den "größeren Werken", so wie die reinigende Pflege des Weinbauern die Reben zu "reicherer Frucht" führt. Beide Perspektiven schließen sich nicht aus. Sie deuten vielmehr eine Tendenz an, die sich am Ende der Abschiedsreden offen zeigen wird. Gemeint ist die Tendenz, vom nachösterlichen Standpunkt aus vor- und nachösterliche Zeit miteinander zu verschmelzen. Bereits im breiten Vorbereitungsteil zur ersten Geistverheißung war eine solche Überschneidung der Perspektiven zu beobachten (vgl. 14,7c). Sie zeigt, daß charakteristischerweise neben die klare Unterscheidung der Zeiten in den Abschiedsreden ein weiteres Merkmal tritt, das den nachösterlichen Standpunkt textimmanent auszeichnet, nämlich die Projektion der nachösterlichen Realität in die dargestellte vorösterliche Situation.

Gerade diesem perspektivischen Mittel dient der definitorische Stil, der im Abschnitt 15,1-8 auffällt. Durch ihn scheint das überzeitlich Gültige der illustrierten Gemeinschaft zwischen dem Vater, Jesus und den Glaubenden zum Ausdruck gebracht zu werden. Er tritt durch generelle und persönliche Formulierungen in Erscheinung, wie an der folgenden Zusammenstellung zu erkennen ist[111]:

generell:

Vers 2a:	πᾶν κλῆμα ἐν ἐμοὶ μὴ φέρον καρπὸν αἴρει αὐτό	Verhältnis zwischen Reben (= Jüngern) und Weinbauer (= Vater).
Vers 5c:	ὁ μένων ἐν ἐμοὶ κἀγὼ ἐν αὐτῷ οὗτος φέρει καρπὸν πολύν	Verhältnis zwischen Jesus als dem Weinstock und dem, der in ihm
Vers 6a: 6b:	ἐὰν μή τις μένῃ ἐν ἐμοί, ἐβλήθη ἔξω ὡς τὸ κλῆμα κτλ.	bleibt / nicht in ihm bleibt.

---

[110] Zu den Gepflogenheiten des Weinbaus vgl. *Schnackenburg*, aaO, 110, mit Hinweis auf *G. Dalman*, Arbeit und Sitte in Palästina, 7 Bde, Gütersloh 1928-1942, Bd. IV, 312f.

[111] Generelle und persönliche Formulierungen des definierten Verhältnisses können innerhalb ein- und desselben Verses wechseln. Solche Verse sind in der Liste dann unter beiden Rubriken aufgeführt. Die generelle oder persönliche Formulierung ist jeweils durch Kursivdruck hervorgehoben.

persönlich:

Vers 1α: Ἐγώ εἰμι ἡ ἄμπελος ἡ ἀληθινὴ
 1β: καὶ ὁ πατήρ μου ὁ γεωργός ἐστιν.

Verhältnis zwischen Jesus als dem wahren Weinstock und dem Vater als dem Weinbauern.

Vers 2a: πᾶν κλῆμα ἐν ἐμοὶ μὴ
   φέρον καρπὸν κτλ.
Vers 5a: ἐγώ εἰμι ἡ ἄμπελος,
 5b: ὑμεῖς τὰ κλήματα.
 5c: ὁ μένων ἐν ἐμοὶ κἀγὼ ἐν αὐτῷ κτλ.
 5d: ὅτι χωρὶς ἐμοῦ οὐ δύνασθε ποιεῖν
     οὐδέν.
Vers 6a: ἐὰν μή τις μένῃ ἐν ἐμοί κτλ.

Verhältnis zwischen Jesus als dem Weinstock und den Jüngern als den Reben.

Vers 3α: ἤδη ὑμεῖς καθαροί ἐστε διὰ
     τὸν λόγον
 3fin: ὃν λελάληκα ὑμῖν.
Vers 7aα: ἐὰν μείνητε ἐν ἐμοὶ
 7aβ: καὶ τὰ ῥήματά μου ἐν ὑμῖν μείνῃ

Verhältnis zwischen den Jüngern und dem Wort Jesu.

Vers 8a: ἐν τούτῳ ἐδοξάσθη ὁ πατήρ μου,
 8bα: ἵνα καρπὸν πολὺν φέρητε
 8bβ: καὶ γένησθε ἐμοὶ μαθηταί.

Verhältnis zwischen dem Vater, den Jüngern und Jesus.

Der definitorische Charakter der notierten Aussagen läßt den Grad an Gültigkeit erkennen, den die aufgeführten Verhältnisbestimmungen zum Ausdruck bringen. Der entscheidende Akzent liegt auf dem Bleiben der Reben am Weinstock, das die Bindung der Jünger an Jesus illustriert[112]. Unter Berücksichtigung von Vers 3 und Vers 7 läßt sich erkennen, daß die Bindung der Jünger an Jesus grundsätzlich mit der Verbindung zu seinem Wort zusammenhängt. Von der zweiten Geistverheißung her ist klar, daß den Jüngern diese Verbindung durch den Parakleten ermöglicht wird, dessen lehrendes und erinnerndes Wirken sich auf Jesu Wort richtet. Zu erinnern ist auch an die Verheißung außerhalb der Abschiedsreden, die vom Bleiben der Glaubenden im Wort Jesu gesprochen hatte (8,31f). Sie war unter Vorgriff auf die Abschiedsreden ebenfalls vom Wirken des Parakleten her interpretiert worden, wie es in der zweiten Geistverheißung formuliert ist.

15,9-11. Dieser Abschnitt nimmt das Motiv des Bleibens auf. Von der bildlichen Rede über das Bleiben der Reben am Weinstock, die sachlich das Bleiben der Jünger in Jesus und in seinem Wort intendiert, führt er zur Vorstellung vom Bleiben in der Liebe[113]. Er knüpft damit einerseits an 14,31a.b.c an. Mit diesem Vers gemeinsam bildet er einen Rahmen um die

---

[112] Vgl. hierzu grundlegend *Jürgen Heise*, Bleiben. Menein in den johanneischen Schriften, HUTh 8, Tübingen 1967, 80-92.

[113] Vgl. *Onuki*, Gemeinde und Welt, 122.

Weinstock-Rede. Er führt aber über 14,31 auch zurück zur Motivlinie
14,15.21.23f[114]. Wie in 14,15.21.31 wird in 15,10 die Relation hergestellt
zwischen dem Lieben und dem Halten von Geboten. Das einfache "Lieben"
(ἀγαπᾶν) wird dabei zum Ausdruck "Bleiben in jemandes Liebe". Wenn die
Jünger Jesu Gebote halten, dann bleiben sie in seiner Liebe (Vers 10a.b: ἐὰν
τὰς ἐντολάς μου τηρήσητε, μενεῖτε ἐν τῇ ἀγάπῃ μου). Sie entsprechen damit dem Verhältnis, das zwischen Jesus und dem Vater besteht. Denn auch
Jesus hat die Gebote des Vaters gehalten und bleibt so in seiner Liebe (Vers
10c.fin: καθὼς ἐγὼ τὰς ἐντολὰς τοῦ πατρός μου τετήρηκα καὶ μένω
αὐτοῦ ἐν τῇ ἀγάπῃ). Vers 9 macht deutlich, daß das Bleiben in der Liebe die
Antwort darauf ist, geliebt zu werden[115]. Jesus erklärt den Jüngern, daß er sie
geliebt habe, wie der Vater ihn geliebt hat (Vers 9a.b: Καθὼς ἠγάπησέν με ὁ
πατήρ, κἀγὼ ὑμᾶς ἠγάπησα) und fordert sie auf, in der durch ihn erfahrenen
Liebe zu bleiben (Vers 9c: μείνατε ἐν τῇ ἀγάπῃ τῇ ἐμῇ). Wie in Vers 3, so
fällt auch in Vers 10c das Perfekt auf. Daß Jesus die Gebote des Vaters gehalten
hat, kann wiederum einerseits vom vorösterlichen Jesus gelten, der in der Situation der Abschiedsreden auf sein irdisches Wirken zurückblickt. Die Aussage kann aber andererseits auch vom nachösterlichen Standpunkt aus formuliert
sein[116] und die Einsicht der nachösterlich Glaubenden in Jesu Verhältnis
zum Vater widerspiegeln. Dasselbe läßt sich erwägen für Vers 9a.b[117]. In der
Form des Aorists wird hier auf die Liebe des Vaters zu Jesus und auf die
Liebe Jesu zu den Jüngern zurückgeschaut. Wieder gilt die doppelte Perspektive: Daß der Vater Jesus und Jesus die Jünger geliebt hat, kann mit gutem
Sinn gerade angesichts des Abschieds Jesu betont werden. Eben der rela-
tional formulierte Zusammenhang (vgl. Vers 9a: καθώς / Vers 9b: κἀγώ)
bestärkt aber auch die Annahme, daß hier die nachösterliche Glaubenserfahrung, von Jesus geliebt zu werden, zum Ausdruck kommt und ebenso die
Einsicht, in dieser Erfahrung Anteil zu haben an dem Verhältnis, das zwischen Jesus und dem Vater besteht.

Vers 11, der in Form einer Reflexionswendung den Zweck der Rede
bestimmt, führt rhetorisch in die Redesituation zurück und betont, daß das
Gesagte der Freude der Jünger dienen solle. Wenn das Gesagte allerdings
bereits die nachösterliche Erfahrung spiegelt, dann gewinnt auch Vers 11
eine zweite Perspektive[118]. Die Freude, von der die Rede ist, ist nicht nur

---

[114] Vgl. ebd.

[115] Vgl. *Bultmann*, Das Evangelium des Johannes, 416.

[116] So auch *Onuki*, aaO, 122; *Augenstein*, Das Liebesgebot im Johannesevangelium
und in den Johannesbriefen, 46, erwägt diese Deutungsmöglichkeit für das Perfekt von
15,10c nicht.

[117] Vgl. *Onuki*, aaO, 122; ähnlich *Schnackenburg*, Das Johannesevangelium III, 117.

[118] Vgl. *Onuki*, aaO, 123.

die vom vorösterlichen Jesus verheißene, sondern auch die von den nachösterlich Glaubenden bereits erfahrene Freude. Sie hat ihren Grund in der
durch den Geist vermittelten Gemeinschaft mit Jesus und dem Vater und
lebt von der Verbindung zu Jesu Wort, aus der die "größeren Werke", die
"reichere Frucht" und das Halten der Gebote erwachsen.

15,12-17. Vom Halten der Gebote führt der Abschnitt 15,12-17 weiter
zum einen Gebot Jesu. Damit ist kompositorisch der Anschluß erreicht an
den Anfang der Abschiedsreden (13,34f). Was besagt die Unterscheidung zwischen den Geboten (Plural ἐντολαί) und dem einen Gebot (13,34a: ἐντολὴ
καινή; 15,12a: ἡ ἐντολὴ ἡ ἐμή)[119]? Zum Verständnis der Begriffe[120] ist
auszugehen von drei Faktoren: zum einen von der Verwendung des Verbs
ἐντέλλομαι, das in 14,31b und 15,17 begegnet; zum anderen von der Verhältnisbestimmung zwischen den Geboten, die der Vater Jesus aufträgt, und jenen,
die Jesus den Jüngern aufträgt; schließlich von der einen ἐντολή, die der
Vater Jesus gegeben hat (alle Belege liegen außerhalb der Abschiedsreden).

Von 10,17f her wird deutlich, daß Jesus vom Vater das "Gebot" erhalten
hat, sein Leben hinzugeben, um es dann wieder zu nehmen (Vers 17aβ.b:
ὅτι ἐγὼ τίθημι τὴν ψυχήν μου, ἵνα πάλιν λάβω αὐτήν; Vers 18fin:
ταύτην τὴν ἐντολὴν ἔλαβον παρὰ τοῦ πατρός μου). Im Gehorsam
gegenüber dem Gebot liegt zugleich die Vollmacht des Sohnes[121]. Es ist die

---

[119] *Becker,* Das Evangelium des Johannes, 484, verweist für den Wechsel zwischen
"Geboten" und "Gebot" auf die Stileigentümlichkeit des 1 Joh und hält den pluralischen
Gebrauch für "judenchristliche Sprachgepflogenheit". Daneben sei der Singular in Gebrauch, da "nach Joh 13,34f.; 15,1ff. und 1 Joh Gottes Wille mit dem einen Liebesgebot"
zusammenfalle. Grundsätzlich ist für *Becker,* aaO, 484f. 486, die Rede von den "Geboten"
und vom "Gebot" Zeichen für Paränese (Mahnung). Diese sei typisches Merkmal des "Literarischen Testaments" und nehme hier traditionellerweise "breiten Raum" ein (444f); die
"Einzelmahnungen" könnten zusammengefaßt werden zur "Grundsatzparänese", wobei als
Grundsatz "nicht selten das Liebesgebot" aufgestellt werde (444). Zum traditionsgeschichtlichen Vergleich verweist er in erster Linie auf die Testamente der zwölf Patriarchen
(ebd.); vgl. dazu auch ders., Untersuchungen zur Entstehungsgeschichte der Testamente
der zwölf Patriarchen, AGSU 8, 1970, 377-401.

[120] Zum lexikalischen Überblick über die Begriffe vgl. *Gottlob Schrenk,* Art. ἐντολή,
ThWNT II, 542-553; *Martin Limbeck,* Art. ἐντολή, EWNT I, 1121-1125; zur genaueren
exegetischen Analyse vgl. *Augenstein,* Das Liebesgebot im Johannesevangelium und in den
Johannesbriefen, 22-40 (zu 13,34f), 71-79.87f (zu 15,12-17), 43-52 (Exkurs über ἐντολή
und ἐντολαί im Johannesevangelium).

[121] *Augenstein,* Das Liebesgebot im Johannesevangelium und in den Johannesbriefen,
44, akzentuiert umgekehrt: Neben der "Betonung" der Vollmacht Jesu, sein Leben hinzugeben, werde "durch die ἐντολή des Vaters der Gehorsam Jesu hervorgehoben". - Ohne auf
die grundsätzliche Diskussion über *Ernst Käsemanns* Interpretation der johanneischen
Christologie als ganze einzugehen (Stichwort: "Naiver Doketismus"; vgl. ders., Jesu letzter
Wille nach Johannes 17, in nuce: 61-64 mit Anm. 68 und 69), sei hier auf seine Deutung
des Gehorsamsmotivs hingewiesen (vgl. aaO, 44-46), die im Zusammenhang mit der Frage
nach dem "Charakter" der johanneischen Passionsdarstellung steht (44). *Käsemann* betont,

charakteristische Spannung zwischen Sendungsgehorsam und Sendungsvollmacht, die sich mit der Rede von der ἐντολή verbindet. Der Begriff
kann daher in 10,18fin prägnant den Sendungsauftrag bezeichnen[122].

Auch am Beleg von 12,49f wird die Bedeutung von ἐντολή als "Sendungsauftrag" deutlich. Daß Jesus alles sagt, was ihm der Vater gesagt hat,
und daß er es so sagt, wie es ihm der Vater gesagt hat (vgl. Vers 50b.c.fin),
wird zusammengefaßt in der Formel, daß er "nichts von sich aus" rede (vgl.
Vers 49a: ὅτι ἐγὼ ἐξ ἐμαυτοῦ οὐκ ἐλάλησα), sondern ihm vom Vater durch
die ἐντολή bestimmt sei, was er sagen solle (vgl. Vers 49b: ἀλλ᾽ ὁ πέμψας με
πατὴρ αὐτός μοι ἐντολὴν δέδωκεν τί εἴπω καὶ τί λαλήσω)[123]. Der "Sendungsauftrag" erhält dadurch zusätzlich die Konnotation des "Offenbarungs-
auftrags". Dem entspricht die Aussage von Vers 50a, die betont, daß die
ἐντολή des Vaters "ewiges Leben" bedeute (καὶ οἶδα ὅτι ἡ ἐντολὴ αὐτοῦ
ζωὴ αἰώνιός ἐστιν).

---

daß "die Kategorie 'Gehorsam'" im Johannesevangelium "weder substantivisch noch verbal" verwendet werde, stattdessen ersetzt sei "durch die Formel 'den Willen tun', die der
andern entspricht: 'das Wort hören'" (44f). Beide Formeln ließen sich zwar mit "Gehorsam"
umschreiben, seien aber "letztlich nicht moralisch gemeint" und hätten "insbesondere nichts
mit dem zu tun, was wir Demut nennen" (45). Beide Aspekte, Tun des Willens und Hören
des Wortes, brächten vielmehr die "Bindung" des irdischen Jesus "an den himmlischen
Bereich" und sein "Verbleiben" in der Wahrheit zum Ausdruck (ebd.). Gehorsam sei daher
"Manifestation göttlicher Herrschaft und Herrlichkeit" auf Erden, "christologisch also Be-
kundung der Einheit mit dem Vater" (ebd.). Für die Relation zwischen Herrlichkeit und
Gehorsam schließt *Käsemann* daraus, daß Jesu Herrlichkeit nicht aus seinem Gehorsam
resultiere, "so daß sie wie anderswo im Neuen Testament als dessen Lohn definiert werden
könnte", sondern daß umgekehrt Jesu Gehorsam aus seiner Herrlichkeit erwachse und
"deren Bezeugung in der Situation des irdischen Widerspruchs" sei (46). Im Hinblick auf
die Gegenüberstellung von Herrlichkeit und Niedrigkeit gilt für *Käsemann* in diesem Zusammenhang, daß in dem als "Bindung an den himmlischen Bereich und die göttliche
Wahrheit" verstandenen Gehorsam "Niedrigkeit (...) einzig insofern ausgedrückt" sei, als
diese Bindung "ihren Platz auf Erden hat" (45). Es bleibt jedoch zu fragen, ob tatsächlich
die Gegenüberstellung von Herrlichkeit und Niedrigkeit und auch von Herrlichkeit und
Gehorsam einen hilfreichen Zugang zur johanneischen Christologie eröffnet, wenn diese
Deutekategorien nicht grundsätzlich von der Sendungsvorstellung her modifiziert, das heißt
jeweils differenziert zu den Aspekten der Beauftragung, der Bevollmächtigung, der Stell-
vertretung und der Auftragserfüllung in Beziehung gebracht werden, und zugleich die
"Vater-Sohn-Relation" Berücksichtigung findet, nach der der Gesandte grundlegend der mit
dem Vater in "Gleichheit und Einheit" verbundene Sohn ist; vgl. zu dieser Koppelung von
Sendungs-Christologie und Sohn-Christologie sowie zu ihrer Traditionsentwicklung *Rudolf
Schnackenburg*, "Der Vater, der mich gesandt hat". Zur johanneischen Christologie, in:
Anfänge der Christologie (FS Ferdinand Hahn), Göttingen 1991, 275-291, Zitate 291.

[122] Vgl. *Schrenk*, aaO, 550, der den Begriff ἐντολή folgendermaßen umschreibt: "Der
Auftrag, der sich auf die Gesamtsendung des Sohnes bezieht".

[123] Vgl. *Augenstein*, aaO, 44.

Wenn in den Abschiedsreden im Plural von den ἐντολαί des Vaters die Rede ist, die Jesus gehalten hat, so spricht nichts dagegen, auch hier an den Sendungs- und Offenbarungsauftrag zu denken[124]. Die pluralische Verwendung des Begriffes scheint den Akzent nur etwas anders zu setzen. Ist mit dem Singular ἐντολή jeweils eine präzise sachliche Bestimmung verbunden, die Herkunft, Inhalt und Ziel des Auftrages betrifft, so bleibt der Plural ἐντολαί bis auf die Angabe der Herkunft vom Vater unbestimmt[125]. Damit scheint betont zu werden, daß alles, was der Vater Jesus aufträgt, erfüllt wird, und daß es umgekehrt nichts gibt, was der Gesandte nicht dem Willen des Sendenden gemäß ausführt[126]. Die Kennzeichnung in 15,10c (ἐγὼ τὰς ἐντολὰς τοῦ πατρός μου τετήρηκα) ist daher das sachliche Pendant zu der verbalen Ausdrucksweise von 14,31b.c, in der durch die Relation von καθώς / οὕτως die uneingeschränkte Befolgung des durch den Vater Gebotenen zum Ausdruck kommt.

Orientiert an der Art, in der Singular und Plural des Begriffes ἐντολή für das Sendungsverhältnis zwischen Vater und Sohn verwendet werden, läßt sich auch im Hinblick auf die Jünger sagen, daß ihnen mit der ἐντολή Jesu (13,34; 15,12) ihre Beauftragung zuteil wird, die sie in den Dienst stellt, Jesu Willen umfassend zu erfüllen (14,15.21; 15,10; τηρεῖν τὰς ἐντολάς; vgl. 14,23f: τηρεῖν τὸν λόγον/τοὺς λόγους). Aufgrund der Einbettung dieses Gedankens in den direkten und in den weiteren Kontext der ersten beiden Geistverheißungen wird deutlich, daß nicht der Aspekt der Mahnung (im Sinne von "Einzelmahnungen" und "Grundsatzparänese"[127]) im Vordergrund steht, sondern der Aspekt der Beauftragung und der Bevollmächtigung.

Im Abschnitt 15,12-17 werden diese Aspekte verdeutlicht, indem von der "Auswahl" der Jünger gesprochen wird (Vers 16bα: ἀλλ' ἐγὼ ἐξελεξάμην ὑμᾶς) und davon, daß Jesus sie "eingesetzt" habe, hinzugehen und Frucht zu bringen (Vers 16bβ.γ.δ: καὶ ἔθηκα ὑμᾶς ἵνα ὑμεῖς ὑπάγητε καὶ καρπὸν φέρητε), und sie "bestimmt"[128] habe dazu, daß ihre Frucht bleibe (Vers 16bε: καὶ ὁ καρπὸς ὑμῶν μένῃ). Die mit der Beauftragung verbundene Vollmacht der Jünger wird artikuliert durch den aus der Vorbereitung zur ersten Geistverheißung wiederaufgenommenen Motivzusammenhang zwischen Bitten und Gebetserhörung (Vers 16c.fin: ἵνα ὅ τι ἂν αἰτήσητε τὸν πατέρα ἐν τῷ ὀνόματί μου δῷ ὑμῖν). Alles, worum die Jünger bitten,

---

[124] Gegen *Schrenk*, aaO, 551.

[125] Vgl. *Augenstein*, aaO, 46.

[126] Vgl. aaO, 52, mit Bezug auf die behandelte alttestamentliche Tradition des Motivs vom Halten der Gebote (47-51).

[127] Vgl. *Becker*, Das Evangelium des Johannes, 444.

[128] Zu dieser Bedeutung von τιθέναι vgl. *Bauer*, Wörterbuch zum Neuen Testament, 1627; *Bultmann*, Das Evangelium des Johannes, 420, Anm. 2.

wird ihnen erfüllt. Wie in 14,13f ist das Bitten der Jünger dabei ausdrück-
lich näherbestimmt als ein Bitten im Namen Jesu und gründet somit in der
Bindung an Jesus. Anders als in 14,13f korrespondiert dem Bitten nicht die
Geisterhörung durch Jesus selbst, sondern die Gebetserfüllung durch den
Vater. Dieser Aspekt schließt, wie die wiederaufgegriffene bildliche Rede
vom "Fruchtbringen", den Abschnitt 15,12-17 eng an die Weinstock-Rede
an. Auch sie zielte mit Vers 8 auf die Verhältnisbestimmung zwischen dem
Vater und den Jüngern. Beide Abschnitte ziehen damit einen Gedanken aus
dem Zwischenstück zwischen erster und zweiter Geistverheißung aus, in
dem die Gemeinschaft zwischen den Jüngern und Jesus konsequent auf die
Gemeinschaft auch mit dem Vater ausgedehnt wurde (vgl. 14,21b.23c.fin).

Ein charakteristischer Gedanke aus der ersten Geistverheißung ist darüber hinaus wiederzufinden in der Beauftragung der Jünger dazu, daß ihre
Frucht bleibe. Das ἵνα μένῃ aus Vers 16b entspricht dem μένει von 14,17e,
das die bleibende Gegenwart des Parakleten bei den Jüngern bezeichnete.
Als sachlicher Zusammenhang ergibt sich daraus, daß die Frucht der Jünger
bleibt, da der Geist bei ihnen bleibt. Wenn Jesus die Jünger daher zur
dauerhaften Wirkung ihres Wirkens einsetzt, ist vorausgesetzt, daß sie den
Geist empfangen werden, wie es die erste Geistverheißung formuliert hatte.
Sie erweist sich mithin sachlich als Voraussetzung der Aussage 15,16b.c.
Umgekehrt expliziert diese Aussage wiederum einen weiteren Aspekt an
den "größeren Werken", von denen in der Vorbereitung zur ersten Geistverheißung die Rede war (14,12). Daß sie als μείζονα ἔργα bestimmt werden
können, liegt gerade in ihrer dauerhaften Wirkung begründet, die von Jesus
selbst intendiert ist.

Das signifikante Merkmal des "Größeren" spielt wörtlich auch im Abschnitt 15,12-17 selbst eine tragende Rolle. Nach der ausdrücklichen Bestimmung des Auftrags Jesu an die Jünger, einander so zu lieben, wie er
selbst sie geliebt hat (Vers 12), präzisiert Vers 13 diese Liebe als eine, über
die hinaus es keine größere geben kann (vgl. Vers 13a: μείζονα ταύτης
ἀγάπην οὐδεὶς ἔχει). Und zwar ist gesprochen von der Liebe, die einen
Menschen bereit macht, sein Leben für seine Freunde hinzugeben (vgl. Vers
13b: ἵνα τις τὴν ψυχὴν αὐτοῦ θῇ ὑπὲρ τῶν φίλων αὐτοῦ)[129]. Damit ist

---

[129] Zur Typisierung dieses Wortes als eine dem hellenistischen Freundschaftsideal verbundene "Gnome" vgl. forschungsgeschichtlich grundlegend *Martin Dibelius*, Joh 15,13.
Eine Studie zum Traditionsproblem des Johannes-Evangeliums, in: ders., Botschaft und
Geschichte I, Tübingen 1953, 204-220 (vgl. dazu jeweils die Kommentare z. St.); zum
weisheitlichen Hintergrund vgl. *Hermann von Lips*, Weisheitliche Traditionen im Neuen
Testament, WMANT 64, Neukirchen-Vluyn 1990, 259; zum Motiv der Stellvertretung in
15,13b vgl. *Thomas Knöppler*, Die theologia crucis des Johannesevangeliums. Das Verständnis des Todes Jesu im Rahmen der johanneischen Inkarnations- und Erhöhungschristologie, WMANT 69, Neukirchen-Vluyn 1994, 209f.

zunächst auf Jesu Liebe zu den Jüngern Bezug genommen (vgl. Vers 12bβ: καθὼς ἠγάπησα ὑμᾶς). Im Thema, daß Jesus sein Leben für die Jünger hingibt, erhält die Motivlinie des Abschieds Jesu einen neuen Akzent. Sie war am Anfang der Reden mit dem Stichwort des "Weggehens" (ὑπάγειν) initiiert (vgl. 13,33.36) und über dieses Stichwort (vgl. 14,4f) weitergeführt worden zur Wendung πορεύομαι πρὸς τὸν πατέρα (vgl. 14,12.28). Durch diese Wendung wurde Jesu Weggehen als Rückkehr zum Vater geklärt. Mit 15,13 verlegt sich nun der Akzent der Motivlinie auf die implizite Erklärung, daß Jesu Weggehen auch als Rückkehr zum Vater über den Tod führt[130]. Dabei wird der Tod grundlegend unter dem Aspekt seiner Heilsbedeutung gesehen. Er bedeutet die Hingabe des Lebens Jesu für die Jünger, die in Jesu unüberbietbarer[131] Liebe zu ihnen gründet. Im Hinblick auf sein Verhältnis zum Vater ist also Jesu Weggehen als Rückkehr, im Hinblick auf sein Verhältnis zu den Jüngern als in der Liebe motivierte Lebenshingabe bestimmt.

Da sich nach Vers 12 die Liebe der Jünger untereinander ihrem Auftrag gemäß an der Liebe Jesu orientieren soll[132], impliziert Vers 13 neben der Deutung des Todes Jesu auch die Deutung der gegenseitigen Jüngerliebe in nachösterlicher Zeit. Sie soll ihrem Wesen und ihrem "Maß" nach der Liebe Jesu entsprechen und sich daher qualitativ auszeichnen durch die Bereitschaft, das Leben für die Freunde hinzugeben[133]. Mit dieser Bestimmung ist Bezug genommen auf den Dialog zwischen Jesus und Petrus zu Beginn der Abschiedsreden (13,36-38). Petrus hatte hier gefragt, weshalb er Jesus jetzt

---

[130] Zur Relation, in der das Motiv "von Jesu Hingang (zum Vater)" zu Jesu Tod und Auferstehung steht, vgl. *Knöppler*, aaO, 228-241. *Knöppler* setzt sich "mit der herrlichkeitschristologischen Interpretation des Zusammenhangs von Passion und Weggang Jesu durch E. Käsemann, mit der inkarnationstheologischen Exegese von 6,62 durch R. Bultmann und mit der kreuzestheologischen Auslegung von 13,1 durch H. Kohler" auseinander, um die Frage zu beantworten, "ob die Rede vom Hingang Jesu zum Vater das Kreuzesgeschehen im Sinn einer theologia gloriae überformt oder ob diese Rede joh theologia crucis zur Sprache bringt" (228). Er trifft mit dieser Frage ins Mark der Debatte über "Hoheit" und "Niedrigkeit" des johanneischen Jesus, die sich forschungsgeschichtlich zwischen *Käsemann* und *Bultmann* und den sich jeweils anschließenden Positionen etabliert hat; vgl. dazu genauer aaO, 6-18.

[131] Vgl. *Knöppler*, aaO, 209f, der erklärt: "Seine (sc. Jesu) Liebe ist insofern unüberbietbar, als er sich seiner ψυχή entäußert ὑπὲρ τῶν φίλων αὐτοῦ", und daraus folgert, daß "Zielpunkt der Aussage" von 15,13 (in Verbindung mit Vers 12fin) "die Herausstellung der unüberbietbaren Liebe Jesu zu seinen φίλοι als Grund seines Todes" sei (zu Recht stellt *Knöppler* auch den Bezug von 15,12fin.13 zu 13,1b her).

[132] Vgl. *Bultmann*, Das Evangelium des Johannes, 417, und *Onuki*, Gemeinde und Welt, 123, die beide davon sprechen, daß die Liebe der Jünger in der Liebe Jesu "Grund und Norm" habe.

[133] *Bultmann*, aaO, 417, nennt es den "Radikalismus der Forderung der Liebe als des schlechthinnigen Seins für den anderen".

(Vers 37b: ἄρτι) nicht folgen könne, da er doch sogar bereit sei, sein Leben für ihn hinzugeben (in der gleichen Wendung wie 15,13: τιθέναι τὴν ψυχὴν ὑπέρ τινος)[134]. 15,12f macht klar, daß es vorösterlich nicht Sache des Jüngers ist, sein Leben für Jesus hinzugeben. Denn es überschreitet seine Möglichkeiten der Liebe. Erst umgekehrt durch Jesu Hingabe in den Tod für ihn und die anderen Jünger kann seine und ihre Liebe die Qualität der Liebe Jesu annehmen und so zu ihrer "höchsten Möglichkeit"[135] gelangen. Die Jesu Liebe entsprechende Liebe der Jünger realisiert sich erst nachösterlich und trägt daher der sprachlichen Eigenart der Abschiedsreden gemäß zurecht das Prädikat μείζω (vgl. die an die nachösterliche Zeit gebundenen μείζονα ἔργα der Jünger in 14,12). Aber auch auf seiten Jesu trifft das Prädikat in der ihm eigentümlichen Funktion, die nachösterliche Dimension zu umschreiben, zu, da Jesu Liebe, die in seinem Tod kulminiert, die nachösterliche Liebe der Jünger allererst begründet. Die Rede von der "größeren Liebe" Jesu entspricht daher der Rede vom "größeren Vater", in dessen Bereich Jesus durch seinen Tod hindurch zurückkehrt (vgl. 14,28).

An die Seite des Prädikates μείζω tritt in den Versen 14f hinsichtlich der Jünger eine weitere Prädikation, durch die ihre nachösterliche Existenz ausgezeichnet wird. Wenn die Jünger erfüllen, was Jesus ihnen aufträgt (Vers 14β: ἐὰν ποιῆτε ἃ ἐγὼ ἐντέλλομαι ὑμῖν), dann sind sie seine "Freunde" (Vers 14α: ὑμεῖς φίλοι μού ἐστε). Die Bezeichnung φίλοι ist damit jener Name für die Jünger, der ihre nachösterliche Würde zum Ausdruck bringt, im Dienste Jesu zu stehen und seinem Willen gemäß zu handeln. Dieser nachösterliche Würdename wurde durch Vers 13 vorbereitet, wenn hier Jesu Lebenshingabe für die Jünger als Hingabe ὑπὲρ τῶν φίλων bezeichnet wurde. Die Prädikation wird aber auch in Vers 15 wiederaufgenommen und hier durch einen anderen Aspekt als in Vers 14 begründet. Kriterium für die Verleihung des Namens "Freunde" ist hier nicht die Erfüllung des Auftrags Jesu, sondern die Tatsache, daß Jesus den Jüngern alles offenbart hat, was er vom Vater gehört hat (Vers 15c.d: ὑμᾶς δὲ εἴρηκα φίλους, ὅτι πάντα ἃ ἤκουσα παρὰ τοῦ πατρός μου ἐγνώρισα ὑμῖν)[136].

Auffallend an der Formulierung von Vers 15c ist das Perfekt εἴρηκα. Von 14,7; 15,3.9.11 her aufmerksam geworden auf die doppelte Perspektive

---

[134] *Knöppler*, aaO, 207f, spricht vom "Stellvertretungsangebot des Petrus".

[135] Vgl. zu dieser Formulierung *Bultmann*, aaO, 417.

[136] Vgl. *Augenstein*, Das Liebesgebot im Johannesevangelium und in den Johannesbriefen, 76, der eine interessante Beobachtung macht: Die Begründung in Vers 15d für die Bezeichnung der Jünger als "Freunde" nehme "Bezug auf die Situation der Jünger in den Abschiedsreden, in denen Jesus den unwissenden Jüngern seinen Weggang und dessen Bedeutung erklärt". *Augenstein* bringt diese Beobachtung jedoch nicht in Verbindung mit der oben im folgenden erwähnten doppelten Perspektive von Vers 15c.d.

der Temporaverwendung, läßt sich dieses Prädikat nicht nur darauf beziehen, daß Jesus in Vers 13 implizit von den Jüngern als "Freunden" gesprochen und in Vers 14 die inhaltlichen Voraussetzungen dieses Namens erklärt hat. Sondern es läßt sich vom nachösterlichen Standpunkt aus auch
deuten als Ausdruck dafür, daß in Vers 15 die nachösterliche Erfüllung des
Auftrags Jesu durch die Jünger bereits vorausgesetzt ist (vgl. Vers 14) und
sie daher bereits "Freunde" genannt werden ($εἴρηκα$ in resultativer Funktion).

Von Vers 15c aus läßt sich aber ebenso an Vers 15d die doppelte Per-
spektive erkennen. Daß Jesus den Jüngern alles offenbart habe, was er vom
Vater gehört hat, kann einerseits gelten für das vorösterliche Wirken Jesu.
Unter Berücksichtigung der zweiten Geistverheißung aber kann die Aussage
auch vom nachösterlichen Standpunkt aus betrachtet werden. Daß Jesus den
Jüngern alles offenbart hat, wird in besonderer Weise ja gerade dann zur
Geltung kommen, wenn ihnen der Paraklet alles, was Jesus gesagt hat, vergegenwärtigt und erschließt[137]. Die letzte Geistverheißung (16,12-15) wird
darüber hinaus später verdeutlichen, daß zu "allem" (Vers 15d: $πάντα$),
was Jesus vom Vater hört und offenbart, auch alles "Künftige" (vgl. 16,13fin:
$τὰ ἐρχόμενα$) gehört, was der Paraklet den Jüngern verkünden wird.

Auf den nachösterlichen Standpunkt im Sinne des bereits vorausgesetzten Wirkens des Geistes weist schließlich Vers 15a.b. In diesem Vers wird
abgrenzend gegenüber Vers 15c.d begründet, weshalb die Jünger nicht
"Knechte" genannt werden. Die Begründung läuft sachlich entsprechend
wie bei der Erklärung des Namens $φίλοι$. Sind die "Freunde" dadurch ausgezeichnet, daß ihnen alles offenbart ist, so ist kennzeichnend für den
"Knecht", daß er nicht weiß, was sein Herr tut (Vers 15b: $ὅτι ὁ δοῦλος$
$οὐκ οἶδεν τί ποιεῖ αὐτοῦ ὁ κύριος$). Ausdrücklich zeitlich bestimmt heißt
es nun, Jesus nenne die Jünger nicht mehr Knechte (Vers 15a: $οὐκέτι λέγω$
$ὑμᾶς δούλους$). Vorausgesetzt ist damit, daß für sie nicht mehr gilt, was
für den $δοῦλος$ gilt, nämlich das Handeln seines Herrn nicht zu verstehen.
Bereits von den Textkommentaren außerhalb der Abschiedsreden, besonders aber von der zweiten Geistverheißung her ist ersichtlich, daß die Jünger hier unter der nachösterlichen Perspektive charakterisiert sind als diejenigen, die dank des Wirkens des Geistes ihren Herrn kennen und sein Handeln und Reden verstehen. Im Rückgriff auf die Verheißung von 8,31f und
ihren Kontext einerseits[138], im Vorgriff auf die letzte Geistverheißung

---

[137] Von daher ließe sich im Sinne der genannten Beobachtung von *Augenstein* sagen,
daß vom nachösterlichen Standpunkt aus zu $πάντα$ von 14,26dα.β und von 15,15d auch
das in den Abschiedsreden Gesagte gehört.

[138] Auf den Bezug zu 8,32-36 weist auch *Schnackenburg*, Das Johannesevangelium
III, 126, hin.

16,12-15 andererseits läßt sich formulieren, daß die Jünger deshalb nachösterlich nicht mehr Knechte zu nennen sind, weil sie die Wahrheit durch den Geist erkannt haben und diese Wahrheit sie frei gemacht hat. Eben durch den Geist also sind sie nachösterlich Jesu Freunde.

3.2.2. Zwischenbilanz

In der folgenden Zwischenbilanz sind zunächst die Hinweise auf den Umgang mit den Zeiten zu bündeln und übersichtlich zusammenzustellen. Außer dem Umgang mit den Zeiten sind dann weitere Merkmale zu erheben, die den nachösterlichen Standpunkt auszeichnen, so wie er sich in den Abschiedsreden niederschlägt. Entscheidende Bedeutung erhält dabei die Beantwortung der Frage nach dem Verhältnis zwischen nachösterlichem Verstehensprozeß und nachösterlicher Geistgegenwart sowie die Profilierung der theologischen Akzente, die gesetzt werden von den ersten beiden Geistverheißungen und ihrem Kontext. Die Ergebnisse sind zu dem Ertrag der Textkommentare und Verheißungen außerhalb der Abschiedsreden in Beziehung zu setzen.

3.2.2.1. Zum Umgang mit den Zeiten in den Geistverheißungen 14,16f.25f und ihrem Kontext 13,31-15,17

(1) Faktische Unterscheidung der Zeiten. Wie es für die Verheißungen außerhalb der Abschiedsreden konstatiert werden konnte, so gilt auch für die Verheißungen der Abschiedsreden selbst, daß die Zeiten bereits durch den Verweis auf die Zukunft faktisch voneinander geschieden werden. Anders als bei den Verheißungen außerhalb der Abschiedsreden ist jedoch zudem deutlich markiert, daß als Zäsur zwischen den Zeiten grundsätzlich Jesu Rückkehr zum Vater vorauszusetzen ist, wenngleich expressis verbis erst 14,12c vom πορεύεσθαι πρὸς τὸν πατέρα spricht. Daß zuvor das Ziel des Weggehens Jesu hinter dem unbestimmten "Wohin" (ὅπου / ποῦ) verborgen bleibt (vgl. 13,33.36; 14,5), sich dann aber schrittweise durch das Bild der οἰκία τοῦ πατρός (14,2) und die Invitation des Ich-bin-Wortes (14,6c) enthüllt, baut in der Komposition des Rückkehrmotivs Spannung auf, die sich erst bei der unmittelbaren Vorbereitung auf die erste Geistverheißung löst (vgl. 14,12). Nach der zweiten Geistverheißung wird dann mit der gleichen Wendung wie in 14,12c das Motiv der Rückkehr Jesu wiederaufgenommen (14,28c: ὅτι πορεύομαι πρὸς τὸν πατέρα). Kompositorisch bildet es so den Rahmen der Geistverheißungen 14,16f und 14,25f, der sachlich darin begründet ist, daß in der Rückkehr Jesu zum Vater die Vor-

aussetzung für die nachösterliche Gegenwart des Geistes bei den Glaubenden liegt.

(a) Die faktische Unterscheidung der Zeiten wird in einzelnen Verheißungen durch temporale Angaben ausdrücklich unterstrichen, die entweder hinweisen auf die kurze noch verbleibende Zeitspanne bis zu Jesu Rückkehr zum Vater (ἔτι μικρόν: 13,33b; 14,19a) oder Bezug nehmen auf die Zeit, in der Jesus bereits zum Vater zurückgekehrt ist (ἐν ἐκείνῃ τῇ ἡμέρᾳ: 14,20). Durch die direkte Gegenüberstellung der Zeitangaben οὐ νῦν / δὲ ὕστερον werden in 13,36d.e die Zeiten unter den Aspekten des Abschieds Jesu und der Nachfolge der Jünger unterschieden.

(b) Außerhalb der Verheißungen findet sich im Rahmen von 13,31-15,17 ein weiterer Hinweis auf die faktische Unterscheidung der Zeiten in einer Äußerung, mit der Jesus auf die Funktion seiner Rede hinweist (14,29). Daß er zum Vater zurückkehren werde (vgl. Vers 28c), hat er den Jüngern gesagt, damit sie, wenn es eintritt, glauben werden. 14,29 grenzt also die Rede als Ort der Ankündigung der Rückkehr Jesu (Vers 29a: νῦν εἴρηκα) und damit die vorösterliche Gegenwart als jene Zeit, in der dieses Ereignis noch bevorsteht (Vers 29a: πρὶν γενέσθαι), ab von der Zukunft, in der sich seine Rückkehr vollziehen wird (Vers 29b: ὅταν γένηται).

(c) In den Geistverheißungen selbst sind die Zeiten implizit faktisch einmal durch die auf die nachösterliche Zeit bezogene temporale Bestimmung εἰς τὸν αἰῶνα (14,16b), das andere Mal durch die auf die vorösterliche Zeit gerichtete Partizipialwendung παρ᾽ ὑμῖν μένων (14,25) unterschieden.

(2) Inhaltliche Unterscheidung der Zeiten. Ähnlich wie in 14,29 kommt mit 14,25 die vorösterliche Zeit unter dem inhaltlichen Aspekt des Redens Jesu zu den Jüngern in den Blick (Vers 29a: νῦν εἴρηκα ὑμῖν; Vers 25: Ταῦτα λελάληκα ὑμῖν). Das entspricht dem inhaltlichen Merkmal der vorösterlichen Zeit, das auch in 14,26fin; 15,15d zu erkennen ist (14,26fin: πάντα ἃ εἶπον ὑμῖν; 15,15d: πάντα ἃ ἤκουσα παρὰ τοῦ πατρός μου ἐγνώρισα ὑμῖν). Es bleibt im Kontext von 13,31-15,17 das entscheidende Merkmal dieser Zeit. Das eigentliche Gewicht der inhaltlichen Unterscheidung zwischen den Zeiten liegt jedoch, der Perspektive der futurischen Verheißungen entsprechend, auf der Näherbestimmung der nachösterlichen Zeit.

(a) Die Qualifizierung der nachösterlichen Zeit geschieht durch drei aufeinander bezogene Grundkomponenten: durch den Entwurf der nachösterlichen Existenz der Jünger, durch die Umschreibung der nachösterlichen Präsenz Jesu in Kontinuität zu seiner vorösterlichen Anwesenheit und durch die Charakterisierung der nachösterlichen Gegenwart und Wirksamkeit des Geistes. Diese Komponenten greifen insofern ineinander, als erstens die nachösterliche Präsenz Jesu nur unter den Voraussetzungen der Geistcharakteristik beschrieben werden kann; zweitens aber umgekehrt für

die Charakterisierung der Geistgegenwart und -wirksamkeit zentrale Motive
aufgegriffen werden, die sonst der Bestimmung der vorösterlichen Gegenwart und Wirksamkeit Jesu dienen; drittens die Existenz der Jünger grundlegend auf dem Hintergrund der Geistgegenwart entworfen und das Bild ihrer
Wirksamkeit mit Motiven der Wirksamkeit Jesu ausgestattet wird.

(b) In den Geistverheißungen und ihrem Kontext wird also die nachösterliche Zeit im Hinblick auf die Glaubenden, im Hinblick auf Jesus und
im Hinblick auf den Geist inhaltlich beschrieben. Eine weitere Nuancierung
dieser Aspekte vollzieht sich dadurch, daß die Jünger in der ersten Geistverheißung ausdrücklich vom Kosmos abgegrenzt werden, Jesu nachösterliche
Präsenz bei den Glaubenden konstitutiv die Präsenz des Vaters miteinander-
schließt und die Gestalt des Geistes durch die hervorstechenden Termini
"Paraklet", "Geist der Wahrheit" und "Heiliger Geist" sorgfältig differenziert wird. Durch all diese Momente wird der nachösterlichen Zeit in erhöh-
tem Maße Bedeutung verliehen.

(3) Profil der Abschiedssituation als Zäsur zwischen den Zeiten. Daneben fällt jedoch ins Auge, daß auch die Situation des Abschieds selbst aufmerksam beleuchtet wird. Sie gewinnt ihr Profil im Redeteil 13,31-15,17
durch vier Motive, nämlich erstens durch die zeitliche Gleichsetzung mit
dem Verherrlichungsgeschehen (vgl. 13,31c: νῦν ἐδοξάσθη ὁ υἱὸς τοῦ
ἀνθρώπου καὶ ὁ θεὸς ἐδοξάσθη ἐν αὐτῷ); zweitens durch die Übergabe
des "neuen Gebotes" an die Jünger (13,34a: Ἐντολὴν καινὴν δίδωμι ὑμῖν,
κτλ.; vgl. 15,12.17); drittens durch das für die Jünger bestimmte Vermächtnis des Friedens Jesu (vgl. 14,27a.b: Εἰρήνην ἀφίημι ὑμῖν, εἰρήνην
τὴν ἐμὴν δίδωμι ὑμῖν) und implizit viertens durch das Motiv der Hingabe
des Lebens für die Freunde (vgl. 15,13a.b: μείζονα ταύτης ἀγάπην οὐδεὶς
ἔχει, ἵνα τις τὴν ψυχὴν αὐτοῦ θῇ ὑπὲρ τῶν φίλων αὐτοῦ). Durch die
zeitliche Gleichstellung mit dem Verherrlichungsgeschehen wird die
Abschiedssituation in ihrer Bedeutung im Hinblick auf Jesus akzentuiert,
durch die Übergabe des neuen Gebotes und das Vermächtnis des Friedens
im Hinblick auf die Jünger. Mit dem Hinweis auf die Hingabe des Lebens
für die Freunde werden beide Akzente aufeinander bezogen: Der Abschied
macht jenes Maß an Liebe offenbar, das Jesus zu geben vermag und für die
Jünger zur Richtschnur ihrer Liebe wird. Dabei wird in allen drei Fällen
deutlich, daß die Abschiedssituation darin ihre besondere Bedeutung hat,
Begründungsfunktion für die Zukunft zu übernehmen. Da sich jetzt mit dem
Ende der vorösterlichen Zeit Jesu die Verherrlichung Gottes im irdisch
wirkenden Menschensohn vollendet hat (vgl. 13,32a: εἰ ὁ θεὸς ἐδοξάσθη
ἐν αὐτῷ), wird auch Gott selbst den Menschensohn in sich verherrlichen,
und zwar alsbald (vgl. 13,32b.c: καὶ ὁ θεὸς δοξάσει αὐτὸν ἐν αὐτῷ, καὶ
εὐθὺς δοξάσει αὐτόν). Daß mit dieser nahen Zukunft der Abschied Jesu
gemeint ist, geht aus der unmittelbaren Fortsetzung der Eingangssequenz in

Vers 33 hervor. Durch 14,12c.28c ist aber gerade dieser Abschied positiv als Rückkehr Jesu zum Vater bestimmt. Als der, der in der Rückkehr zum Vater verherrlicht wird, wird Jesus auch beim Vater in seiner nachösterlichen Existenz der Verherrlichte sein. Gegenüber den Textkommentaren läßt sich also festhalten, daß in den Abschiedsreden die Zäsur zwischen den Zeiten nicht nur faktisch gesetzt, sondern näher in ihrer Bedeutung ausgestaltet wird. Daß dabei die Rückkehr Jesu zum Vater mit dem Verherrlichungsgeschehen gleichgesetzt wird, entspricht faktisch den Angaben der Textkommentare 7,39c und 12,16b, die Jesu Verherrlichung als Zäsur zwischen den Zeiten markiert hatten.

(4) Kontinuität zwischen den Zeiten. In der Ausgestaltung der Zäsur als zukunftsbegründendem Element zeichnet sich eine für die Abschiedsreden typische Tendenz ab. Neben das Element der Zäsur zwischen den Zeiten tritt das charakteristische Merkmal der Kontinuität zwischen den Zeiten. Es wird getragen von den beiden Komponenten der Liebe und des Wortes Jesu. So wie die Jünger vorösterlich die Liebe und Verkündigung Jesu erfahren haben, so werden sie auch nachösterlich an Jesu Liebe teilhaben, diese Liebe weitertragen und in Beziehung zu seinem Wort "größere Werke" tun und "reichere Frucht" bringen. Grundsätzlich ermöglicht wird diese Kontinuität dadurch, daß Jesu Vollmacht, die Liebe Gottes und sein Wort in die Welt zu bringen, mit seinem Weggehen aus der Welt nicht endet. Gerade weil dieses Weggehen die Rückkehr Jesu zum Vater bedeutet und als Verherrlichungsgeschehen gekennzeichnet werden kann, ist deutlich, daß Jesu Vollmacht im Ereignis des Abschieds bestätigt wird. Verantwortlich für die Vermittlung dieser Vollmacht, verantwortlich also für die Erfahrbarkeit der Gemeinschaft mit Jesus in seiner Liebe und seinem Wort, ist der Geist. Er stellt das Realisierungsprinzip der Kontinuität zwischen den Zeiten dar.

Die bei der Auswertung gewonnenen Aspekte des Umgangs mit den Zeiten in den ersten beiden Geistverheißungen und ihrem Kontext bieten das Einteilungsraster der folgenden Übersicht:

Überblick über die Hinweise auf die Unterscheidung der Zeiten in den Geistverheißungen 14,16f.25f. und ihrem Kontext

Faktische Unterscheidung der Zeiten	*Inhaltliche Bestimmung der Zeiten unter den Aspekten ihres Unterschiedes, ihrer Kontinuität und ihrer Verschmelzung*
1) Joh 13,31-14,11	
Hinweis auf den Abschied als Zäsur zwischen den Zeiten:	Bewertung der Abschiedssituation / der Rückkehr Jesu zum Vater:
13,33a: ἔτι μικρὸν μεθ' ὑμῶν εἰμι·	13,31c: νῦν ἐδοξάσθη κτλ.
	13,32c: καὶ εὐθὺς δοξάσει αὐτόν.
13,36d.e: οὐ νῦν / δὲ ὕστερον	13,34: Ἐντολὴν καινὴν δίδωμι ὑμῖν κτλ.

14,2fin: πορεύομαι ἑτοιμάσαι τόπον ὑμῖν
14,7c: καὶ ἀπ' ἄρτι γινώσκετε αὐτόν
7fin: καὶ ἑωράκατε αὐτόν.

Kennzeichen der vorösterlichen Zeit:
13,36d: ὅπου ὑπάγω
           οὐ δύνασαί μοι νῦν ἀκολουθῆσαι
14,5b: κύριε, οὐκ οἴδαμεν ποῦ ὑπάγεις
           κτλ.
14,9b: τοσούτῳ χρόνῳ μεθ' ὑμῶν εἰμι
           καὶ οὐκ ἔγνωκάς με κτλ.

Kennzeichen der nachösterlichen Zeit:
13,36e: ἀκολουθήσεις δὲ ὕστερον.
14,3b: πάλιν ἔρχομαι
           καὶ παραλήμψομαι ὑμᾶς κτλ.

Kontinuität zwischen den Zeiten:
13,34c.fin:καθὼς ἠγάπησα ὑμᾶς
           ἵνα καὶ ὑμεῖς ἀγαπᾶτε ἀλλήλους.

2) Joh 14,12-15
Zäsur zwischen den Zeiten: Kennzeichen der nachösterlichen Zeit/
                                         Kontinuität zwischen den Zeiten:
14,12c: πρὸς τόν πατέρα   14,12b: τὰ ἔργα ἃ ἐγὼ ποιῶ κἀκεῖνος ποιήσει
         πορεύομαι   καὶ μείζονα τούτων ποιήσει
                                         14,13a: καὶ ὅ τι ἂν αἰτήσητε κτλ. τοῦτο ποιήσω
                                         (vgl. 14,14)
                                         14,15b: τὰς ἐντολὰς τὰς ἐμὰς τηρήσετε·

3) Joh 14,16f
(Erste Geistverheißung)
Hinweis auf die nachösterliche   Kennzeichen der nachösterlichen Zeit:
Zeit: 14,16a: κἀγὼ ἐρωτήσω τὸν πατέρα
                                                   καὶ ἄλλον παράκλητον δώσει ὑμῖν,
14,16b: εἰς τὸν αἰῶνα   16b: ἵνα μεθ' ὑμῶν εἰς τὸν αἰῶνα ᾖ
                                         14,17e: παρ' ὑμῖν μένει
                                          17fin: ἐν ὑμῖν ἔσται.

4) Joh 14,18-21
Hinweis auf die nachösterliche Zeit: Bewertung der Abschiedssituation:
14,19a: ἔτι μικρὸν κτλ.   14,18a: Οὐκ ἀφήσω ὑμᾶς ὀρφανούς
14,20a: ἐν ἐκείνῃ τῇ ἡμέρᾳ

                                         Kennzeichen der nachösterlichen Zeit:
                                         14,18b: ἔρχομαι πρὸς ὑμᾶς.
                                         14,19a: ὁ κόσμος με οὐκέτι θεωρεῖ,
                                            19b: ὑμεῖς δὲ θεωρεῖτέ με, κτλ.
                                            19c: ἐγὼ ζῶ
                                          19fin: ὑμεῖς ζήσετε
                                         14,20a: γνώσεσθε κτλ.
                                         14,21b: ὁ δὲ ἀγαπῶν με
                                                   ἀγαπηθήσεται ὑπὸ τοῦ πατρός μου

| | 14,21c: | ἀγαπήσω αὐτόν |
| | 14,21fin: | ἐμφανίσω αὐτῷ ἐμαυτόν. |

5) Joh 14,22-24

Kennzeichen der nachösterlichen Zeit:
14,22b:	ἡμῖν μέλλεις ἐμφανίζειν σεαυτὸν κτλ.
14,23b:	τὸν λόγον μου τηρήσει
23cα:	ὁ πατήρ μου ἀγαπήσει αὐτόν
14,23fin:	μονὴν παρ' αὐτῷ ποιησόμεθα
14,24a:	τοὺς λόγους μου οὐ τηρεῖ

6) Joh 14,25f
(Zweite Geistverheißung)
Hinweis auf die vorösterliche Zeit:
14,25b: παρ' ὑμῖν μένων

Kennzeichen der nachösterlichen Zeit:
14,26a.b: ὁ δὲ παράκλητος κτλ.
ὃ πέμψει ὁ πατὴρ ἐν τῷ ὀνόματί μου

Kontinuität zwischen den Zeiten:
14,26cα:	ἐκεῖνος ὑμᾶς διδάξει πάντα
26cβ:	καὶ ὑπομνήσει ὑμᾶς πάντα
26fin:	ἃ εἶπον ὑμῖν ἐγώ.

7) Joh 14,27f
Zäsur zwischen den Zeiten:
14,28c: πορεύομαι πρὸς τὸν
πατέρα

Bewertung der Abschiedssituation /
der Rückkehr Jesu zum Vater:
14,27a.b: Εἰρήνην ἀφίημι ὑμῖν κτλ.
14,28b: ὑπάγω καὶ ἔρχομαι πρὸς ὑμᾶς.

8) Joh 14,29-31
Hinweis auf die Unterscheidung
der Zeiten in der Funktionsbestimmung der Rede:
14,29a.b: νῦν εἴρηκα ὑμῖν πρὶν
γενέσθαι / ὅταν γένηται
14,30a: οὐκέτι πολλὰ λαλήσω
μεθ' ὑηῶν

Bewertung der Rückkehr Jesu zum Vater:

14,31a:	ἀγαπῶ τὸν πατέρα
31b:	καθὼς ἐνετείλατό μοι ὁ πατήρ,
31c:	οὕτως ποιῶ.

Zäsur zwischen den Zeiten:
14,30b: ἔρχεται γὰρ ὁ τοῦ κόσμου
ἄρχων

9) Joh 15,1-8

Kennzeichen der nachösterlichen Zeit:
15,2fin:	ἵνα καρπὸν πλείονα φέρῃ.
15,7b:	ὃ ἐὰν θέλητε αἰτήσασθε,
7c:	καὶ γενήσεται ὑμῖν.
15,8a:	ἐν τούτῳ ἐδοξάσθη ὁ πατήρ μου,
8b:	ἵνα καρπὸν πολὺν φέρητε καὶ γένησθε ἐμοὶ μαθηταί.

Verschmelzung der Zeiten:
15,3: ἤδη ὑμεῖς καθαροί ἐστε διὰ τὸν λόγον

ὃν λελάληκα ὑμῖν.
(vgl. auch die Liste zu generellem und
persönlichem Stil in 15,1-8, S. 125)

10) Joh 15,9-11

Verschmelzung der Zeiten:
15,9a: Καθὼς ἠγάπησέν με ὁ πατήρ,
9b: κἀγὼ ὑμᾶς ἠγάπησα·
15,10c: καθὼς ἐγὼ τὰς ἐντολὰς
        τοῦ πατρός μου τετήρηκα
      καὶ μένω αὐτοῦ ἐν τῇ ἀγάπῃ.
15,11:   Ταῦτα λελάληκα ὑμῖν
      ἵνα ἡ χαρὰ ἡ ἐμὴ ἐν ὑμῖν ᾖ
      καὶ ἡ χαρὰ ὑμῶν πληρωθῇ.

11) Joh 15,12-17

Bewertung der Abschiedssituation/
des Todes Jesu:
15,13a: μείζονα ταύτης ἀγάπην οὐδεὶς
              ἔχει,
13b: ἵνα τις τὴν ψυχὴν αὐτοῦ θῇ ὑπὲρ
          τῶν φίλων αὐτοῦ.

Kennzeichen der nachösterlichen Zeit:
15,13:   (Text s.o.)
15,14:   ὑμεῖς φίλοι μού ἐστε
      ἐὰν ποιῆτε
      ἃ ἐγὼ ἐντέλλομαι ὑμῖν.
15,16c: ἵνα ὅ τι ἂν αἰτήσητε τὸν πατέρα ἐν
              τῷ ὀνόματί μου
16fin: δῷ ὑμῖν.

Kontinuität zwischen den Zeiten:
15,16b: ἀλλ᾽ ἐγὼ ἐξελεξάμην ὑμᾶς
      καὶ ἔθηκα ὑμᾶς
      ἵνα ὑμεῖς ὑπάγητε
      καὶ καρπὸν φέρητε
      καὶ ὁ καρπὸς ὑμῶν μένῃ.

Verschmelzung der Zeiten:
15,15a: οὐκέτι λέγω ὑμᾶς δούλους,
15b: ὅτι ὁ δοῦλος οὐκ οἶδεν
      τί ποιεῖ αὐτοῦ ὁ κύριος·
15c: ὑμᾶς δὲ εἴρηκα φίλους,
15d: ὅτι πάντα ἃ ἤκουσα παρὰ
          τοῦ πατρός μου
15fin: ἐγνώρισα ὑμῖν.

3.2.2.2. Nachösterlicher Verstehensprozeß und nachösterliche Gegenwart des Geistes bei den Glaubenden

(1) Bereits die Bilanz im Anschluß an die Untersuchung der Textkommentare hatte als weiterführende Perspektive für die Herausarbeitung des nachösterlichen Standpunktes die Frage aufgeworfen, ob und wie das nachösterliche Verstehen der Glaubenden mit der exklusiv an die Zeit nach Ostern gebundenen Gegenwart des Geistes bei ihnen zusammenhängt. Nach der Auswertung der Verheißungen außerhalb der Abschiedsreden konnte eine erste Antwort angedeutet werden, da sich der Gedanke abgezeichnet hatte, daß zur geistgewirkten nachösterlichen Erneuerung (Stichwort: "Ströme lebendigen Wassers") auch die der nachösterlichen Zeit vorbehaltene Einsicht in Jesu Person gehören könnte. Eine entscheidende und unmittelbar auf die Textkommentare 2,17.22 und 12,16 bezogene Antwort gibt die zweite Geistverheißung in 14,25f. Sie kann als eine der Schlüsselstellen für die Frage nach dem nachösterlichen Standpunkt des Johannesevangeliums verstanden werden:

(a) Als konstitutiv für das nachösterliche Verstehen und seine Entstehung war in den genannten Textkommentaren das Sich-Erinnern der Jünger erkennbar geworden. Eben dieses Erinnern wird durch die Geistverheißung von 14,25f konsequent auf das Wirken des Parakleten zurückgeführt. Von der Geistverheißung in den Abschiedsreden her wird also deutlich, daß es das erinnernde Wirken des Parakleten ist, das sachlich hinter der zu Einsicht, Deutung und gläubigem Verstehen führenden Erinnerung der Jünger steht, von der aus nachösterlicher Perspektive im Zusammenhang der Tempelaustreibung und des Einzugs Jesu in Jerusalem die Rede war. Das medial verwendete μιμνῄσκεσθαι der Textkommentare gewinnt auf diese Weise von den Abschiedsreden her sprachlich geradezu den Charakter eines "passivum pneumaticum".

(b) Neben der Funktion des ὑπομιμνῄσκειν des Parakleten trägt aber auch seine Funktion des διδάσκειν dazu bei, das Verhältnis zwischen nachösterlichem Verstehensprozeß und nachösterlicher Geistgegenwart genauer zu bestimmen. So wie eine terminologische Entsprechung zwischen ὑπομιμνῄσκειν und μιμνῄσκεσθαι zu erkennen ist, so läßt sich auch eine sachliche Relation zwischen διδάσκειν und γινώσκειν entdecken. Das Verstehen der Jünger, von dem bezogen auf die vorösterliche Zeit in Negation der Textkommentar 12,16a und auf die nachösterliche Zeit bezogen positiv die Verheißungen 8,32a (vgl. 8,28c) und 13,7c gesprochen hatten, läßt sich von der Geistverheißung in 14,25f her in einer Art inneren Logik darauf zurückführen, daß sie vom Geist belehrt werden. Gerade da im "Lehren" des Parakleten auch eine prospektive Komponente seiner Wirksamkeit zu erkennen war, gewinnt rückwirkend das zuzuordnende Erkennen der Jünger Prozeßcharakter. Das nachösterliche γινώσκειν meint keine nur einmalige Einsicht, sondern ein je neu durch das Wirken des Geistes zu gewinnendes Verstehen.

(2) Wird also das Wirken des Geistes, wie es in der zweiten Geistverheißung bestimmt wird, als Voraussetzung des nachösterlichen Verstehens der Glaubenden gekennzeichnet, so liegt wiederum in der differenzierten Umschreibung der Geistgegenwart, wie sie die erste Geistverheißung vornimmt, die Voraussetzung dafür, daß die nachösterliche Wirksamkeit des Geistes von den Glaubenden erfahren werden kann. Daß der Geist "in ihnen" sein wird, ist hier deutliches Anzeichen dafür, daß seine wirksame Präsenz sich dem Innern ihrer Person mitteilt. Die Abfolge der beiden Geistverheißungen zeigt unter diesem Aspekt der erfahrenen Gegenwart des Geistes als Voraussetzung der Erfahrbarkeit seines Wirkens einen schlüssigen Duktus.

3.2.2.3. Theologische Akzente in den Geistverheißungen 14,16f.25f und ihrem Kontext 13,31-15,17

13,31-14,11. Dem Vorbereitungsabschnitt 14,12-15 zur ersten Geistverheißung steht die breite Passage 13,31-14,11 voran, die mit 14,12-15 eng verklammert ist durch das Motiv der Verherrlichung (13,31f; 14,13) und das Thema der Jüngerbeauftragung, von der das nachösterliche Handeln der Glaubenden bestimmt ist (13,34f; 14,12.13f.15).

(1) Die theologischen Akzente liegen in dieser Passage zunächst auf der Christologie (13,31f), auf die der Abschnitt 14,6-11 zurückkommt. Charakteristisch ist dabei jeweils, daß die Einheit im Willen und Handeln zwischen Jesus und dem Vater betont wird[139]. Das zeigt sich in der Eingangssequenz der Reden an der wechselseitigen Verherrlichung von Gott und Menschensohn, im Abschnitt 14,6-11 an den Prädikationen des Ich-bin-Wortes

---

[139] Das christologische Motiv der Einheit zwischen Jesus und dem Vater kann *Käsemann*, Jesu letzter Wille nach Johannes 17, 60, sogar als "christologische(s) Dogma" des vierten Evangeliums bezeichnen. Dieser Terminus steht im Zusammenhang seiner Überlegung, daß es jeder Theologie, auch wenn sie es nicht wahrhaben wolle, um "das Dogma" gehe, weil sie auf den ihr vorgegebenen Jesus bezogen bleiben muß und zu formulieren hat, wer dieser Jesus war und ist" (aaO, 61). So biete auch das Johannesevangelium "kein Modell eines dogmenlosen Christentums" (60). Seine "Eigenart" bestehe allerdings darin, daß es "nur ein einziges", eben das "christologische Dogma von der Einheit Jesu mit dem Vater" beinhalte (ebd.). Denn wenn diese Einheit "das zentrale Thema der johanneischen Verkündigung" sei, dann sei sie "notwendig zugleich der eigentliche Gegenstand des Glaubens" (59).

(14,6b), seiner negativ formulierten Verheißung "niemand kommt zum Vater denn durch mich" (14,6c) sowie am Motiv der wechselseitigen Immanenz von Jesus und dem Vater (14,10a.11a).

(2) Innerhalb des christologischen Rahmens liegt der Akzent einerseits auf der Ekklesiologie unter dem Aspekt der Nachfolgethematik (13,33-38), andererseits auf der Eschatologie unter dem Aspekt der Gemeinschaft zwischen Jesus, den Jüngern und dem Vater (14,1-3.4f).

(a) Bemerkenswert am ekklesiologischen Thema der Nachfolge ist, daß ein charakteristisches Strukturmoment der Christologie, nämlich die genannte Einheit im Willen und Handeln von Vater und Sohn, auf das Verhältnis zwischen Jesus und den Jüngern übertragen wird. Das geht schon aus Begriff und Bestimmung der ἐντολή hervor. Wie Jesus vom Vater den Auftrag hatte, nach dessen Willen zu reden (vgl. 12,49), so erhalten die Jünger von Jesus den Auftrag, einander so zu lieben, wie Jesus sie geliebt hat (13,34b.c; vgl. 15,12b). In ihrer Liebe spiegelt sich der Wille Jesu, und als die, die seinen Willen erfüllen, erweisen sie sich ihm als seine Jünger (vgl. die mit dativus ethicus[140] konstruierte Formulierung in 13,35a: ἐμοὶ μαθηταί ἐστε[141]). Entscheidend für den Charakter der Ekklesiologie ist dabei, daß sich die Erfüllung des Auftrags Jesu durch die Jünger und damit die Übereinstimmung ihres Handelns mit seinem Willen erst nachösterlich realisiert. Jüngerschaft in ihrer eigentlichen Bestimmung wird somit an die nachösterliche Zeit gebunden.

(b) Der Auftrag an die Jünger trägt in der Bezeichnung ἐντολὴ καινή eine eschatologische Prägung, die sich auf die Ekklesiologie selbst auswirkt. Durch den Gedanken, daß der von den Jüngern durchgeführte Auftrag aufgrund seiner Bindung an Jesu Willen die Wirklichkeit gültiger, in Jesu Liebe gründender Heilsgegenwart schafft, erhält die Ekklesiologie ein in der Christologie begründetes präsentisches Strukturmoment der Eschatologie. Die Gemeinschaft der Jünger, in der sich Jesu Heilswille realisiert, repräsentiert die Gegenwart des Heils.

(c) Im Abschnitt 14,1-3.4f verstärkt sich der eschatologische Akzent durch die Verheißung, daß die Glaubenden teilhaben werden an der Heilsgemeinschaft zwischen Jesus und dem Vater in der οἰκία τοῦ πατρός. In dieser Verheißung verbinden sich Aspekte präsentisch orientierter (oder ingressiver[142]) und futurischer (oder effektiver[143]) Eschatologie[144]. Bezeich-

---

[140] Vgl. dazu *Friedrich Blass, Albert Debrunner, Friedrich Rehkopf*, Grammatik des neutestamentlichen Griechisch, Göttingen [17]1990, §§ 188, 192; *Schnackenburg*, Das Johannesevangelium III, 116.

[141] Vgl. so auch die Konstruktion von 15,8fin: γένησθε ἐμοὶ μαθηταί.

[142] Mit diesen hier differenzierend eingeführten Termini soll begrifflich faßbar werden, daß die johanneische Eschatologie dem *Prozeß* der Heilsverwirklichung von seinem Anfang bis zu seiner Vollendung Rechnung trägt.

nend für die Ausprägung dieser Verbindung ist der argumentative Rahmen, der um die Verheißung von 14,2f gelegt wird. In ihm werden einerseits der Glaube an Jesus und Gott (14,1b: πιστεύετε εἰς τὸν θεὸν καὶ εἰς ἐμὲ πιστεύετε), andererseits die mögliche Einsicht (vgl. 14,4: οἴδατε) und zugleich das vorösterliche Unverständnis der Jünger (vgl. 14,5b: οὐκ οἴδαμεν) für Jesu Weggehen thematisiert. Daran läßt sich zweierlei erkennen: Die auf Gott und Jesus Vertrauenden können der Verheißung gewiß sein, daß sie teilhaben werden an der Gemeinschaft zwischen Vater und Sohn. Denn gerade die Rückkehr Jesu zum Vater eröffnet ihnen nachösterlich den Zugang zu dieser Gemeinschaft (ingressiver Aspekt). Jesu Abschied und Tod, auf den im Motiv der Verleugnung Jesu durch Petrus im unmittelbaren Kontext vorausgewiesen ist (vgl. 13,38fin), muß daher für die Jünger kein Grund sein, zu erschrecken (vgl. den Anschluß an 13,38fin durch 14,1a: Μὴ ταρασσέσθω ὑμῶν ἡ καρδία·). Jesu Tod ist im Gegenteil Grund ihres nachösterlichen Heilsbewußtseins (präsentischer Aspekt). Er ist aber auch Grund ihrer nachösterlichen Heilserwartung (futurischer Aspekt)[145]. Denn als die, die auf Gott und Jesus vertrauen, sind die nachösterlich Glaubenden diejenigen, die wissen, wohin Jesus zurückgekehrt ist (vgl. 14,4) und dank seiner Verheißung die begründete Hoffnung hegen, dereinst mit ihm "im Hause des Vaters" vereint zu sein (effektiver Aspekt).

(d) Auf die Ausprägung des eschatologischen Akzents bezogen ergeben diese Beobachtungen, daß das eschatologische Motiv der Heilsverwirklichung einerseits an das christologische Motiv der Rückkehr Jesu zum Vater, andererseits an die für die Ekklesiologie wesentlichen Aspekte der Glaubenseinsicht und der Glaubensgemeinschaft gebunden wird. Wird der Abschnitt 14,1-3.4f bereits im sachlichen Zusammenhang der erst noch folgenden Geistverheißungen gelesen, dann ist darüber hinaus erkennbar, daß

---

[143] Vgl. die vorausgehende Anmerkung.

[144] Das Verhältnis zwischen präsentischer und futurischer Eschatologie kann mit *Hengel*, Die johanneische Frage, 211f und 211, Anm. 21, zutreffend als ein dialektisches beschrieben werden. *Hengel*, der zur Terminologie kritisch anmerkt, daß der Ausdruck "präsentische Eschatologie" ein "moderner Begriff" sei, "der jedoch dem komplizierten Verhältnis von Heilsgegenwart und Zukunftserwartung bei Johannes (und im ganzen Urchristentum) nicht gerecht" werde (211), hält zur Sache fest: "Eine völlig 'präsentische Eschatologie' ohne jedes futurische Element gibt es im Urchristentum nirgendwo" (212). Sie sei vielmehr "ein seit der Aufklärung gepflegtes, modernes theologisches Wunschbild" (ebd.).

[145] Daß es also der Tod Jesu ist, der die nachösterliche Heilsgewißheit der Glaubenden begründet, spricht gegen *Käsemann*, Jesu letzter Wille nach Johannes 17, 145, der wie für die johanneische Christologie auch für die johanneische Ekklesiologie einen "naiven Doketismus" postuliert (vgl. auch aaO, 98 und 137); vgl. zu Darstellung und Kritik dieser These *Kohler*, Kreuz und Menschwerdung, 58-60.

das eschatologische Konzept eine implizit pneumatologische Begründung voraussetzt. Denn nur da in Jesu Rückkehr zum Vater das Kommen und dauerhafte Bleiben des Geistes mitgegeben ist, kann dieses Ereignis Heil eröffnen. Und nur da der Geist bei den Glaubenden die Einsicht in das Heilsereignis schafft, ist für sie die Heilsverwirklichung erfahrbar.

(e) Auf einen weiteren Aspekt der Eigenart des in 14,1-3.4f gesetzten eschatologischen Akzents ist einzugehen. Die durch Jesu Rückkehr zum Vater eröffnete Gemeinschaft der Jünger mit Jesus und dem Vater basiert auf zwei eigens benannten Voraussetzungen. Die eine Voraussetzung ist, daß Jesus im "Haus des Vaters" den Jüngern einen Platz einrichtet (vgl. Vers 2fin.3a in der Wendung ἑτοιμάζειν τόπόν τινι). Die andere Voraussetzung besteht darin, daß Jesus nach der Einrichtung dieses Platzes wiederkommt (Vers 3bα: πάλιν ἔρχομαι) und die Jünger zu sich nimmt (Vers 3bβ: παραλήμψομαι ὑμᾶς πρὸς ἐμαυτόν). Die Frage, die sich für die Forschung im Anschluß an diese Voraussetzungen gestellt hat, ist die nach dem Bezug von 14,2f zur urchristlichen Parusievorstellung[146]. Die Unterschiede zwischen der johanneischen Aussage und der traditionellen Parusieerwartung sind jedoch eklatant. Daher wird mit Recht von einer Neugestaltung des Parusiegedankens gesprochen[147]. Damit ist allerdings noch nicht gesagt, daß der eschatologische Akzent, der in 14,2f gesetzt wird, keine futurische Komponente enthält[148]. Die Zukunftsdimension ist trotz der

---

[146] Vgl. *Schnackenburg*, Das Johannesevangelium III, 70, mit Hinweis auf die Kommentare von *Bernard, Schlatter, Tillmann, Strathmann, Morris; Becker*, Das Evangelium des Johannes, 246, 460; *Porsch*, Pneuma und Wort, 381f mit den Hinweisen auf *Dodd*, The Interpretation of the Fourth Gospel, 404, *Schulz*, Untersuchungen zur Menschensohnchristologie, 162, *Werner Georg Kümmel*, Die Eschatologie der Evangelien, ThBl 15, 1936, 236, sowie auf die Kommentare von *Weiss, Belser, Zahn, Schanz, Spitta* und *Büchsel*; von den älteren Untersuchungen vgl. besonders *Gustav Stählin*, Zum Problem der johanneischen Eschatologie, ZNW 33, 1934, 225-259 (hier 245-250: Überblick über die Erforschung der johanneischen Eschatologie von den vorkritischen Anfängen bis zu *Rudolf Bultmann*, Die Eschatologie des Johannesevangeliums, in: Zwischen den Zeiten 6, 1928, 4-22, auch in: ders., Glauben und Verstehen I (Gesammelte Aufsätze I), Tübingen ⁷1972, 134-152).

[147] *Schnackenburg*, aaO, 70, spricht von "Aufnahme und Neuinterpretation des Parusiegedankens", *Becker*, aaO, 247, von der "Umprägung urchristlicher Parusieerwartung", bei der "traditionelle Vorstellungsgehalte" in die Theologie des Evangelisten ("E") durch "radikale Umfunktionierung" integriert werden. *Paolo Ricca*, Die Eschatologie des Vierten Evangeliums, Zürich/Frankfurt a.M. 1966, 158f, differenziert zwischen einer Parusie, in der sich "christologische(r) Realismus" (158) spiegle ("Im Kommen des Geistes geht es um nichts weniger als um eine Parusie Christi. (...) So real ist die Gegenwart Christi im Geiste gedacht!"), und der "zukünftige(n) Parusie" (159), um festzuhalten: "In jeder Etappe des Heilsgeschehens ist *wirklich* Jesus persönlich gegenwärtig" (ebd.).

[148] Vgl. *Schnackenburg*, aaO, 71, der formuliert: "Das 'ich werde euch zu mir holen' *beginnt* bereits nach Ostern, in der gläubigen Existenz, sofern sie gegenwärtige Erfahrung

starken Betonung der nachösterlichen Zeit als Heilsgegenwart nicht grundsätzlich aufgegeben[149]. Das zeigt sich, wenn der Abschnitt 14,1-3.4f über
seine kontextuellen Grenzen hinaus einerseits mit der ersten (14,16f) und
der letzten Geistverheißung (16,12-15), andererseits mit einer der Schluß-
aussagen aus dem Abschiedsgebet (17,24) in Beziehung gebracht wird.
Denn in 16,13 wird ausdrücklich festgehalten, daß der Paraklet nachösterlich alle auch dann noch künftig kommenden Ereignisse (Vers 13fin: $\tau\grave{\alpha}$
$\grave{\epsilon}\varrho\chi\acute{o}\mu\epsilon\nu\alpha$) verkünden wird, wofür die Grundlage gelegt ist durch seine $\epsilon\grave{\iota}\varsigma$
$\tau\grave{o}\nu$ $\alpha\grave{\iota}\tilde{\omega}\nu\alpha$ währende Gegenwart bei den Glaubenden (14,16b). Gerade zu
diesen $\grave{\epsilon}\varrho\chi\acute{o}\mu\epsilon\nu\alpha$ aber wird auch das "Dortsein, wo Jesus ist" (vgl. 14,3fin)
gehören, auf das sich Jesu erklärter Wille am Ende des Abschiedsgebets
bezieht (17,24b: $\vartheta\acute{\epsilon}\lambda\omega$ $\emph{ἵνα}$ $\emph{ὅπου}$ $\emph{εἰμὶ}$ $\emph{ἐγὼ}$ $\emph{κἀκεῖνοι}$ $\emph{ὦσιν}$ $\emph{μετ᾽}$ $\emph{ἐμοῦ}$)[150]. Im
weiten Bogen zur Präexistenz des Logos (vgl. 17,24d.fin) ist damit die
eschatologische Verbindung aller Glaubenden mit dem Postexistenten ge-
meint, in der sie die $\delta\acute{o}\xi\alpha$ des ewigen Logos (vgl. 17,24c) sehen und die
Vollendung der göttlichen Liebe (vgl. 17,26b.fin) erfahren werden[151].

Exkurs:
Vergleich zwischen Joh 14,2f
und dem Motivrepertoire der urchristlichen Parusiedarstellungen

Für die Beurteilung der Unterschiede zwischen den johanneischen Aussagen in 14,2f und der urchristlichen Parusievorstellung lohnt sich an dieser
Stelle ein exemplarischer Einblick in die Texte 1 Thess 4,13-18; 1 Kor
15,20-28.51-55 und Mk 13,24-27, da später auch die Beschreibung der
eschatologischen Akzente von Joh 14,18-20; 16,8-11; 16,16-23a.26a darauf
zurückgreifen kann. Einzusetzen ist mit dem synoptischen Text:
Mk 13,24-27. Mk 13,24-27 ist Bestandteil der kunstvoll aufgebauten
eschatologischen Rede in Mk 13,5-32 (mit Rahmenstücken: Mk 13,1-37

---

der Gemeinschaft mit Jesus ist, *vollendet* sich aber erst nach dem Tod (bzw. nach der
Parusie)." - Die futurische Komponente ist nicht nur in der traditionellen Grundlage der
johanneischen Aussagen enthalten, sondern auch in ihrem aktuellen Textzusammenhang;
gegen *Becker*, aaO, 246, der auf der literarkritisch herausgearbeiteten theologiegeschichtlichen Ebene des Evangelisten "Sendung und Parusie" bereits für "identisch" hält; anders
Stählin, Zum Problem der johanneischen Eschatologie, 239, der 14,2f ganz auf die Parusie
bezieht.

[149] Vgl. Anm. 144.

[150] *Schnackenburg*, aaO, 71, spricht von der "Vereinigung der Jünger mit Jesus am
'Ort' der Vollendung".

[151] Hierauf trifft zu, was *Stählin*, aaO, 256, grundsätzlich für die "eschatologische
Struktur" des Johannesevangeliums formuliert: "Wer solchen Nachdruck auf die $\grave{\alpha}\varrho\chi\acute{\eta}$ legt,
wie das vierte Evangelium, der will damit zugleich den Blick auf das $\tau\acute{\epsilon}\lambda o\varsigma$ lenken".

parr)[152]. Der genannte Abschnitt Mk 13,24-27 steht in Korrespondenz zu den Teilen 13,7f.14-20 mit 13,21f[153], in denen die eschatologischen Ereignisse beschrieben werden, die der Parusie vorausgehen und sie begleiten. Der Anfang der Wehen (vgl. Vers 8fin: ἀρχὴ ὠδίνων ταῦτα), der sichtbare[154] Greuel der Verwüstung (vgl. Vers 14a: τὸ βδέλυγμα τῆς ἐρημώσεως[155]) und die Wehen selbst (vgl. Vers 19: ϑλῖψις) aber führen hin zur kosmischen Veränderung von Sonne, Mond und Sternen und zur Erschütterung der himmlischen Kräfte[156]. Die Verheißung der Verse 24f zeigt "in ihrem apokalyptischen Motivcharakter"[157] bereits zweierlei für die urchristliche Parusievorstellung. Erstens den Aspekt des Gerichtes. Denn im Sinne alttestamentlicher Tradition sind solche kosmischen Ereignisse, wie sie hier beschrieben werden, "Begleitumstände des Zorngerichtes Gottes"[158]: Die Sonne wird sich verfinstern, der Mond wird seinen Schein nicht mehr geben, die Sterne werden vom Himmel fallen, und die Kräfte im Himmel werden ins Wanken geraten. Zweitens wird der Aspekt der universalen Dimension der Wiederkunft Christi deutlich, von der "die gesamte Weltwirklichkeit"[159] betroffen sein wird.

Auf dem Hintergrund dieses kosmischen Szenariums wird dann das Erscheinen des Wiederkommenden selbst in Vers 26 ausgemalt. Spannungsvoll vorbereitet durch die dramatische Schilderung der endzeitlichen Vorzeichen und Ereignisse, erscheint dieser Vers kompositorisch wie sachlich als eigentlicher Höhepunkt[160] der ganzen Rede[161]. Als Motivrepertoire der

---

[152] Vgl. zur Analyse des Aufbaus von Mk 13 *Ferdinand Hahn*, Die Rede von der Parusie des Menschensohnes in Mk 13, in: Jesus und der Menschensohn (FS Anton Vögtle), Freiburg/Basel/Wien 1975, 240-266, hier besonders 242f. Als Rahmenstücke gelten in der Forschung einheitlich die szenische Einleitung in 13,1-4 und der paränetische Schluß in 13,33-37; vgl. dazu aaO, 242.

[153] Vgl. aaO, 242f und 249.

[154] Der Aspekt der Sichtbarkeit des Greuels geht hervor aus der Anrede Jesu an die Jünger in Vers 14: Ὅταν δὲ ἴδητε κτλ.

[155] Zum Bezug des Greuels der Verwüstung auf eine personale Erscheinung, speziell auf den "Antichristen", vgl. *Hahn*, aaO, 255.

[156] Vgl. Mk 13,24f; der Text lautet:

Ἀλλὰ ἐν ἐκείναις ταῖς ἡμέραις μετὰ τὴν ϑλῖψιν ἐκείνην   24aα
ὁ ἥλιος σκοτισϑήσεται,   24aβ
καὶ ἡ σελήνη οὐ δώσει τὸ φέγγος αὐτῆς,   24bγ
καὶ οἱ ἀστέρες ἔσονται ἐκ τοῦ οὐρανοῦ πίπτοντες,   25a
καὶ αἱ δυνάμεις αἱ ἐν τοῖς οὐρανοῖς σαλευϑήσονται.   25b

[157] *Hahn*, aaO, 265.

[158] So *Joachim Gnilka*, Das Evangelium nach Markus (Mk 8,27-16,20), EKK II/2, Zürich/Neukirchen-Vluyn 1979, 200.

[159] *Hahn*, aaO, 265.

[160] Vgl. aaO, 262.

Parusievorstellung zeigen sich hier die Einzelzüge des Sehens, des Kommens in Wolken mit großer Kraft und Herrlichkeit. Charakteristisch für die synoptische Parusiedarstellung ist dabei die Verwendung des Menschensohn-Titels für den Wiederkommenden[162], was sich traditionell anlehnt an die Verheißung von Dan 7,13 (Septuagintafassung)[163]. Als Terminus für die Wiederkunft selbst ist nicht die nominale παρουσία, sondern - ebenfalls wie in Dan 7,13 - das verbale ἔρχεσθαι[164] gewählt.

Im Anschluß an den Kernvers 26 folgt dann in Vers 27 das Parusiehandeln des Menschensohnes[165]. Als Motive sind hier die Aussendung der Engel und die Sammlung der Auserwählten aus allen vier Windrichtungen vom Ende der Erde bis zum Ende des Himmels zu erkennen. Eindrücklich an der markinischen Parusieschilderung ist der dramatische und dynamische Prozeß, in dem sich das vollmächtige Kommen des Menschensohnes mit irdischen und kosmischen Vorgängen verbindet und diese zugleich machtvoll übersteigt.

1 Kor 15,20-28.51-55. Es ist die Dramatik der Macht, die auch die Parusieaussagen in 1 Kor 15,20-28.51-55 prägt. Sie finden sich im sachlichen Kontext der paulinischen Ausführungen über die Auferstehung. Die Dramatik liegt hier nicht so sehr in der breiten Schilderung jener Ereignisse, die der Parusie vorausgehen und sie begleiten, als vielmehr in der knappen, aber kraftvollen Skizze des universalen Machtwechsels, der sich bei Christi Wiederkunft vollzieht[166]. Betont wird hier die endgültige (vgl. in Vers 24a

---

[161] Der Text von Mk 13,26 lautet:

καὶ τότε ὄψονται	26α
τὸν υἱὸν τοῦ ἀνθρώπου	26β
ἐρχόμενον ἐν νεφέλαις	26γ
μετὰ δυνάμεως πολλῆς	26δ
καὶ δόξης.	26fin

[162] Vgl. hierzu *Hahn*, Art. υἱός, 927-935, bes. 928f. 930f; ferner *Hans Conzelmann*, Art. Parusie, RGG³, Bd. 5, 130-132, hier 130.

[163] Vgl. nur *Conzelmann*, ebd. Die Septuagintafassung lautet: καὶ ἰδοὺ ἐπὶ τῶν νεφελῶν τοῦ οὐρανοῦ ὡς υἱὸς ἀνθρώπου ἤρχετο, κτλ.

[164] Vgl. den Wortlaut der vorausgegangenen Anmerkung. Zu diesem Verb als Parusieterminus bei den Synoptikern vgl. *Johannes Schneider*, Art. ἔρχεσθαι, ThWNT II, 662-672, hier 666f. Das Verb ist auch Terminus für das Kommen Gottes zum Gericht in den synoptischen Gleichnissen (667).

[165] Der Text lautet:

καὶ τότε ἀποστελεῖ τοὺς ἀγγέλους	27α
καὶ ἐπισυνάξει τοὺς ἐκλεκτοὺς [αὐτοῦ]	27β
ἐκ τῶν τεσσάρων ἀνέμων ἀπ᾽ ἄκρου γῆς ἕως ἄκρου οὐρανοῦ.	27fin

[166] Vgl. 1 Kor 15,24-26; der Text lautet:

εἶτα τὸ τέλος,	24a
ὅταν παραδιδῷ τὴν βασιλείαν τῷ θεῷ καὶ πατρί,	24b

τὸ τέλος) Vernichtung aller Herrschaft (ἀρχή), Vollmacht (ἐξουσία) und Kraft (δύναμις)[167], die uneingeschränkte Herrschaft über alle Feinde. Dem Thema von Sterben und Auferstehen entsprechend, gipfelt diese Schilderung der Entmachtung aller Kräfte und Feinde in der Entthronung des Todes selbst[168]. Denn gerade in ihr wird deutlich, daß dem wiederkommenden Christus umfassend alles von Gott zu Füßen gelegt ist (vgl. das exponierte πάντα in der Kopfstellung von Vers 27a). Mit der Zerstörung des Todes ist daher die Herrschaft des Wiederkommenden an ihr letztes Ziel gelangt. So kann dann auch Vers 28 das Ereignis der Parusie einmünden lassen in die Rückgabe der Vollmacht des Sohnes an Gott, damit schließlich Gott sei "alles in allem" (vgl. Vers 28fin: ἵνα ᾖ ὁ θεὸς [τὰ] πάντα ἐν πᾶσιν).

Der hier ausgesprochene Motivzusammenhang von Auferstehung, Parusie und Gericht wird dann in Abschnitt 51-55 ergänzt durch das Motiv der Verwandlung der Lebenden[169]. Als zentrales "apokalyptisches Requisit"[170] erscheint dabei die "letzte Posaune"[171] Gottes (Vers 52c). Sie fungiert einer-

---

ὅταν καταργήσῃ πᾶσαν ἀρχὴν	24cα
καὶ πᾶσαν ἐξουσίαν	24cβ
καὶ δύναμιν.	24cγ
δεῖ γὰρ αὐτὸν βασιλεύειν	25α
ἄχρι οὗ θῇ πάντας τοὺς ἐχθροὺς ὑπὸ τοὺς πόδας αὐτοῦ.	25β
ἔσχατος ἐχθρὸς καταργεῖται ὁ θάνατος·	26

[167] Zur Zuordnung der Begriffe zur Dämonologie als einem festen Bestandteil des apokalyptischen Weltbildes vgl. exemplarisch *Hans Conzelmann*, Der erste Brief an die Korinther, KEK V, Göttingen 1969, 322 mit den Anmerkungen 84 und 85: Die Bezeichnungen der Dämonen seien jüdisch, in der Zusammenstellung von Synonymen spiegele sich geprägter Stil.

[168] Zur Diskussion um die Vorstellung der Todesvernichtung nach Vers 26 vgl. aaO, 324f.

[169] Vgl. die Verse 51f; der Text lautet:

ἰδοὺ	51aα
μυστήριον ὑμῖν λέγω·	51aβ
πάντες οὐ κοιμηθησόμεθα,	51b
πάντες δὲ ἀλλαγησόμεθα,	51c
ἐν ἀτόμῳ,	52a
ἐν ῥιπῇ ὀφθαλμοῦ,	52b
ἐν τῇ ἐσχάτῃ σάλπιγγι·	52c
σαλπίσει γὰρ καὶ οἱ νεκροὶ ἐγερθήσονται	52d
ἄφθαρτοι καὶ ἡμεῖς ἀλλαγησόμεθα.	52fin

[170] Vgl. *Conzelmann*, aaO, 347.

[171] Zum Begriff der Posaune vgl. *Gerhard Friedrich*, Art. σάλπιγξ, σαλπίζω, ThWNT VII, 71-88, für den vorliegenden Zusammenhang besonders 86-88. Grundsätzlich bezeichnet σάλπιγξ nicht nur das Blasinstrument, sondern auch den durch das Instrument hervorgebrachten Ton (72). *Friedrich* betont, daß "die letzte Posaune" nicht der letzte Posaunenklang in einer Reihe von Posaunenstößen sei, sondern das "eschatologische Trompetensignal" am Ende der Zeit (87); vgl. auch *Conzelmann*, aaO, 347.

seits als anschauliches Dingsymbol für das plötzliche (Vers 52a), augenblickliche (Vers 52b) und darin besonders wunderbare Geschehen[172], in dem die Toten auferweckt und die Lebenden verwandelt werden. Andererseits trägt sie das Gerichtsmotiv auch hier ein[173]. Zugleich aber ist mit dem verbal formulierten "Erschallen der Posaune" (Vers 52d) in das Geschehen von Auferstehung und Verwandlung eine Dynamik gebracht, welche die Dramatik des in Abschnitt 23-28 geschilderten Machtwechsels aufzugreifen scheint.

1 Thess 4,13-18. Das Motiv des eschatologischen Posaunenschalls erscheint nun auch im Rahmen der Parusiedarstellung nach 1 Thess 4,13-18. Wie in 1 Kor 15,23 so begegnet auch hier als Terminus für die Wiederkunft παρουσία[174] (Vers 15). Anders als im ersten Korintherbrief ist allerdings im ersten Thessalonicherbrief nicht von der Parusie Christi, sondern von der Parusie des Kyrios gesprochen[175]. Der schmetternde Posaunenklang ist hier mit einem Befehlssignal (Vers 16a)[176] und dem ertönenden Ruf des Erzengels (Vers 16b) verbunden. Geradezu lautstark wird dadurch die dramatische Stimmung vor Augen geführt, die das Parusieereignis prägt. Zugleich sind mit den einzelnen Zügen auch hier wieder das Motiv des augenblicklichen Geschehens und das Gerichtsmotiv in die Parusiedarstellung eingetragen[177]. Beide verbinden sich hier möglicherweise gerade dadurch, daß blitzartig beim Schall der Posaune die Scheidung der Toten

---

[172] Dieser Aspekt liegt schon in der zur Einleitung verwendeten emphatischen Wendung von Vers 51a mit dem Begriff des "Geheimnisses". Zur Verwendung von μυστήριον bei Paulus vgl. *Günther Bornkamm,* Art. μυστήριον, ThWNT IV, 809-834, hier 829-831; dazu auch *Conzelmann,* aaO, 347f.

[173] Die Posaune als Trägerin des Gerichtsmotivs stammt aus alttestamentlicher und frühjüdischer Tradition, vgl. dazu *Friedrich,* Art. σάλπιγξ, aaO, 80 und 84.

[174] Zum Begriff vgl. *Albrecht Oepke,* Art. παρουσία, πάρειμι, ThWNT V, 856-869, besonders 864-868. Zu den Belegen der theologischen Verwendung bei Paulus vgl. *Conzelmann,* Der erste Brief an die Korinther, 320 mit Anm. 68.

[175] Vgl. 1 Thess 4,16; der Text lautet:

ὅτι αὐτὸς ὁ κύριος   16a
ἐν κελεύσματι,   16a
ἐν φωνῇ ἀρχαγγέλου   16b
καὶ ἐν σάλπιγγι θεοῦ,   16b
καταβήσεται ἀπ' οὐρανοῦ   16c
καὶ οἱ νεκροὶ ἐν Χριστῷ ἀναστήσονται πρῶτον,   16fin
κτλ.

[176] Zur Wendung ἐν κελεύσματι und den Problemen der Zuordnung zu den parallel mit ἐν konstruierten Wendungen aus Vers 16b vgl. *Lothar Schmid,* Art. κέλευσμα, ThWNT III, 656-659, hier besonders 657f. *Schmid* übersetzt die Wendung des hapax legomenon mit "unter Kommandoruf" (658).

[177] Vgl. hierzu im Überblick *Hans Conzelmann,* Art. Gericht, RGG³, Bd. 2, 1419-1421, hier 1420.

erfolgt: Unterschieden wird dann zwischen den Toten, die im Glauben an Christus gestorben sind, und jenen Toten, die den Glauben nicht kannten.

Im Anschluß an den Gedanken der Auferstehung der Toten in Christus beschreibt Vers 17 die Entrückung der Lebenden und die Vollendung des Parusiegeschehens in der Vereinigung aller Glaubenden mit dem $\varkappa\acute{v}\varrho\iota o\varsigma$[178]. Korrespondierend zu dem in Mk 13,26 begegneten Motiv des vollmächtigen Kommens des Menschensohns in den Wolken erscheint hier das Motiv des Entrücktwerdens der Lebenden in Verbindung mit den $\nu\varepsilon\varphi\acute{\varepsilon}\lambda\alpha\iota$. Das Weggeführtwerden (wörtlich: Geraubtwerden)[179] auf den Wolken führt zur Begegnung mit dem Herrn in der Luft (Vers 17b). Die dadurch erreichte Gemeinschaft mit dem $\varkappa\acute{v}\varrho\iota o\varsigma$ wird dann von immerwährender und endgültiger Dauer sein.

Es ist nun gerade dieser älteste neutestamentliche Beleg der Parusiedarstellung in 1 Thess 4,13-18, der in der Forschung zum Vergleich herangezogen wird, wenn die Verheißung von Joh 14,2f in den Abschiedsreden auf ihren Bezug zur Parusievorstellung hin überprüft werden soll[180]. Unter Betonung bestimmter Einzelzüge aus 1 Thess 4,16f werden beide Texte im Hinblick auf ein dreistufiges Modell der Parusie hin parallelisiert[181]. Denn das $\varkappa\alpha\tau\alpha\beta\acute{\eta}\sigma\varepsilon\tau\alpha\iota\,\acute{\alpha}\pi$' $o\grave{v}\varrho\alpha\nuo\tilde{v}$ (1 Thess 4,16c) lasse sich mit dem $\pi\acute{\alpha}\lambda\iota\nu$ $\check{\varepsilon}\varrho\chi o\mu\alpha\iota$ (Joh 14,3b) vergleichen, dem $\acute{\alpha}\varrho\pi\alpha\gamma\eta\sigma\acute{o}\mu\varepsilon\vartheta\alpha\,\varkappa\tau\lambda.\,\varepsilon\acute{\iota}\varsigma$ $\acute{\alpha}\pi\acute{\alpha}\nu\tau\eta\sigma\iota\nu$ (1 Thess 4,17a) entspreche das $\pi\alpha\varrho\alpha\lambda\acute{\eta}\mu\psi o\mu\alpha\iota\,\acute{v}\mu\tilde{\alpha}\varsigma$ (Joh 14,3b), und der Gedanke der Heilsvollendung in der Gemeinschaft zwischen Jesus und den Glaubenden spiegele sich in der Aussage $\pi\acute{\alpha}\nu\tau o\tau\varepsilon\,\sigma\grave{v}\nu$ $\varkappa\upsilon\varrho\acute{\iota}\omega\,\acute{\varepsilon}\sigma\acute{o}\mu\varepsilon\vartheta\alpha$ (1 Thess 4,17b) ebenso wie in der Aussage $\check{o}\pi o\upsilon\,\varepsilon\acute{\iota}\mu\grave{\iota}\,\grave{\varepsilon}\gamma\grave{\omega}$ $\varkappa\alpha\grave{\iota}\,\acute{v}\mu\varepsilon\tilde{\iota}\varsigma\,\tilde{\eta}\tau\varepsilon$ (Joh 14,3c).

Um jedoch auch die charakteristischen Unterschiede zwischen der johanneischen Verheißung in den Abschiedsreden und den urchristlichen Parusiedarstellungen erkennen zu können, ist es sinnvoll, die an den besprochenen Texten gesammelten Motive noch einmal zu einem Motivrepertoire zusammenzustellen:

---

[178] Der Text von 1 Thess 4,17 lautet:

$\check{\varepsilon}\pi\varepsilon\iota\tau\alpha\,\acute{\eta}\mu\varepsilon\tilde{\iota}\varsigma\,o\acute{\iota}\,\zeta\tilde{\omega}\nu\tau\varepsilon\varsigma\,o\acute{\iota}\,\pi\varepsilon\varrho\iota\lambda\varepsilon\iota\pi\acute{o}\mu\varepsilon\nuo\iota$	17a
$\check{\alpha}\mu\alpha\,\sigma\grave{v}\nu\,\alpha\grave{v}\tauo\tilde{\iota}\varsigma\,\acute{\alpha}\varrho\pi\alpha\gamma\eta\sigma\acute{o}\mu\varepsilon\vartheta\alpha\,\grave{\varepsilon}\nu\,\nu\varepsilon\varphi\acute{\varepsilon}\lambda\alpha\iota\varsigma$	17a
$\varepsilon\acute{\iota}\varsigma\,\acute{\alpha}\pi\acute{\alpha}\nu\tau\eta\sigma\iota\nu\,\tauo\tilde{v}\,\varkappa\upsilon\varrho\acute{\iota}o\upsilon\,\varepsilon\acute{\iota}\varsigma\,\acute{\alpha}\acute{\varepsilon}\varrho\alpha\cdot$	17a
$\varkappa\alpha\grave{\iota}\,o\check{v}\tau\omega\varsigma\,\pi\acute{\alpha}\nu\tau o\tau\varepsilon\,\sigma\grave{v}\nu\,\varkappa\upsilon\varrho\acute{\iota}\omega\,\grave{\varepsilon}\sigma\acute{o}\mu\varepsilon\vartheta\alpha.$	17b

[179] Zum griechischen Terminus vgl. *Werner Foerster*, Art. $\acute{\alpha}\varrho\pi\acute{\alpha}\zeta\omega$, ThWNT I, 471f.

[180] Vgl. *Porsch*, Pneuma und Wort, 381f; *Schnackenburg*, Das Johannesevangelium III, 70f; *Becker*, Das Evangelium des Johannes, 460.

[181] So exemplarisch und übersichtlich *Schnackenburg*, aaO, 70.

(1) Aussagen über die kosmischen Anzeichen des Wiederkunftsgeschehens	- Verfinsterung der Sonne - Erbleichen des Mondes - Absturz der Sterne - Erschütterung aller himmlischen Kräfte
(2) Aussagen zum plötzlichen Erscheinen des Wiederkommenden	- Das Herabkommen vom Himmel - Das Kommen in oder auf Wolken - Das Befehlssignal - Das Signal des Erzengelrufes - Das Signal der Posaune Gottes - Die große Macht und Herrlichkeit, mit der der Wiederkommende ausgestattet ist.
(3) Aussagen zum vollmächtigen Handeln des Wiederkommenden	- Die Aussendung der Engel bis in den letzten Winkel der Welt - Die Sammlung der Auserwählten - Die Vernichtung aller dämonischen und feindlichen Kräfte bis hin zum Tod - Das augenblickliche Gerichtshandeln zur Scheidung der Toten - Das augenblickliche Auferweckungshandeln an den verstorbenen Gläubigen beim Schall der Posaune - Das augenblickliche Verwandlungshandeln an den noch lebenden Glaubenden beim Signal der Posaune - Das Entrückungshandeln an den verstorbenen und noch lebenden Gläubigen in den himmlischen, gottzugehörigen Bereich[182] zur Begegnung mit dem Wiederkommenden
(4) Aussagen zur Vollendung des Wiederkunftsereignisses	- Gemeinschaft der Glaubenden mit dem Herrn - Die Rückgabe der Vollmacht des Wiedergekommenen an Gott und seine damit zusammenhängende Unterordnung unter Gott - Die uneingeschränkte Herrschaft Gottes über die ganze Schöpfung als der, der "alles in allem" sein wird.

An dem zusammengestellten Motivrepertoire wird deutlich, daß vor allen vier Gruppen von Aussagen jeweils das Vorzeichen der universalen Geltung der Parusie steht. Denn so wie keine Macht außer der des Wiederkommenden bestehen bleibt, so wie kein Winkel der Welt nicht von den ausgesandten Engeln erreicht wird und kein Lebender oder Toter, kein Glaubender oder Ungläubiger unbetroffen bleibt, so wird es auch keinen geben, der das Kommen des Herrn nicht "sieht": Es scheint, als erhielten im generellen Plural ὄψονται die ganze Menschenwelt und der ganze Kosmos

---

[182] Wie die Wolke für den Wiederkommenden ein Zeichen seiner Zugehörigkeit zum göttlichen Bereich ist, so läßt sich dieser Aspekt auch für das Entrücktwerden der Glaubenden erwägen.

Augen und Sinne, das Parusiegeschehen wahrzunehmen und seine Relevanz augenblicklich zu erkennen[183]. Universal ist schließlich auch die Herrschaft Gottes gedacht, in die das Parusiegeschehen einmünden wird[184].

Vergleich mit Joh 14,2f. Vergleicht man das Motivrepertoire mit den
Aussagen in Joh 14,2f, so ist es zunächst gerade dieser Aspekt der Univer-
salität, der der johanneischen Verheißung fehlt. Das liegt zum einen daran,
daß sich kein apokalyptisches Bild findet. Damit ergibt sich für die johanneische Verheißung eine grundsätzlich andere Stimmung. Der weite Raum
des Universums mit Sonne, Mond und Sternen, mit himmlischen Kräften
und dämonischen Mächten dringt hier nicht in den umgrenzten Rahmen der
Beziehung zwischen Jesus, dem Vater und den Glaubenden ein. So wenig
drängt sich aber auch Dramatik und Öffentlichkeit in das intime Bild des
väterlichen Hauses mit seinen Wohnungen für die Jünger. Und daß Jesus
die Jünger zu sich nehmen wird ($\pi\alpha\varrho\alpha\lambda\alpha\mu\beta\acute{\alpha}\nu\epsilon\iota\nu$), ist ebenfalls eine Verheißung, die eine ruhige Bewegung assoziieren läßt im Gegensatz zu jenem
dynamisch-machtvollen "Geraubtwerden" der Glaubenden in die Wolken.

Neben der Stimmung, die auf die johanneische Bildlichkeit zurückgeht,
ist auch der sachliche Kontext in den Abschiedsreden ein anderer als in den
betrachteten Texten zur Parusievorstellung. Weder geht es diesen Reden
wie der apokalyptischen Rede in der synoptischen Tradition darum, auf die
Endzeit mit ihrer gerade auch Jerusalem betreffenden Drangsal vorauszuschauen[185] und die Jünger eindringlich zur Wachsamkeit zu mahnen[186].
Noch steht im Hintergrund der johanneischen Reden das Thema von Sterben und Auferstehen wie in der paulinischen Verkündigung an die Gemein-
den in Korinth und Thessaloniki, die um den Glauben an die Auferstehung
der Toten und das Schicksal der Lebenden ringen[187]. Als Absicht der Abschiedsreden ist hingegen zu erkennen, auf die Situation der Jünger nach
Ostern vorauszuschauen und gerade anhand der Geistverheißungen zu verdeutlichen, daß diese Zeit für die Jünger eine lebendige Wirksamkeit in
Nachfolge und Verkündigung bringen wird.

---

[183] Vgl. dazu *Gnilka*, Das Evangelium des Markus, 201, der den gerichtlichen Aspekt
des Sehens betont. Das pluralische $\ddot{o}\psi o\nu\tau\alpha\iota$ ("unpersönliche Redeweise, die Evidenz
beinhaltet"), bezogen auf "Gegner, Frevler und Sünder", sei dem apokalyptischen Motiv
des Sehens des Richters vergleichbar (Hinweis auf äthHen 62,3.10). Im Sehen selbst
vollziehe sich also die Erkenntnis des Gerichtetseins.

[184] *Conzelmann*, Der erste Brief an die Korinther, 326, nennt es die "reine Herrschaft"
Gottes jenseits aller Machtkämpfe, die mit der Vollendung des Parusiegeschehens ausgedrückt sei.

[185] Vgl. Mk 13,14-20; Mt 24,15-22; Lk 21,20-24.

[186] Vgl. Mk 13,33-37; Mt 24,37-44; Lk 21,34-36.

[187] Vgl. 1 Kor 15, bes. 1-4.11.12.13f.17f.35f, sowie außer 1 Thess 4,13-18 auch 2
Thess 1,4-10.

Hinzukommt, daß weder der in Joh 14,3b verwendete Ausdruck πάλιν ἔρχομαι identisch ist mit dem urchristlichen Parusieterminus ἔρχεσθαι[188], noch das Verb παραλαμβάνειν als "ausgesprochener Parusieterminus" nachzuweisen ist[189]. Sowohl die Aussage πάλιν ἔρχομαι als auch der Gedanke παραλήμψομαι ὑμᾶς πρὸς ἐμαυτόν kann als zeitliche wie sachliche Gegenbewegung zu πορεύομαι verstanden werden[190]. In Zusammenhang mit der Ankündigung des Weggehens Jesu gewinnt dabei der Ausdruck πάλιν ἔρχομαι eine Konnotation im Sinne von "andererseits komme ich dann zu euch". Von 16,28 her läßt sich eine solche Übersetzung des πάλιν motivieren. Denn hier stellt das πάλιν ἀφίημι τὸν κόσμον auch gerade die andere Seite des ἐλήλυθα εἰς τὸν κόσμον (16,28a) dar. So wird betont, daß mit Jesu Rückkehr zum Vater die eschatologische Wiederbegegnung zwischen Jesus und den Glaubenden beginnt, die in der endgültigen Vereinigung mit Jesus und dem Vater vollendet wird.

14,12-15. Auf der Suche nach den theologischen Akzenten im Umkreis der ersten beiden Geistverheißungen ist jetzt weiterzulenken zum Abschnitt 14,12-15, der die erste Geistverheißung vorbereitet:

(1) Im Modus der Verheißung sagt Vers 12, der Glaubende werde nachösterlich die Werke vollbringen, die Jesus getan hat. Damit wird grundsätzlich angezeigt, daß einen wesentlichen Aspekt der Ekklesiologie jener Gedanke darstellt, der schon außerhalb der Abschiedsreden an der Verheißung von 8,31f, innerhalb der Abschiedsreden im Abschnitt 13,33-38 sichtbar geworden war: Wahres Jüngersein realisiert sich nach Ostern. Dieser Gedanke baut in 14,12 auf dem Aspekt der ἔργα auf. Dieser Aspekt stellt ein typisches Motiv der Sendungschristologie dar: Der Gesandte vollbringt die Werke dessen, der ihn sendet. Da er von diesem bevollmächtigt und beauftragt ist, die Funktion seiner Stellvertretung zu übernehmen, spiegelt sich im Handeln des Gesandten der Wille des Sendenden. Der Sendende selbst ist im Gesandten am Werk, dem er alles "gezeigt" und "in die Hände gegeben" hat (vgl. exemplarisch 3,34f; 5,20a; 14,20). Dieses typische Sendungsmotiv der ἔργα wird in 14,12 aus der Christologie in die Ekklesiologie übernommen. Dadurch wird dreierlei akzentuiert: Auch die Werke der Jünger erfüllen einen Sendungsauftrag. Dieser Sendungsauftrag entspricht der Sendung Jesu, da die Jünger gerade jene Werke fortsetzen werden, die Jesus selbst getan hat. So spiegelt sich in ihren Werken der Wille Jesu[191].

---

[188] Vgl. *Schnackenburg*, Das Johannesevangelium III, 70.

[189] Vgl. ebd.

[190] Vgl. ähnlich ebd.

[191] Gegen *Käsemann*, Jesu letzter Wille nach Johannes 17, 137, der im Sinne seiner These vom "naiven Doketismus" des vierten Evangeliums die Relation aufstellt, daß "der

(2) Durch das Motiv der ἔργα wird also, wie im Falle der ἐντολή, der Ekklesiologie ein Strukturelement der Christologie verliehen. Das gilt auch für das Motiv der μείζονα ἔργα, das Vers 12 verwendet, wenngleich dadurch eine andere Nuance der Christologie in die Ekklesiologie eingetragen wird. Christologisch verweisen die "größeren Werke" auf das vollmächtige Wirken des Postexistenten (vgl. 5,20b), in dem das im Inkarnierten verwirklichte Offenbarungsgeschehen seine Fortsetzung findet, jedoch nicht unter den Bedingungen irdischer Realität, sondern unter dem Vorzeichen der himmlischen δόξα. Wird zu diesem Wirken des Postexistenten das nachösterliche Wirken der Glaubenden in Beziehung gesetzt, so heißt das, daß sich im nachösterlichen Wirken der Jünger nicht nur das Sendungswerk des Irdischen fortsetzt, sondern auch das Wirken des Postexistenten realisiert. Die Verse 13f machen deutlich, daß an diesem Gedanken das ganze Gewicht auf der Souveränität des Postexistenten liegt: Er ist es, der in den Werken der Jünger handeln wird (vgl. das Homoioteleuton ἐγὼ ποιήσω in Vers 13a.14). Dieser Souveränität steht auf Seiten der Jünger die fundamentale Bindung an Jesu Person gegenüber, die sich auf den Irdischen (Stichwort: ἔργα) ebenso wie auf den Postexistenten (Stichwort: μείζονα ἔργα) richtet. In diesem Aspekt der Bindung (Stichworte: αἰτεῖν ἐν τῷ ὀνόματί μου / Vers 15a: ἀγαπᾶν) läßt sich wiederum ein christologisches Motiv erkennen, das Motiv des Sendungsgehorsams. Während es jedoch im Rahmen der Christologie dem Motiv der Vollmacht des Gesandten zugeordnet ist, findet es bei seiner Transposition in die Ekklesiologie ein anderes Pendant: Der Gedanke der Vollmacht der Jünger wird durch das pneumatologische Motiv der Geistimmanenz vertreten (vgl. 14,17fin).

14,16f (Erste Geistverheißung). In der Kernaussage der ersten Geistverheißung liegt der theologische Akzent auf der Pneumatologie und deren Relation zur Christologie, aus der sich soteriologische, eschatologische und trinitarische[192] Konsequenzen ergeben.

Botschaft von dem über die Erde schreitenden Gott" eine Gemeinde entspreche, "welche selbst im Bewußtsein ihrer Sendung dem Irdischen gegenüber keine Solidarität verspürt".

[192] Wenn in der vorliegenden Untersuchung von "trinitarischen" Akzenten der johanneischen Theologie gesprochen wird, ist damit selbstverständlich nicht gemeint, daß sich im Johannesevangelium eine systematisch entwickelte Trinitätslehre im Sinne der altkirchlichen Bekenntnisse und ihrer theologiegeschichtlichen Entfaltung finde. Sondern der Begriff "trinitarisch" wird bewußt anachronistisch gebraucht. Er wird verwendet in Abgrenzung zu dem in der neutestamentlichen Exegese geläufigen Begriff "triadisch", durch den das Nebeneinander von Gott (oder Vater), Jesus Christus (oder Sohn) und heiligem Geist formal bestimmt wird, wie etwa in der Segensformel von 2 Kor 13,13 (Ἡ χάρις τοῦ κυρίου Ἰησοῦ Χριστοῦ καὶ ἡ ἀγάπη τοῦ θεοῦ καὶ ἡ κοινωνία τοῦ ἁγίου πνεύματος μετὰ πάντων ὑμῶν) und in dem Taufbefehl von Mt 28,19b (βαπτίζοντες αὐτοὺς εἰς τὸ ὄνομα τοῦ πατρὸς καὶ τοῦ υἱοῦ καὶ τοῦ ἁγίου πνεύματος); vgl. auch

(1) Für die erste Geistverheißung ist charakteristisch, daß der Geist hier durch die Wendung ἄλλος παράκλητος programmatisch parallelisiert wird mit der Person Jesu. Von der Vorbereitung der Geistverheißung in den Versen 12-15 her ist dabei deutlich, daß der Geist durch diese Titulierung sowohl zum irdischen als auch zum postexistenten Jesus in Beziehung gesetzt werden soll. Daß Jesus selbst implizit durch die Parallelisierung als "Paraklet" erscheint, bleibt ein untergeordneter Gedanke, der im Kontext nicht eigens ausgeführt wird[193]. Er wird von der Forschung jedoch hinsichtlich des Irdischen in der Weise ausgedeutet, daß Jesus selbst den Jüngern während seines Daseins ein "Beistand" gewesen sei. Dabei gelingt der Verweis auf den Irdischen auf der Folie eines grundsätzlich forensisch geprägten Offenbarungsgeschehens. So wird angenommen, das Johannesevangelium "habe die Begegnung des Gesandten Gottes mit dem 'Kosmos' (...) bewußt als einen großen Prozeß darstellen wollen"[194], was sich "in dem äußeren Prozeß vor Pilatus"[195] symptomatisch widerspiegele. Dabei sei der "Rollentausch"[196]

---

die dreifache Gegenüberstellung in 1 Kor 12,4-6: Verschiedene Gaben / ein Geist; verschiedene Dienste / ein Herr; verschiedene Wirkungen / ein Gott. Im Gegensatz zu der formalen Bestimmung des Nebeneinanders von Vater, Sohn und Geist soll der Begriff "trinitarisch" den inhaltlichen Befund bezeichnen, daß das Bild des Geistes in den johanneischen Abschiedsreden durch die beiden Grundkomponenten der Eigenständigkeit gegenüber Vater und Sohn (trinitätstheologisches Stichwort: "Unterschiedenheit") und der funktionalen Parallelität zu Vater und Sohn (trinitätstheologisches Stichwort: "Einheit") sein Profil gewinnt. Durch beide Komponenten zeichnet sich die Tendenz ab, das Subjekt des Geistes zu personalisieren; vgl. *Ferdinand Hahn*, Das biblische Verständnis des Heiligen Geistes. Soteriologische Funktion und "Personalität" des Heiligen Geistes, in: Claus Heitmann, Heribert Mühlen (Hrsg.), Erfahrung und Theologie des Heiligen Geistes, München 1974, 131-147, hier 145, der allerdings betont, daß "der Schritt zu einer vollen Personalisierung" im Johannesevangelium nicht vollzogen sei. Tatsächlich aber bieten, in Verbindung mit den triadischen Formeln des Neuen Testaments, gerade die Geistaussagen der johanneischen Abschiedsreden "die entscheidenden Prämissen" der späteren Trinitätslehre; vgl. aaO, 144. Zur trinitarischen Relation zwischen dem Geist als Parakleten, dem Vater und Jesus vgl. auch *Barrett*, Das Evangelium nach Johannes, 103-107, bes. 106f, und *Alexandre Ganoczy*, Der Heilige Geist als Kraft und Person, in: Communicatio Fidei (FS Eugen Biser), Regensburg 1983, 111-123, hier 115, der im Hinblick auf das Verhältnis zwischen Paraklet und Vater von "Selbstunterscheidung des Geistes" einerseits, von "höchste(r) Einigung und Gemeinschaft mit Gott" andererseits spricht und die Beziehung zwischen Geist und Jesus auf die Formel "Einigung in der Unterscheidung und Unterscheidung in der Einigung" sowie auf den Begriff "einigende Selbstunterscheidung" bringt.

[193] Das heißt auch, daß die Bezeichnung παράκλητος, die in 1 Joh 2,1 für Jesus verwendet wird, nur im Hinblick auf den Geist besondere Bedeutung gewonnen hat; vgl. so auch *Hahn*, Die biblische Grundlage unseres Glaubens an den Heiligen Geist, 129.

[194] So *Porsch*, aaO, 222; vgl. auch *Bultmann*, Das Evangelium des Johannes, 59 pass.; *Johannes Beutler*, Martyria. Traditionsgeschichtliche Untersuchungen zum Zeugnisthema bei Johannes, FThS 10, Frankfurt a.M. 1972, hier 358.

[195] Vgl. *Porsch*, aaO, 223.

zu beachten, der aus dem von der Welt angeklagten Jesus selbst den "wahren Richter"[197] mache. Implizit lasse sich daraus der Aspekt ableiten, daß Jesus in der Rolle des Richters zugleich der Verteidiger der Jünger sei, die vorösterlich schon als die ihm Nachfolgenden und besonders nachösterlich als seine "Repräsentanten in der Welt"[198] Mitangeklagte im Prozeß zwischen ihm und der Welt seien. Der in der Wendung ἄλλος παράκλητος implizit gegebene Hinweis auf Jesus als "Parakleten" wird hinsichtlich des Postexistenten in der Forschung auf dem Hintergrund von 1 Joh 2,1 ausgewertet, wo Jesus selbst in interzessorischer Funktion gezeigt wird, in der er als Erhöhter Fürsprache für die Sünden der Glaubenden beim Vater einlegt (vgl. Vers 1b.c: καὶ ἐάν τις ἁμάρτῃ, παράκλητον ἔχομεν πρὸς τὸν πατέρα Ἰησοῦν Χριστὸν δίκαιον)[199].

Beide Versuche zeigen das Bemühen, den impliziten Verweis auf Jesus mit der Wortbedeutung des Begriffes παράκλητος in Einklang zu bringen, der ursprünglich aus der Gerichtssprache stammt und hier einen zur Unterstützung herbeigerufenen "Fürsprecher", "Helfer" oder "Beistand" vor Gericht meint[200]. Da der Begriff jedoch außerhalb der johanneischen Abschiedsreden und der genannten Stelle in 1 Joh innerhalb des Neuen Testaments nirgendwo begegnet, ist es sinnvoll, seine Verwendung in den Geistverheißungen einheitlich als Titel zu verstehen und diesen Titel jeweils von der besonderen Funktion, die dem πνεῦμα zugeordnet ist, inhaltlich aufzufüllen. Das Profil des Geistes als Parakleten erschließt sich nicht von einer bestimmten traditionsgeschichtlich vorgegebenen Wortbedeutung für παράκλητος, sondern nur aus der in den Verheißungen gezeichneten Funktionsfülle[201]. Dabei wird sich an den Geistverheißungen in 15,26f und 16,7-11 zwar der traditionelle juristisch-forensische Aspekt des Begriffes wiederentdecken lassen. Es wird sich jedoch zeigen, daß er nur einen unter ansonsten innovativ gebrauchten Aspekten darstellt, die die Gestalt des Parakleten nuanciert umreißen.

Grundlegend soll also durch die Bezeichnung ἄλλος παράκλητος bereits in der ersten Geistverheißung die Parallelität zwischen dem Wirken des Geistes und dem Wirken Jesu - sei es des Irdischen, sei es des Postexistenten - unterstrichen werden. Die für den Umgang mit den Zeiten zu

---

[196] Vgl. ebd. mit Hinweis auf *Josef Blank*, Die Verhandlung vor Pilatus Joh 18,28-19,16 im Lichte johanneischer Theologie, BZ NF 3, 1959, 60-81, hier 64; *Ignace de la Potterie*, Jésus devant Pilate, Bib 41, 1960, 217-247, hier 240ff.

[197] Vgl. *Porsch*, aaO, 223.

[198] AaO, 222.

[199] Vgl. aaO, 219.

[200] Vgl. aaO, 227f.

[201] Vgl. in der vorliegenden Untersuchung S. 18-20.

beobachtende Tendenz, neben dem Aspekt der Zäsur zwischen den Zeiten auch die Komponente der Kontinuität stark zu machen, ist hier gleichsam auf eine pneumatologische Formel gebracht.

(2) Indem das Wirken des Geistes mit dem Wirken Jesu parallelisiert wird, dringt das christologische Motiv der stellvertretenden Handlungsvollmacht in die Pneumatologie ein. Da der Paraklet von Jesus beim Vater erbeten und vom Vater selbst gegeben wird, zeichnet sich seine Funktion als Gesandter ab, die dann in der zweiten Geistverheißung ausdrücklich hervortritt durch den sonst für Jesus zentralen, hier aber auf den Geist bezogenen Sendungsterminus πέμπειν. Das Motiv der Beauftragung und Bevollmächtigung, das in der johanneischen Christologie kennzeichnend ist für die Profilierung des Sendungsgedankens, spiegelt sich in der ersten Geistverheißung bereits in der Prädikation "Geist der Wahrheit". Gerade da der verheißene Paraklet von Jesus und dem Vater herkommt, die beide für die göttliche Wahrheit selbst stehen (vgl. 14,6; 18,37e.f), und da er in seinem Wirken den gemeinsamen Offenbarungswillen von Vater und Sohn repräsentiert, kann auch ihm das sonst diesen beiden vorbehaltene Prädikat der "Wahrheit" zugesprochen werden. Damit weist die erste Geistverheißung in 14,16f auf die trinitarische Grundstruktur des göttlichen Offenbarungshandelns. Indem das typisch offenbarungstheologische Motiv der ἀλήθεια in die Pneumatologie integriert wird, gewinnt sie strukturell derart an Gewicht, daß mit ihr ein trinitarisches Konzept von Offenbarungstheologie aufgebaut werden kann.

(3) Daß sich, dem soteriologischen Aspekt des Offenbarungsgedankens entsprechend (vgl. exemplarisch 1,4.12; 3,16f; 17,2; 20,31b), im Wirken des Geistes den Jüngern Heil vermittelt, ist ein Aspekt der Pneumatologie, der sich in allen Geistverheißungen wiederfinden wird. In der ersten Verheißung ist er terminologisch gebündelt im Motiv des εἶναι μετά enthalten, das im biblischen Sprachgebrauch Schutzfunktion konnotieren kann[202] und in dieser Verwendung auch im Kontext der Abschiedsreden begegnet (vgl. 16,32). Der Aspekt der Heilsfunktion des Geistes kommt in 14,16f aber auch bereits darin zum Ausdruck, daß als eigentliches Ziel der Gegenwart des Parakleten die Jünger genannt sind. Ihnen (ὑμῖν) wird er gegeben, mit ihnen (μεθ' ὑμῶν) wird er sein, bei ihnen (παρ' ὑμῖν) wird er bleiben, in ihnen (ἐν ὑμῖν) wird er wohnen. Das Pronomen ὑμεῖς in deklinierten und präpositional verbundenen Formen steht dafür gleichsam als sprachliche Markierung. Durch den Aspekt der Geistgegenwart bei den Glaubenden, der im Motiv der Geistimmanenz eine Zuspitzung erfährt, trägt die Pneumatologie der Abschiedsreden, die vom Parakleten her entwickelt wird, einen

---

[202] Vgl. dazu *Porsch*, aaO, 245.

grundlegend soteriologischen Zug. Konzeptionell heißt das, daß die Soteriologie zu einem Strukturmoment der Pneumatologie wird. Darin läßt sich
wiederum eine Entsprechung zur Christologie erkennen. Die unterscheiden-
de Nuance ließe sich dabei jedoch zugespitzt folgendermaßen formulieren:
So wie die Soteriologie in der Christologie grundsätzlich durch das Motiv
der Inkarnation des Logos vertreten ist, so ist sie in der Pneumatologie
repräsentiert durch das Motiv der "Inkorporation" des Parakleten. Ist der Ort
für die Inkarnation des Logos die Welt als Ganze, so betont die erste Geistverheißung durch die dreifach negativ beschriebene Haltung des Kosmos
($οὐ$ $δύναται$ $λαβεῖν$ / $οὐ$ $θεωρεῖ$ / $οὐδὲ$ $γινώσκει$), daß als Ort der Inkorporation des Geistes der einzelne Glaubende (partitiv verstandenes Pronomen $ὑμεῖς$) und das corpus der Gemeinde gilt (kollektiv verstandenes Pronomen $ὑμεῖς$).

(4) Die Heilsfunktion des Parakleten wird der Perspektive der Verheißung gemäß futurisch formuliert und bezieht sich, dem Modell der Unterscheidung zwischen den Zeiten entsprechend, auf die nachösterliche Zeit.
Damit ist die Funktion des Zukunftsbezugs jedoch noch nicht erschöpft.
Durch die grundlegende Bestimmung, der Paraklet werde mit den Jüngern
$εἰς$ $τὸν$ $αἰῶνα$ sein, ist die Zukunftsstruktur der Soteriologie akzentuiert,
die sachlich den eschatologischen Aspekt der bleibenden Heilsvergegenwärtigung repräsentiert.

14,18-20f. Der Gedanke der bleibenden Heilsvergegenwärtigung wird zu
einem tragenden theologischen Akzent in der Explikation der Geistverheißung durch 14,18-20f, wo er sich sachlich konsequent mit weiteren
eschatologischen Motiven verbindet:

(1) Mit 14,18-20 wird formuliert, was es bedeutet, daß der Geist nachösterlich durch seine Gegenwart bei den Glaubenden Heil vermittelt. Er
nämlich vermittelt das Heil, indem er die nachösterliche Präsenz Jesu vermittelt. Durch seine Gegenwart realisiert sich Jesu Kommen und das Wiedersehen der Jünger mit ihm. An diesem Gedanken wird deutlich, daß ein
traditionelles eschatologisches Motiv, die Erwartung des endzeitlichen Wiederkommens und Wiedersehens Jesu, aus seiner einseitigen Bindung an die
Christologie herausgelöst und in die Pneumatologie aufgenommen ist. Konzeptionell wird dadurch die Pneumatologie in erheblichem Maße gestärkt.
Was traditioneller Topos der Christologie war, nämlich der Parusiegedanke,
wird zum Topos der Pneumatologie. Das heißt, daß dieses christologische
Motiv jetzt im Rahmen der Pneumatologie Relevanz gewinnt und so wiederum ein theologisches Konzept erkennbar wird, in dem Christologie und
Pneumatologie in auffallende Korrespondenz zueinander treten.

(a) Bei der Transposition des Parusiegedankens aus der Christologie in
die Pneumatologie vollzieht sich allerdings eine charakteristische Umformung des Motivs. Das Kommen Jesu wird nicht mehr in apokalyptischen

Kategorien als universales Endgeschehen gezeichnet, das sich vor den Augen der ganzen Welt ereignet. Sondern es ist allein den Glaubenden erfahrbar. So betont 14,19a.b ausdrücklich, daß der Kosmos Jesus nicht mehr sehen werde, daß sich aber mit Jesu Abschied und dem darin konstitutiv begründeten Kommen des Parakleten für die Jünger das eschatologische "Sehen" ereignet. Dabei liegt die Pointe des Gedankens von Vers 19 auf dem Motiv des Lebens (Stichwort: $\zeta \tilde{\eta} \nu$). Durch den im Geist lebendigen Jesus erfahren die Glaubenden ihr neues Leben (14,19c).

(b) Das apokalyptische Motivrepertoire der traditionellen Parusievorstellung ist im Gedankengang der Geistverheißung 14,16f und ihrer Explikation 14,18-20 ganz in den Hintergrund getreten. Durch die Aufnahme des Motivs vom Kommen Jesu in die Pneumatologie verlagert sich der theologische Akzent von der apokalyptischen Umwandlung der Welt ganz auf die eschatologische Neuschöpfung des Glaubenden. In der nachösterlichen, durch den Geist vermittelten Begegnung mit dem verherrlichten Jesus erfährt der Glaubende die Erneuerung seiner Existenz. So liefert der Abschnitt 14,18-20 die theologische Begründung für die Verheißungen 1,50f und 7,38, die außerhalb der Abschiedsreden vom künftigen "Sehen" der Jünger und von ihrer überströmenden Lebenskraft gesprochen hatten: Der Aspekt der eschatologischen Neuschöpfung gehört als integraler Bestandteil zum Konzept der johanneischen Pneumatologie.

(2) 14,20 zieht aus dem Gedanken der Erfahrung des neuen Lebens die Konsequenz hinsichtlich der nachösterlichen Erkenntnis der Glaubenden, die als Erkenntnis der Immanenz charakterisiert wird. Was bereits bei der Auswertung von 7,38f vermutet werden konnte, bestätigt sich wiederum durch die Abschiedsreden: Die nachösterliche Einsicht der Glaubenden wird eingezeichnet in die pneumatologisch begründete Neuschöpfungsvorstellung.

(3) Mit Vers 21 rundet sich der Gedankengang der ersten Geistverheißung ab, indem zu Vers 15 zurückgelenkt wird. Nochmals wird die Bindung der Glaubenden an Jesus im Modus der Liebe betont, die zugleich Voraussetzung ist für das Handeln der Jünger nach dem Willen Jesu (Vers 21a). Wird damit erneut das Motiv des Sendungsgehorsams für die Ekklesiologie fruchtbar gemacht (vgl. 14,13f), so akzentuiert die Fortführung des Verses 21b die soteriologische Qualität der Bindung an Jesus. Sie nämlich eröffnet die Erfahrung, von Vater und Sohn geliebt zu sein - eine Erfahrung, in der offenbar wird, wer Jesus ist. Wird Vers 21 weiterführend als Explikation der Geistverheißung verstanden, dann läßt sich auch die Erfahrung der Liebe Jesu und des Vaters wie die Erfahrung des Kommens und Sehens Jesu als geistvermittelte deuten. Wieder wird damit die Tendenz sichtbar, soteriologische Motive in die Pneumatologie zu integrieren und zugleich den Geist mit den Zügen des Repräsentanten Jesu, ja sogar des

Repräsentanten des Vaters auszustatten. In der Immanenz des Geistes in den Glaubenden begegnet die Liebe des Vaters - ein Gedanke, der wie die Aussage über das Gegebenwerden des Geistes durch den Vater eine direkte Relation herstellt zwischen dem πνεῦμα und Gott, die ausdrücklich neben die Relation zwischen Jesus und dem Geist gestellt wird. Zusammengenommen zeigen beide Relationen die trinitarische Struktur des göttlichen Heilshandelns.

14,22-24 und 14,25f (Zweite Geistverheißung). Der Abschnitt 14,22-24 verbindet das für die vorausgegangene Einheit charakteristische Motiv der Liebe mit dem in 14,25f bestimmend werdenden Motiv des Wortes. Er ist dabei theologisch ganz von der zweiten Geistverheißung geprägt.

(1) In der zweiten Geistverheißung ist zunächst in konsequenter Fortführung der ersten Geistverheißung wieder das Motiv der Parallelisierung des Parakleten mit Jesus zu erkennen, das den personalen Charakter des Geistes unterstreicht. Als ἄλλος παράκλητος in 14,16 bereits eingeführt, wird der Geist in 14,26a titularisch ὁ παράκλητος genannt. Seine Rolle als Repräsentant Jesu gewinnt an neuen Aspekten die Offenbarungsfunktion (Stichwort: διδάσκειν) und die Anamnesefunktion hinzu (Stichwort: ὑπομιμνῄσκειν). Seine Funktion als Gesandter, angedeutet bereits in der ersten Geistverheißung (Stichwort διδόναι[203]), tritt jetzt deutlich hervor (Stichwort: πέμπειν). Dabei ist auffallend, daß die Relation zwischen πνεῦμα und Gott weiter nachdrücklich akzentuiert wird durch die Aussage, der Vater sei es, der den Parakleten senden werde[204]. Durch den Zusatz, er werde ihn im Namen Jesu senden (Stichwort: ἐν τῷ ὀνόματί μου), ist hinsichtlich der Sendung des Geistes zugleich der einheitliche Handlungswille von Vater und Sohn betont. Der Geist ist also der gemeinsame Gesandte von Jesus und dem Vater. Aufgrund dieser konstitutiven Bindung an beide kann er auch, wie schon in der ersten Geistverheißung, ein Prädikat verliehen bekommen, das sonst allein Vater und Sohn vorbehalten ist, nämlich das Prädikat ἅγιον (vgl. die Prädikation für Jesus in 6,69: ὁ ἅγιος τοῦ θεοῦ; die Anrede des Vaters in 17,11d: πάτερ ἅγιε). Die Geistbezeichnung τὸ πνεῦμα τὸ ἅγιον weist wie die Bezeichnung τὸ πνεῦμα τῆς ἀληθείας auf das trinitarische Verhältnis zwischen dem Geist, Jesus und dem

---

[203] Das Verb διδόναι darf im Johannesevangelium nicht als Zeichen für den Geist als "Gabe" überinterpretiert werden, da auch von Jesus gesagt wird, daß er vom Vater "gegeben" ist (vgl. Joh 3,16). *Josef Kuhl,* Die Sendung Jesu und der Kirche nach dem Johannes-Evangelium, Studia Instituti Missiologici Societas Verbi Divini 11, St. Augustin 1967, 53ff, bezeichnet in seiner Zusammenstellung der johanneischen Sendungsterminologie πέμπειν als "direkte Sendungsaussage" und διδόναι als "Terminus mit Bedeutungsverwandtschaft".

[204] Vgl. *Porsch,* Pneuma und Wort, 255.

Vater[205]. Es ist in 14,26, vorbereitet durch Vers 24b, unter dem Aspekt des Wortes akzentuiert. Noch deutlicher wird die Geistverheißung in 16,13-15 dieses Verhältnis unter dem Aspekt der Offenbarungsfunktion des Geistes beleuchten. Aber auch in 14,26 ist schon klar zu erkennen, daß der Geist das Wort Jesu verwaltet, das auf den Vater zurückgeht[206]. Dabei wird aus der beobachteten direkten Relation zwischen dem πνεῦμα ἅγιον und dem Vater noch eine weitere Nuance des διδάσκειν erkennbar, die bei der Auslegung des Verses noch nicht eigens ausgewertet wurde. Verstanden als Offenbarungsterminus, kann mit dem "Lehren" des Geistes auch die Veröffentlichung der διδαχή des Vaters gemeint sein. Diese inhaltliche Lesart wäre ein weiteres Argument dafür, den Teilvers ὑμᾶς διδάξει πάντα in Vers 26d vom Relativsatz ἃ εἶπον ὑμῖν [ἐγώ] in Vers 26fin abzulösen[207]. Doch schließen sich die erwogenen Möglichkeiten nicht gegenseitig aus, sondern zeigen die Bedeutungsvielfalt dieser Verheißung, die ihre sachliche Mitte in der Kennzeichnung des Parakleten als des Repräsentanten der Offenbarung Jesu und des Vaters hat.

(2) An der Geistverheißung von 14,25f wird deutlich, daß der Offenbarungsgedanke selbst in die Pneumatologie aufgenommen ist. In ihm korrelieren die Offenbarung durch das Wort und die Vermittlung der Heilserfahrung in der göttlichen Liebe. Indem der Geist durch sein Lehren und Erinnern nachösterlich die Offenbarung Gottes vertritt, ermöglicht er den Glaubenden, das Wort Jesu zu bewahren (vgl. Vers 23) und so in ihrer Bindung an den Irdischen (Stichwort: ἃ εἶπον ὑμῖν ἐγώ) ebenso wie an den Postexistenten (Stichwort: διδάσκειν) der Liebe (Stichwort: ἀγαπᾶν) und Nähe (Stichwort: μονὴν ποιεῖσθαι) von Vater und Sohn teilhaftig zu werden.

14,27f. Daß der die Geistverheißung abschließende Teil das Gesagte durch das Motiv der εἰρήνη interpretiert, leuchtet auf diesem Hintergrund unmittelbar ein und zeigt noch einmal die soteriologische Zuspitzung der Geistverheißungen. So wie Jesus den Jüngern in den Verheißungen über den Geist als Parakleten ein Zeichen seines Friedens setzt (Stichwort Vers 27a: ἀφιέναι εἰρήνην), so wird ihnen in der nachösterlichen Erfahrung der Geistgegenwart eben dieser Friede begegnen (Stichwort Vers 27b: διδόναι εἰρήνην). Die nochmalige Aufforderung an die Jünger, nicht zu erschrecken

---

[205] Vgl. *Porsch*, ebd., der "die Hervorhebung des individuellen, personalen Charakters" des Geistes in Verbindung bringt mit der Geistprädikation τὸ πνεῦμα τὸ ἅγιον und deren Wiederaufnahme durch das maskuline Pronomen ἐκεῖνος, und der im Hinblick auf die zweite Geistverheißung vom "klare(n) trinitarische(n) Kontext" spricht, "in dem der Geist-Paraklet als eine dritte Gestalt (Person) neben dem Vater und dem Sohn erscheint".

[206] Vgl. *Porsch*, aaO, 256, der hervorhebt: "Wie Jesus, so tritt also auch der Geist-P mit der Autorität des sendenden Vaters auf. Auf den Vater geht letztlich sein Sein und Wirken in der Welt zurück".

[207] Vgl. S. 116f.

und zu verzweifeln (Vers 27d.fin in Erweiterung zu 14,1a), entspricht diesem Gedanken ebenso wie die wiederholte Versicherung Jesu, er gehe weg und komme doch andererseits zu den Jüngern (Vers 28a.b). Diese komprimierte christologisch-eschatologische Aussage ist pneumatologisch begründet, wie an 14,18 zu sehen war.

15,1-17. Die grundsätzlich implizite pneumatologische Begründung ist kennzeichnend auch für die fortgeführte Explikation der beiden ersten Geistverheißungen durch den breiten Abschnitt 15,1-17. In ihm liegen die theologischen Akzente auf der Christologie und Ekklesiologie sowie auf deren Verflechtung[208].

(1) Der christologische Akzent wird gesetzt durch die aus dem unmittelbar vorausgehenden Kontext übernommene Relation zwischen Jesus und dem Vater[209]. Sie war in 14,31a.b.c unter dem Aspekt des einheitlichen Willens von Vater und Sohn thematisiert worden, der sich daran zeigt, daß Jesus den Vater liebt und so handelt, wie es ihm der Vater aufgetragen hat. Dieser christologische Aspekt des gemeinsamen Willens von Vater und Sohn prägt auch das Ich-bin-Wort von 15,1, das charakteristischerweise die Prädikation des Vaters als des Weinbauern neben die Selbstprädikation Jesu als des Weinstocks stellt[210], und bestimmt die Aussage von 15,10c.fin, in der sich die Übereinstimmung zwischen dem Willen des Vaters und dem Handeln Jesu im Motiv des τηρεῖν τὰς ἐντολάς ausdrückt. Der einheitliche Wille von Vater und Sohn zeigt sich schließlich darin, daß das in der Immanenz zwischen Jesus und den Jüngern begründete Fruchtbringen der Reben auf die Verherrlichung des Vaters zielt (vgl. 15,4.7a mit 15,8) und in Entsprechung dazu der Vater alle Bitten erfüllt, welche die Jünger im Namen Jesu an ihn richten (vgl. 15,7b.c mit 15,16c.fin).

(2) Der Entsprechung zwischen dem Willen des Vaters und dem Willen Jesu korrespondiert das ekklesiologische Motiv des Jüngerhandelns, das in der Bindung an Jesus (Stichwort: μένειν) und in der Beauftragung durch ihn (Stichworte: ἐντολή, ἐκλέγεσθαι, τίθημι) gründet. Das Motiv des Sendungsgehorsams, der den einheitlichen Willen realisiert, ist so aus der Christologie in die Ekklesiologie aufgenommen. Die Ekklesiologie erhält dadurch ein christologisches Strukturmoment. Dieses kann jedoch in die Ekklesiologie nur insofern integriert werden, als das Motiv der Jüngerbin-

---

[208] Vgl. dazu *Borig*, Der wahre Weinstock, 248-250 ("Zur Christologie der Weinstockrede"), 250-252 ("Zur Ekklesiologie der Weinstockrede").

[209] Exemplarisch gegen *Borig*, aaO, 19 und 24, der wie alle mir bekannten Ausleger der Stelle keinen sachlichen Bezug erkennt zwischen 14,31 und 15,1.

[210] Durch die Bestimmung einer zweiten Größe außer dem ἐγώ εἰμι zeichnet sich das Ich-bin-Wort von 15,1 wie seine Ergänzung in 15,5 allen sonstigen Ich-bin-Worten gegenüber aus; vgl. dazu auch *Borig*, aaO, 35.

dung an Jesus ebenso wie das Motiv der Auftragserfüllung pneumatologisch begründet ist. Denn das in der Ekklesiologie von 15,1-17 gestaltete Jüngerbild setzt grundlegend die in den ersten beiden Geistverheißungen konzipierte Pneumatologie voraus, deren wesentlicher Grundgedanke die Gegenwart des Geistes bei den Glaubenden ist (Stichwort: "Geistimmanenz"). Allein die Geistgegenwart setzt die Jünger in Kraft, bei Jesus zu bleiben, seine Worte zu bewahren und seinem Auftrag und Willen gemäß zu handeln.

3.2.3. Die Verheißungen über den Geist als Parakleten in Joh 15,26f; 16,7-11 und 16,12-15

Der Kontext: 15,18-16,33. Dritte, vierte und fünfte Geistverheißung stehen im Aufbau der Abschiedsreden nahe beieinander und prägen sachlich den Teil, der von 15,18 bis zum Ende der Reden führt. Er ist im Abschnitt 15,18-16,15 monologisch, im Abschnitt 16,16-33 dialogisch gestaltet. Die monologische Passage führt stilistisch den vorausgegangenen monologischen Redeteil 14,23-15,17 fort. Umgekehrt knüpft der dialogisch gestaltete Schlußteil 16,16-33 an den dialogischen Anfang der Reden an. Hier hatte die Rückfrage des Petrus in 13,36 eine Reihe von Jüngeräußerungen eingeleitet, deren letzte in 14,22 stand.

Der Abschnitt 15,18-16,33 ist durch das Stichwort des κόσμος gerahmt. Der einleitende Rahmenvers 15,18 spricht vom Haß der Welt auf die Jünger (Vers 18a), der im Haß gegenüber Jesus gründet (Vers 18b). Die Aussage soll die Jünger auf ihre kritische Situation vorbereiten, die sie nach Jesu Abschied inmitten der Welt erwarten wird. Umgekehrt will der abschließende Rahmenvers 16,33 ihnen die Angst vor dieser Situation nehmen. Denn so wie sie aufgrund ihrer Bindung an Jesus der Haß der Welt treffen wird, so werden sie dank eben dieser Bindung auch erfahren, daß Jesus dem Haß der Welt nicht unterlegen ist, sondern ihn überwunden hat (Vers 33c.fin). Das Thema der Beziehung zwischen den Jüngern und der Welt einerseits, zwischen der Welt und Jesus andererseits, ist von den Rahmenversen 15,18 und 16,33 vorgegeben und prägt den eingerahmten Redeteil in den Abschnitten 15,18-16,11 und 16,20-22. Es stellt gegenüber dem Redeteil 13,31-15,17 kein eigentlich neues Thema dar, sondern führt aus, was dort bereits angedeutet war. Denn bereits in 13,35 und in der ersten Geistverheißung war in je eigener Weise vom Verhältnis zwischen den Jüngern, dem Kosmos und Jesus die Rede. So sollte nach der Verheißung von 13,35 die Welt an der Liebe der Jünger erkennen, daß sie μαθηταί Jesu sind. Damit aber ist formuliert, daß die Jünger die Welt zur Begegnung mit Jesus führen. Denn als die, die einander lieben, legen sie vor der Welt Zeugnis ab für Jesu Liebe und lassen so den Kosmos auch nach Jesu Rückkehr zum Vater erfahren, daß ihm die Sendung des Sohnes galt und gelten soll (vgl. 3,16). In der ersten Geistverheißung war dann das Verhältnis zwischen den Jüngern und der Welt durch eine Abgrenzung bestimmt worden. Abgrenzendes Kriterium war die Gegenwart des Geistes. Sie wurde exklusiv für die Jünger formuliert. Das Verhältnis des Kosmos zum Geist, der durch seine Gegenwart die Präsenz Jesu vermittelt, wurde hingegen negativ bestimmt. Daraus ist jedoch nicht der Schluß zu ziehen, daß auch das Verhältnis zwischen Jüngern und Welt ein negatives sei. Wenngleich feststeht, daß sie im Hinblick auf den Empfang des Geistes voneinander unterschieden sind, so liegt in dieser Unterscheidung gerade die Möglichkeit, daß die Jünger der Welt von ihrem positiven Verhältnis zum Geist abgeben, das heißt genauer: daß sie in ihrem vom Geist geleiteten Wirken auf die Welt zugehen und ihr, im engeren und weiteren Sinne des Wortes, den Geist Jesu übermitteln. Gerade die Geistverheißungen in 15,26f und 16,7-11 haben die Funktion, diesen Gedanken im Anschluß an 13,35 und 14,16f genauer auszuführen.

Einen weiteren Schwerpunkt des Redeteiles 15,18-16,33 bildet das Thema des nachösterlichen Verstehens der Jünger, das bereits in der zweiten Geistverheißung Gegenstand der Reden war. Die letzte Geistverheißung in 16,12-15 nimmt darauf explizit Bezug und ergänzt die in 14,26 genannten Geistfunktionen des διδάσκειν und ὑπομιμνήσκειν durch weitere Teilfunktionen, die das Offenbarungswirken des Geistes kennzeichnen.

Wie im Kontext der ersten und zweiten Geistverheißung zieht auch der auf die letzte Geistverheißung folgende Redeteil die sachlichen Konsequenzen, die sich für die Jünger nachösterlich aus dem Wirken des Geistes ergeben werden. Die Erfahrung der Begegnung mit Jesus, gerade aber auch die Begegnung mit dem Vater spielt thematisch dabei wieder eine tragende Rolle (vgl. 16,16-28). Die Motive des Bittens im Namen Jesu und des Liebens werden unter Betonung neuer Nuancen aufgenommen.

Im Zusammenhang mit dem Motiv des nachösterlichen Verstehens der Jünger ist schließlich das dritte Element zu sehen, das den Redeteil 15,18-16,33 inhaltlich bestimmt und zugleich kompositorisch strukturiert. Bei diesem Element handelt es sich um die mehrfach wiederkehrenden Äußerungen Jesu, mit denen er auf seine Rede erläuternd Bezug nimmt. Auch durch dieses rhetorische Element ist der Teil 15,18-16,33 auf den Teil 13,31-15,17 bezogen, in dem solche Reflexion auf die Rede selbst in 14,25.29 und 15,11 begegnete. Hauptanliegen dieser Äußerungen ist es, den Jüngern die Funktion der Rede zu erhellen. Formelhaft wird dafür die Einleitungswendung ταῦτα λελάληκα ὑμῖν ἵνα verwendet (vgl. 16,1.4a.33a), mit der auch in 15,11 die Absicht der Rede bestimmt wurde.

Erklärt wird ebenso, weshalb von der nachösterlichen Situation der Jünger vor den Abschiedsreden nicht gesprochen wurde (16,4b) und weshalb selbst in der Situation des Abschieds nicht alles gesagt wird (16,12). Dazu gehört auch der ausdrückliche Hinweis darauf, was die Rede bei den hörenden Jüngern auslöst (16,6). Besonderes Gewicht aber trägt, daß auf die Form des Redens selbst reflektiert wird (16,25). Denn darin liegt die Absicht, das gegenwärtige Reden Jesu seiner Gestalt und Funktion nach vom künftigen Reden zu unterscheiden. Bisher habe er in Bildern, verschlüsselt zu den Jüngern gesprochen (Vers 25a). Künftig hingegen werde er nicht mehr verschlüsselt zu ihnen sprechen, sondern den Vater in aller Offenheit verkündigen (Vers 25b.c). Gerade diese Unterscheidung der Sprachform aber zielt gegen Ende der Abschiedsreden auch nochmals explizit auf die faktische und inhaltliche Unterscheidung der Zeiten, die bei den bisherigen Untersuchungen als typisches Merkmal des nachösterlichen Standpunktes erkannt werden konnte.

Vor eben diesem Hintergrund der Unterscheidung der Zeiten erhalten dann die Reden mit der letzten Jüngeräußerung (16,29f) einen einschneidenden Perspektivenwechsel, der sich als Schlüssel zu den Aussagen im Abschiedsgebet Joh 17, aber auch zu zahlreichen Stellen außerhalb der literarischen Abschiedssituation erweisen wird. Überführt wird nämlich plötzlich das Stilprinzip der Unterscheidung zwischen vor- und nachösterlicher Zeit in eine Perspektive, in der die für die nachösterliche Zeit verheißene Realität vorweggenommen und in die dargestellte vorösterliche Situation hineinprojiziert wird. Dieses Stilmittel der Verschmelzung der Zeiten bildet das charakteristische Gegenstück zum Prinzip der Unterscheidung der Zeiten. Wie dieses gehört es als dessen Kehrseite konstitutiv zu den textimmanenten Merkmalen des nachösterlichen Standpunktes, der die Darstellung des Johannesevangeliums bestimmt.

Nach diesem Überblick über den weiteren Kontext der Geistverheißungen 15,26f; 16,7-11 und 16,12-15 sind diese Belege jetzt in ihrem jeweiligen engeren Kontext zu besprechen und für den nachösterlichen Standpunkt auszuwerten. Dabei sind die sachlichen Bezüge der drei Verheißungen untereinander ebenso darzustellen wie ihr Zusammenhang zu den beiden ersten Geistverheißungen. Eine Zwischenbilanz wird im Anschluß an die Analyse die gewonnenen Ergebnisse ordnen und wie bisher teilweise tabellarisch zusammenstellen.

3.2.3.1. Die dritte Geistverheißung in Joh 15,26f

Der Kontext: 15,18-25; 16,1-4a. Der Abschnitt 15,18-25 zeigt einen klaren argumentativen Duktus, der sich äußert in einem einheitlichen syntaktischen

Stil[211]. Dominant sind die εἰ-Phrasen in argumentativer Funktion (Irrealis und Konditionalis), die ergänzt werden durch generalisierende und gnomische Phrasen in explikativer Funktion[212]. Was argumentativ begründet und erklärt werden soll, ist der Inhalt von Vers 18, der als eine Art Grundaussage[213] dem Abschnitt voransteht: "Wenn euch der Kosmos haßt, dann erkennt, daß er mich vor euch gehaßt hat" (*Εἰ ὁ κόσμος ὑμᾶς μισεῖ, γινώσκετε ὅτι ἐμὲ πρῶτον ὑμῶν μεμίσηκεν*). Dabei schwingt in dem "Erkennen" der Jünger ein "Bedenken aufgrund von Einsicht" mit. Eben diese Einsicht sollen die folgenden Verse 19-25 vermitteln[214], indem sie einerseits den Haß der Welt auf die Jünger, andererseits den Haß der Welt auf Jesus und den Vater erklären und dabei zugleich verdeutlichen, daß eben der Haß auf die Jünger im Haß auf Vater und Sohn begründet ist[215]. Die gnomische Deutung dieses Zusammenhangs liegt in Vers 20, der auf einen Vers aus der Szene des Abschiedsmahles zurückgreift (vgl. 13,16)[216]. Mahl und Reden sind kompositorisch bewußt durch diesen Vers verknüpft, denn Jesus selbst fordert die Jünger auf, sich seines früheren Wortes zu erinnern (Vers 20a: *μνημονεύετε τοῦ λόγου οὗ ἐγὼ εἶπον ὑμῖν*). Aufgenommen wird dabei nur der erste Teil von 13,16 (vgl. 13,16bα), um den Gedanken so knapp und scharf wie möglich zu artikulieren: "Der Knecht ist nicht größer als sein Herr" (Vers 20b: *οὐκ ἔστιν δοῦλος μείζων τοῦ κυρίου αὐτοῦ*). Sind Jesus und die Jünger dadurch ins Verhältnis von Herr und Knecht gesetzt, so ergibt sich für das Thema des Abschnittes schlüssig, daß die "Knechte" den Haß der Welt zu ertragen haben, wenn auch ihr "Herr" ihn ertragen hat.

Korrespondierend zur Deutung, die das Sprichwort in Vers 20b bereithält, steht die Deutung, die das Schriftzitat in Vers 25 vornimmt[217]. Es gibt

---

[211] Zur Struktur des Textes vgl. sehr übersichtlich *Onuki*, Gemeinde und Welt, 131.

[212] *Onuki*, ebd., unterscheidet drei Elemente: (1) "Irrealis bzw. Konditionalis", (2) "Antithese", (3) "Begründung der Antithese". Element (2) bezieht *Onuki* auf die Versteile 19e/21a/22c.23/24c, die durch die adversativen Partikel ἀλλά oder δέ eingeleitet werden. Die Bestimmung dieses Elementes als "Antithese" leuchtet jedoch nicht ein. Der Abschnitt stellt nicht Thesen und Antithesen auf, sondern expliziert differenziert einen Grundgedanken, nämlich die negative Haltung des Kosmos. Bezeichnenderweise steht daher dem Element "Antithese" bei *Onuki* auch nicht das Element "These" gegenüber.

[213] *Onuki*, ebd., spricht vom "Grundthema".

[214] *Onuki*, ebd., bestimmt die Verse 19-25 formkritisch als midraschartige Paraphrase zu Vers 18.

[215] Dieser Begründungszusammenhang kommt nicht deutlich genug heraus, wenn *Onuki*, ebd., von der "Identität beider Haltungen" spricht.

[216] Bezogen auf den weiteren Textzusammenhang gilt daher nicht *Onukis* Beobachtung, ebd., das "Sprichwort" werde in 15,20b neu eingeführt. Vgl. dagegen *Schnackenburg*, Das Johannesevangelium III, 131.

[217] Da der Text insgesamt durch seinen streng durchkomponierten Aufbau

gleichsam die Letztbegründung für die Haltung des Kosmos gegenüber Jesus (ἀλλ᾿ ἵνα πληρωϑῇ ὁ λόγος ὁ ἐν τῷ νόμῳ αὐτῶν[218] γεγραμμένος[219] ὅτι ἐμίσησάν με δωρεάν). Dabei ist bezeichnend, daß ausdrücklich vom Deutewort gesagt wird, es stehe in "ihrem" Gesetz[220] geschrieben: Gerade ihr eigenes Gesetz also liefert den Schriftbeweis dafür, daß die Welt Jesus zu Unrecht haßt[221].

Trotz dieser formal und sachlich abgeschlossenen Einheit, die der Abschnitt 15,18-25 bildet, steht die sich in 15,26f unmittelbar anschließende Geistverheißung nicht isoliert. Das geht kompositorisch daraus hervor, daß sich der Abschnitt 16,1-4a anaphorisch durch das zweifache ταῦτα λελάληκα ὑμῖν ἵνα (16,1.4a) auf 15,18-27 insgesamt bezieht. Dem entspricht auf sachlicher Ebene, daß erst nach der Geistverheißung gesagt werden kann, alles Vorausgehende sei in der Absicht angekündigt worden, daß die Jünger, wenn die "Stunde der Welt" gekommen sei (vgl. die Verse 2b.4), an ihrem Schicksal nicht Anstoß nehmen, sondern sich daran erinnern sollen, daß Jesus es ihnen gesagt hat.

Um diese Funktion der Geistverheißung 15,26f in ihrem Kontext zu erkennen, muß jedoch der Inhalt des Abschnittes 15,18-25 im einzelnen dargestellt werden:

15,18-21. Auf die Grundaussage in Vers 18 folgt in Vers 19 die erste Begründung für den Haß der Welt auf die Jünger. Sie haßt sie, weil sie nicht ἐκ τοῦ κόσμου (Vers 19c), sondern von Jesus aus dem Kosmos ausgewählt sind (Vers 19d). Gehörten die Jünger zur Welt (Vers 19a), so liebte sie die Welt als ihr Eigenes (Vers 19b). Als von Jesus Auserwählte sind die Jünger der Welt jedoch fremd. Denn sie sind nicht an die Maßstäbe des Kosmos gebunden, sondern allein an ihr Verhältnis zum "Herrn" (vgl. Vers 20a.b). Aufgrund eben dieses Verhältnisses erfahren sie von der Welt, was Jesus selbst von ihr erfahren hat - das Negative wie das Positive: Hat die Welt Jesus verfolgt, so wird sie auch die Jünger verfolgen (Vers 20c.d); hat sie

---

"Reflexionscharakter" beweise, bestimmt *Onuki*, aaO, 131, auch das ihn abschließende Schriftwort prägnant als "Reflexionszitat".

[218] Stilistisch wird im Abschnitt 15,18-25 das Subjekt der Welt zunächst durch ὁ κόσμος (Verse 18f), dann, als constructio ad sensum, durch die 3. Person Plural vertreten (ab Vers 20b). Daraus erklärt sich die plurale Form des Pronomens (vgl. auch Vers 22fin).

[219] Zur Eigenart dieser längsten Einführungsformel eines Schriftzitates im Johannesevangelium vgl. *Schnackenburg*, aaO, 133.

[220] Mit "Gesetz" ist übergeordnet die "heilige Schrift" gemeint; zur Besonderheit der Verwendung von ὁ νόμος in Verbindung mit πληροῦσϑαι anstelle von ἡ γραφή vgl. *Schnackenburg*, ebd.

[221] *Schnackenburg*, aaO, 133f, wertet die Verbindung eines Psalmzitates mit dem Nomos (vgl. auch 10,34) als "Hinweis auf die besondere Schriftauswertung der joh. Schule".

Jesu Wort bewahrt, so wird sie auch das Wort der Jünger halten (Vers 20e.fin). Grundsätzlich handelt sie an den Jüngern um deren Bindung an Jesu Namen willen (Vers 21a: ἀλλὰ ταῦτα πάντα ποιήσουσιν εἰς ὑμᾶς διὰ τὸ ὄνομά μου).

Daß trotz der Erwähnung der positiven Möglichkeit des Verhaltens der Welt den Jüngern gegenüber der eigentliche Akzent auf ihrer negativen Grundhaltung liegt, zeigt Vers 21b. Denn die Aussage, die Welt handle an den Jüngern ihrer Bindung an Jesus entsprechend, wird dadurch begründet, daß die Welt den nicht kennt, der Jesus gesandt hat (Vers 21b: ὅτι οὐκ οἴδασιν τὸν πέμψαντά με). Sie mißachtet die Jünger, da sie Jesus verkennt. Jesus verkennt sie, da sie nicht sieht, daß er von Gott gesandt ist.

15,22-24. Ein erster Argumentationsgang ist in Vers 21 abgeschlossen. Deutlich sollte darin werden, daß die Haltung der Welt den Jüngern gegenüber in deren Bindung an Jesus gründet, die sie dem Kosmos fremd macht. Im Anschluß daran wird in den Versen 22-24 entfaltet, daß Jesus selbst dem Kosmos fremd geblieben ist, wie sachlich konsequent von Vers 21b her einleuchtet. Daß sie aber den Vater nicht kennt und ihr daher auch Jesus verschlossen bleibt, macht die Sünde der Welt aus, wie die Verse 22.24 darlegen: Wenn Jesus nicht in die Welt gekommen wäre und zu ihr gesprochen hätte (Vers 22a: εἰ μὴ ἦλθον καὶ ἐλάλησα αὐτοῖς), dann hätte die Welt keine Sünde (Vers 22b: ἁμαρτίαν οὐκ εἴχοσαν). Da er ihr aber nahe gekommen ist, hat sie keinen Vorwand für ihre selbstgeschaffene Distanz, für ihre Sünde (Vers 22c: νῦν δὲ πρόφασιν οὐκ ἔχουσιν περὶ τῆς ἁμαρτίας αὐτῶν).

Das Verb λαλεῖν, prägnant als Terminus für die Offenbarung durch das Wort gebraucht, wird in Vers 24 ergänzt durch das Nomen ἔργα, das den Aspekt der Offenbarung durch Jesu Werk vertritt. Syntaktisch in der Zuordnung von Protasis und Apodosis streng parallel zu Vers 22a.b gebaut, führt Vers 24a.b den dort formulierten Gedanken fort: Wenn Jesus in der Welt nicht die Werke vollbracht hätte, die kein anderer getan hat, dann hätte sie keine Sünde (εἰ τὰ ἔργα μὴ ἐποίησα ἐν αὐτοῖς ἃ οὐδεὶς ἄλλος ἐποίησεν, ἁμαρτίαν οὐκ εἶχοσαν). Doch obwohl sie Jesus und den Vater gesehen hat, hat sie beide gehaßt (Vers 24c: νῦν δὲ καὶ ἑωράκασιν καὶ μεμισήκασιν καὶ ἐμὲ καὶ τὸν πατέρα μου).

Grundsätzlich wird in den Versen 22 und 24 also deutlich, daß sich die Welt in ihrem Haß gegen Jesus der Offenbarung Gottes selbst verschlossen hat. Denn generell gilt: Wer Jesus haßt, haßt den Vater (Vers 23: ὁ ἐμὲ μισῶν καὶ τὸν πατέρα μου μισεῖ).

Joh 15,26f. Weder Jesu Worte noch seine Werke hat die Welt angenommen. Es ist die nachdrückliche Betonung dieses Gedankens in den Versen 22-24, auf deren Hintergrund die dritte[222] Geistverheißung in 15,26f

---

[222] Für *Bultmann*, Das Evangelium des Johannes, ist 15,26f die erste Geistverheißung

verstanden werden muß[223]. Das gilt auch unter der Voraussetzung, daß sie von diesen Versen durch das Schriftzitat getrennt ist. So wie dieses die vorausgegangenen Erklärungen zur Haltung der Welt abschließend zusammenfaßt, so führt die Geistverheißung in 15,26f den in 15,18-24 dargestellten Zusammenhang zu einer neuen Pointe:

Ὅταν ἔλθῃ ὁ παράκλητος	26aα
ὃν ἐγὼ πέμψω ὑμῖν παρὰ τοῦ πατρός,	26aβ
τὸ πνεῦμα τῆς ἀληθείας	26bα
ὃ παρὰ τοῦ πατρὸς ἐκπορεύεται,	26bβ
ἐκεῖνος μαρτυρήσει περὶ ἐμοῦ·	26fin
καὶ ὑμεῖς δὲ μαρτυρεῖτε,	27a
ὅτι ἀπ' ἀρχῆς μετ' ἐμοῦ ἐστε.	27b

Die Grundaussage des Verses 26 lautet: "Wenn der Paraklet kommt, wird er (jener) Zeugnis ablegen über mich" (Versteile 26aα.fin). Bezogen auf die Verse 22-24 ist an dieser Aussage eine Relation zwischen dem Parakleten und Jesus zu erkennen, die mit den an der zweiten Geistverheißung gewonnenen Beobachtungen korrespondiert. Denn mit der Funktion des Zeugnisablegens ist eine weitere Teilfunktion des Parakleten genannt, die dem Wirken Jesu selbst entspricht. So kann Jesu irdisches Offenbarungswirken programmatisch in den Terminus μαρτυρεῖν gefaßt werden. Er ist in die Welt gekommen, um von der Wahrheit Zeugnis abzulegen (vgl. 18,37), und dabei sind es seine Werke, die umgekehrt für ihn zeugen, daß er vom Vater gesandt ist (vgl. 5,36b.c). Wenn im Abschnitt 15,22-24 davon die Rede war, daß die Welt weder an Jesu λαλεῖν noch an seinen ἔργα ihn und den Vater erkannt hat, so ist es vom Kontext des Evangeliums her sachgemäß, diese Aussagen prägnant als Ablehnung des Zeugnisses Jesu zu interpretieren.

Gerade dieses Zeugnis wird in der Welt nach Jesu Abschied vom Parakleten abgelegt[224]. Bezogen auf 15,22-24 ist daraus zweierlei zu schließen:

---

im Aufbau der von ihm umgestellten Textfolge der Abschiedsreden, vgl. aaO, 425 mit Anm. 4. Daß in der vorgenommenen Neuordnung der Reden der Paraklet in 15,26 nicht eigens eingeführt werde, sondern als eine bereits bekannte Größe auftrete, spreche jedoch nicht gegen die Textumstellung, da grundsätzlich die "Parakletenstücke" keinen Anhaltspunkt böten für die ursprüngliche Reihenfolge der Abschiedsreden; vgl dagegen jedoch *Johnston*, The Spirit-Paraclete, 164.

[223] Den Zusammenhang der Geistverheißung mit den Versen 22-24 betont auch *Schnackenburg*, aaO, 134.

[224] Daß das μαρτυρεῖν eine Funktion des Parakleten gegenüber der Welt ist, betonen *Blank*, Krisis, 331f.; *Christian Dietzfelbinger*, Paraklet und theologischer Anspruch im Johannesevangelium, ZThK 82, 1985, 389-408, hier 390; *Hahn*, Die biblische Grundlage unseres Glaubens an den Heiligen Geist, 129.

Die Welt, die sich dem Zeugnis des irdischen Jesus entzogen hat, wird auch nach Jesu Weggehen aus der Welt weiter mit seinem Zeugnis konfrontiert sein. Denn Jesu Zeugnis und damit die Offenbarung Gottes in der Welt endet nicht mit Jesu Abschied aus der Welt. Es wird durch das nachösterliche Wirken des Parakleten repräsentiert und aktualisiert. Aufgrund eben dieses Zeugnisses aber hat die Welt auch erneut die Möglichkeit, der Offenbarung Gottes zu begegnen. Diese Möglichkeit ist ihr nicht ein für allemal durch Jesu Tod verstellt. Sie eröffnet sich ihr nach Ostern neu. Es steht ihr offen, auch dann noch Jesu Wort anzunehmen (vgl. im Kontext Vers 20e).

In Vers 27 erhält die Geistverheißung und mit ihr auch der Bezug zu den Versen 22-24 eine Explikation, die gerade auf dem Hintergrund der ersten Geistverheißung notwendig ist. 14,17 hatte ja ausdrücklich betont, daß die Welt den Geist nicht empfangen könne, da sie ihn weder sehe noch erkenne[225]. Aus der dritten Geistverheißung ist hingegen abzulesen, daß das Wirken des Geistes gerade für die Welt entscheidende Relevanz trägt. Wie erfährt die Welt von diesem Wirken, wenn sie den Geist selbst nicht empfängt? 15,27a beantwortet diese Frage mit dem Hinweis darauf, daß auch die Jünger Zeugnis ablegen werden. Dabei scheint die gesperrt gestellte Einleitung des Verses καὶ ... δέ gerade die Funktion der Aussage als Erklärung unterstreichen zu wollen. Adversativ jedenfalls ist sie nicht zu verstehen. Denn das Zeugnisablegen der Jünger steht nicht im Gegensatz zum Zeugnis des Parakleten, sondern entspricht ihm. Dabei zeigt der Aufbau der Geistverheißung, daß dem Zeugnis der Jünger das Zeugnis des Parakleten vorgeordnet ist. Sein μαρτυρεῖν stellt die Voraussetzung dar für das μαρτυρεῖν der Jünger[226]. Wenn sie Zeugnis ablegen, gründet ihre Funktion im Wirken des Geistes. Daß sie dieses erfahren, wird in 15,26f nicht eigens gesagt. Es ist aber auf dem Hintergrund der ersten beiden Geistverheißungen vorauszusetzen. Denn hier war die Erfahrbarkeit des Geistes grundlegend durch die Aussagen über seine Gegenwart bei den Jüngern betont worden.

Als die, die des Geistes Gegenwart und Wirken nachösterlich erfahren und so sein Zeugnis über Jesus vernehmen, werden es gerade die Jünger sein, die in Form ihres Zeugnisses gegenüber der Welt das Wirken des Geistes vermitteln. Ihre Funktion des μαρτυρεῖν gewinnt daher prägnant die Konturen des Verkündigens[227]. Vergewissert durch das Zeugnis des Geistes

---

[225] Auch *Hahn*, ebd., betont, daß daraus keineswegs folge, "daß der Geist mit dieser Welt nichts zu tun habe".

[226] Vgl. *Porsch*, Pneuma und Wort, 274: "Es geht diesem voran und ist dessen Fundament".

[227] *Hahn*, aaO, 129, spricht vom "missionarische(n) Zeugnis der Jünger".

werden sie diese Verkündigungsaufgabe übernehmen und darin ihr Bekenntnis zu Jesus der Welt gegenüber zum Ausdruck bringen[228].

Gewöhnlich wird die Geistverheißung in der Auslegung der Forschung stärker als auf die Verse 22-24 auf die Verse 18f.21 bezogen. Der Haß der Welt, der sich, motiviert im Haß auf Jesus, gegen die Jünger richtet, wird als Zeichen der Verfolgungssituation gewertet, der die Jünger nachösterlich ausgesetzt sein werden[229]. Als Hinweise neben 15,18f.21 werden die auf die Geistverheißung folgenden Verse herangezogen (16,2f)[230], die nach der übergeordneten Ankündigung des Hasses[231] konkrete Formen der Verfolgung umreißen (Ausschluß aus der synagogalen Gemeinschaft, Tötung). Im Kontext dieser Verfolgungssituation sei daher die Geistfunktion des μαρτυρεῖν konkret als Verteidigungszeugnis zu deuten. In ihr nämlich spiegele sich synoptische Tradition, die das Wirken des πνεῦμα in einer institutionellen Prozeßsituation beschreibe[232]. Verwiesen wird auf die sogenannte kleine synoptische Apokalypse, also auf die Endzeitrede Jesu (Mk 13 parr)[233]. Jesus kündigt hier den Jüngern an, daß sie Gerichten übergeben (Mk 13,9bα: παραδώσουσιν ὑμᾶς εἰς συνέδρια), in Synagogen geschlagen (Mk 13,9bβ: καὶ εἰς συναγωγὰς δαρήσεσθε) und vor Statthalter und Könige gestellt werden (Mk 13,9bγ: καὶ ἐπὶ ἡγεμόνων καὶ βασιλέων σταθήσεσθε) - und zwar um Jesu Willen, zu dem sie sich bekennen, und als anklagendes Zeugnis für die, die sie zu Unrecht verfolgen[234] (vgl. Mk 13,9fin: ἕνεκεν ἐμοῦ εἰς μαρτύριον αὐτοῖς).

In dieser Situation, so versichert Jesus den Jüngern, sollen sie sich keine Sorgen darüber machen, was sie zu sagen hätten (Mk 13,11b: μὴ προμεριμνᾶτε τί λαλήσητε). Sondern das, was ihnen in jener Stunde der Überantwortung eingegeben werde, das sollten sie aussprechen (Mk 13,11c: ἀλλ' ὃ ἐὰν δοθῇ ὑμῖν ἐν ἐκείνῃ τῇ ὥρᾳ τοῦτο λαλεῖτε). Nicht sie selbst nämlich werden es sein, die da reden (Mk 13,11d: οὐ γάρ ἐστε ὑμεῖς οἱ

---

[228] Vgl. *Mußner*, Die johanneischen Parakletsprüche und die apostolische Tradition, 60, der bemerkt, daß das johanneische μαρτυρεῖν "manchmal fast" die Bedeutung von ὁμολογεῖν annehme.

[229] Vgl. *Dietzfelbinger*, Paraklet und theologischer Anspruch, 390f; *Porsch*, aaO, 267f.

[230] So bei *Porsch*, ebd.

[231] Vgl. *Bultmann*, Das Evangelium des Johannes, 425.

[232] Vgl. exemplarisch und mit ausführlichem Motivvergleich *Porsch*, aaO, 268-271.

[233] Außerhalb der Parallelen in der synoptischen Apokalypse wird auf die Stellen Mt 10,17-25 und Lk 12,11f verwiesen; vgl. dazu aaO, 268 mit Literaturhinweisen in Anm. 268.

[234] Vgl. *Gnilka*, Das Evangelium nach Markus, 190, der betont, daß das durch die Verfolgung abgelegte Zeugnis "ein objektiv vorliegendes" sei, das die Gegner der sich zu Jesus Bekennenden schuldig mache.

λαλοῦντες) - sondern: der heilige Geist (Mk 13,11fin: ἀλλὰ τὸ πνεῦμα τὸ
ἅγιον). Auf der Folie dieses deutlich forensischen Kontextes, in den das
Wirken des Geistes bei den Synoptikern gestellt ist, wird auch das in Joh
15,26 verheißene Wirken des Parakleten als eine spezifische Wirksamkeit
im Zusammenhang der Bedrohung der Jünger durch die Welt verstanden[235].
Der Titel ὁ παράκλητος präsentiere dabei seine ursprüngliche juridische
Bedeutung als "Anwalt vor Gericht", das Verb μαρτυρεῖν sei ebenfalls im
Sinne von Rechtsterminologie gebraucht[236]. Beide Aspekte verwiesen auf
die Prozeßsituation, in der sich nach johanneischer Darstellung die Offenbarung in der Welt vollziehe[237]. Was allerdings in der synoptischen Tradition
als ein auf die Verteidigung der angeklagten Jünger gerichtetes Wirken des
Geistes erscheine, trage in der johanneischen Parakletverheißung stärker
den Charakter der Glaubensvergewisserung und -stärkung[238]. Denn der Paraklet lege ja nicht zugunsten der Jünger, sondern über Jesus Zeugnis ab[239].
Entsprechend fehle auch im Kontext der Abschiedsreden jeder Hinweis auf
weltlich-institutionelle Gerichte[240], vor denen der Paraklet in einem Ge-
richtsverfahren auftritt. Sein Zeugnis lege er daher vielmehr als "inneres
Zeugnis" vor dem Gewissen der Glaubenden ab[241].

Die Beobachtung, daß anders als in der synoptischen Endzeitrede keine
konkrete Gerichtssituation im Umkreis der Geistverheißung beschrieben
wird, ist entscheidend. Hinzu kommt für die Bewertung der Zeugnisfunktion des Geistes und der Jünger, daß in der Geistverheißung und ihrer
Explikation kein Hinweis auf die Welt und ihre feindselige Haltung den
Glaubenden gegenüber enthalten ist[242]. Sie wird zuvor in unmittelbarem Anschluß an 15,26f geäußert. Doch gerade von dieser Abfolge der Textpassagen her läßt sich ein Ringschluß zwischen 16,1-4a und 15,18-21 sowie die
konstitutive Zusammengehörigkeit der Verse 22-24 mit der Geistverheißung
erkennen.

Auch wenn die Funktion des μαρτυρεῖν herausgelöst wird aus der konkreten Szene, in der die Jünger als Angeklagte vor Gericht stehen, bleibt

---

[235] Vgl. *Porsch*, aaO, 269.

[236] Vgl. aaO, 322-324.

[237] Vgl. ebd. und aaO, 223-227.

[238] Vgl. aaO, 271f; *Hahn*, Die biblische Grundlage unseres Glaubens an den Heiligen
Geist, 129.

[239] Vgl. *Porsch*, aaO, 271.

[240] Vgl. ebd.; anders *Dietzfelbinger*, Paraklet und theologischer Anspruch, 391, der
von einer "gerichtlichen Verfolgung" ausgeht.

[241] So *Porsch*, aaO, 271f. Dabei darf jedoch nicht übersehen werden, daß das Zeugnis
des Geistes gerade durch die Jünger nach außen in die Welt wirkt; vgl. *Blank*, Krisis, 331f;
Dietzfelbinger, aaO, 390; *Hahn*, aaO, 129.

[242] Vgl. *Porsch*, aaO, 271.

allerdings auch für den johanneischen Gebrauch des Verbs zu berücksichtigen, daß es einen juristischen Aspekt zum Ausdruck bringen soll[243]. Denn ob Johannes der Täufer (vgl. 1,7f.15.32.34; 3,26; 5,33), die Schriften (vgl. 5,39), die Werke (vgl. 5,36; 10,25) oder der Vater selbst für Jesus zeugen (vgl. 5,37); ob Jesus selbst für sich (vgl. 8,14) oder für die Wahrheit Zeugnis ablegt (vgl. 18,37): immer ist mit dieser Funktion hervorgehoben, daß der Zeuge rechtlich legitimiert ist[244] und eine "rechtsgültige Aussage"[245] macht, die Verbindlichkeit beansprucht[246].

Die "Rechtsgültigkeit" der Offenbarung[247], so betont die Geistverheißung in 15,26f, wird auch in nachösterlicher Zeit bezeugt werden. Dadurch betont sie die Kontinuität des Zeugnisses ebenso wie die Kontinuität der Zeiten. Unterschieden sind die Zeiten dadurch, daß nachösterlich der Paraklet und die Jünger Zeugen für die Sendung Jesu sein werden. Sie tragen dabei je spezifische Funktion. Auf die Funktion des Parakleten wird differenziert hingewiesen durch die mehrfache Bestimmung seiner Herkunft und die an 14,17 anknüpfende Prädikation τὸ πνεῦμα τῆς ἀληθείας. Wie Jesus selbst vom Vater ausgegangen ist (vgl. exemplarisch 16,28aα mit dem Verb ἐξέρχεσθαι), so geht auch der Paraklet vom Vater aus (Vers 26bβ mit dem Verb ἐκπορεύεσθαι[248]). Durch diese Aussage gewinnt einerseits die Paral-

---

[243] Zum juristischen Charakter des johanneischen Zeugnisbegriffs vgl. ausführlich *Blank*, aaO, 201-216; *Beutler*, Martyria; *Theo Preiss*, La justification dans la pensée johannique, in: La Vie en Christ (Gesammelte Aufsätze), Neuchâtel/Paris 1951, 46-64.

[244] Vgl. *Blank*, aaO, 212.

[245] So *Hahn*, Der Prozeß Jesu, 43.

[246] Vgl. *Blank*, aaO, 212, der betont, daß "Legitimation und Verbindlichkeit" aufs engste zusammenhängen.

[247] Zum alttestamentlichen Hintergrund der Vorstellung der Rechtsgültigkeit der Offenbarung Gottes vgl. das Motiv des Rechtsstreits Jahwes mit den Götzen (Jes 43,8-13; 46,6-11), das aus vorexilischer Prophetie als Rechtsstreit Jahwes mit Israel bekannt ist; vgl. dazu *Blank*, aaO, 199f mit Hinweis auf *Hermann Strathmann*, Art. μάρτυς κτλ., ThWNT IV, 477-520; *Egon Würthwein*, Der Ursprung der prophetischen Gerichtsrede, ZThK 49, 1952, 1-16.

[248] Das Verb kommt im Johannesevangelium außer in 15,26 nur noch in 5,29 vor, wo vom "Hervorgehen" der Verstorbenen die Rede ist. Die Gräber als Ort ihres Hervorgehens sind aus Vers 28 zu erschließen. 15,26 stellt daher innerhalb des Johannesevangeliums die einzige Stelle dar, an der ἐκπορεύεσθαι präpositional mit einem Objekt verbunden ist. Die Verbindung mit der Präposition παρά zur Angabe des Ursprungs scheint im Neuen Testament sonst nicht zu begegnen; vgl. dazu *Porsch*, Pneuma und Wort, 274 mit Anm. 294. Zur Frage, ob mit 15,26 "die 'processio aeterna' des Geistes aus dem Vater und seine Wesensgleichheit mit ihm ausgesagt" sei, vgl. *Porsch*, aaO, 273f, der verschiedene Argumente zusammenträgt, um zu zeigen, "daß nicht ein zeitloser, ewiger Hervorgang des Geistes, sondern seine geschichtliche Stellung zu den Menschen gemeint ist" (274). Besondere Beachtung verdient das Argument, daß Vers 26 auf die Zeugnisfunktion des Parakleten ziele (Vers 26fin) und "von einer geschichtlichen Perspektive" bestimmt sei (vgl. Vers

lelität zwischen Jesus und dem Parakleten weiter an Profil. Sie war in 14,26 dadurch zum Ausdruck gebracht worden, daß wie sonst von Jesus, so auch vom Parakleten gesagt wurde, er werde durch den Vater gesandt. Andererseits treten die Züge der Eigenständigkeit und Personalität des Parakleten durch sein aktives "Hervorgehen" (Vers 26bβ) und "Kommen" (Vers 26aα; vgl. 16,7fin) deutlich in Erscheinung[249].

Das Motiv der Sendung des Parakleten greift aber auch 15,26 wieder auf. Jesus selbst erscheint als der Sendende und tritt damit an die Seite des Vaters. Betont werden soll dadurch ihr gemeinsamer Sendungswille. Das geht daraus hervor, daß auch der Vater mitgenannt wird: Jesus wird den Parakleten vom Vater her senden. Diese Doppelung entspricht wiederum 14,26, wo das gemeinsame Sendungshandeln von Vater und Sohn im Zusatz ἐν τῷ ὀνόματί μου[250] festgeschrieben wurde. In beiden Fällen mag die verdoppelte Sendungsaussage auch implizit auf das Ziel des Weggehens Jesu hinweisen: Er wird nach seinem Abschied beim Vater sein[251].

Wie in 14,17, so scheint auch in 15,26 die Prädikation des Parakleten als "Geist der Wahrheit" mit seiner Herkunft von Vater und Sohn zusammenzuhängen. Darüber hinaus läßt sich die spezielle Geistbezeichnung auf die genannte Teilfunktion seines Wirkens zurückführen. Autorisiert und gesandt

---

26aα: Ὅταν ἔλθῃ ὁ παράκλητος). "Eine Aussage über den ewigen Hervorgang wäre also eine unbegründete und unerwartete Abweichung" (ebd.); vgl. auch den Hinweis von *Porsch* auf *Ignace de la Potterie, Αλήθεια. La notion johannique et ses antécédents historiques*, Diss. masch. P.J.B., unveröffentl., Roma 1965, 157ff, der von der Struktur des Verses 26 her auf die Parallelität zwischen den Prädikaten ἔλθῃ und ἐκπορεύεται schließt.

[249] Vgl. *Hahn*, Die biblische Grundlage unseres Glaubens an den Heiligen Geist, 133; *Ganoczy*, Der Heilige Geist als Kraft und Person, 116, spricht im Hinblick auf das Hervorgehen vom "aktiven Vorgang (...) eines (sic!; korrigiert: einer) zur eigenständigen Handlung fähigen Personalität". Die Beziehung zwischen dem Hervorgehen/Kommen des Parakleten und seiner Personalität wird hingegen nicht erwähnt bei *Hahn*, Das biblische Verständnis des Heiligen Geistes, 145. Die Personalität des Parakleten wird hier stattdessen abgeleitet aus der Selbständigkeit seiner Funktion, "die rechte Erkenntnis des Wortes Jesu" zu erschließen (14,26) und in die Wahrheit zu führen (16,13).

[250] *Franz Georg Untergaßmair*, Im Namen Jesu. Der Namensbegriff im Johannesevangelium. Eine exegetisch-religionsgeschichtliche Studie zu den johanneischen Namensaussagen, FzB 13, Stuttgart 1973, 170, versteht die Wendung "im Namen Jesu" einerseits als auf den Vater bezogen, der den Parakleten "im Hinblick auf das Offenbarerwirken des Sohnes" sende, andererseits als Ausdruck dafür, daß die Sendung des Parakleten durch Jesus in "Willenskonformität mit dem Vater" und also "im Interesse seines eigenen (Jesu) Offenbarerwirkens" geschehe.

[251] *Porsch*, aaO, 273, weist auf diesen Aspekt anhand der grammatischen Regel hin, daß die Präposition παρά mit Genitiv "nicht eigentlich den Ursprung" angebe, sondern "die Nähe, in der sich etwas befindet". Jesus werde also den Parakleten "aus der Nähe des Vaters" senden.

von Vater und Sohn ist er nachösterlich gleichsam der "Zeuge der Wahrheit". Als solcher aber setzt er Jesu irdische Funktion fort und realisiert so die Kontinuität und Identität zwischen Irdischem und Postexistentem. Zugleich repräsentiert er die Zeugenfunktion des Vaters selbst (vgl. 5,37). Sein μαρτυρεῖν stellt ihn in funktionale Parallelität nicht nur zu Jesus, sondern auch zum Vater.

Kann also der Geist als nachösterlicher Repräsentant des göttlichen Willens gelten, so lassen sich die Jünger von 15,27 her als ausführendes Organ des Geistes charakterisieren. Durch ihr Bekenntnis, ihre Verkündigung und ihre ἔργα vermittelt sich der Welt der vom Geist repräsentierte Wille von Vater und Sohn. So werden sie als nachösterliche Träger des Geistes gekennzeichnet, wobei der bereits in 14,17 geäußerte Aspekt der Geistimmanenz in den Glaubenden durch die funktionale Komponente ergänzt wird.

Die inhaltliche Unterscheidung der Zeiten gewinnt durch den Aspekt der Geistträgerschaft ein weiteres Merkmal: Die nachösterliche Zeit ist gekennzeichnet durch die Repräsentanz des göttlichen Geistes in der Welt, die sich in der exklusiven Geistträgerschaft der Jünger realisiert.

3.2.3.2. Die vierte Geistverheißung in Joh 16,7-11

Der Kontext: 16,4b-6. Die vierte Geistverheißung in Joh 16,7-11 wird vorbereitet durch den Abschnitt 16,4b-6. Vers 4b schließt an die Verse 1 und 4a durch ein charakteristisches Merkmal an, das in allen drei Versen begegnet, nämlich das in anaphorischer Funktion gebrauchte ταῦτα. Es ist jeweils Bestandteil einer rhetorischen Wendung, die den Sinn der Rede bestimmt (Verse 1.4a) oder begründet, weshalb sie nicht früher gehalten wurde (Vers 4b).

So gibt die Wendung ταῦτα λελάληκα ὑμῖν ἵνα in 16,1 an, daß die vorausgegangene Geistverheißung 15,26f (in ihrem konstitutiven sachlichen Bezug auf den Kontext) den Jüngern gesagt wurde, damit sie an ihrem künftigen Schicksal keinen Anstoß nehmen. Wie Jesus selbst haben sie in der Welt Zeugnis abzulegen für die Wahrheit Gottes, wozu sie durch den von Vater und Sohn gesandten Geist befähigt sein werden. Die Ablehnung, auf die ihr Zeugnis stoßen wird, steht im gleichen Kontext wie die ablehnende Haltung des Kosmos Jesus selbst gegenüber.

16,4a bezieht sich dann auf die vorausgegangenen Verse 2f und deren Zusammenhang mit dem Abschnitt 15,18-25. Der argumentative Bezug wird durch ἀλλὰ ταῦτα λελάληκα ὑμῖν ἵνα hergestellt, die Funktion des zuvor Gesagten als Ankündigung der nachösterlichen Haltung des Kosmos bestimmt. Wenn die Jünger nachösterlich Haß und Verfolgung ausgesetzt sein werden, sollen sie sich daran erinnern, daß Jesus ihnen ihre nachösterlichen Erfahrungen vorausgesagt und in ihrer Ursache verständlich gemacht hat.

Auf beide rhetorischen Rückverweise bezieht sich sodann die Erklärung von 16,4b.c. Abgrenzend gegenüber dem Vorausgehenden lautet hier die rhetorische Reflexionswendung ταῦτα δὲ ὑμῖν ἐξ ἀρχῆς οὐκ εἶπον (Vers 4b). Daß Jesus zu den Jüngern bisher weder über ihre künftige Auseinandersetzung mit der Welt noch über die künftige Gegenwart des Geistes bei ihnen gesprochen hat, wird in Vers 4c damit begründet, daß Jesus selbst bei den Jüngern war (ὅτι μεθ' ὑμῶν ἤμην)[252]. Erst angesichts der zuende gehenden Zeit der irdischen Gemeinschaft mit Jesus wird das Thema der künftigen Existenz für die Jünger relevant. Es wird für sie konturiert am Aspekt der Unterscheidung der Zeiten. Denn anders als in vorösterlicher Zeit wird in nachösterlicher Zeit nicht Jesus, sondern werden die Jünger selbst die Welt mit der Offenbarung Gottes konfrontieren. Anders als in vorösterlicher Zeit werden sie in nachösterlicher Zeit aber auch dem Geist von Vater und Sohn nicht vermittelt durch den Geistträger Jesus, sondern unmittelbar in ihrer eigenen Geistträgerschaft begegnen.

Die mit Vers 4b.c anvisierte Unterscheidung der Zeiten wird in Vers 5 verstärkt durch den Hinweis auf die Zäsur zwischen den Zeiten. Der vorösterlichen Zeit (vgl. Vers 4b: ἐξ ἀρχῆς) wird das Ereignis der Rückkehr Jesu zum Vater gegenübergestellt (Vers 5a: Νῦν δὲ ὑπάγω πρὸς τὸν πέμψαντά με). An dieser Zäsur macht sich die künftige Existenz der Jünger fest. Gerade ihnen soll Jesu Weggehen zugutekommen, wie die Einleitung der folgenden Geistverheißung hervorhebt (vgl. Vers 7a). In der Situation des Abschieds gelingt den Jüngern jedoch weder die Identifikation des Weggehens Jesu mit der Rückkehr zum Vater (vgl. Vers 7a mit der nicht gestellten Frage der Jünger, auf die Vers 5b.c hinweist: καὶ οὐδεὶς ἐξ ὑμῶν ἐρωτᾷ με· ποῦ ὑπάγεις;)[253]. Noch

---

[252] Porsch, aaO, 276, weist darauf hin, daß Vers 4c Jesus "indirekt als einen 'Beistand' charakterisiert". Diese Beobachtung, die sich am Motiv des Mit-den-Jüngern-Seins festmacht, ist im Zusammenhang mit der Einführung des Geistes als ἄλλος παράκλητος in 14,16a von Bedeutung, durch die Jesus selbst implizit bereits als "Beistand" bestimmt wurde. Auch im Hinblick auf den Geist war dann in 14,16b die Funktion genannt, mit den Jüngern zu sein (und zwar: in Ewigkeit). Es wurde jedoch schon darauf hingewiesen, daß die Funktionsfülle des Geistes als παράκλητος sich nicht allein in den Aspekt des "Beistandes" einfangen läßt.

[253] Die Diskussion, ob Vers 5b.c (daß die Jünger nicht fragen, wohin Jesus weggeht) im Widerspruch stehe zu 13,36 (wo Petrus eben diese Frage stellt) und 14,5 (wo die Frage implizit enthalten ist in der Aussage des Thomas, die Jünger wüßten nicht, wohin Jesus geht), überstrapaziert den Anspruch auf logische Gesprächsführung in den Abschiedsreden. Schnackenburg, Das Johannesevangelium III, 144, der 16,5b.c als "Vorwurf" Jesu an die Jünger versteht, versucht die "Diskrepanz" zu lösen, indem er den Vorwurf als einen rhetorischen deutet (vgl. auch aaO, 145; Hinweis auf weitere, von Schnackenburg abge-

erkennen sie in diesem Ereignis die heilswirksame Grundlegung ihrer nachösterlichen Existenz (vgl. das συμφέρει ὑμῖν in Vers 7a). Vielmehr löst die Ankündigung, Jesus gehe zu dem, der ihn gesandt hat, bei den Jüngern Trauer aus (Vers 6: ἀλλ' ὅτι ταῦτα λελάληκα ὑμῖν ἡ λύπη πεπλήρωκεν ὑμῶν τὴν καρδίαν)[254]. Die Beschreibung dieser Wirkung der Rede in Vers 6 ist stilistisch erneut in die Form einer Reflexionswendung gefaßt, die durch das anaphorisch fungierende ταῦτα an die vorigen Reflexionswendungen von 16,1.4a.4b angeglichen ist.

Joh 16,7-11. So wie sich durch ἀλλά Vers 6 argumentativ eng an Vers 5 anschließt, so knüpft wiederum, durch ἀλλά eingeleitet, die Geistverheißung in 16,7-11 an die beschriebene Wirkung der Rede in Vers 6 an:

ἀλλ' ἐγὼ τὴν ἀλήθειαν λέγω ὑμῖν,	7a
συμφέρει ὑμῖν	7bα
ἵνα ἐγὼ ἀπέλθω.	7bβ
ἐὰν γὰρ μὴ ἀπέλθω,	7c
ὁ παράκλητος οὐκ ἐλεύσεται πρὸς ὑμᾶς·	7d
ἐὰν δὲ πορευθῶ,	7e
πέμψω αὐτὸν πρὸς ὑμᾶς.	7fin
καὶ ἐλθὼν	8α
ἐκεῖνος ἐλέγξει τὸν κόσμον	8β
περὶ ἁμαρτίας	8γ
καὶ περὶ δικαιοσύνης	8δ
καὶ περὶ κρίσεως·	8ε
περὶ ἁμαρτίας μέν,	9a
ὅτι οὐ πιστεύουσιν εἰς ἐμέ·	9b
περὶ δικαιοσύνης δέ,	10a
ὅτι πρὸς τὸν πατέρα ὑπάγω	10bα
καὶ οὐκέτι θεωρεῖτέ με·	10bβ

---

lehnte Lösungen aaO, 144, Anm. 2). Es weist jedoch nichts darauf hin, daß Vers 5b.c als Vorwurf oder Zurechtweisung verstanden werden soll (auch gegen *Dodd*, The Interpretation of the Fourth Gospel, 412f, Anm. 1).

[254] Es ist eben diese Trauer, die von der Forschung verantwortlich gemacht wird für die ausbleibende Frage der Jünger nach dem Wohin des Weggangs Jesu; vgl. exemplarisch *Bultmann*, Das Evangelium des Johannes, 430 ("Sie blicken nicht auf ihn, sondern auf sich"), *Schnackenburg*, aaO, 144 ("Die Ankündigung Jesu verschlägt ihnen die Sprache") und *Barrett*, Das Evangelium nach Johannes, 472, der das Ausbleiben der Frage als "unmittelbare Reaktion der Jünger auf die Worte Jesu (sc. über sein Weggehen)" deutet und dann das Begründungsgefälle zwischen Trauer und nicht gestellter Frage umdreht: "Der Gedanke an seinen Abschied erfüllt sie (sc. die Jünger) mit Schmerz; aber wenn sie ihn nur gefragt hätten, wohin er gehe, und begriffen hätten, daß er zum Vater ging, dann hätten sie nicht getrauert".

περὶ δὲ κρίσεως,   11a
ὅτι ὁ ἄρχων τοῦ κόσμου τούτου κέκριται.   11b

Die Geistverheißung zeigt einen dreiteiligen Aufbau. Den ersten Teil bildet eine argumentationsstarke Einleitung, die am konstitutiven Zusammenhang zwischen Jesu Weggehen und dem Kommen des Geistes erläutert, weshalb Jesu Abschied für die Jünger ein Gewinn ist (Vers 7a-fin). Dieser Teil wird eingeführt durch eine rhetorische Reflexionswendung (Vers 7a), die die positive Bestimmung des Weggehens Jesu ausdrücklich in ihrer Gültigkeit hervorhebt. Dabei erinnert der Ausdruck "Ich sage euch die Wahrheit" an die sonst im Munde des johanneischen Jesus typische Einleitungswendung "Amen, amen, ich sage euch".

Den zweiten Teil der Verheißung bildet die Kernaussage über das künftige Wirken des Parakleten (Vers 8). Sie ergänzt das Spektrum der bereits genannten Geistfunktionen durch das Motiv des "Überführens" (ἐλέγχειν).

Diese Wirksamkeit wird dann im dritten Teil der Verheißung ausführlich expliziert (Verse 9-11).

Zur Terminologie dieser Geistverheißung fällt auf, daß dem Geisttitel ὁ παράκλητος (Vers 7d) keine weitere Geistprädikation beigegeben ist. Der Paraklet wird hier, anders als in den bisherigen Geistverheißungen und in der noch folgenden Verheißung von 16,12-15, weder als "Geist der Wahrheit" noch als "Heiliger Geist" näher gekennzeichnet. Der Paraklettitel wird hingegen, wie schon in 15,26c und später in 16,13a.14a, durch das maskuline Pronomen ἐκεῖνος (jener) ergänzt, das in seiner stellvertretenden grammatikalischen Funktion ebenfalls titularen Charakter trägt und den personalen Aspekt der Parakletgestalt unterstützt.

Die Argumentation des einleitenden Teiles zeigt Jesu Weggehen als notwendige Voraussetzung für das Kommen des Parakleten und als Ermöglichungsgrund seiner Sendung[255]. Zwei aufeinanderfolgende Konditionalsätze führen diesen Gedanken aus: Wenn Jesus nicht weggeht, kommt der Paraklet nicht zu den Jüngern (Vers 7c.d); wenn Jesus hingegen weggeht, wird er den Parakleten zu ihnen senden (Vers 7e.fin). Markant gegenüber den bisherigen Geistverheißungen ist, daß Jesus selbst und alleine als Sendender des Geistes erscheint. Der Vater ist als Mit-Sendender nicht genannt. So er-

---

[255] Vgl. *Onuki*, Gemeinde und Welt, 61: "Für das Kommen des Geistes ist Jesu Tod notwendig". *Bultmann*, aaO, 430, bestimmt diese "Voraussetzung" als eine sowohl die Erkenntnis Jesu als Offenbarer grundlegende als auch das Offenbarer-Sein Jesu selbst allererst begründende Voraussetzung: "Der historische Jesus muß scheiden, damit sein Sinn, der Offenbarer zu sein, rein erfaßt werde. Er ist nur der Offenbarer, wenn er es bleibt. Er bleibt es aber nur dadurch, daß er den Geist sendet; er kann den Geist nur senden, wenn er gegangen ist. Sachlich ist die Aussage gleichbedeutend mit der anderen, daß Jesus durch den Tod erhöht bzw. verherrlicht werden muß, um der zu sein, der er eigentlich ist".

scheint der Paraklet pointiert als der Gesandte Jesu. Auf der anderen Seite
erweckt die Rede vom "Kommen" des Parakleten in besonderem Maße den
Eindruck seiner Selbständigkeit. Die Tendenz, den Geist zu personalisieren
und ihn durch die personhaften Züge seiner Gestalt mit der Gestalt Jesu zu
parallelisieren, zeichnet sich in diesem Aspekt weiter ab: So wie Jesus als
der Gesandte des Vaters in die Welt "gekommen" ist (vgl. exemplarisch
16,28aβ), so "kommt" der Paraklet als Gesandter Jesu in die Welt[256]. Unabhängig von der Gestalt des Vaters also wird in der Einleitung der Geistverheißung das Verhältnis zwischen Jesus und dem Parakleten formuliert.
Auf der Relation, die zwischen beiden besteht, liegt hier der entscheidende
Akzent. Sprachlich wird diese inhaltliche Akzentuierung dadurch unterstrichen, daß dem auf Jesus bezogenen ἀπέρχεσθαι das auf den Parakleten bezogene ἔρχεσθαι gegenübergestellt wird. Dem Weggehen Jesu aus der
Welt korrespondiert also das Kommen des Parakleten in die Welt. Seine
Funktion als Stellvertreter und Repräsentant Jesu wird durch diese direkte
Gegenüberstellung deutlich hervorgehoben[257].

Unter eben diesem Gesichtspunkt, daß der Paraklet als Repräsentant Jesu
nach dessen Weggehen kommen wird, wird Jesu Abschied für die Jünger
als Gewinn bezeichnet. In dieser Bewertung zeigt sich die bereits mehrfach
beobachtete Hochschätzung der nachösterlichen Zeit. Sie ist nur vor dem
Hintergrund der vorausgegangenen Geistverheißungen in 14,16f.25f; 15,26f
und deren Kontext zu verstehen. Besonders die ersten beiden Geistverheißungen hatten herausgestellt, daß Jesu Abschied für die Jünger nicht den
Verlust der Gemeinschaft mit ihm bedeutet. Zwar verlieren sie die Form der
irdischen Nachfolgegemeinschaft mit Jesus. Doch an ihrer Stelle gewinnen
sie eine Form der Nähe und Zusammengehörigkeit mit ihm, die in der Kategorie der Immanenz beschrieben wird. Dabei schließt die Immanenz Jesu in
den Glaubenden die Immanenz des Vaters mit ein und eröffnet die Immanenz der Glaubenden in Jesus. Sie ist vermittelt durch die Immanenz des
Geistes in den Glaubenden und durch seine Wirksamkeit an ihnen. Denn
das nachösterliche Wirken des Geistes zielt auf eine Begegnung der Glaubenden mit Jesu Wort und Jesu Person, wie sie, trotz der unmittelbaren Anwesenheit Jesu bei den Jüngern, in vorösterlicher Zeit nicht gegeben war.
Daher ist auch die aktive Nachfolge der Jünger in dem Sinne, daß sie Jesu
Wirken fortführen, vergegenwärtigen und aktualisieren, erst nach der zuvor
erfolgten Trennung von Jesus möglich. Erst wenn er zum Vater zurückgekehrt ist, können sie die "größeren Werke" vollbringen, die ἐντολὴ καινή
erfüllen und für Jesus vor aller Welt Zeugnis ablegen. Gerade für ihr korre-
latives Verhältnis zu Jesu eigenem Wirken und zu seiner Sendung ist daher

---

[256] Vgl. *Hahn*, Die biblische Grundlage unseres Glaubens an den Heiligen Geist, 129.
[257] Vgl. ebd.

Jesu Abschied konstitutiv. Er ist es deshalb, weil in ihm die Voraussetzung liegt für die Entbindung des Geistes von Jesu Person. Das machen alle Geistverheißungen, besonders aber die Einleitung zur Verheißung in 16,7-11 deutlich. Erst nachösterlich gibt es den Geist als in und an den Jüngern direkt wirkende Größe. Vorösterlich ist er an Jesu Person gebunden, wie exemplarisch die Tauferzählung in Joh 1,29-34 demonstriert. Erst nach Jesu Rückkehr zum Vater vollzieht sich die Sendung des Geistes, die auf die Jünger als Empfänger des Geistes zielt. Als Empfänger des Geistes werden die Jünger zu Trägern des Geistes. Als Geistträger aber erfahren sie jenes Verhältnis zu Jesus, das durch das volle Verstehen seines Wortes und seiner Person und durch die Teilhabe an seiner Handlungsvollmacht ausgezeichnet ist. Eben deshalb kann Jesu Abschied als "$\sigma\upsilon\mu\varphi\acute{\epsilon}\varrho o\nu$" für die Jünger bezeichnet werden.

Bezogen auf das Modell der Unterscheidung der Zeiten heißt das, daß die Zäsur zwischen den Zeiten selbst die positive Bewertung des $\sigma\upsilon\mu\varphi\acute{\epsilon}\varrho\epsilon\iota$ $\acute{\upsilon}\mu\tilde{\iota}\nu$ erhält. Für den nachösterlichen Standpunkt ist also das Ende der vorösterlichen Zeit und damit das Ende der Anwesenheit des Irdischen keine Katastrophe, sondern eingebettet in einen plausiblen Sinnzusammenhang. Die Rückkehr Jesu zum Vater, also die Begrenztheit der irdischen Existenz des Sohnes Gottes und damit sein Tod, findet im Rahmen der Geistverheißungen eine soteriologische Deutung, die durch das $\sigma\upsilon\mu\varphi\acute{\epsilon}\varrho\epsilon\iota$ $\acute{\upsilon}\mu\tilde{\iota}\nu$ in 16,7 pointiert wird. Die Heilswirksamkeit des Abschieds Jesu liegt für die Jünger darin begründet, daß sich ihnen dadurch ein neues Leben unter der Leitung des Geistes eröffnet, das sie selbst in den Dienst der Offenbarung Gottes und dadurch in ein ausgezeichnetes Verhältnis zu Vater und Sohn stellt. Ihre neue nachösterliche Existenz ist bestimmt durch ihre Würde als Geistträger und mithin durch ihre Würde als Offenbarungsträger.

Die Bewertung des Abschieds Jesu als "$\sigma\upsilon\mu\varphi\acute{\epsilon}\varrho o\nu$" für die Jünger verleiht der Einleitung der vierten Geistverheißung ein besonderes Gewicht und läßt sich über sie hinaus auf die Abschiedsreden als ganze beziehen. Im Kontext der vierten Geistverheißung ist sie allerdings besonders sinnvoll motiviert durch die kontraststarke Abgrenzung gegenüber der $\lambda\acute{\upsilon}\pi\eta$, die das Herz der Jünger angesichts der Ankündigung des Weggehens Jesu ausfüllt[258]. Kompositorisch hat die soteriologische Deutung des Abschieds daher gerade im Anschluß an die Vorbereitung der Geistverheißung durch 16,4b-6 ihren begründeten Platz.

Nach der übergeordneten Funktion der Einleitung, die Bedeutung des Abschieds Jesu für die Jünger zu bestimmen, greift die Kernaussage der

---

[258] Zur Übersetzung des Verbums $\pi\lambda\eta\varrho o\tilde{\upsilon}\nu$ mit "ausfüllen" vgl. *Bauer*, Wörterbuch zum Neuen Testament, Sp. 1348, der die inhaltliche Bedeutung im Hinblick auf Joh 16,6 durch die Umschreibung "ganz und gar in Besitz nehmen" hervorhebt.

Geistverheißung auf den Aspekt des Kommens des Parakleten zurück (vgl. Vers 8α: καὶ ἐλθών), der im Zusammenhang der Begründung des "συμφέρον" dem Aspekt des Weggehens Jesu korrespondierte. Das künftige Wirken des Parakleten wird an sein nachösterliches Kommen geknüpft: Wenn er kommt, wird der Paraklet die Welt überführen hinsichtlich Sünde, Gerechtigkeit und Gericht (vgl. Vers 8β.γ.δ.ε). Wie in der dritten Geistverheißung wird durch das Verb ἐλέγχειν die Aufgabe des Parakleten in forensischer Terminologie beschrieben. Anders als in 15,26 ist die genannte forensische Wirksamkeit durch das Objekt τὸν κόσμον allerdings ausdrücklich auf die Welt bezogen. Deutlicher noch als in der vorausgegangenen Geistverheißung bestätigt sich, daß das Wirken des Parakleten auch mit der Welt zu tun hat, wenngleich in der ersten Geistverheißung die Welt vom Empfang des Geistes ausgeschlossen wurde[259]. Bereits an 15,26f war zu sehen, daß beide Aspekte sorgfältig getrennt werden müssen. Zu unterscheiden sind der Empfang des Geistes und die Relevanz seiner Wirksamkeit. Empfangen werden den Geist nachösterlich ausschließlich die Jünger. Die Relevanz seiner Wirksamkeit jedoch wird auch die Welt erfahren. Dabei waren nach 15,27 gerade die Jünger die vermittelnde Instanz dieser Erfahrung. In ihrem Zeugnis äußert sich das Zeugnis des Parakleten über Jesus auch gegenüber der Welt.

In 16,8 ist, anders als in 15,26f, nicht neben dem Wirken des Parakleten auch vom Wirken der Jünger die Rede. Wie sich der Welt die Wirksamkeit des Parakleten vermittelt, muß daher gefragt werden, wenn das ἐλέγχειν in seiner Eigenart beschrieben ist:

Bei dem "Überführen" handelt es sich der Wortbedeutung des Verbs ἐλέγχειν nach um das juristisch gültige, objektive Aufdecken von Tatbeständen. Dabei kann mit dem Verb "die ganze Skala des Vorgehens in einem Prozeßverfahren bezeichnet werden"[260], so die Prüfung einer Rechtssache, das aufdeckende Verhör, der gerichtliche Tadel, die Verhängung der Strafe und die Urteilsverkündung mit dem Nachweis der Schuld[261]. Als Hauptbedeutung kann der letztgenannte Aspekt gelten[262]. Die Sache, auf die sich die elenchtische Untersuchung bezieht, wird im Griechischen präpositional durch περί c. Gen. angeschlossen. Eben diese Konstruktion findet sich in den Versen 8-11 der Geistverheißung[263]. Dabei werden inhaltlich die

---

[259] Vgl. *Hahn*, aaO, 129.

[260] So *Porsch*, Pneuma und Wort, 281.

[261] Vgl. ebd. (mit biblischen und außerbiblischen Belegen in den Anmerkungen 329-334).

[262] Vgl. ebd.

[263] Bei der Auslegung der Verse 8-11 werden in der Literatur verschiedene Oberbegriffe vorgeschlagen, die die durch περί parallel gesetzten Inhalte sachlich zusammenfassen:

Tatbestände Sünde, Gerechtigkeit und Gericht genannt, die durch die Untersuchung des Parakleten aufgedeckt werden sollen.

Die Verse 9-11, mit denen die Geistfunktion des ἐλέγχειν hinsichtlich der drei genannten Untersuchungsgegenstände näher erläutert wird, zeigen äußerlich eine parallele syntaktische Struktur. Im Versteil a wird jeweils einer der Gegenstände der Untersuchung noch einmal eigens genannt. Dabei muß die elliptische Konstruktion der Verse 9a.10a.11a jeweils ergänzt werden durch das Prädikat ἐλέγξει aus Vers 8. Im Versteil b wird dann jeweils in Form eines ὅτι-Satzes das Ergebnis der Untersuchung formuliert. Die Konjunktion ὅτι trägt hier explikative Funktion[264].

Trotz der parallelen syntaktischen Struktur des erläuternden Teils der Geistverheißung vollzieht sich im mittleren Glied der Versreihe 9-11 ein inhaltlicher Perspektivenwechsel. In den Rahmenversen 9 und 11 ist im explikativen ὅτι-Satz jeweils vom Kosmos die Rede - vertreten in Vers 9b durch die 3. Person Plural (constructio ad sensum), vertreten in Vers 11b durch die Gestalt des ἄρχων τοῦ κόσμου. Hingegen ist in Vers 10b von Jesus und den Jüngern die Rede. Diesem inhaltlichen Perspektivenwechsel entspricht eine rhetorische Veränderung: Während Jesus in den Versen 8.9.11 über den Kosmos spricht, spricht er in Vers 10b einerseits von sich selbst und redet andererseits die Jünger an. Dieser Perspektivenwechsel hängt mit dem Untersuchungsgegenstand zusammen, den Vers 10 nennt. Das aufdeckende Wirken des Parakleten richtet sich hier auf die δικαιοσύνη. Damit aber ist nicht die Gerechtigkeit der Welt, sondern die Gerechtigkeit Gottes gemeint. Sie wird daher auch nicht an einer Haltung der Welt, sondern am Weg Jesu erläutert.

Auch in Vers 11a geht es bei der κρίσις um das Gericht Gottes. Daß im explizierenden Vers 11b vom Kosmos die Rede ist, liegt hier daran, daß sich das Gericht, das Gott hält, grundsätzlich auf die Welt bezieht. Wie bei der δικαιοσύνη, so handelt es sich jedoch auch beim Untersuchungsge-

---

Bei "Sünde", "Gerechtigkeit" und "Gericht" handle es sich um "Anklagepunkte" (vgl. *Betz*, Der Paraklet, 194), um die "Materie" der Untersuchung des Parakleten (vgl. *Porsch*, aaO, 279), um "Sachverhalte" (vgl. *Blank*, Krisis, 335) bzw. "'juristisch' belangvolle Tatbestände" (vgl. *Blank*, aaO, 336). Der oben im folgenden verwendete Begriff "Untersuchungsgegenstand" entspricht dem neutralen Charakter der von *Porsch* und *Blank* vorgeschlagenen Begriffe, denen der Vorzug zu geben ist gegenüber dem pejorativ konnotierten Oberbegriff, den *Betz* wählt. Vgl. dazu die Argumentation im folgenden oben.

[264] Zur Diskussion um die Konjunktion ὅτι in Relation zur Präposition περί bzw. zur Wendung ἐλέγχειν περί vgl. *Schnackenburg*, Das Johannesevangelium III, 147 mit Anm. 12, der sich ebenfalls für die explikative Funktion entscheidet; so auch *Bultmann*, Das Evangelium des Johannes, 434, Anm. 3; *Blank*, aaO, 336ff. Dagegen schwankt *Porsch*, aaO, 286-289, bei der Auslegung der Verse 8-11 zwischen explikativer und kausaler Auffassung der Konjunktion.

genstand der χρίσις nicht um einen "Anklagepunkt". Denn die Welt kann weder der Gerechtigkeit noch des Gerichtes Gottes angeklagt sein. Vielmehr weiß sie nicht, was Gerechtigkeit und Gericht Gottes grundlegend und gültig bedeuten. Dessen kann sie "überführt" werden - und zwar dadurch, daß ihr die Gültigkeit und das Wesen von Gottes Gerechtigkeit und Gericht objektiv vor Augen gestellt werden.

Vor Augen gestellt wird ihr durch das Wirken des Parakleten aber auch ihre Sünde. Der Aspekt der ἁμαρτία kann dabei nun als "Anklagepunkt" verstanden werden. Denn der Sünde hat sich die Welt tatsächlich schuldig gemacht. Ihre Sünde nämlich, so führt Vers 9b aus, besteht darin, daß sie nicht an Jesus glaubt. Damit greift die Geistverheißung sachlich auf den Abschnitt 15,22-24 zurück, der bereits die dritte Geistverheißung in 15,26f entscheidend vorbereitet hatte. Er zeigt sich jetzt auch in seiner Funktion als Vorbereitung für die vierte Geistverheißung.

Da die Welt nicht an Jesus glaubt, ist sie bereits gerichtet. In diesem Sinne schließt Vers 11 an Vers 9 unmittelbar an: Vor dem Gericht Gottes ist "der Herrscher der Welt" längst entmachtet. Denn aufgrund ihres Unglaubens ist die Macht, die den Kosmos zu bestimmen meint, gebrochen (vgl. 3,18b). In ihrem Unglauben erkennt die Welt auch Jesu Tod nicht als Rückkehr zum Vater. Sondern sie meint darin das Scheitern Jesu und ihren eigenen Triumph über den Sohn Gottes entdecken zu können. Doch nicht ihre Macht siegt über Jesus, sondern die göttliche Macht des Gerichts siegt über sie (vgl. auch 16,33).

Dem Aspekt der gerichtlichen Macht Gottes korrespondiert das Motiv der "Gerechtigkeit" in Vers 10. Der Terminus δικαιοσύνη, innerhalb der paulinischen Theologie ein Zentralbegriff, erscheint im Johannesevangelium nur in der vierten Geistverheißung der Abschiedsreden[265]. Der Begriff schillert hier in seinem sachlichen Bezug, da kein Genitivobjekt damit verbunden ist. Es wird also nicht ausdrücklich angegeben, ob es sich bei der δικαιοσύνη um die Gerechtigkeit des Vaters oder um die Gerechtigkeit Jesu handelt. Beide Aspekte sind daher zu erwägen.

Gewöhnlich wird in der Literatur die zur Untersuchung stehende δικαιοσύνη ganz auf Jesus bezogen[266]. Sie wird mit dem Motiv der Verherrlichung Jesu durch den Vater in Verbindung gebracht (vgl. gerade im Kontext der Abschiedsreden 13,31). Die Gerechtigkeit Jesu müsse als seine "Gerechtigkeit in Herrlichkeit"[267] verstanden werden. Im Vergleich mit Joh 1,9[268]; 2,1.29[269]; 3,7[270] und anderen neutestamentlichen Stellen[271] lasse sich

---

[265] Zum lexikalischen Überblick vgl. *Gottlob Schrenk*, Art. δικαιοσύνη, ThWNT II, 194-214.

[266] Vgl. exemplarisch *Porsch*, aaO, 286-288.

[267] AaO, 287.

[268] Vgl. *Becker*, Das Evangelium des Johannes, 497.

Jesus selbst als *"δίκαιος"* verstehen, insofern er in die "Doxa beim Vater"[272] zurückkehre (vgl. Vers 10b). Die Wirksamkeit des Parakleten richte sich darauf, Jesus als den Gerechten, als den "zum Vater Heimgegangenen und beim Vater Verherrlichten zu erweisen"[273]. Unter Berücksichtigung des Auftretens des Terminus *δικαιοσύνη* im Rahmen der Geistverheißung wird darüber hinaus der Bezug zu dem außerjohanneischen Beleg des Christusliedes in 1 Tim 3,16 hergestellt[274], in dem "für den Eingang Jesu in die himmlische Welt"[275] die Wendung *ἐδικαιώθη ἐν πνεύματι* verwendet wird (3,16c). Hieraus ergibt sich für Joh 16,10 der Aspekt der "Rechtfertigung" Jesu durch den Vater, die sich mit Jesu Rückkehr zu ihm vollzieht.

Beide exegetischen Möglichkeiten erhellen das Motiv der *δικαιοσύνη* im Hinblick auf Jesu Rückkehr zum Vater. Das nachösterliche Wirken des Parakleten wird der Welt zeigen, daß Jesu Tod Bestandteil seines Weges und seiner Sendung ist, aufgehoben im Plan Gottes mit seinem Gesandten. Gerade unter dem Aspekt der Sendung aber läßt sich die in 16,8.10 genannte *δικαιοσύνη* auch auf den Vater beziehen. Dafür ist hinzuweisen auf eine Stelle aus dem Abschiedsgebet (17,25). Im abschließenden Teil des Gebetes (17,24-26) wird hier der Vater von Jesus als *πάτερ δίκαιε* angesprochen (Vers 25a). Die damit verbundene Aussage bezieht sich auf die Einsicht, daß der Vater Jesus gesandt hat. Während die Welt zu dieser Einsicht nicht gelangt ist (Vers 25b: *καὶ ὁ κόσμος σε οὐκ ἔγνω*), kennt Jesus den Vater als den Sendenden (Vers 25c: *ἐγὼ δέ σε ἔγνων*), und auch die Glaubenden sind zu dieser Erkenntnis gekommen (Vers 25d.fin: *καὶ οὗτοι ἔγνωσαν ὅτι σύ με ἀπέστειλας·*). An diesen Aussagen zeichnet sich ab, daß die Prädikation des "gerechten Vaters" mit seiner Funktion als Sendendem zu tun hat.

Die Anrede des Vaters als *πάτερ δίκαιε* muß aber auch mit der vorausgehenden Aussage in 17,24 verbunden werden. Gerade aufgrund dessen, was hier gesagt ist, kann Jesus dann in Vers 25a mit der Anrede "Gerechter Vater" fortfahren: In Vers 24 äußert Jesus seinen Willen, daß alle Glaubenden mit ihm vereinigt werden mögen, damit sie jene Herrlichkeit sehen können, die ihm der Vater verliehen hat (Vers 24d.ea: *ἵνα θεωρῶσιν τὴν*

---

[269] Vgl. ebd.; *Porsch*, aaO, 287, Anm. 359.

[270] Vgl. *Porsch*, ebd.

[271] Vgl. aaO, 287 und *Bultmann*, Das Evangelium des Johannes, 434, Anm. 6: Apg 3,14; 7,52; 22,14; 1 Petr 3,18 mit vergleichendem Hinweis auf 2 Kor 5,21.

[272] *Porsch*, aaO, 287.

[273] Ebd.

[274] Vgl. ebd., Anm. 360; *Schnackenburg*, Das Johannesevangelium III, 149; *Becker*, Das Evangelium des Johannes, 497.

[275] *Schnackenburg*, aaO, 149f.

δόξαν τὴν ἐμήν, ἣν δέδωκάς μοι). Diese Herrlichkeit liegt in der Liebe des Vaters zum Sohn begründet, die schon vor der Erschaffung der Welt das Verhältnis zwischen Vater und Sohn geprägt hat (Vers 24eβ: ὅτι ἠγάπησάς με πρὸ καταβολῆς κόσμου). Die Anrede "Gerechter Vater" bezieht sich auf diese Aussage über die Jesus vom Vater gegebene Herrlichkeit und die präexistente Liebe, mit der sich der Vater seit jeher auf den Sohn bezogen hat. Die Aspekte der Herrlichkeit, Liebe und Sendung scheinen daher nach 17,24f die δικαιοσύνη des Vaters auszumachen. Inhaltlich mögen sich dahinter folgende Nuancen verbergen: Die "Gerechtigkeit" des Vaters liegt darin, daß er dem Sohn Anteil an seiner Herrlichkeit gibt; weiter zeigt sie sich darin, daß er den Sohn liebt und ihm - so muß johanneisch ergänzt werden - mit dieser Liebe seine eigene Vollmacht überantwortet; schließlich besteht sie in der "Rechtskraft" des Vaters als dem Sendenden, der seinen Gesandten beauftragt und bevollmächtigt, damit er ihn rechtsgültig vertrete. Alle Nuancen zielen auf das besondere Verhältnis zwischen dem Vater und Jesus.

Was für die δικαιοσύνη des Vaters zu beobachten ist, war aber auch für die δικαιοσύνη Jesu zu erkennen: Seine "Gerechtigkeit" im Sinne seiner "Verherrlichung" oder seiner "Rechtfertigung" durch den Vater bestimmt sich nicht anders als eben aus seinem Verhältnis zum Vater. Der Terminus δικαιοσύνη erweist sich daher als ein relationaler Begriff, der von der konstitutiven Zusammengehörigkeit zwischen Vater und Sohn spricht. Er trägt den Charakter eines Oberbegriffs über die einzelnen Aspekte, in der sich diese Einheit zeigt (Teilhabe Jesu an der Herrlichkeit, Liebe und Vollmacht des Vaters). Sie sind in nuce enthalten in dem Motiv des Weges Jesu, der ihn von seiner Präexistenz beim Vater über die irdische Existenz zurückführt zum Vater. Daher kann Vers 10bα den Sachverhalt der Gerechtigkeit daran explizieren, daß Jesus zum Vater zurückkehrt.

Eine interessante Nuance bietet dann noch Vers 10bβ. Die Explikation der Gerechtigkeit durch die Rückkehr Jesu zum Vater wird hier nicht dadurch fortgeführt, daß dann die Welt Jesus nicht mehr sehen werde. Im Zusammenhang der übergeordneten Geistfunktion des ἐλέγχειν τὸν κόσμον und deren Erläuterung in den Versen 9 und 11 wäre das durchaus vorstellbar gewesen. Mit dem Perspektivenwechsel zu den Jüngern (Vers 10bβ: καὶ οὐκέτι θεωρεῖτέ με·) ist hingegen nicht in erster Linie der engere sachliche Kontext innerhalb der Geistverheißung selbst, sondern die Situation der Abschiedsreden im Ganzen berücksichtigt. Gerade für die Jünger bedeutet Jesu Weggehen den Abschied von ihm, gerade ihnen aber soll auch verständlich werden, daß dieser Abschied Jesu Rückkehr zum Vater bedeutet.

Von dieser Beobachtung aus läßt sich zurücklenken zu der Frage, wie sich das ἐλέγχειν des Parakleten der Welt gegenüber vollzieht und vermittelt[276]. Grundlegend für die Aussage über das Wirken des Geistes in den Versen 8-11 ist die Angabe aus der Einleitung der Geistverheißung, daß der Paraklet zu den Jüngern kommen werde. Sie sind, wie auch aus den vorausgehenden Geistverheißungen deutlich wurde, das eigentliche Ziel seiner Sendung. In seiner Gegenwart erfahren sie daher auch von der Untersuchung, die inhaltlich die Welt betrifft. Ihnen wird deutlich werden, daß die Welt sich der Sünde schuldig gemacht hat durch ihren Unglauben und daß ihre Macht durch das Gericht Gottes gebrochen ist. Gerade ihnen dient auch die Einsicht, daß Jesu Rückkehr zum Vater Zeichen der göttlichen Gerechtigkeit ist. Denn sie selbst werden damit "ins Recht gesetzt", wenn sie Jesus als den zum Vater Zurückgekehrten und Verherrlichten in ihrem Zeugnis verkünden.

Was der Paraklet durch sein elenchtisches Wirken objektiv aufdeckt, wird gerade die Glaubenden in ihrem Bekenntnis zu Jesus als dem Sohn Gottes stärken[277]. So zeichnet sich ab, daß sich das ἐλέγχειν des Parakleten bei den Jüngern vollzieht, ihnen aber wiederum Aufschluß gibt über die Welt und ihr Verhältnis zu Jesus und dem Vater. Darin aber liegt eine der Voraussetzungen dafür, daß die Glaubenden in nachösterlicher Zeit ihre Zeugnisfunktion der Welt gegenüber wahrnehmen können. Denn belehrt durch den Parakleten, zu dessen Zeugnis für Jesus eben auch seine Elenxis gehört, können die Glaubenden selbst vor der Welt aufdecken, was es mit Sünde und Gericht und mit der göttlichen Gerechtigkeit auf sich hat.

Von der Explikation der Geistverheißung in den Versen 9-11 her zeigt sich, wie eng sachlich dritte und vierte Geistverheißung aufeinander bezogen sind. Was sich bereits kompositorisch am gemeinsamen Kontext und sprachlich an der jeweils aus juristischem Sachzusammenhang stammender Terminologie zeigt, bestätigt sich von der inhaltlichen Interpretation der Geistfunktionen μαρτυρεῖν und ἐλέγχειν: Sie bezeichnen eine Wirksam-

---

[276] Im Hintergrund dieser Frage steht die Diskussion darüber, ob sich alle in den Geistverheißungen genannten Funktionen des Parakleten auf die Glaubenden beziehen (so *Porsch*, aaO) oder ob zu unterscheiden ist zwischen "Funktionen gegenüber den Glaubenden" und "Funktionen gegenüber der Welt" (so *Hahn*, Die biblische Grundlage unseres Glaubens an den Heiligen Geist, 129) bzw. zwischen solchen Verheißungen, die "auf das innere Wirken des Parakleten" Bezug nehmen und solchen, die "das Wirken des Parakleten nach außen" beleuchten (so *Blank*, Krisis, 330f). Im Falle der Unterscheidung des Parakletwirkens (wie bei *Hahn* und *Blank*) wird das ἐλέγχειν (ebenso wie das μαρτυρεῖν aus 15,26) als Funktion gegenüber der Welt bestimmt, während es nach *Porsch* "vor dem Gewissen der Glaubenden" stattfindet (aaO, 287; vgl. auch *Becker*, aaO, 495, der betont: "Die Welt erfährt von diesem Prozeß gegen sie nichts").

[277] Vgl. *Porsch*, aaO, 287, der die gesamte Wirksamkeit des Parakleten darin bestimmt sieht, dem Glauben Gewißheit zu verschaffen.

keit des Geistes, die bei den Jüngern stattfindet, zu denen er gesandt ist; für die Jünger bietet sie die entscheidende Voraussetzung, ihre nachösterliche Funktion als Zeugen wahrzunehmen; und durch die Jünger erreicht sie die Welt[278]. Auch wenn die Welt also den Geist nicht empfängt, erfährt sie die Relevanz seines Zeugnisses und seiner elenchtischen Untersuchung. In diesem Sinne läßt sich sagen, daß die Wirksamkeit des Geistes, die in der dritten und vierten Geistverheißung beschrieben wird, auch auf die Welt gerichtet ist.

3.2.3.3. Die letzte Geistverheißung in Joh 16,12-15

Joh 16,12-15. Die fünfte und letzte Geistverheißung der Abschiedsreden schließt an die vierte Geistverheißung direkt an[279]. Sie ist eingeleitet[280] durch eine rhetorische Reflexionswendung, die deutlich macht, daß die vorausgehende Geistverheißung beendet ist und nun zu einem neuen Aspekt weitergeleitet wird[281]:

Ἔτι πολλὰ ἔχω ὑμῖν λέγειν,	12a
ἀλλ᾽ οὐ δύνασθε βαστάζειν ἄρτι·	12b
ὅταν δὲ ἔλθῃ ἐκεῖνος,	13a
τὸ πνεῦμα τῆς ἀληθείας,	13b
ὁδηγήσει ὑμᾶς ἐν τῇ ἀληθείᾳ πάσῃ[282]·	13c

---

[278] Das "Überführen" des Parakleten richtet sich also weder nur auf die Jünger noch nur auf die Welt. Daher betont *Schnackenburg*, Das Johannesevangelium III, 151, mit Recht, daß die "Tätigkeit des Parakleten gegenüber der Welt" und "sein Wirken in der Gemeinde (...) aufs engste miteinander verbunden" sind.

[279] Der direkte Anschluß ist nur dann gegeben, wenn wie hier Vers 12 zur letzten Geistverheißung hinzugerechnet wird (so auch überwiegend die Literatur, vgl. etwa *Bultmann*, Das Evangelium des Johannes, 441ff; *Becker*, aaO, 498f; *Brown*, The Gospel according to John, 714ff; *Yu Ibuki*, Die Wahrheit im Johannesevangelium, BBB 39, Bonn 1972, 295ff; *Ignace de la Potterie*, La Vérité dans Saint Jean, Tome I, Rome 1977, 422ff; anders dagegen *Schnackenburg*, aaO, 151, 152ff; *Porsch*, aaO, 289ff).

[280] Vgl. *Bultmann*, aaO, 441, Anm 1, und *de la Potterie*, aaO, 423, der Vers 12 als "le verset d'introduction" bezeichnet; anders dagegen *Schnackenburg*, aaO, 151, der Vers 12 als "Zwischenbemerkung" zwischen vierter und fünfter Geistverheißung versteht. *Becker*, aaO, 498, der formal in Vers 12 den Neueinsatz für die letzte Geistverheißung sieht, bemerkt, daß es sich inhaltlich um eine "Abschlußformulierung" handle.

[281] Vgl. *Porsch*, aaO, 290, der zwar Vers 12 nicht zur Geistverheißung selbst hinzurechnet, ihn aber doch für "mehr als nur eine mehr oder weniger entbehrliche Übergangswendung" hält: "Seine Aufgabe ist es, dem Gedankengang eine neue Richtung zu geben".

[282] Vers 13c ist textkritisch umstritten. Der oben notierte Text entspricht der Lesart von Nestle-Aland [26]1979 und [27]1993. Bezeugt wird er vom Codex Sinaiticus, vom Codex Bezae Cantabrigiensis (D), Codex Regius (L) und Codex Freerianus (W), von einigen

Minuskeln, nämlich 1.33.565(579), einigen anderen vom Mehrheitstext abweichenden Handschriften (al) und allen oder den meisten Versionen der Vetus Latina (it). Bei Nestle-Aland [25]1963 stand hingegen noch die vom Codex Alexandrinus (A), Codex Vaticanus (B) und anderen wenigen vom Mehrheitstext abweichenden Handschriften (pc) bezeugte, bei Origenes (Or) sich findende und in der Vulgata Stuttgartiensis (vg[st]) entsprechend lateinisch gebotene Textvariante ὁδηγήσει ὑμᾶς εἰς τὴν ἀλήθειαν πᾶσαν im Haupttext.

Neben der vom Codex Bezae Cantabrigiensis (D) außerdem gebotenen Abweichung, das maskuline Pronomen ἐκεῖνος aus Vers 13a zu Beginn von Vers 13c wiederaufzunehmen, sind für Vers 13c grundsätzlich drei Textvarianten zu unterscheiden. Die erste bietet das Prädikat ὁδηγήσει (ὑμᾶς) in Verbindung mit der Präposition εἰς, die den Akkusativ des Nomens ἀλήθεια und des Adjektivs πᾶσα nach sich zieht. Dabei werden innerhalb des Präpositionalgefüges die beiden grammatisch möglichen prädikativen Stellungen des Adjektivs bezeugt, nämlich εἰς τὴν ἀλήθειαν πᾶσαν (Stellung des Adjektivs hinter dem Substantiv) und εἰς πᾶσαν τὴν ἀλήθειαν (Stellung des Adjektivs vor dem Artikel). Die zweite Textvariante verbindet das Prädikat ὁδηγήσει (ὑμᾶς) mit der Präposition ἐν, die wiederum den Dativ des Nomens und Adjektivs bestimmt. Auch hier wird das Präpositionalgefüge syntaktisch bezeugt mit der Stellung des Adjektivs sowohl hinter dem Substantiv *(ἐν τῇ ἀληθείᾳ πάσῃ)* als auch vor dem Artikel *(ἐν πάσῃ τῇ ἀληθείᾳ)*. Die dritte Textvariante hingegen ersetzt das intransitiv gebrauchte Verb ὁδηγεῖν durch das transitiv gebrauchte Verb διηγεῖσθαι (erzählen, beschreiben), an das sich Dativ- und Akkusativobjekt direkt anschließen: διηγήσεται ὑμῖν τὴν ἀλήθειαν πᾶσαν. Sie wird bezeugt von verschiedenen Fassungen der Vulgata, nämlich der Vulgata Clementina (vg[cl]) und der von Wordsworth-White-Sparks edierten Vulgata (vg[ww]).

Aufgrund des Gewichtes der Textzeugen sind die beiden ersten Varianten der dritten gegenüber zu bevorzugen (vgl. etwa *Bultmann*, aaO, 442, Anm. 2, *Schnackenburg*, aaO, 152, *Brown*, aaO, 707, denen allerdings für die dritte Textvariante nach den Nestle- bzw. Nestle-Aland-Ausgaben vor Nestle-Aland [26]1979 noch weitere Zeugen vorlagen) und untereinander als etwa gleich starke Lesarten zu bewerten (vgl. *Schnackenburg*, aaO, 153; anders *Barrett*, Das Evangelium nach Johannes, 475, der das mit ἐν konstruierte Präpositionalgefüge für am besten bezeugt hält; so auch im Anschluß an ihn *Ibuki*, Die Wahrheit im Johannesevangelium, 298 mit Anm. 135).

Abgesehen vom Gewicht der Textzeugen wird in der Forschung unter inneren textkritischen Kriterien gelegentlich der mit ἐν konstruierten Textvariante der Vorzug gegeben, da hier die lectio difficilior vorliege (vgl. etwa *Schnackenburg*, aaO, 153f; *Ibuki*, aaO, 298 mit Anm. 134). Sachlich hingegen ist entscheidend, welcher Sinn mit Vers 13c zum Ausdruck gebracht werden soll und wieweit dieser von einer bestimmten Präposition abhängt. Im Kontext der Abschiedsreden insgesamt, im Blick auf das Ich-bin-Wort von 14,6 und besonders unter Berücksichtigung der auf immer tieferes Erkennen zielenden Funktionen des Parakleten überzeugt der Gedanke, der Paraklet werde die Glaubenden in die ganze Wahrheit hineinführen, mehr als die Aussage, er leite sie auf einem Weg im Bereich der Wahrheit (gegen *Barrett*, aaO, 475). Ordnet man dem ersten Gedanken die mit εἰς konstruierte, der zweiten Aussage hingegen die durch ἐν bestimmte Variante zu (so *Schnackenburg*, aaO, 153f), so wäre daher der früheren Lesart des Nestle-Aland der Vorzug zu geben. Die Präpositionen können jedoch offensichtlich nicht streng für den einen oder anderen Sinn reserviert werden (vgl. etwa *Bultmann*, aaO, 442, Anm. 2, und im Anschluß an ihn *Ibuki*, aaO, 299 mit Anm. 141; auch *Brown*, aaO, 707, und im Anschluß an ihn *Barrett*, aaO, 475, warnen davor, den Unterschied zwischen den Präpositionen zu stark zu betonen). Die oben notierte Lesart von Vers 13c ist daher von Nestle-Aland [26]1979 und [27]1993 übernommen, und zwar im Sinne des Gedankens vom Hineinführen in die ganze Wahrheit.

οὐ γὰρ λαλήσει ἀφ᾽ ἑαυτοῦ,	13d
ἀλλ᾽ ὅσα ἀκούσει λαλήσει	13e
καὶ τὰ ἐρχόμενα ἀναγγελεῖ ὑμῖν.	13fin
ἐκεῖνος ἐμὲ δοξάσει,	14a
ὅτι ἐκ τοῦ ἐμοῦ λήμψεται	14b
καὶ ἀναγγελεῖ ὑμῖν.	14fin
πάντα ὅσα ἔχει ὁ πατὴρ ἐμά ἐστιν·	15a
διὰ τοῦτο εἶπον	15bα
ὅτι ἐκ τοῦ ἐμοῦ λαμβάνει	15bβ
καὶ ἀναγγελεῖ ὑμῖν.	15fin

Diese letzte Geistverheißung nennt eine Vielzahl von Funktionen des Parakleten, die anhand des Aufbaus der Verheißung geordnet werden können. Die Kernaussage über die nachösterliche Geistwirksamkeit liegt in Vers 13c vor: Der Paraklet wird die Jünger in alle Wahrheit führen[283]. Nach der Einleitung in Vers 12a.b bildet Vers 13c mit Vers 13a.b zusammen den Grundbestand der Verheißung. Außer der Kernaussage über die Funktion des Parakleten gehören dazu die Aussage über sein Kommen, das stellvertretend für den Paraklettitel gebrauchte titulare Pronomen ἐκεῖνος (Maskulinum) und die appositionell zugeordnete Prädikation "Geist der Wahrheit" (Neutrum).

Die in Vers 13d.e.fin genannten Einzelfunktionen des Redens (λαλεῖν) und Verkündens (ἀναγγέλειν) explizieren die übergeordnete Funktion des Parakleten, die Jünger zur Wahrheit zu leiten[284]. Beide Einzelfunktionen werden näher umschrieben, das λαλεῖν wird dabei negativ und positiv bestimmt. So bedeutet es nicht, daß der Paraklet nach seinem eigenen Willen redet (Vers 13d). Die Wendung οὐ ἀφ᾽ ἑαυτοῦ ("nicht von sich aus") greift die sonst für die konstitutive Bindung des gesandten Sohnes an den sendenden Vater typische Formel aus der Ich-Rede Jesu auf (οὐ / οὐδὲν ἀπ᾽ ἐμαυτοῦ: "nicht/nichts von mir aus"), die drei charakteristische Aspekte betrifft: Der Gesandte ist nicht von sich aus in die Welt gekommen, sondern auf den Willen des Sendenden hin (vgl. exemplarisch 8,42d.fin: οὐδὲ γὰρ ἀπ᾽ ἐμαυτοῦ ἐλήλυθα, ἀλλ᾽ ἐκεῖνός με ἀπέστειλεν); er tut nichts von sich aus (vgl. exemplarisch 8,28d: καὶ ἀπ᾽ ἐμαυτοῦ ποιῶ οὐδέν); er redet nicht von sich aus (vgl. exemplarisch 14,10b: τὰ ῥήματα ἃ ἐγὼ λέγω ὑμῖν ἀπ᾽ ἐμαυτοῦ οὐ λαλῶ). Wenngleich in der letzten Geistverheißung gerade nicht explizit von der Sendung des Parakleten durch Vater und Sohn die

---

[283] Zur Frage nach religionsgeschichtlichen Parallelen der Vorstellung vom "Führen in die Wahrheit" vgl. *Porsch*, aaO, 293f.

[284] Vgl. aaO, 295.

Rede ist, tritt durch die negative Bestimmung, er werde nicht von sich aus reden, unmißverständlich seine Funktion als Gesandter in den Blick[285]. Positiv wird das Reden des Parakleten dadurch gekennzeichnet, daß er sich auf zuvor Gehörtes zurückbezieht (Vers 13e). Dabei handelt es sich nicht um ein einmaliges Hören. Die futurische Formulierung des relativen Einschubs ὅσα ἀκούσει[286] drückt aus, daß sich das Hören des Parakleten immer wieder vollzieht. Sein Reden, jeweils bezogen auf neu Gehörtes, trägt aktuellen und aktualisierenden Charakter.

Auch im Aspekt des Hörens liegt das Motiv der Bindung des Parakleten an die, die ihn senden und in deren Auftrag er handelt. Es wird sonst im Evangelium zum Ausdruck für Jesu Bindung an den Vater verwendet und entspricht sachlich dem Gedanken, daß Jesus nichts von sich aus tut und sagt, sondern im Auftrag und nach dem Willen des Vaters handelt. So redet er in der Welt nur, was er vom Vater gehört hat (vgl. exemplarisch 8,26c)[287]. Zugleich ist das Hören Zeichen des einheitlichen Willens von Vater und Sohn, denn auch der Vater hört immer auf den Sohn (vgl. 11,41fin und exemplarisch 11,42a: ἐγὼ δὲ ᾔδειν ὅτι πάντοτέ μου ἀκούεις). Grundsätzlich gilt für den, der mit Gott verbunden ist, daß er die Worte Gottes hört (vgl. exemplarisch 8,47: ὁ ὢν ἐκ τοῦ θεοῦ τὰ ῥήματα τοῦ θεοῦ ἀκούει). Das Motiv des Hörens kennzeichnet also wie das Motiv des Nicht-von-sich-aus-Redens die Bindung des Parakleten an Jesus und den Vater unter dem besonderen Aspekt des einheitlichen Handlungs- und Offenbarungswillens.

Die Funktion des Redens wird ergänzt und präzisiert durch die Funktion des Verkündens (Vers 13fin). So wie beide Funktionen das Leiten in alle

---

[285] Vgl. *Schnackenburg*, aaO, 154.

[286] Das Futur ἀκούσει in Vers 13e wird bezeugt vom Codex Vaticanus (B), Codex Bezae Cantabrigiensis (D), Codex Freerianus (W), Codex Coridethianus (Θ), Codex Athous Laurensis (Ψ), von den Minuskeln 1.579, den Lektionaren l 844.l 2211, von einer anderen vom Mehrheitstext abweichenden Handschrift, von der Vulgata (vg) und von dem griechischen Kirchenvater Epiphanius von Salamis (Epiph). Die frühere Lesart des Nestle-Aland (Nestle-Aland ²⁵1963) bevorzugte noch das Präsens ἀκούει, das vom Codex Sinaiticus, vom Codex Regius (L), der Minuskel 33 und einzelnen altlateinischen Handschriften bezeugt wird. In diesem Fall konnte die Variante des futurischen Prädikates als "Angleichung an die anderen Futura" erklärt werden (vgl. exemplarisch *Bultmann*, Das Evangelium des Johannes, 443, Anm. 1), das Präsens hingegen als die lectio difficilior (vgl. *Brown*, The Gospel according to John, 707f). *Barrett*, Das Evangeliums nach Johannes, 475, der bereits gegen Nestle-Aland ²⁵1963 das Futur bevorzugte, hält das Präsens für "eine dogmatische Verbesserung" im Sinne der Trinitätslehre, da es "an die ewigen Beziehungen der göttlichen Personen" erinnere; vgl. umgekehrt den Hinweis auf Augustin bei *Schnackenburg*, aaO, 154, Anm. 25, der das Futur unter trinitarischem Gesichtspunkt ablehnte. - Die Austauschbarkeit von Futur und Präsens ohne eine Sinnverschiebung bemerkt zu Recht *Schnackenburg*, ebd., unter Hinweis auf den Wechsel der Tempora im unmittelbaren Kontext (Vers 14b: λήμψεται; Vers 15bβ: λαμβάνει).

[287] Vgl. außerdem 8,40 und innerhalb der Abschiedsreden 15,15.

Wahrheit inhaltlich beschreiben, so kann das Verkünden als Explikation der positiven Bestimmung des $\lambda\alpha\lambda\varepsilon\tilde{\iota}\nu$ in Vers 13e verstanden werden[288]. Gerade, da der Paraklet eben das sagen wird, was er je neu hören wird, ist er es auch, dem es obliegt, alles Zukünftige ($\tau\grave{\alpha}$ $\grave{\varepsilon}\varrho\chi\acute{o}\mu\varepsilon\nu\alpha$) zu verkünden. Bezogen auf die zweite Geistverheißung in 14,26 wird der dort in der Funktion des $\delta\iota\delta\acute{\alpha}\sigma\varkappa\varepsilon\iota\nu$ bereits angedeutete Aspekt hier deutlich ausgesprochen: Der Paraklet wird sich in seiner an Jesus orientierten Wirksamkeit nicht nur auf das Wort des Irdischen richten, das er erinnert ($\grave{\upsilon}\pi o\mu\mu\nu\acute{\eta}\sigma\varkappa\varepsilon\iota\nu$). Sondern er wird auch das Wort des zum Vater Zurückgekehrten immer neu hören und den Jüngern weitergeben.

Vers 14b.fin wiederholt und erläutert diesen Gedanken, Vers 14a interpretiert ihn für das Verhältnis zwischen dem Parakleten und Jesus. Daß das "Hören" des Parakleten auf Jesu Wort gerichtet sein wird, ist in Vers 14b umschrieben durch die Wendung, er werde "aus dem Eigenen Jesu nehmen". Reformuliert wird in Vers 14fin seine Verkündigungsfunktion gegenüber den Jüngern. Dabei sind beide Versteile als Kausalsatz von Vers 14a abhängig. Dieser nennt als neue Funktion des Parakleten das Verherrlichen ($\delta o\xi\acute{\alpha}\zeta\varepsilon\iota\nu$). Gerade dadurch (vgl. Vers 14b: $\H{o}\tau\iota$), daß der Paraklet aus dem Eigenen Jesu nehmen, also auf sein Wort hören und es den Jüngern offenbaren wird, wird er Jesus verherrlichen.

Die Aussage über das verherrlichende Wirken des Parakleten stellt die zweite Kernaussage der letzten Geistverheißung dar. Sie meint aber keine neben dem $\acute{o}\delta\eta\gamma\varepsilon\tilde{\iota}\nu$ $\grave{\varepsilon}\nu$ $\tau\tilde{\eta}$ $\grave{\alpha}\lambda\eta\vartheta\varepsilon\acute{\iota}\alpha$ $\pi\acute{\alpha}\sigma\bar{\eta}$ eigenständige und von diesem unterschiedene Funktion. Vielmehr bestimmt sie die Geistwirksamkeit, von der die Rede ist, im Hinblick auf Jesus. Daß der Paraklet den Jüngern alles verkündet, was er von Jesus hört, leitet sie in die ganze Wahrheit der göttlichen Offenbarung. Jesus aber wird durch diese Wirksamkeit des Parakleten verherrlicht, da sie zeigt, daß er auch nach der Rückkehr zum Vater die ungebrochene Würde und Vollmacht des Offenbarers trägt. Jesu Verherrlichung durch den Parakleten meint also eine Funktion des Geistes, die erweist, daß zum einen zwischen dem Wirken des Irdischen und dem des zum Vater Zurückgekehrten Kontinuität, daß zum anderen zwischen der Person des Inkarnierten und der des Postexistenten Identität besteht.

Vers 15 erläutert, inwiefern in Vers 14b davon gesprochen werden kann, daß der Paraklet aus dem Eigenen Jesu nehme, und zielt mit dieser Erläuterung implizit auf eine Relation zwischen Paraklet und Vater. Was nämlich der Paraklet hört und empfängt, um es den Jüngern zu verkünden, stammt

---

[288] Vgl. *Porsch*, Pneuma und Wort, 295, der das Prädikat $\grave{\alpha}\nu\alpha\gamma\gamma\varepsilon\lambda\varepsilon\tilde{\iota}$ in Vers 13fin als eine "Präzisierung" des zweimaligen $\lambda\alpha\lambda\acute{\eta}\sigma\varepsilon\iota$ in Vers 13d.e versteht, allerdings ohne zwischen negativer (Vers 13d) und positiver (Vers 13e) Bestimmung des Redens zu unterscheiden.

ebenso wie von Jesus so auch vom Vater. Daß der Paraklet vom Eigenen Jesu nehme, kann jedoch insofern (vgl. Vers 15ba: διὰ τοῦτο) gesagt werden, als ja alles, was der Vater hat, auch Jesus gehört (Vers 15a).

Die Grundaussage der Verheißung, der Paraklet werde die Jünger in alle Wahrheit leiten und Jesus verherrlichen, ist in Form des futurischen Stils auf die nachösterliche Zeit gerichtet. Die Abgrenzung gegenüber der vorösterlichen Zeit wird durch die rhetorische Reflexionswendung hervorgehoben, mit der die Geistverheißung eingeleitet ist. Hier wird zum Ausdruck gebracht, daß Jesus den Jüngern noch vieles zu sagen hätte (Vers 12a), daß sie es jedoch in der vorösterlichen Situation des Abschieds nicht tragen könnten. Dabei steht dem folgenden, auf die nachösterliche Zeit bezogenen temporalen Hinweis ὅταν δέ (Vers 13a) direkt die auf die vorösterliche Zeit bezogene Angabe ἄρτι (Vers 12b) gegenüber. In zweierlei Hinsicht sind inhaltlich vor- und nachösterliche Zeit voneinander unterschieden: Während Jesus in der vorösterlichen Zeit den Jüngern nicht alles sagen kann, was er zu sagen hätte, wird es ihnen der Geist in nachösterlicher Zeit im Auftrag Jesu verkünden. Und während es die Jünger in vorösterlicher Zeit nicht tragen können, was Jesus ihnen zu sagen hätte, werden sie es in nachösterlicher Zeit verstehen. Denn die Funktion des ὁδηγεῖν ἐν τῇ ἀληθείᾳ πάσῃ macht nicht nur eine Aussage über die Wirksamkeit des Geistes, sondern auch über die künftige Einsicht der Jünger.

Für die Frage nach dem nachösterlichen Verstehensprozeß der Glaubenden hat daher die letzte Geistverheißung wie die zweite in 14,25f Schlüsselfunktion. Die nachösterliche Glaubenseinsicht ist eine vom Geist gewirkte, die sich auf alles bezieht, was dieser von Vater und Sohn hört und den Glaubenden vermittelt. Daß er den Weg in die "ganze Wahrheit" weist, heißt, daß er umfassend in die göttliche Offenbarung einführt. Der Anklang an die Zeugnisfunktion des Geistes (vgl. 15,26) ist nicht zu überhören. Denn auch das μαρτυρεῖν zielt ja auf die Veröffentlichung der Wahrheit Gottes. Innerhalb der Abschiedsreden wird der Geistfunktion des ὁδηγεῖν κτλ. gerade dadurch noch eine prägnante inhaltliche Bedeutung verliehen, daß sie sprachlich in bewußter Korrelation zum Ich-bin-Wort von 14,6 steht. Wird Jesus hier in Form der Selbstprädikation als Weg (ἡ ὁδός) und als Wahrheit (ἡ ἀλήθεια) bezeichnet, so tritt der Paraklet in seiner Funktion, den Weg in alle Wahrheit zu leiten, als direktes Gegenüber zu Jesus auf. Seine Prädikation als "Geist der Wahrheit" hat darin ihre sachliche Grundlage.

Im Anschluß an die letzte Geistverheißung ist nun noch der folgende Kontext zu besprechen, der bis zum Ende der Abschiedsreden führt. Er hat zum einen die Funktion, die Geistverheißung von 16,12-15 auszulegen im Hinblick auf die nachösterliche Begegnung der Jünger mit Jesus und dem Vater. Zum anderen zieht er dabei gleichzeitig die Bilanz auch aus allen vorausgehenden Geistverheißungen, die auf die nachösterliche Zeit vorausgeblickt hatten. Zu unterteilen ist er in die Abschnitte 16,16-28 und 16,29-33.

16,16-28. Die letzte Geistverheißung erfährt zunächst eine ausführliche Explikation im Abschnitt 16,16-28:

16,16. Im Ringschluß zur ersten Geistverheißung wird auch nach 16,12-15 das Motiv des Wiedersehens der Jünger mit Jesus aufgenommen und als Erläuterung der Geistverheißung verwendet. Das heißt, daß das nachösterliche Verstehen der Glaubenden gedeutet wird als eine Begegnung mit Jesus, in der sie ihn "sehen" und erkennen werden, auch wenn er nach seinem Abschied von der Erde nicht mehr physisch bei ihnen anwesend sein wird (vgl. Vers 16a.b: Μικρὸν καὶ οὐκέτι θεωρεῖτέ με, καὶ πάλιν μικρὸν καὶ ὄψεσθέ με). Die Unterschiedenheit des Sehens in vor- und nachösterlicher Zeit scheint sich dabei sogar sprachlich in der Vewendung der verschiedenen Verben θεωρεῖν und ὁρᾶν niederzuschlagen. Die objektive Sichtbarkeit Jesu geht mit der kurzen noch verbleibenden Zeitspanne bis zu seinem Abschied zuende (vgl. Vers 16a: μικρόν). Doch eröffnet sich mit der nachösterlichen Zeit (vgl. Vers 16b: καὶ πάλιν μικρόν) die Sichtbarkeit Jesu im Glauben[289].

16,17-19. Die Explikation der Geistverheißung durch Vers 16 wird in den Versen 20-22 fortgesetzt. Dazwischen liegt die dialogisch gestaltete Passage 16,17-19, mit der zum ersten Mal seit 14,22 die Jünger wieder aktiv in die Szene treten. Sie fragen sich untereinander, was Jesus mit seiner Verheißung des Sehens wohl meine (Vers 17a-d.18a.b). Auch die Ankündigung seines Weggehens zum Vater wird zum Gegenstand ihrer Rückfragen (Vers 17fin). Damit verzahnt sich dieser auf die letzte Geistverheißung folgende Abschnitt mit dem Anfang der Reden, in dem die Jünger mit ihren Nachfragen um die für die Abschiedssituation grundlegende Ankündigung des Weggehens Jesu kreisten. Ihre Unterhaltung im Anschluß an die letzte Geistverheißung endet mit dem Eingeständnis, nicht zu verstehen, was Jesus ihnen sagt (Vers 18fin: οὐκ οἴδαμεν τί λαλεῖ). Dieses Eingeständnis fungiert als dialogischer Impuls wiederum für eine Rückfrage Jesu an die Jünger (vgl. Vers 19), die signalisiert, daß sich das Unverständnis der Jünger für Jesu Verheißung gerade an der widersprüchlich erscheinenden Unterscheidung zwischen Nicht-mehr-Sehen und Doch-wieder-Sehen entzündet. Eben diesen Unterschied des Sehens und damit die Zäsur, die den Wechsel der jeweiligen Perspektive bedingt, erläutern die folgenden Verse, indem sie das Vorher und Nachher des Abschieds Jesu vor Augen stellen.

16,20-22. Weil die Jünger meinen, Jesus zu verlieren, werden sie in der

---

[289] Die beiden μικρόν-Aussagen von Vers 16 ordnet *Onuki*, Gemeinde und Welt, 152, mit Hilfe einer Skizze einander zu.

Stunde seines Todes weinen und sich fürchten (Vers 20a: ἀμὴν ἀμὴν λέγω ὑμῖν ὅτι κλαύσετε καὶ θρηνήσετε ὑμεῖς). Der Kosmos hingegen wird sich freuen, Jesus endlich los zu sein[290] (Vers 20b: ὁ δὲ κόσμος χαρήσεται). Doch es wird sich herausstellen, daß gerade die Jünger es sind, die sich freuen können. Obwohl sie in der Stunde des Abschieds trauern werden, wird ihre Trauer nachösterlich in Freude verwandelt werden (Vers 20c.fin: ὑμεῖς λυπηθήσεσθε, ἀλλ᾽ ἡ λύπη ὑμῶν εἰς χαρὰν γενήσεται). Vers 22 nimmt diesen Gedanken noch einmal auf, indem er den Wandel der Zeiten durch temporale Angaben unterstreicht (Vers 22a: νῦν μέν / Vers 22b: πάλιν δέ) und den Grund nennt, der zur nachösterlichen Freude führen wird. Dabei vollzieht sich in der Argumentation eine auffällige Umkehrung: Daß die Jünger nachösterlich Freude erfahren werden, wird nicht damit begründet, daß sie Jesus, sondern daß Jesus sie wiedersehen werde (Vers 22b: πάλιν δὲ ὄψομαι ὑμᾶς). Diese Umkehrung der "Bewegungsrichtung", die zur Begegnung zwischen den Jüngern und Jesus führt, entspricht konsequent der Aussage, die sich an die erste und zweite Geistverheißung angeschlossen hatte: ἔρχομαι πρὸς ὑμᾶς (Ich komme zu euch). Das Wirken des Geistes wird den Jüngern nachösterlich die Erfahrung vermitteln, daß Jesus auf sie zugeht. Eben deshalb wird ihr Herz[291] sich freuen können, und niemand wird ihnen diese Freude nehmen (Vers 22c.fin: καὶ χαρήσεται ὑμῶν ἡ καρδία, καὶ τὴν χαρὰν ὑμῶν οὐδεὶς αἴρει ἀφ᾽ ὑμῶν).

Zwischen Vers 20 und Vers 22 wird der dargestellte Gedanke in die Form eines exemplarischen Bildes gebracht. Die Trauer der Jünger und ihre Verwandlung in Freude wird verglichen mit Angst und Schmerz, die eine Frau beim Gebären empfindet und die doch nach der Geburt umschlagen in die Freude über das neugeborene Kind. Sprachlich wird dabei in genauer Entsprechung zur Erfahrung der Jünger in der Abschiedssituation der Terminus λύπη aufgegriffen (Vers 21a: ἡ γυνὴ ὅταν τίκτῃ λύπην ἔχει) und durch den eschatologisch geprägten Begriff des Wehenschmerzes (θλῖψις) ergänzt, der im verwendeten Bild seinen begründeten Platz hat. Wie differenziert dieses Bild auf Jesu Abschied und seine Wiederbegegnung mit den Jüngern bezogen ist, zeigt ferner eine Nuance in seiner syntakischen Durchführung. Wie in Vers 22 das Subjekt der trauernden Jünger durch das Subjekt Jesu, der sie wiedersehen wird, abgelöst ist, so wechselt in Vers 21 das Subjekt der gebärenden Frau zum Subjekt des geborenen Kindes, das die Welt erblickt.

---

[290] Vgl. *Blank*, Krisis, 338.

[291] Auf die Parallelen des Motivs vom Herz als Subjekt der Freude in alttestamentlicher (etwa Jes 66,14; Jer 15,16), rabbinischer und griechischer Literatur sowie in der Literatur der Mysterien-Religionen weist *Bultmann*, Das Evangelium des Johannes, 447, Anm. 3, hin.

Das Bild in Vers 21 macht im Kontext der einrahmenden Verse 20 und 22 deutlich, daß die letzte Geistverheißung expliziert werden soll unter dem Aspekt der nachösterlichen Neuschöpfungserfahrung. Denn gerade die Freude über ein neues Leben ist es hier, die Trauer und Angst vergessen läßt. Nach der Trennung von Jesus, die bildlich durch die Trennung von Mutter und Kind bei der Geburt assoziiert ist, wird für die Jünger ein neues Leben beginnen, das von der eschatologischen χαρά geprägt sein wird[292]. Es liegt in der neuen Begegnung mit Jesus begründet, die sich ihnen in Form und aufgrund ihrer geistgewirkten Einsicht in die Wahrheit Gottes vermittelt.

16,23f. Die Verse 23f haben eine dreifache Funktion. Parataktisch durch καί an den vorausgehenden Abschnitt angeschlossen, bezieht sich die zeitliche Angabe "an jenem Tage" (Vers 23a: ἐν ἐκείνῃ τῇ ἡμέρᾳ) einerseits zurück auf den vorausgegangenen Abschnitt 16,16-22, andererseits auf die Geistverheißung in 16,12-15. So nimmt sie zum einen die temporale Bestimmung καὶ πάλιν μικρόν aus Vers 16b (vgl. Vers 17d.19e), zum anderen den futurischen Verweis ὅταν δὲ ἔλθῃ ἐκεῖνος κτλ. ὁδηγήσει κτλ. aus Vers 13a.c auf. Sie pointiert die anvisierte nachösterliche Zeit, in der der Geist die Jünger in alle Wahrheit leiten, sie zur Begegnung mit Jesus führen und ihnen darin die eschatologische Freude[293] schenken wird, zu "jenem Tag", an dem die Jünger Jesus nichts fragen werden. Hinter dieser zugespitzten inhaltlichen Bestimmung der nachösterlichen Zeit wird die Relevanz des nachösterlichen Verstehensprozesses erkennbar, der in der Geistverheißung auf das Wirken des Parakleten zurückgeführt wurde. Als die, die in die ganze Wahrheit eingeführt sind, werden die Glaubenden nachösterlich keine Fragen mehr haben. Die verheißene nachösterliche Zeit wird dadurch betont abgegrenzt von der dargestellten vorösterlichen Situation, in der die Jünger durch ihre Fragen untereinander ihr Unverständnis zum Ausdruck bringen und eine Antwort von Jesus erwarten (vgl. Vers 19a: Ἔγνω [ὁ] Ἰησοῦς ὅτι ἤθελον αὐτὸν ἐρωτᾶν).

Das Motiv des Fragens wird in Vers 23b.c.24 mit dem Motiv des Bittens verknüpft. Die Explikation der letzten Geistverheißung korrespondiert dadurch mit der Vorbereitung zur ersten Geistverheißung (14,13f). Wie dort wird auch hier das Bitten präzisiert als ein Bitten im Namen Jesu. War in 14,13f das Bitten der Jünger allerdings an Jesus selbst gerichtet und entsprechend Jesus Subjekt der Gebetserhörung, so richtet sich das Bitten der Jünger in 16,23 direkt an den Vater, der seinerseits den Jüngern gibt, worum

---

[292] *Bultmann*, aaO, 446, betont, der "Sinn der Verheißung" von Vers 21 sei "nicht einfach der, daß der λύπη die χαρά nach einiger Zeit folgen" werde, sondern daß "die χαρά in der λύπη ihren Ursprung" hat.

[293] Vgl. aaO, 449.

sie bitten (Vers 23c: ἄν τι αἰτήσητε τὸν πατέρα ἐν τῷ ὀνόματί μου δώσει ὑμῖν). Bereits im Kontext der ersten Geistverheißung war deutlich geworden, daß mit dem Motiv der Gebetserhörung der Gedanke der Handlungsvollmacht verbunden ist. Das gilt auch für die Explikation der letzten
Geistverheißung durch 16,23. In ihrer durch den Geist geschaffenen Glaubensbindung an Jesus und den Vater werden die Jünger nachösterlich erfahren, daß sie eingebunden sind in den Handlungswillen, der von Vater und
Sohn ausgeht. Entscheidend dafür ist, daß sie sich selbst auf diesen Willen
berufen (Stichwort: ἐν τῷ ὀνόματί μου) und sich als von Jesus zur Offenbarung Beauftragte verstehen (Stichwort aus 14,15b.21a: τὰς ἐντολὰς
τηρεῖν).

Vers 24a grenzt von der in Vers 23 entworfenen nachösterlichen Zeit die
vorösterliche Zeit durch die temporale Angabe ἕως ἄρτι ab. "Bis jetzt" haben die Jünger nicht im Namen Jesu gebetet (Vers 24a: ἕως ἄρτι οὐκ
ᾐτήσατε οὐδὲν ἐν τῷ ὀνόματί μου·). Die vorösterliche Zeit war nicht die
Zeit, in der die Jünger im Auftrag und nach dem Willen Jesu zu handeln
hatten. Jesus selbst war auf Erden, um den Sendungsauftrag des Vaters
durchzuführen und zu erfüllen. In nachösterlicher Zeit jedoch werden die
Jünger als Zeichen ihrer Beauftragung und Bevollmächtigung das Wechsel-
spiel von Bitten und Empfangen erfahren, in dem die verheißene Freude
ihrer Begegnung mit Jesus zur Vollendung gebracht werden wird[294] (Vers
24b.c: αἰτεῖτε καὶ λήμψεσθε, ἵνα ἡ χαρὰ ὑμῶν ᾖ πεπληρωμένη).

16,25-28. Die folgende Passage 16,25-28 ist durch eine rhetorische
Reflexionswendung eingeleitet, die einerseits eine Zäsur zum Vorausgehenden markiert, sich andererseits darauf aber durch anaphorisches ταῦτα
bezieht. Formal stellt diese Reflexionswendung eine Inklusion dar zur Einleitung der letzten Geistverheißung in 16,12. Auch sie war als rhetorische
Reflexionswendung gestaltet. Hatte dort Jesus auf das Viele Bezug genommen, das er den Jüngern noch zu sagen hätte, so bestimmt er in 16,25 die
Art seines Redens genauer. Konsequent wird dabei wiederum das Modell
der Unterscheidung der Zeiten angewendet. Abgegrenzt nämlich wird der
vorösterliche Charakter des Redens Jesu von seiner nachösterlichen Form.
Nur die Kennzeichnung des nachösterlichen Redens ist dabei eigens mit

---

[294] Zur Übersetzung des Verbums πληροῦν mit "zur Vollendung bringen" (entsprechend: πληροῦσθαι / "zur Vollendung gebracht werden") vgl. *Bauer*, Wörterbuch zum
Neuen Testament, Sp. 1349. Unter Berücksichtigung der Belege Joh 3,29; 15,11; 16,24;
17,13 und 1 Joh 1,4; 2 Joh 12 erhebt *Bauer*, ebd., für den johanneischen Sprachgebrauch
des Verbums in Verbindung mit dem Substantiv χαρά die inhaltliche Bedeutung "Freude,
die den Gipfelpunkt erreicht". Dieser Bedeutung entspräche auch die mediale Übersetzung
von πληροῦσθαι durch "sich erfüllen" oder "sich vollenden". In der oben gewählten passivischen Übersetzung kommt jedoch noch deutlicher das hinter der Aussage stehende passivum divinum zum Ausdruck.

einer temporalen Angabe verbunden (Vers 25bα: ἔρχεται ὥρα). Der temporale Bezug des vorösterlichen Redens ist dagegen dem Tempus des Prädikats und dem anaphorisch bezogenen ταῦτα zu entnehmen. So heißt es,
daß Jesus bisher in "Bildern" oder "Rätseln" zu den Jüngern gesprochen habe (Vers 25a: *Ταῦτα ἐν παροιμίαις λελάληκα ὑμῖν*). Das ταῦτα kann sich
dabei zwar auf die unmittelbar vorausgehende Explikation der Geistverhei
ßung einschließlich des verwendeten bildlichen Beispiels beziehen. Wahrscheinlicher ist jedoch, daß es sich auf die Abschiedsreden insgesamt
bezieht und konkret die stilistische Form der Ankündigungen und Verhei
ßungen für die nachösterliche Zeit als ein "Reden in Bildern/Rätseln" charakterisiert. Den Bezug auf die Abschiedsreden als ganze nämlich macht die
Stellung der Reflexionswendung am Ende der Reden wahrscheinlich. Denn
mit dem Abschnitt 16,25-28 ist ein erster Abschluß der Reden erreicht, der
in die kernhafte Zusammenfassung des gesamten Sendungsweges Jesu durch
Vers 28 ausmündet. Einen zweiten Abschluß bildet dann der Abschnitt
16,29-33 mit einer letzten rhetorischen Reflexionswendung in Vers 33a.
Anders als 16,25-28 ist er nicht monologisch, sondern dialogisch gestaltet.
Das heißt, daß die Abschiedsreden hier unter dem Aspekt ihrer kommunikativen Funktion für die Jünger abgeschlossen werden. Das geschieht auf ganz
eigene Weise, indem die Ebene der Verheißungen verlassen und das Modell
der Unterscheidung der Zeiten aufgegeben wird. Dieser Perspektivenwechsel vollzieht sich aber bereits in Vers 27 ein erstes Mal. Darauf ist noch
gesondert einzugehen. Die Beobachtung ist jedoch bereits hier insofern
wichtig, als sie die Beschreibung stützt, der Abschnitt 16,25-28 bilde einen
ersten Abschluß der Reden und beziehe sich daher mit seiner Reflexionswendung von Vers 25 auf das gesamte corpus des Gesagten.

Von den vorösterlichen Verheißungen für die nachösterliche Zeit, die
ihrem Charakter nach als ein *λαλεῖν ἐν παροιμίαις* gekennzeichnet werden, wird das nachösterliche Reden Jesu abgegrenzt und als ein "Verkündigen in Offenheit" bezeichnet (Vers 25b.c: *ἔρχεται ὥρα ὅτε οὐκέτι ἐν
παροιμίαις λαλήσω ὑμῖν, ἀλλὰ παρρησίᾳ περὶ τοῦ πατρὸς ἀπαγγελῶ
ὑμῖν*). Mit dem Stichwort *ἀπαγγέλλειν* ist dabei sprachlich unmittelbar an
die Geistverheißung angeknüpft, in der die nachösterliche Verkündigung
des Parakleten mit dem Verb *ἀναγγέλλειν* beschrieben wurde. Daran wird
deutlich, daß die letzte Geistverheißung durch ein christologisches Interpretament erläutert wird. Daß der Paraklet den Jüngern nachösterlich alles, was
er von Vater und Sohn hört, verkündigen wird, heißt, daß durch ihn Jesus
selbst den Jüngern die Offenbarung vom Vater mitteilen wird. Wieder wird
sichtbar, daß der Paraklet als Repräsentant Jesu fungiert und das Wirken des
zum Vater Zurückgekehrten bei den Glaubenden realisiert. Wie schon im
Umkreis der ersten beiden Geistverheißungen (14,16f.25f) zu erkennen war,
zielt das nachösterliche Wirken Jesu, realisiert im Wirken des Geistes, auf

die Begegnung der Glaubenden mit dem Vater. Daher nehmen auch die Verse 25.26.27a auf das Verhältnis der Glaubenden zum Vater Bezug. Unter erneuter Aufnahme des Motivs vom Bitten wird noch einmal unterstrichen, daß die Jünger nachösterlich ihr Bitten direkt an den Vater richten werden, so daß Jesus nicht als Vermittler in Erscheinung treten wird (vgl. Vers 26a.b: *ἐν ἐκείνῃ τῇ ἡμέρᾳ ἐν τῷ ὀνόματί μου αἰτήσεσθε, καὶ οὐ λέγω ὑμῖν ὅτι ἐγὼ ἐρωτήσω τὸν πατέρα περὶ ὑμῶν*). Wie im Kontext der ersten beiden Geist-verheißungen wird dann die Beziehung zwischen den Jüngern und dem Vater durch das Motiv des Liebens gekrönt: Daß Jesus nicht zwischen dem Vater und den Jüngern vermitteln muß, wird damit begründet, daß der Vater selbst die Jünger liebt (Vers 27a: *αὐτὸς γὰρ ὁ πατὴρ φιλεῖ ὑμᾶς*). Dabei ist auffallend, daß die Aussage im Präsens steht. Der futurische Verheißungsstil der Verse 25f (vgl. die futurischen Prädikate *λαλήσω, ἀπαγγελῶ, αἰτήσεσθε, ἐρωτήσω*) wird also in Vers 27a nicht fortgeführt. Was als Ankündigung zu erwarten gewesen wäre ("Der Vater selbst wird euch lieben"), wird als realisierte Situation vor Augen gestellt. Das aber heißt, daß sich in Vers 27a ein Perspektivenwechsel vollzogen hat: Die nachösterliche, dem Wirken des Geistes zu verdankende Realität - in diesem Falle: die unmittelbare Beziehung der Liebe zwischen dem Vater und den Jüngern - ist in die vorösterliche Szene der Abschiedssituation hineinprojiziert[295]. Aber auch Vers 27b hebt die Unterscheidung der Zeiten auf und integriert die nachösterliche Realität in die vorösterliche Abschiedssituation: Worauf das nachösterliche Wirken des Geistes zielt, das wird als bereits erreichtes Gut dargestellt. So wird die Liebe des Vaters zu den Jüngern dadurch begründet, daß sie selbst Jesus geliebt und daß sie geglaubt haben, daß er von Gott ausgegangen ist (Vers 27b: *ὅτι ὑμεῖς ἐμὲ πεφιλήκατε καὶ πεπιστεύκατε ὅτι ἐγὼ παρὰ [τοῦ] θεοῦ ἐξῆλθον*). In dieser Wendung aber spiegelt sich das Ergebnis des nachösterlichen Verstehens-prozesses und der mit ihm verbundenen Erfahrung, ins Verhältnis der Liebe zu Jesus gesetzt zu sein[296]. Ihre deutende Relevanz geht daher über die Explikation nur der letzten Geistverheißung hinaus. Sie formuliert vielmehr das nachösterliche Resultat der gesamten Geistwirksamkeit und bezieht sich so vom Ende der Reden her auf alle zurückliegenden Geistverheißungen.

---

[295] Vgl. *Onuki*, Gemeinde und Welt, 157: "Diese dem kurz Vorausgehenden gegenüber veränderte Diktion von V.27a läßt sich am besten als 'anachronistisches' Eindringen des Selbstverständnisses der nachösterlichen Lesergemeinde in die textinterne, 'historische' Situation erklären".

[296] Vgl. *Onuki*, ebd., der allerdings nur die Wendung *ὑμεῖς ἐμὲ πεφιλήκατε* auf das Selbstverständnis "der nachösterlichen Lesergemeinde" bezieht. Der nachösterliche Standpunkt der Aussage kommt nicht in den Blick bei *Schnackenburg*, Das Johannesevangelium III, 184, der die Perfektformen von Vers 27b einlinig versteht als Ausdruck für "das schon länger bestehende und gefestigte Verhältnis der Jünger zu Jesus, ihre bereits erwiesene Liebe und ihren bereits bewährten Glauben an Jesus den Gottgesandten".

Die Erkenntnis, daß Jesus von Gott ausgegangen ist, ist dann in Vers 28 noch einmal umfassend formuliert. Stilistisch in die Form eines chiastisch aufgebauten, zweiteiligen und je doppelgliedrig gestalteten Parallelismus gefaßt[297], wird der Gesamtrahmen der Sendung Jesu abgesteckt: er ist vom Vater ausgegangen und in die Welt gekommen (Vers 28a/Zeile 1: ἐξῆλθον παρὰ τοῦ πατρὸς καὶ ἐλήλυθα εἰς τὸν κόσμον); er verläßt wiederum die Welt und kehrt zum Vater zurück (Vers 28b/Zeile 2: πάλιν ἀφίημι τὸν κόσμον καὶ πορεύομαι πρὸς τὸν πατέρα). Sprachlich wird dabei zur ursprünglichen Redeperspektive zurückgelenkt: Was zum Zeitpunkt der Abschiedsreden bereits geschehen ist, wird als vollzogenes Geschehen dargestellt (vgl. Vers 28a); was die Situation des Abschieds kennzeichnet, wird als aktuelles Geschehen vorgestellt (vgl. Vers 28b). Die Rückkehr Jesu zum Vater wird also nicht aus nachösterlicher Perspektive als bereits vollzogene in die Rede integriert. Die Unterscheidung der Zeiten ist im Gegensatz zu Vers 27 wieder berücksichtigt.

16,29-33. Mit dem Abschnitt 16,29-33 kommen die Abschiedsreden zu ihrem endgültigen Abschluß. Die enge Beziehung zu 16,16-28 ist ebenso deutlich wie der Rückbezug auf die Reden insgesamt, durch den implizit die letzte sachliche Konsequenz aus den Geistverheißungen gezogen wird:

16,29f. Durch die Verse 29f wird innerhalb des letzten Abschnittes der Abschiedsreden die Perspektive von 16,27b wieder aufgenommen. Was in Vers 27b Jesus über die Glaubenseinsicht der Jünger in den Mund gelegt war, formulieren jetzt die Jünger selbst. Das zweifach betonte νῦν in Vers 29b und Vers 30a dokumentiert dabei die in die vorösterliche Situation vorverlegte nachösterliche Realität. Sowohl die nachösterliche Form der Rede Jesu (Vers 29b) als auch die nachösterliche Einsicht (Vers 30a) und der Kern des nachösterlichen Glaubensbekenntnisses (Vers 30b) wird als vorösterliche Realität beschrieben. In der Reaktion der Jünger am Ende der Abschiedsreden wird die Unterscheidung der Zeiten aufgehoben[298], und so

---

[297] *Becker*, Das Evangelium des Johannes, 504, beschreibt die Form des Verses 28 als "chiastisch aufgebaute(n) zweizeilige(n) Parallelismus", von der her sich "die Annahme eines Offenbarungsspruchs" nahelege.

[298] Vgl. *Becker*, aaO, 505, der zwar in Vers 27 die Aufhebung des Unterschiedes zwischen den Zeiten nicht bemerkt, wohl aber den Perspektivenwechsel der Verse 29f: Auf die "vorösterliche Verheißung nachösterlicher Unmittelbarkeit" (vgl. Vers 26f) reagierten in Vers 29 die Jünger "nachösterlich": "Sie bekunden nämlich, daß Jesu Verheißung aus V 26f. in ihrem Erkennen schon Wirklichkeit ist". Da also Jesu Verheißung bei den Jüngern bereits eine "antizipierte Erfahrung" sei, "können sie, durch Erfahrung begründet, Jesu göttliche Allwissenheit bekennen (V 30)". *Becker* hält jedoch nicht fest, daß das Erkennen der Jünger und die damit gegebene Erfahrung eine geistgewirkte ist. - *Bultmann*, Das Evangelium des Johannes, 454f, und *Schnackenburg*, aaO, 185, erkennen den Perspektivenwechsel der Verse 29f nicht. Für *Bultmann* drückt sich in der Antwort der Jünger zwar

entsteht der Eindruck, als hätten sich die Verheißungen im Vollzug der Reden selbst erfüllt. Die Jünger fragen nicht mehr, sondern verstehen. Sie sind für einen kurzen Augenblick als diejenigen gezeichnet, an denen der Geist sein nachösterliches Wirken bereits verrichtet hat.

16,31f. Mit der Antwort Jesu in den Versen 31f wird diese Ebene der Verschmelzung der Zeiten bereits wieder verlassen. Das nachösterlich geprägte *νῦν* aus der Jüngerantwort wird umformuliert in ein auf die vorösterliche Zeit bezogenes *ἄρτι*. So wird in der Rückfrage Jesu an die Jünger, ob sie jetzt (schon) glaubten (Vers 31b: *ἄρτι πιστεύετε;*), die Unterscheidung der Zeiten und damit die gegebene vorösterliche Abschiedssituation wiederhergestellt. Sie weist zeitlich auf die bevorstehenden Ereignisse der Passion (vgl. Vers 32aα: *ἰδοὺ ἔρχεται ὥρα καὶ ἐλήλυθεν*), in der die Jünger sich zerstreuen und Jesus allein lassen werden (vgl. Vers 32aβ: *ἵνα σκορπισθῆτε ἕκαστος εἰς τὰ ἴδια κἀμὲ μόνον ἀφῆτε*). Dadurch wird betont, daß die Ebene der nachösterlichen Zeit noch nicht erreicht ist. Sie beginnt vielmehr erst jenseits der Zäsur, die Jesu Tod darstellt. Daß dieser Tod aber trotz der Haltung der Jünger nicht Jesu Verlassensein bedeutet, sondern Ausdruck seines vom Vater mitgetragenen Weges ist, der ihn zu diesem zurückführt, macht Jesu Erläuterung der bevorstehenden Ereignisse deutlich (vgl. Vers 32b.c: *καὶ οὐκ εἰμὶ μόνος, ὅτι ὁ πατὴρ μετ' ἐμοῦ ἐστιν*).

16,33. Nach diesem letzten versteckten Hinweis darauf, daß Jesu Abschied seine Rückkehr zum Vater eröffnet, schließen die Reden mit Vers 33. Eine rhetorische Reflexionswendung blickt zurück nicht nur auf die zuletzt vorgenommene, implizit positive Deutung des Todes Jesu, sondern auf die Reden im Ganzen, die den Jüngern das *συμφέρει ὑμῖν* des Abschieds Jesu vor Augen geführt haben. Daher kann abschließend und umfassend der Zweck der Reden darin bestimmt werden, die Jünger zum Frieden in Jesus zu führen (vgl. Vers 33a: *ταῦτα λελάληκα ὑμῖν ἵνα ἐν ἐμοὶ εἰρήνην ἔχητε*). Ausschlaggebende Grundlage für diese Bewertung der Reden sind die Verheißungen über die nachösterliche Gegenwart und Wirksamkeit des Geistes bei den Glaubenden. Sie sind nicht nur formal das Vermächtnis des Friedens, das Jesus den Jüngern macht (vgl. 14,27a.b). Sie begründen auch inhaltlich, worin für die Jünger der Friede in Jesus besteht. In der Bedräng-

---

Realität auf die vorösterliche Szene, sondern im Sinne des "wagenden Glaubens, der auf das Wort der Verkündigung hin (sc. vgl. Vers 26f) das Künftige als Gegenwärtiges nimmt" (455). Auch *Schnackenburg* interpretiert die Reaktion der Jünger nicht vom nachösterlichen Standpunkt aus, sondern vom Stilmittel johanneischer Ironie: Daß die Jünger schon in der Abschiedssituation Jesu Reden als ein ganz und gar offenes, unverhülltes bezeichnen, sei eine ironisch gemeinte Korrektur der Verheißung Jesu in Vers 25, durch die die "Ambivalenz" zwischen der "Beteuerung ihres Glaubens" (Vers 30b) und ihrem mangelnden Glaubensverständnis zum Ausdruck gebracht werden solle.

nis, die die Jünger in der Welt und durch die Welt erfahren (Vers 33b: ἐν
τῷ κόσμῳ θλῖψιν ἔχετε), ist es der Geist, der sie vergewissert, mit Jesus
verbunden zu sein, indem er ihnen die Einsicht und Erfahrung schenkt, daß
Jesus nicht dem Tod zum Opfer gefallen ist, sondern lebt (vgl. 14,18). Daher kann Jesus die Jünger beruhigen (vgl. Vers 33c: ἀλλὰ θαρσεῖτε): "Ich
habe die Welt überwunden" (Vers 33fin: ἐγὼ νενίκηκα τὸν κόσμον). Mit
dieser letzten perfektischen Wendung greifen die Reden noch einmal abschließend auf die nachösterliche Zeit voraus. Die Rückkehr Jesu zum Vater
wird als vollzogene vorausgesetzt und in die vorösterliche Abschiedssituation hineinprojiziert. So wird die Ebene der Verheißungen endgültig verlassen: Die Perspektive des Rückblicks ist erreicht.

3.2.4. Zwischenbilanz

Bevor ein Gesamtbild des nachösterlichen Standpunktes entworfen werden
kann, der die Abschiedsreden prägt, ist noch einmal eine Zwischenbilanz zu
formulieren, die sich auf die zuletzt untersuchten Geistverheißungen 15,26f;
16,7-11; 16,12-15 und ihren Kontext bezieht. Aspekte der Zwischenbilanz
sind der Umgang mit den Zeiten, der Zusammenhang zwischen nachösterlichem Verstehensprozeß und nachösterlicher Wirksamkeit des Geistes bei
den Glaubenden, sowie die theologischen Akzente, die durch die genannten
drei Geistverheißungen und ihren Kontext gesetzt werden.

3.2.4.1. Zum Umgang mit den Zeiten
in den Geistverheißungen 15,26f; 16,7-11; 16,12-15
und ihrem Kontext 15,18-16,33

Auch der zweite Teil der Untersuchung der Abschiedsreden hat gezeigt, daß
die Unterscheidung der Zeiten ein grundlegendes Darstellungsmittel des
nachösterlichen Standpunktes ist. Daneben aber zeichnet sich gegen Ende
der Reden ab, daß die Unterscheidung der Zeiten aufgehoben werden kann
zugunsten einer Projektion der nachösterlichen Realität in die vorösterliche
Situation. Daran wird die Relevanz der nachösterlichen Zeit und des nachösterlichen Bewußtseins für die Darstellung des vorösterlichen Geschehens
sichtbar. Die nachösterliche Perspektive kann die vorösterliche Szene bewußt überblenden, um zu betonen, wie wesentlich für die Bewertung der
vorösterlichen Geschichte nachösterliche Einsicht und Erfahrung sind. Neben Unterscheidung und Verschmelzung der Zeiten ist auch der Aspekt der
Kontinuität zwischen den Zeiten wieder zu entdecken, der bereits im Um-

kreis der ersten beiden Geistverheißungen das Gegenstück darstellte zur markierten Zäsur zwischen den Zeiten.

Um die genannten Komponenten zusammenstellen zu können, ist es sinnvoll, die Struktur der letzten drei Geistverheißungen und ihres Kontextes noch einmal kurz zu rekapitulieren. Der analysierte Aufbau bildet dann auch die Grundlage der tabellarischen Übersicht über die Hinweise auf den nachösterlichen Standpunkt und kann verwendet werden für die Bestimmung der theologischen Akzente im Rahmen der Texteinheit 15,18-16,33.

Als Vorbereitung der dritten Geistverheißung kann der Abschnitt 15,18-25 verstanden werden. 15,26 bildet die Kernaussage der dritten Geistverheißung, 15,27 ihre Explikation im Hinblick auf das Wirken der Jünger. Vorbereitung und Geistverheißung insgesamt (15,18-27) erhalten einen Kommentar in 16,1-4a, der gerahmt ist durch rhetorische Reflexionswendungen. Sie begründen, in welcher Absicht das Vorausgehende gesagt wurde. Eingeleitet durch eine weitere Reflexionswendung bereitet dann der Abschnitt 16,4b-6 die vierte Geistverheißung in 16,7-11 vor. Sie beginnt mit einer feierlichen und differenziert argumentierenden Einleitung in Vers 7. Die Kernaussage über das nachösterliche Wirken des Geistes folgt in Vers 8, deren Explikation in den Versen 9-11. 16,12 setzt mit einer rhetorischen Reflexionswendung neu ein und führt zur Kernaussage der fünften Geistverheißung. Sie findet sich in Vers 13 und wird durch die Verse 14f erläutert. Eine fortgeführte Explikation erfährt die letzte Geistverheißung von 16,12-15 dann im abschließenden Redeteil 16,16-33, der zugleich als Konklusion aller vorausgehenden Geistverheißungen zu gelten hat.

(1) Faktische Unterscheidung der Zeiten. Für die letzten drei Geistverheißungen und die Verheißungen in ihrem Kontext gilt, was bereits an allen vorigen Verheißungsworten zu beobachten war: Der futurische Verweis ist grundlegendes Anzeichen für die faktische Unterscheidung der Zeiten. Gegenwart und Zukunft werden voneinander abgegrenzt, zum Teil verstärkt durch die Gegenüberstellung zeitlicher Angaben (vgl. 16,22a: *νῦν μέν /* 16,22b: *πάλιν δέ*) oder durch die mit der temporalen Konjunktion *ὅταν* verbundene adversative Partikel *δέ* (vgl. 16,13a.21c).

(a) Der faktischen Unterscheidung der Zeiten korrespondiert die Angabe der Zäsur zwischen den Zeiten. Im Umkreis der letzten Geistverheißungen werden zwei Zäsuren genannt: Jesu Rückkehr zum Vater (vgl. 16,5a.10b. 17fin.28b) und das Kommen des Parakleten (vgl. die fast formelhaften Wendungen mit *ἔρχεσθαι* in 15,26a: *Ὅταν ἔλθῃ ὁ παράκλητος*; 16,13a: *ὅταν δὲ ἔλθῃ ἐκεῖνος*; 16,8: *καὶ ἐλθὼν ἐκεῖνος*). Die Identität beider Zäsuren ist grundsätzlich durch die Einleitung zur vierten Geistverheißung hergestellt (vgl. 16,7). Durch 16,18b scheint dann die Zäsur zwischen den Zeiten in der Rückfrage der Jünger den Namen *τὸ μικρόν* zu erhalten. Diesseits der Zäsur liegt in vorösterlicher Zeit die noch verbleibende Frist bis zu Jesu Abschied (vgl. 16,16a.17c.19d: nicht substantiviertes μικρόν), die im Umkreis der ersten beiden Geistverheißungen ἔτι μικρόν genannt worden war. Jenseits der Zäsur liegt die erneute kurze Frist bis zum Wiedersehen, die durch πάλιν μικρόν bezeichnet wird (vgl. 16,16b.17d.19fin).

(b) Vor- und nachösterliche Zeit können durch weitere temporale Partikel genauer bezeichnet werden. So markieren die Angaben ἄρτι (16,12b. 31b), ἕως ἄρτι (16,24a), ἐξ ἀρχῆς (16,4b) die vorösterliche Zeit, auf die sich auch die zeitliche Bestimmung πρῶτον in Verbindung mit dem genetivus comparationis ὑμῶν in 15,18b bezieht. Die nachösterliche Zeit erhält ihre zeitliche Näherbestimmung durch die Wendungen ἔρχεται ὥρα (16,2b.25b) oder ὅταν ἔλθῃ ἡ ὥρα (16,4a) und die formelhafte Angabe ἐν ἐκείνῃ τῇ ἡμέρᾳ (16,23a.26a). Die letztgenannte Wendung fand sich bereits im Umkreis der ersten beiden Geistverheißungen (vgl. 14,20). Die pointierten Singulare "Tag" und "Stunde" korrespondieren der Vorstellung einer markanten Zäsur zwischen den Zeiten. Als traditionell geprägte Begriffe bestimmen sie zugleich die nachösterliche Zeit jenseits der Zäsur als die von Gott gesetzte, für sein endzeitliches Handeln bestimmte Zeit[299].

(2) Inhaltliche Unterscheidung und Kontinuität zwischen den Zeiten. Der faktischen Unterscheidung entspricht die inhaltliche Unterscheidung der Zeiten. Entscheidendes Unterscheidungskriterium ist wie im ersten Teil der Reden die Gegenwart des Geistes bei den Glaubenden.

(a) Die Gegenwart des Geistes bei den Glaubenden ist exklusives Kennzeichen der nachösterlichen Zeit. Die nachösterliche Zeit wird daher grundlegend inhaltlich durch die einzelnen Elemente der Geistverheißungen bestimmt. Sie sind jetzt nicht mehr im einzelnen darzulegen, da sie bei der Auslegung ausführlich besprochen wurden und in der tabellarischen Übersicht wieder aufgefunden werden können.

(b) Der inhaltlichen Bestimmung der nachösterlichen Zeit durch die Gegenwart des Geistes steht die Kennzeichnung dieser Zeit durch den Haß der Welt auf die Jünger gegenüber (15,18-21; 16,2-4a). Dabei liegt in diesem Motiv zugleich der Aspekt der Kontinuität zwischen den Zeiten. Denn die nachösterlichen Auseinandersetzungen der Jünger mit der Welt entsprechen der vorösterlichen Konfrontation zwischen ihr und Jesus. Gerade in der Bestimmung der nachösterlichen Zeit als der "Zeit des Geistes bei den Glaubenden" liegt jedoch der Grund dafür, die Zeit nach Jesu Abschied für die Jünger trotz ihres kritischen Verhältnisses zur Welt übergreifend als "Zeit der Freude" kennzeichnen zu können (16,20-22.24b). Zu dieser Prädikation gehört auch die im geistgewirkten Verstehen der Jünger begründete

---

[299] Vgl. zu dieser Bedeutung von "Stunde" und "Tag" *Gerhard Delling*, Art. ὥρα, ThWNT IX, 675-681, bes. 678f., und ders., Art. ἡμέρα, ThWNT II, 945-956, hier 953-956.

Beziehung zu Jesus und dem Vater, die in den Motiven des Bittens, des Gebens und Empfangens sowie des Liebens zum Ausdruck gebracht wird (vgl. 16,23a.b.24b.27a).

(c) Ein weiterer Aspekt der Kontinuität zwischen den Zeiten liegt im Motiv des Zeugnisablegens (vgl. 15,26f). Sowohl das nachösterliche Zeugnis des Geistes als auch das der Jünger überbrückt die Zäsur zwischen den Zeiten, da sie an das vorösterliche Zeugnis Jesu anknüpfen. Ähnliche Kontinuitätsfunktion kommt der elenchtischen Wirksamkeit des Geistes zu. Sie entspricht in nachösterlicher Zeit dem gerichtlichen Wirken (Stichworte: κρίσις; κρίνειν) des Inkarnierten aus vorösterlicher Zeit.

(3) Profil der Abschiedssituation als Zäsur zwischen den Zeiten. Inhaltlich wird auch die Zäsur zwischen den Zeiten selbst näher bestimmt. Im Umkreis der ersten beiden Geistverheißungen war das Profil der Abschiedssituation eigens umrissen worden durch die Aspekte des Verherrlichungsgeschehens, der Übergabe des neuen Gebotes und des Friedens. Das letztgenannte Motiv erscheint auch am Ende der Reden in der abschließenden rhetorischen Reflexionswendung von 16,33a. Die Rede wird hier als Vermächtnis des Friedens gekennzeichnet und verleiht dadurch auch der Zäsur, von der sie spricht, den Charakter der εἰρήνη. Dem entspricht, daß die zeitliche Zäsur auch eindeutig positiv bestimmt wird durch ihre sachliche Gleichsetzung mit der Verwandlung von Trauer in Freude (16,20c.d). Formelhaft prägnant fließen die beiden Aspekte des Friedens und der Freude zusammen in der Charakterisierung des Abschieds Jesu durch die Wendung συμφέρει ὑμῖν (vgl. 16,7b).

(4) Der eigenständige Wert der nachösterlichen Zeit. Der Aspekt der positiven Bewertung der Zäsur auf der einen Seite, die Vorstellung von der Kontinuität zwischen den Zeiten auf der anderen Seite verleiht der nachösterlichen Zeit einen eigenständigen Wert. Gegenüber der vorösterlichen Zeit bedeutet sie keinen qualitativen Abstieg oder Rückschritt. Das gilt für alle drei Grundkomponenten, die ihre Darstellung ausmachen (Umschreibung der nachösterlichen Präsenz Jesu; Charakterisierung der nachösterlichen Geistwirksamkeit; Entwurf der nachösterlichen Existenz der Jünger). Die Vollmacht des Postexistenten ist ungebrochen, sein Wirken durch den Geist umfassend realisiert. Gerade im Hinblick auf die Glaubenden wird die nachösterliche Zeit sogar als Steigerung begriffen: In ihr werden die Jünger Träger des Geistes und Zeugen Jesu sein (vgl. 15,26f), im Auftrag von Vater und Sohn die Welt mit der Offenbarung Gottes konfrontieren (vgl. 15,26f; 16,8-11) und damit eine Form der Nachfolge finden, die dem vorösterlichen Sendungsauftrag Jesu selbst entspricht. Ihre Gemeinschaft mit Jesus wird nicht aufgehoben sein, sondern verdichtet erfahrbar in der Wiederbegegnung mit ihm. Diese realisiert sich im nachösterlichen Verstehen der Glaubenden, das sich auf alles bezieht, was ihnen der Geist von Jesus verkündigt (vgl. 16,13f).

(5) Verschmelzung der Zeiten. Eben das nachösterliche Verstehen der Glaubenden wird am Ende der Reden in das vorösterliche Hören der Jünger hineinprojiziert. Ihr vorösterliches Unverständnis wird transponiert in eine dem nachösterlichen Erkenntnisniveau entsprechende Reaktion. Sie wird von Jesus referiert (16,27b) oder von den Jüngern selbst ausgesprochen (16,29f). Neben dem nachösterlichen Verstehen der Jünger wird auch Jesu Postexistenz in die vorösterliche Situation integriert. Sein Schlußwort der Reden ist vom Standpunkt des zum Vater Zurückgekehrten aus formuliert (16,33fin). Sprachlich ist die Verschmelzung der Zeiten am Tempus der Verben erkennbar. Verwendet wird entweder das resultative Perfekt (16, 27b.30a.33fin) oder das Präsens (16,29b.30b), das sogar noch besonders hervorgehoben wird durch die emphatische Wendung "siehe, jetzt!" (16, 29b).

Alle angesprochenen Aspekte sind in der folgenden Übersicht noch einmal im exemplarischen Wortlaut der Textbelege zusammengestellt:

Überblick über die Hinweise auf den nachösterlichen Standpunkt in den Geistverheißungen 15,26f; 16,7-11; 16,12-15 und ihrem Kontext

Faktische Unterscheidung der Zeiten	*Inhaltliche Bestimmung der Zeiten unter den Aspekten ihres Unterschiedes, ihrer Kontinuität und ihrer Verschmelzung*

1) Joh 15,18-16,4a
Hinweis auf die vorösterliche Zeit:
15,18b: πρῶτον ὑμῶν
	Kontinuität zwischen den Zeiten:
	15,18a: Εἰ ὁ κόσμος ὑμᾶς μισεῖ,
	  18b: γινώσκετε
	    ὅτι ἐμὲ πρῶτον ὑμῶν μεμίσηκεν.
	15,20c: εἰ ἐμὲ ἐδίωξαν,
	  20d: καὶ ὑμᾶς διώξουσιν·
	  20e: εἰ τὸν λόγον μου ἐτήρησαν,
	  20fin: καὶ τὸν ὑμέτερον τηρήσουσιν.

Zäsur zwischen den Zeiten: 15,26a: Ὅταν ἔλθῃ ὁ παράκλητος	Kontinuität zwischen den Zeiten: 15,26c: ἐκεῖνος μαρτυρήσει περὶ ἐμοῦ·
Hinweis auf die vorösterliche Zeit: 15,27b: ἀπ' ἀρχῆς	Kontinuität zwischen den Zeiten: 15,27a: καὶ ὑμεῖς δὲ μαρτυρεῖτε
Hinweis auf die nachösterliche Zeit: 16,2b: ἔρχεται ὥρα	Kennzeichen der nachösterlichen Zeit: 16,2a: ἀποσυναγώγους ποιήσουσιν ὑμᾶς·
16,4a: ὅταν ἔλθῃ ἡ ὥρα αὐτῶν	2b: ... πᾶς ὁ ἀποκτείνας ὑμᾶς κτλ.
2) Joh 16,4b-6 Hinweis auf die vorösterliche Zeit: 16,4b: ἐξ ἀρχῆς	

Zäsur zwischen den Zeiten:
16,5a: Νῦν δὲ ὑπάγω πρὸς τὸν
                    πέμψαντά με

3) Joh 16,7-11
(Vierte Geistverheißung)

Zäsur zwischen den Zeiten:	Bewertung der Abschiedssituation:
16,7c: ἐὰν γὰρ μὴ ἀπέλθω	16,7b: συμφέρει ὑμῖν
e: ἐὰν δὲ πορευθῶ	

Zäsur zwischen den Zeiten: Kontinuität zwischen den Zeiten:
16,8a: καὶ ἐλθὼν ἐκεῖνος   16,8β: ἐλέγξει τὸν κόσμον
                                                           8γ: περὶ ἁμαρτίας (vgl. Vers 9)
                                                           8ε: καὶ περὶ κρίσεως. (vgl. Vers 11)

                                                      Kennzeichen der nachösterlichen Zeit:
                                                      16,10a: περὶ δικαιοσύνης δέ,
                                                            10b: ὅτι πρὸς τὸν πατέρα ὑπάγω
                                                                     καὶ οὐκέτι θεωρεῖτέ με
                                                                     (vgl. Vers 8δ)

4) Joh 16,12-15
(Letzte Geistverheißung)

Hinweis auf die vorösterliche Zeit: Kennzeichen der vorösterlichen Zeit:
16,12b: ἄρτι   16,12a: Ἔτι πολλὰ ἔχω ὑμῖν λέγειν,
                                                        12b: ἀλλ' οὐ δύνασθε βαστάζειν ἄρτι·

Zäsur zwischen den Zeiten: Kennzeichen der nachösterlichen Zeit:
16,13a: ὅταν δὲ ἔλθῃ ἐκεῖνος   16,13c: ὁδηγήσει ὑμᾶς ἐν τῇ ἀληθείᾳ
                                                                       πάσῃ·
                                                        13e: ἀλλ' ὅσα ἀκούσει λαλήσει
                                                        13fin: καὶ τὰ ἐρχόμενα ἀναγγελεῖ ὑμῖν.

                                                      Kennzeichen der nachösterlichen Zeit:
                                                      16,14a: ἐκεῖνος ἐμὲ δοξάσει,
                                                            14b: ὅτι ἐκ τοῦ ἐμοῦ λήμψεται
                                                                     καὶ ἀναγγελεῖ ὑμῖν.

5) Joh 16,16-33

Zäsur zwischen den Zeiten: Kennzeichen der vorösterlichen Zeit
                                                      (Abschiedserfahrung):

16,16a: Μικρὸν καὶ οὐκέτι θεωρεῖτέ με, 16,20a: κλαύσετε καὶ θρηνήσετε ὑμεῖς,
    16b: καὶ πάλιν μικρὸν   20b: ὁ δὲ κόσμος χαρήσεται·
             καὶ ὄψεσθέ με.   20c: ὑμεῖς λυπηθήσεσθε
             (vgl. Vers 17c.d.19d.fin)   16,21a: ἡ γυνὴ ὅταν τίκτῃ λύπην ἔχει
16,18b: τὸ μικρόν   16,22a: καὶ ὑμεῖς οὖν νῦν μὲν λύπην
                                                                   ἔχετε·
16,21b: ἡ ὥρα αὐτῆς   16,24a: ἕως ἄρτι οὐκ ᾐτήσατε οὐδὲν κτλ.
16,28b: πάλιν ἀφίημι τὸν κόσμον
             καὶ πορεύομαι πρὸς τὸν πατέρα.

Hinweis auf die vorösterliche Zeit: Kennzeichen der nachösterlichen Zeit:
16,22a: νῦν μέν   16,20fin: ἀλλ' ἡ λύπη ὑμῶν εἰς χαρὰν

γενήσεται.

16,24a: ἕως ἄρτι   16,22b: πάλιν δὲ ὄψομαι ὑμᾶς,
16,31b: ἄρτι   22c: καὶ χαρήσεται ὑμῶν ἡ καρδία,
                                            22fin: καὶ τὴν χαρὰν ὑμῶν οὐδεὶς αἴρει
                                                   ἀφ' ὑμῶν.
Hinweis auf die nachösterliche Zeit: 16,23a: ἐμὲ οὐκ ἐρωτήσετε οὐδέν.
16,22a: πάλιν δέ   23c: ἄν τι αἰτήσητε τὸν πατέρα ἐν τῷ
                                                   ὀνόματί μου
16,23a: Καὶ ἐν ἐκείνῃ τῇ ἡμέρᾳ   δώσει ὑμῖν
  26a: ἐν ἐκείνῃ τῇ ἡμέρᾳ   16,24b: αἰτεῖτε καὶ λήμψεσθε,
16,25b: ἔρχεται ὥρα / οὐκέτι   24c: ἵνα ἡ χαρὰ ὑμῶν ᾖ
                                                   πεπληρωμένη.

Verschmelzung der Zeiten:
16,27a: αὐτὸς γὰρ ὁ πατὴρ φιλεῖ ὑμᾶς,
27b: ὅτι ὑμεῖς ἐμὲ πεφιλήκατε
       καὶ πεπιστεύκατε κτλ.
16,29b: ἴδε
       νῦν ἐν παρρησίᾳ λαλεῖς
       καὶ παροιμίαν οὐδεμίαν λέγεις.
16,30a: νῦν οἴδαμεν
       ὅτι οἶδας πάντα κτλ.
30b: ἐν τούτῳ πιστεύομεν
       ὅτι ἀπὸ θεοῦ ἐξῆλθες.
16,33fin: ἐγὼ νενίκηκα τὸν κόσμον.

3.2.4.2. Der Zusammenhang zwischen nachösterlichem Verstehensprozeß und nachösterlicher Geistgegenwart nach den Aussagen der letzten drei Geistverheißungen

An den Textkommentaren und den Verheißungen Jesu außerhalb der Abschiedsreden war deutlich geworden, daß das Verständnis der Glaubenden für Jesu Wort (vgl. 2,22c.d.fin), die Einsicht in das vorösterliche Geschehen (vgl. 12,16fin) sowie die Möglichkeit, Jesu Wort und Wirken von der Schrift her zu deuten (vgl. 2,17; 2,22d; 12,16b; 20,9), an die nachösterliche Zeit gebunden sind. Eine entscheidende Interpretation dieser Vorstellung hatte bereits die zweite Geistverheißung von 14,25f geboten. Sie hatte das nachösterliche Sich-Erinnern und Verstehen der Jünger auf das Wirken des Geistes zurückgeführt, indem sie im futurischen Stil der Verheißung die beiden Geistfunktionen des Erinnerns (*ὑπομιμνῄσκειν*) und Lehrens (*διδάσκειν*) entworfen hatte. Mit der ersten Geistverheißung von 14,16f war zuvor das Fundament gelegt worden für den Gedanken der Erfahrbarkeit des Geistes. Daß sein Wirken die Jünger trifft, liegt in seiner Gegenwart bei ihnen begründet, die zugespitzt als Geistimmanenz charakterisiert wird. Die erfahrene Gegenwart des Geistes als Grundlage der Erfahrung seines Wirkens ist auch vorauszusetzen, wenn in den letzten drei Geistverheißungen beschrieben wird, wie sich der Geist nachösterlich auf die Jünger bezieht:

(1) Den Zusammenhang zwischen nachösterlichem Verstehensprozeß und nachösterlicher Geistgegenwart bestimmen in der dritten, vierten und fünften Geistverheißung die Geistfunktionen μαρτυρεῖν (15,26), ἐλέγχειν (16,8) und ὁδηγεῖν ἐν τῇ ἀληθείᾳ πάσῃ (16,13). Dabei verstärkt die letztgenannte Funktion den schon in der Funktion des διδάσκειν mitenthaltenen prospektiven Aspekt des nachösterlichen Verstehens der Glaubenden. Da der Geist die Jünger gerade dadurch in alle Wahrheit führen wird, daß er ihnen kontinuierlich verkündet, was er je neu hört, ist auch ihr Verstehen nicht als einmaliger Akt gekennzeichnet, sondern als in die Zukunft sich erstreckender Prozeß. Dabei kommt gerade im Terminus ὁδηγεῖν der Prozeßcharakter sowohl der Geistfunktion als auch des Verstehens der Glaubenden besonders deutlich zum Ausdruck[300]. Rückwirkend ist daher auch die nachösterliche Einsicht, von der die Textkommentare gesprochen hatten, nicht als eine ein für allemal fixierte Erkenntnis zu deuten, sondern als eine im geistgeleiteten hermeneutischen Prozeß gewonnene und immer wieder neu zu gewinnende Glaubensgewißheit. Eben diese Glaubensgewißheit wird erreicht und gestärkt durch das elenchtische Wirken des Geistes, das die Jünger erfahren als rechtsgültige Deutung der Rückkehr Jesu zum Vater und als rechtskräftige Überprüfung der Haltung, die der Kosmos Gottes Offenbarung gegenüber einnimmt. Auf diese Weise gewinnt das nachösterliche Verstehen der Glaubenden selbst rechtliche Relevanz, es kann rechtliche Geltung vor der Welt beanspruchen. Dieser Aspekt des nachösterlichen Verstehensprozesses war in den Textkommentaren und Verheißungen außerhalb der Abschiedsreden nicht zu erkennen. Er läßt sich als Spezifikum der Geistverheißungen entdecken.

Daß die nachösterliche Glaubenseinsicht der Jünger einen durch die göttliche Rechtskraft legitimierten Anspruch erheben kann, äußert sich öffentlich im Zeugnis der Glaubenden. Es stellt in Form der Wortverkündigung ebenso wie in Form von Werken die konkrete Umsetzung jenes Zeugnisses dar, das der Geist selbst für Jesus ablegt. Als geistgewirktes Zeugnis ist es aber zugleich auch die autorisierte Anwendung der nachösterlichen Erkenntnis. Dabei liegt im Motiv des μαρτυρεῖν ein Hinweis darauf, daß zu dieser Erkenntnis auch das Schriftverständnis gehört, von dem die Textkommentare außerhalb der Abschiedsreden gesprochen hatten. Indem nämlich der Geist für Jesus Zeugnis ablegt, tritt er an die Seite der Schrift. In seinem Zeugnis ist enthalten, was auch sie von Jesus bezeugt (vgl. 5,39).

---

[300] Vgl. *Onuki*, Gemeinde und Welt, 149.

Den Jüngern als Empfängern seines Zeugnisses wird so der Zugang zur Deutung der Schrift auf Jesus hin eröffnet. Schriftverständnis gehört daher zu ihrem nachösterlichen Verstehen, Schriftauslegung ist Bestandteil ihres nachösterlichen Zeugnisses.

(2) Von den letzten drei Geistverheißungen der Abschiedsreden her bestätigt sich der kausale Zusammenhang zwischen dem nachösterlichen Verstehensprozeß der Glaubenden und der nachösterlichen Gegenwart des Geistes bei ihnen. Zeigte sich an der zweiten Geistverheißung eine logische Korrespondenz zwischen der Geistfunktion des ὑπομιμνῄσκειν und dem μιμνῄσκεσθαι der Textkommentare, zwischen der Geistfunktion des διδάσκειν und dem γινώσκειν, von dem die Kommentare sprachen, so zeichnete sich anhand der dritten Geistverheißung eine sachliche Relation ab zwischen der Geistfunktion des μαρτυρεῖν und dem nachösterlichen Verständnis der Jünger für die Schrift (vgl. 2,22c: πιστεύειν τῇ γραφῇ; 2,17a; 12,16b: μιμνῄσκεσθαι ὅτι γεγραμμένον ἐστίν/ὅτι ταῦτα ἦν ἐπ᾽ αὐτῷ γεγραμμένα; 20,9a: εἰδέναι τὴν γραφήν).

(3) Anhand der letzten drei Geistverheißungen werden darüber hinaus Nuancen deutlich, die neben dem Aspekt des rückwärts auf die vorösterliche Zeit gerichteten Verstehens den Aspekt der Gleichzeitigkeit stellen. Durch das Zeugnis, die Elenxis und die Verkündigung des Geistes vollzieht sich das nachösterliche Verstehen der Glaubenden gleichzeitig zum Wirken des Postexistenten, das der Geist in seiner Wirksamkeit vermittelt und realisiert. So läßt sich von einem "diachronen", das vorösterliche Handeln und Reden Jesu nachvollziehenden, und einem "synchronen", die nachösterliche Offenbarung des Postexistenten mitvollziehenden Charakterzug des nachösterlichen Verstehensprozesses sprechen.

3.2.4.3. Theologische Akzente in den Geistverheißungen 15,26f; 16,7-11; 16,12-15 und ihrem Kontext

15,18-25.27. Die Vorbereitung der dritten Geistverheißung durch den Abschnitt 15,18-25 und deren Explikation in 15,27 zeigen in verschiedener Hinsicht die Integration christologischer Strukturelemente in die Ekklesiologie.

(1) Das betrifft zunächst die Funktion Jesu als Offenbarungsträger und die Resonanz des Offenbarers in der Welt. Die Glaubenden in ihrer nachösterlichen Nachfolge werden selbst als Offenbarungsträger gekennzeichnet, die vor der Welt Zeugnis ablegen für Gott (15,27a; vgl. 15,20e.fin). Ob ihr Zeugnis von der Welt angenommen oder abgelehnt wird, entspricht jeweils der Haltung, die der Kosmos Jesus gegenüber eingenommen hat. In einer funktionalen (nicht ontologischen) Weise werden die nachösterlich Nachfolgenden Jesus gleich.

(2) Dieser Gedanke entspricht der Aussage des Abschnittes 15,18-25 über die Auswahl und Aussonderung der Jünger aus der Welt (vgl. 15, 19c.d). Wie Jesus sind die, die ihm nachfolgen, nicht aus dem "Stoff", aus dem der Kosmos ist (vgl. 15,19a.b). Wie er sind jedoch auch sie in der Welt, um die Brücke zu schlagen von Gott zu Mensch. Die dynamische Funktion, die der Sendung Jesu und seinem Zeugnis in der Welt zukommt, prägt auch das Wirken der Jünger. So wird mit Hilfe des auf die Jünger angewandten Zeugnismotivs der Kern des Sendungsgedankens, nämlich die Integration der göttlichen Liebe in den menschlich-irdischen Bereich (vgl. 3,16)[301], in die Ekklesiologie aufgenommen.

(3) Im Anschluß an den Gedanken der Auswahl der Jünger (Stichwort 15,19d; vgl. bereits 15,16b: ἐκλέγεσθαι) zeigt sich eine weitere Nuance der strukturellen Ähnlichkeit zwischen Christologie und Ekklesiologie. Sie betrifft den Präexistenzgedanken, der konstitutiv mit der Sendungsvorstellung verbunden ist. Zu dem christologischen Aspekt der Beauftragung und Bevollmächtigung des Gesandten durch Gott gehört im Johannesevangelium die Auffassung, daß der Gesandte vom Himmel herkommt (Stichwort: καταβαίνειν; vgl. exemplarisch 3,13-17; 6,33.38f.42-44)[302]. Damit wiederum ist die Vorstellung des vorzeitlichen Seins Jesu gekoppelt (vgl. exemplarisch 1,1f mit dem charakteristischen Stichwort: ἐν ἀρχῇ), die sich nach zwei Seiten hin ausprägt: nach der Schöpfungsmittlerschaft des präexistenten Logos (vgl. exemplarisch 1,3)[303] und nach dessen Wirken in der Geschichte Israels (Kristallisationspunkte: die Geschichte Abrahams, die Berufung Jesajas; vgl. exemplarisch 8,56-58; 12,41). Abgesehen von diesen spezifisch christologischen Ausprägungen läßt sich eine Korrelation entdecken zwischen dem vorzeitlichen Sein des Logos bei Gott und der Auswahl der Jünger durch Jesus. So nämlich wie Jesus als Gesandter herkommt aus seinem Sein bei Gott, so kommen die Jünger in ihrer nachösterlichen Zeugenfunktion her von ihrem vorösterlichen Sein mit Jesus (vgl. die Be-

---

[301] Vgl. *Bultmann*, Theologie des Neuen Testaments, 387; *Kohler*, Kreuz und Menschwerdung, 258; anders *Käsemann*, Jesu letzter Wille nach Johannes 17, 124, der die sachliche Tragweite von 3,16 mit dem Argument ablehnt, es handle sich hier um eine im Johannesevangelium "nirgends wiederholte Aussage" (vgl. dazu kritisch *Kohler*, aaO, 62). Zur Diskussion um *Bultmanns* These, daß mit Joh 3,16 "nicht speziell die Hingabe in den Tod" (vgl. 3,16b: ὥστε τὸν υἱὸν τὸν μονογενῆ ἔδωκεν), "sondern die Sendung" gemeint sei (vgl. aaO, 407), vgl. *Kohler*, aaO, 36, 255-260, der als Gegenthese formuliert, daß das Johannesevangelium "die Einheit von Sendung *und* Kreuz zu denken versucht" (260).

[302] Vgl. *Bultmann*, aaO, 396f.

[303] Vgl. *Jürgen Habermann*, Präexistenzaussagen im Neuen Testament, EHS Th/362, Frankfurt u.a. 1990, hier 402-405, der die Präexistenz des Logos vor der Schöpfung daher prägnant als "präkreatorische Präexistenz" apostrophiert (403) und entsprechend vom "präkreatorischen Logos" (404) spricht.

gründung der Zeugnisfunktion von 15,27a in 15,27b: ὅτι ἀπ᾽ ἀρχῆς μετ᾽ ἐμοῦ ἐστε). Bis in den sprachlichen Ausdruck hinein (ἐν ἀρχῇ / ἀπ᾽ ἀρχῆς) läßt sich dieser Zusammenhang verfolgen, der die grundsätzliche Zugehörigkeit der Nachfolgenden zu Jesus betonen soll.

(4) Trotz ihrer unbedingten Zugehörigkeit zu Gott, sind die Glaubenden nicht "entweltlicht" oder gar der menschlichen Natur enthoben. Sie wirken vielmehr mitten in der Welt (vgl. auch 17,15) und sind hierbei Haß, Verfolgung und physischer Tötung ausgesetzt (vgl. 15,18a.19fin; 16,2). Darin zeigt sich ein weiteres Strukturmoment, das aus der Christologie in die Ekklesiologie übernommen wird. Die Sendung dessen, der vor aller Zeit schon bei Gott war, realisiert sich nach der johanneischen Konzeption in der Fleischwerdung des Logos (vgl. exemplarisch 1,14a mit dem charakteristischen Stichwort: σάρξ γενέσθαι). So führt die Sendung den himmlischen Logos in den irdisch-menschlichen Bereich, wo er selbst Mensch wird. Dabei ist im Johannesevangelium die durch den Begriff der σάρξ gekennzeichnete Dimension nicht negativ qualifiziert als sündige und widergöttliche Macht wie in der anthropologischen Begrifflichkeit des Paulus[304], sondern im Sinne des alttestamentlichen Begriffes *basar* wertneutral beschrieben als die geschöpfliche Wirklichkeit der menschlichen Natur[305]. Zu ihr gehört die zeitliche Begrenztheit der physischen Existenz ("Vergänglichkeit"[306]) ebenso wie die materiale Begrenztheit physischer Möglichkeiten ("Schwäche"[307]). Daß der himmlische Logos Fleisch geworden ist, heißt daher, daß er in die geschöpfliche Welt eingegangen ist, für eine begrenzte Zeit zu ihr gehört und während dieser Zeit den physischen Bedingungen der menschlichen Natur unterliegt. Zum Inkarnationsgedanken gehört daher konstitutiv auch die Vorstellung des Todes Jesu. In ihr kulminiert die Anschauung, daß Jesus uneingeschränkt Mensch ist.

Ebenso bleiben die, die von Jesus ausgewählt sind und ihm ihrem Auftrag gemäß nachfolgen, ganz und gar gebunden an die Gegebenheiten der menschlichen Physis und Existenz bis hin zum Tod durch Verfolgung. Als Träger des Offenbarungszeugnisses sind sie ebenso unlöslich mit der geschöpflichen Welt verbunden wie der Offenbarer selbst. Die johanneische Ekklesiologie, wie sie im Umkreis der letzten drei Geistverheißungen erkennbar wird, konzipiert keinen von der Welt abgetrennten Jüngerzirkel[308].

---

[304] Vgl. hierzu *Bultmann*, aaO, § 22.

[305] Dieser Aspekt findet sich natürlich auch bei Paulus, vgl. *Bultmann*, aaO, 234, 236f.

[306] Vgl. aaO, 234.

[307] Vgl. ebd.

[308] Daher ist es auch äußerst fragwürdig, in der hinter einer solchen Ekklesiologie stehenden Gemeinde einen "Konventikel mit gnostisierenden Tendenzen" zu vermuten; gegen *Käsemann*, Jesu letzter Wille nach Johannes 17, 152.

Das entspricht der Aussage vom Anfang der Abschiedsreden, daß die Liebe der Jünger untereinander deiktische Funktion hat für die Welt (vgl. 13,34f). Gerade aufgrund dieser beschriebenen Funktion (vgl. nochmals 13,35: ἐν τούτῳ γνώσονται πάντες) wird deutlich, daß die Jüngergemeinschaft über sich selbst hinauszielt. Sie ist nicht hermetisch abgeschlossen, sondern durchlässig für die Welt.

(5) Die Analogie, die im Abschnitt 15,18-25 und seiner Erläuterung in 16,2 hergestellt wird zwischen der nachösterlichen Verfolgung der Jünger und der vorösterlichen Auseinandersetzung Jesu mit der Welt, gipfelnd in seinem Tod, zeigt noch einen weiteren Aspekt, der Ekklesiologie und Christologie verbindet. Er ist mit dem Stichwort der "Niedrigkeit" verbunden. Anders als die älteste neutestamentliche Aussage über die Menschwerdung im Christushymnus von Phil 2,6-11 spricht das Johannesevangelium im Zusammenhang mit der Fleischwerdung des Logos nicht auch von "Selbstentäußerung" (Stichwort aus Phil 2,7: ἑαυτὸν ἐκένωσεν). Ebensowenig ist irgendwo begrifflich von "Erniedrigung" die Rede (Stichwort aus Phil 2,8aα: ἐταπείνωσεν ἑαυτόν). Bereits in Phil 2,8 ist jedoch das Motiv der Niedrigkeit konstitutiv verbunden mit der Vorstellung des Gehorsams Jesu bis in den Tod (vgl. Vers 8aβ: γενόμενος ὑπήκοος μέχρι θανάτου), die Paulus dann in Ergänzung des überlieferten Bekenntnisses zuspitzt auf den Tod am Kreuz (vgl. Vers 8b: θανάτου δὲ σταυροῦ). Gerade diese Vorstellung des Gehorsams ist aber auch grundsätzlich mit dem johanneischen Sendungsgedanken verbunden. Der Gehorsam äußert sich grundlegend in der Bindung des Gesandten an den Willen (Stichwort: θέλημα) und Auftrag (Stichwort: ἐντολή) des Sendenden und führt ihn in den Tod am Kreuz. Die ἐξουσία des Gesandten, von der gerade auch im Hinblick auf den Tod Jesu gesprochen wird (vgl. exemplarisch 10,18c), widerspricht dem Motiv des Gehorsams nicht. Im Gegenteil: Gerade in der unbedingten Bindung des Gesandten an den Sendenden spiegelt sich seine Partizipation am Sendungswillen, in der die Vollmacht des Gesandten begründet liegt. Sendungsgehorsam und Sendungsvollmacht bilden so die beiden spannungsvoll aufeinander bezogenen Pole des christologischen Sendungsgedankens.

Als konstitutive Komponenten auch der Ekklesiologie waren beide Pole bereits im Umkreis der ersten Geistverheißung aufgefallen (vgl. die aufeinander bezogenen Aspekte des Bittens im Namen Jesu und des Vollbringens der "größeren Werke": 14,12-14). Auch im Zusammenhang der dritten Geistverheißung sind sie zu erkennen. Dem Aspekt der Zeugenvollmacht der Jünger (15,27) steht der Aspekt ihrer Bindung an Jesus gegenüber, der hier im Modell der Herr-Knecht-Beziehung zum Ausdruck gebracht wird (15,20). Ihr Gehorsam gegenüber dem Herrn führt sie bis hinein in tödliche Konfrontation mit der Welt. Züge ihrer "Niedrigkeit" werden dabei konkret ausgestaltet, wenn sie gezeichnet werden als Opfer des Hasses (15,18), die der Verfolgung ausgesetzt sind (15,20c.d), vom Synagogenbann getroffen (16,2a) und in vermeintlich gottgewollter Absicht getötet werden (16,2b).

Diese Züge lassen sich in Beziehung setzen zu jenen christologischen Kennzeichen, die in der Passionsdarstellung das übergeordnete Motiv des Gehorsams ergänzen durch einzelne Details einer Niedrigkeitsvorstellung[309]. Zwar fehlt die charakteristische Gethsemane-Erzählung im synoptischen Stil als Eingang der Passionsgeschichte (kompositorisch vor die Abschiedsreden verlegt, wird sie in 12,27f nur kurz angedeutet). Doch werden Züge der Niedrigkeit darin festgehalten, daß Jesus wie in den synoptischen Berichten von den römischen Soldaten gegeißelt und verhöhnt (19,1-3)[310] und von Pilatus dem geifernden Volk vorgeführt wird unter dem schillernden Urteil des "ecce homo" (19,5fin: ἰδοὺ ὁ ἄνθρωπος). Dominant bleibt allerdings neben diesen Kennzeichen der "Niedrigkeit" das Hauptmerkmal des "Gehorsams" im Sinne der uneingeschränkten Bereitschaft, den Willen des Vaters zu erfüllen. Von diesem Merkmal ist die Gestaltung der eigentlichen Sterbeszene geprägt (19,28-30). Daß Jesus hier, am Kreuz hängend, von selbst seinen Durst äußert (Vers 28fin: διψῶ), daß diese Äußerung kommentiert wird als Erfüllung der Schrift (Vers 28b: ἵνα τελειωθῇ ἡ γραφή) und damit zu dem Erfüllungsgeschehen des Todes selbst in Beziehung gesetzt wird (vgl. Vers 28a.30b: τετέλεσται), zeigt, daß Jesus ausdrücklich akzeptiert, den "Kelch des Vaters" zu trinken (vgl. 18,11c)[311]. Auch das nachösterliche Schicksal der Jünger wird im Umkreis der dritten Geistverheißung implizit als Erfüllung der Schrift gedeutet, indem der Haß, den die Welt gegenüber Jesus hegt, mit dem Schriftwort in 15,25 erklärt wird. Denn da im Haß der Welt auf Jesus ihr Haß auf die Jünger begründet liegt, findet auch er seine Deutung im Kontext der Schrifterfüllung.

15,26f (Dritte Geistverheißung). In der Kernaussage der dritten Geistverheißung (vgl. 15,26) liegen die theologischen Akzente auf der Pneumatologie und ihrer Verbindung mit der Christologie. Da der Geist hier ebenso

---

[309] Auf die für die johanneische Passionserzählung typischen Motive der "Hoheit" Jesu - wie etwa das absolute ἐγώ εἰμι Jesu in der Verhaftungsszene (vgl. 18,5d.6b), der Hinweis auf die Herrschaft Jesu, die 'nicht von dieser Welt ist' (vgl. 18,36b: ἡ βασιλεία ἡ ἐμὴ οὐκ ἔστιν ἐκ τοῦ κόσμου τούτου·) und Jesu bejahende Antwort auf die Frage des Pilatus, ob er denn nun ein König sei (vgl. 18,37d: σὺ λέγεις ὅτι βασιλεύς εἰμι) - ist im vorliegenden Zusammenhang nicht einzugehen; vgl. dazu etwa *Hahn,* Der Prozeß Jesu, 40ff; *Wengst,* Bedrängte Gemeinde, 1990, 195-197.

[310] Auch etwa *Hahn,* aaO, 43f, *Wengst,* aaO, 204f, 206f, und *Rosel Baum-Bodenbender,* Hoheit in Niedrigkeit. Johanneische Christologie im Prozeß Jesu vor Pilatus (Joh 18,28-19,16a), FzB 49, Würzburg 1984, hier 269, werten die Szene der Geißelung und Verspottung als Ausdruck der Erniedrigung bzw. Niedrigkeit.

[311] Vgl. *Schnackenburg,* Das Johannesevangelium III, 330f.

wie Jesus selbst in Relation gesetzt wird zum Vater, zeigen sich wie schon in den ersten beiden Geistverheißungen trinitarische Strukturmomente des theologischen Konzepts.

(1) Zunächst fällt auf, daß der Geist als Zeuge Jesu gezeichnet wird. In seiner Zeugenfunktion liegt ein Moment der Parallelisierung mit Jesus, wie sie bereits in der zweiten Geistverheißung an der Funktion des διδάσκειν und in der ersten Geistverheißung durch die programmatische Wendung ἄλλος παράκλητος zu erkennen war. Von dieser Zeugenfunktion her erklärt sich die Prädikation τὸ πνεῦμα τῆς ἀληθείας. Als Zeuge für Jesus, der die Wahrheit ist (14,6) und bezeugt hat (18,37), kann der Geist prägnant "Geist der Wahrheit" genannt werden. Wie schon in der ersten Geistverheißung weist diese Geistprädikation darüber hinaus auf die Herkunft des Geistes. Er kommt aus der Einheit von Vater und Sohn. Seine Herkunft wird differenziert festgehalten durch eine zweifache Angabe: Jesus sendet ihn vom Vater her; er selbst geht aus vom Vater. Auch im Aspekt des eigenständigen ἐκπορεύεσθαι zeigt sich die Parallelisierung des Geistes mit Jesus und dessen Kommen vom Vater. Zugleich verstärkt sich die Personalisierung der Geistgestalt, die sonst entscheidend in der Beschreibung ihrer Funktionen zum Ausdruck kommt.

(2) Die nachösterliche Zeugnisfunktion des Geistes zeigt in Zusammenhang mit dem Aspekt der Parallelität zu Jesu vorösterlicher Zeugnisfunktion auch die implizit trinitarische Struktur des göttlichen Offenbarungshandelns. Die Zeugenfunktion sowohl Jesu als auch des Geistes ist begründet im Offenbarungswillen des Vaters. Jesus als der Gesandte des Vaters und der Geist als Gesandter von Vater und Sohn realisieren diesen Willen in ihrem Wirken und fungieren so als stellvertretende Repräsentanten des väterlichen Handelns. Das Wirken des Geistes ist dabei in strenger Analogie gedacht zum Wirken des irdischen Jesus. Indem der Aspekt der Sendung und Beauftragung aus der Christologie in die Pneumatologie übernommen wird, kristallisiert sich auch in der dritten Geistverheißung der Abschiedsreden ein trinitarisches Konzept der johanneischen Theologie heraus.

16,7-11 (Vierte Geistverheißung). Der Charakter des Geistes als des Repräsentanten Jesu wird auch in der vierten Geistverheißung weiter ausgestaltet. Dabei fügt sich zur Zeugnisfunktion die richterliche Funktion des Geistes. Auch sie parallelisiert das Wirken des Parakleten mit dem Wirken Jesu. Aus der Christologie ist somit der Gerichtsgedanke auch in die Pneumatologie aufgenommen. Ebenso wie die Christologie trägt dadurch die Pneumatologie ein eschatologisches Strukturmoment. Aber auch ihre Eingliederung in ein trinitarisches Konzept wird wieder erkennbar: Die Relation zwischen dem Vater und Jesus wird auf die Relation zwischen Jesus und dem Geist als Parakleten übertragen. Der Geist aktualisiert nachösterlich das vorösterlich-irdische Gerichtswirken des "Sohnes" und "Menschensohnes", das dieser vom Vater übertragen bekommen hatte (vgl. 5,22.27), und das in der Stunde des Todes seine endgültige Relevanz erfährt (vgl. 12,27-31). So korrespondieren in auffallender Weise Jesu vorösterlicher Richterspruch angesichts der Stunde seines Todes (12,31: *νῦν κρίσις ἐστὶν τοῦ κόσμου τούτου, νῦν ὁ ἄρχων τοῦ κόσμου τούτου ἐκβληθήσεται ἔξω*) und der nachösterliche Aufweis durch den Geist, daß der "Herrscher des Kosmos" entmachtet ist (16,11: *περὶ δὲ κρίσεως, ὅτι ὁ ἄρχων τοῦ κόσμου τούτου κέκριται*). Beweisgrundlage seines richterlichen Urteils ist dabei die Sünde der Welt, die in ihrem Unglauben besteht (16,9a.b). Auch vor der gerichtlichen Instanz Jesu gilt als entscheidendes Kriterium der Verurteilung, nicht an den "Namen des einzigen Sohnes Gottes" geglaubt zu haben (vgl. exemplarisch 3,18b.c: *ὁ δὲ μὴ πιστεύων ἤδη κέκριται, ὅτι μὴ πεπίστευκεν εἰς τὸ ὄνομα τοῦ μονογενοῦς υἱοῦ τοῦ θεοῦ*). Daß zum Inhalt des Glaubens auch die Deutung des Todes Jesu als Rückkehr zum Vater gehört, kann erst nach Jesu Abschied gültig erwiesen werden. Diese Aufgabe kommt dem Geist zu, der dann die Rechtskraft von Vater und Sohn auch nach der irdischen Wirksamkeit Jesu dokumentiert und verwirklicht (vgl. 16,10a.b).

16,12-15 (Letzte Geistverheißung). In der letzten Geistverheißung werden die trinitarisch gesetzten Akzente weiter fortgeführt. Das zeigt sich an drei Aspekten: erstens an der aus erster und dritter Geistverheißung wiederaufgenommenen Geistprädikation *τὸ πνεῦμα τῆς ἀληθείας* und der damit verbundenen Geistfunktion des Leitens in alle Wahrheit; zweitens an der Geistfunktion des Verkündigens und ihrer Explikation; drittens an der Funktion des Verherrlichens.

(1) Korrespondierend zur ersten und dritten Geistverheißung, wo die Bezeichnung "Geist der Wahrheit" auf die Herkunft des Geistes verwies, macht dieselbe Bezeichnung in der letzten Geistverheißung darauf aufmerksam, wohin der Geist führt. Er führt in die ganze Wahrheit, im Sinne jener Dimension, die Vater und Sohn ausmacht und in der sie eine funktionale (nicht ontologische) Einheit bilden. Von dieser Einheit zeugt faktisch die Verkündigung des Geistes. Denn sie beruht auf dem, was er von Jesus und dem Vater empfängt. Eigens betont wird dabei die Identität zwischen dem, was Jesus gehört, und dem, was der Vater hat. Der Geist erhält daran Anteil und wird so in die Einheit integriert, die zwischen Vater und Sohn besteht. Im Hinblick auf das theologische Konzept bedeutet das, daß der christologische Aspekt der Partizipation des Sohnes an der Gottheit des Vaters in die Pneumatologie übernommen und dabei transponiert wird in das Motiv der Partizipation des Geistes an der Vollmacht von Vater und Sohn. So konstituiert sich eine trinitarische Struktur der göttlichen Vollmacht, in der sich implizit die trinitarische Konzeption des Gottesgedankens selbst andeutet.

(2) Sie bestätigt sich durch die Übertragung der Verherrlichungsfunktion auf den Geist. Er tritt in dieser Funktion an die Seite sowohl des Sohnes als auch des Vaters. Denn der Vater verherrlicht den Sohn, indem er ihm die Würde verleiht, das Leben in sich zu tragen, um es der Welt zu geben (vgl. die Linie 1,4; 3,16 fin; 5,21.26; 11,4.25; 17,2f); er verherrlicht ihn, indem er ihn im Tode noch als den bestätigt, der in Erfüllung seines Auftrags zum Sendenden zurückkehrt (vgl. 13,31f; 17,1). Und der Sohn verherrlicht den Vater, indem er dessen Auftrag erfüllt, der Welt das Leben und die Liebe Gottes mitzuteilen und so das Werk des Vaters zu vollbringen, durch das sein Name offenbar wird (vgl. die Linie 1,18; 3,16a.b; 10,10b; 12,49; 13,1 fin; 17,4.6.26). Wenn also der Geist selbst Jesus verherrlicht, so wirkt er darin in Übereinstimmung mit dem gemeinsamen Heils- und Offenbarungswillen von Vater und Sohn. So zeigt sich auch durch das auf den Geist übertragene Motiv des δοξάζειν der für die Pneumatologie wesentliche Aspekt der Partizipation des Geistes an der Vollmacht von Vater und Sohn. Der Geist gehört zu der zwischen ihnen bestehenden funktionalen Einheit.

(3) Der Geist verherrlicht Jesus, indem er verkündet, was er von ihm empfängt und hört. Der Inhalt des je neu Gehörten ist dabei dem Motiv der wechselseitigen Verherrlichung zwischen Vater und Sohn entsprechend die der Welt zuteilwerdende Liebe und Lebensgabe Gottes. Sie ist auch Inhalt der Verkündigung des Geistes und wird im Begriff der ἐρχόμενα eschatologisch akzentuiert. So ist in der Verkündigung des Geistes die Zukunft der Heilsverwirklichung garantiert, die mit der Inkarnation des göttlichen Logos begonnen hat. Damit trägt die Pneumatologie, die am Wirken des Geistes als Parakleten entwickelt wird, selbst eschatologische Struktur. Im Wirken des Geistes geht es um ein- und dieselbe Verwirklichung des endgültigen Heilswillens Gottes, auf die das Offenbarungsgeschehen im ganzen zielt. Dieses Offenbarungsgeschehen wird im Johannesevangelium mit Hilfe eines zeitlichen Schemas als ein Geschehen geschildert, das in der Präexistenz des Logos beginnt, in der Inkarnation seine irdische Realisation erfährt, im Sterben des Fleischgewordenen kulminiert und im Wirken des Postexistenten seine ungebrochene Fortsetzung findet. Dem zeitlichen Rahmen entspricht dabei das geschlossene Wegschema, das den Logos vom Himmel auf die Erde und wieder zurück in den Himmel führt, diesen Weg aber über seinen Ringschluß hinaus aufsprengt durch den weiteren Weg, den der Geist nachösterlich eröffnet (Stichwort: ὁδηγεῖν). Das christologische Konzept des Offenbarungsgedankens gelingt also in seiner eschatologischen Ausrichtung gerade dank der integrierten pneumatologischen Komponente, die in den beiden Motiven des ὁδηγεῖν und δοξάζειν zum Ausdruck gebracht wird. Berücksichtigt man, daß beide pneumatologischen Motive direkt korrespondieren mit den christologischen Motiven der ὁδός und der δόξα, dann zeigt sich, daß gerade jene pneumatologische Komponente, dank deren

Integration in die Christologie die eschatologische Struktur des Offenbarungsgedankens konzipiert werden kann, umgekehrt selbst in der Christologie ihre Voraussetzung hat. So wird im Umkreis der letzten Geistverheißung wieder die enge Verflechtung von Christologie und Pneumatologie erkennbar, die bereits in allen vorausgehenden Geistverheißungen und ihrem Kontext zu beobachten war.

16,16-33. In der fortgeführten Explikation der letzten Geistverheißung, die zugleich als Konklusion der Geistverheißungen insgesamt fungiert, liegen die theologischen Akzente auf der Eschatologie.

(1) Das wird zunächst am Motiv des Wiedersehens deutlich, das den Abschnitt 16,16-22 rahmt. Wie im Anschluß an die erste Geistverheißung zieht es die Konsequenz aus der Verflechtung von Christologie und Pneumatologie. Da in der nachösterlichen Gegenwart und im nachösterlichen Wirken des Geistes der Postexistente selbst präsent ist, kann davon gesprochen werden, daß die Glaubenden Jesus sehen werden (vgl. 16,16-19). Denn sie sind es ja, die den Geist empfangen (vgl. 14,17). Anders als im Umkreis der ersten beiden Geistverheißungen ist das Motiv des Wiedersehens nicht auch ausdrücklich verbunden mit dem Motiv des Wiederkommens Jesu. Dieses ist jedoch versteckt enthalten in der Umkehrung, die aus dem aktiven Sehen der Jünger das aktive Sehen Jesu macht (vgl. 16,22). Ebensowenig wie das Kommen Jesu ist jedoch sein Sehen universal konzipiert. Sein Sehen gilt den Jüngern exklusiv und entspricht den Aussagen, daß auch nur sie ihn sehen werden (vgl. 14,19b; 16,16-19). Das eschatologische Parusiemotiv ist also auch im Kontext der letzten Geistverheißung nicht in seiner traditionellen Form übernommen, sondern innovativ gebraucht. Von einem kosmischen Wiederkunftsereignis ist nicht die Rede, das Wiedersehen mit Jesus spielt sich nicht vor den Augen der ganzen Welt ab. Bedenkt man die explikative Funktion, die der Abschnitt 16,16-22 auch für die dritte und vierte Geistverheißung übernehmen kann, dann wird jedoch deutlich, daß die Welt in ihrer Konfrontation mit den Glaubenden von deren nachösterlicher Wiederbegegnung mit Jesus erfährt. Denn diese Erfahrung wird ein Teil der Verkündigung der Glaubenden sein, da sich mit ihr die postexistente Präsenz und Vollmacht Jesu bezeugen läßt.

(2) Herausgelöst aus der apokalyptischen Vorstellung der Anzeichen für das kosmische Endzeitgeschehen ist auch das Bild der gebärenden Frau (vgl. 16,21). Es ist undramatisch gebraucht, der Akzent liegt ganz auf der Vorstellung des neuen Lebens und der damit verbundenen Freude. Durch die Funktion des Bildes für das Modell der Unterscheidung der Zeiten zielt das argumentative Potential des Bildes auf den Aspekt der Verwandlung und Erneuerung, der an die Zäsur zwischen den Zeiten geknüpft ist. Konzeptionell bedeutet dies, daß wie im Gedankengang der ersten Geistverheißung 14,16f und ihrer Explikation in 14,18-20 das apokalyptische Motiv

der Umwandlung der Welt transponiert ist in das eschatologische Motiv der Neuschöpfung der Glaubenden, das konstitutiv an das christologische Motiv des Abschieds Jesu gebunden wird. Darin zeigt sich erneut die eschatologische Grundstruktur der Christologie. Sie kann auch hier wiederum mit Hilfe der Pneumatologie konzipiert werden. Denn eben darin bedeutet der Abschied Jesu Neuschöpfung für die Glaubenden, daß der Geist sie nachösterlich in alle Wahrheit und zur Begegnung mit Jesus führt. Der eschatologische Aspekt der Neuschöpfung wird so zu einem integralen Bestandteil der Pneumatologie, die dadurch selbst eschatologische Struktur gewinnt.

(3) Im Abschnitt 16,23f.25-28 zeigt sich der eschatologische Akzent der Aussagen bereits am zweifach wiederkehrenden Ausdruck ἐν ἐκείνῃ τῇ ἡμέρᾳ (16,23a.26a). Er ist ebensowenig wie das Bild von der gebärenden Frau dramatisch-apokalyptisch verwendet. "Jene Tage", in denen nach der synoptischen Endzeitrede Jesu sich die Sonne verfinstert, der Mond nicht mehr leuchtet, die Sterne vom Himmel fallen und die himmlischen Kräfte ins Wanken geraten (vgl. exemplarisch Mk 13,24f), sind im Kontext der johanneischen Abschiedsreden zu "jenem Tag" geworden, der nicht auf das bevorstehende Zorngericht Gottes gegenüber der Welt hinweist, sondern auf die Liebe des Vaters zu den Glaubenden. In dieser Liebe erfüllt sich für die Glaubenden die Freude über ihre nachösterliche Neuschöpfung (16,24fin.27a).

"Jener Tag" ist charakterisiert als derjenige, an dem die Glaubenden Jesus nichts fragen, sondern im Namen Jesu bitten werden (16,23a.b.26a). Beide Kennzeichen dokumentieren ein- und denselben Begründungszusammenhang. Die Glaubenden fragen Jesus nachösterlich nichts, da es der Geist ist, der sie belehrt und in die ganze Wahrheit führt. Ihr Nicht-Fragen ist Ausdruck für die Gegenwart des Geistes bei ihnen und verweist auf die in seinem Wirken begründete nachösterliche Einsicht in das Offenbarungsgeschehen (vgl. 14,26; 16,13). Daß die Glaubenden im Namen Jesu bitten werden, ist Ausdruck für ihre durch den Geist gefestigte Glaubensbindung, der ihre im Wirken des Geistes gründende Handlungsvollmacht korrespondiert (vgl. 14,12-14). Die eschatologische Qualität "jenes Tages" hat also ihre Grundlage im Wirken des Geistes bei den Glaubenden. Konzeptionell bedeutet dies, daß das eschatologische Motiv von der Pneumatologie her entfaltet wird. Die Pneumatologie übernimmt auf diese Weise neben der Wiederkunftsvorstellung eine weitere Funktion der Eschatologie.

Im abschließenden Teil der Abschiedsreden ist den vorösterlichen Jüngern proleptisch die nachösterliche Glaubenseinsicht in den Mund gelegt, die zuvor für "jenen Tag" verheißen wurde. "Jener Tag" ist damit demonstrativ vorausgezogen in die vorösterliche Situation. Auf diese Weise verschmilzt die eschatologische Dimension der nachösterlichen Zeit mit der noch vorösterlichen Szene. Dahinter verbirgt sich der nachösterliche Standpunkt der Darstellung, der ausgehend von der nachösterlichen Erfahrung der Geistgegenwart die vorösterliche Zeit selbst schon bestimmt als Zeit der eschatologischen Heilsverwirklichung. Dieser Standpunkt gestaltet eine theologische Konzeption, in der die vom Geist als Parakleten her entwickelte Pneumatologie das gedankliche Potential freisetzt für eine präsentische Eschatologie. Das geschieht in zweifacher Hinsicht. Erstens kann die nachösterliche Zeit als Gegenwart des endgültigen Heilshandelns Gottes pointiert werden. Zweitens kann im Rückblick eben diese nachösterliche Heilsgegenwart als Aktualisierung jenes Heils verstanden werden, das schon im Wirken des Inkarnierten eschatologisch präsent war. Im Rückblick entsteht also ein eschatologisches Modell, in dem die nachösterliche Heilsgegenwart von der vorösterlichen Heilsgegenwart abgeleitet wird. Im theologischen Konzept fungiert so die vorösterliche Zeit als entscheidende Grundlage der nachösterlichen Zeit. Für den hermeneutischen Prozeß allerdings, der zu diesem Konzept führt, bleibt umgekehrt die nachösterliche Erfahrung entscheidende Grundlage für die Deutung und Sinnerschließung des vorösterlichen Geschehens.

3.2.5. Abschließende Bilanz zur Arbeit an den Abschiedsreden

In der abschließenden Bilanz zur Arbeit an den Abschiedsreden sind die gewonnenen Einzelbeobachtungen zu einem Gesamtbild zusammenzufassen und hinsichtlich des nachösterlichen Standpunktes auszuwerten. Welche Perspektive das Johannesevangelium für seine Darstellung voraussetzt und mit welchen Mitteln es diese Perspektive textimmanent umsetzt, kann jetzt auf fundierter Basis beschrieben werden.

Bei der folgenden Auswertung soll zunächst noch einmal Bezug genommen werden auf die einleitenden Schritte, die den Umgang mit den Abschiedsreden vorbereitet hatten. Denn nach der Analyse der Geistverheißungen und ihres Kontextes lassen sich jetzt charakteristische Merkmale nennen, die Aufbau und Kompositionsprinzip der Texteinheit Joh 13,31-16,33 prägen.

3.2.5.1. Zur kompositorischen Funktion der Geistverheißungen
für die Abschiedsreden

(1) Die Geistverheißungen 14,16f; 14,25f; 15,26f; 16,7-11 und 16,12-15 zeigen in ihrem Aufbau eine klare Struktur. Sie besteht aus drei Grundkomponenten, nämlich aus einer Einleitung (vgl. 14,25; 16,7; 16,12), einer Kernaussage (14,16f; 14,26; 15,26; 16,8; 16,13) und einer Explikation (vgl.

15,27; 16,9-11; 16,14f). Die Einleitung kann ergänzt oder ersetzt werden durch eine breite thematische Vorbereitung der Verheißung im vorausgehenden Kontext (vgl. 14,12-15 mit 13,31-14,11; 14,22-24; 15,18-25; 16,4b-6). Das Pendant dazu bilden jene Explikationen, die bereits in den nachfolgenden Kontext der Verheißung übergehen (14,18-20f; 14,27-31; 16,1-4a) oder hier eine ausgeführte Fortsetzung finden (15,1-17; 16,16-33).

(2) Aufgrund dieser Struktur bilden die Geistverheißungen das Grundgerüst der Abschiedsreden[312]. Der jeweils vorausgehende Kontext zielt auf die Geistverheißung hin und erhält in ihr seine sachliche Begründung. Umgekehrt lenkt die Geistverheißung weiter zum jeweils nachfolgenden Kontext und wird durch ihn erläutert[313]. Formal gesehen kristallisiert sich die Kom-

---

[312] Andere neuere Vorschläge für ein Grundgerüst oder "Muster" der Abschiedsreden unter synchronen Analysekriterien finden sich exemplarisch in den Entwürfen von *Reese, Boyle* und *Simoens. J. M. Reese*, Literary Structure of Jn 13,31-14,31; 16,5-6.16-33, CBQ 34, 1972, 321-331, orientiert sich an den dialogischen Teilen der Abschiedsreden. Daher sieht er den Text strukturiert durch "exchanges" (Wechselgespräche). Diese zeigen das dreifache Muster ("trifold pattern", 322) einer Offenbarung durch Jesus (revelation), einer Frage eines Jüngers (question) und einer Erklärung durch Jesus (clarification). Absicht dieses "revelation-question-clarification-pattern" (ebd.) sei die Reflexion der Themen der Abschiedsreden (vgl. ähnlich auch das in fünf Zyklen durchgeführte "These-Antithese-Synthese"-Modell bei *Charlier*, La présence dans l'absence, in nuce 64).

Boyle und *Simoens* entwerfen das Muster einer konzentrischen oder symmetrischen Textstruktur. Dabei sieht *Boyle*, The Last Discourse, in 15,11 den Zentralvers der Abschiedsreden, um den die beiden konzentrischen Kreise 13,31-15,10 und 15,12-16,33 gelegt seien. Demgegenüber versteht *Yves Simoens*, La Gloire d'aimer. Structures stylistiques et interpretatives dans le Discours de la Cene (Jn 13-17), AnBib 90, Rom 1981, nicht einen einzelnen Vers als Zentrum der Abschiedsreden, sondern den Abschnitt 15,12-17. Dieser Abschnitt zeige in sich selbst symmetrische Strukturen, sei aber auch symmetrisch eingerahmt von den Textteilen 13,31-15,11 und 15,18-17,26.

[313] Damit ist eine Antwort gegeben auf die umstrittene Frage nach der Kontextzugehörigkeit der in der Forschung sogenannten "Parakletsprüche". Diese Frage wird sowohl in formaler als auch inhaltlicher Hinsicht gestellt. Forschungsgeschichtlich grundlegend ist die Untersuchung von *Hans Windisch*, Die fünf johanneischen Parakletsprüche, in: Festgabe für Adolf Jülicher, Tübingen 1927, 110-137, hier exemplarisch 111, 121f. *Windisch* hält die Parakletsprüche für eine vorgegebene Sprucheinheit und gesteht zu, daß sie "in formaler Hinsicht" gut in den Kontext eingearbeitet seien. Sachlich jedoch seien sie mit der konkurrierenden Vorstellung des Wiederkommens Jesu nicht zu vereinbaren. Aufgrund der Verheißungen des Wiederkommens Jesu fehle den Abschiedsreden nichts, wenn man die Parakletsprüche streiche. Sie stellten daher ein "donum superadditum" dar.

Überblicke über die literarkritische Bewertung der Kontextzugehörigkeit der Parakletsprüche und der damit verbundenen Frage nach einer ursprünglich selbständigen Spruch-einheit finden sich bei *Betz*, Der Paraklet, 4-35; *Porsch*, Pneuma und Wort, 217, 306-308; *Schulz*, Untersuchungen zur Menschensohnchristologie, 143-151. Zur Position *Windischs* vgl. auch *Schulz*, Das Evangelium nach Johannes, 188, der sich *Windisch* inhaltlich anschließt; ferner *Bultmann*, Das Evangelium des Johannes, 425, Anm. 3. Gegen *Windisch* und *Schulz* sieht *Becker*, Das Evangelium des Johannes, 492, in den Parakletverheißungen keine vorgegebene Spruchtradition und hält nur 15,26f zunächst für "etwas befremdlich im

position der Abschiedsreden um die Geistverheißungen, die sich wie ein roter Faden durch den Text ziehen.

(3) Mit der Funktion der Geistverheißungen als Grundgerüst der Abschiedsreden hängt ein weiteres Merkmal zusammen, das den Aufbau der Texteinheit 13,31-16,33 kennzeichnet. Gemeint ist das Prinzip, die in den Reden angesprochenen Themen nicht en bloc, sondern anhand von Motiv-Linien zu entfalten. Dieses Prinzip ist von den Geistverheißungen selbst vorgegeben. Was über die Gegenwart des Geistes bei den Glaubenden und seine Wirksamkeit gesagt wird, konzentriert sich nicht auf einen bestimmten Teil der Reden, sondern entfaltet sich organisch im Verlauf der übergreifenden Abschiedsthematik[314].

(4) Der Linie der Geistverheißungen entsprechend verlaufen auch die mit der Geistthematik zusammenhängenden Themen in weiten Bögen. So etwa erscheint das Thema der nachösterlichen Vollmacht der Jünger, die in ihrer geistgestärkten Bindung an Jesus und im Wirken des Geistes selbst gründet, zunächst in der Vorbereitung zur ersten Geistverheißung, dann in der ausgeführten Explikation zur zweiten und schließlich in der ausgeführten Explikation zur letzten Geistverheißung. Dabei ist das Thema jeweils charakteristisch vertreten durch die beiden miteinander korrespondierenden Motive des Bittens der Jünger im Namen Jesu ($\alpha i \tau \epsilon \tilde{\imath} \nu$ / $\alpha i \tau \epsilon \tilde{\imath} \sigma \vartheta \alpha \imath$ $\dot{\epsilon} \nu$ $\tau \tilde{\wp}$ $\dot{o} \nu \dot{o} \mu \alpha \tau \acute{\imath}$ $\mu o \nu$) und der Gebetserhörung durch Jesus und den Vater ($\pi o \iota \epsilon \tilde{\imath} \nu$, $\delta \iota \delta \acute{o} \nu \alpha \iota$, $\gamma \acute{\imath} \gamma \nu \epsilon \sigma \vartheta \alpha \iota$) sowie in der Vorstellung der "größeren Werke" ($\mu \epsilon \acute{\imath} \zeta o \nu \alpha$ $\check{\epsilon} \varrho \gamma \alpha$), die dem Bild der "reicheren Frucht" ($\varkappa \alpha \varrho \pi \grave{o} \nu$ $\pi \lambda \epsilon \acute{\imath} o \nu \alpha$) und des Fruchtbringens der Jünger entspricht ($\varkappa \alpha \varrho \pi \grave{o} \nu$ $\varphi \acute{\epsilon} \varrho \epsilon \iota \nu$). Diese Motiv-Linie zieht sich von 14,12-14 über 15,7f.16 bis 16,23f.26 und verbindet so weite Teile der Reden nicht nur formal, sondern auch inhaltlich miteinander[315].

Kontext". Auch dieser Spruch sei jedoch "ad hoc für seinen Kontext mit traditionellen Motiven geschaffen", welche die Kirchliche Redaktion gesammelt habe. *Schnackenburg*, Das Johannesevangelium III, 84, erkennt, daß die Parakletverheißungen "je an ihrer Stelle eine besondere, nicht austauschbare Funktion ausüben". Er sieht daher in den Aussagen auch keine in den Kontext interpolierten, fest geprägten Spruchformen wie *Windisch* u.a., sondern nimmt an, daß eine thematische "Paraklet-Tradition" vom Evangelisten und seiner Schule zu "Worten über den Parakleten" artikuliert worden sei.

[314] Dieser unter synchronem Aspekt gewonnenen Beschreibung steht die unter diachronem Gesichtspunkt formulierte Beobachtung der Forschung gegenüber, daß die sogenannte "zweite Abschiedsrede" im ganzen (15,1-16,33) oder Teile daraus (15,18-16,33; 16,1-33; 16,3-33 oder 16,16-33) literar- und redaktionskritisch als "Dublette" ("Variante"; "relecture") zur "ersten Abschiedsrede" (13,31-14,31) zu verstehen sei; vgl. dazu *Schnackenburg*, aaO, 101-106; *Becker*, aaO, 477.

[315] Die Motiv-Linien gehen noch über die von der Forschung beobachteten "Inklusionen" (Einrahmung von Redeteilen) hinaus. Der Beschreibung von Inklusionen liegt allein das sprachliche Kriterium gleichlautender Stichworte, Wendungen und Sätze zugrunde.

(5) Charakteristisch für die Entfaltung der Themen anhand von Motiv-Linien ist ferner, daß die Themen untereinander in Beziehung treten. Ein Beispiel dafür ist das Thema der Verherrlichung. Es wird entfaltet durch die Motiv-Linie, die sich von 13,31f über 14,13 und 15,8 bis 16,14 zieht und jeweils durch das Stichwort δοξάζειν / δοξασϑῆναι repräsentiert wird. Auf diesem Wege entwickelt es sich in drei Schritten[316]:

(a) Zunächst liegt der theologische Akzent auf der Christologie (13,31f: Verherrlichung des Menschensohnes durch Gott und Verherrlichung Gottes im Menschensohn). Das entspricht der Stellung des Motivs am Anfang der Reden und seiner Funktion, das Thema des Abschieds zu eröffnen unter dem zentralen Aspekt der Rückkehr Jesu zum Vater.

(b) Im Verlauf der Reden verlagert sich der theologische Akzent des Themas dann auf die Ekklesiologie (14,13; 15,8: Verherrlichung des Vaters durch die Jünger, und zwar durch ihre "größeren Werke" und ihr Frucht-bringen). Das hängt damit zusammen, daß mittlerweile das Abschiedsthema unter dem Aspekt der nachösterlichen Existenz und Vollmacht der Jünger behandelt wird.

(c) Von hier aus verlegt sich der theologische Akzent im letzten Schritt schließlich auf die Pneumatologie (16,14: Verherrlichung Jesu durch die

---

Die Analyse von Motiv-Linien basiert hingegen auf inhaltlichen Kriterien, die sich teilweise mit sprachlichen Kriterien decken. Für die Analyse des Aufbaus der Abschiedsreden messen den Inklusionen besondere Bedeutung zu vor allem *Gächter*, Der formale Aufbau der Abschiedsrede Jesu (hier im Sinne einer Strophentheorie), und *Porsch*, aaO, vgl. exemplarisch 219f. Aber auch sonst werden die Inklusionen als kompositorisches Stilmittel der Abschiedsreden berücksichtigt. Am häufigsten werden notiert: 14,1/14,27b (Aufnahme: μὴ ταρασσέσϑω ὑμῶν ἡ καρδία); 14,1b/14,29b: (Aufnahme: Stichwort πιστεύειν); 14,15b/14,21a (Aufnahme: Die Wendung τὰς ἐντολὰς τηρεῖν); 14,18b/14,28b (Aufnahme: ἔρχομαι πρὸς ὑμᾶς); 14,18b/14,23c: (Aufnahme: Stichwort ἔρχομαι); 15,12b/15,17: (Aufnahme: ἵνα ἀγαπᾶτε ἀλλήλους); 16,1/16,4 (Aufnahme: Die Wendung ταῦτα λελάληκα ὑμῖν).

[316] Die Motiv-Linien zeigen, daß sich die Themen der Abschiedsreden aufgrund der Profilierung unterschiedlichster Aspekte durchaus im Sinne eines Gedankenfortschritts entfalten; gegen *Schulz*, Das Evangelium nach Johannes, 177. Die von *Porsch*, aaO, 219f, formulierte Gegenüber-stellung, die Thematik der Abschiedsreden entwickle sich "nicht nach streng logischen Gesetzen, sondern in einem meditativen, zyklischen Denken, das immer wieder um die gleiche Grundidee kreist, so daß keine gradlinige Abfolge entsteht", ist nicht sinnvoll. Gedankenfortschritt ist nicht allein an einer "gradlinigen Abfolge" zu erkennen, und daß eine Hauptthematik unter verschiedensten Aspekten behandelt wird, heißt noch nicht, daß "meditativ" gedacht wird. *Porsch* überbewertet die Inklusionen in dem Sinne, daß mit der Wiederholung eines Stichwortes auch der Gedanke selbst "wieder zu seinem Ausgang" zurückkehre (aaO, 220). Daß *Porsch* doch zumindest implizit auch an einen Gedankenfortschritt denkt, zeigt sich daran, daß er das "zyklische Denken" auch "spiralisch" nennen kann, insofern es sich "kreisend immer mehr einer bestimmten Ziel-Aussage nähert" (ebd.).

Verkündigung des Geistes). Das wiederum entspricht der sachlichen Pointe des Abschiedsthemas, die darin besteht, das Weggehen Jesu unter dem Aspekt der nachösterlichen Gegenwart des Geistes zu konterkarieren. Diese Intention wird erreicht, indem das Wirken des Geistes in konsequenter Analogie zum Wirken von Vater und Sohn gezeichnet wird. Im Motiv der Verherrlichung kommt diese Analogie profiliert zum Ausdruck.

Indem kompositorisch das letzte Glied in der Linie des Verherrlichungs-Motivs mit dem letzten Glied aus der Linie der Geistverheißungen verschmilzt, wird die innere Verknüpfung beider Themen markiert und ihre wechselseitige sachliche Relevanz verdeutlicht.

(6) Das kompositorische Prinzip der Abschiedsreden, die einzelnen Themen in weiten Bögen zu entfalten und dabei untereinander in sachliche Beziehung zu bringen, führt dazu, daß keine eindeutig abgegrenzten Textteile zu erkennen sind, die sich nur mit einem Thema befassen[317]. Hinsichtlich einer Gliederung der Reden ist daher festzuhalten, daß feste Grenzen einer Perikopeneinteilung immer wieder übersprungen werden. Das gilt besonders für die von der Forschung beobachteten Nahtstellen innerhalb der Abschiedsreden. Sie sollten bei der Frage nach dem Aufbau der Texteinheit nicht überbewertet werden. Zäsuren im Gedankengang sind zwar immer wieder zu erkennen, so daß auch in der durchgeführten Analyse unterschieden werden konnte zwischen Vorbereitung, Einleitung, Kernaussage und Explikation der Geistverheißungen. Zu betonen ist aber vor allem der innere sachliche Zusammenhang aller Teile. Auch eine schwer nur einzuordnende Bemerkung wie 14,31fin kann den Fluß der thematischen Entwicklung nicht unterbrechen. Trotz der Nahtstelle 14,31/15,1 kann daher unter sachlichen Gesichtspunkten die Einheitlichkeit der Abschiedsreden entdeckt werden.

(7) Die sachliche Einheitlichkeit der Abschiedsreden konstituiert sich entscheidend durch die Geistverheißungen. Sie fügen die unterschiedlichen Aspekte der Abschiedsthematik zu einem kohärenten thematischen Zusammenhang. Daher sind die Geistverheißungen nicht nur in formaler, sondern auch inhaltlicher Hinsicht das Grundgerüst der Abschiedsreden[318].

---

[317] Diese Beobachtung kommt auch in dem Versuch von *Wilckens*, Der Paraklet und die Kirche,in: Kirche (FS Günther Bornkamm), Tübingen 1980, 185-102, hier bes. 186-188, zum Ausdruck. Dabei sieht *Ulrich Wilckens* in 13,33 und 13,34f "überschriftsartig die beiden Themen markiert" (187), die in den Abschiedsreden entfaltet werden (nämlich "Ankündigung des Abschieds" und "neues Gebot" unter dem Aspekt "Frage der Nachfolge", 186f). Literarisch seien beide Themen dadurch aufeinander bezogen, daß 13,33 schwerpunktmäßig in Kapitel 14 behandelt, aber auch in 15,13.18-16,24 wieder auf-genommen werde, und umgekehrt 13,34f schwerpunktmäßig in Kapitel 15 (15,1-17) ent-faltet, in 14,15 aber bereits vorweggenommen und erst in 16,25-33 abgeschlossen werde (187f).

[318] Wenn allerdings die Analyse der Abschiedsreden einseitig vom "Einführungsabschnitt" in 13,31-38 ausgeht, kommen die Geistverheißungen und ihr tragendes Gewicht

3.2.5.2. Profil und textimmanente Umsetzung des nachösterlichen Standpunktes in den Abschiedsreden

(1) Das Profil des nachösterlichen Standpunktes, so wie er von den Abschiedsreden vertreten wird, zeichnet sich grundlegend aus durch den kausalen Zusammenhang, der hergestellt wird zwischen nachösterlicher Gegenwart des Geistes bei den Glaubenden und nachösterlicher Glaubenseinsicht. Nach diesem Zusammenhang war bereits im Anschluß an die Analyse der Textkommentare gefragt worden. Durch die Untersuchung der Verheißungen außerhalb der Abschiedsreden hatte sich eine erste Antwort geben lassen. Das Charakteristikum der Abschiedsreden ist es nun, diesen Zusammenhang anhand der Geistverheißungen konsequent offenzulegen.

(a) Die in den Textkommentaren sichtbar gewordene Tatsache, daß sich die Glaubenden nachösterlich erinnern und sich ihnen in dieser Erinnerung Jesu vorösterliches Wort, das vorösterliche Geschehen und das Verständnis für die Schrift erschließt, wird durch die Geistverheißungen der Abschiedsreden begründet. Das Wirken des Geistes selbst wird als Grund des nachösterlichen Verstehens transparent gemacht. Dabei weisen die Aussagen über sein Erinnern und Lehren (in retrospektiver Funktion) differenziert auch auf den Prozeß hin, durch den das nachösterliche Verständnis für die vorösterliche Zeit entsteht.

(b) Die Geistverheißungen zeigen jedoch auch, daß das nachösterliche Verstehen nicht rein retrospektiv ausgerichtet ist. Konstitutiv zum nachösterlichen Verstehensprozeß gehört vielmehr ebenso das Verständnis für die ἐρχόμενα. Korrespondierend zum vorösterlichen Wort Jesu sind damit die Offenbarungsworte des Postexistenten gemeint, in denen das Wirken des Irdischen seine Fortsetzung findet. Durch die Verkündigung des Geistes erfahren die Glaubenden von dieser nachösterlichen Offenbarung. Durch sein Wirken werden sie dabei zugleich auch eingeführt in deren Bedeutung. Denn sowohl das Lehren (in seiner prospektiven Dimension) als auch das Leiten in alle Wahrheit, das der Geist ausübt, hat hermeneutische Funktion im Hinblick auf die Glaubenden.

(c) Der nachösterliche Verstehensprozeß zeichnet sich also durch die beiden korrelativen Grundaspekte des "diachronen" und "synchronen" Verstehens aus. Im diachronen Prozeß wird unter den Bedingungen der nach-

---

für den sachlichen Aufbau der Reden nicht in den Blick. So nennt *Schneider*, Die Abschiedsreden Jesu, 106, ausgehend vom Anfang der Reden nur δοξάζειν, ὑπάγειν und ἀγαπᾶν als die drei "Grundmotive", welche die Abschiedsreden (einschließlich des Abschiedsgebetes) inhaltlich beherrschten. Im Anschluß an *Schneider* sieht auch *Schnelle*, Die Abschiedsreden im Johannesevangelium, 66, "alle Grundmotive" der Reden in 13,31-38 versammelt und nennt die schon bei *Schneider* aufgeführten drei Verben.

österlichen Realität die vorösterliche Wirksamkeit Jesu nachvollzogen. Im synchronen Prozeß kann aufgrund der nachösterlichen Vermittlungsfunktion des Geistes zugleich die nachösterliche Wirksamkeit des Postexistenten mitvollzogen werden. Beide Teilaspekte des nachösterlichen Verstehensprozesses realisieren sich nicht nur einmalig oder punktuell. Vielmehr garantiert die bleibende Gegenwart des Geistes, daß sich der nachösterliche Verstehensprozeß kontinuierlich vollzieht - und zwar nicht nur bei den ersten Glaubenden nach Ostern, sondern immer wieder auch bei den Glaubenden aller folgenden Generationen.

(2) Umfassend charakterisiert ist der Zusammenhang zwischen nachösterlicher Geistgegenwart und nachösterlichem Verstehensprozeß erst, wenn zwei weitere Aspekte berücksichtigt sind. Das ist zum einen die mit der Glaubenseinsicht verbundene Erfahrung, Jesus in nachösterlicher Zeit neu zu begegnen, und zum anderen die konkrete Umsetzung dieser Einsicht in das Verkündigungswirken der Glaubenden.

(a) Die nachösterliche Begegnung der Glaubenden mit Jesus wird in den Geistverheißungen konsequent auf die Beziehung zu Jesu Wort zurückgeführt, die ihnen durch den Geist ermöglicht wird. In dieser vom Verstehen geprägten Beziehung liegt für die Jünger ein wesentlicher Unterschied ihrer nachösterlichen Erfahrung gegenüber der vorösterlichen Zeit. Nachösterlich verstehen sie Jesu Wort offen und unverhüllt (Stichwort: παρρησία), da es ihnen durch den Geist enthüllt und verständlich ausgelegt wird. Gerade in der prophetischen Funktion des Geistes also, zu der sich die Teilfunktionen seines Wirkens zusammenfassen lassen, gründet die nachösterliche Begegnung der Glaubenden mit Jesus. Diese Begegnung wird in den Kategorien der wechselseitigen Liebe und Immanenz zwischen Vater, Sohn und Glaubenden beschrieben. Damit ist grundlegend festgehalten, daß die nachösterliche Beziehung zu Jesus auch zur Begegnung mit dem Vater führt. In dieser Begegnung erfüllt sich das Wirken des Irdischen, das grundsätzlich auf den Vater verwies und auf die Vermittlung seiner Liebe zielte.

Die Art und Weise, in der sich die Begegnung der Glaubenden mit Jesus und dem Vater vollzieht, wird umschrieben durch zwei Grundmotive, nämlich durch das Motiv des Kommens und das Motiv des Sehens. Das Kommen bezieht sich auf Jesus und den Vater und ist dem Kommen des Sohnes in die Welt nachgebildet. Das Sehen betrifft wechselseitig Jesus und die Jünger und unterstreicht die Gegenseitigkeit ihrer nachösterlichen Begegnung. Beide Motive explizieren Funktion und Intention der Sendung des Geistes zu den Jüngern. In der erfahrenen Gegenwart und Wirksamkeit des Geistes vermittelt sich den Glaubenden der gemeinsame Heilswille von Vater und Sohn, der darauf zielt, sie in ihre Gemeinschaft aufzunehmen.

(b) Der Teilhabe der Glaubenden an der Gemeinschaft von Vater und Sohn korrespondiert ihr Handeln nach dem göttlichen Willen. Auch diese

Handlungsvollmacht gründet im Wirken des Geistes, da er es ist, der nachösterliche Einsicht und Gotteserfahrung vermittelt. Beide Aspekte finden im geistgeleiteten Zeugnis der Glaubenden ihre wirksame Anwendung und Umsetzung. Da dieses Zeugnis seiner Funktion nach auf die Welt gerichtet ist, wird schließlich deutlich, daß der nachösterliche Verstehensprozeß und das Wirken des Geistes, in dem er gründet, die Glaubenden über sich selbst hinausweist auf ihren Verkündigungsauftrag gegenüber der Welt. In ihm übernehmen sie selbst prophetische Funktion.

(3) Der nachösterliche Standpunkt manifestiert sich textimmanent in den Abschiedsreden durch drei Faktoren: erstens durch die klare faktische und inhaltliche Unterscheidung von vor- und nachösterlicher Zeit; zweitens durch die differenzierte Bestimmung der Kontinuität zwischen den Zeiten; und drittens durch deren bewußte Verschmelzung.

(a) Für die Unterscheidung der Zeiten wird dreierlei genutzt: der futurische Verheißungsstil, die Gegenüberstellung temporaler Angaben und die Setzung einer zeitlichen Zäsur. Diese ist inhaltlich grundsätzlich auf Jesu Abschied und Rückkehr zum Vater bezogen und wird zu Beginn der Reden (in Übereinstimmung mit den Aussagen der Textkommentare) markant mit der Verherrlichung des Menschensohnes gleichgesetzt.

Die inhaltliche Unterscheidung der Zeiten konstituiert sich am deutlichsten in der differenzierten Beschreibung der Geistfunktionen. Durch sie gewinnt die nachösterliche Zeit ihr Profil. Die Konturen der vorösterlichen Zeit werden hingegen einerseits durch den Bezug auf Jesu Sendung vom Vater, andererseits durch das Unverständnis der Jünger nachgezeichnet.

(b) Für die Bestimmung der Kontinuität zwischen den Zeiten dienen zwei Konstituenten: zum einen die Relation zwischen dem Wirken Jesu und dem Wirken des Geistes, zum anderen die Bindung des nachösterlichen Jüngerschicksals an die vorösterliche Auseinandersetzung Jesu mit der Welt. Durch die Relation zwischen dem Wirken Jesu und dem Wirken des Geistes wird die Kontinuität der Zeiten expliziert unter den Aspekten der Fortsetzung, der Parallelität und der Realisierung. Daß sich das Wirken des Irdischen im Wirken des Postexistenten fortsetzt, entspricht der Fortsetzung der vorösterlichen Wirksamkeit Jesu durch die nachösterliche Wirksamkeit des Geistes. Dabei basiert das Konzept der Fortsetzung einerseits auf der Parallelität, die zwischen den Funktionen des irdischen Jesus und den Geistfunktionen hergestellt wird. Die Parallelität zwischen Jesus und dem Geist betrifft aber andererseits auch das Wirken des Postexistenten. In konsequenter Bindung an den zum Vater Zurückgekehrten übernimmt der Geist die Verkündigung des Postexistenten und realisiert so dessen vollmächtiges nachösterliches Wirken.

(c) Für die Verschmelzung der Zeiten sind drei Merkmale ausschlaggebend: Der futurische Verheißungsstil wird verlassen und abgelöst von perfektischen, präsentischen und auch aoristischen Aussagen in resultativer (effektiver) Funktion; die Gegenüberstellung zeitlicher Angaben verschmilzt zu der doppeldeutig konnotierten Tempusangabe νῦν; den Figuren der vorösterlichen Szene (Jesus ebenso wie den Jüngern) wird der Inhalt der nachösterlichen Glaubenseinsicht in den Mund gelegt.

(4) Am Umgang mit den Zeiten wird die hermeneutische Perspektive erkennbar, die den nachösterlichen Standpunkt prägt. Die Darstellung des vorösterlichen Geschehens geschieht grundsätzlich unter nachösterlicher Perspektive, diese Perspektive aber hat ein zweifaches Anliegen. Sie will einerseits den Eigenwert der vorösterlichen Zeit markieren und andererseits die hohe Wertschätzung der nachösterlichen Zeit zum Ausdruck bringen. Das gelingt zum einen durch die Ausprägung eines Bewußtseins für die Differenz zwischen den Zeiten, zum anderen durch die betonte Projektion der nachösterlichen Realität in die vorösterliche Zeit.

(a) Das Differenzbewußtsein wurzelt in dem historischen Interesse, das irdische Auftreten Jesu als Grundvoraussetzung festzuhalten, auf die sich der nachösterliche Glaube und die nachösterliche Nachfolge geschichtlich beziehen. Im Differenzbewußtsein äußert sich aber auch das theologische Interesse, die Inkarnation des göttlichen Logos als Grundereignis der Heilsverwirklichung auszuweisen, dem das Wirken des Geistes als dauernde Aktualisierung der Heilsgegenwart zeitlich nachgeordnet ist. Dadurch wird die eschatologische Dimension des Heilshandelns Gottes im inkarnierten Logos nachdrücklich betont.

(b) Die Projektion der nachösterlichen Realität in die vorösterliche Zeit zeigt ebenfalls ein doppeltes Interesse. Zum einen wird unter Berücksichtigung der kommunikativen Funktion, die der Evangelientext für seine Leser und Hörer übernimmt[319], demonstriert, daß das Evangelium ein aktuelles Dokument für die nachösterliche Gemeinde darstellt, in dem sie ihre eigene Situation wiederfinden kann. Das betrifft zum einen die negativen Bedingungen ihrer Auseinandersetzung mit dem zeitgenössischen Judentum, das sich in der Rede vom "Kosmos" wiederentdecken läßt. Es betrifft aber zum anderen auch die positiven Möglichkeiten ihres Glaubens und Wirkens, die sie in der Gegenwart des Geistes erfährt. Dadurch, daß die aktuelle Situation der nachösterlichen Gemeinde in eine andere Zeit transponiert wird, tritt jedoch neben die Wiederentdeckung und Identifikation auch ein Verfremdungseffekt. Er führt zur Distanz gegenüber der eigenen Situation und ermöglicht so deren kritische und produktive Reflexion[320].

---

[319] Vgl. zur kommunikativen oder "pragmatischen" Funktion des Johannesevangeliums grundlegend *Onuki*, Gemeinde und Welt, § 11 (93-115), hier bes. 109-115.

[320] Vgl. hierzu die beiden Schaubilder aaO, 112, 138.

Dieses textpragmatische Interesse wird ergänzt durch ein hermeneutisches Interesse. Die Projektion der nachösterlichen Realität in die vorösterliche Zeit bedeutet ja vor allem auch die Integration des nachösterlich durch den Geist gewonnenen Wissens über Jesus in die Darstellung seiner vorösterlichen Gestalt. Durch diese Integration wird demonstriert, daß die nachösterliche Gemeinde hinsichtlich ihres Wissens den vorösterlichen Jüngern überlegen ist. Indem deutlich gemacht wird, daß dieses Wissen auf dem Wirken des Geistes basiert, wird die Überlegenheit der nachösterlichen Gemeinde pneumatologisch begründet.

Betont werden soll also, daß erst die nachösterliche Gemeinde Jesu Person so zu deuten vermag, daß in ihr der Sohn und Gesandte Gottes erkennbar wird - und zwar in seiner umfassenden Funktion als präexistenter, inkarnierter und postexistenter Logos. Das aber heißt, daß der vorösterliche Jesus nur und gerade als der nachösterlich gedeutete bewahrt werden kann. Ohne das sinnerschließende Wirken des Geistes wäre das Festhalten am "historischen" Jesus und damit die geschichtliche Begründung der nachösterlichen Gemeinde nicht nur sinnlos, sondern auch unmöglich.

4. Hinweise in Rückschau[1] und Fürbitten
des Abschiedsgebetes Joh 17

Das Abschiedsgebet Jesu, wie es in Joh 17 literarisch konzipiert ist, zeichnet sich durch zwei grundlegende Formelemente aus[2]. Das eine Formelement besteht in den für ein Gebet typischen Bitten und Fürbitten. Das andere Formelement wird gebildet von Jesu Rückschau auf sein vollendetes Sendungswerk. Kennzeichnend für die Perspektive des Abschiedsgebetes ist, daß besonders im Rahmen der Rückschau, aber auch im Rahmen der Bitten und Fürbitten die nachösterliche Realität in die vorösterliche Szene integriert wird[3]. Damit nimmt das Gebet konsequent die Verschmelzung der Zeiten auf, die im abschließenden Teil der Abschiedsreden zu beobachten war. Hier hatten sowohl Jesus als auch die Jünger bereits in der vorösterlichen Situation die nachösterliche Glaubenseinsicht und Erfahrung zum Ausdruck gebracht (vgl. im Munde Jesu 16,27a: $αὐτὸς γὰρ ὁ πατὴρ φιλεῖ ὑμᾶς$; 16,27b: $ὅτι ὑμεῖς ἐμὲ πεφιλήκατε καὶ πεπιστεύκατε ὅτι ἐγὼ παρὰ [τοῦ] θεοῦ ἐξῆλθον$; 16,33fin: $ἐγὼ νενίκηκα τὸν κόσμον$; im Munde der Jünger 16,29b: $ἴδε νῦν ἐν παρρησίᾳ λαλεῖς καὶ παροιμίαν οὐδεμίαν λέγεις$; 16,30a: $νῦν οἴδαμεν κτλ.$; 16,30b: $ἐν τούτῳ πιστεύομεν ὅτι ἀπὸ θεοῦ ἐξῆλθες$). Anders als am Ende der Abschiedsreden ist es

---

[1] Von "Rückschau" wird hier gesprochen, weil in der vorliegenden Arbeit der Begriff des "Rückblicks" für die Umschreibung des bewußt nachösterlichen Standpunktes der johanneischen Evangeliendarstellung reserviert ist.

[2] Vgl. hierzu grundlegend *Becker*, Das Evangelium des Johannes, 511f, der hier ebenfalls zwei "Grundelemente" des Abschiedsgebetes unterscheidet, nämlich Jesu "Rechenschaftsbericht als Rückblick" und die "Bitte an Gott für die Bewahrung der Seinen". Beide Elemente bilden die "konstitutive Grundstruktur des Gebetes" (511). *Becker* differenziert dann das Element der Bitte weiter, indem er die "Einleitung zur Bitte" und die "Begründung zur Bitte" eigens von der Bitte selbst abgrenzt. Er gelangt daher zu einem Schema, in dem vier Elemente aufeinander folgen: "1. Rechenschaftsbericht, 2a. Einleitung zur Bitte (kann fehlen), 2b. Bitte, 2c. nachgestellte Begründung zur Bitte (kann fehlen)" (512). Diese "vier Gattungselemente" hatte *Becker* bereits früher ausführlich aus Joh 17 herausgearbeitet, vgl. dazu ders., Aufbau, Schichtung und theologiegeschichtliche Stellung des Gebetes in Johannes 17, bes. 61-65 (Zitat 61 pass). *Becker* sieht im klaren Schema der Elemente des Gebetes dessen "überindividuelle Typik", die auf die "Rahmengattung (literarische Abschiedssituation)" verweist (Das Evangelium des Johannes, 511).

[3] *Onuki*, Gemeinde und Welt, 167, 173, spricht daher grundsätzlich vom "nachösterliche(n) Gesichtspunkt des Gebetes". *Bultmann*, Das Evangelium des Johannes, 401, bezieht das Abschiedsgebet in Joh 17 auf die nachösterliche Gemeinde: "Wer spricht das Gebet? Nicht der 'historische Jesus', sondern historisch gesprochen: die Gemeinde. Aber in der Gemeinde spricht ja er selbst als der $δοξασθείς$".

im Abschiedsgebet, der literarischen Szene entsprechend, allein die Figur Jesu, der die nachösterliche Einsicht und Erfahrung der Glaubenden retrospektiv in den Mund gelegt wird. So formuliert er für sie als bereits bestehende Realität: "Sie haben erkannt" und "sie haben geglaubt". Dabei ist diese nachösterliche Realität hineingenommen in den Bericht über das, was sich bei der Durchführung des Sendungsauftrags tatsächlich vollzogen hat. Die Rückschau auf Jesu Sendung schillert daher zwischen einem tatsächlichen Rückblick auf die vorösterliche Wirksamkeit des Irdischen und einem Einblick in das nachösterliche Wirken des zum Vater Zurückgekehrten.

4.1. Rückschau Jesu in Joh 17,11

Der Kontext: 17,9-19. Joh 17,11 gehört zu jenem Teil des Gebetes, der gewöhnlich als zweiter Abschnitt unter dem Titel "Jesus bittet für die Jünger" vom ersten und letzten Teil des Gebetes abgegrenzt wird[4]. Gliederungshinweise bieten dabei Vers 9 (vgl. Vers 9a: Ἐγὼ περὶ αὐτῶν ἐρωτῶ; Vers 9fin: ἀλλὰ περὶ ὧν δέδωκάς μοι) und Vers 20 (vgl. Vers 20a.b: Οὐ περὶ τούτων δὲ ἐρωτῶ μόνον, ἀλλὰ καὶ περὶ τῶν πιστευόντων διὰ τοῦ λόγου αὐτῶν εἰς ἐμέ).

Vers 11 geht eine Verherrlichungsaussage voran, die das Motiv der wechselseitigen Verherrlichung zwischen Gott / Vater und Menschensohn / Sohn, das sowohl den Eingang der Abschiedsreden als auch den Beginn des Abschiedsgebetes prägt, transponiert in das Motiv der Verherrlichung Jesu in den Jüngern (vgl. 17,10b). Durch das Verherrlichungsmotiv ist der sachliche Anschluß an die Abschiedsreden hergestellt und zugleich das Gebet selbst gerahmt (vgl. 17,1c.fin/17,22.24). Dabei korrespondiert die einleitende Bitte Jesu an den Vater stilistisch dem formgebundenen Auftakt der Abschiedsreden insofern, als in beiden Passagen Jesus in der dritten Person über sich selbst spricht (vgl. mit 13,31f die Bitte in 17,1c.fin: δόξασόν σου τὸν υἱόν, ἵνα ὁ υἱὸς δοξάσῃ σέ). Dieser auf Jesus bezogene Er-Stil wird durch Vers 2 fortgesetzt, der die erbetene Verherrlichung in Beziehung setzt zu der dem Sohn mit der Sendung übertragenen Vollmacht über alle Menschen[5], die sich in der auf die Glaubenden bezogenen Heilsfunktion reali-

---

[4] Zur Diskussion um die Gliederung des Kapitels vgl. exemplarisch *Becker*, aaO, 509. Die Forschung erwägt eine Drei- oder eine Vierteilung des Gebetes. Der erste Teil variiert im Umfang zwischen 17,1-5 und 17,1-8, der zweite Teil zwischen 17,6-19 und 17,9-19. Der Abschnitt 17,20-26 wird dann entweder insgesamt als dritter Teil des Gebetes gekennzeichnet oder aber aufgeteilt in einen dritten (17,20-23) und vierten Teil (17,24-26).

[5] Vgl. *Bühner*, Der Gesandte und sein Weg, 199f; weniger deutlich spricht *Barrett*, The Gospel according to St. John, 502, von der Vollmacht, die Jesus vom Vater "vor der Inkarnation" gegeben worden sei.

siert, ihnen ewiges Leben zu geben (17,2a.b: *καθὼς ἔδωκας αὐτῷ ἐξουσίαν πάσης σαρκός⁶, ἵνα πᾶν ὃ δέδωκας αὐτῷ⁷ δώσῃ αὐτοῖς ζωὴν αἰώνιον*). Erneut im Er-Stil erläutert definitorisch[8] Vers 3 mit direktem Stichwortanschluß an Vers 2fin die *ζωὴ αἰώνιος*, die für die Glaubenden darin besteht, daß sie den Vater, den einen wahren Gott, erkennen und den, den er gesandt hat, Jesus Christus (*αὕτη δέ ἐστιν ἡ αἰώνιος ζωὴ ἵνα γινώσκωσιν σὲ τὸν μόνον ἀληθινὸν θεὸν καὶ ὃν ἀπέστειλας Ἰησοῦν Χριστόν*). Mit Vers 4 geht das Gebet dann in den Ich-Stil der Rede über.

Die das Abschiedsgebet einleitende Bitte in 17,1c.fin (und ihre Wiederaufnahme in 17,5) korrespondiert auch darin dem Anfang der Abschiedsreden, daß die Situation des Abschieds im Hinblick auf das Verhältnis zwischen Jesus und dem Vater als Verherrlichungsgeschehen gekennzeichnet wird und damit zugleich Jesu Verherrlichung als Zäsur zwischen den Zeiten markiert wird. Die Bitten Jesu in Vers 1 und Vers 5 des Gebetes gelten daher vom Standpunkt des Vorösterlichen aus[9].

Neben der Linie der Verherrlichungsaussagen ist Vers 3 für die thematische Verklammerung von Abschiedsreden und Abschiedsgebet relevant. Die in den Abschiedsreden für die nachösterliche Zeit verheißene Erkenntnis der Glaubenden wird im Abschiedsgebet auf den soteriologischen Begriff[10] des ewigen Lebens hin zugespitzt. Das entspricht sachlich der soteriologischen Ausrichtung der Geistverheißungen in den Abschiedsreden und bestätigt das soteriologische Prädikat des *συμφέρει ὑμῖν*, das dem Abschied Jesu gerade aufgrund der Heilsfunktion des Geistes verliehen werden konnte. Damit zeigt sich bereits vom Beginn des Gebetes her, daß der für die Abschiedsreden konstitutive Zusammenhang zwischen dem nachösterlichen Wirken des Geistes und der nachösterlichen Einsicht der Glaubenden auch hinter den Aussagen des Gebetes steht. Der definitorische Stil von Vers 3

---

⁶ "Alles Fleisch" ist semitisierende Redeweise für "alle Menschen"; vgl. exemplarisch *Becker*, aaO, 518.

⁷ Die Jesus vom Vater Gegebenen sind die Glaubenden; vgl. exemplarisch *Schnackenburg*, Das Johannesevangelium III, 193.

⁸ Vgl. *Bultmann*, Das Evangelium des Johannes, 378, Anm. 1, der Vers 3 bestimmt als einen "charakteristische(n) Definitionssatz des Evangelisten"; zur redaktionskritischen Bewertung von Vers 3 als einer auf die "Endredaktion" des Evangeliums zurückgehenden "Glosse" vgl. exemplarisch *Schnackenburg*, aaO, 195.

⁹ Vgl. dazu *Onuki*, Gemeinde und Welt, 167, 169; gegen *Thüsing*, Die Erhöhung und Verherrlichung Jesu, 190-192, der das in 17,1.5 angesprochene Verherrlichungsgeschehen nicht auf Abschied und Tod Jesu bezieht, sondern auf das von ihm so genannte "zweite Stadium des Heilswerkes" nach Jesu Rückkehr zum Vater; vgl. dazu kritisch auch *Onuki*, aaO, 169f.

¹⁰ *Schnackenburg*, aaO, 195, spricht vom "führende(n) joh. Heilsbegriff".

formuliert diese nachösterliche Einsicht in einem gültigen Glaubenssatz[11].

Joh 17,11a-c. Eben die Geistverheißungen der Abschiedsreden bilden auch die sachliche Voraussetzung für ein darstellerisches Mittel, an dem sich die für das Abschiedsgebet typische Verschmelzung der Zeiten in Vers 11 erkennen läßt. Gemeint ist das Mittel der Transparenz zwischen dem vor- und nachösterlichen Jesus einerseits, zwischen den vorösterlichen Jüngern und den nachösterlich Glaubenden andererseits:

καὶ οὐκέτι εἰμὶ ἐν τῷ κόσμῳ,	11a
καὶ αὐτοὶ ἐν τῷ κόσμῳ εἰσίν,	11b
κἀγὼ πρὸς σὲ ἔρχομαι.	11c

Wenn es hier unmittelbar nebeneinander heißen kann, daß Jesus nicht mehr im Kosmos sei (Vers 11a) und daß er zum Vater gehe (Vers 11c), dann wird deutlich, wie die Redeperspektive der Figur Jesu im Abschiedsgebet innerhalb eines einzigen Verses wechseln kann. Vom Standpunkt des Irdischen aus, der in der Situation des Abschieds vor seiner Rückkehr zum Vater steht, ist es chronologisch konsequent, wie in den Abschiedsreden so auch im Gebet auf den bevorstehenden Weg zum Vater hinzuweisen[12]. Hingegen durchbricht es die literarische Chronologie des erzählten Geschehens, wenn Jesus zugleich auch sagen kann, daß er schon nicht mehr im Kosmos sei. Die bewußte Spannung zwischen Vers 11a und Vers 11c zeigt, daß die Figur Jesu hier transparent werden soll sowohl für den Irdischen, der noch bei den Jüngern und im Kosmos ist, als auch für den, der schon zum Vater zurückgekehrt ist, der also vom Vater aus wirkt und mit ihm gemeinsam den Geist zu den Glaubenden gesandt hat[13]. Was Jesus in den Abschiedsreden verheißen hat, wird so als erfüllte Realität in die Rückschau vor dem Vater eingetragen. Dabei hat die temporale Angabe οὐκέτι aus Vers 11a die Funktion, den nachösterlichen Standpunkt der Aussage zu markieren.

Das Merkmal der Transparenz betrifft in Vers 11 auch die Jünger, über die Jesus in seiner Rückschau spricht und denen seine Fürbitte gilt. Eingerahmt von dem Perspektivenwechsel zwischen vor- und nachösterlichem Jesus in den Teilversen 11a und 11c steht in Vers 11b die Aussage über die Jünger, die "im Kosmos sind". Auf sie färbt die doppelte Perspektive der Figur Jesu ab. Denn die αὐτοί können einerseits verstanden werden als jene, die vor Jesu Rückkehr zum Vater bei Jesus sind, seine Abschiedsreden vernommen haben und von der literarischen Szene her auch als Hörer des Abschiedsgebetes noch im Hintergrund stehen. Sie können aber auch bezo-

---

[11] Vgl. *Onuki*, aaO, 169, 172.

[12] Vgl. aaO, 167.

[13] Gegen *Schnackenburg*, aaO, 203f, und *Becker*, Das Evangelium des Johannes, 522, die beide Vers 11 einseitig auf den Irdischen beziehen.

gen werden auf jene, die in der Welt leben, nachdem Jesus den Kosmos verlassen und den Geist vom Vater aus gesandt hat.

Diese "Doppeldeutigkeit" der Glaubenden ist ebenso wie die Transparenz der Figur Jesu beabsichtigt und zieht sich durch das ganze Abschiedsgebet. Das ist daran zu erkennen, daß nirgendwo in diesem Gebet von den "Jüngern" ausdrücklich als den μαϑηταί die Rede ist. Vielmehr spricht Jesus hier einerseits von "allen"[14], "denen"[15] oder "den Menschen"[16], die ihm der Vater gegeben hat, von "ihnen"[17], von den αὐτοί[18] und von "diesen"[19]; und andererseits von denen, die "durch ihr Wort" (διὰ τοῦ λόγου αὐτῶν) an ihn glauben[20]. Sind damit zwei Gruppen von Glaubenden zwar vorausgesetzt, so sind sie doch dadurch wieder zusammengeführt, daß sie insgesamt als πάντες[21] bezeichnet werden. Auch von diesen "allen" kann dann wieder als "sie"[22] und "diese"[23] gesprochen werden. Durch die Offenheit dieser Sprachform wird die Transparenz hergestellt zwischen den vorösterlichen Jüngern und der nachösterlichen Gemeinde einschließlich jener, die durch die Verkündigung neu zum Kreis der Glaubenden dazukommen. Wenn der Schluß des Gebetes sprachlich gleichlautend wie am Anfang wieder von jenen spricht, die der Vater Jesus gegeben hat[24], dann sind, dieser Transparenz und dem Verlauf der Fürbitten entsprechend, alle Menschen gemeint, die nachösterlich durch das Wirken des Geistes zum Glauben an Jesus gekommen sind[25].

---

[14] Vgl. 17,2b.

[15] Vgl. 17,9b.

[16] Vgl. 17,6a.

[17] Vgl. dazu die finiten Verbformen der 3. Person Plural in 17,3.6fin.7.8b.c.11b.fin.13. 14b. 16.19b.

[18] Vgl. 17,8a.b.9a.10b.e.12a.c.14a.15a.b.17a.18b.19a.b.20b, jeweils in deklinierten Formen.

[19] Vgl. 17,20a.

[20] Vgl. 17,20b.

[21] Vgl. 17,21a.

[22] Vgl. die finiten Verbformen der 3. Person Plural (vgl. 17,22b.23b.fin.24c.d) und das Pronomen αὐτοί (vgl. 17,21c.22a.23a.26a.b).

[23] Vgl. 17,25c.

[24] Vgl. 17,24b.

[25] Vgl. *Onuki*, Gemeinde und Welt, 172.

4.2. Rückschau Jesu in Joh 17,6.7f.14.25

4.2.1. Joh 17,6.7f

In den Aussagen von Joh 17,6-8.14.25 wird die Verschmelzung der Zeiten daran sichtbar, daß die nachösterlich durch den Geist gewirkte Glaubenseinsicht der Jünger als bereits bestehende Realität beschrieben wird. Dabei lassen sich wesentliche Aspekte des nachösterlichen Verstehensprozesses in genauer Entsprechung zu den Aussagen der Abschiedsreden wiedererkennen.

Der Kontext: 17,1-5. Die Verse 6-8 des Gebetes bilden gemeinsam die Erläuterung von Vers 4, der sich wie bereits Vers 2 auf die einleitende Bitte um die wechselseitige Verherrlichung von Vater und Sohn zurückbezieht (vgl. 17,1c.fin). Hatte Vers 2 die erbetene Verherrlichung des Sohnes (17,1c) in Relation gebracht zur Bevollmächtigung des Gesandten, so nimmt Vers 4 Bezug auf die intendierte Verherrlichung des Vaters (Vers 1fin), indem die bereits vollzogene Verherrlichung erläutert wird. Im Stil der Rückschau erklärt Jesus, er habe den Vater eben darin auf Erden verherrlicht, daß er das Werk vollendet habe, das ihm der Vater zu tun gegeben hat (*ἐγώ σε ἐδόξασα ἐπὶ τῆς γῆς τὸ ἔργον τελειώσας ὃ δέδωκάς μοι ἵνα ποιήσω*). Vers 5 greift dann im Ringschluß nochmals Vers 1c auf und bringt die erbetene Verherrlichung des Sohnes in Verbindung mit der Herrlichkeit, die den Sohn bereits in seiner Präexistenz beim Vater auszeichnete (vgl. Vers 5a.b: *καὶ νῦν δόξασόν με σύ, πάτερ, παρὰ σεαυτῷ τῇ δόξῃ ᾗ εἶχον πρὸ τοῦ τὸν κόσμον εἶναι παρὰ σοί*).

Joh 17,6. Die Erläuterung von Vers 4 beginnt in Vers 6 damit, daß die Vollendung des Sendungswerkes expliziert wird unter dem Aspekt der Offenbarung des Vaternamens[26]:

Ἐφανέρωσά σου τὸ ὄνομα τοῖς ἀνθρώποις	6aα
οὓς ἔδωκάς μοι ἐκ τοῦ κόσμου.	6aβ
σοὶ ἦσαν	6bα
κἀμοὶ αὐτοὺς ἔδωκας	6bβ
καὶ τὸν λόγον σου τετήρηκαν.	6fin

Jesus hat den Menschen, die der Vater ihm aus der Welt gegeben hat, den Namen des Vaters offenbart (Vers 6a). Mit dieser Aussage scheint sich die Rückschau Jesu eindeutig auf den vorösterlichen Sendungsauftrag zu beziehen. Auch die Versteile 6bα und 6bβ können so verstanden werden. Mit Vers 6fin wechselt dann die Perspektive. Hier wird gesagt, daß die

---

[26] Zum Hintergrund des Motivs vgl. exemplarisch *Schnackenburg*, Das Johannesevangelium III, 199f.

"Menschen" das Wort des Vaters gehalten haben. Das Motiv des τηρεῖν τὸν λόγον ist dabei aus den Abschiedsreden aufgenommen (14,23b.24a). Das Wort Jesu zu bewahren war dort als Zeichen für denjenigen genannt, der Jesus liebt. Es war sachlich mit dem Halten der "Gebote" (τηρεῖν τὰς ἐντολάς) auf eine Ebene gestellt worden und drückte die umfassende Erfüllung des Willens Jesu durch die Glaubenden aus. Diese war im Zusammenhang mit den Geistverheißungen an die nachösterliche Zeit gebunden worden. Denn erst in nachösterlicher Zeit verwirklicht sich unter Leitung des Geistes wahre Jüngerschaft.

Vers 6fin spricht von der nachösterlichen Zeit als bereits bestehender Realität. Das wird sachlich an dem benannten Motiv, zeitlich am Perfekt des Prädikates sichtbar. Daß es dabei heißt, die Glaubenden hätten des Vaters Wort gehalten, entspricht konsequent dem Gedankengang, der in den Abschiedsreden von 14,23 zu 14,24 führte. Jesus hatte hier der Verheißung von Vers 23b ausdrücklich die Erklärung nachgestellt, daß sein Wort kein anderes als das des Vaters sei (Vers 24b). So hatte umgekehrt auch die letzte Geistverheißung festgehalten, daß alles, was dem Vater gehöre, auch das Eigene Jesu sei (vgl. 16,15a), und damit noch einmal Bezug genommen auf den Abschnitt 14,6-11, der die funktionale Einheit von Vater und Sohn durch den Gedanken der wechselseitigen Immanenz zum Ausdruck gebracht hatte.

Vers 6fin zeigt diejenigen, die des Vaters Wort gehalten haben, als die nachösterlich Glaubenden, die vom Geist in Kraft gesetzt sind, den gemeinsamen Willen von Jesus und dem Vater zu erfüllen[27]. Von Vers 6fin her treten daher auch die in Vers 6a.b genannten ἄνθρωποι unter eine doppelte Perspektive. Diejenigen, die der Vater Jesus aus der Welt gegeben hat, sind nicht nur die vorösterlichen Jünger, sondern auch die nachösterlich Glaubenden[28].

Joh 17,7f. Diese Transparenz kennzeichnet auch die Aussagen in Vers 7 und Vers 8[29]. Beide Verse setzen die in Vers 6 begonnene Explikation von Vers 4 fort. Dabei entfalten sie im Anschluß an Vers 6fin die Reaktion der Glaubenden auf die Offenbarung des Vaternamens:

νῦν ἔγνωκαν	7aα
ὅτι πάντα ὅσα δέδωκάς μοι παρὰ σοῦ εἰσιν·	7aβ
ὅτι τὰ ῥήματα ἃ ἔδωκάς μοι	8aα
δέδωκα αὐτοῖς,	8aβ

---

[27] Vgl. *Onuki*, aaO, 171.

[28] Zum Bezug derer, die der Vater Jesus "aus der Welt gegeben hat" auf die Glaubenden vgl. bereits Vers 2b; vgl. dazu und zur Transparenz der Glaubenden auf die Gemeinde *Becker*, Das Evangelium des Johannes, 520f.

[29] Vgl. *Onuki*, aaO, 171.

καὶ αὐτοὶ ἔλαβον	8bα
καὶ ἔγνωσαν ἀληϑῶς	8bβ
ὅτι παρὰ σοῦ ἐξῆλϑον,	8bγ
καὶ ἐπίστευσαν	8c
ὅτι σύ με ἀπέστειλας.	8fin

Die αὐτοί sind hier eindeutig als die nachösterlich Glaubenden gekennzeichnet, die durch die Wirksamkeit des Geistes zur Glaubenseinsicht gelangt sind[30]. Denn was in Vers 7aβ.8bβ.8fin als Inhalt des Erkennens und Glaubens genannt ist, entspricht im einzelnen dem, was am Ende der Abschiedsreden die Jünger als Träger des nachösterlichen Wissens vorweggenommen hatten. Die Erkenntnis, daß alles, was Jesus erhalten hat, vom Vater selbst stammt (Vers 7aβ), stimmt sachlich überein mit der Einsicht, daß Jesus alles weiß (16,30a): Sein Wissen ist Zeichen der ihm vom Vater übertragenen Vollmacht (vgl. 13,1.3). Auch die Erkenntnis, daß Jesus vom Vater ausgegangen ist (Vers 8bγ), entspricht der Formulierung der Jünger am Ende der Abschiedsreden (16,30b). Wie dort wird das Stichwort πιστεύειν verwendet (Vers 8c). Als Inhalt der Glaubenseinsicht wird die Sendung Jesu vom Vater angegeben (Vers 8fin) und damit innerhalb des Abschiedsgebetes an die Aussage von Vers 3 angeknüpft.

Die Aussage von Vers 8a, daß Jesus den Glaubenden die vom Vater empfangenen Worte gegeben habe, zeigt von den umliegenden Versteilen her die charakteristische doppelte Perspektive, in der vor- und nachösterliche Zeit miteinander verschmelzen. Nicht nur Jesu vorösterliches Wirken ist mit Vers 8a angedeutet, sondern auch sein Wirken in der Postexistenz, das sich durch den Geist unter den Glaubenden realisiert. Daß die Glaubenden Jesu Wort angenommen haben (Vers 8bα) setzt das nachösterliche Wirken des Geistes voraus und verweist auf den nachösterlichen Verstehensprozeß. In Vers 8bα ist daher die Intention der Abschiedsreden umgesetzt, die Jünger als Adressaten des Geistwirkens und so auch als Empfänger des durch den Geist vergegenwärtigten und erschlossenen Wortes Jesu zu kennzeichnen.

4.2.2. Joh 17,14

Der Kontext: 17,9-19, bes. 12f.15-17.19. Im Zusammenhang von Vers 6fin und Vers 8a ist auch Vers 14 des Gebetes zu betrachten. Er gehört zu dem

---

[30] Vgl. ebd.; gegen *Schnackenburg*, Das Johannesevangelium III, 201, der die nachösterliche Perspektive des Verses nicht berücksichtigt und daher von dem "Glauben der Jünger" spricht, der "zu tiefer Erkenntnis gereift" sei.

Fürbittenteil, der in Vers 9 rhetorisch markant eingeleitet wird und bis Vers 19 führt. Innerhalb dieses Abschnittes ist er inhaltlich eng bezogen auf die Verse 12f.15-17.19.

Vers 12 schließt in doppeldeutiger Perspektive an die bereits besprochene Aussage von Vers 11a an, in der es hieß, daß Jesus nicht mehr in der Welt sei. Wenn Vers 12 eingeleitet wird durch die temporale Angabe "als ich mit ihnen war" (Vers 12aα: ὅτε ἤμην μετ᾽ αὐτῶν), dann kann sich diese Rückschau einerseits auf die zuende gehende vorösterliche Zeit mit den Jüngern beziehen. Sie kann aber ebenso den Standpunkt von Vers 11a voraussetzen, nach dem Jesus nicht mehr im Kosmos ist und daher von der Postexistenz auf die irdische Existenz zurückblickt. Die Angabe "als ich mit ihnen war" verwiese dann auf die definitiv durch den Abschied beendete Zeit mit den Jüngern auf Erden, die zu Beginn der Abschiedsreden noch Gegenstand der Ankündigung war (vgl. 13,33a: τεκνία, ἔτι μικρὸν μεθ᾽ ὑμῶν εἰμι).

Die schillernde zeitliche Perspektive tritt in Vers 13 zurück zugunsten einer klaren Unterscheidung der Zeiten. Vom Standpunkt des Vorösterlichen aus[31] ist formuliert, daß er jetzt zum Vater geht und das Gebet in der Welt spricht (Vers 13aα.β: νῦν δὲ πρὸς σὲ ἔρχομαι καὶ ταῦτα λαλῶ ἐν τῷ κόσμῳ). Die Abschiedssituation ist dadurch im Sinne der Abschiedsreden präsent[32], die Rückkehr Jesu zum Vater wie dort als Zäsur zwischen den Zeiten markiert. Auch die rhetorische Reflexionswendung, die mit Vers 13aβ beginnt und in Vers 13fin fortgeführt wird, entspricht der Zweckbestimmung der Abschiedsreden: Das Gebet soll wie die Reden der Freude der Jünger dienen[33] (Vers 13fin: ἵνα ἔχωσιν τὴν χαρὰν τὴν ἐμὴν πεπληρωμένην ἐν ἑαυτοῖς). Da die "vollkommene" Freude nach den Abschiedsreden (vgl. 15,11) Jesu Rückkehr zum Vater und die Gegenwart des Geistes bei den Glaubenden voraussetzt, zeigt sich, daß durch die charakteristische Reflexionswendung auch Vers 13 auf die nachösterliche Zeit Bezug nimmt.

Hatte Vers 12 die vorösterliche Zeit dadurch bestimmt, daß Jesus die Jünger im Namen des Vaters bewahrt habe (Vers 12aβ: ἐγὼ ἐτήρουν αὐτοὺς ἐν τῷ ὀνόματί σου), so formuliert die Bitte in Vers 15, daß der Vater die Glaubenden bewahren möge vor dem Bösen[34] (Vers 15b: ἀλλ᾽ ἵνα τηρήσῃς αὐτοὺς ἐκ τοῦ πονηροῦ). Diese Bitte gilt vom Gesamtkontext des Gebetes her und im Sinne des nahestehenden Verses 13 (Hinweis auf die Rückkehr Jesu zum Vater) für die nachösterliche Zeit. In ihr sollen die Jünger nicht der Welt enthoben werden (vgl. Vers 15a: οὐκ ἐρωτῶ ἵνα

---

[31] Vgl. *Onuki*, aaO, 167.

[32] Vgl. ebd.; *Becker*, Das Evangelium des Johannes, 523.

[33] Vgl. *Schnackenburg*, aaO, 208.

[34] Vgl. dazu jeweils die Kommentare z.St.

ἄρῃς αὐτοὺς ἐκ τοῦ κόσμου). Damit entspricht die Bitte sachlich den Aussagen der Abschiedsreden, die besonders im Umkreis der drei letzten Geistverheißungen betont hatten, daß sich das nachösterliche Wirken der Glaubenden mitten in der Welt auf die Welt bezieht. Davon unterschieden worden war, daß die Glaubenden aufgrund ihrer Auswahl und Beauftragung durch Jesus nicht das Wesen der Welt an sich tragen (vgl. 15,16.19). Entsprechend formuliert daher auch das Abschiedsgebet im Zusammenhang mit der Bitte an den Vater, die Glaubenden in nachösterlicher Zeit nicht aus der Welt herauszunehmen, daß sie trotz ihrer Existenz inmitten der Welt nicht ihrem Wesen nach "weltlich" seien (Vers 16: ἐκ τοῦ κόσμου οὐκ εἰσὶν καθὼς ἐγὼ οὐκ εἰμὶ ἐκ τοῦ κόσμου). Sie sind vielmehr ihrem Wesen nach geprägt vom Wort des Vaters, das ihnen Jesus während seines irdischen Wirkens mitgeteilt hat und das ihnen der Geist nachösterlich erschließt, indem er sie in alle Wahrheit führt (vgl. 16,13). Die Glaubenden in der Wahrheit, die Gottes Wort bedeutet, zu heiligen, ist daher jene Bitte, auf die der Gedankengang zuläuft (Vers 17a.b: ἁγίασον αὐτοὺς ἐν τῇ ἀληθείᾳ· ὁ λόγος ὁ σὸς ἀλήθειά ἐστιν). In Form der Bitte ist mit Vers 17 ebenso wie mit Vers 15 die nachösterliche Zeit inhaltlich bestimmt. Die nachösterlich Glaubenden sind durch die Wahrheit, in die sie der Paraklet eingeführt hat, "geheiligt", das heißt einerseits ausgegrenzt[35] aus dem Bannkreis des Bösen (vgl. Vers 15b), andererseits einbezogen in den Gott zugehörigen Bereich[36]. Durch den Parakleten als den "heiligen Geist", der ihnen die Begegnung mit Jesu vorösterlichem Wort ebenso wie mit der nachösterlichen Offenbarung von Vater und Sohn ermöglicht (vgl. 14,26; 16,13), gehören sie zum "heiligen Vater" (vgl. die Anrede in Vers 11d) und zur Wahrheit als dem Bereich, der Jesus, den Vater und den "Geist der Wahrheit" umschließt.

Wird eine weitere Bedeutungsnuance von ἁγιάζειν berücksichtigt, nämlich der Aspekt des "Reinigens"[37], dann zeigt sich, daß die auf die nachösterliche Geistwirksamkeit hin transparente Bitte von Vers 17 einer Aussage aus den Abschiedsreden entspricht, die ebenfalls aus nachösterlicher Perspektive formuliert war. Gemeint ist 15,3 aus der Weinstock-Rede, in der den Jüngern erklärt wurde, sie seien "rein" aufgrund des Wortes, das Jesus ihnen gesagt hat. Dabei war im Sinne des nachösterlichen Gesichtspunktes

---

[35] Vgl. *Bultmann*, Theologie des Neuen Testaments, 443. Diese Bedeutung des Verbes ἁγιάζειν geht auf seine Verwendung in LXX für den kultischen Sachzusammenhang zurück: Das Objekt der Heiligung wird aus dem profanen Bereich ausgegrenzt, also "dem Profanen entzogen, in einen heiligen Zustand versetzt"; vgl. dazu *Otto Proksch*, Art. ἁγιάζειν , ThWNT I, 112-114, hier 113.

[36] Vgl. *Bultmann*, aaO, 443.

[37] Vgl. *Bauer*, Wörterbuch zum Neuen Testament, 15.

der Aussage bereits das durch den Geist ausgelegte Wort Jesu gemeint, das die Glaubenden zur "reicheren Frucht" führt, also zu ihrem dem Willen von Vater und Sohn entsprechenden Handeln gemäß ihres Sendungsauftrages. Konsequent nimmt daher auch das Abschiedsgebet mit dem auf die Bitte in Vers 17 folgenden Vers 18 den Gedanken der Jüngersendung auf, und zwar ebenfalls formuliert aus nachösterlicher Perspektive (vgl. den Aorist des Prädikats in Vers 18b: *κἀγὼ ἀπέστειλα αὐτοὺς εἰς τὸν κόσμον*).

Die nachösterliche Perspektive der Bitte von Vers 17 erhält ihr Gegenstück in Vers 19, der das Motiv der Heiligung aufnimmt und transponiert in den Gedanken der Selbstheiligung[38] Jesu für die Glaubenden[39] (Vers 19a: *καὶ ὑπὲρ αὐτῶν ἐγὼ ἁγιάζω ἐμαυτόν*). Diese Aussage ist auf die Abschiedssituation selbst zu beziehen und kennzeichnet einen wesentlichen Aspekt der Rückkehr Jesu zum Vater, die nur aus der engen Verbindung zu verstehen ist, die implizit in Vers 17 hergestellt wird zwischen dem Motiv der Heiligung der Jünger in der Wahrheit und dem Wirken des Geistes. Indem Jesus zum Vater zurückkehrt und den Jüngern den Geist sendet, begründet er selbst die geistgewirkte Beziehung der Jünger zu seinem Wort, durch die sie "in der Wahrheit geheiligt" sind (vgl. Vers 19b: *ἵνα ὦσιν καὶ αὐτοὶ ἡγιασμένοι ἐν ἀληθείᾳ*)[40]. Seine Rückkehr zum Vater wird somit im Motiv der Selbstheiligung für die Jünger soteriologisch bestimmt. Die Heilsfunktion des Todes Jesu besteht nach dem Abschiedsgebet in der Aufnahme der Glaubenden in den Bereich Gottes - ein Gedanke, der konsequent die Geistverheißungen der Abschiedsreden umsetzt, die das *συμφέρει ὑμῖν* des Abschieds Jesu durch die nachösterliche Gemeinschaft zwischen Vater, Sohn und Glaubenden expliziert hatten.

Joh 17,14. Zwischen den Versen 12f und den Versen 15-17 steht Vers 14, der im Sinne von Vers 12 als Rückschau formuliert ist und dabei das Motiv vom Wort des Vaters verwendet, das in Vers 17 wieder aufgenommen wird. Über das Motiv des Wesens der Jünger ist Vers 14 außerdem eng verbunden mit den Versen 15f, die in ihm ihre Vorbereitung haben:

ἐγὼ δέδωκα αὐτοῖς τὸν λόγον σου	14aα
καὶ ὁ κόσμος ἐμίσησεν αὐτούς,	14aβ

---

[38] Joh 17,19a ist der einzige Beleg innerhalb des Johannesevangeliums, an dem von der Selbstheiligung Jesu gesprochen wird. Dagegen ist in 10,36 im Zusammenhang mit einer Sendungsaussage von der bereits geschehenen Heiligung des Sohnes durch den Vater die Rede (vgl. Vers 36a: *ὃν ὁ πατὴρ ἡγίασεν καὶ ἀπέστειλεν εἰς τὸν κόσμον κτλ.*).

[39] Zur Frage des mit der Selbstheiligung verbundenen Opfers vgl. *Bultmann*, Das Evangelium des Johannes, 391 mit Anm. 3; zur genaueren Klärung der Stellvertretungsaussage vgl. *Knöppler*, Die theologia crucis des Johannesevangeliums, 210-215.

[40] Gegen *Knöppler*, aaO, 211, der hinter dem passivischen Partizip *ἡγιασμένοι* den Vater als Subjekt der Heiligung der Glaubenden stehen sieht.

ὅτι οὐκ εἰσὶν ἐκ τοῦ κόσμου   14bα
καθὼς ἐγὼ οὐκ εἰμὶ ἐκ τοῦ κόσμου.   14fin

Vers 14aα läßt sich vergleichen mit dem bereits besprochenen Vers 6aα und wie dieser zunächst auf das vorösterliche Wirken Jesu beziehen. Vers 14aβ hingegen setzt die nachösterliche Erfahrung der Glaubenden voraus, von der Welt gehaßt zu werden und entspricht damit den Verheißungen der Abschiedsreden, die auf die nachösterliche Verfolgung der Jünger durch die Welt vorausgewiesen hatten (vgl. 15,18-16,4a).

Diese innerhalb eines Verses wechselnde Perspektive war bereits an Vers 6aα/6fin und Vers 11a/11b zu beobachten. Sie hatte jeweils die Transparenz der Aussage deutlich gemacht, durch die vor- und nachösterliche Zeit miteinander verschmelzen. Von der nachösterlichen Perspektive aus, die Vers 14aβ prägt, wird daher auch die für die vorösterliche Zeit geltende Aussage von Vers 14aα doppeldeutig[41]. Daß Jesus den Glaubenden das Wort des Vaters gegeben habe, läßt sich daher auch beziehen auf das Wirken des Postexistenten, das sich im Wirken des Geistes realisiert[42]. So ist von Vers 14aα aus die Verbindung herzustellen zur zweiten und zur letzten Geistverheißung der Abschiedsreden, die am deutlichsten das auf Jesu und des Vaters Offenbarung gerichtete Wirken des Geistes zum Ausdruck gebracht hatten (vgl. 14,25f; 16,12-15).

---

[41] Gerade anhand des Verses 14 äußert sich *Schnackenburg*, Das Johannesevangelium III, 208, grundsätzlich zum "Tempusgebrauch in Joh 17": "Im Rückblick auf die Zeit des Erdenwirkens Jesu werden zwar die Tempora regulär gebraucht, vorwiegend der Aorist (vgl. Vers 6f), an einzelnen Stellen mit Grund auch das Perfekt (von Jesus V 8 und 14a, von den Jüngern V 7 am Ende), oder das Imperfekt (ἐτήρουν V 12); aber die beiden Aoriste vom Haß der Welt gegen die Jünger (V 14b) und von ihrer Sendung in die Welt (V 18) sind nicht korrekt nach der Grammatik". Zwar erklärt *Schnackenburg* den Aorist in den Versen 14b.18 damit, daß die "bei Abfassung des Gebetes" inzwischen eingetretene "Situation der Jünger in der Welt" "lebhaft im Bewußtsein" stehe. Doch geht aus seinen Ausführungen hervor, daß er den Wechsel der Tempora nicht als absichtsvollen Perspektivenwechsel interpretiert, durch den auch die von ihm so bewerteten "regulär" gebrauchten Tempora eine doppelte Perspektive annehmen. Die doppelte Perspektive der Aussagen des Abschiedsgebetes kann jedoch nicht allein an den verwendeten Tempora abgelesen, sondern muß von inhaltlichen Kriterien her bestimmt werden. Den Ausgangspunkt dafür, in sprachlich scheinbar nur für die vorösterliche Zeit formulierten Aussagen auch die nachösterliche Realität zu erkennen, bilden die Verheißungen der Abschiedsreden.

[42] Das heißt noch nicht, daß deshalb Jesus hier "als Erhöhter sprechen soll"; gegen *Schnackenburg*, ebd., der den Gedanken, in Vers 14 spreche der Erhöhte, als falsche Schlußfolgerung aus dem Gebrauch des Aorists ἐμίσησεν ablehnt. Es geht jedoch nicht um die eindeutige Zuordnung der Rede zum vorösterlichen oder nachösterlichen Jesus, sondern gerade um die Transparenz zwischen dem einen und dem anderen.

<h3 style="text-align:center">4.2.3. Joh 17,25</h3>

Der Kontext: 17,24.26. Schon an den Versen 7f war in genauer Entsprechung zum Ende der Abschiedsreden als Inhalt der nachösterlichen Glaubenseinsicht die Sendung Jesu vom Vater deutlich geworden. Sie wird als bereits bestehende Einsicht auch am Ende des Gebetes in Vers 25 noch einmal formuliert. Dabei ist der Vers syntaktisch eng an den vorausgehenden Vers 24 angeschlossen, der von der Herrlichkeit Jesu in seiner Präexistenz und Postexistenz spricht[43]: Dort, wo Jesus ist, sollen seinem Willen nach auch die Glaubenden sein, um seine Herrlichkeit zu sehen (vgl. Vers 24a.b.c: Πάτερ, ὃ δέδωκάς μοι, θέλω ἵνα ὅπου εἰμὶ ἐγὼ κἀκεῖνοι ὦσιν μετ' ἐμοῦ, ἵνα θεωρῶσιν τὴν δόξαν τὴν ἐμήν). Im Zusammenhang mit den Abschiedsreden ist deutlich, daß hier von jenem Ort gesprochen ist, an den Jesus nach seinem Abschied von der Welt zurückkehrt (vgl. 14,3). In Verbindung mit der "Ortsangabe" aus Vers 24b läßt sich daher die δόξα, von der Vers 24c spricht, auf Jesu Postexistenz beim Vater beziehen. Vers 24d.fin macht daneben deutlich, daß die δόξα, die der Postexistente beim Vater hat, keine andere ist als die, die der Vater schon dem Präexistenten durch seine Liebe verliehen hatte (vgl. Vers 24d.fin: ἣν δέδωκάς μοι ὅτι ἠγάπησάς με πρὸ καταβολῆς κόσμου).

Vers 26 macht dann mit Hilfe des Immanenzmotivs deutlich, daß die Offenbarung des Vaternamens durch Jesus eben dem Ziel diene, diese ewige Liebe des Vaters zu Jesus und so auch Jesus selbst den Glaubenden erfahrbar werden zu lassen (vgl. Vers 26b.fin: ἵνα ἡ ἀγάπη ἣν ἠγάπησάς με ἐν αὐτοῖς ᾖ κἀγὼ ἐν αὐτοῖς). Dabei fällt die zweifache Bestimmung auf, mit der von der Offenbarung des Vaters die Rede ist. Ausdrücklich heißt es, Jesus habe den Namen des Vaters offenbart (vgl. Vers 26aα: καὶ ἐγνώρισα αὐτοῖς τὸ ὄνομά σου) und er werde ihn offenbaren (vgl. Vers 26aβ: καὶ γνωρίσω). Vom Standpunkt des Vorösterlichen aus ist damit einerseits auf das irdische Offenbarungswirken zurückgeblickt, andererseits im Sinne der letzten Geistverheißung der Abschiedsreden auf das nachösterliche Wirken des Postexistenten vorausgeschaut. Denn daß Jesus den Namen des Vaters auch künftig den Glaubenden offenbaren werde, entspricht der Verheißung, daß der Paraklet nachösterlich "das Kommende" verkünden werde, das er von Jesus je neu hören wird (vgl. 16,13)[44]. So betont der Schluß des Abschiedsgebetes ebenso wie die Geistverheißungen der Abschiedsreden, daß Jesu Vollmacht mit seinem bevorstehenden Tod nicht enden, sondern sich dank der Vermittlungsfunktion des Geistwirkens fortsetzen wird[45].

---

[43] Vgl. *Thüsing*, Die Erhöhung und Verherrlichung Jesu, 216, der die in Vers 24 angesprochene δόξα ebenfalls auf Präexistenz und Postexistenz bezieht.

[44] Auf diesen Zusammenhang weist ähnlich auch *Schnackenburg*, aaO, 225, hin.

[45] Gegen *Bühner*, Der Gesandte und sein Weg, 257-261, ausdrücklich 258, 259f, 261,

Joh 17,25. Eben das Geistwirken ist es, das der zwischen den Versen 24.26 stehende Vers 25 als bereits bestehende Realität voraussetzt[46]:

πάτερ δίκαιε,	25aα
καὶ ὁ κόσμος σε οὐκ ἔγνω,	25aβ
ἐγὼ δέ σε ἔγνων,	25b
καὶ οὗτοι ἔγνωσαν	25c
ὅτι σύ με ἀπέστειλας·	5fin

Eingeleitet durch die Anrede "Gerechter Vater", die sich sowohl auf die in der Liebe gründende Übergabe der Herrlichkeit an den Sohn bezieht (vgl. Vers 24d.fin) als auch auf die Funktion des Vaters als Sendenden (vgl. Vers 25fin), in der die Liebe zu den Glaubenden mitgegeben ist (vgl. Vers 26b)[47], knüpft Vers 25aα durch καὶ an den vorausgegangenen Gedanken an. Dabei ist das καὶ adversativ zu verstehen[48]: Obwohl Jesus seine δόξα von keinem anderen hat als vom Vater, ist die Welt nicht zur Einsicht in den Vater als den Sendenden Jesu gelangt (Vers 25aβ). Von der Unkenntnis der Welt wird dann sowohl Jesu Wissen als auch die Glaubenseinsicht der Jünger abgegrenzt. Anders als die Welt weiß Jesus um den Vater und seine ewige Beziehung zu ihm (Vers 25b), und auch die Jünger haben erkannt, daß der Vater Jesus gesandt hat (Vers 25fin).

---

der entsprechend des mit dem Botenverkehr verbundenen jüdischen Rechtsdenkens sowohl in den Abschiedsreden als auch im Abschiedsgebet das typische Motiv der "Rückgabe der Vollmacht" erkennt, das konstitutiv mit dem Motiv der "Rechenschaftsgabe" zusammenhänge. So argumentiert er im Hinblick auf die Abschiedsreden: Erst "wenn Rechenschaftsbericht und Vollmachtsrückgabe vollzogen" seien, stehe es "dem himmlischen Vater und dem nicht mehr an seine irdische Sendung (...) gebundenen Sohn frei, vom Himmel her den Geist mit einem neuen und spezifizierten Auftrag den Jüngern zu geben" (260). Im Hinblick auf das Abschiedsgebet interpretiert er: In der "Stunde der Rückkehr" bitte der Gesandte "den Vollmachtgeber, die Besitzrechte über die ihm gegebenen Menschen und die an sie weitergegebenen himmlischen Gaben selbst wieder zu übernehmen und in dieser Rücknahme der Vollmacht das irdische Werk des Gesandten vom Himmel her zu erhalten" (261). - Gegen *Bühner* ist festzuhalten: Gerade die Geistverheißungen der Abschiedsreden verdeutlichen, daß der Postexistente mit derselben Vollmacht und demselben Willen wirkt wie der Vater. Diese Vollmacht ist begründet in der ἐξουσία, von der 10,18c.d spricht: Der Gesandte hat nicht nur die Vollmacht, sein Leben hinzugeben, sondern auch die Vollmacht, es wieder zu nehmen. Das aber heißt, daß er seine Vollmacht nicht zurückgibt.

[46] Vgl. *Onuki*, Gemeinde und Welt, 171.

[47] Vgl. dazu in der vorliegenden Untersuchung die Ausführungen zur δικαιοσύνη anhand der vierten Geistverheißung 16,7-11 (S. 184-186); zur Diskussion um die Anrede in Vers 25 vgl. *Schnackenburg*, aaO, 224 mit Anm. 94, der anders als die oben gegebene Erklärung die Anrede des Vaters nur aus dem Aspekt der "gütige(n) Zuwendung (sc. des Vaters) zu den an Jesus Glaubenden" ableitet.

[48] Vgl. die Auslegung von *Bultmann*, Das Evangelium des Johannes, 400, die allerdings inhaltlich auf einen anderen Aspekt zielt.

Daß als Inhalt der Glaubenseinsicht gerade die Sendung Jesu genannt ist, weist zurück auf Vers 8fin und den Gesamtzusammenhang der Verse 7f, die inhaltlich an 16,29f anschließen. Auch hinter Vers 25c.fin des Gebetes steht also die nachösterliche Erkenntnis der Glaubenden, die das nachösterliche Wirken des Geistes voraussetzt.

4.3. Rückschau und Fürbitte Jesu in Joh 17,18.20f.22f

Bereits mit Vers 6fin hatte sich angedeutet, daß im Abschiedsgebet nicht nur die nachösterliche Glaubenseinsicht als bereits bestehende Realität zum Ausdruck gebracht wird, sondern auch das nachösterliche Wirken der Glaubenden. Denn die Aussage, daß die Glaubenden des Vaters Wort gehalten haben, verwies auf die Erfüllung des Auftrags und Willens Jesu, die sich im nachösterlichen Handeln der Glaubenden vollzieht. Auch Joh 17,20f.22f sprechen vom nachösterlichen Wirken der durch Jesus beauftragten und bevollmächtigten Jünger. Joh 17,18 legt dafür das Fundament.

4.3.1. Joh 17,18

Der Kontext: 17,11-17. Vers 18 steht im Kontext jener Aussagen, die von der Existenz der Jünger in der Welt sprechen. Nach Jesu Abschied bleiben die Jünger in der Welt (vgl. Vers 11b) und bedürfen in ihr des Schutzes durch den Vater (vgl. Vers 11d). Denn da sie nicht der Welt enthoben werden (vgl. Vers 15a), ihrem Wesen nach jedoch vom Wesen der Welt unterschieden sind (vgl. Verse 14b.fin.16), trifft sie der Haß der Welt (vgl. Vers 14aβ). Jesu Fürbitte an den Vater zielt daher darauf, die Jünger mitten in der Welt vor dem Bösen zu bewahren (vgl. Vers 15b), was dadurch geschieht, daß er sie heiligt in seinem Wort, das die Wahrheit bedeutet (vgl. Vers 17a.b).

Joh 17,18. Hatte bereits Vers 14aβ durch das Motiv des Hasses, den die Welt gegen die Jünger hegt, gerade die nachösterliche Situation der Glaubenden transparent werden lassen, so setzt auch Vers 18 die nachösterliche Realität voraus[49]:

καθὼς ἐμὲ ἀπέστειλας εἰς τὸν κόσμον,   18a
κἀγὼ ἀπέστειλα αὐτοὺς εἰς τὸν κόσμον.   18b

---

[49] Vgl. *Onuki*, aaO, 170.

Vers 18a spricht unmißverständlich von der vorösterlichen Sendung Jesu in die Welt. Vers 18b setzt dazu die Sendung der Jünger in Relation. Der Vergleichspunkt liegt einerseits darin, daß im Sendungsverhältnis zwischen Jesus und dem Vater der Vater der Sendende, Jesus der Gesandte ist, im Sendungsverhältnis zwischen Jesus und den Jüngern Jesus die Stelle des Vaters als Sendenden einnimmt und die Jünger seine Rolle als Gesandter übertragen bekommen. Stilistisch in Form des Homoioteleuton wird in beiden Versteilen die Analogie betont, daß sowohl Jesus als auch die Jünger in die Welt gesandt sind. Die Betonung dieser Aussage entspricht den Aussagen des Kontextes, in denen die Existenz der Jünger in der Welt behandelt wird. Nach Jesu Abschied bleiben die Jünger nicht einfach nur in der Welt zurück, ohne der Welt enthoben zu werden. Sie haben auch gerade in der Welt ihren Sendungsauftrag zu erfüllen[50].

Daß Vers 18b die Sendung der Jünger als bereits erfolgte kennzeichnet, schließt an die nachösterliche Perspektive von Vers 14aβ an und konkurriert im Sinne der Chronologie des erzählten Geschehens mit der Sendung der Jünger durch den Auferstandenen (vgl. 20,21c.fin: *καϑὼς ἀπέσταλκέν με ὁ πατήρ, κἀγὼ πέμπω ὑμᾶς*). Sachlich entspricht Vers 18b jedoch insofern den Abschiedsreden, als dort den Jüngern das "neue Gebot" als Auftrag des Vorösterlichen übergeben wurde. In Vers 18b des Abschiedsgebetes wird daher die Intention erkennbar, die Beauftragung der Jünger an den Irdischen rückzubinden.

4.3.2. Joh 17,20f.22f.

Joh 17,20f. Im Zusammenhang der Übergabe der *ἐντολὴ καινή*, von der die Abschiedsreden sprachen (vgl. 13,34), wurde die nachösterliche Funktion der Jünger als Zeugen erkennbar (vgl. 13,35), die dann in der Explikation der dritten Geistverheißung ausdrücklich benannt wurde (15,27a). Auch im Abschiedsgebet wird im Kontext der Aussage von Vers 18 die Zeugenfunktion der nachösterlich Glaubenden sichtbar, durch die sich ihre Sendung in der Welt zur Geltung bringt. Das läßt sich zunächst an den Versen 20f zeigen:

Οὐ περὶ τούτων δὲ ἐρωτῶ μόνον,	20a
ἀλλὰ καὶ περὶ τῶν πιστευόντων διὰ τοῦ λόγου αὐτῶν εἰς ἐμέ,	20b
ἵνα πάντες ἓν ὦσιν,	21a
καϑὼς σύ, πάτερ, ἐν ἐμοὶ κἀγὼ ἐν σοί,	21b

---

[50] In diesem Sinne akzentuiert auch *Schnackenburg*, aaO, 211, den Gedanken von Vers 18.

ἵνα καὶ αὐτοὶ ἐν ἡμῖν ὦσιν,   21c
ἵνα ὁ κόσμος πιστεύῃ   21d
ὅτι σύ με ἀπέστειλας.   21fin

In der rhetorischen Reflexionswendung von Vers 20a.b wird in Korrespondenz zu Vers 9 der Kreis derer neu umrissen, denen Jesu Fürbitte gilt[51].
Vers 20b gibt dabei den entscheidenden Hinweis darauf, daß die Glaubenden in nachösterlicher Zeit durch ihr Wort als Zeugen Jesu wirken und
Menschen neu für den Glauben gewinnen[52]. Die Bitte Jesu um die Einheit
aller Glaubenden (Vers 21a) zielt darauf, daß die Welt gerade aufgrund dieser Einheit an die Sendung Jesu durch den Vater glaube (Vers 21d.fin). So
hat die Einheit der nachösterlich Glaubenden Zeugenfunktion. Dieser Gedanke des Abschiedsgebetes entspricht der Aussage über die deiktische
Funktion der gegenseitigen Liebe der Jünger: Die Welt soll nicht nur die
μαθηταί als die Jesus Nachfolgenden erkennen, sondern auch Jesus selbst
und seine Liebe (vgl. 13,35).

Joh 17,22f. Die Einheit unter den Glaubenden, die der Einheit von Vater
und Sohn entsprechen soll, hat auch nach den Versen 22f die Funktion, die
Welt zu der Einsicht zu führen, daß der Vater Jesus gesandt und die Glaubenden wie seinen eigenen Sohn geliebt hat:

κἀγὼ τὴν δόξαν ἣν δέδωκάς μοι δέδωκα αὐτοῖς,   22a
ἵνα ὦσιν ἓν καθὼς ἡμεῖς ἕν·   22b
ἐγὼ ἐν αὐτοῖς καὶ σὺ ἐν ἐμοί,   23a
ἵνα ὦσιν τετελειωμένοι εἰς ἕν,   23b
ἵνα γινώσκῃ ὁ κόσμος   23cα
ὅτι σύ με ἀπέστειλας   23cβ
καὶ ἠγάπησας αὐτοὺς   23cγ
καθὼς ἐμὲ ἠγάπησας.   23fin

An Vers 23cγ.fin wird deutlich, daß in die Rückschau auf Jesu in der
Liebe des Vaters gründende Sendung auch die nachösterliche Erfahrung der
Glaubenden mithineingenommen ist, vom Vater geliebt zu werden[53]. Sie
war den Jüngern im Kontext der ersten beiden Geistverheißungen und in der
abschließenden Explikation aller Geistverheißungen am Ende der Abschiedsreden verheißen worden (vgl. 14,21b.23c;16,27a) und wird in Vers
23cγ als bestehende Realität vorausgesetzt.

---

[51] Daß trotz des Neueinsatzes in Vers 20a die Fürbitten von 17,9-19 nicht einseitig auf
die vorösterlichen Jünger und erst die Fürbitten von 17,21-26 auf alle nachösterlich Glaubenden bezogen werden dürfen, wurde bereits gesagt; vgl. auch *Onuki*, aaO, 172.

[52] Zur nachösterlichen Perspektive von Vers 20b vgl. auch aaO, 167.

[53] Vgl. aaO, 171.

Im Zusammenhang mit dem Motiv der Liebe des Vaters zu den Jüngern erschließt sich aber auch Vers 23a als Aussage aus nachösterlicher Perspektive. Hier heißt es, daß Jesus die δόξα, die er vom Vater erhalten habe, den Jüngern gegeben hat. In konsequenter Entsprechung zur Bestimmung der δόξα, die in der Liebe des Vaters zum Präexistenten und in der Bevollmächtigung gründet (vgl. die Linie 17,1c.2.5.24c.d), knüpft damit Vers 22a an Vers 18b an: Durch ihre Sendung haben auch die Jünger wie Jesus selbst die δόξα erhalten, nämlich die Würde der Geist- und Offenbarungsträgerschaft, von der die Abschiedsreden sprachen. In ihrem durch Jesus bevollmächtigten Sendungsauftrag verwalten und realisieren sie nachösterlich Jesu Herrlichkeit durch ihren einheitlichen Handlungswillen, der der Willenseinheit von Jesus und dem Vater entspricht (vgl. Vers 22b). In diesem Sinne gilt, was Vers 10 des Abschiedsgebetes formuliert (Vers 10b: καὶ δεδόξασμαι ἐν αὐτοῖς): Als der, der von den Jüngern der Welt gegenüber bezeugt und verkündigt wird, ist Jesus nachösterlich in den Glaubenden verherrlicht. So wird in Vers 10b als bereits erfüllte Realität formuliert[54], was die Abschiedsreden in die Form der Verheißung gekleidet hatten: daß nämlich die nachösterlich Glaubenden durch ihre "größeren Werke" und ihre "reichere Frucht" am Geschehen der Verherrlichung beteiligt sind (vgl. 14,12f;15,2fin.8).

4.4. Überblick, Bilanz und weiterführende Perspektive

*Überblick über die Hinweise auf den nachösterlichen Standpunkt
in Rückschau und Fürbitten des Abschiedsgebetes Joh 17*

Faktische und inhaltliche Unterscheidung der Zeiten	*Transparenz zwischen den Zeiten durch Verschmelzung und doppeldeutige Perspektive*
Zäsur zwischen den Zeiten / Kennzeichnung der Abschiedssituation:	
17,1c: δόξασόν σου τὸν υἱόν,	
1fin: ἵνα ὁ υἱὸς δοξάσῃ σε.	
	Verschmelzung der Zeiten:
	17,3: αὕτη δέ ἐστιν ἡ αἰώνιος ζωὴ ἵνα γινώσκωσιν κτλ.
	Doppeldeutige Perspektive:
	17,4: ἐγώ σε ἐδόξασα ἐπὶ τῆς γῆς τὸ ἔργον τελειώσας ὃ δέδωκάς μοι ἵνα ποιήσω·

---

[54] Vgl. ebd.

Verschmelzung der Zeiten:
17,7:   νῦν ἔγνωκαν
        ὅτι πάντα
        ὅσα δέδωκάς μοι
        παρὰ σοῦ εἰσιν·
17,8b: καὶ αὐτοὶ ἔλαβον
        καὶ ἔγνωσαν ἀληθῶς
        ὅτι παρὰ σοῦ ἐξῆλθον,
8c: καὶ ἐπίστευσαν
8fin: ὅτι σύ με ἀπέστειλας.

Doppeldeutige Perspektive:
17,8a: ὅτι τὰ ῥήματα ἃ ἔδωκάς μοι
                        δέδωκα αὐτοῖς

Zäsur zwischen den Zeiten: Verschmelzung der Zeiten:
17,11c: κἀγὼ πρὸς σὲ ἔρχομαι.   17,11a: καὶ οὐκέτι εἰμὶ ἐν τῷ κόσμῳ

                                    Doppeldeutige Perspektive:
                                    17,11b: καὶ αὐτοὶ ἐν τῷ κόσμῳ εἰσίν

Kennzeichen der vorösterlichen Zeit:
17,12a: ὅτε ἤμην μετ᾿ αὐτῶν
        ἐγὼ ἐτήρουν αὐτοὺς κτλ.
12b: καὶ ἐφύλαξα

Zäsur zwischen den Zeiten: Verschmelzung der Zeiten:
17,13α: νῦν δὲ πρὸς σὲ ἔρχομαι   17,13γ: ἵνα ἔχωσιν τὴν χαρὰν τὴν ἐμὴν
                                            πεπληρωμένην ἐν ἑαυτοῖς.

Kennzeichen der vorösterlichen Zeit:
17,13β: καὶ ταῦτα λαλῶ ἐν τῷ
                    κόσμῳ

                                    Verschmelzung der Zeiten:
                                    17,14αβ: καὶ ὁ κόσμος ἐμίσησεν αὐτούς

                                    Doppeldeutige Perspektive:
                                    17,14αα: ἐγὼ δέδωκα αὐτοῖς τὸν λόγον σου

Kennzeichen der vorösterlichen Zeit: Verschmelzung der Zeiten:
17,18a: καθὼς ἐμὲ ἀπέστειλας εἰς   17,18b: κἀγὼ ἀπέστειλα αὐτοὺς εἰς τὸν
                    τὸν κόσμον   κόσμον.

Zäsur zwischen den Zeiten /
Kennzeichnung der Abschiedssituation:
17,19a: καὶ ὑπὲρ αὐτῶν ἐγὼ ἁγιάζω
                        ἐμαυτόν,
19b: ἵνα ὦσιν καὶ αὐτοὶ
        ἡγιασμένοι ἐν ἀληθείᾳ.

                                    Verschmelzung der Zeiten:
                                    17,20b: ἀλλὰ καὶ περὶ τῶν πιστευόντων

διὰ τοῦ λόγου αὐτῶν εἰς ἐμέ

Kennzeichen der vorösterlichen Zeit:
17,21fin: ὅτι σύ με ἀπέστειλας.

17,23cβ: ὅτι σύ με ἀπέστειλας

Verschmelzung der Zeiten:
17,22a: κἀγὼ τὴν δόξαν ἣν δέδωκάς
             μοι δέδωκα αὐτοῖς
23cγ: καὶ ἠγάπησας αὐτοὺς κτλ.

Kennzeichen der vorösterlichen Zeit:
17,25fin: ὅτι σύ με ἀπέστειλας·

Verschmelzung der Zeiten:
17,25d: καὶ οὗτοι ἔγνωσαν
             25fin: ὅτι σύ με ἀπέστειλας·

Kennzeichen der vorösterlichen Zeit:
17,26aα: καὶ ἐγνώρισα αὐτοῖς τὸ
             ὄνομά σου

Kennzeichen der nachösterlichen Zeit:
17,26aβ: καὶ γνωρίσω

Bilanz und weiterführende Perspektive

(1) Die textimmanente Umsetzung des nachösterlichen Standpunktes war in den Textkommentaren sowie in den Verheißungen außerhalb und innerhalb der Abschiedsreden an der faktischen Unterscheidung der Zeiten und an deren inhaltlicher Bestimmung sichtbar geworden. Die faktische Unterscheidung der Zeiten war dabei jeweils an einer klar markierten Zäsur oder zumindest an spezifisch bezogenen temporalen Angaben zu erkennen. Die inhaltliche Bestimmung der Zeiten erfolgte in den besprochenen Textgruppen je differenziert. In den Textkommentaren und Verheißungen außerhalb der Abschiedsreden wurden vor- und nachösterliche Zeit grundsätzlich unter dem Kriterium ihres sachlichen Unterschiedes bestimmt, in den Geistverheißungen der Abschiedsreden und ihrem Kontext hingegen unter den drei Aspekten ihres Unterschiedes, ihrer Kontinuität und ihrer Verschmelzung.

(2) Mit den Aussagen des Abschiedsgebetes Joh 17 liegen zwei weitere, kompositorisch eng miteinander verbundene Textgruppen vor[55], die zu Trägern des nachösterlichen Standpunktes gemacht sind[56]. Das sind zum einen die als Rückschau Jesu stilisierten Aussagen, die den Eindruck erwecken, der zum Vater zurückkehrende Gesandte lege zum Zeichen des erfüllten Sendungsauftrages noch einmal Rechenschaft ab über sein Tun. Es sind zum anderen die als Bitten formulierten Aussagen, die Jesus zeigen als den,

---

[55] Vgl. zur inneren Verflechtung beider Textgruppen die übersichtliche Zusammenstellung bei *Becker*, Das Evangelium des Johannes, 516.

[56] Vgl. *Anthony Tyrrell Hanson*, The Prophetic Gospel. A Study of John and the Old Testament, Edinburgh 1991, hier 18: "The prayer anticipates the post-Easter period in a way which is often to be observed in the Gospel".

der sich an den Vater wendet, um sich einerseits des gültigen Abschlusses seiner Sendung im wechselseitigen Verherrlichungsgeschehen zu vergewissern und andererseits Fürbitte einzulegen für die künftige Existenz der Jünger, die er nach seinem Abschied in der Welt zurückläßt.

(a) Kennzeichnend für beide Gruppen von Aussagen ist, daß der klare zeitliche Bezug sowohl der Rückschau als auch der Fürbitten immer wieder verwischt wird. So schillert der Bericht Jesu über sein Tun zwischen einer Rückbesinnung auf das vorösterliche Wirken bis zur Situation des Abschieds, einem Überblick über das Sendungswerk einschließlich des Todes am Kreuz und schließlich eines Resümmees, das bereits vom Standpunkt des Postexistenten aus formuliert ist und dessen nachösterliches Wirken voraussetzt. Hineingenommen in die Rückschau Jesu sind dabei auch Aussagen über die Jünger, deren Formulierungen den Eindruck erwecken, als bezögen sie sich auf eine bereits vorösterlich und zwar gerade in der Abschiedssituation gegebene Einsicht der Jünger. Am Inhalt dieser Einsicht wird jedoch klar, daß es sich um die nachösterliche Glaubenserkenntnis handelt, der sich Jesus als der Gesandte des Vaters erschlossen hat. Die Aussagen über das Erkennen der Jünger im Abschiedsgebet setzen daher den nachösterlichen Verstehensprozeß voraus, den die Abschiedsreden im Umkreis der Geistverheißungen detailliert entworfen hatten. Sie lassen dadurch zugleich die vorösterlichen Jünger transparent werden für die nachösterlich Glaubenden, worin sich ein Merkmal des nachösterlichen Standpunktes wiederfindet, das bereits an den Textkommentaren zu beobachten war.

(b) Die Transparenz der vorösterlichen Jünger für die nachösterlich Glaubenden prägt nicht nur die in Jesu Rückschau integrierten Aussagen über die Glaubenserkenntnis. Auch die Fürbitten sprengen den eindeutigen Bezug auf die vorösterlichen Jünger oder die nachösterliche Gemeinde, selbst wenn der Aufbau des Gebetes eine solche Differenzierung nahezulegen scheint (vgl. 17,9ff gegenüber 17,20ff). Durchweg sind jedoch im ganzen Gebet die nachösterlich Glaubenden im Blick, einschließlich derer, die durch die Verkündigung der Gemeinde neu zu ihr hinzukommen. Neben der nachösterlichen Glaubenserkenntnis macht das Abschiedsgebet daher auch die nachösterliche Wirksamkeit und das nachösterliche Selbstverständnis der johanneischen Gemeinde durchsichtig[57]. Zeugnis ablegend, lebt sie in dem Bewußtsein, mit dem durch Jesus geoffenbarten Namen des Vaters dessen Wort empfangen zu haben, das sie in ihrer eigenen Verkündigung bewahrt und zur Geltung bringt. Ihren Verkündigungsauftrag auszuführen, die Welt mit dem Zeugnis von Jesus als dem Gesandten des Vaters zu kon-

---

[57] Vgl. *Onuki*, Gemeinde und Welt, 171.

frontieren und Menschen für den Glauben zu gewinnen, erfährt die nachösterliche Gemeinde als Partizipation am Willen von Vater und Sohn, die
sie als Partizipation an der δόξα deutet. Sie handelt in dem Bewußtsein,
daß in ihrem Wirken Jesu Werk fortgesetzt, sein Wille erfüllt und so er
selbst durch sie verherrlicht wird. Umgekehrt erlebt sie dadurch, in das Verhältnis zwischen Jesus und dem Vater aufgenommen und so auch zu ihrer
inneren Einheit befähigt zu sein[58].

Die Transparenz der Fürbitten gilt noch in einer anderen Hinsicht. Sie
zeigt sich, wenn die Funktion der Fürbitten berücksichtigt wird. Daß mit
dem Abschiedsgebet neben den Abschiedsreden noch einmal eine andere
Form gewählt wird, um auf die nachösterliche Zeit vorauszuweisen, nämlich statt der Form der Verheißung die Form der Bitte, deutet an, daß nicht
nur die erfüllte nachösterliche Wirklichkeit transparent gemacht werden
soll. Verdeutlicht werden soll auch, daß die johanneische Gemeinde in dem
Bewußtsein lebt, von Jesus als dem zum Vater Zurückgekehrten fürbittend
in ihrer Existenz und ihrem Wirken begleitet zu sein. Das aber ist Ausdruck
der Erfahrung, nachösterlich die Gegenwart Jesu trotz seiner irdisch-physi-
schen Abwesenheit zu erleben und gerade in der neuen Form der Begegnung mit ihm auch die Gemeinschaft mit dem Vater zu erfahren. Auch in
dieser Hinsicht setzt die Transparenz des Abschiedsgebetes konsequent die
Verheißungen der Abschiedsreden um, die korrespondierend zur Ankündi-

---

[58] Vgl. *Käsemann*, Jesu letzter Wille nach Johannes 17, 121, der festhält, daß im
Abschiedsgebet die "kirchliche Einheit (...) aus dem Verhältnis des Vaters zum Sohne, des
Sohnes zum Vater und beider zu den Jüngern abgeleitet wird" und "nur deshalb als irdisches Merkmal der christlichen Gemeinde bezeugt werden kann, weil sie zuvor im Verhältnis von Vater und Sohn vorgebildet war und durch beider Werk auf die irdische Gemeinschaft übertragen worden ist". Mit Recht schließt *Käsemann* daraus für das theologische Konzept des Johannesevangeliums, daß "die johanneische Ekklesiologie von der
Christologie her entfaltet wird" (122). Wie die Christologie ist allerdings für *Käsemann*
auch die johanneische Ekklesiologie geprägt von einem "naiven Doketismus" (145). Gerade
am Motiv der Einheit sei das zu erkennen. Die Einheit nämlich, "die das Merkmal der
göttlichen Welt" (ebd.) bzw. "die Solidarität des Himmlischen" sei (139), werde nach johanneischer Anschauung durch das Wort auf die Erde "projiziert" (vgl. 144f) und schaffe
so "jene Gemeinde, welche zugleich mit der Geburt von oben den unveräußerlichen Charakter des Himmlischen hat" (145). Hinter einem solchen Gedanken aber werde das "geradezu erschreckende Selbstverständnis der johanneischen Gemeinde" deutlich, das "gnosti-
sierend" genannt werden müsse und an dem der naive Doketismus der johanneischen
Ekklesiologie sich "am deutlichsten wahrnehmen" lasse (ebd.). *Käsemanns* These vom
naiven Doketismus der johanneischen Ekklesiologie leidet grundsätzlich an einer mangel-
haften Berücksichtigung der Funktion des Geistes für die Glaubenden. Bedenkt man, in
welchem Maße und mit welcher Bewußtheit das Johannesevangelium die führende Rolle
des Geistes für die nachösterliche Vermittlung des Wortes und das Selbstverständnis der
Gemeinde reflektiert, so kann weder der Umgang mit der Rolle der Glaubenden als Zeugen
noch die Einschätzung ihres Verhältnisses zu Vater und Sohn "naiv doketisch" genannt
werden.

gung des Weggehens Jesu von seinem Kommen und dem Wiedersehen der Glaubenden mit ihm sprachen.

(3) Hinter dem dominanten Merkmal der Transparenz, die erreicht wird durch die doppeldeutige Perspektive des zeitlichen Bezuges von Rückschau und Fürbitten sowie durch die bewußte Verschmelzung der Zeiten, treten faktische und inhaltliche Unterscheidung zwischen vor- und nachösterlicher Zeit in den Hintergrund. Beide Aspekte des nachösterlichen Standpunktes sind aber auch im Abschiedsgebet zu erkennen:

(a) Die faktische Unterscheidung der Zeiten zeigt sich daran, daß korrespondierend zu den Abschiedsreden Jesu Rückkehr zum Vater als Zäsur zwischen den Zeiten markiert wird (vgl. 17,11c.13a). In der grundlegenden Bitte um Verherrlichung (vgl. 17,1c.fin.5) läßt sich außerdem als Zäsur das Verherrlichungsgeschehen selbst erkennen, das im Textkommentar 7,39b und zu Beginn der Abschiedsreden (vgl. 13,31c) als Wende zwischen vor- und nachösterlicher Zeit bestimmt worden war.

(b) In der Gleichsetzung von Jesu Rückkehr zum Vater mit dem Verherrlichungsgeschehen wird die Zäsur zwischen den Zeiten und damit die Abschiedssituation zugleich inhaltlich bestimmt. Das gilt auch für die Aussage in 17,19, die Jesu Abschied mit dem Motiv der Selbstheiligung Jesu für die Jünger umschreibt und die Heilsbedeutung des Todes Jesu zuspitzt auf die Heiligung der Glaubenden in der Wahrheit. Darin wird die soteriologische Qualifizierung des Abschieds Jesu aus den Abschiedsreden aufgenommen, die dort gebündelt in der Wendung συμφέρει ὑμῖν zum Ausdruck kam. Außer der Zäsur zwischen den Zeiten werden im Abschiedsgebet auch vor- und nachösterliche Zeit inhaltlich bestimmt. Auf die vorösterliche Zeit wird dabei in erster Linie durch das Sendungsmotiv hingewiesen (vgl. 17,18a.21fin.23fin.25fin). Daneben tritt der Aspekt, daß Jesus selbst die Glaubenden bewahrt habe. Diesem Aspekt wird zur inhaltlichen Kennzeichnung der nachösterlichen Zeit die Bewahrung der Glaubenden durch den Vater gegenübergestellt. Liegt darin eine inhaltliche Differenzierung beider Zeiten, so zugleich auch der Hinweis auf deren Kontinuität: Ob in vorösterlicher oder nachösterlicher Zeit - die Glaubenden stehen unter göttlichem Schutz.

(4) An der Durchsicht der Belege im Abschiedsgebet konnte deutlich werden, daß in genauer Entsprechung zu den Verheißungen der Abschiedsreden Aspekte des nachösterlichen Verstehensprozesses zum Ausdruck kommen. Daß die Glaubenden nachösterlich zur Erkenntnis gelangen, was sie nachösterlich erkennen und wie sie ihre Glaubenserkenntnis nachösterlich umsetzen - das stimmt sachlich völlig überein mit dem, was die Abschiedsreden über das nachösterliche Verstehen formuliert hatten. Auch welche Erfahrung mit der Glaubenseinsicht verbunden ist, kommt im Abschiedsgebet in Form der Rückschau Jesu und seiner Fürbitten zum Ausdruck. Es ist jedoch der charakteristische Unterschied zu den Abschiedsre-

den, daß nirgendwo gesagt wird, woher die nachösterliche Erkenntnis stammt und auf welchem Wege sie entsteht. An keiner Stelle des Gebetes wird die Gegenwart des Geistes bei den Glaubenden als Grund und Ursache ihres nachösterlichen Verstehens eigens genannt[59].

(a) Daß die Wirksamkeit des Geistes in Joh 17 nicht erneut ausgesprochen wird, heißt jedoch nicht, daß sie für die Aussagen des Abschiedsgebetes keine Bedeutung habe. Im Gegenteil: Am Inhalt der Rückschau Jesu ebenso wie am Gegenstand der Fürbitten für die Jünger war abzulesen, daß die nachösterliche Gegenwart des Geistes bei den Glaubenden und seine Funktion, ihnen als Repräsentant Jesu das Wirken des Postexistenten zu vermitteln, in konsequenter Übereinstimmung mit den Verheißungen der Abschiedsreden auch für das Abschiedsgebet vorauszusetzen sind[60]. Dabei entspricht die doppeldeutige Perspektive, die die Rückschau Jesu prägt, der konstitutiven Beziehung zwischen Jesus und dem Geist, wie sie in den Geistverheißungen der Abschiedsreden profiliert wurde. In dieser doppeldeutigen Perspektive werden nicht nur vor- und nachösterliche Zeit füreinander transparent, sondern auch das Wirken Jesu als des Irdischen und Postexistenten und das Wirken des Geistes. Daß Jesus den Menschen den Namen des Vaters offenbart, das Wort des Vaters gegeben und die Herrlichkeit übertragen habe, soll für den Irdischen ebenso gelten wie für den Postexistenten, dessen Wille sich im Wirken des Geistes realisiert. So ist mit der doppeldeutigen Perspektive die Absicht verbunden, Irdischen und Postexistenten als miteinander identisch zu erweisen und dabei diese Identität in Gestalt und Funktion des Geistes als Parakleten begründet sein zu lassen.

(b) Kein anderer als der Geist steht aber auch hinter den Aussagen über die Erkenntnis, die Erfahrung und das Selbstverständnis der nachösterlichen Gemeinde, wie sie im Abschiedsgebet zum Ausdruck kommen. Der Geist ist es, der den Glaubenden die Einsicht geschenkt hat, daß Jesus vom Vater ausgegangen und gesandt ist; er ist es, der sie in Kraft gesetzt hat, das Wort Jesu und das Wort des Vaters anzunehmen und zu bewahren; er bestärkt die Glaubenden durch sein Zeugnis und seine Elenxis, ihr eigenes Zeugnis in der Welt zu vertreten und Menschen zum Glauben zu führen. Sein Wirken, das in den Abschiedsreden zugespitzt wurde auf Jesu Verherrlichung (16,14a), steht schließlich hinter der Erfahrung der Glaubenden, Jesus als in ihnen selbst verherrlicht wahrzunehmen.

---

[59] Vgl. *Hanson*, The Prophetic Gospel, 18: "The Paraclete is the chosen method of making the risen Christ known to the disciples after the resurrection. Yet throughout the prayer there is no mention whatever of the Holy Spirit".

[60] Vgl. ebd.: "(...) throughout the prayer we see occasions where a mention of the Paraclete would have been most appropriate".

(5) Neben der erfüllten nachösterlichen Realität spiegelt das Abschiedsgebet auch die Erwartung der Heilsvollendung. Diese Erwartung kommt in der abschließenden Bitte von 17,24 zum Ausdruck. Interessanterweise ist diese Bitte nicht eigentlich als Fürbitte gestaltet, auch wenn sie wie andere der Fürbitten des Abschiedsgebetes die Vater-Anrede trägt (vgl. 17,11d. 21c). Das für die Fürbitten charakteristische ἐρωτῶ (vgl. 17,9a.20a) ist ersetzt durch das den Willen Jesu betonende θέλω. Dieser Unterschied ist ein sprachlicher Hinweis auf die neue Perspektive, die den Schluß des Gebetes prägt. Er weist über die nachösterliche Zeit als Gegenwart der johanneischen Gemeinde hinaus in die Zukunft, in der das in Jesus begründete und von der nachösterlichen Gemeinde erfahrene Heil seine Vollendung findet. Auch in dieser Hinsicht folgt das Abschiedsgebet den Abschiedsreden, die im Bild vom "Hause des Vaters" und der Rede über die "vollkommene Freude" die Dimension der Heilsvollendung eingeblendet hatten. Als Garant dafür, daß die nachösterlich erfahrene Heilsgegenwart dauert bis zur Vollendung, war der Geist sichtbar geworden, dessen bleibende Präsenz bei den Glaubenden bereits in der ersten Geistverheißung durch die Wendung εἰς τὸν αἰῶνα betont worden war.

(6) Für das literarische Verhältnis zwischen Abschiedsreden und Abschiedsgebet bedeuten die gesammelten Beobachtungen, daß die Geistverheißungen der Abschiedsreden die sachliche Voraussetzung für die Aussagen des Abschiedsgebetes bilden. Es bleibt das exklusive Merkmal der Abschiedsreden, Ursache und Entstehung des nachösterlichen Verstehensprozesses transparent zu machen. Hatte sich dieses hervorstechende Merkmal bereits aus dem Vergleich der Abschiedsreden mit den Textkommentaren und den Verheißungen Jesu außerhalb der Abschiedsreden herauskristallisiert, so wird es durch den Vergleich zwischen Abschiedsreden und Abschiedsgebet bestätigt.

(7) Der Vergleich zwischen Abschiedsreden und Abschiedsgebet läßt noch einen weiteren Schluß hinsichtlich des nachösterlichen Standpunktes des Johannesevangeliums zu. War am Ende der Abschiedsreden zu erkennen gewesen, daß sich hier im Munde des vorösterlichen Jesus und der vorösterlichen Jünger das pneumatisch geleitete Bekenntnis der nachösterlichen Gemeinde ausspricht, so gilt diese Beobachtung auch für die Worte Jesu im Abschiedsgebet. Hinter seinen Worten steht das nachösterliche Zeugnis der Gemeinde, so wie es im Zeugnis des Geistes begründet ist. Das aber heißt: Das Abschiedsgebet führt, gebunden an die Figur des Irdischen, jenen Jesus vor Augen, der bereits im Wirken des Geistes zu den Glaubenden gekommen ist. Damit führt es implizit auch vor, wie die Jünger nachösterlich Zeugnis ablegen: Dank des Geistes findet ihr Glaube die Form des mündlichen und schriftlichen Bekenntnisses und darin die Form der prophetischen Rede, in der sie selbst zum Sprachrohr Jesu werden. Zugespitzt läßt

sich daher formulieren: Das geistgewirkte nachösterliche Zeugnis der Gemeinde nimmt die Form der prophetischen Ich-Rede an, um Jesus zu verkündigen[61].

Weiterführende Perspektive. Mit den am Vergleich zwischen Abschiedsreden und Abschiedsgebet gewonnenen Beobachtungen hat sich eine wesentliche Komponente des nachösterlichen Standpunktes herauskristallisiert. Gemeint ist die prophetische Dimension des Rückblicks, die ihn hinaushebt über eine rein menschliche Erinnerung und Reflexion. Die Funktionen des Geistes nämlich sind von ihrer Umsetzung in die Aussagen Jesu im Abschiedsgebet als prophetische Funktionen erkennbar geworden. Zugespitzt kann daher formuliert werden: Wo der Geist nachösterlich als Paraklet bei den Glaubenden wirkt, da geschieht das in Gestalt der prophetischen Vermittlung. Für den nachösterlichen Standpunkt des Johannesevangeliums bedeutet das, daß sich in seinem Text das nachösterliche Zeugnis einer Gemeinde niedergeschlagen hat, die sich selbst in prophetischer Funktion und Vollmacht wirken sieht[62].

Im folgenden Kapitel sind daher nun jene Textbelege zu behandeln, an denen sich dieses prophetische Zeugnis der Gemeinde fassen läßt. Untersucht werden sollen bekenntnishafte "Wir"-Aussagen im Munde der Jünger, in der Stimme des Prologs und im Munde Jesu selbst.

---

[61] Diese am Abschiedsgebet gewonnene Einsicht wirft Licht auch auf die für das Johannesevangelium charakteristischen ἐγώ-εἰμι-Worte im Munde Jesu. Im Sinne der vorliegenden Untersuchung lassen sie sich verstehen als Dokument des prophetisch begründeten, also geistgeleiteten nachösterlichen Christuszeugnisses der johanneischen Gemeinde.

[62] Der bereits mehrfach bemerkte konstitutive Zusammenhang zwischen der Geistverheißung von 15,26 und der Aussage über das Zeugnis der Jünger in 15,27 ist in diesem Standpunkt begründet. Das μαρτυρεῖν der Jünger wird durch das μαρτυρεῖν des Parakleten als ein Zeugnis von prophetischer Vollmacht ausgewiesen. Dieser Zusammenhang entspricht durchaus den neutestamentlichen Aussagen über die urchristliche Prophetie. Denn alle drei im Neuen Testament begegnenden Grundformen prophetischen Wirkens, die auf visionäre Schau bezogene Zeugnis-Prophetie (vgl. exemplarisch Offb 19,10fin), die ekstatische Prophetie (vgl. exemplarisch Apg 19,6) und die an vernünftige Rede gebundene Prophetie (vgl. exemplarisch 1 Kor 14), hat ihren einheitlichen Grund im Wirken des πνεῦμα ἅγιον; vgl. zur urchristlichen Prophetie im Überblick *Gerhard Friedrich*, Art. προφήτης κτλ., D., ThWNT VI, 829-863, und exemplarisch *Ulrich B. Müller*, Prophetie und Predigt im Neuen Testament. Formgeschichtliche Untersuchungen zur urchristlichen Prophetie, StNT 10, Göttingen 1975; *Gerhard Dautzenberg*, Urchristliche Prophetie. Ihre Erforschung, ihre Voraussetzungen im Judentum und ihre Struktur im ersten Korintherbrief, BWANT 10, Stuttgart u.a. 1975; *David Hill*, New Testament Prophecy, Atlanta/Georgia 1979; *David E. Aune*, Prophecy in Early Christianity and the Ancient Mediterranean World, Grand Rapids/Michigan 1983.

5. Hinweise in bekenntnishaften "Wir"-Aussagen außerhalb der Abschiedsreden

5.1. "Wir"- und "Ich"-Aussagen im Munde der vorösterlichen Jünger

Zu besprechen sind zunächst die Texte, in denen es die vorösterlichen Jünger sind, die das nachösterliche Glaubensbekenntnis der Gemeinde aussprechen. Diese Textbelege lassen sich an drei charakteristischen Merkmalen erkennen. Erstens: Sie sind als "Wir"- oder "Ich"-Aussagen im Munde der Jünger formuliert. Zweitens: Sie beinhalten charakteristische Stichworte aus der Terminologie, mit der in den Abschiedsreden und im Abschiedsgebet auf den nachösterlichen Verstehensprozeß verwiesen wurde. Und drittens: Sie weisen wesentliche inhaltliche Aspekte des nachösterlichen Verstehensprozesses und der nachösterlichen Geisterfahrung auf, wie sie an den Abschiedsreden erarbeitet und im Abschiedsgebet wiedergefunden wurden. Der Reihenfolge ihres Auftretens im Text entsprechend sind die Stellen 6,68f und 11,22.27 zu behandeln.

5.1.1. Das Bekenntnis des Petrus in Joh 6,68f

Das Petrusbekenntnis in 6,68f hat im Johannesevangelium seinen Platz am Ende jener kompositorischen Einheit, die im Anschluß an die Erzählungen von der Brotvermehrung (6,1-15) und Jesu Seewandel (6,16-21) die breit angelegte Rede Jesu über das "Brot des Lebens" (6,22-59) und deren Wirkung auf die Jünger (6,60-69) ausgestaltet[1]. Die Stellung des Bekenntnisses am Ende dieser

---

[1] Zu dieser Gliederung des Kapitels vgl. auch *Schnackenburg*, Das Johannesevangelium II, 12-114. Nur den letzten Abschnitt teilt er anders ein: 6,60-65 (Wirkung der Rede auf die Jünger), 6,66-71 (Abfall vieler Jünger und Bekenntnis des Petrus). Die oben genannte Einheit 6,60-69 zählt hingegen das Petrusbekenntnis ganz wesentlich mit zur Wirkung der Brotrede. - *Becker*, Das Evangelium des Johannes, 188-206 und 210-23, unterteilt Joh 6 in fünf Szenen, innerhalb derer literarkritisch Verse ausgeschieden werden, die auf die Kirchliche Redaktion (KR) zurückgeführt werden: 6,22-29 (KR: 2,22b-23.27) als erste Szene; 6,30-40 (KR: 6,39-40c) als zweite Szene; 6,41-59 (KR: 6,44c.51c-58) als dritte Szene; 6,60-64 (KR: 6,64b-65) als vierte Szene und 6,66-71 als fünfte Szene; vgl. dazu sehr übersichtlich und mit jeweils knapper Inhaltsangabe der Szene aaO, 200f. - Weitere Gliederungsvorschläge zu Joh 6 vgl. exemplarisch bei *Josef Blank*, Die johanneische Brotrede, BiLe 7, 1966, 193-207; *Günther Bornkamm*,

Einheit bedeutet jedoch nicht, daß es sachlich an den Rand gedrängt ist. Im Gegenteil. Es ist konstitutiv mit dem Ganzen der Komposition verbunden und bildet seinen spannungsvoll vorbereiteten Abschluß. Das ist im einzelnen nach der Analyse des Bekenntnisses darzulegen, das folgenden Wortlaut hat:

κύριε,	68bα
πρὸς τίνα ἀπελευσόμεθα;	68bβ
ῥήματα ζωῆς αἰωνίου ἔχεις,	68c
καὶ ἡμεῖς πεπιστεύκαμεν	69α
καὶ ἐγνώκαμεν	69β
ὅτι σὺ εἶ ὁ ἅγιος τοῦ θεοῦ.	69fin

Als bekannte Stichworte aus der Terminologie des nachösterlichen Verstehensprozesses fallen hier zunächst die Verben πιστεύειν und γινώσκειν ins Auge. Was am Ende der Abschiedsreden im Munde der Jünger präsentisch beziehungsweise resultativ formuliert war, findet sich hier in den Perfektformen wieder. So lassen sich πεπιστεύκαμεν aus Vers 69a und πιστεύομεν aus 16,30a, ἐγνώκαμεν aus Vers 69β und οἴδαμεν aus 16,30b direkt gegenüberstellen. Die perfektisch geformten Prädikate aus Vers 69 erinnern aber auch an die Perfektaussagen der Rückschau Jesu im Abschiedsgebet, an denen das nachösterliche Verstehen der Glaubenden zu erkennen war (vgl. 17,6fin: τετήρηκαν; 17,7a: ἔγνωκαν). Ebenso wie der Schluß der Abschiedsreden und wie das Abschiedsgebet repräsentiert also auch Vers 69 des Petrusbekenntnisses den nachösterlichen Standpunkt, und zwar unter dem Aspekt der Tatsache des nachösterlichen Verstehens.

Mit Vers 69fin ist dann der Inhalt des Bekenntnisses angegeben, das Petrus hier im Namen aller Jünger formuliert: "Du bist der Heilige Gottes". Diese Prädikation Jesu begegnet innerhalb des Johannesevangeliums nur an dieser Stelle[2]. Ihr Verständnis hängt wesentlich davon ab, wie das prädizierende Adjektiv ἅγιος vom vierten Evangelium verwendet wird. Aber auch

---

Die eucharistische Rede im Johannes-Evangelium, ZNW 47, 1956, 161-169; *Ludger Schenke*, Das Szenarium von Joh 6,1-25, TrThZ 92, 1983, 191-203 und ders., Die formale und gedankliche Struktur von Joh 6,16-58, BZ 24, 1980, 21-41; *Weder*, Die Menschwerdung Gottes, hier bes. 327f.

[2] Auch außerhalb des Johannesevangeliums begegnet diese Prädikation nur noch in Mk 1,24 par Lk 4,34. Sie ist nach *Becker*, aaO, 218, "kaum ein übliches Würdeprädikat für Jesus im Urchristentum" und nach *Bultmann*, Das Evangelium des Johannes, 344, "keiner der geläufigen Messias-, Heilands- oder Erlösertitel aus der jüdischen oder hellenistisch-gnostischen Tradition"; vgl. dazu jedoch kritisch die Beobachtungen zur Tradition des Titels bei *Ferdinand Hahn*, Christologische Hoheitstitel. Ihre Geschichte im frühen Christentum, FRLANT 83, Göttingen [4]1974, 235-238, hier bes. 238 mit Anm. 2. *Hahn* aaO, 237f, betont neben der Verwendung des Titels "im Zusammenhang des Priestertums" auch dessen Funktion im Zusammenhang "des Prophetenamtes". Bei der Prädikation sei "wohl speziell an eine endzeitliche Funktion" zu denken; vgl. dazu auch aaO, 228f, Anm. 4.

der Gebrauch des Verbums ἁγιάζειν ist zu berücksichtigen, wenn sich dieser Titel für Jesus im johanneischen Sinne erschließen soll[3].

Das Adjektiv ἅγιος erscheint im Ganzen nur fünfmal im Johannesevangelium. Außer in 6,69 qualifiziert es dreimal das πνεῦμα (1,33; 14,26; 20,22), und im Abschiedsgebet spricht Jesus den Vater als πάτερ ἅγιε an (17,11). So ist deutlich: Das Adjektiv ist Vater, Sohn und Geist vorbehalten und bindet alle drei durch ein- und dieselbe Kennzeichnung eng aneinander. "Heilig" erweist sich von diesem Befund her zunächst als grundsätzliche Auszeichnung des göttlichen Bereiches.

Verbal kann des Sohnes Zugehörigkeit zum göttlichen Bereich auch durch ἁγιάζειν ausgedrückt werden. So sagt 10,36, daß der Vater den Sohn "geheiligt" habe. Dabei steht die "Heiligung" hier ausdrücklich im Zusammenhang mit der Sendung (vgl. 10,36a: ὃν ὁ πατὴρ ἡγίασεν καὶ ἀπέστειλεν εἰς τὸν κόσμον κτλ.). Gerade als der, der vom Vater geheiligt und in die Welt gesandt ist, kann Jesus selbst sagen: υἱὸς τοῦ θεοῦ εἰμι (10,36b). Die charakteristischen Aspekte des Sendungsgedankens - Beauftragung, Bevollmächtigung und Stellvertretung - lassen sich daher auch in Verbindung mit dem "Geheiligtwerden" des Sohnes durch den Vater bringen. Daß der Sohn vom Vater geheiligt ist, erscheint also wie der Sendungsgedanke als Ausdruck für das einzigartige Verhältnis, in dem beide zueinander stehen[4]. Die Nähe zwischen Heiligung und Sendung war auch im Abschiedsgebet erkennbar, wo der Gedanke der Heiligung (17,17.19) den Sendungsgedanken einrahmte (17,18). Doch zeigte sich hier der Zusammenhang noch nuancierter. In Vers 17a nämlich bat Jesus den Vater darum, die Glaubenden in seiner Wahrheit zu heiligen, und die Erklärung des Verses 17b fügte an, daß mit "Wahrheit" nichts anderes gemeint sei als das Wort des Vaters.

Zurückgelenkt zum Petrusbekenntnis in 6,69 wird also deutlich, daß mit der Prädikation ὁ ἅγιος τοῦ θεοῦ eben diese Dimensionen in ihrem Zusammenhang impliziert sind: die Dimension der Sendung, in dem der Gesandte in exklusivem Verhältnis zum Sendenden steht; die Dimension der Wahrheit, von der der Gesandte Zeugnis ablegt und die in ihm selbst faßbar wird; die Dimension des Wortes, das der Logos Gottes selbst verkörpert und schließlich auch die Dimension des Geistes, der den Gesandten nach seiner Rückkehr zum Sendenden im Wort vergegenwärtigt, im Wort verkündigt und so verherrlicht.

---

[3] Zur neutestamentlichen Anwendung des Adjektivs auf Jesus vgl. im Überblick *Otto Proksch*, Art. ἅγιος, ThWNT I, 101-112, hier 102-104; zur neutestamentlichen Verwendung des Verbs vgl. im Überblick ders., Art. ἁγιάζειν, aaO, 112-114.

[4] Vgl. auch *Bultmann*, aaO, 345. Neben dem Aspekt des besonderen Verhältnisses Jesu zum Vater betont *Bultmann* für die "Heiligkeit" Jesu die Aspekte des Richteramtes und des Opfers (vgl. ebd.).

Der hergestellte Bezug des Petrusbekenntnisses zu den Aussagen der Abschiedsreden und des Abschiedsgebetes bestätigt sich von der kompositorischen Einbettung des Bekenntnisses in Kapitel 6. Denn die inhaltlichen Dimensionen der Sendung, der Wahrheit, des Wortes und des Geistes werden auch hier entfaltet und auf die Person Jesu hin zugespitzt. So fällt gleich zu Beginn des Gespräches mit der Menge, die Jesus am Tage nach ihrer Speisung gesucht und in Kapernaum wiedergefunden hat (6,22-24), das Stichwort des Gesandten. Denn Jesus hat der Menge erklärt, daß sie ihn nicht etwa gesucht habe, weil sie bei der Brotvermehrung wunderbare Zeichen (Vers 26c: $\sigma\eta\mu\epsilon\tilde{\iota}\alpha$) gesehen, sondern weil sie von den Broten (Vers 26d: $\dot{\epsilon}\varkappa\ \tau\tilde{\omega}\nu\ \ddot{\alpha}\varrho\tau\omega\nu$) gegessen habe und satt geworden sei (Vers 26fin: $\varkappa\alpha\dot{\iota}\ \dot{\epsilon}\chi\circ\varrho\tau\dot{\alpha}\sigma\vartheta\eta\tau\epsilon$). Kein anderer aber als der Menschensohn (Vers 27b: $\dot{o}\ \upsilon\dot{\iota}\dot{o}\varsigma\ \tau\circ\tilde{\upsilon}\ \dot{\alpha}\nu\vartheta\varrho\dot{\omega}\pi\circ\upsilon$) ist es, der ihr diese Speise gegeben hat und gibt - eine Speise, deren Wirkung nicht vergeht, sondern dauerhaft bleibt und zum ewigen Leben führt (Vers 27aβ: $\tau\dot{\eta}\nu\ \beta\varrho\tilde{\omega}\sigma\iota\nu\ \tau\dot{\eta}\nu$ $\mu\acute{\epsilon}\nu\circ\upsilon\sigma\alpha\nu\ \epsilon\dot{\iota}\varsigma\ \zeta\omega\dot{\eta}\nu\ \alpha\dot{\iota}\dot{\omega}\nu\iota\circ\nu$). Nach ihr, so sagt Jesus der Menge, solle sie trachten, nicht nach der Speise, die vergeht (Vers 27aα: $\dot{\epsilon}\varrho\gamma\acute{\alpha}\zeta\epsilon\sigma\vartheta\epsilon\ \mu\dot{\eta}\ \tau\dot{\eta}\nu$ $\beta\varrho\tilde{\omega}\sigma\iota\nu\ \tau\dot{\eta}\nu\ \dot{\alpha}\pi\circ\lambda\lambda\upsilon\mu\acute{\epsilon}\nu\eta\nu$). Daß aber der Menschensohn ihr die Speise des ewigen Lebens gibt, so begründet Jesus weiter, kann geschehen, weil ihn der Vater, Gott, "versiegelt" hat (Vers 27c: $\tau\circ\tilde{\upsilon}\tau\circ\nu\ \gamma\grave{\alpha}\varrho\ \dot{o}\ \pi\alpha\tau\dot{\eta}\varrho\ \dot{\epsilon}\sigma\varphi\varrho\acute{\alpha}\gamma\iota\sigma\epsilon\nu\ \dot{o}$ $\vartheta\epsilon\acute{o}\varsigma$). Er gibt ihm die Vollmacht, die Menschen zum ewigen Leben zu führen (vgl. 17,2) und bestätigt damit, daß der Menschensohn im Sinne des göttlichen Willens handelt[5].

Es ist dieser Gedanke der göttlichen Vollmacht und der vollen göttlichen Autorität, der zur Rede vom "Gesandten" führt. Argumentativ ist sie dadurch begründet, daß zunächst die Menge das Stichwort des $\dot{\epsilon}\varrho\gamma\acute{\alpha}\zeta\epsilon\sigma\vartheta\alpha\iota$ aufgreift. Jesus hat ihr gesagt, sie solle nach der "ewigen Speise" trachten, er hat ihr gesagt, daß sie diese Speise von dem durch Gott bevollmächtigten Menschensohn erhält - und konsequent fragt die Menge daher, was sie denn tun könne, um diese Speise für sich zu erwerben, um also in diesem Sinne nach den Werken Gottes zu trachten (Vers 28b: $\tau\acute{\iota}\ \pi\circ\iota\tilde{\omega}\mu\epsilon\nu\ \ddot{\iota}\nu\alpha\ \dot{\epsilon}\varrho\gamma\alpha\zeta\dot{\omega}\mu\epsilon\vartheta\alpha$ $\tau\grave{\alpha}\ \ddot{\epsilon}\varrho\gamma\alpha\ \tau\circ\tilde{\upsilon}\ \vartheta\epsilon\circ\tilde{\upsilon};$). Da erklärt ihr Jesus, daß es nur ein einziges "Werk" sei, das sie Gott entgegenzubringen habe, ein einziges "Werk" nur, das Gott von ihr erwarte, nämlich: an den zu glauben, den er gesandt hat (Vers 29b.c: $\tau\circ\tilde{\upsilon}\tau\acute{o}$ $\dot{\epsilon}\sigma\tau\iota\nu\ \tau\grave{o}\ \ddot{\epsilon}\varrho\gamma\circ\nu\ \tau\circ\tilde{\upsilon}\ \vartheta\epsilon\circ\tilde{\upsilon},\ \ddot{\iota}\nu\alpha\ \pi\iota\sigma\tau\epsilon\acute{\upsilon}\eta\tau\epsilon\ \epsilon\dot{\iota}\varsigma\ \dot{o}\nu\ \dot{\alpha}\pi\acute{\epsilon}\sigma\tau\epsilon\iota\lambda\epsilon\nu\ \dot{\epsilon}\varkappa\epsilon\tilde{\iota}\nu\circ\varsigma$)[6].

---

[5] Die Betonung von $\sigma\varphi\varrho\alpha\gamma\acute{\iota}\zeta\epsilon\iota\nu$ im Kontext von Joh 6 trägt so eine ähnliche Bedeutung wie das $\dot{\alpha}\gamma\iota\acute{\alpha}\zeta\epsilon\iota\nu$ im Kontext von Joh 17.

[6] Zum Übergang vom Plural $\ddot{\epsilon}\varrho\gamma\alpha\ \vartheta\epsilon\circ\tilde{\upsilon}$ in den Singular $\ddot{\epsilon}\varrho\gamma\circ\nu\ \vartheta\epsilon\circ\tilde{\upsilon}$ vgl. *Schnackenburg*, Das Johannesevangelium II, 52, und *Bultmann*, aaO, 164. - Mit der Genitivverbindung ist jeweils beides gemeint: daß der Mensch das "Werk" Gott entgegenbringt (genetivus objectivus), aber gerade nur dann, wenn er durch den Geist Gottes dazu in der Lage ist (genetivus subjectivus).

Der Verlauf des Gesprächs führt dann weiter zu dem Gedanken, daß der Menschensohn, der Gesandte, das "wahre Brot" ist, das der Vater, Gott, vom Himmel gibt. Denn zunächst fragt die Menge Jesus, womit er sich denn ausweisen könne, damit sie ihn für berechtigt halte, gültige Aussagen über Gott und ihr Streben nach den gottgewollten Werken zu machen (Vers 30b.c: *τί οὖν ποιεῖς σὺ σημεῖον, ἵνα ἴδωσιν καὶ πιστεύωμέν σοι;*). Sie stellt also die klassische Legitimationsfrage, deren fordernder und zugleich zweifelnder Charakter durch die dank der syntaktischen Inversion erreichte Alliteration *σὺ σημεῖον* ("Du ein Zeichen?") klanglich hervorgehoben wird. Als Zeichen sucht die Menge eine Tat: *τί ἐργάζῃ;* fragt sie Jesus und kehrt damit das auf sie gerichtete *ἐργάζεσθαι* des vorausgegangenen Gesprächsabschnittes um. Es interessiert sie nicht mehr, was sie im Sinne des göttlichen Willens zu tun hat, sondern was Jesus tut. Dabei soll sein Handeln am Handeln des Mose gemessen werden, der den Vätern Brot vom Himmel gegeben hat (Vers 31a.b.c: *οἱ πατέρες ἡμῶν τὸ μάννα ἔφαγον ἐν τῇ ἐρήμῳ, καθώς ἐστιν γεγραμμένον· ἄρτον ἐκ τοῦ οὐρανοῦ ἔδωκεν αὐτοῖς φαγεῖν*). Doch es ist eben diese Forderung, die Jesus mit der Dimension der Wahrheit überbietet: Nicht Mose hat den Menschen wirklich das Brot vom Himmel gegeben - das wahre Brot vom Himmel gibt nur sein eigener Vater (Vers 32b.c.d: *ἀμὴν ἀμὴν λέγω ὑμῖν, οὐ Μωϋσῆς δέδωκεν ὑμῖν τὸν ἄρτον ἐκ τοῦ οὐρανοῦ, ἀλλ᾽ ὁ πατήρ μου δίδωσιν ὑμῖν τὸν ἄρτον ἐκ τοῦ οὐρανοῦ τὸν ἀληθινόν·*). Auf dem nachgestellten Attribut also liegt der Ton, der auch in den folgenden Versen erhalten bleibt, selbst wenn das Adjektiv *ἀληθινός* nicht noch einmal aufgenommen wird. Denn wahr ist das Brot, weil es das Brot Gottes ist, das vom Himmel herabsteigt und der Welt das Leben schenkt (Vers 33: *ὁ γὰρ ἄρτος τοῦ θεοῦ ἐστιν ὁ καταβαίνων ἐκ τοῦ οὐρανοῦ καὶ ζωὴν διδοὺς τῷ κόσμῳ*). Da mit dem charakteristischen Stichwort des *καταβαίνειν* einerseits die Rede vom Menschensohn aus Vers 27c, andererseits der Gedanke der Sendung aus Vers 29b aufgenommen ist, steuern nun Jesu Ausführungen konsequent auf den Zusammenhang zwischen dem Menschensohn, dem Gesandten und dem wahren Brot zu, der schließlich im Ich-bin-Wort von Vers 35 gipfelt (Vers 35b: *ἐγώ εἰμι ὁ ἄρτος τῆς ζωῆς*). Das wahre Brot ist Jesus selbst. Er, der vom Vater Auftrag und Vollmacht erhalten hat, den Menschen das Leben zu schenken, er, der vom Himmel herabgestiegen ist, nicht um seinen eigenen Willen, sondern den Willen des Vaters zu erfüllen (vgl. Vers 38) - er ist das "Brot des Lebens" (vgl. auch Vers 48.51a).

Rückblickend auf Vers 29 ist also klar: An den zu glauben, den Gott gesandt hat, heißt zu glauben, daß Jesus den Menschen das Leben zu schenken vermag. Die wunderbare Speisung als Zeichen dafür zu erkennen, daß Jesus selbst das Brot des Lebens ist, das jeden Hunger, allen Durst stillt (vgl. die Einladung des Ich-bin-Wortes in Vers 35c.fin) - das wäre das *ἐργάζεσθαι* τὴν βρῶσιν τὴν μένουσαν εἰς ζωὴν αἰώνιον, von dem am Anfang des Gesprächs die Rede war (vgl. Vers 27). Doch eben das kann die Menge nicht akzeptieren. Selbst ein Teil der Jünger erträgt nicht diese Zuspitzung der ewigen Speise und des einen Werkes Gott gegenüber auf den Glauben an Jesus als den zu den Menschen gesandten Geber des Lebens. Sie nennen diesen Gedanken hart und unerträglich (Vers 60b.c: σκληρός ἐστιν ὁ λόγος οὗτος· τίς δύναται αὐτοῦ ἀκούειν;). Sie regen sich auf und lehnen den Gedanken ab, daß Jesus der Menschensohn ist, der in die Welt gekommen ist. Wie, so fragt sie Jesus, wollen sie sich dann verhalten, wenn sie denselben wieder dorthin werden zurückkehren sehen, woher er gekommen ist (Vers 62: ἐὰν οὖν θεωρῆτε τὸν υἱὸν τοῦ ἀνθρώπου ἀναβαίνοντα ὅπου ἦν τὸ πρότερον;)? Werden sie auch diese Erfahrung für hart und unerträglich halten? Doch nicht hart und unerträglich, sondern Geist und Leben, so korrigiert Jesus, sind seine Worte zu nennen, mit denen er über seine Herkunft von Gott und seine Rückkehr zu ihm spricht (Vers 63b: τὰ ῥήματα ἃ ἐγὼ λελάληκα ὑμῖν πνεῦμά ἐστιν καὶ ζωή ἐστιν).

Eben an dieser Stelle ist es das Bekenntnis des Petrus, das sich abgrenzt von jenen Jüngern, die Jesus jetzt verlassen. Petrus stellvertretend für die "Zwölf" kann Jesus gerade deshalb nicht verlassen, weil dieser "Worte ewigen Lebens" hat (Vers 68c). Petrus spricht damit aus, daß die, die jetzt weiter noch bei Jesus bleiben, ihn als das wahre Brot des Lebens anerkennen, als den, der vom Vater gesandt ist und zu ihm zurückkehren wird, als den, dessen Worte sich im Geist erschließen und Leben schenken. Wer das erkannt hat, kann nicht weggehen (vgl. Vers 68b: ἀπέρχεσθαι). Im Gegenteil. Er kann nur zu Jesus hingehen - und zwar geleitet vom Vater selbst (vgl. Vers 65).

Wenn Petrus dann also Jesus schließlich als ὁ ἅγιος τοῦ θεοῦ prädiziert, so sind eben diese Aspekte inhaltlich versammelt. Verglichen mit dem sachlichen Bezug des Bekenntnisses zu den Aussagen des Abschiedsgebetes und der Abschiedsreden wird deutlich, daß sich auch im Petrusbekenntnis der nachösterliche Glaubensstandpunkt fassen läßt. Denn gerade der Hinweis auf das ἀναβαίνειν des Menschensohnes in Vers 62 und der sonst nirgendwo außerhalb der Abschiedsreden explizit begegnende Zusammenhang zwischen Jesu Worten und dem Geist verweist auf die Verheißungen der Abschiedsreden und deren nachösterlichen Standpunkt. Mit der Prädikation "Der Heilige Gottes" ist Jesus also im Petrusbekenntnis so erkannt, wie ihn der Geist nachösterlich erschlossen hat. Er ist erkannt als der, der von Gott gekommen und zu Gott zurückgekehrt ist, als der, dessen Worte für die Glaubenden das "ewige Leben" bedeuten.

5.1.2. Marthas Wissen und Bekenntnis in Joh 11,22.27

Joh 11,27. Auch das Bekenntnis Marthas im Rahmen der Erzählung von der Auferweckung des Lazarus steht sachlich in Zusammenhang mit dem Lebensthema. So wie der Gedanke, daß Jesus das Leben schenkt, in Joh 6 in nuce im ἐγώ-εἰμι-Wort zum Ausdruck kam, so ist es auch in Joh 11 ein Ich-bin-Wort, das den Gedanken von Jesu Vollmacht über das Leben kernhaft formuliert. Und so wie sich in Joh 6 zwischen der Selbstprädikation des ἐγώ εἰμι und der Glaubensprädikation des σὺ εἶ über den weit dazwischen liegenden Kontext hinweg eine sprachliche und sachliche Korrespondenz entdecken läßt, so auch in Joh 11[7]. Denn hier entspricht zunächst sprachlich dem ἐγώ εἰμι Jesu aus Vers 25 das σὺ εἶ in Marthas Bekenntnis von Vers 27:

ναί, κύριε,	27b
ἐγὼ πεπίστευκα	27cα
ὅτι σὺ εἶ ὁ χριστὸς	27cβ
ὁ υἱὸς τοῦ θεοῦ	27cγ
ὁ εἰς τὸν κόσμον ἐρχόμενος.	27fin

Wie aus Vers 27b ("Ja, Herr") deutlich hervorgeht, ist Marthas Bekenntnis eine bejahende Antwort auf die vorausgegangene Frage Jesu. Seine Frage "Glaubst Du das?" (Vers 26b) schließt einerseits an die zweifache Einladung des Ich-bin-Wortes an, die dem gilt, der glaubt (vgl. Vers 25fin: ὁ πιστεύων εἰς ἐμὲ κτλ.; Vers 26a: καὶ πᾶς ὁ ζῶν καὶ πιστεύων εἰς ἐμὲ κτλ.). Sie wird andererseits aufgegriffen von Marthas faktischem Bekenntnis "Ich habe geglaubt" (Vers 27cα). Das charakteristische Stichwort aus dem nachösterlichen Glaubensbekenntnis vom Ende der Abschiedsreden begegnet also auch hier, es beinhaltet den Aspekt der Tatsache des nachösterlichen Verstehens und in Vers 27fin auch ausdrücklich den in 16,30fin formulierten Inhalt. War dort im Sinne von 16,28 an der Sendung Jesu das Hervorgehen von Gott betont (vgl. 16,28aα: ἐξῆλθον παρὰ τοῦ πατρός; 16,30fin: ὅτι ἀπὸ θεοῦ ἐξῆλθες), so ist es die zweite Vershälfte von 16,28a (vgl. Vers 28aβ: καὶ ἐλήλυθα εἰς τὸν κόσμον), die in dem Bekenntnis Marthas in Vers 27fin wiederaufgenommen wird. Martha bekennt Jesus als den, "der in die Welt gekommen ist"[8], und ihre Prädikationen "Du

---

[7] Diese Korrespondenz bemerkt auch *Schnackenburg*, aaO, 111, 417.

[8] Diese Übersetzung ist gegen *Schnackenburg*, aaO, 412, 417 festzuhalten. - Gewöhnlich wird in der Literatur auf die gleichlautende Wendung in 6,14 hingewiesen, die sich dort aber auf Jesus als ὁ προφήτης bezieht.

bist der Christus, der Sohn Gottes" (Vers 27cβ.γ)[9] zeigen, daß sie weiß, welche Bedeutung sein Kommen hat: Mit Jesu Kommen ist Gottes Heil selbst auf Erden erschienen.

Wie in dem Bekenntnis der Jünger am Ende der Abschiedsreden, so ist auch in Marthas Bekenntnis bereits Jesu Rückkehr zum Vater vorausgesetzt. Denn das Bekenntnis, das im Kommen Jesu die Offenbarung des Heils Gottes erkannt hat, gründet in der Erfahrung, daß Jesu Tod am Kreuz von der Auferstehung überwunden wurde. Marthas Bekenntnis ist daher sachlich und auch literarisch nicht nur als Antwort auf die Frage zu verstehen, ob sie glaube, daß der Glaubende leben werde, auch wenn er stirbt, und daß dieses Leben im Glauben $εἰς\ τὸν\ αἰῶνα$ nicht aufgehoben werde (Vers 25c.26a). Ihr Bekenntnis bezieht sich vielmehr auch zurück auf Jesu Wort, daß er selbst die Auferstehung und das Leben sei (vgl. Vers 25b). Auferstehung und Rückkehr zum Vater als die andere Seite des Kommens in die Welt schwingen daher mit in den Prädikationen von Marthas Bekenntnis, in dem bereits die Anrede $κύριε$ den Charakter der Prädikation trägt. Diese Einsicht in den umfassenden Sendungsweg Jesu ist nur aufgrund des nachösterlichen Rückblicks möglich, geleitet vom Geist als Parakleten, der die Glaubenden in die ganze Wahrheit über Jesus geführt hat[10].

Joh 11,22. Wenn daher Martha in Vers 22 bereits vor Jesu Selbstprädikation und ihrem eigenen Bekenntnis formuliert:

[ἀλλὰ] καὶ νῦν οἶδα	22α
ὅτι ὅσα ἂν αἰτήσῃ τὸν θεὸν	22β
δώσει σοι ὁ θεός.	22fin,

dann ist es wiederum gerade das nachösterliche Wissen um Jesu einzigartiges Verhältnis zum Vater, das sich hier ausspricht. Denn daß Jesus vom Vater mit seinem Bitten jederzeit erhört wird (Vers 22β.fin), liegt in diesem Verhältnis begründet. Wie hier in Vers 22a entsprechend dem Bekenntnis der Jünger am Ende der Abschiedsreden (vgl. 16,30aα: *νῦν οἴδαμεν*)[11] also das für den nachösterlichen Verstehensprozeß typische Stichwort aufgenommen ist, so wird auch der charakteristische Inhalt des nachösterlichen

---

[9] Zur Diskussion um die Frage, ob es sich bei der substantivierten Partizipialwendung *ὁ εἰς τὸν κόσμον ἐρχόμενος* neben den beiden genannten Prädikationen um einen eigenen, dritten Titel handelt, vgl. jeweils die Kommentare z.St. (*Schnackenburg, Becker*: zwei Titel; *Bultmann, Barrett*: drei Titel). *Bultmann*, Das Evangelium des Johannes, 309, hält den dritten Titel sogar für den wichtigsten; *Becker*, Das Evangelium des Johannes, 363, versteht die Wendung von Vers 27fin hingegen als Interpretation der vorausgegangenen "Doppeltitulatur".

[10] Den nachösterlichen Charakter des Bekenntnisses Marthas betonen auch *Schnackenburg*, aaO, 417, und *Becker*, aaO, 362f.

[11] Diesen Bezug zwischen 11,22 und 16,30 stellt auch *Bultmann*, aaO, 306, her.

Verstehens formuliert. Denn das Wissen darum, daß Jesus selbst alles weiß und daher nichts gefragt zu werden braucht (vgl. 16,30aβ.γ: ὅτι οἶδας πάντα κτλ.), deckt sich mit dem Wissen darüber, daß der Vater Jesus alles gibt, worum dieser ihn bittet. Es ist das Wissen um Jesus als den Gesandten des Vaters, der in seinem Auftrag handelt und dafür mit der vollen göttlichen Autorität ausgestattet ist.

Selbstprädikation Jesu und antwortendes Bekenntnis der Martha finden in diesem Sinne im Zentrum der eigentlichen Szene der Auferweckung des Lazarus ihre Interpretation. Denn Marthas Einsicht, daß Jesus alles vom Vater erhält, worum er bittet, wird aufgegriffen, als Jesus den Stein vom Grab des Lazarus heben läßt (Vers 41a: ἦραν οὖν τὸν λίθον). Mit der typischen Geste, die Augen zum Himmel zu erheben (Vers 41b: ὁ δὲ Ἰησοῦς ἦρεν τοὺς ὀφθαλμοὺς ἄνω; vgl. 17,1), wird eingeleitet, daß Jesus zum Vater betet. Aber er betet nicht etwa um die Kraft, Lazarus auferwecken zu können. Sondern er dankt dem Vater dafür, daß er ihn längst "erhört" hat (Vers 41c: πάτερ, εὐχαριστῶ σοι ὅτι ἤκουσάς μου)[12]. Denn wie Jesus sagt, was er vom Vater gehört hat (vgl. exemplarisch 8,26c), so hört auch der Vater immer seinen Sohn (vgl. Vers 42a: ἐγὼ δὲ ᾔδειν ὅτι πάντοτέ μου ἀκούεις). Im wechselseitigen Verhältnis des Aufeinanderhörens besteht ihre Einheit, in die auch der Geist mithineingenommen ist, da auch er hört, was von Vater und Sohn kommt (vgl. 16,13). War das Verhältnis der Einheit zwischen Jesus und dem Vater in 16,30 durch das Motiv des umfassenden Wissens Jesu und in Marthas Bekenntnis durch das Motiv des Bittens ausgedrückt, so kommt es jetzt im Motiv des Hörens erneut zur Geltung. Deutlich ist, daß alle drei Motive auf ein- und derselben Linie liegen. Sie drücken aus, daß Jesus vom Vater gesandt ist. Daß Jesus am Grab des Lazarus sein Dankgebet an den Vater richtet, dient daher gerade dazu, sein Sendungsverhältnis der Menge öffentlich zu demonstrieren (Vers 42b.c: ἀλλὰ διὰ τὸν ὄχλον τὸν περιεστῶτα εἶπον, ἵνα πιστεύσωσιν ὅτι σύ με ἀπέστειλας).

Das Gespräch zwischen Jesus und Martha aus 11,21-27, dessen Höhepunkt auf Seiten Jesu im Ich-bin-Wort (Vers 25f), auf Seiten Marthas in ihrer Einsicht in Jesu Verhältnis zum Vater (Vers 22) und ihrem auf das Ich-bin-Wort folgenden Bekenntnis (Vers 27) liegt, findet Interpretation und Fortsetzung aber auch noch durch einen anderen Aspekt. Er läßt sich entdecken, wenn von dem Gespräch zwischen Jesus und Martha am Grab des Lazarus zum Anfang der Erzählung zurückgelenkt wird (11,1-5). Denn hier war es nach dem knappen Hinweis auf die Krankheit des Lazarus (Vers 1a.b: Ἦν δέ τις ἀσθενῶν, Λάζαρος ἀπὸ Βηθανίας) und der Vorstellung

---

[12] Vgl. hierzu auch Joh 12,28-30.

seiner beiden Schwestern Maria und Martha (vgl. Vers 1c.2) zum Gespräch zwischen Jesus und den Schwestern gekommen (Vers 3f). Jesus hatte ihnen darin die Krankheit ihres Bruders als ein in den Plan Gottes eingeordnetes Geschehen vor Augen gestellt[13]. Denn an Lazarus' Krankheit, so hatte er erklärt, solle nicht das Wesen des Todes sichtbar werden (Vers 4bα: αὕτη ἡ ἀσθένεια οὐκ ἔστιν πρὸς θάνατον), sondern das Wesen der Herrlichkeit Gottes (Vers 4bβ: ἀλλ' ὑπὲρ τῆς δόξης τοῦ θεοῦ). Wenn daher Jesus nach Lazarus' Tod an seinem Grabe wieder von der δόξα spricht, dann wird auf dieses Anfangsgespräch mit beiden Schwestern bewußt Bezug genommen. Denn nachdem Jesus gerade die Juden aufgefordert hat, den Stein von Lazarus' Grab wegzuheben (Vers 39b: ἄρατε τὸν λίθον), warnt ihn Martha: Vier Tage schon sei ihr Bruder tot, Verwesungsgeruch umgebe daher den Toten[14] (Vers 39d.fin: κύριε, ἤδη ὄζει, τεταρταῖος γάρ ἐστιν). Aber eben da erinnert Jesus sie daran[15], daß es bei diesem Tod nicht bleiben werde (Vers 40b: οὐκ εἶπόν σοι ὅτι ἐὰν πιστεύσῃς ὄψῃ τὴν δόξαν τοῦ θεοῦ;).

Woran aber wird für Martha Gottes Herrlichkeit sichtbar werden? Auch diese Frage läßt sich beantworten, wenn die sorgfältig geknüpften Linien der Erzählung nachgezogen werden. Auf Jesu Rückfrage an Martha in Vers 40 folgt das als Gebet eingeleitete Gespräch Jesu mit dem Vater, in dem Jesu besonderes Verhältnis zu ihm nochmals ausdrücklich angesprochen wird. Von hier aus führt wiederum die Linie zurück zur Deutung der Krankheit des Lazarus im ersten Gespräch mit den Schwestern. Denn hier war die Aussage, an Lazarus' Krankheit solle die Herrlichkeit Gottes sichtbar werden, noch ergänzt worden durch die Bestimmung: ἵνα δοξασθῇ ὁ υἱὸς τοῦ θεοῦ δι' αὐτῆς (Vers 4c). Auch mit diesem Gedanken, daß sich gerade an Gottes Herrlichkeit die Herrlichkeit des Sohnes Gottes zeige, ist das einzigartige Verhältnis zwischen Jesus und dem Vater ausgesprochen, das am Grabe des Lazarus durch Jesu Gebet veröffentlicht wird. Martha wird also Gottes Herrlichkeit in jenem Handeln Jesu erkennen, das den Tod ihres Bruders in Leben verwandelt. Die Auferweckung und das neue Leben des Lazarus sind es, die dem Glauben Jesu Herrlichkeit in der Einheit mit Gott erschließen (vgl. das betonte ἐὰν πιστεύσῃς in Vers 40b). Damit läuft schließlich auch die letzte der nachgezeichneten Linien wieder zurück zu Jesu Ich-bin-Wort und zu Marthas Bekenntnis. Denn nichts anderes als die nachösterliche Einsicht in Jesu Herrlichkeit ist es, die mit den Prädikationen der Auferstehung und des Lebens zum Ausdruck gebracht und in Marthas Bekenntnis zu dem in die Welt gekommenen Sohn Gottes gefaßt wird.

---

[13] Vgl. auch *Schnackenburg*, aaO, 404: "Jesu Antwort erhebt (...) das irdisch-menschliche Geschehen in den Horizont besonderer göttlicher Absichten".

[14] Vgl. *Schnackenburg*, aaO, 424.

[15] Vgl. *Bultmann*, Das Evangelium des Johannes, 311.

5.2. "Wir"-Aussagen in der Stimme des Prologs

Neben den "Wir"-Aussagen im Munde der Jünger begegnen im Johannesevangelium auch "Wir"-Aussagen, die nicht an die erzählten Figuren, sondern an die erzählende Instanz des Textes gebunden sind. Machte sich das
nachösterliche Glaubensbewußtsein der Gemeinde in den Bekenntnissen
des Petrus und der Martha jeweils durch eine bestimmte Figur der vorösterlichen Szene bemerkbar, so kommt es in den "Wir"-Aussagen der erzählen-
den Textinstanz ohne die Vermittlung einer Figur gleichsam als "Stimme"
des Textes zum Ausdruck. Es ist diese Stimme des Textes, in der seine erzählende Instanz mit der hinter ihm stehenden Gemeinde identisch wird.

Zu betrachten sind die beiden Aussagen Joh 1,14 und Joh 1,16 im Prolog
des Evangeliums[16]. In der "Wir"-Form verzahnen sie das Bekenntnis zum
Logos, wie es sich einzigartig im Eingang des Evangeliums ausspricht, mit
den vielfältigen Prädikationen, welche den Jüngern bei ihren Begegnungen
mit Jesus in den Mund gelegt werden. Sie stellen damit eines der Bindeglieder[17] zwischen der Ort und Zeit übergreifenden Perspektive des Prologs[18]
und der mit Joh 1,19 beginnenden Erzählperspektive dar, die das dargestellte Geschehen in räumlich und zeitlich festgelegte Szenen einfängt, in denen
sich die Figuren der Erzählung begegnen und austauschen.

Für diese Funktion der "Wir"-Aussagen des Prologes spricht auch, daß
sie die einzige Aussage der Verse 1-18 einrahmen, in der eine der beiden
vorgestellten Personen, nämlich der in den Versen 6-8 bereits erwähnte Johannes der Täufer, zu sprechen beginnt. Denn in Vers 15 erklingt der Ruf
des Täufers, mit dem er für den nach ihm kommenden Logos Gottes Zeug-

---

[16] Es geht im folgenden um eine rein textimmanente Interpretation dieser Aussagen.
Das breit diskutierte Problem der Scheidung von Tradition und Redaktion im Prolog wird also
nicht berührt. Zum Überblick über die Forschung sei verwiesen auf die Forschungsberichte
von *Hartwig Thyen*, Aus der Literatur zum Johannesevangelium, ThR NF 39, 1974, 1-69,
222-252, 289-330, hier 53-69, und von *Becker*, Aus der Literatur zum Johannesevangelium,
317-321, und ders., Streit der Methoden, 12f, 32, 64, 69f., 69f. Für die jüngste Forschung
zum Prolog ist exemplarisch die philologisch besonders sorgfältige Untersuchung zu
vergleichen von *Otfried Hofius*, Struktur und Gedankengang des Logos-Hymnus in Joh
1,1-18, ZNW 78, 1987, 1-25, hier zur Scheidung von Tradition und Redaktion 2-4.

[17] Gerade in Auseinandersetzung mit den traditions- und redaktionskritischen Untersuchungen zum Prolog ist zu betonen, daß Joh 1,1-18 konstitutiver Bestandteil des Evangeliums, nicht etwa eine Art "Vorspiel" ist. Am Namen "Prolog" sollte allerdings aus Gründen
der in der Forschung vertrauten Terminologie festgehalten werden.

[18] Der Prolog übergreift Ort und Zeit im Sinne einer einzelnen erzählten Szene. Gemeint ist nicht, daß er keine zeitliche oder räumliche Aussage mache. Zeitliche und räumliche Dimensionen werden vielmehr bereits im ersten Vers entworfen (vgl. die Angaben ἐν
ἀρχῇ und πρὸς τὸν θεόν; dazu *Hofius*, Struktur und Gedankengang des Logos-Hymnus,
16).

nis ablegt: *οὗτος ἦν ὃν εἶπον· ὁ ὀπίσω μου ἐρχόμενος ἔμπροσθέν μου γέγονεν, ὅτι πρῶτός μου ἦν*. Was zuvor bereits zusammenfassend berichtet wurde (vgl. Vers 7a: *οὗτος ἦλθεν εἰς μαρτυρίαν ἵνα μαρτυρήσῃ κτλ*.), wird jetzt, umrahmt von den aktuellen Bekenntnisaussagen der Verse 14 und 16, in einer kurz aufleuchtenden Szene vergegenwärtigt und veranschaulicht. In der gleichen Weise, in der später jeweils die Redepassagen der Figuren eingeleitet werden, ist auch hier schon der Ruf des Täufers eingeführt (vgl. Vers 15a: *Ἰωάννης μαρτυρεῖ περὶ αὐτοῦ καὶ κέκραγεν λέγων·*). Dabei scheint der Tempuswechsel der beiden Prädikate (Präsens *μαρτυτεῖ*, Perfekt *κέκραγεν*) zu verraten, daß aktuelle Vergegenwärtigung des Täuferzeugnisses und erzählender Rückblick auf die vorösterliche Situation sich hier durchdringen.

Der Ruf des Täufers im Rahmen des Prologs findet dann seine unmittelbare Aufnahme in der eigens seinem Zeugnis gewidmeten ersten Erzählszene des Evangeliums, in der sich Johannes der Täufer und die zu ihm gesandten Juden aus Jerusalem begegnen (Joh 1,19-28)[19]. In direktem Stichwortanschluß ist dieses erste "bewegte Bild" mit dem "stehenden Bild" des Prologs verknüpft. Denn der Abschnitt wird eingeleitet durch die Ankündigung: *Καὶ αὕτη ἐστὶν ἡ μαρτυρία τοῦ Ἰωάννης* (Vers 19a). Inhaltlich greift dann Vers 27a den schon in den Prolog eingeblendeten Ruf des Täufers auf von dem, der nach ihm kommen werde (wörtlich entsprechend zu Vers 15c: *ὁ ὀπίσω μου ἐρχόμενος*). Und wenn der Täufer in der sich anschließenden Szene, in der das Ereignis der Taufe Jesu ganz in sein Zeugnis gebannt wird (vgl. erneut das zentrale Stichwort *μαρτυρεῖν* in Vers 32a), vom "Lamm Gottes" (Vers 29b.36b: *ὁ ἀμνὸς τοῦ θεοῦ*), und, darin eingerahmt, vom "Sohn Gottes" spricht (Vers 34), dann hat die Umsetzung der bekennenden "Wir"-Aussagen des Prologs in den Mund einer der erzählten Figuren bereits begonnen.

---

[19] Johannes der Täufer bleibt dann weiter bis Vers 36 präsent.

5.2.1. Das Bekenntnis in Joh 1,14

Die erste der "Wir"-Aussagen im Prolog ist der für die Theologie des Johannesevangeliums vieldiskutierte Vers 14[20]:

Καὶ ὁ λόγος σὰρξ ἐγένετο	14aα
καὶ ἐσκήνωσεν ἐν ἡμῖν,	14aβ
καὶ ἐθεασάμεθα τὴν δόξαν αὐτοῦ,	14b
δόξαν ὡς μονογενοῦς παρὰ πατρός,	14c
πλήρης χάριτος καὶ ἀληθείας.	14fin

Wie die Belege der "Wir"-Aussagen im Munde des Petrus und der Martha ist auch dieses Bekenntnis konsequent unter der Frage zu beleuchten, wie sich in ihm das nachösterliche Glaubensverständnis artikuliert, das an den Abschiedsreden herausgearbeitet werden konnte. Dem an den Verheißungen der Abschiedsreden und deren Umsetzung im Abschiedsgebet geschulten Blick für den nachösterlichen Standpunkt fällt zunächst Vers 14b ins Auge. Denn die bekennende Aussage "und wir sahen seine Herrlichkeit" ruft einerseits die Assoziation an die Verheißungen über das Sehen Jesu in 14,19b und 16,16b wach. Andererseits erinnert sie wieder, wie das schon bei der zu Marthas Bekenntnis (11,27) in Beziehung gesetzten Auslegung von 11,40 der Fall war, an die Geistverheißung von 16,14 und an Jesu Rückschau auf die den Glaubenden gegebene *δόξα* im Abschiedsgebet (17,22). Dieser Spur ist nun aufmerksam zu folgen.

Die Zuordnung der Verheißungen über das Sehen Jesu zu den Verheißungen über das Wirken des Geistes in den Abschiedsreden hatten gezeigt, daß es Kennzeichen der nachösterlichen Glaubenserfahrung ist, Jesus in seinem Wort zu sehen. Gerade über das Wort, das der Geist vergegenwärtigt, erschließt und immer neu verkündigt, sollte sich für die Glaubenden die Erfahrung der Begegnung mit Jesus vollziehen. Die Erfahrung dieser Begegnung war dabei ausgedrückt worden durch die Motive des Kommens Je-

---

[20] Zu erinnern ist an die Kontroverse zwischen *Bultmann* und *Käsemann*, die unter Abschnitt I. 2. der vorliegenden Arbeit (vgl. S. 26f mit Anm. 25 und 26) kurz erwähnt wurde. Während *Bultmann*, Theologie des Neuen Testaments, 392, urteilte: "Das Thema des ganzen Johannes-Evangeliums ist der Satz *ὁ λόγος σὰρξ ἐγένετο*", fragte *Käsemann*, Jesu letzter Wille nach Johannes 17, 27, "mit welchem Recht" man diese Aussage "so gut wie überall zum Zentrum und eigentlichen Thema des Evangeliums" mache. Die Aussage über die Fleischwerdung des Logos trage nicht das eigentliche Gewicht in Vers 14, sondern stehe "ganz im Schatten der anderen Aussage": *καὶ ἐθεασάμεθα τὴν δόξαν αὐτοῦ* (28).

Zu dieser Auseinandersetzung vgl. kritisch *Jürgen Becker*, Ich bin die Auferstehung und das Leben. Eine Skizze der johanneischen Theologie, ThZ 39, 1983, 138-151, hier 139, der fragt, "ob dieser Streit um die Auslegung von Joh 1,14 als Schlüsselvers der johanneischen Christologie, wie er zwischen Bultmann und Käsemann ausgefochten wurde, nicht eher eine theologiegeschichtliche als eine exegetische Kontroverse ist".

su zu den Glaubenden (14,18b.28b), seines In-ihnen-Seins und -Wohnens (14,20fin;23fin), der gegenseitigen Liebe zwischen Jesus und den Glaubenden (14,21a.c.23b), und - im Kontext der Weinstockrede - des wechselseitigen Ineinanderbleibens. All diese Motive hatten ihren Sinn darin erwiesen, in der Situation des Abschieds das Bild der Verlassenheit der Jünger (Stichwort aus 14,18a: ὀϱφανοί) zu verwandeln in die Zusage, daß die Glaubenden nachösterlich erfülltes, in Jesu Leben selbst gegründetes Leben erfahren werden (vgl. 14,19c). Dabei war die verheißungsvolle Zusage des Lebens kraftvoll verstärkt worden durch das Bild von der gebärenden Frau. Denn in diesem Bild war der Jubel über ein neues Leben - über das neugeborene Kind - gerade auf dem Hintergrund der vorausgegangenen Ängste bei der Geburt um so leuchtender hervorgetreten.

Es war nach den Verheißungen der Abschiedsreden also gerade das Leben in der χαϱά, in der Freude, das die Glaubenden nachösterlich "sehen" sollten. Doch war zugleich aufgefallen, daß im Zusammenhang der Erfahrung des neuen Lebens nicht nur vom Sehen der Glaubenden die Rede war, sondern auch davon, daß Jesus selbst sie sehen werde (16,22b). Diese Umkehrung der Verheißung kann nun im Zusammenhang mit dem Gedanken des neuen Lebens in ihrer Funktion genau bestimmt werden: Sie betont, daß es Jesus ist, der dieses neue Leben schafft.

Dieser Gedanke ist in Erinnerung zu behalten, wenn jetzt auf der Spur zum nachösterlichen Standpunkt von Joh 1,14 ein nächster Schritt getan wird. Er führt in das Abschiedsgebet. Hier war in Jesu Aussage, er habe den Glaubenden die δόξα gegeben, die er selbst vom Vater erhalten hat (vgl. 17,22a), das nachösterliche Bewußtsein der Gemeinde erkannt worden, in ihrem Sendungsauftrag sich als diejenige zu erfahren, die Jesu Sendungsvollmacht übertragen bekommen hat. Die Aussage von 17,22a hatte sich in Beziehung setzen lassen zu jener Aussage aus 17,14aα, in der Jesus formuliert, er habe den Glaubenden das Wort des Vaters gegeben. Hinter beiden Aussagen nämlich war das nachösterliche Wirken des Geistes sichtbar geworden. Denn von den Verheißungen der Abschiedsreden her war der Geist bekannt als derjenige, der nachösterlich im Auftrag von Vater und Sohn die Glaubenden zum Verstehen und zur Verkündigung führt und sie damit in Kraft setzt, Jesu Sendung im einheitlichen Willen von Vater und Sohn fortzuführen.

An diesem Punkt angelangt, muß nun jener Aspekt der δόξα in die Überlegungen einbezogen werden, der an der Lazaruserzählung deutlich geworden ist. Es war nach der strukturellen Seite der δόξα (Sendungsvollmacht im göttlichen Offenbarungswillen) ihre inhaltliche Seite, die in dieser Erzählung hervortrat: Jesu Vollmacht über das Leben, seine göttliche Kraft, den Tod in neues Leben zu verwandeln. Wenn daher den Glaubenden in den Abschiedsreden die Erfahrung des neuen Lebens verheißen wird, wenn dieses Leben als von Jesus gegebenes veranschaulicht wird und wenn zugleich die Begegnung mit Jesus als "Sehen" bezeichnet werden kann - dann ist damit nichts anderes gemeint als das, was die Stimme des Bekenntnisses im Prolog ausspricht: das Sehen der Herrlichkeit Jesu.

Es zeichnet das Bekenntnis von Joh 1,14b aus, eine hymnische Form[21] für diese nachösterliche Einsicht gefunden zu haben, die in den Abschiedsreden in die literarische Form der Verheißungen gegossen ist. Aber es entspricht inhaltlich genau diesen Verheißungen. Wie diese setzt es die nachösterliche Geisterfahrung der Gemeinde voraus, die sie zur Begegnung mit dem Irdischen in seiner Einheit mit dem zum Vater Zurückgekehrten geführt hat. Sie setzt die Glaubenseinsicht voraus, in Jesus den zum Vater in einzigartiger Beziehung Stehenden erkannt zu haben und drückt diese Einsicht aus in der Prädikation des $\mu o\nu o\gamma\varepsilon\nu\dot{\eta}\varsigma\ \pi\alpha\rho\dot{\alpha}\ \pi\alpha\tau\rho\dot{o}\varsigma$ (Vers 14c; vgl. 1,18b).

Noch ein weiterer Aspekt kann für das Bekenntnis in Joh 1,14 vom nachösterlichen Standpunkt aus herausgearbeitet werden. Er betrifft die Prädikation Jesu als $\dot{o}\ \lambda\dot{o}\gamma o\varsigma$. Wenn es in Vers 14b heißt: "Und wir sahen seine Herrlichkeit", dann ersetzt das Pronomen $\alpha\dot{v}\tau o\tilde{v}$ den vollen Logostitel, der in Vers 14a gefallen ist. "Seine Herrlichkeit" ist also die Herrlichkeit des Logos, den schon der erste Vers des Prologs vorgestellt hatte. In der für die Sprache des Prologs typischen Satzstruktur, dem parataktischen Dreischritt[22], war hier sein Verhältnis zu Gott in nuce bestimmt worden. Diese Verhältnisbestimmung ist Voraussetzung der Rede vom Logos, wie sie im Bekenntnis von Vers 14 wieder begegnet. Zunächst emphatisch das Sein des Logos vor aller Zeit betonend (Vers 1a)[23], wird sein Verhältnis zu Gott dann differenziert zum Ausdruck gebracht: Er ist seinem Wesen nach bei Gott (Vers 1b), ist mit Gott aufs engste verbunden, ja ist selbst wahrer und wirklicher Gott (Vers 1c)[24]. Aber zugleich ist er nicht *der* Gott, den das Bekenntnis von Vers 14 dann "Vater" nennt (vgl. Vers 14c)[25]. Sondern er ist von diesem unterschieden[26], ist eigenständig der Logos, der schließlich im letzten Vers des Prologs, kunstvoll auf den ersten bezogen, $\mu o\nu o\gamma\varepsilon\nu\dot{\eta}\varsigma$

---

[21] Vgl. *Hofius*, Struktur und Gedankengang des Logos-Hymnus, 22.

[22] Ein solcher Dreischritt mit Stichwortkohärenz begegnet auch noch einmal in Vers 10. *Hofius,* aaO, 21, nennt diese Form ein "Tristichon".

[23] Die Emphase (Betonung) wird erreicht durch die syntaktische Inversion (Umkehrung der Satzstellung), in der die zeitliche Angabe des präpositionalen Ausdrucks an den Satzanfang vorgezogen wird (Anastrophe); vgl. dazu auch aaO, 16 mit Anm. 86.

[24] Vgl. aaO, 17.

[25] Vgl. aaO, 16.

[26] Beide Aspekte betont auch *Hofius*, ebd. ("personale Verbundenheit von Gott und Logos"/ "Unterschiedenheit von Gott und Logos").

ϑεός heißen kann (Vers 18b). Gibt es nun aus dem Evangelium selbst heraus[27] eine Erklärung dafür, daß Jesus, der Sohn des Vaters, im hymnischen Eingang des Evangeliums gerade den Hoheitstitel ὁ λόγος erhält?

Die Antwort auf diese Frage liegt wiederum in den Abschiedsreden. Denn hier war nebeneinander vom neuen Leben der Jünger und ihrer Beziehung zu Jesu Wort die Rede. Neuschöpfung war den Jüngern hier für die nachösterliche Zeit darin verheißen worden, daß sie der Geist in die ganze Wahrheit, in Jesu Wort und in die lebendige Gemeinschaft mit Jesus führen werde. Gerade im Wort Jesu seine verwandelnde Lebenskraft erfahren zu haben, hat nun aber die nachösterliche Gemeinde in der Gegenwart des Geistes dazu geführt, dem Wort Jesu Funktion und Würde eines Namens oder Titels zu verleihen. Als Name soll Jesu Wort ihn in seiner ganzen Person bezeichnen. Denn indem er ὁ λόγος genannt wird, soll er in nuce als der zu erkennen sein, der des Vaters göttliches Wort offenbart hat und den Glaubenden mit der Beziehung zu diesem Wort das neue Leben ihrer Gemeinschaft mit Gott selbst schenkt. Wenn daher die Gemeinde in Joh 1,14b die Herrlichkeit des Logos bekennt, dann spricht sie ihre Erfahrung aus mit dem zum Vater Zurückgekehrten, den sie im Wirken des Geistes erlebt als den, der durch sein Wort das Leben der Glaubenden verwandelt. Sie spricht aus, was sie im Anschluß an die Brotrede Jesus selbst sagen läßt (vgl. 6,63b: "Meine Worte sind Geist und Leben") und was sie dann auch Petrus in den Mund legt, wenn er sein Bekenntnis mit der Überzeugung einleitet: "Du hast Worte ewigen Lebens" (6,68c). So hat also die Gemeinde nachösterlich gerade in ihrer Erfahrung mit dem durch den Geist vermittelten Postexistenten ihr eigentliches Verständnis für Jesus gefunden und seine δόξα erkannt. Doch hält sie zugleich fest, daß sie dank der Verkündigung des Geistes den lebenschaffenden Logos auch im Wirken des Vorösterlichen entdeckt. So kann sie bekennen: "Und das Wort wurde Fleisch und wohnte unter uns" (Vers 14a). Der Zusammenhang der Teilverse 14a und 14b zeigt, was die Verheißungen der Abschiedsreden für das Wirken des Geistes als Parakleten entwarfen: Das Zeugnis des Geistes führt in die ganze Wahrheit, zur Erkenntnis des Irdischen ebenso wie zur Erkenntnis des Postexistenten. Dabei hatten die Abschiedsreden unmißverständlich betont, daß der Irdische in seiner Wahrheit und Herrlichkeit erst vom Nachösterlichen aus zu sehen

---

[27] Zur Frage nach der Herleitung des Logos-Titels aus dem religionsgeschichtlichen Umfeld vgl. exemplarisch *Schnackenburg,* Das Johannesevangelium I, Exkurs 1: "Die Herkunft und Eigenart des joh. Logos-Begriffes", 257-269, der folgende Bereiche für die Herkunft des Titels erwägt: Gnosis; Heraklit, Stoa; Altes Testament: Wort-Gottes-Theologie; Tradition des hellenistischen Judentums: Hypostasierung der σοφία in Verbindung mit der Vorstellung der Schöpfungsmittlerschaft in Prov 8,22; Sir 24; Sap 18; Parallelisierung von σοφία und λόγος im Zusammenhang mit der Schöpfung bei Philo von Alexandrien.

ist. In dem überraschenden Prädikat des συμφέρει ὑμῖν für Jesu Abschied von den Jüngern war dieser Gedanke in seinem positiven Wert zum Ausdruck gekommen (16,7). Erst im nachösterlichen Rückblick ist Jesu Tod und Abschied von der Welt als Voraussetzung dafür sichtbar geworden, Jesus in seinem einzigartigen Verhältnis zu Gott verstehen und im Glauben an diesem Verhältnis lebendig teilhaben zu können. Eben das συμφέρει ὑμῖν des Abschieds Jesu, dieses Geschenk des Glaubens an Jesus als den Sohn Gottes, ist es, das die nachösterliche Gemeinde mit ihrem Bekenntnis in Joh 1,14 preist.

Wird von diesem Verständnis für Vers 14 noch einmal zurückgelenkt zum Anfang des Prologs, dann läßt sich eine weitere Konsequenz ziehen: Aus der geistgeleiteten nachösterlichen Glaubenserfahrung, daß Jesus der "Logos" ist, der durch sein Wort neues Leben schafft, wächst auch der Glaube dafür, daß Jesus als Logos immer schon an der Seite Gottes war und mit ihm die Welt erschaffen hat (Vers 3). Das Bekenntnis von Vers 14 zur δόξα des Logos läßt sich daher als nachösterliches Zeugnis dafür verstehen, daß der Geist die Glaubenden auch in die Wahrheit über den präexistenten Logos geführt hat. So fügt sich zur inneren Logik der Komposition sehr gut, daß gerade im Anschluß an das hymnische Bekenntnis von Vers 14 das Zeugnis des Täufers über den Präexistenten szenisch eingeblendet wird (vgl. 1,15).

5.2.2. Das Zeugnis in Joh 1,16

Der Wir-Stil des Bekenntnisses von Vers 14 findet formal seine Fortsetzung im Wir-Stil von Vers 16. Dieser formale Zusammenhang läßt auf sachlicher Ebene den Schluß zu, daß, im Sinne der Interpretation von Vers 14, hinter dem in Vers 16 gepriesenen πλήρωμα nicht nur die Fülle des inkarnierten, sondern auch die Fülle des postexistenten und des präexistenten Logos steht:

ὅτι ἐκ τοῦ πληρώματος αὐτοῦ ἡμεῖς πάντες ἐλάβομεν	16α
καὶ χάριν ἀντὶ χάριτος.	16fin.

Ausdrücklich nennen sich hier diejenigen, die das Bekenntnis zur Fülle des Logos aussprechen, "wir alle" (Vers 16α). Dabei erinnert die Sammelbezeichnung "alle an die Aussagen des Abschiedsgebetes. Hier waren die vorösterlichen Jünger, transparent für die nachösterlich Glaubenden, und die nachösterliche Gemeinde mitsamt den durch ihre Verkündigung neu hinzukommenden Gläubigen in dem summarischen Begriff "alle" versammelt worden (17,21a; vgl. 17,2b). In der Gruppe "wir alle" ist daher auch in Vers 16α die nachösterliche Gemeinde wiederzuerkennen.

Die nachösterliche Gemeinde spricht nun davon, daß sie aus der Fülle des Logos empfangen habe (Vers 16α: ἐλάβομεν). Auch dieser Gedanke erinnert an das Abschiedsgebet. Denn hier hatte Jesus davon gesprochen, daß die Glaubenden seine Worte angenommen haben (17,8b: ἔλαβον), und dieses Annehmen korrespondierte dabei dem Geben auf seiten Jesu (17,8a: δέδωκα). In der Perspektive des Rückblicks war aber nicht nur vom Geben der Worte die Rede, sondern auch vom Geben der δόξα (17,22a). Das hinter dieser Aussage stehende Bewußtsein der Gemeinde, Jesu Herrlichkeit empfangen zu haben, war als Ausdruck dafür sichtbar geworden, mit der Gabe des Wortes und der Beauftragung zur Verkündigung auch die neue Kraft zu einem Leben nach göttlichem Willen erhalten zu haben.

Es ist dieser Gedanke des Abschiedsgebetes, der im Bekenntnis von Joh 1,16 in anderen Worten wiederbegegnet. Sprachlich ist die Brücke zu Joh 17 dadurch hergestellt, daß sich die "Fülle", von der 1,16α spricht, bewußt zurückbezieht auf die letzte Aussage von Vers 14[28]. Denn mit πλήρης χάριτος καὶ ἀληθείας (Vers 14fin) ist hier umschrieben, was die Glaubenden in ihrer Begegnung mit Jesus erfahren und wovon zuvor durch den Begriff der δόξα die Rede war (Vers 14b). Mit πλήρωμα aus Vers 16α, bezogen auf πλήρης κτλ. in Vers 14fin, ist daher ebenfalls die δόξα gemeint, von der Vers 14b und das Abschiedsgebet sprechen[29]. Wenn dabei die für die alttestamentliche Tradition typischen Wendungen "Gnade und Wahrheit" (vgl. Vers 14fin)[30] und "Gnade um Gnade" (Vers 16fin)[31] in das Bekenntnis der Gemeinde integriert werden, so scheint zum einen der hymnische Ton verstärkt zu sein. Zum anderen aber stellen die Begriffe χάρις und ἀλήθεια wiederum den Bezug zum nachösterlichen Standpunkt her, wie er in den Abschiedsreden und im Abschiedsgebet erkennbar wurde. Denn zunächst erinnert schon klanglich χάρις an die χαρά[32], die Jesus den Jüngern in den Abschiedsreden verheißen hatte (vgl. 16,21f) und der sein Reden und Bitten in der Abschiedssituation galt (vgl. 15,11; 17,13). Darüber

---

[28] Daß mit πλήρωμα aus Vers 16α πλήρης aus Vers 14fin aufgegriffen ist, betont auch *Schnackenburg*, aaO, 250.

[29] *Bultmann*, Das Evangelium des Johannes, 51, bestimmt das πλήρωμα als die "Fülle" göttlichen Wesens". Wie πλήρης aus Vers 14fin stelle es "eine traditionelle Charakteristik der göttlichen Sphäre" dar (aaO, 51f, Anm. 7, hier ausführliche Hinweise auf die Pleroma-Spekulationen im religionsgeschichtlichen Umfeld; vgl. dazu auch *Schnackenburg*, aaO, 250 mit Anm. 5). In jedem Falle ist der Begriff hier im Prolog des Johannesevangeliums nicht kosmologisch bestimmt, sondern personal auf den Logos bezogen; vgl. *Schnackenburg*, aaO, 250f.

[30] Vgl. dazu aaO, 248.

[31] Vgl. aaO, 251.

[32] Zum etymologischen Zusammenhang zwischen χάρις und χαίρειν (sich freuen) vgl. *Hans Conzelmann*, Art. χάρις, ThWNT IX, 363-366, 377-393, bes. 363f.

hinaus ging es bei der χαρά, wie bei der Prädikation des "Logos" und der "Doxa" im Bekenntnis von 1,14, um die Erfahrung des neuen Lebens in der Begegnung mit dem Wort und der Person Jesu. Quelle dieser eschatologischen Freude über das neue Leben, so scheint das Bekenntnis zur χάρις Jesu im Prolog zu sagen, ist er selbst, ist seine schöpferische Lebenskraft, der sich die Entstehung der Welt ebenso verdankt wie die Entstehung des lebendigen Glaubens. Daß χάρις dabei mit ἀλήθεια verbunden wird, führt ebenfalls zurück zu den Abschiedsreden und zum Abschiedsgebet. Denn gerade in 14,6 hatte Jesu dreifache Selbstprädikation "Ich bin der Weg, die Wahrheit und das Leben" gezeigt, daß sein Weg zum Vater für die Jünger nicht Abschied in den Tod, sondern Aufbruch zu einem Leben ist, in dem sie die Wahrheit erkennen werden. Dabei war das ἐγώ-εἰμι-Wort von 14,6 im Verlauf der Reden in konstitutive Beziehung zur letzten Geistverheißung getreten. Denn dem ὁδηγεῖν ἐν τῇ ἀληθείᾳ πάσῃ des Parakleten verdanken es die Glaubenden, daß sie Jesus als Weg, Wahrheit und Leben nachösterlich erkennen und - wie im Bekenntnis von Joh 1,14fin - auch bekennen können. Daß sie damit aber keinen anderen bekennen als wiederum den Logos, also Jesus selbst in seiner Person als schöpferisches göttliches Wort, das zeigt die Bitte des Abschiedsgebetes in 17,17. Hieß es hier: "Heilige sie in deiner Wahrheit; dein Wort ist die Wahrheit", so scheint in dieser Aussage die Voraussetzung für das Bekenntnis von 1,14 zu liegen, in dem Jesus als der "Logos" und dieser als "voller Gnade und Wahrheit" gepriesen wird. Er selbst nämlich ist das Wort des Vaters, ὁ λόγος ὁ σός (17,17b), er ist die Wahrheit, in der die Glaubenden geheiligt (17,17a) und in der sie von Jesu "heiligem Vater" bewahrt werden (vgl. 17,11d.e). Faßt man einmal Jesu Bitten für die Jünger in der Situation des Abschieds als komplementäres Element zur Berufung der ersten Jünger auf, dann gehört auch die Heiligung der Glaubenden in der Wahrheit des Wortes zu jenem "Größeren", das Jesus den Jüngern in 1,50fin verheißen hatte.

Eingedenk dieser Verheißung Jesu an die neu berufenen Jünger spiegelt sich auch in den Bekenntnisaussagen von 1,14.16 wider, daß die Glaubenden nach Ostern μείζω, Größeres, gesehen haben. Dieses Größere findet im Prolog die Namen χάρις und ἀλήθεια, δόξα und πλήρωμα und meint schließlich nichts anderes, als Jesus in seiner ganzen Person, als Irdischen ebenso wie als Postexistenten und Präexistenten, ja eben als den "ewigen Logos" erkannt und erfahren zu haben. Daß diese Erfahrung an die nachösterliche Zeit und das Wirken des Geistes gebunden ist, das läßt die Dimension des μείξω unmittelbar korrespondieren mit der Dimension des συμφέρει, mit der Abschied Jesu sein heilvolles Prädikat erhält. Und so wird schließlich deutlich, daß die Verheißungen der Abschiedsreden als erfüllte nachösterliche Realität auch hinter dem Zeugnis stehen, das die "Wir"-Aussagen des Prologs für Jesus ablegen.

5.3. "Wir"-Aussagen im Munde Jesu

Außer im Munde der vorösterlichen Jünger und in Form der bekennenden Stimme des Prologs äußert sich das nachösterliche Glaubensbewußtsein der Gemeinde nun aber auch direkt im Munde der Figur Jesu. Diese Äußerungen sind daran zu erkennen, daß eine im Ich-Stil gehaltene Redepassage Jesu unvermittelt in den Wir-Stil übergeht[33]. Ein solcher Wechsel des Stils begegnet im Rahmen des Gesprächs zwischen Jesus und Nikodemus (3,11) und zu Beginn der Erzählung von der Heilung des Blindgeborenen (9,4a). Dabei sind es neben der stilistischen Eigenart auch wieder charakteristische Termini, die auf den nachösterlichen Standpunkt der Aussage verweisen.

5.3.1. Das Zeugnis Jesu in Joh 3,11

Die erste der zu behandelnden "Wir"-Aussagen, die das nachösterliche Glaubensbewußtsein der Gemeinde im Munde Jesu zum Ausdruck bringt, ist das feierlich durch doppeltes nicht-responsorisches "Wahrlich, wahrlich, ich sage dir" eingeleitete Wort Jesu in Joh 3,11:

ἀμὴν ἀμὴν λέγω σοι	1aα
ὅτι ὃ οἴδαμεν λαλοῦμεν	11aβ
καὶ ὃ ἑωράκαμεν μαρτυροῦμεν,	11aγ
καὶ τὴν μαρτυρίαν ἡμῶν οὐ λαμβάνετε.	11b

Das Zeugnis Jesu in Joh 3,11 beinhaltet in dichter Konzentration wesentliche Stichworte, die in den Abschiedsreden für den nachösterlichen Verstehensprozeß verwendet wurden. So ist in Vers 11aβ das vom nachösterlichen Standpunkt aus gesprochene οἴδαμεν der Jünger aus 16,30a wiederzuerkennen (vgl. auch Marthas οἶδα in 11,22). Und hinter Vers 11aγ werden, als erfüllte Realität bereits, die Verheißungen der Abschiedsreden sichtbar, die vom Sehen der Jünger (14,19; 16,16fin) und ihrem Zeugnisablegen (15,27) sprachen. Außerdem spiegelt sich die in den Abschiedsreden angekündigte Auseinandersetzung der Glaubenden mit der Welt wider (vgl.

---

[33] Zur Diskussion um das "Wir" in 3,11 vgl. *Schnackenburg*, aaO, 388f. *Schnackenburg* erwägt hier folgende Möglichkeiten: a) Jesus unter Einschluß der Jünger; b) auf Jesus bezogener pluralis majestatis im Sinne eines "potenzierten Ich" (so mit *Adolf von Harnack*, Das "Wir" in den Johanneischen Schriften, SA Berlin 1923, 96-113, hier 106f); c) eine "stilistische Variation"; d) ein "pluralis ecclesiasticus" (so mit *Hans von Campenhausen*, Die Idee des Martyriums in der alten Kirche, Göttingen 1936, 37, Anm. 2). *Schnackenburg* selbst entscheidet sich für eine Verbindung der Aspekte a) und d): Mit Vers 11 öffne sich der Blick Jesu "für die Zeit, da die Jünger sein 'Zeugnis' in ihrer Verkündigung aufnehmen und zum ihrigen machen" (aaO, 389).

15,18-16,4a). Denn wenn in Vers 11b, parallel zum Übergang des Ich-Stils Jesu zum Wir-Stil, die Du-Anrede an Nikodemus sich ausweitet auf eine Ihr-Anrede und dabei inhaltlich davon gesprochen wird, daß das Zeugnis der Glaubenden nicht angenommen wird, dann ist die aktuelle Verkündigung der nachösterlichen Gemeinde gegenüber den ungläubigen Juden mitten in die Darstellung des vorösterlichen Geschehens integriert[34]. Das negative *oὐ λαμβάνετε* auf seiten der Juden tritt in Erinnerung an das Bekenntnis der Gemeinde im Rahmen des Prologs dem positiven *ἐλάβομεν* von 1,16α pointiert gegenüber (vgl. auch *ἔλαβον* aus 1,12a und 17,8b).

Aber noch eine weitere Nuance ist zu beachten. Parallel zu dem Zeugnisablegen, das auf dem Inhalt beruht, den die Glaubenden gesehen und erkannt haben (Vers 11aγ), findet das Erkannte seine Umsetzung auch im Reden (Vers 11aβ). Dabei verweist das Verb *λαλεῖν* differenziert sowohl auf das Reden Jesu selbst (vgl. exemplarisch 12,49) als auch auf das Reden des Geistes. Denn dessen nachösterliches, auf Jesu künftige Offenbarung bezogenes Wirken wurde in der letzten Geistverheißung der Abschiedsreden ebenfalls als *λαλεῖν* bezeichnet (16,13fin). Wenn die nachösterliche Gemeinde also in 3,11 bekundet, sie sage das, was sie erkannt habe, und lege Zeugnis ab über das, was sie gesehen habe, dann betont sie mit der hier gewählten Ausdrucksweise zugleich, daß *ihr* Reden im Reden des Geistes gründet. Was sie nachösterlich durch das Wirken des Geistes erkannt und verstanden hat, das tut sie in seiner Vollmacht prophetisch kund[35]. Dank des

---

[34] Vgl. ähnlich auch *Onuki*, Gemeinde und Welt, 83: "Er (sc. der Evangelist) projiziert das Zeugnis seiner Gemeinde gegenüber dem zeitgenössischen Judentum zurück in das Zeugnis des irdischen Jesu gegenüber Nikodemus, dem seinerseits in dieser Zusammenschau die Rolle zufällt, das zeitgenössische Judentum zu vertreten". *Onuki* bewertet diesen literarischen Befund allerdings nicht als bewußtes Konzept. Er meint vielmehr: "Johannes vergißt hier für einen Augenblick, daß es von der textinternen Situation her gesehen in seiner Darstellung um einen Dialog zwischen dem irdischen Jesus und Nikodemus geht" und schließt daraus, daß "Johannes und seine Gemeinde die eigene, in der nachösterlichen Gegenwart stattfindende Zeugnisablegung prinzipiell nicht von der des irdischen Jesu unterscheiden" können (ebd.). Was hier als Unvermögen erscheint, läßt sich aber positiv als Integrationsvermögen und beabsichtigte Tendenz beschreiben. - *Bultmann*, Das Evangelium des Johannes, 104, führt den Wir-Stil auf die Quelle der Offenbarungsreden zurück (vgl. auch aaO, 93). Der Evangelist habe den Plural beibehalten, weil damit Jesus "eigentümlich verhüllt" werden könne und sich daher nicht offen erkennen lasse, "daß Jesus im Grunde der Einzige ist, der auf Grund seines Wissens redet und bezeugt, was er gesehen hat". *Bultmann* postuliert hier eine Art "Messiasgeheimnis" ("Die Rede soll den Ton des Geheimnisses behalten"). Nicht Jesu Person, sondern zunächst "Wesen und Schicksal der Botschaft" sollten hier deutlich werden. Das widerspricht jedoch dem Zeugnischarakter der sich an Vers 11 anschließenden Rede Jesu, in der die Bedeutung der Sendung des Sohnes in nuce zum Ausdruck kommt (vgl. Vers 16).

[35] *Onuki*, aaO, 83, spricht daher an dieser Stelle vom "charismatische(n) Bevollmächtigungsbewußtsein" der johanneischen Gemeinde.

ihr verliehenen und in einzigartiger Beziehung zu Jesu Wort stehenden Geistes kann sie selbst zum Sprachrohr Jesu werden[36]. Daher beschreibt sie auch ihr eigenes Wirken mit denselben Worten, mit denen sonst das Wirken Jesu charakterisiert wird (vgl. außer dem $\lambda\alpha\lambda\varepsilon\tilde{\imath}v$ auch das $\mu\alpha\varrho\tau\upsilon\varrho\varepsilon\tilde{\imath}v$ Jesu, exemplarisch in 8,14 und 18,37).

Sachlich schlägt sich also in der nachösterlichen Zeugnisaussage von 3,11 nieder, was auch im Abschiedsgebet zu beobachten war. Hatte die Figur Jesu dort in der Ich-Rede die Funktion übernommen, das nachösterliche Bewußtsein der Gemeinde zum Ausdruck zu bringen, so ist es ihr in 3,11 in Form der Wir-Rede in den Mund gelegt. Doch muß auch die typische $\dot{\alpha}\mu\dot{\eta}v$-$\dot{\alpha}\mu\dot{\eta}v$-Wendung, die in Vers 11aα noch im Ich-Stil gehalten ist, auf diesem Hintergrund eingeordnet werden. Sie - und mit ihr auch die zahlreichen anderen Belege dieser Formel im Johannesevangelium - ist wie die Ich-Rede des Abschiedsgebetes, die Wir-Rede im Gespräch mit Nikodemus und die charakteristische Ich-bin-Rede des johanneischen Jesus als Form der prophetischen Rede zu kennzeichnen, zu der die johanneische Gemeinde durch das Reden des Geistes nachösterlich bevollmächtigt ist[37].

Von den an Vers 11 gewonnenen Beobachtungen zum nachösterlichen Standpunkt des Zeugnisses Jesu erschließt sich nun aber auch die nicht ganz leicht zu durchschauende Komposition des ganzen Kapitels[38]:

Zunächst dialogisch aufgebaut durch den Wechsel von Frage und Antwort zwischen Jesus und Nikodemus (3,1-10), mündet der Gesprächsteil des

---

[36] Vgl. ebd.: "Durch den Mund der Gemeinde spricht Jesus Christus selbst".

[37] Vgl. in der vorliegenden Untersuchung S. 255 mit Anm. 61.

[38] Das Problem des Aufbaus von Joh 3 entzündet sich grundlegend an zwei Faktoren: zum einen an der Beobachtung, daß das Gespräch zwischen Jesus und Nikodemus in einen Monolog übergeht, ohne daß dieser Übergang klar markiert ist (als Teilproblem dieser Beobachtung wird auch die Frage nach dem Zusammenhang zwischen den Versen 12 und 13 aufgeworfen); zum anderen an dem Urteil, daß der Schluß des Kapitels (3,31-36) in einem Stil verfaßt sei, der nicht dem Täufer zugeordnet werden könne. *Schnackenburg* hat daher für die Abschnitte 3,13-21.31-36 den Begriff der "situationsgelösten Redestücke" geprägt und vorgeschlagen, sie als "Rede des Evangelisten (...)" einzuklammern" (vgl. dazu *Rudolf Schnackenburg*, Die "situationsgelösten" Redestücke in Joh 3, ZNW 49, 1958, 88-99, hier in nuce 90). Diese Rede des Evangelisten stelle eine "Homilie" dar, deren sachliche Abfolge in den Versen 31-36.13-21 bestehe. *Schnackenburgs* Gliederung des Kapitels sieht daher folgendermaßen aus: 3,1-12.31-36.13-21.22-30. Auch *Bultmann*, Das Evangelium des Johannes, 116 mit Anm. 1, stellt den letzten Abschnitt des Kapitels um, läßt ihn aber direkt an Jesu Rede in 3,11-21 anschließen. Seine Gliederung zeigt folgenden Aufbau des Kapitels: 3,1-8.9-21.31-36.22-30. *Becker*, Das Evangelium des Johannes, 129f, 156, läßt die Teile jeweils an ihrem Platz, wertet aber den Abschnitt 3,31-36 als "Nachtrag" der Kirchlichen Redaktion. Von den jüngeren Kommentaren wertet *Barrett*, The Gospel according to St. John, z.St., von den älteren Kommentaren *Walter Bauer*, Das Johannesevangelium, HNT 6, Tübingen ³1933, z.St., den Abschnitt 3,31-36 als Zeugnis des Täufers.

Kapitels aus in eine Rede Jesu (3,13-21). Es sind die Verse 11f, die zwischen diesen beiden Teilen das Scharnier bilden. Denn die Ihr-Anrede, zu der Vers 11b von der Du-Anrede übergegangen war, wird auch in Vers 12 zunächst noch weitergeführt in der Frage: "Wenn ich zu euch von den irdischen Dingen spreche und ihr nicht glaubt, wie werdet ihr dann glauben, wenn ich zu euch von den himmlischen Dingen spreche?" (εἰ τὰ ἐπίγεια εἶπον ὑμῖν καὶ οὐ πιστεύετε, πῶς ἐὰν εἴπω ὑμῖν τὰ ἐπουράνια πιστεύσετε;). Dann aber wechselt der Sprachstil zur Rede in der dritten Person. Gesprochen wird jetzt auf der einen Seite vom Menschensohn (Verse 13fin.14b), vom "einziggeborenen Sohn" (Vers 16b) oder absolut vom "Sohn" (Vers 17a), auf der anderen Seite vom Kosmos, zu dem Gott aus Liebe den Sohn gesandt hat (Vers 16a.b) sowie vom Glaubenden (Verse 15a.16b.18a) und dem, der "die Wahrheit tut" (Vers 21), abgegrenzt von jenem, der Schlechtes tut (Vers 20) und in Gegenüberstellung zu den Menschen, welche die Finsternis mehr lieben als das Licht (Vers 19).

Nach Abschluß dieses monologischen Teiles verändert das Kapitel seine Szene: Jesus geht mit den Jüngern nach Judäa, wandert dort mit ihnen umher und tauft (Vers 22)[39]. Im Stichwortanschluß zu ἐβάπτιζεν aus Vers 22fin wird der Blick von Jesus und seinen Jüngern dann weitergelenkt zu Johannes dem Täufer und dessen Jüngern (Verse 23-26). Sie halten sich ebenfalls in derselben Gegend auf und taufen. In Folge einer kurz nur erwähnten Diskussion zwischen den Täuferjüngern und einem Juden über die Taufe (Vers 25)[40], weisen die Jünger Johannes darauf hin, daß der, von dem er Zeugnis abgelegt habe, nun selbst taufe und viele Leute anziehe (Vers 26). Indem sich die Jünger mit dieser Aussage an Johannes wenden, gewinnt nun die Komposition des Kapitels ihren Rede- und Gesprächscharakter zurück. Denn zunächst gibt der Täufer seinen Jüngern Antwort (Verse 27-30). Seine Antwort zeigt, daß die Äußerung der Jünger über Jesu Taufen den Zweifel an der Legitimation seines Handelns ausdrücken sollte. Sentenzartig macht daraufhin Johannes deutlich, daß kein Mensch sich etwas nehmen kann, wenn es ihm nicht vom Himmel gegeben ist (Vers 27b: οὐ δύναται ἄνθρωπος λαμβάνειν οὐδὲ ἓν ἐὰν μὴ ᾖ δεδομένον αὐτῷ ἐκ τοῦ οὐρανοῦ). Als Antwort auf den Zweifel der Täuferjünger ist damit zum Ausdruck gebracht, daß Jesu Handeln in göttlicher Vollmacht gründet. Der Gedanke dieser einzigartigen Vollmacht Jesu steht dann auch hinter der folgenden Aussage, mit der Johannes seine Relation zu Jesus bestimmt (Vers

---

[39] Joh 4,2 bringt dann die Korrektur dieser Aussage: Jesus selbst habe freilich nicht getauft, sondern nur seine Jünger.

[40] Das Thema der Diskussion ist angegeben durch die Wendung περὶ καθαρισμοῦ (Vers 25fin), wobei καθαρισμός vom sachlichen Kontext her nicht einfach "Reinigung", sondern speziell die Taufe meint, vgl. dazu die Kommentare z.St.

28). Er erinnert seine Jünger daran, daß sie selbst bezeugen können, was er als Zeugnis abgelegt hat: daß er nicht der Christus, sondern vor diesem hergesandt sei. Die Aussagen des Prologs über den Täufer und sein Zeugnis aus den ersten Erzählungen des Evangeliums sind damit erneut formuliert.

Sein Verhältnis zu Jesus vergleicht Johannes daraufhin mit der Beziehung, in der ein Freund zum Bräutigam steht (Vers 29): Anders als der Bräutigam nämlich hat sein Freund nicht die Braut, sondern die Freude darüber, daß jener eine Frau gefunden hat (Vers 29a.b). So besteht auch die Freude des Johannes nicht darin, selbst Christus zu sein, sondern für Christus Zeugnis abzulegen. Daß sich eben diese Freude für ihn jetzt erfüllt hat (Vers 29c), pointiert er in den Worten: ἐκεῖνον δεῖ αὐξάνειν, ἐμὲ δὲ ἐλαττοῦσθαι - "er muß wachsen, ich aber muß abnehmen" (Vers 30). Johannes hat seinen Auftrag erfüllt, vor Jesus herzugehen und ihn als den Sohn Gottes zu bezeugen (vgl. 1,6-8.15.19-34).

Nach dieser zugespitzten Sentenz schließt das Gespräch mit den Jüngern und mündet, wie das Gespräch zwischen Jesus und Nikodemus, aus in eine Rede des Johannes[41]. Gerade seine Funktion als Zeuge scheint sich in dieser Einheit am Ende von Kapitel 3 noch einmal zu veranschaulichen. Denn nicht eigentlich als Täufer Jesu hat Johannes im vierten Evangelium seine besondere Würde. Daher wird er auch nirgendwo ὁ βαπτίζων genannt (vgl. dagegen exemplarisch Mk 1,4). Noch im Gespräch mit den Jüngern war er von diesen ja nicht als der bezeichnet worden, der Jesus getauft habe. Die Jünger hatten ihn vielmehr als den angesprochen, der Jesus bezeugt hat (Vers 26d).

Stilistisch ist die Zeugnisrede des Johannes wie Jesu Monolog in den Versen 13-21 von Formulierungen der dritten Person geprägt. Substantivierte Partizipien bilden zum großen Teil die Subjekte und verleihen dem Zeugnis seinen überpersönlichen Charakter. So wird sentenzartig von dem gesprochen, der "von oben" oder "vom Himmel gekommen" und daher "über allem" ist (Vers 31a.c). Ihm steht derjenige gegenüber, der "aus der Erde ist" und daher irdisch lebt und spricht (Vers 31b). Jener, der vom Himmel gekommen ist, bezeugt, was er gesehen und gehört hat (Vers 32a), keiner aber nimmt sein Zeugnis an (Vers 32b). Doch derjenige, der das Zeugnis annimmt, bestätigt, daß Gott wahrhaftig ist (Vers 33). Denn der, der vom Himmel gekommen ist, ist der von Gott Gesandte, der Gottes Worte in der Vollmacht des göttlichen Geistes offenbart (Vers 34).

Mit diesen Aussagen schlägt nun das Zeugnis des Johannes den Bogen zurück zur Rede Jesu. Denn der, der vom Himmel gekommen ist, war in Vers 13 bezeichnet worden als ὁ ἐκ τοῦ οὐρανοῦ καταβάς. Und der, von

---

[41] Vgl. Anm. 38.

dem Johannes sagt, er bezeuge, was er gesehen und gehört habe, hatte in Vers 11 (in der Wir-Form) selbst sein Zeugnis ausgesprochen (vgl. die direkte Entsprechung zwischen Vers 32a und Vers 11a). Durch das Motiv des Zeugnisses sind daher beide Reden sorgfältig aufeinander bezogen. So entspricht sich das jeweils abgelegte Zeugnis auch inhaltlich: Betonte Vers 16 im Zeugnis Jesu, daß die Sendung des Sohnes in der Liebe des Vaters gründet, so führt Vers 35 im Zeugnis des Johannes fort, daß daher auch Jesu Vollmacht in der Liebe des Vaters begründet liegt. Denn der Vater hat dem Sohn "alles in die Hand gegeben". Spitzen die Verse 15-18a im Zeugnis Jesu die Sendung des Sohnes in die Welt auf das Heil der Glaubenden zu, so greift auch Vers 36a im Zeugnis des Johannes den Gedanken des ewigen Lebens für den Glaubenden auf. War das Heil der Glaubenden der Krisis des Unglaubens in Jesu Rede gegenübergestellt worden (Verse 18b-21), so schließt das Zeugnis des Johannes mit der Verheißung, daß der, der nicht an den Sohn glaubt, das Leben nicht sehen, sondern unter dem Zorn Gottes bleiben werde (Vers 36b.c).

Die Einordnung beider Zeugnisreden in den nachösterlichen Standpunkt der Darstellung erschließt sich nun unter dem Vorzeichen von Vers 11. Denn hier war hinter der Wir-Form der Aussage Jesu die nachösterliche Gemeinde sichtbar geworden. Die auf Vers 11 folgende Rede Jesu und ebenso die Rede des Johannes am Schluß des Kapitels erwecken aus der Perspektive von Vers 11 den Eindruck, das in ihm faktisch ausgesprochene Zeugnis der nachösterlichen Gemeinde inhaltlich zu entfalten. Denn Inhalt beider Zeugnisreden ist Jesu Sendung, die in seinem exklusiven Verhältnis zum Vater gründet und auf das ewige Leben der Menschen im Glauben zielt. Diese inhaltliche Seite entspricht konsequent dem an den Abschieds- reden herausgearbeiteten, in den Aussagen des Abschiedsgebetes und in den Bekenntnissen außerhalb der Abschiedssituation wiedergefundenen Inhalt des nachösterlichen Verstehensprozesses. Gerade in Verbindung mit dem zuletzt besprochenen nachösterlichen Bekenntnis der Gemeinde im Rahmen des Prologs läßt sich daher auch bestimmen, daß die Reden in Joh 3 von Jesu Herrlichkeit Zeugnis ablegen. Denn wenn es in 1,14b heißen konnte: "Und wir sahen seine Herrlichkeit", dann ist an diese Doxa auch gedacht, wenn 3,11 einleitend zu den Zeugnisreden Jesu und des Johannes sagt: "Was wir gesehen haben, das bezeugen wir". Neben dem Inhalt des nach- österlichen Bekenntnisses scheint sich in dem einander entsprechenden Stil beider Reden aber auch die Form des nachösterlichen Zeugnisses wider- zuspiegeln. Der generalisierende Stil des Zeugnisses nämlich trägt einen überindividuellen Charakter, hinter dem die Gemeinde selbst zurücktritt. Weder legt sie für sich selbst Zeugnis ab, noch kommt ihr Zeugnis aus eigener Kraft. Vielmehr legt sie für Jesus Zeugnis ab, und zwar in der Kraft des Geistes. Die überindividuelle Sprachform weist auf das Lehren und

Leiten des Geistes, das die Abschiedsreden als Grundlage des nachösterlichen Verstehens und Verkündigens beschrieben hatten.
An ausgewählten Stellen kann die Gemeinde mit ihrem "Wir" aus dem
Hintergrund heraustreten. Doch gilt dann für sie, was Johannes in dem Bild
von Bräutigam und Freund ausgedrückt hat. Die Freude der Glaubenden
besteht nicht darin, sich selbst zu bezeugen, sondern sie erfüllt sich darin,
daß sie in der Kraft des Geistes Zeugnis für Jesus ablegen können. In ihrer
geistgeleiteten prophetischen Wirksamkeit für Jesus zeigt sich das "Wieder-
geborenwerden" und "Neugeborenwerden aus Wasser und Geist", das Gegenstand des Gespräches zwischen Jesus und Nikodemus vor den beiden
Zeugnisreden ist (3,1-10).

5.3.2. Jesu Mahnung in Joh 9,4

Es ist dieser Zusammenhang zwischen Herrlichkeit, neuem Leben und
Zeugnis, der sich auch hinter der eindrucksvollen Komposition von der
Heilung des Blindgeborenen in Joh 9 verbirgt[42]. Denn wenn hier erzählt
wird, wie einem von Geburt an Blinden die Augen aufgetan werden, wie
dieser Geheilte dann sein Zeugnis für Jesus offen ablegt vor allen, die ihn
nach seiner Genesung fragen und schließlich vor Jesus selbst niederfällt, um
in aller Eindeutigkeit zu bekennen: "Ich glaube, Herr" (9,38b), dann ist es
die komprimierte "Wir"-Aussage von 3,11, die sich hier narrativ entfaltet
und veranschaulicht hat[43]. Der ehemals Blinde sagt, was er weiß, und
bezeugt, was gerade er jetzt mit seinen neu geöffneten Augen gesehen hat.
　Die Erzählung von der Heilung des Blindgeborenen in Joh 9,1-41 weist
bereits in den einleitenden Versen (vgl. Vers 4a) und in den Versen der
eigentlichen Heilungsszene (Vers 6f) auf Jesus als den Gesandten hin. Zunächst am Detail des Heilungsvorgangs insofern interessiert, als genau beschrieben wird, wie Jesus erst auf den Boden spuckt, dann einen Brei aus
dem Speichel und dem Sand des Bodens macht, um diesen schließlich auf
die Augen des Blinden zu streichen (Vers 6), zielt die Szene doch auf Jesu
Wort an den Kranken: "Geh, wasche dich im Teich von Siloam" (Vers 7b).
Siloam, so setzt der Textkommentar erklärend hinzu, heiße übersetzt: "Der
Gesandte" (Vers 7c). Assoziativ ist damit Jesus selbst als der Gesandte und

---

[42] Auf den kunstvollen Aufbau von Joh 9 weist auch *Günther Bornkamm*, Die Heilung
des Blindgeborenen, in: Geschichte und Glaube II (Gesammelte Aufsätze IV), München
1971, 65-72, hier 67, hin.

[43] *Schnackenburg*, Das Johannesevangelium II, 310, nennt es den "Zeugniswert" der
Heilung des Blindgeborenen, der in den sich anschließenden Gesprächsszenen in Joh 9
"erhärtet" werde.

seine Heilungskraft als Sendungsvollmacht in Erinnerung gebracht[44]. Die Pointe folgt dann Schlag auf Schlag: Der Kranke geht zu dem genannten Teich, wäscht sich dort - und kehrt sehend zurück (Vers 7d).

Der Heilung vorausgegangen war ein kurzes Gespräch zwischen Jesus und den Jüngern, das an den Eingang der Erzählung von der Auferweckung des Lazarus erinnert. Dort hatte Jesus den Schwestern Maria und Martha erklärt, daß an der Krankheit ihres Bruders nicht das Wesen des Todes, sondern das Wesen der Herrlichkeit Gottes offenbar werden solle (11,4). Ähnlich ordnet nun Jesus auch in Joh 9 die Krankheit des Blindgeborenen ein. An ihr, so erklärt er den Jüngern, sollen die Werke Gottes offenbar werden (Vers 3c)[45]. Mit dieser Erklärung wird abgewehrt und zugleich überboten, was die Jünger selbst angesichts des Blindgeborenen erwogen hatten. Sie nämlich sehen im Sinne des jüdischen Vergeltungsglaubens[46] in seiner Krankheit eine Folge von Sünde. Daher hatten sie Jesus gefragt, wer denn wohl gesündigt habe: der Kranke selbst oder zuvor schon seine Eltern (Vers 2). Weder er habe gesündigt noch seine Eltern, erwidert ihnen Jesus. Die Begegnung mit dem Blindgeborenen sei nicht dazu da, diese Frage zu stellen und zu beantworten (Vers 3b). Sie sei vielmehr dazu da, die Werke Gottes offenbar zu machen (Vers 3c).

Joh 9,4a. Es ist diese Erklärung Jesu, an die sich nun die "Wir"-Aussage in seinem Munde anschließt[47]:

$$\mathring{\eta}\mu\tilde{\alpha}\varsigma\ \delta\varepsilon\tilde{\iota}\ \mathring{\varepsilon}\varrho\gamma\acute{\alpha}\zeta\varepsilon\sigma\vartheta\alpha\iota\ \tau\grave{\alpha}\ \mathring{\varepsilon}\varrho\gamma\alpha\ \tauο\tilde{\upsilon}\ \pi\acute{\varepsilon}\mu\psi\alpha\nu\tau\acute{ο}\varsigma\ \mu\varepsilon \qquad 4a\alpha$$
$$\mathring{\varepsilon}\omega\varsigma\ \mathring{\eta}\mu\acute{\varepsilon}\varrho\alpha\ \mathring{\varepsilon}\sigma\tau\acute{\iota}\nu\cdot \qquad 4a\beta$$

Wie in 3,11 wechselt auch hier innerhalb eines einzigen syntaktischen Gefüges der Ich-Stil mit dem Wir-Stil der Aussage. In der Geschichte der Überlieferung des Textes hat es daher verschiedene Versuche der Angleichung gegeben. Doch ist gerade die unausgeglichene Form des Satzes als die lectio difficilior gegenüber den abweichenden Lesarten zu bevorzugen[48].

Als Stichwort aus dem nachösterlichen Verstehensprozeß begegnen in der Mahnung Jesu von Joh 9,4a nur die $\mathring{\varepsilon}\varrho\gamma\alpha$ (Vers 4aα). Sie waren in den

---

[44] Vgl. *Bornkamm*, Die Heilung des Blindgeborenen, 68.

[45] Den Zusammenhang zwischen Joh 9,4 und Joh 11,4 stellt auch *Becker*, Das Evangelium des Johannes, 317f, her.

[46] Vgl. *Bornkamm*, aaO, 67, und jeweils die Kommentare z. St.

[47] *Bornkamm*, aaO, 68, Anm. 12, geht allerdings davon aus, daß sich im "Wir" dieser Aussage Jesus mit den Jüngern zusammenschließe. So auch *Becker*, aaO, 318. Anders dagegen *Schnackenburg*, aaO, 306, der auch die Verbindung zwischen dem Stil-Wechsel in 3,11 und 9,4 sieht und betont, daß das "Wir" bewußt gesetzt sei, und *Onuki*, Gemeinde und Welt, 83f.

[48] Zur textkritischen Bewertung des Verses vgl. exemplarisch *Schnackenburg*, aaO, 306 mit Anm. 1.

Abschiedsreden als $\mu\varepsilon i\zeta o\nu\alpha$ $\check{\varepsilon}\varrho\gamma\alpha$ den Glaubenden für die nachösterliche Zeit verheißen worden (14,12). Dabei war aus dem sachlichen Bezug jener Verheißung zu den Aussagen über das künftige Wirken des Geistes als Parakleten erkennbar geworden, daß die "größeren Werke" im geistgeleiteten Zeugnis der Glaubenden für Jesus bestehen. Einerseits der Gedanke des Bewahrens der Worte Jesu ($\tau\eta\varrho\varepsilon\tilde{\iota}\nu$ $\tau\dot{o}\nu$ $\lambda\acute{o}\gamma o\nu$; 14,23), andererseits die Rede von der Fortführung des Sendungsauftrages ($\tau\eta\varrho\varepsilon\tilde{\iota}\nu$ $\tau\dot{\alpha}\varsigma$ $\dot{\varepsilon}\nu\tau o\lambda\acute{\alpha}\varsigma$ und $\check{\varepsilon}\chi\varepsilon\iota\nu$ $\tau\dot{\alpha}\varsigma$ $\dot{\varepsilon}\nu\tau o\lambda\acute{\alpha}\varsigma$; 14,15.21) hatten erläutert, was mit diesem Zeugnis der "Werke" gemeint sei. Daß nun auch in Joh 9,4a die $\check{\varepsilon}\varrho\gamma\alpha$ im Sinne des Zeugnisses gemeint sind, läßt sich erkennen, wenn der Bezug zu einer Aussage des bereits Geheilten hergestellt wird. Dieser nämlich hält am Ende seines Weges durch die Fragen der Nachbarn (9,8-12) und die Verhöre der Pharisäer (9,13-17.24-34) eine Rede (9,30-33), in deren Mitte wiederum unvermittelt eine "Wir"-Aussage erscheint (9,31a: $o\check{\iota}\delta\alpha\mu\varepsilon\nu$ $\check{o}\tau\iota$ $\dot{\alpha}\mu\alpha\varrho\tau\omega\lambda\tilde{\omega}\nu$ $\dot{o}$ $\vartheta\varepsilon\dot{o}\varsigma$ $o\dot{v}\varkappa$ $\dot{\alpha}\varkappa o\acute{v}\varepsilon\iota$)[49]. Pointiert steht dieser Aussage das $o\check{\iota}\delta\alpha\mu\varepsilon\nu$ voran, das in 16,30a und 3,11a den nachösterlichen Standpunkt markiert hatte. Es steht innerhalb des zweiten Verhöres und der Rede des Geheilten zugleich dem $o\check{\iota}\delta\alpha\mu\varepsilon\nu$ gegenüber, das die Pharisäer sprechen. Während sie zu wissen meinen, daß der, der den Blinden geheilt hat, sündig sei (Vers 24c: $\dot{\eta}\mu\varepsilon\tilde{\iota}\varsigma$ $o\check{\iota}\delta\alpha\mu\varepsilon\nu$ $\check{o}\tau\iota$ $o\tilde{v}\tau o\varsigma$ $\dot{o}$ $\check{\alpha}\nu\vartheta\varrho\omega\pi o\varsigma$ $\dot{\alpha}\mu\alpha\varrho\tau\omega\lambda\acute{o}\varsigma$ $\dot{\varepsilon}\sigma\tau\iota\nu$) und daß kein anderer als allein Moses von Gott gesprochen habe (Vers 29a: $\dot{\eta}\mu\varepsilon\tilde{\iota}\varsigma$ $o\check{\iota}\delta\alpha\mu\varepsilon\nu$ $\check{o}\tau\iota$ $M\omega\ddot{v}\sigma\varepsilon\tilde{\iota}$ $\lambda\varepsilon\lambda\acute{\alpha}\lambda\eta\varkappa\varepsilon\nu$ $\dot{o}$ $\vartheta\varepsilon\acute{o}\varsigma$), verraten sie ihr Unwissen über Jesu Person mit den Worten: "Wir wissen nicht, woher er ist" (Vers 29b: $\tau o\tilde{v}\tau o\nu$ $\delta\grave{\varepsilon}$ $o\dot{v}\varkappa$ $o\check{\iota}\delta\alpha\mu\varepsilon\nu$ $\pi\acute{o}\vartheta\varepsilon\nu$ $\dot{\varepsilon}\sigma\tau\acute{\iota}\nu$).

Gerade das, so entgegnet ihnen darauf der Geheilte, sei ja das Erstaunliche: daß Jesus ihm die Augen geöffnet habe und sie doch nicht wüßten, woher Jesus sei (Vers 30). Von Gott sei er, Gottes Willen erfülle er - das sagt daraufhin sein Zeugnis in Vers 31. Sündig könne Jesus nicht sein. Denn einen Sündigen "erhöre" Gott nicht (Vers 31a). Sondern den Gottesfürchtigen, der Gottes Willen tut, den "erhöre" Gott (Vers 31b: $\dot{\alpha}\lambda\lambda$ $\dot{\varepsilon}\acute{\alpha}\nu$ $\tau\iota\varsigma$ $\vartheta\varepsilon o\sigma\varepsilon\beta\grave{\eta}\varsigma$ $\check{\eta}$ $\varkappa\alpha\grave{\iota}$ $\tau\dot{o}$ $\vartheta\acute{\varepsilon}\lambda\eta\mu\alpha$ $\alpha\dot{v}\tauo\tilde{v}$ $\pi o\iota\tilde{\eta}$ $\tau o\acute{v}\tau o\upsilon$ $\dot{\alpha}\varkappa o\acute{v}\varepsilon\iota$). Wie in Jesu Gespräch mit dem Vater am Grab des Lazarus (11,42) ist es auch hier im pluralisch formulierten Zeugnis des Geheilten das Motiv des Hörens, das die Beziehung zwischen Jesus und dem Vater zum Ausdruck bringt. Daß der Geheilte dieses Zeugnis von der Einheit zwischen Vater und Sohn ablegt, erfüllt das $\delta\varepsilon\tilde{\iota}$, von dem in Vers 4a$\alpha$ die Rede war. Denn darin

---

[49] Vgl. zum hier hergestellten Bezug des Verses auf den nachösterlichen Standpunkt auch *Schnackenburg*, aaO, 319, der ebenfalls davon ausgeht, daß sich im $o\check{\iota}\delta\alpha\mu\varepsilon\nu$ "die christliche Gemeinde zu Wort" melde. Anders hingegen *Bultmann*, Das Evangelium des Johannes, 256, der meint, daß der Geheilte sich hier mit den Juden zusammenfasse und sich darin gerade positiv als echter Mose-Jünger erweise.

werden die Werke Gottes getan, daß Zeugnis abgelegt wird für den, den Gott gesandt hat (vgl. auch 6,29 im Kontext der Brotrede). Wenn daher Jesus in 9,4aα sagt: "Wir müssen die Werke dessen tun, der mich gesandt hat", dann sagt die nachösterliche Gemeinde damit: "Wir müssen Zeugnis ablegen von dem, den der Vater gesandt hat". Die Transparenz der Aussage geht soweit, daß die im Munde des johanneischen Jesus typische Wendung für den Vater, ὁ πέμψας με, in der Rede der Gemeinde nicht ersetzt, sondern formelhaft beibehalten wird (vgl. in Vers 4aα das Genitivattribut τοῦ πέμψαντός με).

Von dem beobachteten Zusammenhang zwischen der Mahnung Jesu in 9,4a und dem Zeugnis des Geheilten in 9,31 erhält auch Vers 3 des Kapitels nochmals eine neue Bedeutungsnuance. Die Aussage nämlich, daß an der Krankheit des Blindgeborenen die Werke Gottes offenbar werden sollen, trägt ebenfalls den Charakter der Transparenz: Auf seiten Jesu drückt sie aus, daß Gottes Werke in Jesu Vollmacht über das Leben offenbar werden und er den Blinden zu heilen vermag. Denn an dessen neugewonnenem Augenlicht erfüllt sich Jesu Wort: "Ich bin das Licht der Welt. Wer mir nachfolgt, der wird nicht wandeln in der Finsternis, sondern das Licht des Lebens haben" (8,12; vgl. 1,4f)[50]. Auf seiten des Geheilten, der für die Gemeinde steht, bringt sie zum Ausdruck, daß Gottes Werke im Zeugnis der Glaubenden für Jesus sichtbar werden. Denn das Licht der Welt, das Licht des Lebens - das ist es, was der Blindgeborene in der Begegnung mit Jesus erfahren hat und wovon die nachösterliche Gemeinde in seinem Munde (Vers 31) wie im Munde Jesu (Verse 3c.4a) Zeugnis ablegt.

5.4. Bilanz und weiterführende Perspektive

Die "Wir"-Aussagen außerhalb der Abschiedsreden wurden unter der Frage untersucht, wie sich an ihnen die Integration der nachösterlichen Realität in die vorösterliche Situation fassen läßt. Welches Ergebnis läßt sich jetzt formulieren? Und wie verhält es sich zu den Beobachtungen, die am Vergleich zwischen den Verheißungen der Abschiedsreden und der Rückschau des Abschiedsgebetes gewonnen werden konnten?

(1) Im Abschiedsgebet hatte Jesu Rückschau auf das vollendete Sendungswerk in genauer Entsprechung zu den Verheißungen der Abschiedsreden wesentliche Aspekte des nachösterlichen Verstehensprozesses als be-

---

[50] Die Brücke zu 8,12 schlagen auch *Bornkamm*, aaO, 67, und die Kommentare bei der Auslegung zu Joh 9. *Bultmann*, aaO, 249, 260f, stellt das Ich-bin-Wort von 8,12 allerdings hinter die Erzähleinheit von 9,1-41, so daß hier 8,12 nicht als Vorverweis auf Joh 9, sondern als dessen Zusammenfassung erscheint.

reits erfüllte Realität vor Augen geführt: Erstens, *daß* die Glaubenden zur Erkenntnis gelangt sind, zweitens, *was* sie über Jesus erkannt haben (in nuce: seine Sendung vom Vater; vgl. 17,25c) und drittens, *wie* sie ihre Erkenntnis wirkungsvoll umsetzen (in nuce: durch die Verkündigung des Wortes; vgl. 17,20b) war vom nachösterlichen Standpunkt aus ebenso in Jesu Rückschau und Fürbitten integriert worden wie die der nachösterlichen Zeit vorbehaltene Erfahrung, Jesu Sendungsvollmacht ($\delta \acute{o} \xi \alpha$) erhalten und damit Teil an ihm selbst gewonnen zu haben (17,22f).

(2) Während Faktum, Inhalt, Umsetzung und Erfahrung des nachösterlichen Verstehensprozesses im Abschiedsgebet ausdrücklich in Jesu Rückschau und Fürbitten wieder genannt waren, wurde das Wirken des Geistes als Ursache des nachösterlichen Verstehens nicht wieder erwähnt. Dieser Befund zeigte einerseits, daß es das besondere Merkmal der Abschiedsreden ist, Ursache und Entstehung des nachösterlichen Verstehensprozesses transparent zu machen, um die zentrale Bedeutung des nachösterlichen Geistwirkens herauszustellen. Er machte andererseits aber auch deutlich, daß die nachösterliche Realität vorauszusetzen ist für die Konzeption des Abschiedsgebetes im Munde des Vorösterlichen. Daher konnte das Abschiedsgebet auch als Dokument der nachösterlichen Geisterfahrung verstanden werden.

(3) Es ist dieses Ergebnis, das auch nach der Untersuchung der verschiedenen "Wir"-Aussagen außerhalb der Abschiedsreden formuliert werden kann. Tatsache und Inhalt der nachösterlichen Einsicht sowie die damit verbundene Erfahrung sind in ihnen deutlich wiederzuerkennen. Auskunft über Ursache und Entstehung der Einsicht geben jedoch auch die "Wir"-Aussagen nicht. Vom Geist ist hier nirgendwo die Rede. Ihrem Charakter nach sind sie jedoch allesamt als nachösterliche "Martyria" zu verstehen, die auf keinen anderen als den Geist zurückzuführen ist. Sie dokumentieren daher eo ipso die Umsetzung des geistgeleiteten Verstehensprozesses in das prophetische Zeugnis[51].

Weiterführende Perspektive. Außer den bisher besprochenen Aussagen, in denen die Realität der nachösterlichen Glaubenseinsicht ohne Erwähnung des Geistwirkens in die Darstellung der vorösterlichen Zeit integriert wurde, gibt es nun aber außerhalb der Abschiedsreden auch Aussagen, die gerade

---

[51] Dabei läßt sich auch auf das Johannesevangelium anwenden, was *Helmut Merklein*, Der Theologe als Prophet. Zur Funktion prophetischen Redens im theologischen Diskurs des Paulus, NTS 38, 1992, 402-429, an den paulinischen Texten 1 Thess 4,13-18; 1 Kor 15; 1 Kor 2,6-16 und Röm 11,25-36 im Hinblick auf das Verhältnis von Kerygma und Prophetie erarbeitet hat: "Prophetie ist mehr als nur Entfaltung des Kerygmas. Sie bringt Sachverhalte zur Sprache, die vom Kerygma noch nicht bedacht sind und sich materialiter auch nicht notwendig aus ihm ergeben" (427).

vom Wirken des Geistes sprechen. Ihr terminologisches Merkmal ist, daß sie, anders als die Abschiedsreden, weder den Titel ὁ παράκλητος noch die Prädikation τὸ πνεῦμα τῆς ἀληθείας verwenden. Vielmehr gebrauchen sie die in den Abschiedsreden einmal begegnende Prädikation τὸ πνεῦμα τὸ ἅγιον formelhaft als πνεῦμα ἅγιον und ansonsten das absolute (τὸ) πνεῦμα.

Die πνεῦμα-Aussagen sind nun im folgenden zur abschließenden Profilierung des nachösterlichen Standpunktes zu behandeln. Leitender Gesichtspunkt bleibt die Beobachtung der Integration der nachösterlichen Glaubenseinsicht und Geisterfahrung in die Darstellung des vorösterlichen Geschehens.

6. Hinweise in den Geistaussagen außerhalb der Abschiedsreden

6.1. Überblick über die πνεῦμα-Aussagen des Johannesevangeliums

6.1.1. Übersicht über den Stellenbestand[1]

Kontext	Textbeleg	παράκλητος	πνεῦμα
Zeugnis des Johannes von	1,32		τὸ πνεῦμα
der Geistherabkunft auf Jesus	1,33c		τὸ πνεῦμα
("Taufe Jesu": 1,19-34)	1,33d		πνεῦμα ἅγιον
Gespräch Jesu mit Nikodemus	3,5c		πνεῦμα
(3,1-10f)	3,6b		τὸ πνεῦμα
	3,6fin		πνεῦμα
	3,8a		τὸ πνεῦμα
Zeugnisrede des Johannes für Jesus (3,31-36)[2]	3,34b		τὸ πνεῦμα
Gespräch Jesu mit der	4,23b		πνεῦμα
Samaritanerin (4,1-26)	4,24a		πνεῦμα
Gespräch Jesu mit den	6,63a		τὸ πνεῦμα
Jüngern nach der Brotrede	6,63fin		πνεῦμα
(6,60-71)			
Jesu Ausruf am letzten Tag	7,39a		τὸ πνεῦμα
des Laubhüttenfestes,	7,39b		πνεῦμα
kommentiert durch einen			
Textkommentar			
(7,37-39)			

---

[1] Vgl. *Porsch*, Pneuma und Wort, 14-16, der in seinem tabellarischen Überblick auch die Pneuma-Aussagen der synoptischen Evangelien berücksichtigt.

[2] Zur Qualifizierung dieser Einheit als "Zeugnisrede des Johannes" vgl. den Abschnitt über die "Wir"-Aussagen Jesu in Joh 3,11 unter Punkt 5.3.1. der vorliegenden Untersuchung.

Auferweckung des Lazarus (11,1-44)	11,33b	τὸ πνεῦμα
Abschiedsmahl Jesu mit den Jüngern (13,1-30)	13,21a	τὸ πνεῦμα
Abschiedsreden Jesu an die Jünger (13,31-16,33)	14,16a, dazu in Apposition 14,17a	ἄλλος παράκλητος τὸ πνεῦμα τῆς ἀληθείας
	14,26a, dazu in Apposition 14,26b	ὁ παράκλητος τὸ πνεῦμα τὸ ἅγιον
	14,26d	ἐκεῖνος
	15,26a, dazu in Apposition 15,26b	ὁ παράκλητος τὸ πνεῦμα τῆς ἀληθείας
	15,26fin	ἐκεῖνος
	16,7d	ὁ παράκλητος
	16,8	ἐκεῖνος
	16,13a, dazu in Apposition 16,13b	ἐκεῖνος τὸ πνεῦμα τῆς ἀληθείας
	16,14a	ἐκεῖνος
Jesu Tod am Kreuz (19,28-30)	19,30fin	τὸ πνεῦμα
Jesu Erscheinung als Auf- erstandener vor den elf Jüngern (20,19-23)	20,22b	πνεῦμα ἅγιον

6.1.2. Zu den verschiedenen Geistprädikationen

Die Abschiedsreden hatten das Wirken des Geistes für die nachösterliche Zeit verheißen und dabei den besonderen Titel ὁ παράκλητος für ihn verwendet (14,16a.26a; 15,26a; 16,7d). Der nominale Titel konnte auch wegfallen und von dem Pronomen ἐκεῖνος vertreten werden (14,26d; 15,26fin; 16,8.13a.14a). Sowohl bei der nominalen als auch bei der pronominalen Verwendung des Titels wurde - bis auf eine Ausnahme (16,7) - jeweils in Apposition hinzugefügt, daß es sich bei dem "Parakleten" um das πνεῦμα handle.

Das πνεῦμα selbst wurde zum einen als τὸ πνεῦμα τὸ ἅγιον prädiziert (14,26b), zum anderen als τὸ πνεῦμα τῆς ἀληθείας (14,17a; 15,26b; 16,13b). Aus der appositionellen Stellung beider Geistprädikationen zum Titel ὁ παράκλητος geht dabei hervor, daß der "Heilige Geist" und der "Geist der Wahrheit" nicht zwei verschiedene Größen sind, sondern untereinander identisch[3].

Es war bereits zu sehen, daß die Prädikation "Heiliger Geist" in den Abschiedsreden in bewußter Verbindung zu dem Wirken steht, das als charakteristisch für den Parakleten entworfen wird. Denn im Zusammenhang mit der Prädikation Jesu als ὁ ἅγιος τοῦ θεοῦ im Petrusbekenntnis (6,69) und mit der Anrede des Vaters als πάτερ ἅγιε im Abschiedsgebet (17,11d) war zu entdecken, daß "heilig" im Sprachgebrauch des Johannesevangeliums eine Dimension ist, mit der auf die göttliche Wahrheit verwiesen wird, die sich im Wort und in der Person Jesu offenbart (vgl. in nuce 17,17 mit 1,1.14 und 14,6). "Heilig" kann der Geist als Paraklet in den Abschiedsreden daher gerade in jener Verheißung genannt werden, die davon spricht, daß er Jesu Wort lehren und erinnern wird (14,26). Der traditionelle urchristliche Begriff des πνεῦμα ἅγιον erfährt auf diese Weise eine besondere inhaltliche Nuancierung und Konzentration[4].

Findet die Geistprädikation τὸ πνεῦμα τὸ ἅγιον außerhalb der Abschiedsreden im formelhaften πνεῦμα ἅγιον Resonanz (1,33d; 20,22b), so ist hingegen die Prädikation τὸ πνεῦμα τῆς ἀληθείας - wie der Titel ὁ παράκλητος - ganz auf die Abschiedsreden beschränkt[5]. Wie die Prädika-

---

[3] Das gilt auch dann, wenn beide Prädikationen auf verschiedene Traditionskreise zurückgehen mögen; vgl. *Porsch*, aaO, 239 mit Anm. 115.

[4] Vgl. hierzu *Dietzfelbinger*, Paraklet und theologischer Anspruch, 401f.

[5] Mit dem Begriff ὁ παράκλητος hat sie außerdem gemeinsam, innerhalb des Neuen Testamentes nur im johanneischen Schrifttum zu begegnen, vgl. außer 14,17; 15,26; 16,13 den einzigen weiteren Beleg in 1 Joh 4,6. Hier ist der "Geist der Wahrheit" dem "Geist des Irrtums" (τὸ πνεῦμα τῆς πλάνης) gegenübergestellt. Beide werden unterschieden anhand des Kriteriums, ob das Bekenntnis zu Jesus festhält, daß er Fleisch geworden sei oder nicht. Für die Prädikation τὸ πνεῦμα τῆς ἀληθείας im dualistisch gefärbten Abschnitt 1

tion "Heiliger Geist" steht auch sie in bewußter Beziehung zum Wirken, zur Herkunft und zur qualifizierten Präsenz des Parakleten. So erscheint sie zum einen gerade dort, wo von seinen Funktionen, in alle Wahrheit zu führen (16,13) und von Jesus Zeugnis abzulegen (15,26) gesprochen wird. Zum anderen pointiert sie in 15,26 die Aussage, daß der Paraklet "von Gott ausgeht", also aus dem göttlichen Bereich der Wahrheit herkommt (15,26). Und schließlich steht sie eingebettet in Aussagen über die bleibende Gegenwart des Parakleten bei den Jüngern und trägt so konnotativ den Aspekt der Gültigkeit und Zukunft der göttlichen Offenbarung in sich (14,17; vgl. 16,13).

6.2. Die Relationen des Geistes außerhalb der Abschiedsreden

Um einen inhaltlichen Überblick über die πνεῦμα-Aussagen zu gewinnen, ist es nützlich, die in ihnen angesprochene Themenvielfalt zu entflechten und zwar unter dem Kriterium der Relationen, die das πνεῦμα mit anderen Größen eingeht. Dazu ist wiederum eine Gegenüberstellung zwischen den Geistverheißungen der Abschiedsreden und den Geistaussagen außerhalb der Abschiedsreden aufschlußreich.

6.2.1. Die Relationen des Parakleten nach den Verheißungen der Abschiedsreden

In den Abschiedsreden wurde der Geist als Paraklet faßbar und in seinem Bezug zu den Jüngern, zu Jesus, zum Vater und zur Welt gezeigt. Gerade durch die Form der Geistaussagen als Verheißung für die Jünger konnte verdeutlicht werden, daß die Glaubenden das eigentliche Ziel seines Wirkens sind. Inhaltlich war der Paraklet in seinem Wirken ganz auf Jesu Wort bezogen worden. Und auch sein Kommen wurde konstitutiv an Jesus gebunden. Denn Jesu Abschied wurde zur sachlichen und zeitlichen Voraussetzung der Geistsendung erklärt. Dabei war auch die Relation zum Vater in den Blick getreten. Denn die Sendungsaussagen waren immer so formuliert, daß jeweils Vater und Sohn gemeinsam als die Sendenden des Parakleten auftraten. Seine Sendung wurde auf diese Weise im einheitlichen Willen

---

Joh 4,1-6 bedeutet das, daß sie hier auf das "rechte christliche Glaubensbekenntnis bezogen" ist; vgl. *Porsch*, aaO, 233. Zur Unterscheidung der πάντα πνεύματα in 1 Joh 4,1-6 vgl. auch *Schmithals*, Geisterfahrung als Christuserfahrung, 114.

von Jesus und dem Vater verankert. Darüber hinaus wurde der Paraklet auch in seiner Relation zur Welt vorgestellt. Argumentativ spielte dabei die Unterscheidung zwischen dem κόσμος und den Jüngern eine entscheidende Rolle.

Mit Hilfe der folgenden Übersicht können diese Relationen des Geistes als Parakleten, wie sie die Abschiedsreden zeigten, noch einmal in Erinnerung gerufen werden:

Jünger	*Jesus*	*Vater*	*Welt*
1) Joh 14,16f Den Jüngern wird er gegeben. Mit den Jüngern ist er in Ewigkeit, bei ihnen bleibt er, in ihnen ist er. Von den Jüngern wird er erkannt.	Von Jesus wird er beim Vater erbeten.	Vom Vater wird er gegeben.	Von der Welt kann er nicht empfangen werden, da er von ihr weder gesehen noch erkannt wird.
2) Joh 14,25f Die Jünger lehrt er alles, was Jesus gesagt hat, und erinnert sie daran.	Im Namen Jesu wird er gesandt. Jesu Wort lehrt er, an Jesu Wort erinnert er.	Vom Vater wird er im Namen Jesu gesandt.	
3) Joh 15,26f Zu den Jüngern wird er gesandt. Die Jünger führt er zu ihrem Zeugnis für Jesus.	Von Jesus wird er gesandt. Für Jesus legt er Zeugnis ab.	Vom Vater her wird er durch Jesus gesandt. Vom Vater geht er aus.	
4) Joh 16,7-11 Zu den Jüngern kommt der Geist, zu ihnen wird er gesandt.	Nur wenn Jesus geht, kommt der Geist, von Jesus wird er nach dessen Abschied gesandt.		
Die Jünger setzt er ins Recht mit ihrem Glauben an den, den sie nicht mehr in seiner irdischen Gestalt sehen. Für die Jünger deckt er auf, worin Sünde, Unrecht und Gericht der Welt bestehen.	Jesu Rückkehr zum Vater deckt er - gegen die Annahme des Scheiterns - als einen Weg auf, der im Willen des Vaters begründet liegt und daher die Würde des Sohnes erweist.	Die "Gerechtigkeit" des Vaters zeigt er dadurch, daß er Jesu Abschied als Gottes Willen erweist.	Im Blick auf die Welt dokumentiert er objektiv, daß die Sünde der Welt in ihrem Unglauben besteht, daß ihr Herrscher, das Böse, längst gerichtet ist und daß Jesu Abschied im göttli-

chen Willen, der
"Gerechtigkeit",
begründet liegt.

5) 16,12-15

Die Jünger führt er in die Fülle der Wahrheit, ihnen verkündet er auch alle künftige Offenbarung von Vater und Sohn.	Zu Jesus als der Wahrheit führt der Geist, Jesus verherrlicht er. Er sagt und verkündet, was er von Jesus je neu hört; aus Jesu "Eigenem" empfängt er.	Aus der Offenbarung des Vaters empfängt der Geist, was er verkündet.

6.2.2. Die Relationen des Geistes nach den Aussagen außerhalb der Abschiedsreden

Orientiert an dem Überblick über die Relationen des Parakleten können auch die Geistaussagen außerhalb der Abschiedsreden unter dem Kriterium geordnet werden, in welche Bezüge der Geist hier gestellt ist. Dieses Ordnungsraster dient als Hilfestellung bei der Frage, wie sich der nachösterliche Standpunkt in den Geistaussagen niederschlägt. Außer auf formale Merkmale ist auf inhaltliche Hinweise zu achten, die der in den Abschiedsreden beschriebenen Wirkung der nachösterlichen Geistgegenwart auf die Jünger entsprechen.

6.2.2.1. Der Geist und die Jünger

Joh 20,21-23. Ganz ausdrücklich auf die Jünger bezogen ist außerhalb der Abschiedsreden nur die letzte Geistaussage in 20,22. Sie steht im Kontext der ersten Erscheinung des Auferstandenen vor den Jüngern am ersten Tag der Woche (20,19-23), der die zweite Begegnung am achten Tage folgt, bei der auch Thomas zugegen ist (20,24-29). Innerhalb des Abschnittes 20,19-23 ist die Geistaussage eingebettet in die vorausgehende Sendungsaussage von Vers 21 und die nachfolgende Aussage über die Vergebung und Anrechnung von Sünden in Vers 23. Auf diese beiden sie umrahmenden Verse ist die Geistaussage konstitutiv bezogen[6]:

---

[6] Vgl. *Porsch*, Pneuma und Wort, 359.

εἶπεν οὖν αὐτοῖς [ὁ Ἰησοῦς] πάλιν·   21a
εἰρήνην ὑμῖν·   21b
καθὼς ἀπέσταλκέν με ὁ πατήρ,   21c
κἀγὼ πέμπω ὑμᾶς.   21fin
καὶ τοῦτο εἰπὼν ἐνεφύσησεν   22aα
καὶ λέγει αὐτοῖς·   22aβ
λάβετε πνεῦμα ἅγιον·   22b
ἄν τινων ἀφῆτε τὰς ἁμαρτίας ἀφέωνται αὐτοῖς,   23a
ἄν τινων κρατῆτε κεκράτηνται.   23b

Eingeleitet durch den Friedensgruß (vgl. Vers 21b), werden die Jünger zur Sendung beauftragt, indem die Entsprechung zwischen ihrer Sendung durch Jesus und Jesu Sendung durch den Vater betont wird (vgl. Vers 21c.fin). Dieser Akzent gleicht der Aussage 17,18 im Abschiedsgebet, die aus der doppeldeutigen Perspektive der Rückschau Jesu ebenfalls die Sendung der Jünger in Analogie zur Sendung Jesu formuliert hatte (vgl. 17,18a: καθώς). Der Friedensgruß in Vers 21b korrespondiert darüber hinaus mit den Aussagen über das Vermächtnis des Friedens an die Jünger, die in den Abschiedsreden die Explikation der ersten beiden Geistverheißungen geprägt hatten (vgl. 14,27a.b). Damit ist deutlich, daß die Geistaussage in 20,22 der Intention der Abschiedsreden entspricht[7]. Die Geistverheißungen und ihr Kontext hatten das nachösterliche Wirken der Glaubenden unter die Vollmacht des Geistes gestellt und dabei durch das Friedensmotiv die Heilsdimension der nachösterlichen Geisterfahrung unterstrichen.

Verstärkend war in den Abschiedsreden zum Friedensmotiv das Motiv der Freude hinzugekommen (vgl. 14,28c), das auch im Kontext der Geistaussage von 20,22 eine Rolle spielt (vgl. Vers 20b: ἐχάρησαν οὖν οἱ μαθηταὶ ἰδόντες τὸν κύριον). Darüber hinaus entspricht die Geistverleihung, die in 20,22b (vgl. 14,19) durch die Worte "Nehmt heiligen Geist" formuliert ist, darin der Gesamtintention der Geistverheißungen aus den Abschiedsreden, daß sie durch das Motiv des "Anhauchens"[8] (vgl. Vers 22aα) einen deutlich neuschöpferischen Akzent trägt. Den Jüngern wird mit ihrer Bevollmächtigung durch den Geist auch neues Leben eingehaucht, das sie in der nachösterlichen Durchführung ihres Sendungsauftrags erfahren werden. Denn entsprechend der Verheißungen der Abschiedsreden finden sie gerade in der Gegenwart des Geistes, der sie zur Erfüllung des Willens Jesu in Kraft setzt, die Begegnung mit Jesus selbst, aus der heraus sie leben (vgl. 14,19).

---

[7] Die Frage, ob die Geistaussage in 20,22 die Verheißungen der Abschiedsreden "erfülle", ist falsch gestellt; gegen *Porsch*, aaO, 342f (vgl. die Hauptinterpretationen der Geistaussage unter dieser Frage im Überblick aaO, 342-344).

[8] Zur Tradition des Motivs vgl. *Bultmann*, Das Evangelium des Johannes, 536, Anm. 7.

Auch die spezielle Aufgabe der Jünger, Sünden zu vergeben und anzurechnen, steht dem Zusammenhang der Verse 22f gemäß unter der Vollmacht des Geistes. Wieder läßt sich die Übereinstimmung mit den Verheißungen der Abschiedsreden erkennen. Dort war der Paraklet in der Funktion beschrieben worden, vor den Jüngern aufzudecken, worin die Sünde des Kosmos besteht (vgl. 16,8f). Durch das Zeugnis der Jünger sollte die Welt davon erfahren, daß ihre Sünde darin besteht, nicht an Jesus zu glauben (vgl. 16,9b). Die Geistaussage von 20,22 mit ihrem konstitutiven Bezug zu Vers 23 macht deutlich, daß das Zeugnis der nachösterlich Glaubenden verbindliche Gerichtsfunktion besitzt: Wird durch das Zeugnis der Unglaube aufgedeckt, so werden die Sünden bewahrt; wird der Glaube entdeckt, so sind die Sünden vergeben. Die Bevollmächtigung der Jünger durch den Geist enthält somit auch die Komponente, daß sie die elenchtische Funktion des Parakleten realisieren.

An einer weiteren Stelle begegnen die Jünger implizit in Entsprechung zu den Abschiedsreden, und zwar als diejenigen, die nachösterlich den Geist empfangen und so zum Glauben gelangen. Gemeint ist der bereits behandelte und notierte Textkommentar in 7,39[9], der die Verheißung von 7,38 erläutert, daß Ströme lebendigen Wassers aus dem Inneren des Glaubenden hervorquellen werden. Dabei war zu sehen, daß sich hinter der generellen Form der Partizipien ὁ πιστεύων (Vers 38a) und οἱ πιστεύσαντες (Vers 39a) auch die durch ihre Verkündigung wirkende und wachsende nachösterliche Gemeinde verbirgt.

An der generellen Formulierung von 7,38f wird eine Tendenz sichtbar, die charakteristisch ist für die Art und Weise, in der die Relation des Geistes zu den "Jüngern" außerhalb der Abschiedsreden zum Ausdruck kommt. Außer in der letzten Geistaussage 20,22 treten die Jünger nirgendwo explizit in Erscheinung. Darin besteht eine Ähnlichkeit zwischen den Geistaussagen und dem Abschiedsgebet. War im Abschiedsgebet durch die offene Sprachform, die den Begriff μαθηταί vermied, die beabsichtigte Transparenz der vorösterlichen Jünger auf die nachösterliche Gemeinde hin sichtbar geworden, so gilt auch für die Sprachregelung in den Geistaussagen, daß die durch die Pronomina τις und πᾶς (3,5; vgl. 3,3.8fin) sowie die durch substantivierte Partizipien (3,6a.b.8c; 4,23c.24b) und substantivierte Adjektive (4,23b) generalisierten Personensubjekte nicht auf die vorösterlichen Jünger festgelegt werden sollen. Orientiert an den Formulierungen der Weinstock-Rede im Rahmen der Abschiedsreden, in denen sich der definitorische Charakter der Aussagen am generellen Stil zeigte, wird deutlich, daß auch die generalisierten Formulierungen der Geistaussagen definitori-

---

[9] Vgl. in der vorliegenden Untersuchung Abschnitt 1.3.

sche Funktion tragen. Dieser definitorische Stil läßt sich als formales Merkmal kennzeichnen, durch das der nachösterliche Standpunkt in den Geistaussagen außerhalb der Abschiedsreden textimmanent zur Geltung kommt. Denn für die Perspektive des Rückblicks, die beabsichtigt, die nachösterliche Realität in die Darstellung des vorösterlichen Geschehens zu integrieren, ist es konsequent, wenn sie die nachösterliche Einsicht und Erfahrung zeitlich unbestimmt und überindividuell formuliert. Gerade hinter dem generellen Stil verbergen sich daher gültige Glaubenssätze, die zum Inhalt der Verkündigung der nachösterlichen Gemeinde gehören.

6.2.2.2. Der Geist und die Welt

Der Befund, daß der Geist außerhalb der Abschiedsreden (außer in 20,22) nicht explizit zu den Jüngern in Beziehung gesetzt wird, hat Relevanz auch für die Bestimmung der Relation zwischen dem Geist und der Welt. Denn hinter den generellen Formulierungen wird ein Wesenszug des nachösterlichen Wirkens der Glaubenden sichtbar. Durch die in überindividuelle Sätze gefaßte Verkündigung kann die nachösterliche Gemeinde gerade auch die Welt mit ihrem Zeugnis ansprechen und konfrontieren. Die Welt ist daher grundsätzlich in die generalisierten Formulierungen als potentiell sich dem Glauben öffnende miteingeschlossen. Dem entspricht, daß sie in den Geistaussagen, anders als in den Geistverheißungen der Abschiedsreden, nirgendwo begrifflich als ὁ κόσμος erscheint und nicht eigens von den Glaubenden abgegrenzt wird.

Joh 3,5f.8. Die erste generelle Formulierung der Relation zwischen dem Geist und der Welt begegnet in der durch doppeltes nicht-responsorisches Amen eingeleiteten Geistaussage von 3,5. Sie gehört zu dem Gespräch zwischen Jesus und Nikodemus in 3,1-10. Durch die generelle Form der sachlich gleichbedeutenden Aussage in Vers 3 ist sie vorbereitet[10] (vgl. Vers

---

[10] Vers 3 fungiert im Aufbau des Gespräches zwischen Jesus und Nikodemus als erste Entgegnung Jesu auf die Gesprächseröffnung durch Nikodemus in Vers 2 (vgl. Vers 2b.c.fin), in der Nikodemus die Überzeugung äußert, Jesus sei ein von Gott gekommener "Lehrer", da keiner die Zeichen tun könne, die Jesus vollbringt, wenn nicht Gott mit ihm sei. Zur Frage, wie Jesu Wort über das Reich Gottes und das Wiedergeboren-Werden des Menschen auf die Aussage des Nikodemus bezogen ist, sind zwei Möglichkeiten erwogen worden. Jesu Wort aus Vers 3 wird entweder als positive Aufnahme oder als negative Abgrenzung zu Vers 2 verstanden.

Im Falle der positiven Aufnahme wird festgehalten, aus Jesu Antwort lasse sich schließen, daß die Äußerung des Nikodemus "der Sache nach eine Frage sei" (*Bultmann,* aaO, 94), und zwar "die Frage nach den Bedingungen zur Erlangung des Heils" (*Porsch,* aaO, 96f).

Im Fall der negativen Abgrenzung wird eine Verbindung hergestellt zwischen der von

3c.fin: ἐὰν μή τις γεννηθῇ ἄνωθεν, οὐ δύναται ἰδεῖν τὴν βασιλείαν τοῦ θεοῦ), in den generellen Konstruktionen der Geistaussagen von Vers 6 (vgl. Vers 6b) und Vers 8 (vgl. Vers 8c) findet sie Resonanz:

ἀπεκρίθη Ἰησοῦς·	5a
ἀμὴν ἀμὴν λέγω σοι,	5b
ἐὰν μή τις γεννηθῇ ἐξ ὕδατος καὶ πνεύματος,	5c
οὐ δύναται εἰσελθεῖν εἰς τὴν βασιλείαν τοῦ θεοῦ.	5fin
τὸ γεγεννημένον ἐκ τῆς σαρκὸς σάρξ ἐστιν,	6a
καὶ τὸ γεγεννημένον ἐκ τοῦ πνεύματος πνεῦμά ἐστιν.	6b
τὸ πνεῦμα ὅπου θέλει πνεῖ	8aα
καὶ τὴν φωνὴν αὐτοῦ ἀκούεις,	8aβ
ἀλλ᾽ οὐκ οἶδας πόθεν ἔρχεται	8bα
καὶ ποῦ ὑπάγει·	8bβ
οὕτως ἐστὶν πᾶς ὁ γεγεννημένος ἐκ τοῦ πνεύματος.	8c

Hatte Jesus den neuen Ursprung des Menschen in seiner ersten Antwort an Nikodemus ein "Geborenwerden von oben" genannt (Vers 3c), so erklärt der parallel gebaute Vers 5c: Der neue Ursprung des Menschen liegt in seinem "Geborenwerden aus Wasser und Geist"[11]. Die besondere Betonung

---

Nikodemus geäußerten Überzeugung und dem Summarium vom 2,23-25 (*Becker*, Das Evangelium des Johannes, 132). Dieses Summarium spricht davon, daß am Pessachfest in Jerusalem viele Menschen zum Glauben an Jesus kamen, da sie Zeichen gesehen haben, die er getan hat (Vers 23). Die Verse 24f werden dann als Ausdruck dafür verstanden, daß Jesus denjenigen als "nicht wahrhaft glaubend" durchschaue, dessen Glaube sich auf Wunder stütze (*Becker*, ebd.). Wenn daher Nikodemus kundtue, er halte Jesus gerade aufgrund seiner Wunder für einen von Gott gekommenen Lehrer, so werde im Wort Jesu von Vers 3 dieser "Erkenntnisgrund" als unzureichender zurückgewiesen und durch eine Bestimmung des wahren Glaubensgrundes überboten (ebd.).

Neben diesen beiden Erklärungsmöglichkeiten läßt sich aber auch erwägen, ob nicht die Gesprächseröffnung durch Nikodemus dazu dienen soll, auf ein Gespräch über Bereich und Vollmacht Gottes überhaupt hinzuführen. So wie Nikodemus von der göttlichen Vollmacht spricht, in der Jesus handelt, so spricht Jesus von der Möglichkeit des Menschen, das Wirken der göttlichen Vollmacht an sich zu erfahren und dadurch Zugang zum göttlichen Bereich zu finden.

[11] Zur textkritischen und literarkritischen Einordnung der Wendung ὕδατος καί vgl. *Porsch*, aaO, 91, der die Wendung für "eine spätere Verdeutlichung und Aktualisierung durch eine Jüngerredaktion" hält (92), und die Kommentare jeweils z. St. Die Diskussion kreist um die Frage, ob die nur in Vers 5 begegnende Wendung nicht sekundär sei. Textkritisch fehlt sie jedoch nur in dem Vulgata-Codex Hasteianus 1023 (vgl. *Schnackenburg*, Das Johannesevangelium I, 383, Anm. 1). Sie gehört also zur originalen Textüberlieferung. Da inhaltlich ein Konsens darüber besteht, daß die Wendung auf die Taufe verweist, hängt die literarkritische Zuordnung davon ab, welcher Schicht das theologische Interesse an der Taufe zugesprochen wird. *Bultmann* etwa ordnet daher die Wendung der Kirchlichen Redaktion zu, *Becker* hält das für möglich, jedoch für noch wahrscheinlicher, daß Vers 5

des Gedankens liegt dabei nicht auf der Zuordnung von Wasser und Geist, sondern auf der Relation zwischen der Kraft "von oben" und der Kraft des Geistes. Das zeigt sich daran, daß die folgenden Verse 6-8 das Element des Wassers nicht mehr aufgreifen. Hingegen sprechen sie konsequent von der Geburt aus dem Geist und der Geburt "von oben" (vgl. die Verse 6b.8c und den Vers 7b: δεῖ ὑμᾶς γεννηθῆναι ἄνωθεν).

Diese korrespondierenden Aussagen zeigen den Geist in seiner Relation zum göttlichen Bereich. Sie zeigen aber auch, daß der Geist die göttliche Kraft ist, die an den Menschen wirkt und sie zu erneuern vermag. Dieser neuschöpferische Akzent der Geistaussage, der die Neuschöpfung des Menschen als Zugang zum Reich Gottes[12] interpretiert (vgl. Vers 5fin), entspricht konsequent den Geistverheißungen der Abschiedsreden und der kommentierten Verheißung von 7,38. Daß im Gespräch mit Nikodemus entgegen diesen Textbelegen das neuschöpferische Wirken des Geistes nicht ausdrücklich an die nachösterliche Zeit gebunden wird, die Zeiten also nicht unterschieden, sondern generalisiert werden, läßt die Transparenz bzw. Verschmelzung der Zeiten erkennen, die am Text des Abschiedsgebetes als die für die Perspektive des Rückblicks typische Kehrseite zur Unterscheidung der Zeiten herausgearbeitet werden konnte.

6.2.2.3. Der Geist und Gott

Außerhalb der Abschiedsreden wird der Geist an vier Stellen zu Gott in Beziehung gesetzt. Das geschieht bereits im Rahmen des Zeugnisses von Johannes über die Herabkunft des Geistes auf Jesus. Denn hier wird durch die Bestimmung ἐξ οὐρανοῦ angegeben, daß das πνεῦμα aus dem Him-

---

dem Evangelisten vorgelegen habe. *Schnackenburg* rechnet Vers 5 "zum ursprünglichen Bestand" des Evangeliums (aaO, 383).

[12] Anders als die synoptischen Evangelien verwendet bekanntlich das Johannesevangelium den Begriff der βασιλεία selten. Finden sich bei Mt 55 Belege, bei Lk 46 Belege und bei Mk 20 Belege, so sind es im Johannesevangelium nur fünf Stellen, an denen der Begriff begegnet (vgl. den Konkordanzbefund). Dabei sprechen die drei Belege im Rahmen des Verhörs Jesu vor Pilatus von Jesu βασιλεία (18,36b.c.fin), die beiden Belege innerhalb des Gespräches mit Nikodemus hingegen von der βασιλεία τοῦ θεοῦ (Varia lectio zu Joh 3,5: die sonst nur bei Mt begegnende Verbindung βασιλεία τῶν οὐρανῶν). Die Formulierung von Vers 3fin, das Reich Gottes zu sehen, begegnet außerhalb des Johannesevangeliums auch nur in Mk 9,1 par Lk 9,27. Es überwiegt die Formulierung von Vers 5fin, in das Reich Gottes hineinzugehen (vgl. εἰσέρχεσθαι in Mt 5,20; 7,21; 18,3; 19,23f; Mk 9,47; 10,23-25; Lk 18,17.25; 23,42; in Lk 18,24 ist als Verb εἰσπορεύεσθαι verwendet); vgl. dazu im Überblick *Karl Ludwig Schmidt*, Art. βασιλεία, ThWNT I, 579-592, bes. 582f. 589.

mel, also aus dem göttlichen Bereich herabkommt (1,32). Der göttliche Bereich kann im Johannesevangelium aber auch durch die räumliche Angabe ἄνω ("oben") gekennzeichnet werden. So ist der Bezug zu Gott auch im Gespräch zwischen Jesus und Nikodemus gegeben. Denn hier wird das "Geborenwerden aus dem Geist" (3,5b) parallel gebraucht zu dem "Geborenwerden von oben" (3,3c: ἐὰν μή τις γεννηθῇ ἄνωθεν, κτλ.). Der Bereich des Geistes wie der Bereich "oben" korrespondiert dabei jeweils mit der nur an diesen beiden Stellen im Johannesevangelium begegnenden Bestimmung des göttlichen Bereiches als der βασιλεία τοῦ θεοῦ (3,3fin.5fin).

Joh 4,23f. Sprachlich am deutlichsten kommt der Bezug zwischen Gott und Geist in 4,23f zum Ausdruck:

ἀλλὰ ἔρχεται ὥρα καὶ νῦν ἐστιν,	23a
ὅτε οἱ ἀληθινοὶ προσκυνηταὶ προσκυνήσουσιν τῷ πατρὶ	23bα
ἐν πνεύματι καὶ ἀληθείᾳ·	23bβ
καὶ γὰρ ὁ πατὴρ τοιούτους ζητεῖ	23cα
τοὺς προσκυνοῦντας αὐτόν.	23fin
πνεῦμα ὁ θεός,	24a
καὶ τοὺς προσκυνοῦντας αὐτὸν	24bα
ἐν πνεύματι καὶ ἀληθείᾳ δεῖ προσκυνεῖν.	24bβ

In nuce ist in Vers 24a der Bereich Gottes durch die Dimension des Geistes bestimmt[13]. Das Handeln Gottes ist von seinem göttlichen Geist geprägt, in Gottes Wirken teilt sich der Geist dem Menschen mit und verwandelt ihn[14]. Gerade deshalb muß aber auch die "wahre Anbetung", jene Anbetung also, die Gott entspricht und den Menschen in ein "echtes Gottesverhältnis"[15] setzt, die Kennzeichen des göttlichen Bereiches tragen, nämlich Geist und Wahrheit (vgl. die Verse 23bβ.24bβ).

Eben jener Geist, der den göttlichen Bereich bestimmt, ist es, der dem Sohn von Gott verliehen wird, damit er in seinem Auftrag handle und das göttliche Wort verkündige (3,34). Diesen Geist gibt Gott dem Sohne unbegrenzt (3,34b: οὐ γὰρ ἐκ μέτρου δίδωσιν τὸ πνεῦμα)[16]. Das heißt, daß er dem Sohn "alles in die Hand gibt" (vgl. 3,35), was ihn selbst auszeichnet: seinen Willen, seine Vollmacht, seine Herrlichkeit und Liebe.

---

[13] Vgl. *Schnackenburg*, aaO, 150.

[14] Daß es sich bei der Aussage von Vers 24a nicht "um eine abstrakte philosophische Definition des Wesens Gottes handelt, sondern um eine Kennzeichnung seiner Beziehung zu den Menschen", betont ausdrücklich *Porsch*, aaO, 150; vgl. auch *Hahn*, Das biblische Verständnis des Heiligen Geistes, 144; *Bultmann*, aaO, 141.

[15] Vgl. *Bultmann*, ebd.

[16] Als Subjekt von Vers 34b wird also ὁ θεός aus Vers 34a verstanden; mit *Bultmann*, aaO, 119; *Porsch*, aaO, 161.

6.2.2.4. Der Geist und Jesus

Joh 1,32-34. Im Rahmen der Geistaussagen außerhalb der Abschiedsreden ist ein einziger unter den Menschen herausgehoben in seiner Relation zum Geist, nämlich der Zeuge Johannes. Er ist es, der mit seinem Zeugnis Jesus als den Geistträger und Geisttäufer kennzeichnet[17]:

Καὶ ἐμαρτύρησεν Ἰωάννης λέγων	32α
ὅτι τεθέαμαι τὸ πνεῦμα καταβαῖνον ὡς περιστερὰν ἐξ οὐρανοῦ	32β
καὶ ἔμεινεν ἐπ᾽ αὐτόν.	32γ
κἀγὼ οὐκ ᾔδειν αὐτόν,	33a
ἀλλ᾽ ὁ πέμψας με βαπτίζειν ἐν ὕδατι	33bα
ἐκεῖνός μοι εἶπεν·	33bβ
ἐφ᾽ ὃν ἂν ἴδῃς τὸ πνεῦμα καταβαῖνον	33cα
καὶ μένον ἐπ᾽ αὐτόν,	33cβ
οὗτός ἐστιν ὁ βαπτίζων ἐν πνεύματι ἁγίῳ.	33fin
κἀγὼ ἑώρακα καὶ μεμαρτύρηκα	34α
ὅτι οὗτός ἐστιν ὁ υἱὸς τοῦ θεοῦ.	34β

Mit der Akzentuierung des Täufers als Zeugen (vgl. das rahmende Stichwort μαρτυρεῖν in Vers 32α und Vers 34α)[18], der sieht und bezeugt, daß der Geist aus dem Himmel herab auf Jesus kommt (Vers 32β)[19] und auf ihm bleibt (Vers 32γ)[20], kommt sowohl im Sinne der Abschiedsreden (vgl. 15,26f) als auch im Sinne des Prologs (vgl. 1,6-8.15) der hohe Stellenwert zum Ausdruck, der vom nachösterlichen Standpunkt aus dem Zeugnis beigemessen wird. Dabei beinhaltet die von Johannes bezeugte Relation zwischen Geistträgerschaft und Geisttäuferschaft Jesu für das nachösterliche Glaubensverständnis, daß alles Handeln Jesu in der Vollmacht des göttlichen Geistes geschieht und die Begegnung mit Jesu Person zur Begegnung mit dem göttlichen Geist selbst führt. Daher kann auch im Kontext von Brotrede und Petrusbekenntnis gesagt werden, daß Jesu Worte "Geist und Leben" sind (vgl. 6,63c.fin: τὰ ῥήματα ἃ ἐγὼ λελάληκα ὑμῖν πνεῦμά

---

[17] Vgl. *Porsch,* aaO, 36, der die Ergänzung beider Aspekte traditionsgeschichtlich mit dem Hinweis auf Jes 11,2 begründet.

[18] Vgl. *Beutler,* Martyria, 252, der auch darauf hinweist, daß Vers 34 mit Vers 19 eine Inklusion bildet (aaO, 251).

[19] Einen ausführlichen Vergleich zwischen der synoptischen und der johanneischen Darstellung der Geistherabkunft bietet *Porsch,* aaO, 20-42. Die johanneischen Besonderheiten sind aaO, 34, in sieben Punkten zusammengefaßt.

[20] Das Motiv des Bleibens des Geistes auf Jesus gehört zu den Besonderheiten der johanneischen Fassung von der Tauferzählung. In den synoptischen Erzählungen über die Taufe Jesu findet es sich nicht; vgl. aaO, 34; *Barrett,* Das Evangelium nach Johannes, 104.

ἐστιν καὶ ζωή ἐστιν). Gemeint ist, daß sich in Jesu Wort der göttliche Geist mitteilt, der neues Leben schenkt. In der Begegnung mit Jesu Wort kommt es zur Begegnung mit dem Geist Gottes und seiner Vollmacht über das Leben (vgl. 6,63a: τὸ πνεῦμά ἐστιν τὸ ζῳοποιοῦν)[21].

Wenn es an zwei der πνεῦμα-Stellen dann heißen kann, daß Jesus "vom Geist angeschnaubt wurde und sich erregte" (11,33b: ἐνεβριμήσατο τῷ πνεύματι καὶ ἐτάραξεν ἑαυτὸν) oder "vom Geist erregt wurde" (13,21a: ἐταράχθη τῷ πνεύματι), dann sollte hier nicht vorschnell vom πνεῦμα als einer rein "anthropologischen" Dimension gesprochen werden[22]. Denn daß es an diesen Stellen nicht einfach um Jesu "menschliche Seele"[23] geht, die sich betrübt, läßt sich vom jeweiligen Kontext her zeigen. Das gilt zunächst besonders für 13,21. Denn hier, im Rahmen des Abschiedsmahls mit den Jüngern, folgt auf Jesu Erregung durch den Geist seine Ankündigung, daß einer der Jünger ihn verraten werde (Vers 21b). Diese Ankündigung ist gekennzeichnet als "Martyria". Denn parataktisch unmittelbar an ἐταράχθη τῷ πνεύματι angeschlossen, heißt es: καὶ ἐμαρτύρησεν καὶ εἶπεν (Vers 21a)[24]. Die Ankündigung des Verrates selbst ist dann vollmächtig eingeleitet durch das doppelte nicht-responsorische ἀμὴν ἀμήν (Vers 21b). Die Erregung Jesu im Geist scheint es daher zu sein, die dieses vollmächtige Zeugnis hervorbringt. Mit der Wendung ἐταράχθη τῷ πνεύματι ist also Jesu Wort von der Verratsankündigung als geisterfülltes Wort qualifiziert[25]. So entspricht der Beleg von 13,21 konsequent der Aussage, daß Jesu Handeln und Reden in der Vollmacht des göttlichen Geistes steht (1,32f; 6,63b).

Daß mit πνεῦμα an Jesu menschliche Seele gedacht sein könnte, scheint sich dann aber zumindest in 11,33 nahe zu legen. Im Rahmen der Erzählung von der Auferweckung des Lazarus befindet sich Jesus hier im Gespräch mit Maria, die über den Tod ihres Bruders weint (Vers 32.33a). Die Wendung ἐνεβριμήσατο τῷ πνεύματι καὶ ἐτάραξεν ἑαυτόν (Vers 33b) wird hier gewöhnlich als eine Gemütsbewegung Jesu verstanden, und zwar als Zorn. Jesus sei zornig über das Weinen von Maria und der sie umgebenden Juden, weil sich darin ihr Unglaube und ihr mangelndes Vertrauen in Gottes

---

[21] Vgl. *Porsch*, aaO, 204.

[22] Gegen *Porsch*, aaO, 14f, der aus diesem Grunde beide Stellen nicht für die Pneumatologie des Johannesevangeliums auswertet.

[23] *Porsch*, aaO, 15, nennt es undeutlich die "Geist-Seele Jesu".

[24] Diesen syntaktischen Zusammenhang betont implizit auch *Bultmann*, Das Evangelium des Johannes, 367, wenn er den Satz sachlich auswertet durch das Urteil: "Jesus redet als Prophet".

[25] Vgl. *Bultmann*, aaO, 367, Anm. 2: "Das pneumatische Reden, nicht die seelische Erschütterung Jesu, wird charakterisiert".

Kraft spiegle[26]. Doch ist auf zweierlei zu achten: Zum einen wird Jesus selbst als Weinender gezeigt (Vers 35). Das Weinen scheint daher keine negative Färbung zu besitzen. Zum anderen wird nach Jesu Gang mit den Juden zum Grab (Vers 34) erneut davon gesprochen, daß er "bewegt" wurde: ἐμβριμώμενος ἐν ἑαυτῷ (Vers 38a). Da schon in Vers 33 die Angabe "angeschnaubt durch den Geist" ergänzt wurde durch die reflexive Wendung "und er erregte sich", ist zu vermuten, daß umgekehrt auch in der reflexiven Wendung von Vers 38a sachlich die Erregung τῷ πνεύματι mitgemeint ist.

Gerade der folgende Kontext unterstützt diese Erwägung. Das Fortheben des Steines vom Grab, das kurze, aber wichtige Gespräch zwischen Jesus und Martha und Jesu für die Menge demonstriertes Gebet zum Vater führen nun, spannungsvoll verzögert, zu Jesu Ruf: "Lazarus, komm heraus!" (Vers 43b: Λάζαρε, δεῦρο ἔξω). Dieser Ruf "mit starker Stimme" (vgl. Vers 43a: φωνῇ μεγάλῃ ἐκραύγασεν) trägt ebenso vollmächtigen Charakter wie jene Ankündigung des Verräters in der Szene des Abschiedsmahls[27]. Vollmächtigen Charakter aber trägt mehr noch als der Ruf die Handlung selbst: Lazarus wird vom Tode auferweckt. Der Spannungsbogen der ganzen Erzählung hat sich daraufhin ausgespannt, an dieser Überwindung des Todes Gottes δόξα zu zeigen (vgl. Vers 4b und Vers 40). Und in Gottes Herrlichkeit sollte Jesu eigene Vollmacht über das Leben sichtbar werden (vgl. Vers 4c und das Ich-bin-Wort in Vers 25). Eben diese Vollmacht wird durch die "Erregung im Geist" (Vers 33b.38a), die der Auferweckung unmittelbar vorausgeht, als Vollmacht des göttlichen Geistes gekennzeichnet, von der Jesus erfüllt ist. Auch 11,33 läßt sich daher als konsequenter Ausdruck für Jesu Geistträgerschaft und Geisttäuferschaft verstehen, die für den Glaubenden Leben bedeutet.

Joh 19,30. Als letzte der Stellen, die den Geist in Relation zu Jesus stellen, fungiert die abschließende Szene am Kreuz (19,25-30). Jesus hat seiner Mutter, die mit den anderen Frauen unter dem Kreuz steht (vgl. Vers 25)[28], den Jünger, den er liebt, anvertraut und umgekehrt dem Lieblingsjünger seine Mutter (vgl. die Verse 26f). Danach weiß Jesus, daß alles vollendet ist (vgl. Vers 28a, der zusammen mit Vers 30b den Ringschluß bildet zur Einleitung der Abschiedsszene in 13,1, die von Jesu Wissen um die Stunde seiner Rückkehr zum Vater und von Jesu Liebe zu den Seinen εἰς τέλος sprach[29]). Sein

---

[26] Vgl. aaO, z. St., und *Schnackenburg*, Das Johannesevangelium II, z. St.

[27] Vgl. *Bultmann*, aaO, 312, Anm. 5, der ebenfalls aufgrund der Wendung φωνῇ μεγάλῃ ἐκραύγασεν den Ruf Jesu als "respiriert" kennzeichnet.

[28] Zur Frage nach Anzahl und Identität der genannten Frauen unter dem Kreuz vgl. exemplarisch *Schnackenburg*, Das Johannesevangelium III, 321-323.

[29] Den Zusammenhang zwischen 19,28.30 und 13,1 stellen auch etwa *Bultmann*, aaO, 522, Anm. 1 und Anm. 2, und *Schnackenburg*, aaO, 329, her.

Wort: "Ich dürste" (Vers 28fin) leitet über zur Gabe des Essigs (Vers 29), an die sich unmittelbar das letzte Wort des johanneischen Jesus[30] und die Beschreibung seines Sterbens anschließt:

ὅτε οὖν ἔλαβεν τὸ ὄξος [ὁ] Ἰησοῦς εἶπεν·   30a
τετέλεσται,   30b
καὶ κλίνας τὴν κεφαλὴν   30cα
παρέδωκεν τὸ πνεῦμα.   30fin

Nachdem Jesus den Essig empfangen hat (Vers 30a), spricht er: "Es ist vollbracht" (Vers 30b). Er neigt das Haupt und stirbt (Vers 30cα.fin). Es ist die ungewöhnliche Wendung[31] παρέδωκεν τὸ πνεῦμα, mit der Jesu Sterben hier bezeichnet wird (Vers 30fin). "Er übergab den Geist" weicht ab sowohl von der Formulierung "er hauchte (sein Leben) aus" (ἐξέπνευσεν bei Mt und Lk)[32] als auch von der Wendung "er gab seinen Geist auf" (ἀφῆκεν τὸ πνεῦμα bei Mt)[33]. Belege aus der griechischen Literatur, in denen durch παραδιδόναι τὸ πνεῦμα das Sterben umschrieben wäre, haben sich nicht gefunden[34]. Daher legt es sich auch in 19,30fin nicht nahe, πνεῦμα als "Seele" oder "Leben" zu verstehen und die Wendung insgesamt nur als Umschreibung der Tatsache zu werten, daß Jesus jetzt stirbt. Vielmehr ist anzunehmen, daß hier vom nachösterlichen Standpunkt aus in konsequenter Entsprechung zu den Abschiedsreden die von und durch Jesu Person entbundene Präsenz des Geistes an den Tod Jesu geknüpft werden soll. Jesus stirbt und kehrt zum Vater zurück, der Geist kommt und bleibt bei den Jüngern: Die Geistverheißungen der Abschiedsreden und die Geistaussagen außerhalb der Abschiedsreden sind in der Sterbeszene durch die Perspektive des Rückblicks auf eine Ebene gebracht. Der Kreis ist geschlossen.

---

[30] Zum inneren Zusammenhang der beiden letzten Worte des johanneischen Jesus am Kreuz vgl. *Schnackenburg*, aaO, 328f.

[31] Vgl. *Porsch*, Pneuma und Wort, 327.

[32] Vgl. Mk 15,37 und Lk 23,46.

[33] Vgl. Mt 27,50.

[34] Vgl. dazu *Porsch*, aaO, 328 mit den Anmerkungen 5-7.

6.3. Überblick und Bilanz

Überblick über die Relationen des Geistes in den πνεῦμα-Aussagen außerhalb der Abschiedsreden

Jesus	*Gott*	*Die (glaubenden) Menschen* *Die Jünger* *Der Zeuge Johannes*
1) Joh 1,32-34 Auf Jesus bleibt der Geist: Jesus ist der "Träger des Geistes". Auf Jesus kommt der Geist herab, auf Jesus bleibt der Geist - daran ist Jesus als der zu erkennen, der mit heiligem Geist tauft.	Aus dem göttlichen Bereich des Himmels kommt der Geist herab. Von Gott ist die Herabkunft des Geistes auf Jesus und das Bleiben des Geistes auf ihm als Erkennungszeichen für Jesus als den "Geisttäufer" bestimmt worden. Von Gott sind also die Geistherabkunft auf Jesus und das Bleiben des Geistes auf Jesus angekündigt worden.	Von Johannes wird das Kommen des Geistes aus dem Himmel und das Bleiben des Geistes auf Jesus gesehen und bezeugt. Von Johannes wird an der Herabkunft des Geistes auf Jesus und am Bleiben des Geistes auf Jesus erkannt, daß Jesus der "Geisttäufer" ist.
2) Joh 3,5-8	Zu Gottes Reich eröffnet der Geist dem Menschen den Zugang. Die göttliche Kraft selbst ist es, die im Geist am Menschen wirkt, um ihn neu zu schaffen. Am göttlichen Bereich hat daher der Mensch teil, wenn der Geist ihm zur neuen Natur geworden ist.	Den Menschen kann der Geist neu schaffen; nur neugeboren aus dem Geist kann der Mensch ins Reich Gottes eingehen. Wenn der Geist den Menschen neu geschaffen hat, dann ist der Geist zur "Natur" des Menschen geworden.
3) Joh 3,34 Jesus als dem Gesandten Gottes wird der Geist unbegrenzt gegeben.	Von Gott wird der Geist dem Sohn umfassend mitgeteilt. In den Worten Gottes ist der Geist umfassend enthalten.	
4) Joh 4,23f	Gott kann selbst als Geist bezeichnet werden, das heißt: Der Geist prägt den Bereich Gottes, er bestimmt das göttliche Wirken und das Verhältnis zwischen Gott und Mensch. Gottes wahre Anbetung muß	In Geist und Wahrheit beten diejenigen Gott an, die ihn wahrhaftig anbeten. Denn die Anbetung Gottes durch den Menschen "in Geist und Wahrheit" entspricht Gott als Geist.

sich daher "in Geist und
Wahrheit" vollziehen; von
Gott wird solche Anbetung
gesucht.

5) Joh 6,63
Jesu Worte sind vom
göttlichen Geist geprägt
(vgl. 3,34) und haben die
Kraft, lebendig zu machen.

Den Menschen macht
nicht seine eigene Natur,
sondern der Geist
lebendig.

6) Joh 7,38f
Vor Jesu Verherrlichung
ist der Geist den
Glaubenden noch nicht
gegeben.

Bei dem Glaubenden
bewirkt der Geist, daß
Ströme lebendigen
Wassers aus ihm hervor-
quellen, daß der Glau-
bende also selbst zu einer
Quelle des Lebens wird.
Den Glaubenden wird
der Geist nach Jesu Ver-
herrlichung gegeben; vor
Jesu Verherrlichung ist
für sie der Geist in seiner
lebenschaffenden Wirk-
samkeit noch nicht
erfahrbar.

7) Joh 11,33; 13,21
Jesus bewegt der Geist vor
der Auferstehung des
Lazarus; Jesu Aufer-
weckungshandeln steht in
der Vollmacht des gött-
lichen Geistes.
Jesus kündigt in der pro-
phetischen Vollmacht des
Geistes an, daß einer der
Jünger ihn verraten wird.

8) Joh 19,30
Mit Jesu Tod wird der Geist
von und durch Jesu Person
entbunden.

9) Joh 20,22f
Vom Auferstandenen wird
der Geist den Jüngern verliehen.

Den Jüngern wird der
Geist vom Auferstande-
nen übertragen; in der
Vollmacht des Geistes
werden die Jünger
Sünden anrechnen oder
vergeben.

Bilanz

(1) In den Geistaussagen außerhalb der Abschiedsreden schlägt sich grundsätzlich der nachösterliche Standpunkt des Johannesevangeliums nieder. Anders als die Geistverheißungen der Abschiedsreden, die auf dem Prinzip der Unterscheidung der Zeiten aufbauen und das Wirken des Geistes exklusiv an die nachösterliche Zeit binden, sind die $\pi\nu\varepsilon\bar{\nu}\mu\alpha$-Aussagen außerhalb der Abschiedsreden zeitlich unbestimmt formuliert. Sie generalisieren die zeitlichen Relationen und erwecken daher den Eindruck, als gelte die Realität des nachösterlichen Geistwirkens bei den Glaubenden bereits für die dargestellte vorösterliche Zeit.

(2) Diese Verschmelzung der Zeiten dient in den Geistaussagen außerhalb der Abschiedsreden der Vermittlung des nachösterlichen Glaubensbewußtseins, das seine Inhalte überzeitlich und überindividuell zum Ausdruck bringen möchte. Die Geistaussagen sind damit ein Zeugnis für die Verkündigung der nachösterlichen Gemeinde gegenüber der Welt. Die Gemeinde formuliert in ihnen die Glaubenseinsicht so, daß auch die Welt sich angesprochen fühlen kann. Darin entsprechen die Geistaussagen gerade der dritten und vierten Geistverheißung der Abschiedsreden (15,26f; 16,7-11), die das elenchtische Wirken des Parakleten in der Funktion zeigten, die Jünger in ihrer Glaubensüberzeugung zu bestärken, um sie die Auseinandersetzungen mit der Welt bestehen zu lassen - letztlich, um diese für Gott zu gewinnen.

(3) Auch von der Analyse der Geistaussagen außerhalb der Abschiedsreden her läßt sich nun abschließend noch einmal die besondere Funktion benennen, die den Abschiedsreden im Hinblick auf den hermeneutischen und theologischen Ansatz des Johannesevangeliums zukommt[35]:

(a) Innerhalb des vierten Evangeliums geben nur die Abschiedsreden explizit Auskunft über das nachösterliche Wirken des Geistes und den durch dieses Wirken ermöglichten nachösterlichen Verstehensprozeß. Sie sind also der ausschließliche literarische Ort, an dem der kausale Zusammenhang zwischen nachösterlicher Geistwirksamkeit und nachösterlicher Jüngererkenntnis ausdrücklich hergestellt wird.

(b) Die Abschiedsreden sind damit aber auch der entscheidende literarische Ort, an dem die Perspektive des Rückblicks als das hermeneutische Prinzip der johanneischen Evangeliendarstellung aufgedeckt wird. In die-

---

[35] Vgl. dazu neuerdings auch *Martin Winter*, Das Vermächtnis Jesu und die Abschiedsworte der Väter. Gattungsgeschichtliche Untersuchung der Vermächtnisrede im Blick auf Joh. 13-17, FRLANT 161, Göttingen 1994, 303, der, allerdings bezogen auf den gattungsgeschichtlich als "Vermächtnisreden" charakterisierten Gesamtkomplex Joh 13-17, zu dem Ergebnis kommt, daß hier "theologisch wie hermeneutisch die Mitte" des Johannesevangeliums liege (vgl. auch aaO, 302, 322f).

sem Sinne fungieren die Abschiedsreden als hermeneutischer Schlüssel zum vierten Evangelium. Denn sie öffnen den Blick dafür, daß die in ihnen beschriebene nachösterliche Erkenntnis im übrigen Evangelium vorausgesetzt und der nachösterliche Standpunkt bewußt in die Komposition der vorösterlichen Geschichte integriert ist.

(c) Das hermeneutische Prinzip des Rückblicks wurzelt sachlich in einer differenziert ausgearbeiteten Pneumatologie. Nur indem die Entbindung des Geistes von Jesu Person an Jesu Tod, das Kommen des Geistes zu den Jüngern und seine wirksame Präsenz bei ihnen an Jesu Abschied geknüpft wird, nur indem der Geist gezeichnet wird als Gesandter von Vater und Sohn, der bevollmächtigt und beauftragt ist, Willen und Wirken beider zu repräsentieren und zu realisieren, kann eben dieser Geist auch derjenige sein, der das Ostergeschehen deutet und von da aus die Glaubenden im Rückblick erkennen läßt, was es mit dem Gekreuzigten und seinem Weg vom Vater her zum Vater zurück auf sich hat.

Indem die Abschiedsreden den Rückblick an den Geist binden und dieses Prinzip des Rückblicks zugleich als Voraussetzung der johanneischen Evangeliendarstellung erkennbar werden lassen, machen sie schließlich die besondere Relevanz der Pneumatologie für die johanneische Theologie deutlich: Die Abschiedsreden zeigen, daß sich die Theologie des vierten Evangeliums von seiner Pneumatologie aus erschließt.

III.

Konzeption im Rückblick

Schlußbilanz

Die vorliegende Untersuchung hatte zum Ziel, den nachösterlichen Standpunkt des Johannesevangeliums am Text des vierten Evangeliums herauszuarbeiten. Damit wurde das Interesse verfolgt, Einblick zu gewinnen in die hermeneutischen Voraussetzungen, unter denen das Johannesevangelium seine Darstellung des Weges Jesu konzipiert. Grundsätzlich kann gesagt werden, daß das Johannesevangelium eine "Konzeption im Rückblick" darstellt, die auf nachösterlicher Einsicht basiert, sich dessen bewußt ist und beabsichtigt, die nachösterliche Erkenntnis als hermeneutischen Ausgangspunkt ihrer theologischen Deutung transparent zu machen.

Um diese Eigenart und Absicht des vierten Evangeliums herauszukristallisieren, wurden charakteristische Textgruppen untersucht, in denen sich die hermeneutische Perspektive des Rückblicks sowohl als Erkenntnis- wie auch als bewußt und begründet angewandtes Darstellungsmittel entdecken läßt. Von den in deutender Funktion eingesetzten Textkommentaren des Evangeliums aus wurden zunächst die Verheißungen Jesu außerhalb der Abschiedsreden, dann die Abschiedsreden selbst in den Blick genommen. An die Untersuchung der Abschiedsreden schloß sich die Analyse des Abschiedsgebetes in Joh 17 an. Mit den skizzierten Umrissen der textimmanenten Umsetzung des nachösterlichen Standpunktes in die bekenntnishaften "Wir"-Aussagen und in die Geistaussagen außerhalb der Abschiedsreden wurde die Arbeit am Text zu Ende geführt.

Im folgenden ist nun, auf dem Hintergrund der Ergebnisse, die im Laufe der Untersuchung gewonnen und in den verschiedenen Bilanzen festgehalten wurden, eine Schlußbilanz zu ziehen.

(1) Zum Ausgangspunkt dafür, das irdische Auftreten und Wirken Jesu als Sendung des Sohnes Gottes in die Welt und als Fleischwerdung des göttlichen Wortes zu deuten, erklärt das Johannesevangelium die nachösterliche Geisterfahrung der Glaubenden. Dieser Erklärung widmet es die breit ausgeführten Abschiedsreden in Joh 13,31-16,33, die kompositorisch und sachlich geprägt sind von den fünf Geistverheißungen in 14,16f; 14,25f; 15,26f; 16,7-11 und 16,12-15. Dabei dienen die auf die nachösterliche Zukunft gerichteten Verheißungen dazu, die nachösterliche Geisterfahrung der Gemeinde zu thematisieren, ohne den von der Gattung des Evangeliums vorgegebenen Rahmen der vorösterlichen und österlichen Ereignisse zu sprengen. Die Abschiedsreden haben die Funktion, innerhalb dieses vorgegebenen Rahmens auf die jenseits des erzählten Geschehens liegende Geisterfahrung zu verweisen, um über jenen Deutehorizont Aufschluß zu geben, von dem die Darstellung des vierten Evangeliums bestimmt ist.

(2) Die Geisterfahrung der nachösterlichen Gemeinde wird durch die in den Abschiedsreden verheißene Art und Weise, in der der Geist nach Jesu Abschied bei den Jüngern gegenwärtig sein und wirken wird, auf die Erfahrung prophetischer Vermittlung des Wortes Jesu zugespitzt. Das zeigt, daß

jener Deutehorizont, der durch die nachösterliche Geisterfahrung eröffnet ist und das vierte Evangelium bestimmt, in seiner prophetischen Dimension veranschaulicht werden soll. Der prophetische Charakter des nachösterlichen Deutehorizonts wird dabei in keiner Weise an ekstatische Phänomene, sondern konsequent an die Einsicht in Jesu Wort gebunden. Diese Einsicht wird nicht als einmalig erworbene gedacht, sondern als je neu durch Lehren und Leiten, Erinnern und Bezeugen des Geistes ermöglichte. Der nachösterlich gewonnene Standpunkt, von dem aus das Johannesevangelium sein Christuszeugnis formuliert, verdankt sich also einem im Wirken des Geistes gründenden Verstehensprozeß, der seinerseits schöpferisches Deutungspotential freisetzt.

(3) Das prophetische Wirken des Geistes, das den nachösterlichen Deutehorizont eröffnet, wird in den Geistverheißungen der Abschiedsreden nach zwei Seiten hin entfaltet, nämlich nach seiner retrospektiven und seiner prospektiven Funktion. Retrospektiv orientiert sich der Geist an Jesu vorösterlichem Wort, prospektiv ist er auf die nachösterliche Offenbarung von Vater und Sohn bezogen. Dabei liegt der entscheidende Akzent darauf, durch retrospektive und prospektive Funktion des Geistes Kontinuität und Identität des vor- und nachösterlichen Wirkens Jesu und des in ihm realisierten Willens des Vaters zur Geltung zu bringen. Obgleich Jesu Abschied und Tod im Hinblick auf die Jünger die entscheidende Zäsur zwischen den Zeiten markieren - im Hinblick auf die Präsenz der göttlichen Offenbarung in der Welt bedeuten sie gerade aufgrund des Geistwirkens keinen Bruch.

(4) Durch die prophetische Vermittlung des Geistes sind die Glaubenden nachösterlich mit beidem verbunden: mit Jesu vorösterlichem Wort und mit der nachösterlichen Offenbarung von Vater und Sohn. Diese Verbundenheit mit der Offenbarung Gottes wird als Begegnung mit Jesus und dem Vater verstanden und in den Motiven der Liebe und wechselseitigen Immanenz veranschaulicht. Grundlegend sind dabei sowohl die Erfahrung der Liebe als auch die der wechselseitigen Immanenz an die Einsicht in Jesu Wort gebunden. Das vorösterliche Wort Jesu nachösterlich durch das vergegenwärtigende und erschließende Wirken des Geistes nachvollzogen und verstanden zu haben, das nachösterliche Wort des Postexistenten in der Verkündigung des Geistes mitvollziehen und erkennen zu können - das ist für die Glaubenden nach Ostern die zentrale Heilserfahrung, die ihnen Abschied und Tod des Irdischen ins Gegenteil verkehrt: Im Wirken des Geistes erfahren sie Jesu Kommen, in Glaube und Einsicht "sehen" sie ihn als den lebendigen Sohn Gottes.

(5) Es ist diese nachösterliche Heilserfahrung, die das Johannesevangelium dazu führt, Jesu Abschied im Rückblick als Gewinn für die Jünger zu bewerten. Diese Wertung findet in der vierten Geistverheißung der Abschiedsreden ihren komprimierten Ausdruck in der Wendung συμφέρει

ὑμῖν (16,7). Mit ihr beginnt sachlich eine weitreichende Verhältnisbestimmung zwischen Jesus und dem Geist, deren entscheidende Komponente darin besteht, den Geist als Repräsentanten des Postexistenten zu charakterisieren, in dessen Macht es steht, auch den Irdischen zu vergegenwärtigen und den Präexistenten zu erschließen. Die erste Geistverheißung bringt diese Relation zwischen dem Geist und Jesus durch die programmatische Titulierung ἄλλος παράκλητος (14,16) zum Ausdruck. Damit intendiert das Johannesevangelium eine enge sachliche Verflechtung von Christologie und Pneumatologie, in der weder von Jesu Bedeutung gesprochen werden kann, wenn von seiner Beziehung zum Geist abgesehen wird, noch von der Funktion des Geistes, wenn nicht seine Relation zu Jesus charakterisiert ist.

(6) Die Vollmacht des Geistes, nachösterlich den Postexistenten zu repräsentieren, den Irdischen zu vergegenwärtigen und den Präexistenten zu erschließen, wird in bewußter Anlehnung an das Verhältnis zwischen Vater und Sohn in der letzten Geistverheißung als Funktion des Verherrlichens bezeichnet (16,14f). Damit aber dehnt sich die Relation zwischen Jesus und dem Geist aus auf eine Verhältnisbestimmung zwischen Jesus, dem Geist und dem Vater. Der Geist wird hineingenommen in das wechselseitige Verherrlichungsgeschehen zwischen Vater und Sohn (vgl. 13,31f;17,1f.5) und öffnet es zugleich durch seine Verkündigung auch für die Glaubenden (vgl. 17,10b). Im geistgeleiteten Rückblick entwirft so das Johannesevangelium eine Pneumatologie, in der nicht nur die Relation zwischen Jesus und dem Geist, sondern auch die Relation zwischen Geist und Vater sowie die Funktion beider Geistrelationen für die Glaubenden hervortreten soll.

(7) Damit wird ein trinitarisches Konzept von Theologie sichtbar, das sich innerhalb der Abschiedsreden nicht nur am Aspekt der Verherrlichung, sondern auch an den Aspekten des Wortes und der Sendung abzeichnet. Denn in Entsprechung zum Sendungsverhältnis zwischen Jesus und dem Vater wird auch der Geist als Gesandter charakterisiert, und zwar, unter nachdrücklicher Betonung, als Gesandter von Vater und Sohn. Gemäß der für das Johannesevangelium typischen Sendungsvorstellung ist damit zum Ausdruck gebracht, daß der Geist von Vater und Sohn beauftragt und bevollmächtigt ist und deren gemeinsamen Willen in seinem Wirken repräsentiert und realisiert. Dieses Wirken wird nun auf die Vergegenwärtigung und Verkündigung des göttlichen Wortes zugespitzt, woran sich wiederum die trinitarische Konzeption erkennen läßt: Der Vater ist auf den Sohn bezogen durch das Wort, das er ihm gibt und sagt; der Sohn ist an den Vater rückgebunden, da er dessen Wort offenbart und verkörpert; und der Geist ist an Vater und Sohn gebunden durch den Auftrag, nachösterlich das göttliche Wort zur Geltung zu bringen.

Darüber hinaus wird die trinitarische Relation zwischen Vater, Sohn und Geist auch an den beiden in den Abschiedsreden verwendeten Geistprädikationen erkennbar. So wird sowohl das Prädikat der Wahrheit als auch das Prädikat "heilig", das jeweils Vater und Sohn auszeichnet (vgl. 14,6; 18,37; 6,69; 17,11), auf den Geist übertragen.

(8) Die nachösterliche Geisterfahrung begründet nicht nur die enge Verbindung von Christologie und Pneumatologie und deren Implikationen im Hinblick auf ein trinitarisches Konzept. Auch die Ekklesiologie ist wesentlich von ihr bestimmt. So ist die grundlegende Komponente der johanneischen Ekklesiologie eine Art "ekklesiologischer Vorbehalt", der besagt, daß sich wahres Jüngersein in der Nachfolge Jesu erst nachösterlich realisiert. Diese Konzeption ist grundsätzlich von der am Geist als Parakleten entwickelten Pneumatologie her begründet, die die Gegenwart des Geistes bei den Glaubenden an die nachösterliche Zeit bindet. Ebenso liegt aber in der Pneumatologie auch die Voraussetzung dafür, charakteristische Strukturmomente aus der Christologie in die Ekklesiologie zu übernehmen. Das kann exemplarisch am Sendungsmotiv verdeutlicht werden. Im Rahmen der Christologie wird der Sendungsgedanke durch die beiden aufeinander bezogenen Konstituenten des Sendungsgehorsams und der Sendungsvollmacht zum Ausdruck gebracht. Im Rahmen der ekklesiologischen Konzeption ist zunächst das Motiv des Sendungsgehorsams in der fundamentalen Bindung des nachösterlichen Jüngerhandelns an Auftrag und Willen Jesu wiederzuerkennen. Diese Bindung wird durch die Rede vom "Bitten der Jünger im Namen Jesu" zum Ausdruck gebracht. Die Erfüllung der Jüngerbitten durch den Postexistenten führt nun die Beauftragten zur Durchführung der "Werke", die dem Wirken Jesu selbst entsprechen. In eben diesem Gedanken wird dann das Motiv der Sendungsvollmacht deutlich. Dieses aber ist im Rahmen der Ekklesiologie zuletzt pneumatologisch begründet, da das Handeln der Jünger seine Relevanz und Wirkung durch die Vollmacht des zum Vater Zurückgekehrten gewinnt, die Vollmacht des Postexistenten jedoch nicht anders als durch das Wirken des Geistes vermittelt ist.

(9) Charakteristische Funktion gewinnt die profiliert entwickelte Pneumatologie auch für die eschatologische Dimension der johanneischen Theologie. Indem traditionelle Motive aus der Eschatologie in die Pneumatologie und, korrespondierend dazu, in die Christologie transponiert werden, gewinnen sie ein innovatives Profil. Beispielhaft konnte die Umformung eschatologischer Akzente am Motiv des Kommens Jesu verdeutlicht werden. Jesu durch den Geist vermitteltes Kommen zu den Jüngern in nachösterlicher Zeit wird aus dem traditionellen Motivrepertoire der Parusievorstellung herausgelöst, so daß die eschatologische Konzentration auf das universale Endgeschehen vor aller Welt verlegt wird auf die im Geist begründete Neuschöpfungserfahrung der Glaubenden. Dabei werden futurische Strukturmomente keinesfalls für die eschatologische Aussage aufgegeben. Sie sind vielmehr dadurch repräsentiert, daß gerade in der Pneumato-

logie die Zukunftsdimension grundlegende Relevanz hat. Das wird para-
digmatisch in erster und letzter Geistverheißung durch zwei Aspekte zum
Ausdruck gebracht, die eine Art "eschatologischen Rahmen" um alle fünf
Geistverheißungen legen: zum einen durch die Angabe, daß der Geist εἰς
τὸν αἰῶνα mit den Jüngern sein werde (14,16b), zum anderen durch die
Funktionsbestimmung, daß der Geist τὰ ἐρχόμενα verkünden werde
(16,13). Gerade durch das letztgenannte Motiv wird dabei angezeigt, daß
auch das nachösterliche Wirken des Geistes selbst unter dem Vorbehalt der
Letztvollendung steht.

(10) Die Theologie, die das Johannesevangelium im Rückblick konzipiert, basiert auf einem zweifachen Anliegen. Sie will zum einen den
Eigenwert der vorösterlichen Zeit und des irdischen Auftretens Jesu festhalten, zum anderen die hohe, in der Geisterfahrung begründete Wertschätzung
der nachösterlichen Zeit sowie der in ihr vermittelten Begegnung der Glaubenden mit Vater und Sohn zum Ausdruck bringen. Das gelingt einerseits
durch die Ausprägung eines Bewußtseins für die Differenz zwischen vor-
und nachösterlicher Zeit, andererseits durch die Ausbildung eines Bewußtseins für die Kontinuität und Identität beider Zeiten. Das Differenzbewußtsein wurzelt in dem Interesse, das irdische Auftreten Jesu als Grundvoraussetzung festzuhalten, auf die sich nachösterlicher Glaube und nachösterliche
Nachfolge beziehen. Das Kontinuitätsbewußtsein basiert auf der Absicht,
auch die nachösterliche Zeit genuin als Zeit der Gotteserfahrung auszu-
zeichnen. Beide Anliegen bringt das Johannesevangelium in der hymnischen Rede von Jesus als dem ewigen Logos zusammen, in dem in Präexistenz, Inkarnation und Postexistenz das Wort Gottes präsent ist. Daß dieses
Wort sich den Glaubenden aller Zeiten erschließen kann, daß es ihnen für
immer und ewig gegenwärtig sein und sie bereichern wird - das verdanken
sie im Sinne des Johannesevangeliums dem nachösterlich wirkenden Geist.

"Denn alles ist gut. Drauf starb er. Vieles wäre
Zu sagen davon. (...)
Drum sandt er ihnen
Den Geist, (...).
So hätt ich Reichtum,
Ein Bild zu bilden, und ähnlich
Zu schaun, wie er gewesen, den Christ".

HÖLDERLIN, PATMOS,
VI, 13f; VII, 10f; XI, 13-15.

Literaturverzeichnis

I. Textausgaben

Aland, K., Synopsis quattuor evangeliorum, Stuttgart [9]1976, [10]1978.

Nestle, E., Nestle, E., Aland, K., Novum Testamentum Graece, Stuttgart [26]1979, [27]1993.

Rahlfs, A., Septuaginta. Editio minor, Stuttgart 1935, 1979.

II. Hilfsmittel

Balz, H. R., Schneider, G. (Hrsg.), Exegetisches Wörterbuch zum Neuen Testament (EWNT), Bd. I-III, Stuttgart 1980/83.

Bauer, W., Griechisch-Deutsches Wörterbuch zu den Schriften des Neuen Testaments und der übrigen urchristlichen Literatur, hrsg. von Kurt Aland und Barbara Aland, 6., völlig neu bearbeitete Auflage, Berlin/New York 1988.

Blass, F., Debrunner, A., Rehkopf, F., Grammatik des neutestamentlichen Griechisch, Göttingen [17]1990.

Bornemann, E., Risch, E., Griechische Grammatik, Frankfurt a.M. [2]1978.

Galling, K., Die Religion in Geschichte und Gegenwart (RGG[3]), 6 Bde., Tübingen [3]1957-1962.

Kittel, G., Friedrich, G. (Hrsg.), Theologisches Wörterbuch zum Neuen Testament (ThWNT), Bde. I-X,2, unveränderter Nachdruck der Ausgabe 1933-1979, Stuttgart/Berlin/Köln 1990.

Konkordanz zum Novum Testamentum Graece von Nestle-Aland, 26. Auflage, und zum Greek New Testament, 3rd Edition, hrsg. vom Institut für Neutestamentliche Textforschung und vom Rechenzentrum der Universität Münster unter besonderer Mitwirkung von H. Bachmann und W. A. Slaby, Berlin/New York [3]1987.

III. Kommentare

Barrett, C. K., The Gospel according to St. John. An Introduction with Commentary and Notes on the Greek Text, London ²1978.

–, Das Evangelium nach Johannes, KEK Sonderband, Göttingen 1990.

Bauer, W., Das Johannesevangelium, HNT 6, Tübingen ³1933.

Becker, J., Das Evangelium des Johannes, ÖTK 4, 1/2, Gütersloh 1979/81.

Brown, R. E., The Gospel according to John, AncB 29/29a, New York 1966/1970.

Bultmann, R., Das Johannesevangelium, KEK II, Göttingen ²¹1986.

–, Die drei Johannesbriefe, KEK XIV, Göttingen ²1969.

Conzelmann, H., Der erste Brief an die Korinther, KEK V, Göttingen 1969.

Gnilka, J., Das Evangelium nach Markus (Mk 8,27-16,20), EKK II/2, Zürich/Neukirchen-Vluyn 1979.

Schnackenburg, R., Das Johannesevangelium, HThK IV, Freiburg Teil I ⁵1981; Teil II ²1977; Teil III ⁴1982; Teil IV (Ergänzungsband) 1984.

Schulz, S., Das Evangelium nach Johannes, NTD 4, Göttingen ⁵1987.

Strecker, G., Die Johannesbriefe, KEK XIV, Göttingen 1989.

Wikenhauser, A., Das Evangelium nach Johannes, RNT 4, Regensburg ³1961.

IV. Monographien und Aufsätze

Augenstein, J., Das Liebesgebot im Johannesevangelium und in den Johannesbriefen, BWANT 134, Stuttgart/Berlin/Köln 1993.

Aune, D. E., Prophecy in Early Christianity and the Ancient Mediterranean World, Grand Rapids, Michigan 1983.

Barrett, C. K., "The Father is greater than I" (Jo 14,28): Subordinationist Christology in the New Testament, in: Neues Testament und Kirche (FS Rudolf Schnackenburg), Freiburg 1974, 144-159.

Baum-Bodenbender, R., Hoheit in Niedrigkeit. Johanneische Christologie im Prozeß vor Pilatus (Joh 18,28-19,16a), FzB 49, Würzburg 1984.

Becker, J., Aufbau, Schichtung und theologiegeschichtliche Stellung des Gebetes in Johannes 17, ZNW 60, 1969, 56-83.

–, Die Abschiedsreden Jesu im Johannesevangelium, ZNW 61, 1970, 215-246.

–, Untersuchungen zur Enstehungsgeschichte der Testamente der zwölf Patriarchen, AGSU 8, 1970, 377-401.

–, Beobachtungen zum Dualismus im Johannesevangelium, ZNW 65, 1974, 71-87.

–, Aus der Literatur zum Johannesevangelium (1978-1980), ThR NF 47, 1982, 278-301, 305-347.

–, Ich bin die Auferstehung und das Leben. Eine Skizze der johanneischen Theologie, ThZ 39, 1983, 138-151.

–, Das Johannesevangelium im Streit der Methoden (1980-1984), ThR NF 51, 1986, 1-78.

Behler, G.-M., Die Abschiedsworte des Herrn, Salzburg 1962.

Behm, J., Art. παράκλητος, ThWNT V, 798-812.

Betz, O., Der Paraklet. Fürsprecher im häretischem Spätjudentum, im Johannesevangelium und in neu gefundenen gnostischen Schriften, AGSU II, Leiden/Köln 1963.

Beutler, J., Martyria. Traditionsgeschichtliche Untersuchungen zum Zeugnisthema bei Johannes, FThS 10, Frankfurt a.M. 1972.

–, Habt keine Angst. Die erste johanneische Abschiedsrede (Joh 14), SBS 116, Stuttgart 1984.

Blank, J., Die Verhandlung vor Pilatus Joh 18,28-19,16 im Lichte johanneischer Theologie, BZ NF 3, 1959, 60-81.

–, Krisis. Untersuchungen zur johanneischen Christologie und Eschatologie, Freiburg 1964.

–, Die johanneische Brotrede, BiLe 7, 1966, 193-207.

Borig, R., Der wahre Weinstock. Untersuchungen zu Jo 15,1-10, StANT 16, München 1967.

Boring, M. E., The Sayings of the Risen Jesus. Christian Prophecy in the Synoptic Tradition, Cambridge 1982.

Bornkamm, G., Die eucharistische Rede im Johannes-Evangelium, ZNW 47, 1956, 161-169.

–, Der Paraklet im Johannesevangelium, in: Geschichte und Glaube I (Gesammelte Aufsätze III), München 1968, 68-89.

–, Zur Interpretation des Johannesevangeliums. Eine Auseinandersetzung mit Ernst Käsemanns Schrift 'Jesu letzter Wille nach Johannes 17' in: Geschichte und Glaube I (Gesammelte Aufsätze III), München 1968, 104-121.

–, Die Heilung des Blindgeborenen, in: Geschichte und Glaube II (Gesammelte Aufsätze IV), München 1971, 65-72.

–, Art. μυστήριον, ThWNT IV, 809-834.

Boyle, J. L., The Last Discourse (Jn 13,31-16,33) and Prayer (Jn 17): Some Observations on Their Unity and Development, Bibl 56, 1975, 210-222.

Breytenbach, C., Paulsen, H. (Hrsg., unter Mitwirkung von *C. Gerber*), Anfänge der Christologie (FS Ferdinand Hahn), Göttingen 1991.

Brown, R. E., The Community of the Beloved Disciple, New York u.a. 1979 (im Deutschen in gekürzter, vom Aufbau her veränderter Fassung: Ringen um die Gemeinde. Der Weg der Kirche nach den Johanneischen Schriften, Salzburg 1982).

Bühner, J.-A., Der Gesandte und sein Weg im 4. Evangelium. Die kultur- und religionsgeschichtlichen Grundlagen der johanneischen Sendungschristologie sowie ihre traditionsgeschichtliche Entwicklung, WUNT II/2, Tübingen 1977.

Bultmann, R., Die Bedeutung der neuerschlossenen mandäischen und manichäischen Quellen für das Verständnis des Johannesevangeliums, ZNW 24, 1952, 100-146.

–, Art. Johannesevangelium, RGG³, Bd. 3, 840-850.

–, Die Geschichte der synoptischen Tradition, Göttingen ⁷1967.

–, Die Eschatologie des Johannesevangeliums, in: Zwischen den Zeiten 6, 1928, 4-22, auch in: ders., Glauben und Verstehen I (Gesammelte Aufsätze I), Tübingen ⁷1972, 134-152.

–, Theologie des Neuen Testaments, Tübingen ¹1948-1953, UTB 630, Tübingen ⁹1984.

–, Art. ζωή, ThWNT II, 871-874.

Campenhausen, H. von, Die Idee des Martyriums in der Alten Kirche, Göttingen 1936.

Conzelmann, H., Art. Parusie, RGG³, Bd. 5, 130-132.

–, Art. Gericht, RGG³, Bd. 2, 1419-1421.

–, Art. χάρις, ThWNT IX, 363-366, 377-393.

Corssen, P., Die Abschiedsreden Jesu in dem vierten Evangelium. Mit besonderer Berücksichtigung von J. Wellhausen, Erweiterungen und Änderungen im vierten Evangelium, ZNW 8, 1907, 125-142.

Cullmann, O., Εἶδεν καὶ ἐπίστευσεν. La vie de Jésus, object de la 'vue' et de la 'foi', d'après la quatrième Evangile, in: Aux sources de la tradition chrétienne (Melanges offerts à M. Goguel), 1950, 50-61.

–, Urchristentum und Gottesdienst, AThANT 3, Zürich/Stuttgart 1962.

–, Heil als Geschichte. Heilsgeschichtliche Existenz im Neuen Testament, Tübingen 1967.

–, Der johanneische Kreis. Sein Platz im Spätjudentum, in der Jüngerschaft und im Urchristentum, Tübingen 1975.

Culpepper, R. A., The Johannine School. An Evaluation of the Johannine-School Hypothesis based on an Investigation of the Nature of Ancient Schools, SBLDS 26, Ann Arbor, Michigan, 1975.

–, Anatomy of the Fourth Gospel. A Study in Literary Design, Philadelphia 1983.

Dalman, G., Arbeit und Sitte in Palästina, 7 Bde, Gütersloh 1928-1942.

Dautzenberg, G., Urchristliche Prophetie. Ihre Erforschung, ihre Voraussetzungen im Judentum und ihre Struktur im ersten Korintherbrief, BWANT 10, Stuttgart u.a. 1975.

Delling, G., Art. ἡμέρα, ThWNT II, 945-956.

–, Art. ὥρα, ThWNT IX, 675-681.

Dibelius, M., Joh 15,13. Eine Studie zum Traditionsproblem des Johannes-Evangeliums, in: ders., Botschaft und Geschichte I, Tübingen 1953, 204-220.

Dietzfelbinger, C., Die eschatologische Freude der Gemeinde in der Angst der Welt. Joh 16,16-33, EvTh 40, 1980, 420-436.

–, Paraklet und theologischer Anspruch im Johannesevangelium, ZThK 82, 1985, 389-408.

–, Die größerenWerke (Joh 14,12f.), NTS 35, 1989, 27-47.

Dodd, C. H., The Interpretation of the Fourth Gospel, Cambridge 1953 (= 1972).

Egger, W., Methodenlehre zum Neuen Testament, Freiburg 1987.

Fischer, G., Die himmlischen Wohnungen. Untersuchungen zu Joh 14,2, EHS Th/38, Bern/Frankfurt a.M. 1975.

Foerster, W., Art. ἁρπάζω, ThWNT I, 471f.

Friedrich, G., Art. προφήτης κτλ. D., ThWNT VI, 829-863.

–, Art. σάλπιγξ, σαλπίζω, ThWNT VII, 71-88.

Gächter, P., Der formale Aufbau der Abschiedsrede Jesu, ZKT 58, 1934, 155-207.

Gadamer, H.-G., Wahrheit und Methode. Grundzüge einer philosophischen Hermeneutik, Tübingen 1960, ⁵1986.

Ganoczy, A., Der Heilige Geist als Kraft und Person, in: Communicatio Fidei (FS Eugen Biser), Regensburg 1983, 111-123.

Habermann, J., Präexistentaussagen im Neuen Testament, EHS Th/362, Frankfurt u.a. 1990.

Haenchen, E., "Der Vater, der mich gesandt hat", in: - Gott und Mensch (Gesammelte Aufsätze I), Tübingen 1965, 68-77.

–, Vom Wandel des Jesusbildes in der frühen Gemeinde, in: Verborum Veri-tas (FS Gustav Stählin), Wuppertal 1970, 3-14.

Hahn, F., Der Prozeß Jesu nach dem Johannesevangelium. Eine redaktionsgeschichtliche Untersuchung, in: EKK Vorarbeiten Heft 2, Zürich/Neukirchen-Vluyn 1970, 23-96.

–, Der urchristliche Gottesdienst, SBS 41, Stuttgart 1970.

–, Sehen und Glauben im Johannesevangelium, in: Neues Testament und Geschichte (FS Oscar Cullmann), Zürich/Tübingen 1972, 125-141.

–, Christologische Hoheitstitel. Ihre Geschichte im frühen Christentum, FRLANT 83, Göttingen ⁴1974.

–, Die Jüngerberufung Joh 1,35-51, in: Neues Testament und Kirche (FS Rudolf Schnackenburg), Freiburg 1974, 172-190.

–, Das biblische Verständnis des Heiligen Geistes. Soteriologische Funktion und "Personalität" des Heiligen Geistes, in: Claus Heitmann, Heribert Mühlen (Hrsg.), Erfahrung und Theologie des Heiligen Geistes, München 1974, 131-147.

–, Die Rede von der Parusie des Menschensohnes in Mk 13, in: Jesus und der Menschensohn (FS Anton Vögtle), Freiburg/Basel/Wien 1975, 240-266.

–, Beobachtungen zu Joh 1:18,34, in: Studies in New Testament Language and Text (Essays in Honour of George D. Kilpatrick), Leiden 1976, 239-245.

–, Die Worte vom lebendigen Wasser im Johannesevangelium. Eigenart und Vorgeschichte von Joh 4,10.13f; 6,35; 7,37-39, in: God's Christ and his People (FS Nils Alstrup Dahl), Oslo 1977, 51-71.

–, *Kertelge, K., Schnackenburg, R.,* Einheit der Kirche. Grundlegung im Neuen Testament, QD 84, Freiburg 1979, 9-51.

–, "Die Juden" im Johannesevangelium, in: Kontinuität und Einheit (FS Franz Mußner), Freiburg 1981, 430-438.

–, Die biblische Grundlage unseres Glaubens an den Heiligen Geist, den Herrn und Lebensspender, in: Communicatio Fidei (FS Eugen Biser), Regensburg 1983, 125-137.

–, Das Glaubensverständnis im Johannesevangelium, in: Glaube und Eschatologie (FS Werner Georg Kümmel), Tübingen 1985, 51-69.

–, Die Formgeschichte des Evangeliums. Voraussetzungen, Ausbau und Tragweite, in: ders. (Hrsg.), Zur Formgeschichte des Evangeliums, WdF 81, Darmstadt 1985.

–, Die historisch-kritische Methode - Voraussetzungen, Aporien, Anwendungsmöglichkeiten, in: H. Riedlinger (Hrsg.), Die historisch-kritische Methode und die heutige Suche nach einem lebendigen Verständnis der Bibel, München/Zürich 1985, 54-71.

–, Art. υἱός, EWNT III, 912-937.

Hanson, A. T., The Prophetic Gospel. A Study of John and The Old Testament, Edinburgh 1991.

Hauck, F., Art. μονή, ThWNT IV, 583-585.

Heise, J., Bleiben. Menein in den johanneischen Schriften, HUTh 8, Tübingen 1967.

Hengel, M., The Johannine Question, London/Philadelphia 1989.

–, Die johanneische Frage. Ein Lösungsversuch. Mit einem Beitrag zur Apokalypse von Jörg Frey, WUNT 67, Tübingen 1993.

Hill, D., New Testament Prophecy, Atlanta, Georgia 1979.

Hultgren, A. J., The Johannine Footwashing (13,1-11) as Symbol of Eschatological Hospitality, NTS 28, 1982, 539-546.

Hofius, O., Struktur und Gedankengang des Logos-Hymnus in Joh 1,1-18, ZNW 78, 1987, 1-25.

Ibuki, Y., Die Wahrheit im Johannesevangelium, BBB 39, Bonn 1972.

Jeremias, J., Neutestamentliche Theologie. Erster Teil: Die Verkündigung Jesu, Gütersloh 1971.

–, Zum nicht-responsorischen Amen, ZNW 64, 1973, 122-123.

Johansson, N., Parakletoi. Vorstellungen von Fürsprechern für die Menschen vor Gott in alttestamentlicher Religion, im Spätjudentum und Urchristentum, Lund 1940.

Johnston, G., The Spirit-Paraclete in the Fourth Gospel of John, SNTS MS 12, Cambridge 1970.

Kaefer, J. Ph., Les Discours d'Adieu en Jn 13:31-17:26. Rédaction et Théologie, NovTest 26, 1984, 253-282.

Käsemann, E., Jesu letzter Wille nach Johannes 17, Tübingen 1966, ⁴1980.

Klaiber, W., Die Aufgabe einer theologischen Interpretation des 4. Evangeliums, ZThK 82, 1985, 300-324.

Klein, G., "Das wahre Licht scheint schon". Beobachtungen zur Zeit- und Geschichtserfahrung einer urchristlichen Schule, ZThK 68, 1971, 261-326.

Knöppler, Th., Die theologia crucis des Johannesevangeliums. Das Verständnis des Todes Jesu im Ramen der johanneischen Inkarnations- und Erhöhungschristologie, WMANT 69, Neukirchen-Vluyn 1994.

Köster, H., Robinson, J. M., Entwicklungslinien durch die Welt des frühen Christentums, Tübingen 1971.

Kohler, H., Kreuz und Menschwerdung im Johannesevangelium. Ein exegetisch-hermeneutischer Versuch zur johanneischen Kreuzestheologie, AThANT 72, Zürich 1987.

Kuhl, J., Die Sendung Jesu und der Kirche nach dem Johannes-Evangelium, Studia Instituti Missiologia Societas Verbi Divini 11, St. Augustin 1967.

Kuhn, H.-W., Art. ἀμήν, EWNT I, 1980, 166-168.

Kümmel, W. G., Die Eschatologie der Evangelien, ThB 15, 1936.

Kysar, R., The Fourth Gospel. A Report on Recent Research, ANRW II 25/3, Berlin 1984, 2339-2480.

Lämmert, E., Bauformen des Erzählens, Stuttgart ⁸1989.

Larsen, J., The Use of hina in the New Testament, with special Reference in the Gospel of John, Notes on Translation 2, 1988, 28-34.

Lattke, M., Einheit im Wort. Die spezifische Bedeutung von ἀγάπη, ἀγαπᾶν und φιλεῖν im Johannesevangelium, StANT 41, München 1975.

Leroy, H., Rätsel und Mißverständnis. Ein Beitrag zur Formgeschichte des Johannesevangeliums, BBB 30, Bonn 1968.

Limbeck, M., Art. ἐντολή, EWNT I, 1121-1125.

Lips, H. von, Weisheitliche Traditionen im Neuen Testament, WMANT 64, Neukirchen-Vluyn 1990.

Loader, W. R. G., The Central Structure of Johannine Christology, NTS 30, 1984, 188-216.

Martyn, J. L., History and Theology in the Fourth Gospel, New York 1968, ²1979.

Meeks, W. A., The Man from Heaven in Johannine Sectarianism, JBL 91, 1972, 44-72 (deutsche Übersetzung: Die Funktion des vom Himmel herabgestiegenen Offenbarers für das Selbstverständnis der johanneischen Gemeinde, in: ders. (Hrsg.), Zur Soziologie des Urchristentums, TB 62, München 1979, 245-283.

Miranda, J. P., Der Vater, der mich gesandt hat. Religionsgeschichtliche Untersuchungen zu den johanneischen Sendungsformeln. Zugleich ein Beitrag zur johanneischen Christologie und Ekklesiologie, EHS Th/7, Frankfurt a.M. 1972.

–, Die Sendung Jesu im vierten Evangelium. Religions- und theologiegeschichtliche Untersuchungen zu den Sendungsformeln, SBS 87, Stuttgart 1977.

Moloney, F. J., A Johannine Son of Man Discussion?, Salesianum 39, 1977, 93-102.

–, The Johannine Son of Man, BSR 14, Rom ²1978.

Mowinckel, S., Die Vorstellungen des Spätjudentums vom heiligen Geist als Fürsprecher und der johanneische Paraklet, ZNW 32, 1933, 97-130.

Müller, U. B., Die Parakletenvorstellung im Johannesevangelium, ZThK 71, 1974, 31-77.

–, Die Geschichte der Christologie in der johanneischen Gemeinde, SBS 77, Stuttgart 1975.

–, Prophetie und Predigt im Neuen Testament. Formgeschichtliche Untersuchungen zur urchristlichen Prophetie, StNT 10, Göttingen 1975.

Mußner, F., ΖΩΗ. Die Anschauung vom 'Leben' im vierten Evangelium unter Berücksichtigung der Johannesbriefe, MüThSt I, Hist. Abt. Bd. 5, München 1952.

–, Die johanneischen Parakletsprüche und die apostolische Tradition, BZ 5, 1961, 56-70.

–, Die johanneische Sehweise und die Frage nach dem historischen Jesus, QD 28, Freiburg 1965.

Oepke, A., Art. λούω κτλ., ThWNT IV, 297-309.

–, Art. παρουσία, πάρειμι, ThWNT V, 856-869.

Onuki, T., Die johanneischen Abschiedsreden und die synoptische Tradition. Eine traditionskritische und traditionsgeschichtliche Untersuchung, AJBI 3, 1977, 157-268.

–, Gemeinde und Welt im Johannesevangelium. Ein Beitrag zur Frage nach der theologischen und pragmatischen Funktion des johanneischen "Dualismus", WMANT 56, Neukirchen-Vluyn 1984.

Painter, J., Glimpses of the Johannine Community in the Farewell Discourses, ABR 28, 1980, 22-38.

–, The Farewell Discourses and the History of Johannine Christianity, NTS 27, 1981, 525-543.

Porsch, F., Pneuma und Wort. Ein exegetischer Beitrag zur Pneumatologie des Johannesevangeliums, FThSt 16, Frankfurt a.M. 1974.

Potterie, I. de la, Jésus devant Pilate, Bib 41, 1960, 217-247.

–, Ἀλήθεια. La notion johannique et ses antecedents historiques, Diss. masch. P.J.B., unveröttentl., Roma 1965.

–, Je suis la Voie, la Verite et la Vie (Jn 14,6), NRT 88, 1966, 907-942.

–, La Verite dans Saint Jean, Tome I, Rome 1977.

Preiss, T., La justification dans la pensée johannique, in: La Vie en Christ (Gesammelte Aufsätze), Neuchâtel/Paris 1951, 46-64.

Proksch, O., Art. ἁγιάζειν, ThWNT I, 112-114.

–, Art. ἅγιος, ThWNT I, 101-112.

Pütz, P., Die Zeit im Drama. Zur Technik der dramatischen Spannung, Göttingen 1970.

Reese, J. M., Literary Structure of Jn 13,31-14,31; 16,5-6.16-33, CBQ 34, 1972, 321-331.

Rengstorf, K. H., Art. διδάσκειν, ThWNT II, 138-150.

–, Art. διδάσκαλος, ThWNT II, 150-162.

–, Art. διδαχή, ThWNT II, 166f.

Rhea, R., The Johannine Son of Man, AThANT 76, Zürich 1990.

Ricca, P., Die Eschatologie des Vierten Evangeliums, Zürich/Frankfurt a.M. 1966.

Richter, G., Die Fußwaschung im Johannesevangelium. Geschichte ihrer Deutung, BU 1, Regensburg 1967.

–, Die Fußwaschung Joh 13,1-20, in: ders., Studien zum Johannesevangelium, hg. von J. Hainz, BU 13, Regensburg 1977, 42-57.

–, Studien zum Johannesevangelium, hg. von J. Hainz, BU 13, Regensburg 1977.

Ruckstuhl, E., Die johanneische Menschensohnforschung 1957-1969, ThB 1, 1972, 171-284.

Saussure, F. de, Cours des Linguistique Générale, Paris 1916 (= ⁵1955); deutsche Übersetzung: - Grundfragen der allgemeinen Sprachwissenschaft, Berlin 1931 (= ²1967).

Schenke, L., Die formale und gedankliche Struktur von Joh 6,16-58, BZ 24, 1980, 21-41.

–, Das Szenarium von Joh 6,1-25, TrThZ 92, 1983, 191-203.

Schlier, H., Art. ἀμήν, ThWNT I, 339-342.

Schmid, L., Art. κέλευσμα, ThWNT III, 656-659.

Schmidt, K. L., Der Rahmen der Geschichte Jesu. Literarkritische Untersuchungen zur ältesten Jesusüberlieferung, Berlin 1919.

–, Art. βασιλεία, ThWNT I, 579-592.

Schmithals, W., Geisterfahrung als Christuserfahrung, in: C. Heitmann, H. Mühlen (Hrsg.), Erfahrung und Theologie des Heiligen Geistes, München 1974, 101-116.

Schnackenburg, R., Die "situationsgelösten" Redestücke in Joh 3, ZNW 49, 1958, 88-99.

–, Die johanneische Gemeinde und ihre Geisterfahrung, in: Die Kirche des Anfangs (FS Heinz Schürmann), Freiburg 1978, 277-306.

–, Ihr werdet mich sehen. Die Abschiedsworte Jesu (Joh 13-17), Freiburg 1985.

–, "Der Vater, der mich gesandt hat". Zur johanneischen Christologie, in: Anfänge der Christologie (FS Ferdinand Hahn), Göttingen 1991.

Schneider, J., Die Abschiedsreden Jesu. Ein Beitrag zur Frage der Komposition von Joh 13,31-17,26, in: Gott und die Götter (FS Erich Fascher), Berlin 1958, 103-112.

–, Art. ἔρχεσθαι, ThWNT II, 662-672.

Schneider, S. M., The Foot Washing (John 13,1-20). An Experiment in Hermeneutics, CBQ 43, 1981, 76-92.

Schnelle, U., Antidoketische Christologie im Johannesevangelium. Eine Untersuchung zur Stellung des vierten Evangeliums in der johanneischen Schule, FRLANT 144, Göttingen 1987.

–, Die Abschiedsreden im Johannesevangelium, ZNW 80, 1989, 64-79.

–, Perspektiven der Johannesexegese, SNTU 15, 1990, 59-72.

–, Johanneische Ekklesiologie, NTS 37, 1991, 37-50.

–, Neutestamentliche Anthropologie. Jesus - Paulus - Johannes, BThSt 18, Neukirchen-Vluyn 1991.

Schottroff, L., Der Glaubende und die feindliche Welt. Beobachtungen zum gnostischen Dualismus und seiner Bedeutung für Paulus und das Johannesevangelium, WMANT 37, Neukirchen-Vluyn 1970.

Schrenk, G., Art. δικαιοσύνη, ThWNT II, 194-214.

–, Art. ἐντολή, ThWNT II, 542-553.

Schulz, S., Untersuchungen zur Menschensohnchristologie im Johannesevangelium. Zugleich ein Beitrag zur Methodengeschichte der Auslegung des 4. Evangeliums, Göttingen 1957.

Schweizer, E., EGO EIMI. Die religionsgeschichtliche Herkunft und theologische Bedeutung der johanneischen Bildreden. Zugleich ein Beitrag zur Quellenfrage des vierten Evangeliums, FRLANT 56, Göttingen 1939, ²1965.

Segovia, F. F., John 13,1-20. The Footwashing in the Johannine Tradition, ZNW 73, 1982, 115-128.

Simoens, Y. La Gloire d'aimer. Structures stylistiques et interpretatives dans le Discours de la Cene (Jn 13-17), AnBib 90, Rom 1981.

Stählin, G., Zum Problem der johanneischen Eschatologie, ZNW 33, 1934, 225-259.

Stanzel, F. K., Typische Formen des Romans, Göttingen ¹¹1987.

–, Theorie des Erzählens, UTB 904, Göttingen ⁴1989.

Strathmann, H., Art. μάρτυς κτλ., ThWNT IV, 477-520.

Strecker, G., Die Anfänge der johanneischen Schule, NTS 32, 1986, 31-47.

–, Literaturgeschichte des Neuen Testaments, UTB 1682, Göttingen 1992.

Thüsing, W., Die Erhöhung und Verherrlichung Jesu im Johannesevangelium, Münster ²1970.

Thyen, H., Entwicklungen innerhalb der johanneischen Theologie und Kirche im Spiegel von Joh 21 und der Lieblingsjüngertexte des Evangeliums, in: M. de Jonge (Hrsg.), L'évangile de Jean. Sources, rédaction, théologie, BEThL 44, Gembloux/Löwen, 1977, 259-299.

–, Art. Johannesevangelium, TRE 17, 1988, 200-225.

Untergaßmair, F. G., Im Namen Jesu. Der Namensbegriff im Johannesevangelium. Eine exegetisch-religionsgeschichtliche Studie zu den johanneischen Namensaussagen, FzB 13, Stuttgart 1973.

Vorster, W. S., Markus - Sammler, Redaktor, Autor oder Erzähler?, in: Ferdinand Hahn (Hrsg.), Der Erzähler des Evangeliums. Methodische Neuansätze in der Markusforschung, SBS 118/119, Stuttgart 1985, 11-36.

Vouga, F., Le cadre historique et l'intention théologique de Jean, Paris 1977.

Weder, H., Die Menschwerdung Gottes. Überlegungen zur Auslegungsproblematik des Johannesevangeliums am Beispiel von Joh 6, ZThK 82, 1985, 325-360.

Weiss, H., Foot Washing in the Johannine Community, NT 21, 1979, 298-325.

Wellhausen, J., Erweiterungen und Änderungen im 4. Evangelium, Berlin 1907.

Wengst, K., Bedrängte Gemeinde und verherrlichter Christus. Der historische Ort des Johannesevangeliums als Schlüssel zu seiner Interpretation, BThSt 5, Neukirchen-Vluyn 1981, ²1983.

-, Bedrängte Gemeinde und verherrlichter Christus. Ein Versuch über das Johannesevangelium, München 1990.

Wilckens, U., Der Paraklet und die Kirche, in: Kirche (FS Günther Bornkamm), Tübingen 1980, 185-203.

Windisch, H., Die fünf johanneischen Parakletsprüche, in: Festgabe für Adolf Jülicher, Tübingen 1927, 110-137.

Winter, M., Das Vermächtnis Jesu und die Abschiedsworte der Väter. Gattungsgeschichtliche Untersuchung der Vermächtnisrede im Blick auf Joh. 13-17, FRLANT 161, Göttingen 1994.

Wrede, W., Das Messiasgeheimnis in den Evangelien. Zugleich ein Beitrag zum Verständnis des Markusevangeliums, Göttingen 1901 (= ⁴1969).

Würthwein, E., Der Ursprung der prophetischen Gerichtsrede, ZThK 49, 1952, 1-16.

Zimmermann, C., Der Antigone-Mythos in der antiken Literatur und Kunst, Classica Monacensia Bd. 5, Tübingen 1993.

Zimmermann, H., Struktur und Aussageabsicht der johanneischen Abschiedsreden, BiLeb 8, 1967, 279-290.

Stellenregister

Autorenregister

Sachregister

Register der griechischen Begriffe

Wissenschaftliche Untersuchungen zum Neuen Testament

Alphabetische Übersicht der ersten und zweiten Reihe

Anderson, Paul N.: The Christology of the Fourth Gospel. 1996. *Band II/78.*
Appold, Mark L.: The Oneness Motif in the Fourth Gospel. 1976. *Band II/1.*
Arnold, Clinton E.: The Colossian Syncretism. 1995. *Band II/77.*
Bachmann, Michael: Sünder oder Übertreter. 1992. *Band 59.*
Baker, William R.: Personal Speech-Ethics in the Epistle of James. 1995. *Band II/68.*
Bammel, Ernst: Judaica. 1986. *Band 37.*
Bauernfeind, Otto: Kommentar und Studien zur Apostelgeschichte. 1980. *Band 22.*
Bayer, Hans Friedrich: Jesus' Predictions of Vindication and Resurrection. 1986.
    Band II/20.
Bell, Richard H.: Provoked to Jealousy. 1994. *Band II/63.*
Betz, Otto: Jesus, der Messias Israels. 1987. *Band 42.*
– Jesus, der Herr der Kirche. 1990. Band 52.
Beyschlag, Karlmann: Simon Magus und die christliche Gnosis. 1974. *Band 16.*
Bittner, Wolfgang J.: Jesu Zeichen im Johannesevangelium. 1987. *Band II/26.*
Bjerkelund, Carl J.: Tauta Egeneto. 1987. *Band 40.*
Blackburn, Barry Lee: Theios Aner and the Markan Miracle Traditions. 1991.
    Band II/40.
Bockmuehl, Markus N.A.: Revelation and Mystery in Ancient Judaism and Pauline
    Christianity. 1990. *Band II/36.*
Böhlig, Alexander: Gnosis und Synkretismus. Teil 11989. *Band 47* – Teil 2 1989.
    Band 48.
Böttrich, Christfried: Weltweisheit – Menschheitsethik – Urkult. 1992. *Band II/50.*
Büchli, Jörg: Der Poimandres – ein paganisiertes Evangelium. 1987. *Band II/27.*
Bühner, Jan A.: Der Gesandte und sein Weg im 4.Evangelium. 1977. *Band II/2.*
Burchard, Christoph: Untersuchungen zu Joseph und Aseneth. 1965. *Band 8.*
Cancik, Hubert (Hrsg.): Markus-Philologie. 1984. *Band 33.*
Capes, David B.: Old Testament Yaweh Texts in Paul's Christology. 1992. *Band II/47.*
Caragounis, Chrys C.: The Son of Man. 1986. *Band 38.*
– siehe *Fridrichsen, Anton.*
Carleton Paget, James: The Epistle of Barnabas. 1994. *Band II/64.*
Crump, David: Jesus the Intercessor. 1992. *Band II/49.*
Deines, Roland: Jüdische Steingefäße und pharisäische Frömmigkeit. 1993. *Band II/52.*
Dobbeler, Axel von: Glaube als Teilhabe. 1987. *Band II/22.*
Dunn , James D.G. (Hrsg.): Jews and Christians. 1992. *Band 66.*
Ebertz, Michael N.: Das Charisma des Gekreuzigten. 1987. *Band 45.*
Eckstein, Hans-Joachim: Der Begriff Syneidesis bei Paulus. 1983. *Band II/10.*
– Verheißung und Gesetz. 1996. *Band 86.*
Ego, Beate: Im Himmel wie auf Erden. 1989. *Band II/34.*
Ellis, E. Earle: Prophecy and Hermeneutic in Early Christianity. 1978. *Band 18.*
– The Old Testament in Early Christianity. 1991. *Band 54.*
Ennulat, Andreas: Die ›Minor Agreements‹. 1994. *Band II/62.*
Feldmeier, Reinhard: Die Krisis des Gottessohnes. 1987. *Band II/21.*
– Die Christen als Fremde. 1992. *Band 64.*
Feldmeier, Reinhard und *Ulrich Heckel* (Hrsg.): Die Heiden. 1994. *Band 70.*
Forbes, Christopher Brian: Prophecy and Inspired Speech in Early Christianity and its
    Hellenistic Environment. 1995. *Band II/75.*

Fornberg, Tord: siehe *Fridrichsen, Anton.*

Fossum, Jarl E.: The Name of God and the Angel of the Lord. 1985. *Band 36.*

Frenschkowski, Marco: Offenbarung und Epiphanie. Band 1 1995. *Band II/79* – Band 2 1996. *Band II/80.*

Frey, Jörg: Eugen Drewermann und die biblische Exegese. 1995. *Band II/71.*

Fridrichsen, Anton: Exegetical Writings. Hrsg. von C.C. Caragounis und T. Fornberg. 1994. *Band 76.*

Garlington, Don B.: ›The Obedience of Faith‹. 1991. *Band II/38.*

– Faith, Obedience, and Perseverance. 1994. *Band 79.*

Garnet, Paul: Salvation and Atonement in the Qumran Scrolls. 1977. *Band II/3.*

Gräßer, Erich: Der Alte Bund im Neuen. 1985. *Band 35.*

Green, Joel B.: The Death of Jesus. 1988. *Band II/33.*

Gundry Volf, Judith M.: Paul and Perseverance. 1990. *Band II/37.*

Hafemann, Scott J.: Suffering and the Spirit. 1986. *Band II/19.*

– Paul, Moses, and the History of Israel. 1995. *Band 81.*

Heckel, Theo K.: Der Innere Mensch. 1993. *Band II/53.*

Heckel, Ulrich: Kraft in Schwachheit. 1993. *Band II/56.*

– siehe *Feldmeier, Reinhard.*

– siehe *Hengel, Martin.*

Heiligenthal, Roman: Werke als Zeichen. 1983. *Band II/9.*

Hemer, Colin J.: The Book of Acts in the Setting of Hellenistic History. 1989. *Band 49.*

Hengel, Martin: Judentum und Hellenismus. 1969, ³1988. *Band 10.*

– Die johanneische Frage. 1993. *Band 67.*

Hengel, Martin und *Ulrich Heckel* (Hrsg.): Paulus und das antike Judentum. 1991. *Band 58.*

Hengel, Martin und *Hermut Löhr* (Hrsg.): Schriftauslegung im antiken Judentum und im Urchristentum. 1994. *Band 73.*

Hengel, Martin und *Anna Maria Schwemer* (Hrsg.): Königsherrschaft Gottes und himmlischer Kult. 1991. *Band 55.*

– Die Septuaginta. 1994. *Band 72.*

Herrenbrück, Fritz: Jesus und die Zöllner. 1990. *Band II/41.*

Hoegen-Rohls, Christina: Der nachösterliche Johannes. 1996. *Band II/84.*

Hofius, Otfried: Katapausis. 1970. *Band 11.*

– Der Vorhang vor dem Thron Gottes. 1972. *Band 14.*

– Der Christushymnus Philipper 2,6–11. 1976, ²1991. *Band 17.*

– Paulusstudien. 1989, ²1994. *Band 51.*

Holtz, Traugott: Geschichte und Theologie des Urchristentums. 1991. *Band 57.*

Hommel, Hildebrecht: Sebasmata. Band 1 1983. Band 31 – Band 2 1984. *Band 32.*

Hvlavik, Reidar: The Struggle of Scripture and Convenant. 1996. *Band II/82.*

Kähler, Christoph: Jesu Gleichnisse als Poesie und Therapie. 1995. *Band 78.*

Kamlah, Ehrhard: Die Form der katalogischen Paränese im Neuen Testament. 1964. *Band 7.*

Kim, Seyoon: The Origin of Paul's Gospel. 1981, ²1984. *Band II/4.*

– »The ›Son of Man‹« as the Son of God. 1983. Band 30.

Kleinknecht, Karl Th.: Der leidende Gerechtfertigte. 1984, 21988. *Band II/13.*

Klinghardt, Matthias: Gesetz und Volk Gottes. 1988. *Band II/32.*

Köhler, Wolf-Dietrich: Rezeption des Matthäusevangeliums in der Zeit vor Irenäus. 1987. *Band II/24.*

Korn, Manfred: Die Geschichte Jesu in veränderter Zeit. 1993. *Band II/51.*

Koskenniemi, Erkki: Apollonios von Tyana in der neutestamentlichen Exegese. 1994. *Band II/61.*

Kraus, Wolfgang: Das Volk Gottes. 1995. *Band 85.*

Kuhn, Karl G.: Achtzehngebet und Vaterunser und der Reim. 1950. *Band 1.*

Lampe, Peter: Die stadtrömischen Christen in den ersten beiden Jahrhunderten. 1987, ²1989. *Band II/18.*

Lieu, Samuel N.C.: Manichaeism in the Later Roman Empire and Medieval China. ²1992. *Band 63.*

Löhr, Hermut: siehe *Hengel, Martin.*

Löhr, Winrich Alfried: Basilides und seine Schule. 1995. *Band 83.*

Maier, Gerhard: Mensch und freier Wille. 1971. *Band 12.*

– Die Johannesoffenbarung und die Kirche. 1981. *Band 25.*

Markschies, Christoph: Valentinus Gnosticus? 1992. *Band 65.*

Marshall, Peter: Enmity in Corinth: Social Conventions in Paul's Relations with the Corinthians. 1987. *Band II/23.*

Meade, David G.: Pseudonymity and Canon. 1986. *Band 39.*

Meadors, Edward P.: Jesus the Messianic Herald of Salvation. 1995. *Band II/72.*

Mell, Ulrich: Die »anderen« Winzer. 1994. *Band 77.*

Mengel, Berthold: Studien zum Philipperbrief. 1982. *Band II/8.*

Merkel, Helmut: Die Widersprüche zwischen den Evangelien. 1971. *Band 13.*

Merklein, Helmut: Studien zu Jesus und Paulus. 1987. *Band 43.*

Metzler, Karin: Der griechische Begriff des Verzeihens. 1991. *Band II/44.*

Metzner, Rainer: Die Rezeption des Matthäusevangeliums im 1. Petrusbrief. 1995. *Band II/74.*

Niebuhr, Karl-Wilhelm: Gesetz und Paränese. 1987. *Band II/28.*

– Heidenapostel aus Israel. 1992. *Band 62.*

Nissen, Andreas: Gott und der Nächste im antiken Judentum. 1974. *Band 15.*

Noormann, Rolf: Irenäus als Paulusinterpret. 1994. *Band II/66.*

Obermann, Andreas: Die christologische Erfüllung der Schrift im Johannesevangelium. 1996. *Band II/83.*

Okure, Teresa: The Johannine Approach to Mission. 1988. *Band II/31.*

Park, Eung Chun: The Mission Discourse in Matthew's Interpretation. 1995. *Band II/81.*

Philonenko, Marc (Hrsg.): Le Trône de Dieu. 1993. *Band 69.*

Pilhofer, Peter: Presbyteron Kreitton. 1990. *Band II/39.*

– Philippi. Band 1 1995. *Band 87.*

Pöhlmann, Wolfgang: Der Verlorene Sohn und das Haus. 1993. *Band 68.*

Probst, Hermann: Paulus und der Brief. 1991. *Band II/45.*

Räisänen, Heikki: Paul and the Law. 1983, ²1987. *Band 29.*

Rehkopf, Friedrich: Die lukanische Sonderquelle. 1959. *Band 5.*

Rein, Matthias: Die Heilung des Blindgeborenen (Joh 9). 1995. *Band II/73.*

Reinmuth, Eckart: Pseudo-Philo und Lukas. 1994. *Band 74.*

Reiser, Marius: Syntax und Stil des Markusevangeliums. 1984. *Band II/11.*

Richards, E. Randolph: The Secretary in the Letters of Paul. 1991. *Band II/42.*

Riesner, Rainer: Jesus als Lehrer. 1981, ³1988. *Band II/7.*

– Die Frühzeit des Apostels Paulus. 1994. *Band 71.*

Rissi, Mathias: Die Theologie des Hebräerbriefs. 1987. *Band 41.*

Röhser, Günter: Metaphorik und Personifikation der Sünde. 1987. *Band II/25.*

Rose, Christian: Die Wolke der Zeugen. 1994. *Band II/60.*

Rüger, Hans Peter: Die Weisheitsschrift aus der Kairoer Geniza. 1991. *Band 53.*

Sänger, Dieter: Antikes Judentum und die Mysterien. 1980. *Band II/5.*

– Die Verkündigung des Gekreuzigten und Israel. 1994. *Band 75.*

Salzmann, Jorg Christian: Lehren und Ermahnen. 1994. *Band II/59.*

Sandnes, Karl Olav: Paul – One of the Prophets? 1991. *Band II/43.*

Sato, Migaku: Q und Prophetie. 1988. *Band II/29.*

Schaper, Joachim: Eschatology in the Greek Psalter. 1995. *Band II/76.*
Schimanowski, Gottfried: Weisheit und Messias. 1985. *Band II/17.*
Schlichting, Günter: Ein jüdisches Leben Jesu. 1982. *Band 24.*
Schnabel, Eckhard J.: Law and Wisdom from Ben Sira to Paul. 1985. *Band II/16.*
Schutter, William L.: Hermeneutic and Composition in I Peter. 1989. *Band II/30.*
Schwartz, Daniel R.: Studies in the Jewish Background of Christianity. 1992. *Band 60.*
Schwemer, Anna Maria: siehe *Hengel, Martin*
Scott, James M.: Adoption as Sons of God. 1992. *Band II/48.*
– Paul and the Nations. 1995. *Band 84.*
Siegert, Folker: Drei hellenistisch-jüdische Predigten. Teil I 1980. Band 20 – Teil II 1992. *Band 61.*
– Nag-Hammadi-Register. 1982. *Band 26.*
– Argumentation bei Paulus. 1985. *Band 34.*
– Philon von Alexandrien. 1988. *Band 46.*
Simon, Marcel: Le christianisme antique et son contexte religieux I/II. 1981. *Band 23.*
Snodgrass, Klyne: The Parable of the Wicked Tenants. 1983. *Band 27.*
Söding, Thomas: siehe *Thüsing, Wilhelm.*
Sommer, Urs: Die Passionsgeschichte des Markusevangeliums. 1993. *Band II/58.*
Spangenberg, Volker: Herrlichkeit des Neuen Bundes. 1993. *Band II/55.*
Speyer, Wolfgang: Frühes Christentum im antiken Strahlungsfeld. 1989. *Band 50.*
Stadelmann, Helge: Ben Sira als Schriftgelehrter. 1980. *Band II/6.*
Strobel, August: Die Stunde der Wahrheit. 1980. *Band 21.*
Stuckenbruck, Loren T.: Angel Veneration and Christology. 1995. *Band II/70.*
Stuhlmacher, Peter (Hrsg.): Das Evangelium und die Evangelien. 1983. *Band 28.*
Sung, Chong-Hyon: Vergebung der Sünden. 1993. *Band II/57.*
Tajra, Harry W.: The Trial of St. Paul. 1989. *Band II/35.*
– The Martyrdom of St.Paul. 1994. *Band II/67.*
Theißen, Gerd: Studien zur Soziologie des Urchristentums. 1979, ³1989. *Band 19.*
Thornton, Claus-Jürgen: Der Zeuge des Zeugen. 1991. *Band 56.*
Thüsing, Wilhelm: Studien zur neutestamentlichen Theologie. Hrsg. von Thomas Söding. 1995. *Band 82.*
Twelftree, Graham H.: Jesus the Exorcist. 1993. *Band II/54.*
Visotzky, Burton L.: Fathers of the World. 1995. *Band 80.*
Wagener, Ulrike: Die Ordnung des »Hauses Gottes«. 1994. *Band II/65.*
Wedderburn, A.J.M.: Baptism and Resurrection. 1987. *Band 44.*
Wegner, Uwe: Der Hauptmann von Kafarnaum. 1985. *Band II/14.*
Welck, Christian: Erzählte ›Zeichen‹. 1994. *Band II/69.*
Wilson, Walter T.: Love without Pretense. 1991. *Band II/46.*
Zimmermann, Alfred E.: Die urchristlichen Lehrer. 1984, ²1988. *Band II/12.*

Einen Gesamtkatalog erhalten Sie gern vom Verlag
J.C.B. Mohr (Paul Siebeck), Postfach 2040, D-72010 Tübingen.